W9-AXP-124

UNIVERSAL
DICTIONARY
LANGENSCHEIDT
DICCIONARIO
UNIVERSAL

LANGENSCHEIDT
DICCIONARIO UNIVERSAL

INGLÉS-ESPAÑOL
ESPAÑOL-INGLÉS

LANGENSCHEIDT

NUEVA YORK · BERLIN · MUNICH

LANGENSCHEIDT'S
UNIVERSAL DICTIONARY

ENGLISH-SPANISH
SPANISH-ENGLISH

LANGENSCHEIDT
NEW YORK · BERLIN · MUNICH

Contents
Indice

Abbreviations
Abreviaturas 5

Pronunciation Key to English Words
Llave de pronunciación para las palabras inglesas 7

English-Spanish Vocabulary
Vocabulario Inglés-Español 11

Spanish-English Vocabulary
Vocabulario Español-Inglés 287

Numerals
Numerales 528

Revised and updated edition
by
Teresa Catarella, Ph. D.

© 1992, 1997 Langenscheidt KG, Berlin and Munich
Printed in Germany

Abbreviations
Abreviaturas

La tilde (~, si la inicial cambia: 2) sustituye la voz-guía entera, o bien la parte que precede a la raya vertical (|).

The tilde (~, when the initial letter changes: 2) stands for the catchword at the beginning of the entry or the part of it preceding the vertical bar (|).

Ejemplos:

abani|car; ~co = abanico
chin|a; 2a = China; 2ese = Chinese
Easter; 2n = eastern

Examples:

abuse|e; ~ive = abusive
noche; 2buena = Nochebuena
Españ|a; 2ol(a) = español(a)

a adjective, *adjetivo*
adv adverb, *adverbio*
aer aeronautics, *aeronáutica*
agr agriculture, *agricultura*
Am America, *América*
anat anatomy, *anatomía*
arq architecture, *arquitectura*
art article, *artículo*
aut automobile, motoring, *automóvil*
biol biology, *biología*
bot botany, *botánica*
cine films, *cinema*
coc cookery, *cocina*
com commerce, *comercio*
compar comparative, *comparativo*
conj conjunction, *conjunción*
elec electricity, *electricidad*

esp especially, *especialmente*
etc etcetera, *etcétera*
f feminine, *femenino*
fam familiar, *familiar*
farm pharmacy, *farmacia*
f c railway, *ferrocarril*
fig figurative, *figurado*
for forensic, law, *voz forense*
foto photography, *fotografía*
f/pl feminine plural, *femenino al plural*
geog geography, *geografía*
geol geology, *geología*
gram grammar, *gramática*
impr printing, *imprenta*
Ingl England, *Inglaterra*
interj interjection, *interjección*
interrog interrogative, *interrogativo*

6

LA Latin American, *latino americano*
lit literature, *literatura*
m masculine, *masculino*
mar marine, *marina*
mat mathematics, *matemática*
med medical, *medicina*
mil military, *militar*
min mining, *minería*
m/pl masculine plural, *masculino al plural*
mús music, *música*
ópt optics, *óptica*
pint painting, *pintura*
pl plural, *plural*
pol politics, *política*
pos, poss possessive, *posesivo*
prep preposition, *preposición*
pron pronoun, *pronombre*
pron pers personal pronoun, *pronombre personal*

quím chemistry, *química*
rel relative, *relativo*
relig religion, *religión*
s substantive, *substantivo*
sp sports, *deportes*
superl superlative, *superlativo*
t also, *también*
teat theatre, *teatro*
tecn technology, *tecnología*
tel telephone, *teléfono*
TV television, *televisión*
v/aux auxiliary verb, *verbo auxiliar*
v/i intransitive verb, *verbo intransitivo*
v/r reflexive verb, *verbo reflexivo*
v/t transitive verb, *verbo transitivo*
zool zoology, *zoología*

Pronunciation Key to English Words

*Llave de pronunciación
para las palabras inglesas*

Vocales y Diptongos

[ɑ:] como en *bajo: father* ['fɑ:ðə], *palm* [pɑ:m]

[ʌ] sonido parecido al de la *a* en *para: butter* ['bʌtə], *mother* ['mʌðə]

[æ] sonido parecido al de la *a* en *parra: fat* [fæt], *man* [mæn]

[eə] diptongo compuesto de una *e* muy abierta y una *e* átona: *there* [ðeə], *care* [keə]

[ai] diptongo parecido al *ai* en *baile: time* [taim], *eye* [ai]

[au] diptongo parecido al *au* en *causa: count* [kaunt], *how* [hau]

[ei] diptongo compuesto de un sonido como el de la *e* en *pelo* y una *i* débil: *day* [dei], *eight* [eit]

[e] como la *e* en *perro: men* [men], *said* [sed]

[i:] sonido como la *i* en *brisa: tea* [ti:], *meet* [mi:t]

[i] sonido parecido al de la *i* en *esbirro* pero más abierto: *bit* [bit], *city* ['siti]

[iə] diptongo compuesto de [i] y [ə]: *fear* [fiə], *here* [hiə]

[əu] diptongo compuesto de un sonido como el de la *o* en *como* y una *u* débil: *soap* [səup], *go* [gəu]

[ɔ:] sonido largo algo parecido al de la *o* en *forma: ball* [bɔ:l], *or* [ɔ:]

[ɔ] sonido breve parecido al de la *o* en *porra* pero más cerrado: *dog* [dɔg], *wash* [wɔʃ]

[ɔi] sonido de *oy* en *soy: point* [pɔint], *boy* [bɔi]

[ə] sonido átono parecido al de la *e* en el artículo francés *le: silent* ['sailənt], *about* [ə'baut]

[ə:] forma más larga del sonido anterior que se encuentra en sílabas acentuadas; su sonido es parecido al del *eu* en la palabra francesa *leur: bird* [bə:d], *learn* [lə:n]

[u:] sonido largo parecido al de la *u* en *una: do* [du:], *fruit* [fru:t] [uə] diptongo compuesto de [u] y [ə]: *poor* [puə], *lure* [ljuə]

[u] sonido corto como el de la *u* en *culpa*: *put* [put], *took* [tuk]

Consonantes

[b] como la *b* en *ambos*: *hobby* ['hɔbi], *boat* [bəut]

[d] como la *d* en *andar*: *ladder* ['lædə], *day* [dei]

[f] como la *f* en *fácil*: *fall* [fɔ:l], *fake* [feik]

[g] como la *g* en *goma*: *go* [gəu], *again* [ə'gen]

[h] como la *j* en *jerga*, pero mucho más suave: *hard* [hɑ:d], *who* [hu:]

[j] como la *y* de *yo*: *yet* [jet], *few* [fju:]

[k] como la *c* en *casa*: *cat* [kæt], *back* [bæk]

[l] como la *l* en *lágrima*: *leaf* [li:f], *along* [ə'lɒŋ]

[m] como la *m* en *madre*: *make* [meik], *team* [ti:m]

[n] como la *n* en *nata*: *no* [nəu], *tin* [tin]

[p] como la *p* en *tapa*: *pay* [pei], *top* [tɒp]

[r] se pronuncia sólo cuando precede a una vocal, sin la vibración de la *r* española: *rate* [reit], *worry* ['wɑri]

[s] como la *s* en *cosa*: *sun* [sʌn], *fast* [fɑ:st]

[t] como la *t* en *tos*: *tip* [tip], *letter* ['letə]

[v] no existe el sonido en español; es parecido al de la *v* en la palabra francesa *avec*: *vain* [vein], *above* [ə'bʌv]

[w] como la *u* en *huevo*: *wine* [wain], *quaint* [kweint]

[z] como la *s* en *mismo*: *zeal* [zi:l], *hers* [hə:z]

[ʒ] no existe en *español*; su sonido es parecido al de la *j* en la palabra francesa *jolie*: *vision* ['viʒən], *measure* ['meʒə]

[ʃ] no existe en español; su sonido corresponde al de la *ch* en la palabra francesa *charmant*: *sheet* [ʃi:t], *dish* [diʃ]

[θ] como la *c* en *dice* y la *z* en *zapato*: *thin* [θin], *path* [pɑ:θ]

[ð] sonido parecido al de la *d* en *hada*: *there* [ðeə], *bother* ['bɔðə]

[ŋ] como la *n* en *tengo*: *long* [lɒŋ], *singer* ['siŋə]

[dʒ] combina la [d] y la [ʒ]: *jaw* [dʒɔ:], *edge* [edʒ]

[tʃ] combina la [t] y la [ʃ]; como la *ch* en *mucho*: *chest* [tʃest], *watch* [wɒtʃ]

Sufijos sin pronunciación figurada

Para ahorrar espacio, no se ha indicado pronunciación
figurada para los sufijos siguientes:

-ability [-əbiliti]
-able [-əbl]
-age [-idʒ]
-al [-(ə)l]
-ally [-(ə)li]
-an [-(ə)n]
-ance [-(ə)ns]
-ancy [-ənsi]
-ant [-ənt]
-ar [-ə]
-ary [-(ə)ri]
-ation [-eiʃ(ə)n]
-cious [-ʃəs]
-cy [-si]
-dom [-dəm]
-ed [-d; -t; -id]
-edness [-dnis; -tnis; -idnis]
-ee [-i:]
-en [-n]
-ence [-(ə)ns]
-ent [-(ə)nt]
-er [-ə]
-ery [-əri]
-ess [-is]
-fication [-fikeiʃ(ə)n]
-ial [-(ə)l]
-ian [-(jə)n]
-ible [-əbl]
-ic(s) [-ik(s)]
-ical [-ik(ə)l]

-ily [-ili]
-iness [-inis]
-ing [-iŋ]
-ish [iʃ]
-ism [-iz(ə)m]
-ist [-ist]
-istic [-istik]
-ite [-ait]
-ity [-iti]
-ive [-iv]
-ization [-aizeiʃ(ə)n]
-ize [-aiz]
-izing [-aiziŋ]
-less [-lis]
-ly [-li]
-ment(s) [-mənt(s)]
-ness [-nis]
-oid [-oid]
-oidic [-oidik]
-or [-ə]
-ous [-əs]
-ry [-ri]
-ship [-ʃip]
-(s)sion [-ʃ(ə)n]
-sive [-siv]
-ties [-tiz]
-tion [-ʃ(ə)n]
-tious [-ʃəs]
-trous [-trəs]
-try [-tri]
-y [-i]

A

a [ei; ə] un *m*, una *f*; *not ~* ni un(a)

aback [ə'bæk]: *taken ~* quedar desconcertado

abandon [ə'bændən] *v/t* abandonar; dejar

abate [ə'beit] *v/t* mitigar, reducir; *v/i* disminuir; ceder

abbess ['æbis] abadesa *f*

abbey ['æbi] abadía *f*

abbot ['æbət] abad *m*

abbreviat|e [ə'bri:vieit] *v/t* abreviar; *~ion* [~'eiʃən] abreviatura *f*

abdicate ['æbdikeit] *v/t, v/i* abdicar, renunciar

abdomen ['æbdəmen] abdomen *m*, vientre *m*

abduct [æb'dʌkt] *v/t* secuestrar, raptar

abet [ə'bet] *v/t* instigar; *aid and ~* encubrir, ser cómplice

abeyance [ə'beiəns] suspensión *f*; *in ~* en suspenso

abhor [əb'hɔ:] *v/t* aborrecer, detestar; *~rent* detestable

abide [ə'baid]: *~ by* cumplir con; atenerse a; *v/t* aguantar; soportar

ability [ə'biliti] habilidad *f*, aptitud *f*, talento *m*, ingenio *m*

abject ['æbdʒekt] vil

abjure [əb'dʒuə] *v/t* abjurar; renunciar (a)

ablaze [ə'bleiz] ardiendo

able ['eibl] capaz, hábil, apto, competente; *to be ~* poder; *~-bodied* [~'bɔdid] sano

abnormal [æb'nɔ:məl] anormal

aboard [ə'bɔ:d] a bordo

abode [ə'bəud] residencia *f*, domicilio *m*, morada *f*

aboli|sh [ə'bɔliʃ] *v/t* abolir; suprimir; *~tion* [æbəu'liʃən] abolición *f*

abominable [ə'bɔminəbl] abominable

abortion [ə'bɔ:ʃən] aborto *m*

abound [ə'baund] *v/i* abundar; *~ in o with* abundar en

about [ə'baut] *prep* alrededor, acerca (de); *what is it ~?* ¿a qué se trata?; *adv* casi; más o menos; a eso de; *all ~* por todas partes; *to be ~ to (do)* estar a punto de (hacer); *~face* media vuelta *f*

above [ə'bʌv] *adv, prep* sobre, (por) encima (de); *~board* legítimo; *~mentioned* arriba citado

abreast [ə'brest] de frente; *to keep ~* correr parejas; estar al corriente

abridge [ə'brɪdʒ] v/t abreviar, condensar

abroad [ə'brɔːd] en el extranjero

abrupt [ə'brʌpt] rudo, brusco; precipitado

abscess ['æbsis] absceso m

absen|ce ['æbsəns] ausencia f; falta f; **~t** ['æbsənt] a ausente; v/r [æb'sent] ausentarse, retirarse; **~t-minded** distraído

absolute ['æbsəluːt] absoluto; **~ly** absolutamente

absolution [æbsə'luːʃən] absolución f, perdón m

absolve [əb'zɔlv] v/t absolver, dispensar

absorb [əb'sɔːb] v/t absorber

abstain [əb'stein] v/t abstenerse

abstinence ['æbstinəns] abstinencia f

abstract ['æbstrækt] a abstracto; s resumen m, extracto m; v/t [æb'strækt] abstraer, resumir

absurd [əb'sɔːd] absurdo

abundan|ce [ə'bʌndəns] abundancia f, plenitud f; **~t** abundante, copioso

abus|e [ə'bjuːs] s abuso m; injuria f; v/t [ə'bjuːz] abusar; insultar; **~ive** abusivo; injurioso

abyss [ə'bis] abismo m, sima f

academ|ic [ækə'demik] a, s académico m; **~y** [ə'kædəmi] academia f

accede [æk'siːd] v/i acceder,

consentir

accelerat|e [æk'seləreit] v/t acelerar; v/i apresurarse; **~or** acelerador m

accent ['æksənt] s acento m; v/t [æk'sent] acentuar; **~uate** [~'sentjueit] v/t acentuar

accept [ək'sept] v/t aceptar, admitir; **~able** aceptable; **~ance** aceptación f; acogida f; com aceptación f (de un giro, de una letra); **~ation** [æksep'teiʃən] gram acepción f, significado m

access ['ækses] acceso m; paso m, entrada f; **~ible** [æk'sesəbl] asequible, accesible

accessory [æk'sesəri] a accesorio, secundario; s for cómplice m

accident ['æksidənt] accidente m; **by ~** por casualidad; **~al** [~'dentl] accidental, casual

acclaim [ə'kleim] v/t aclamar, aplaudir

acclimate [ə'klaimit] v/t aclimatar; acostumbrarse (a)

accommodat|e [ə'kɔmədeit] v/t acomodar; alojar; complacer; **~e with** proveer de; v/i acomodarse, conformarse; **~ion** [əkɔmə'deiʃən] adaptación f; alojamiento m

accompan|iment [ə'kʌmpənimənt] acompañamiento m; **~y** v/t acompañar

accomplice [ə'kɔmplis] cómplice m

accomplish [ə'kɔmpliʃ] *v/t*
realizar, efectuar; **~ed** consumado, perfecto; **~ment** realización *f*; logro *m*; talento *m*, habilidad *f*

accord [ə'kɔːd] *s* acuerdo *m*; armonía *f*; *v/t* conceder, otorgar; *v/i* convenir, concordar

accordance [ə'kɔːdəns]: *in ~ with* conforme a

according [ə'kɔːdiŋ]: *~ to* según; *~ly* por consiguiente; en conformidad

accordion [ə'kɔːdiən] acordeón *m*

accost [ə'kɔst] *v/t* dirigirse a

account [ə'kaunt] *s* cuenta *f*; relación *f*; informe *m*; *of no ~* sin importancia; *on ~* a cuenta; *on ~ of* por; a causa de; *on no ~* de ningún modo; *to take into ~* tomar en cuenta; *to turn to ~* sacar provecho de; *v/t* tener por, considerar; *v/i: to ~ for* explicar; responder de; **~ant** contable *m*; **~ing** contabilidad *f*

accrue [ə'kruː] *v/i* crecer, aumentar; *com* acumularse (*interés, capital*)

accumulate [ə'kjuːmjuleit] *v/t, v/i* acumular(se)

accuracy [ˈækjurasi] exactitud *f*, precisión *f*; **~te** exacto, preciso; correcto

accusation [ækjuːˈzeiʃən] acusación *f*; *for* denuncia *f*; **~ative** [əˈkjuːzətiv] *gram* acusativo *m*; **~e** [əˈkjuːz] *v/t*

acusar, culpar; **~er** acusador *m*

accustom [əˈkʌstəm] *v/t* acostumbrar; **~ed** acostumbrado

ace [eis] as *m* (*t fig*)

ache [eik] *v/i* doler; *s* dolencia *f*; dolor *m*

achieve [əˈtʃiːv] *v/t* conseguir, lograr; **~ment** logro *m*, proeza *f*

acid [ˈæsid] *s*, *a* ácido *m*

acknowledge [əkˈnɔlidʒ] *v/t* reconocer; confirmar; **~e receipt** acusar recibo; **~ment** reconocimiento *m*

acorn [ˈeikɔːn] bellota *f*

acoustics [əˈkuːstiks] acústica *f*

acquaint [əˈkweint] *v/t* familiarizar (con); enterar, informar; *to be ~ed with* conocer; **~ance** conocimiento *m*; conocido *m*

acquiesce [ækwiˈes] *v/i* asentir, acceder

acquire [əˈkwaiə] *v/t* adquirir, obtener; **~sition** [ækwiˈziʃən] adquisición *f*

acquit [əˈkwit] *v/t* absolver; *~ oneself* desempeñarse; **~tal** *for* absolución *f*, descargo *m*

acre [ˈeikə] acre *m* (= 40,47 áreas)

acrid [ˈækrid] acre (*t fig*)

acrobat [ˈækrəbæt] acróbata *m*, *f*

across [əˈkrɔs] a través de; al otro lado de; *to come ~* encontrarse con

act [ækt] *s* acto *m*; hecho *m*;

for ley *f*; *v/i* actuar, obrar; *teat* actuar; **to ~ a part** desempeñar un papel; **~ion** ['ækʃən] acción *f*, operación *f*; *mil* batalla *f*; *for* demanda *f*; proceso *m*; **take ~ion** tomar medidas; **~ive** *a* activo, enérgico; *s gram* (voz) activa *f*; **~ivity** [~'tiviti] actividad *f*; **~or** actor *m*; **~ress** actriz *f*

actual ['æktʃuəl] real, verdadero; actual; **~ly** en efecto

acute [ə'kju:t] agudo

adamant ['ædəmənt] firme, intransigente

adapt [ə'dæpt] *v/t* adaptar, ajustar; **~er** *tecn* adaptador *m*

add [æd] *v/t* añadir, agregar; **to ~ up** sumar

addict ['ædikt] *med* adicto *m*, toxicómano *m*; **~ed** [ə'diktid]: **~ed (to)** adicto (*a drogas*)

addition [ə'diʃən] adición *f*; añadidura *f*; **in ~** por añadidura; **in ~ to** además de; **~al** adicional

address [ə'dres] *v/t* dirigir (*carta, sobre, protesta*); dirigir la palabra a; dirigirse *a* señas *f/pl*, dirección *f*; discurso *m*; **~ee** [ædrə'si:] destinatario *m*

adequate ['ædikwit] suficiente; adecuado

adhere [əd'hiə] *v/i* adherirse (**to** *a*); **~nt** [~rənt] adherente *m*

adhesive [əd'hi:siv] adhesi-

vo; **~ plaster** esparadrapo *m*

adjacent [ə'dʒeisənt] adyacente, contiguo

adjective ['ædʒiktiv] adjetivo *m*

adjoin [ə'dʒɔin] *v/t* juntar; *v/i* lindar; **~ing** contiguo, colindante

adjourn [ə'dʒə:n] *v/t* diferir, aplazar; suspender

adjust [ə'dʒʌst] *v/t* ajustar, arreglar; **~ment** ajuste *m*, arreglo *m*

ad-lib [æd'lib] *v/t*, *v/i*, *fam* improvisar

administ|er [əd'ministə] *v/t* administrar; suministrar; **~ration** [~'streiʃən] administración *f*; gobierno *m*; **~rative** [~trətiv] administrativo, gubernamental; **~rator** [~treitə] administrador *m*

admir|able ['ædmərəbl] admirable; **~ation** [ædmə'reiʃən] admiración *f*; **~e** [əd'maiə] *v/t* admirar

admiss|ible [əd'misəbl] admisible; **~ion** admisión *f*; entrada *f*

admit [əd'mit] *v/t* admitir; permitir; reconocer, confesar; **~tance** admisión *f*, entrada *f*; **no ~tance** prohibida la entrada

admonish [əd'mɔniʃ] *v/t* amonestar, reprender

ado [ə'du:] bullicio *m*, dificultad *f*; fatiga *f*; **much ~ about nothing** mucho ruido y pocas nueces

adolescent [ædəu'lesnt] *s, a* adolescente *m, f*

adopt [ə'dɔpt] *v/t* adoptar; **~ion** adopción *f*

ador|able [ə'dɔ:rəbl] adorable; **~ation** [ædɔ:'reiʃən] adoración *f*; **~e** *v/t* adorar

adorn [ə'dɔ:n] *v/t* adornar

adrift [ə'drift] *a* la deriva

adroit [ə'drɔit] diestro, hábil

adult [ædʌlt] *a, s* adulto *m*; **~erate** [ə'dʌltəreit] *v/t* adulterar; falsificar; **~ery** adulterio *m*

advance [əd'vɑ:ns] *v/t* avanzar; adelantar (*hora, reloj, dinero*); *v/i* progresar; avanzar (*tropas*); *s* avance *m*, progreso *m*; anticipo *m*, adelanto *m*; aumento *m*; **~d** avanzado; **~d in years** entrado en años

advantage [əd'vɑ:ntidʒ] ventaja *f*; **to take ~ of** aprovecharse de; **~ous** [ædvən'teidʒəs] ventajoso

advent ['ædvənt] advenimiento *m*; 2 Adviento *m*

adventur|e [əd'ventʃə] aventura *f*; **~er** aventurero *m*; **~ous** aventurado

adverb ['ædvə:b] adverbio *m*

advers|ary ['ædvəsəri] adversario *m*; enemigo *m*; **~e** adverso; contrario

advertis|e ['ædvətaiz] *v/t* anunciar, publicar; **~ement** [əd'və:tismənt] anuncio *m*; **~er** anunciante *m*; **~ing** publicidad *f*

advice [əd'vais] consejo *m*; *com* aviso *m*; comunicación *f*; **to take ~** seguir un consejo

advis|able [əd'vaizəbl] aconsejable; **~e** *v/t* aconsejar; *com* avisar, informar; **~er** consejero *m*, asesor *m*

advocate ['ædvəkeit] *v/t* abogar por; defender; ['ædvəkit] *s* abogado *m*

aerial ['eəriəl] *a* aéreo; *s* antena *f*

aero... ['eərəu] aero; **~dynamic** aerodinámico; **~nautics** [eərə'nɔ:tiks] aeronáutica *f*; **~plane** ['eərəplein] aeroplano *m*, avión *m*

affable ['æfəbl] afable

affair [ə'feə] asunto *m*; negocio *m*; aventura *f* amorosa

affect [ə'fekt] *v/t* afectar; impresionar; influir en; **~ed** afectado, artificioso; emocionado, conmovido; **~ion** afecto *m*, cariño *m*; **~ionate** [~ʃnit] afectuoso, cariñoso

affinity [ə'finiti] afinidad *f*

affirm [ə'fə:m] *v/t* afirmar; ratificar; **~ation** [æfə'meiʃən] afirmación *f*; **~ative** [ə'fə:mətiv] *a* afirmativo

afflict [ə'flikt] *v/t* afligir, acuitar, angustiar

affluen|ce ['æfluens] opulencia *f*; abundancia *f*; **~t** *a* opulento, rico; *s* afluente *m*

afford [ə'fɔ:d] *v/t* permitirse el lujo de; proporcionar

affront [ə'frʌnt] *v/t* afrentar;

afire 16

insultar; ultrajar; *s* afrenta *f*, insulto *m*; injuria *f*

afire [ə'faiə] ardiendo

aflame [ə'fleim] en llamas

afloat [ə'fləut] a flote

afore|mentioned [əfɔː'men-ʃənd] sobredicho; **~said** antedicho; **~thought** premeditado

afraid [ə'freid] temeroso, miedoso; *to be* ~ tener miedo

African ['æfrikən] *a, s* africano(a) *m (f)*

after ['ɑːftə] *prep* después de, detrás de; ~ *all* después de todo; ~ *hours* fuera de horas; **~math** [~mæθ] consecuencias *f/pl*; **~noon** tarde *f*; **~taste** dejo *m*, resabio *m*; **~wards** [~wədz] luego, después

again [ə'gein] otra vez, de nuevo; *now and* ~ de vez en cuando; *once and* ~ repetidas veces; vows; **~st** contra; *to be* **~st** oponerse a

age [eidʒ] *s* edad *f*; época *f*; *of* ~, *under* ~ mayor, menor de edad; **~old** secular; *v/t, v/i* envejecer(se)

aged ['eidʒid] viejo

agen|cy ['eidʒənsi] agencia *f*, representación *f*; medio *m*; **~t** agente *m*, representante *m*

aggravat|e ['ægrəveit] *v/t* agravar; **~ing** agravante, irritante

aggress|ion [ə'greʃən] agresión *f*, asalto *m*; **~ive** agresivo

aghast [ə'gɑːst] espantado, horrorizado

agitat|e ['ædʒiteit] *v/t* agitar; **~ion** agitación *f*; **~or** agitador *m*

ago [ə'gəu] hace, ha; *how long* ~? ¿ hace cuánto tiempo?; *long* ~ hace mucho tiempo

agon|ize ['ægənaiz] *v/i* agonizar; **~izing** angustioso, agonizante; **~y** agonía *f*; angustia *f*

agree [ə'griː] *v/i* estar de acuerdo, concordar; ~ *to* convenir en; **~able** agradable; **~d** convenido; **~ment** acuerdo *m*; convenio *m*

agricultur|al [ægri'kʌltʃərəl] agrícola; **~e** agricultura *f*

ague ['eigjuː] fiebre *f* intermitente; escalofríos *m/pl*

ahead [ə'hed] delante, al frente, adelante; *go* ~ *with* llevar adelante

aid [eid] *v/t* ayudar; *s* ayuda *f*; **~s** *med* SIDA *m*

ail [eil] *v/t* afligir, molestar; *v/i* sufrir; **~ing** enfermizo; **~ment** enfermedad *f*

aim [eim] *v/t* apuntar (*arma*); dirigir; *v/i* aspirar; proponerse; *s* puntería *f*; designio *m*; finalidad *f*, fin *m*; *to miss one's* ~ errar el tiro; **~less** sin objeto

air [eə] aire *m*; *in the open* ~ al aire libre; *to be on the* ~ transmitir (*por la radio*); **base** base *f* aérea; **~condi-**

allure

tioned con aire *m* acondicionado; **~craft** avión *m*; **~craft carrier** portaaviones *m*; **~ cushion** almohada *f* neumática; **~ force** *mil* fuerza *f* aérea; **~ hostess** azafata *f*, *LA* aeromoza *f*; **~line** línea *f* aérea; **~liner** avión *m* de pasajeros; **~mail** correo *m* aéreo; **~plane** aeroplano *m*, avión *m*; **~port** aeropuerto *m*; **~ raid** ataque *m* aéreo; **~sick** mareado; **~tight** hermético; *v/t* airear, ventilar

aisle [ail] pasillo *m*

ajar [ə'dʒɑː] entreabierto

akin [ə'kin] relacionado (**to** con)

alarm [ə'lɑːm] *v/t* alarmar, preturbar; *s* alarma *f*; tumulto *m*; **~clock** despertador *m*, **~ing** alarmante, perturbador

alas! [ə'lɑːs] ¡ay!

alcohol ['ælkəhɔl] alcohol *m*; **~ic** [~'hɔlik] alcohólico

ale [eil] cerveza *f* inglesa

alert [ə'lɜːt] *a* vivo, activo; vigilante; *s* alerta *f*; **on the ~** sobre aviso

algebra ['ældʒibrə] álgebra *f*

alibi ['ælibai] coartada *f*

alien ['eiliən] *a* ajeno, extraño; *s* extranjero *m*; forastero *m*; **~ate** *v/t* enajenar; quitar; ofender

alight [ə'lait] *v/i* apearse; *aer* aterrizar

alike [ə'laik] *adv* igualmente; del mismo modo; *a* parecido; **to look ~** parecerse

alimony ['æliməni] *for* alimentos *m/pl* (*de divorcio*)

alive [ə'laiv] vivo, viviente; activo

all [ɔːl] todo; todos; **above ~** sobre todo; **after ~** al fin y al cabo; **in ~** en definitiva; **~ but** casi; **not at ~** de ningún modo; **~ over** por todas partes; **it is ~ over** se acabó; **~ right** muy bien; satisfactorio; **~ the better** tanto mejor; **~ the worse** tanto peor

all-(a)round ['ɔːl(ə)'raund] completo; versátil; de uso variado

allay [ə'lei] *v/t* aliviar, mitigar

alleged [ə'ledʒd] supuesto

alleviate [ə'liːvieit] *v/t* aliviar

alley ['æli] callejón *m*

alliance [ə'laiəns] alianza *f*; **~ied** [~'laid] aliado; **~y** aliado *m*

allot [ə'lɔt] *v/t* adjudicar, asignar; **~ment** asignación *f*; cuota *f*, lote *m*

all-out ['ɔːl'aut] *a* máximo (*esfuerzo*); *adv* con toda fuerza

allow [ə'lau] *v/t*, *v/i* permitir; conceder; **~ for** tener en cuenta; **~ance** concesión *f*; pensión *f*; subsidio *m*; *com* descuento *m*

alloy [ə'lɔi] aleación *f*

allude [ə'luːd] *v/i* aludir; **~sion** alusión *f*; **~sive** alusivo

allure [ə'ljuə] *v/t* atraer, fascinar, seducir

almanac ['ɔːlmənæk] almanaque *m*

almighty [ɔːl'maiti] *a, s* todopoderoso *m*

almond ['ɑːmənd] almendra *f*; **~ tree** almendro *m*

almost ['ɔːlməust] casi

alms [ɑːmz] limosna *f*

aloft [ə'lɔft] hacia arriba, en alto

alone [ə'ləun] *a* solo; *adv* sólo; **all ~** a solas; **to leave ~** dejar en paz; **let ~** mucho menos

along [ə'lɔŋ] *prep* a lo largo (de); por; al lado de; *adv.* **all ~** desde el principio

aloof [ə'luːf] reservado; apartado

aloud [ə'laud] en voz alta

alphabet ['ælfəbit] alfabeto *m*

Alps [ælps] Alpes *m/pl*

already [ɔːl'redi] ya

also ['ɔːlsəu] también

altar ['ɔːltə] altar *m*

alter ['ɔːltə] *v/t* alterar, modificar

alternate ['ɔːltəːneit] *v/t, v/i* alternar; **[~'təːnit]** *a* alterno; *s* suplente *m*; **~ing current** corriente *f* alterna; **~ive** *a* alternativo; *s* alternativa *f*

although [ɔːl'ðəu] aunque, a pesar de que

altitude ['æltitjuːd] altitud *f*; altura *f*

alto [æltəu] *mús* contralto *m, f*

altogether [ɔːltə'geðə] en conjunto; por completo

aluminium [ælju'minjəm] aluminio *m*

always ['ɔːlwəz] siempre

am [æm]: **I ~** soy; estoy

amass [ə'mæs] *v/t* acumular

amateur ['æmətəː] aficionado *m*

amaze [ə'meiz] *v/t* asombrar; **~ment** asombro *m*

Amazon ['æməzən] Amazonas *m*

ambassador [æm'bæsədə] embajador *m*

amber ['æmbə] ámbar *m*

ambiguous [æm'bigjuəs] ambiguo; equívoco

ambition [æm'biʃən] ambición *f*; **~ous** ambicioso

ambulance ['æmbjuləns] ambulancia *f*

ambush ['æmbuʃ] *v/t* acechar; *s* emboscada *f*, celada *f*

amen ['ɑː'men] amén *m*

amend [ə'mend] *v/t* enmendar; rectificar; **~ment** enmienda *f*; **~s** reparación *f*; indemnización *f*

America [ə'merikə] América *f*; **~n** *a, s* americano(a) *m* (*f*)

amiable ['eimiəbl] afable, amable

amicable ['æmikəbl] amistoso, amigable

amid(st) [ə'mid(st)] en medio de, entre

amiss [ə'mis] fuera de lugar, inoportuno; **to take ~** tomar a mal

ammunition [æmju'niʃən] municiones *f/pl*

annoyed

amnesty ['æmnisti] amnistía f; indulto m

among(st) [ə'mʌŋ(st)] entre (varios)

amorous ['æmərəs] enamoradizo, amoroso

amount [ə'maunt] v/i ascender (a), elevarse (a); s cantidad f, importe m

ample ['æmpl] amplio; **~ifier** [~lifaiə] amplificador m; **~ify** v/t ampliar, amplificar

amputate ['æmpjuteit] v/t amputar

amuse [ə'mju:z] v/t divertir, entretener; **to ~ oneself** divertirse; **~ment** diversión f; entretenimiento m

an [æn, ən] un, uno, una

an(a)emia [ə'ni:miə] anemia f

analogous [ə'næləgəs] análogo; **~y** [~dʒi] analogía f

analyse ['ænəlaiz] v/t analizar; **~sis** [ə'næləsis] análisis m, f

anarchic [æ'nɑ:kik] anárquico; **~ist** ['ænəkist] anarquista m, f; **~y** anarquía f

anatomy [ə'nætəmi] anatomía f

ancestor ['ænsistə] antepasado m; **~ry** linaje m, abolengo m

anchor ['æŋkə] v/i anclar; s ancla f, áncora f; **drop ~** echar anclas; **weigh ~** levar anclas

anchovy ['æntʃəvi] anchoa f

ancient ['einʃənt] antiguo

and [ænd, ənd] y, e

anew [ə'nju:] de nuevo, otra vez

angel ['eindʒəl] ángel m

anger ['æŋgə] s ira f; enfado m; v/t enojar, provocar; **~ry** furioso, enfadado; **get ~ry** montar en cólera

angle ['æŋgl] s ángulo m, esquina f; v/t pescar con caña

Anglican ['æŋglikən] s, a anglicano(a) m (f)

Anglo-Saxon ['æŋglou-'sæksən] s, a anglosajón

anguish ['æŋgwiʃ] angustia f, ansia f

animal ['æniməl] animal m

animate ['ænimeit] v/t animar, alentar; **~d cartoon** película f de dibujos animados

animosity [æni'mɔsiti] animosidad f; rencor m

anise ['ænis] anís m

ankle ['æŋkl] tobillo m

annex [ə'neks] v/t anexar (territorio); adjuntar, unir; ['æneks] s arq pabellón m

annihilate [ə'naiəleit] v/t aniquilar

anniversary [æni'və:səri] aniversario m

annotate ['ænəuteit] v/t anotar, glosar; **~ion** anotación f; apunte m

announce [ə'nauns] v/t anunciar; **~ment** anuncio m, aviso m; **~r** locutor m

annoy [ə'nɔi] v/t molestar, fastidiar; **~ance** molestia f; **~ed: to be ~ed** estar fastidia-

do, enfadado; **~ing** molesto,
enojoso
annual ['ænjuəl] anual
annul [ə'nʌl] *v/t* anular;
~ment anulación *f*
anomalous [ə'nɔmələs] anómalo
anonymous [ə'nɔniməs] anónimo
another [ə'nʌðə] otro
answer ['ɑːnsə] *v/t, v/i* contestar a; responder a; **~ for**
responder de; *s* contestación
f, respuesta *f*; solución *f*
ant [ænt] hormiga *f*; **~hill** hormiguero *m*
antagonism [æn'tægənizəm]
antagonismo *m*; **~t** antagonista *m, f*
Antarctic [ænt'ɑːktik] antártico
antelope ['æntiləup] antílope
m
antenna [æn'tenə] antena *f*
anthem ['ænθəm] motete *m*;
national ~ himno *m* nacional
anti-aircraft ['ænti'eəkrɑːft]
antiaéreo; **~biotic** [‿bai'ɔtik] *s, a* antibiótico *m*; **~climax** [‿'klaimæks] fin *m* (*de
un libro, etc*) decepcionante
antics ['æntiks] payasadas
f/pl
anticipate [æn'tisipeit] *v/t*
anticipar; prever; adelantar(se); **~ion** anticipación *f*;
previsión *f*
antidote ['ænti'dəut] antídoto *m*; contraveneno *m*;
~freeze [‿friːz] anticonge-

lante *m*
antipathy [æn'tipəθi] antipatía *f*
antiquated ['æntikweitid]
anticuado; **~e** [æn'tiːk] antiguo; **~es** antigüedades *f/pl*;
~ity [‿'tikwiti] antigüedad *f*
antler ['æntlə] cuerno *m*
anvil ['ænvil] yunque *m*
anxiety [æn'zaiəti] ansia *f*;
ansiedad *f*; **~ous** [ˈæŋkʃəs]
ansioso, inquieto; anheloso
any ['eni] cualquier(a); *not ~*
ningún(o), a, os, as; **~body,
~one** alguno; cualquiera,
quienquiera; *not ~body,
~one* nadie; **~how** de cualquier modo; **~thing** cualquier cosa; **~way** de cualquier modo; **~where** en
cualquier parte; *not ~where*
en ninguna parte
apart [ə'pɑːt] aparte; **~ment**
piso *m*; *LA* apartamento *m*
apathetic [æpə'θetik] apático; **~y** ['æpəθi] apatía *f*
ape [eip] mono *m*
aperitif [ə'peritif] aperitivo *m*
apiece [ə'piːs] (a, por, para)
cada uno
apologize [ə'pɔlədʒaiz] *v/i*
disculparse; **~y** disculpa *f*;
excusa *f*
apoplexy ['æpəupleksi] apoplejía *f*
apostle [ə'pɔsl] apóstol *m*
apostrophe [ə'pɔstrəfi] *gram*
apóstrofo *m*
appal(l) [ə'pɔːl] *v/t* asombrar,
pasmar; espantar

apparatus [æpə'reitəs] aparato *m*; aparejo *m*

apparel [ə'pærəl] *com* ropa *f*

apparent [ə'pærənt] aparente; **~ly** por lo visto

appeal [ə'pi:l] *v/i for* apelar; **~ to** apelar a; interesar a, atraer; *s for* apelación *f*; petición *f*; atractivo *m*

appear [ə'piə] *v/i* aparecer, parecer; *for* comparecer; **~ance** apariencia *f*; aspecto *m*; aparición *f*; *for* comparecencia *f*

appease [ə'pi:z] *v/t* apaciguar; **~ment** apaciguamiento *m*

append|icitis [əpendi'saitis] apendicitis *f*; **~ix** [ə'pendiks] apéndice *m*

appeti|te ['æpitait] apetito *m*; **~zing** apetitoso

applau|d [ə'plɔːd] *v/t* aplaudir; **~se** [~z] aplauso *m*

apple ['æpl] manzana *f*; **Adam's ~** nuez *f* de la garganta; **~ of one's eye** *fam fig* el ojo derecho de uno; **~ pie** pastel *m* de manzana; **~ tree** manzano *m*

appliance [ə'plaiəns] aparato *m*; dispositivo *m*; **household ~s** electrodomésticos *m/pl*

application [æpli'keiʃən] aplicación *f*; solicitud *f*

apply [ə'plai] *v/t* aplicar, utilizar; *v/i* ser pertinente, corresponder; **~ for** solicitar

appoint [ə'pɔint] *v/t* nombrar; señalar; **~ment** cita *f*, com-

promiso *m*; nombramiento *m*

apportion [ə'pɔːʃən] *v/t* prorratear

apprecia|te [ə'priːʃieit] *v/t* apreciar, estimar; *v/i* subir de valor; **~tion** aprecio *m*; estimación *f*

apprehen|d [æpri'hend] *v/t*, *v/i* comprender, percibir; recelar; aprehender, prender, capturar; **~sive** aprensivo, receloso; perspicaz

apprentice [ə'prentis] aprendiz *m*; **~ship** aprendizaje *m*

approach [ə'prəutʃ] *v/t*, *v/i* aproximar(se); acercar(se); *s* acceso *m*; aproximación *f*

appropriate [ə'prəuprieit] *v/t* apropiarse de; [ə'prəupriit] *a* apropiado, apto

approv|al [ə'pruːvəl] aprobación *f*; asentimiento *m*; **~e** *v/t* sancionar, aprobar

approximate [ə'prɔksimeit] *v/t*, *v/i* aproximar(se); [ə'prɔksimit] *a* aproximado

apricot ['eiprikɔt] albaricoque *m*; *LA* damasco *m*

April ['eipril] abril *m*

apron ['eiprən] delantal *m*

apse [æps] ábside *m*

apt [æpt] apto; propenso; **~itude** ['æptitjuːd] aptitud *f*

aqu|arium [ə'kweəriəm] acuario *m*; **~atic** [ə'kwætik] acuático; **~atics** deportes *m/pl* acuáticos

aquiline ['ækwilain] aguileño

Arab ['ærəb], s, a árabe; **~ic**
árabe m; lengua f árabe

arable ['ærəbl] cultivable

arbitrary ['ɑːbitrəri] arbitra-
rio

arbo(u)r ['ɑːbə] cenador m

arc [ɑːk] arco m; **~ade**
[ɑːˈkeid] arq arcada f; galería
f

arch [ɑːtʃ] arq arco m; bóveda
f; anat empeine m; a socarrón; zumbón

archaeolog|ist [ɑːkiˈɔledʒist]
arqueólogo m; **~y** arqueología f

archaic [ɑːˈkeiik] arcaico

arch|angel ['ɑːkeindʒəl] ar-
cángel m; **~bishop** ['ɑːtʃ-
'biʃəp] arzobispo m; **~er**
['ɑːtʃə] arquero m; **~ery**
[~əri] tiro m de arco

architect ['ɑːkitekt] arquitecto m; **~ure** arquitectura f

arctic ['ɑːktik] ártico

ard|ent ['ɑːdənt] ardiente, ve-
hemente; **~o(u)r** ardor m,
pasión f; **~uous** ['ɑːdjuəs]
arduo, duro, muy difícil

are [ɑː]:you ~ eres, sois; estás,
estáis; we ~ somos; estamos;
they ~ son; están

area ['ɛəriə] área f, zona f

arena [əˈriːnə] arena f

Argentine ['ɑːdʒəntain] s Argentina f; a argentino

argu|e ['ɑːgjuː] v/t, v/i argüir,
discutir; razonar; **~ment** argumento m; discusión f, disputa f

arid ['ærid] árido

arise [əˈraiz] v/i alzarse; surgir; resultar (de)

arithmetic [əˈriθmətik] aritmética f

ark [ɑːk] arca f

arm [ɑːm] s brazo m; ~ in ~
cogidos del brazo; v/t, v/i armar; **~ament** [~əmənt] ar-
mamento m; ~ **chair** butaca
f; **~ful** brazada f; **~istice** armisticio m; **~o(u)r** armadura
f; blindaje m; **~o(u)red** blin-
dado; **~pit** sobaco m; **~rest**
apoyabrazos m; **~s** armas
f/pl; **~y** ejército m; tropas f/pl

around [əˈraund] adv alrededor; prep alrededor de

arouse [əˈrauz] v/t despertar,
excitar

arrange [əˈreindʒ] v/t arreglar; disponer; **~ment** arreglo m; disposición f

arrears [əˈriəz]: in ~ atrasado
en pagos

arrest [əˈrest] v/t detener,
arrestar; s detención f, arres-
to m; paro m

arriv|al [əˈraivəl] llegada f; (el
que ha) llegado m; **~e** v/i
llegar; alcanzar éxito

arrogan|ce ['ærəgəns] arro-
gancia f; **~t** arrogante

arrow ['ærəu] flecha f

arsenic ['ɑːsnik] arsénico m

arson ['ɑːsn] for incendio m
premeditado

art [ɑːt] arte m; destreza f;
maña f; **~s and crafts** artes
f/pl y oficios; fine **~s** bellas
artes f/pl; **~ful** mañoso; arti-

assess

ficioso; **~fulness** astucia *f*
artichoke ['ɑ:titʃouk] alcachofa *f*
article ['ɑ:tikl] artículo *m*
articulate [ɑ:'tikjuleit] *v/t* articular, pronunciar; [~'tikjulit] *a* articulado; inteligible
artifice ['ɑ:tifis] artificio *m*; **~ial** [~'fiʃəl] artificial
artillery [ɑ:'tiləri] artillería *f*
artisan [ɑ:ti'zæn] artesano *m*
artist ['ɑ:tist] artista *m/f*; **~ic** artístico
artless ['ɑ:tlis] natural, sencillo

as [æz, əz] *adv* como; **~ ...** tan(to) ... como; **~ far ~** en cuanto; **~ for** en cuanto a; **~ if** como si; **~ many ~** tantos como; **~ soon ~** tan pronto como; **~ well** también; **~ yet** hasta ahora; *conj* como; aunque; **~ to** en cuanto a
ascend [ə'send] *v/t, v/i* ascender, subir; **~sion** ascensión *f*; **~t** subida *f*; ascenso *m*
ascertain [æsə'tein] *v/t* averiguar; cerciorarse de
ascetic [ə'setik] ascético
ascribe [əs'kraib] *v/t* atribuir, achacar; imputar
aseptic [æ'septik] aséptico
ash [æʃ] fresno *m*; ceniza *f*
ashamed [ə'ʃeimd] avergonzado; **to be ~** tener vergüenza
ash|es ['æʃiz] cenizas *f/pl*; **~tray** cenicero *m*
ashore [ə'ʃɔ:] en tierra, a tierra; **to go ~** desembarcar

Asia ['eiʃə] Asia *f*; **~tic** *a, s* [eiʃi'ætik] asiático(a) *m (f)*
aside [ə'said] de lado, al lado, aparte (*t s teat*)
ask [ɑ:sk] *v/t* preguntar; pedir; invitar; **~ a question** hacer una pregunta; **~ about, ~ for** preguntar por
askew [əs'kju:] torcido, ladeado
asleep [ə'sli:p] dormido; **to fall ~** quedarse dormido
asparagus [əs'pærəgəs] espárrago *m*
aspect ['æspekt] aspecto *m*
aspir|ant [əs'paiərən] aspirante *m*; candidato *m*; **~e** *v/i* aspirar; ambicionar
aspirin ['æspərin] aspirina *f*
ass [æs] asno *m*, burro *m*
assail [ə'seil] *v/t* asaltar, acometer
assassin [ə'sæsin] asesino *m*; **~ate** *v/t* asesinar; **~ation** asesinato *m*
assault [ə'sɔ:lt] *v/t* asaltar; *s* asalto *m*
assembl|age [ə'semblidʒ] *tecn* montaje *m*; **~e** [ə'sembl] *v/t* juntar; *tecn* montar; **~** reunirse; **~y** asamblea *f*; montaje *m*; **~y line** *tecn* línea *f* de montaje
assent [ə'sent] *s* asentimiento *m*; *v/i* **~ to** asentir a; consentir en
assert [ə'sə:t] *v/t* afirmar; **~ion** afirmación *f*
assess [ə'ses] *v/t* valorar; gravar; fijar (*impuestos*)

asset ['æset̬] posesión f; ventaja f; **~s** activo m, haber m

assiduous [ə'sidjuəs] asiduo; perseverante

assign [ə'sain] v/t asignar; señalar, destinar; **~ment** asignación f; cesión f

assimilate [ə'simileit] v/t asimilar

assist [ə'sist] v/t asistir, ayudar; **~ance** ayuda f, auxilio m; **~ant** ayudante m

associat|e [ə'səuʃieit] v/t asociar; v/i asociarse; adherirse; s socio m; **~ion** asociación f, sociedad f

assort|ed [ə'sɔ:tid] surtido, mixto; **~ment** surtido m

assum|e [ə'sju:m] v/t tomar; asumir; presumir; suponer; **~ed** fingido; **~ption** [ə'sʌmpʃən] asunción f; postulado m, presunción f

assur|ance [ə'ʃuərəns] seguridad f; promesa f; aplomo m; com seguro m; **~e** v/t asegurar, afirmar; **~ed** seguro; com asegurado

asterisk ['æstərisk] asterisco m

asthma ['æsmə] asma f

astonish [əs'tɔniʃ] v/t sorprender, asombrar; **~ed** sorprendido; asombrado; **~ment** asombro m; sorpresa f

astound [əs'taund] v/t, v/i pasmar, consternar

astray [əs'trei]: **to go ~** extraviarse; **lead ~** llevar por mal camino

astride [əs'traid] a horcajadas

astrology [əs'trɔlədʒi] astrología f

astronaut ['æstrənɔ:t] astronauta m

astronom|er [əs'trɔnəmə] astrónomo m; **~y** astronomía f

astute [əs'tju:t] astuto, sagaz; perspicaz

asunder [ə'sʌndə]: **tear ~** hacer pedazos

asylum [ə'sailəm] asilo m

at [æt, ət] a, en; por; **~ best** en el mejor de los casos; **~ home** en casa; **~ night** por la noche; **~ school** en la escuela; **~ the door** a la puerta

atheist ['eiθiist] ateo m

athlet|e ['æθli:t] atleta m; **~ic** [~'letik] atlético; **~ics** atletismo m

Atlantic [ət'læntik] atlántico

atmosphere ['ætməsfiə] atmósfera f

atom ['ætəm] átomo m; **~ bomb** bomba f atómica; **~ic** atómico; **~ic age** era f atómica; **~ic pile** pila f atómica; **~izer** pulverizador m

atone [ə'təun]: v/i **to ~ for** expiar

atroci|ous [ə'trəuʃəs] atroz; **~ty** [~'ɔsiti] atrocidad f

attach [ə'tætʃ] v/t atar, ligar; vincular; apegar; **~ment** apego m; afecto m

attack [ə'tæk] v/t atacar; s ataque m

attain [ə'tein] *v/t* conseguir

attempt [ə'tempt] *v/t* intentar; *s* tentativa *f*, prueba *f*

attend [ə'tend] *v/t* asistir a, concurrir a; atender, cuidar; **~ance** asistencia *f*; presencia *f*; *be in ~ance* asistir

atten|tion [ə'tenʃən] atención *f*; **~ion!** ¡ojo!; *pay ~ion* prestar atención, hacer caso; **~ive** atento

attest [ə'test] *v/t* atestiguar

attic ['ætik] desván *m*

attire [ə'taiə] atavío *m*; vestido *m*

attitude ['ætitjuːd] actitud *f*

attorney [ə'təːni] abogado *m*

attract [ə'trækt] *v/t*, *v/i* atraer; **~ion** atracción *f*; atractivo *m*; **~ive** atractivo

attribute [ə'tribju(ː)t] *v/t* atribuir; ['ætribjuːt] *s* atributo *m*

auburn ['ɔːbən] castaño rojizo

auction ['ɔːkʃən] subasta *f*

audac|ious [ɔː'deiʃəs] audaz; **~ity** [ɔː'dæsiti] audacia *f*

audi|ble ['ɔːdəbl] audible; **~ence** público *m*; audiencia *f*; **~tor** interventor *m*, revisor *m* de cuentas; **~torium** [~'tɔːriəm] sala *f*

augment [ɔːg'ment] *v/t*, *v/i* aumentar(se)

August ['ɔːgəst] agosto *m*

aunt [ɑːnt] tía *f*

auspicious [ɔːs'piʃəs] propicio, favorable

auster|e [ɔs'tiə] austero; **~ity** [~'teriti] austeridad *f*

Australia [ɔs'treiljə] Australia *f*; **~n** *a, s* australiano(a) *m* (*f*)

Austria ['ɔstriə] Austria *f*; **~n** *a, s* austríaco(a) *m* (*f*)

authentic [ɔː'θentik] auténtico

author ['ɔːθə] autor *m*; escritor *m*; **~itarian** [ɔː'θəri'tɛəriən] autoritario; **~itative** [ɔː'θɔritətiv] autorizado; perentorio; **~ity** autoridad *f*; *on good ~ity* de buena tinta; **~ize** [~raiz] autorizar; **~ship** paternidad *f* literaria

auto|matic [ɔːtə'mætik] automático; **~matic focus** *foto* autoenfoque *m*; **~mation** automatización *f*

automobile ['ɔːtəməubiːl] automóvil *m*

autonomy [ɔː'tɔnəmi] autonomía *f*

autopsy ['ɔːtɔpsi] autopsia *f*

autumn ['ɔːtəm] otoño *m*

avail [ə'veil]: *of no ~* inútil; *v/i* valer; *to ~ oneself of* servirse de; **~able** disponible; aprovechable

avalanche ['ævəlɑːntʃ] alud *m*

avaric|e ['ævəris] avaricia *f*; **~ious** [~riʃəs] avaro

avenge [ə'vendʒ] *v/t*, *v/i* vengar(se) (de)

avenue ['ævinjuː] avenida *f*

average ['ævəridʒ] *s* promedio *m*; *on the ~* por término medio, en promedio; *a* medio; corriente; mediano, ordinario

aversion [ə'vɔːʃən] aversión f, repugnancia f

avert [ə'vɔːt] v/t desviar; prevenir

aviat|ion [eivi'eiʃən] aviación f; **~or** ['eiitə] aviador m

avocado [ɑːvɔkɑ'dəu] aguacate m

avoid [ə'vɔid] v/t evitar

await [ə'weit] v/t aguardar

awake [ə'weik] v/t, v/i despertar(se); a despierto

award [ə'wɔːd] v/t, v/i otorgar; conceder; conferir; s for fallo m; premio m

aware [ə'weə] enterado

away [ə'wei] fuera, ausente; far ~ lejos; to go ~ marcharse

aw|e [ɔː] temor m reverente; **~e-struck** espantado, pasmado; **~ful** terrible, espantoso; fam pésimo; fatal; tremendo

awhile [ə'wail] (por) un rato

awkward ['ɔːkwəd] torpe; embarazoso, desagradable; delicado (situación, etc)

awning ['ɔːniŋ] toldo m

awry [ə'rai]: to go ~ salir mal, fracasar

ax(e) [æks] hacha f

axis ['æksis] eje m; anat axis m

axle ['æksl] tecn eje m

azure ['æʒə] azul m celeste

B

babble ['bæbl] v/t, v/i balbucear; parlotear; barbotar; s barboteo m; parloteo m

babe [beib] criatura f

baboon [bə'buːn] mandril m

baby ['beibi] criatura f; bebé m; **~hood** primera infancia f; **~ish** infantil

bachelor ['bætʃələ] soltero m; confirmed ~ solterón m

back [bæk] s espalda(s) f (pl); dorso m; reverso m, revés m; sp zaguero m; to be ~ estar de vuelta; to turn one's ~ dar la espalda; v/t apoyar; apostar a; v/i retroceder, dar marcha atrás; **~ down** volverse atrás; **~ out** retirarse; adv de vuelta; atrás; **~bone** espina f dorsal;

~fire petardeo m; **~gammon** chaquete m; **~ground** fondo m; fundamento m; fig antecedentes m/pl; **~ing** apoyo m; **~lash** (t pol) reacción f en contra; **~log** atrasos m/pl; **~pack** mochila f; **~stroke** brazada f de espaldas (en natación); **~ward(s)** a atrasado; adv (hacia) atrás; **~yard** patio m trasero

bacon ['beikən] tocino m

bacterium [bæk'tiəriəm] bacteria f

bad [bæd] malo; podrido; dañoso; not ~ nada malo; from ~ to worse de mal en peor; too ~! ¡qué lástima!; **~ly** mal

badge ['bædʒ] insignia *f*

badger ['bædʒə] tejón *m*

badminton ['bædmintən] juego *m* del volante

baffle ['bæfl] *v/t* desconcertar; frustrar

bag [bæg] saco *m*; bolsa *f*; **~gage** *Am* equipaje *m*; *mil* bagaje *m*

bagpipes ['bægpaips] gaita *f*

bail [beil] fianza *f*

bailiff ['beilif] alguacil *m*

bait [beit] cebo *m*

bake [beik] *v/t* cocer (*al horno*); **~r** panadero *m*; **~ry** panadería *f*

balance ['bæləns] *s* equilibrio *m*; balanza *f*; volante *m* (*de reloj*); *com* balance *m*; *v/t* balancear; equilibrar; *com* saldar

balcony ['bælkəni] balcón *m*; *teat* galería *f*

bald [bɔːld] calvo

bale [beil] *s* bala *f*; fardo *m*; *v/t* embalar; **to ~ out** lanzarse en paracaídas

Balearic [bæli'ærik] balear; **~ Islands** Islas *f/pl* Baleares

balk [bɔːk] *v/t* impedir, frustrar; *v/i* plantarse (*caballo*)

ball [bɔːl] pelota *f*; bola *f*; baile *m*; globo *m*; yema *f* (*del dedo*); **~ad** ['bæləd] romance *m*; balada *f*; **~ast** ['bæləst] lastre *m*; **~ bearing(s)** *tecn* cojinete *m* de bolas

ballet ['bælei] ballet *m*, baile *m* artístico

ballistics [bə'listiks] balística *f*

balloon [bə'luːn] globo *m*

ballot ['bælət] *s* balota *f*; votación *f*: **~ box** urna *f* electoral

ballpoint pen ['bɔːlpɔint pen] bolígrafo *m*

balm [baːm] bálsamo *m*; **~y** suave (*brisa, etc*)

Baltic ['bɔːltik] (**Sea**) (Mar) Báltico *m*

bamboo [bæm'buː] bambú *m*

ban [bæn] *s* prohibición *f* (*oficial*); *v/t* prohibir; excluir

banana [bə'naːnə] plátano *m*; *LA* banana *f*

band [bænd] cinta *f*; *mús* banda *f*; **to ~ together** asociarse; **~age** venda *f*, vendaje *m*

bandit ['bændit] bandido *m*

bang [bæŋ] *interj* ¡pum!; *s* estallido *m*; golpe *m* resonante; *v/t* golpear; cerrar de golpe

banish ['bæniʃ] *v/t* desterrar; **~ment** destierro *m*

banisters ['bænistəz] pasamano *m*; barandilla *f*

bank [bæŋk] *s* orilla *f*; banco *m*; banca *f*; *v/t* deposi en el banco; **~ account** cuenta *f* bancaria; **~er** banquero *m*; **~ing** operaciones *f/pl* bancarias; **~note** billete *m* de banco; **~rupt** ['~rʌpt] quebrado; **~ruptcy** quiebra *f*, bancarrota *f*

banner ['bænə] bandera *f*

banns [bænz] amonestaciones *f/pl*

banquet ['bæŋkwit] *s* banquete *m*

banter ['bæntə] v/i chancear

bapti|sm ['bæptizm] bautismo m; **~ze** [~'taiz] v/t bautizar

bar [ba:] s barra f; mostrador m; bar m; fig obstáculo m; **~s** rejas f/pl; **behind ~s** en la cárcel; v/t atrancar; enrejar; impedir

barbar|ian [ba:'beəriən] bárbaro m; **~ous** ['~bərəs] bárbaro

barbecue ['ba:bikju:] barbacoa f

barbed [ba:bd]: **~ wire** alambre m de púas

barber ['ba:bə] barbero m, peluquero m

bare [beə] desnudo; escaso; mero; **~faced** descarado; **~foot(ed)** descalzo; **~headed** descubierto; **~ly** apenas

bargain ['ba:gin] s pacto m; ganga f; **~ price** precio m rebajado; v/t, v/i negociar; regatear

barge [ba:dʒ] barcaza f; **~ in** fig irrumpir

baritone ['bæritəun] barítono m

bark [ba:k] s ladrido m; corteza f (de un árbol); v/i ladrar

barley ['ba:li] cebada f

barmaid ['ba:meid] tabernera f

barn [ba:n] granero m; establo m; cuadra f

barometer [bə'rɔmitə] barómetro m

barrack ['bærək] cuartel m

barrel ['bærəl] barril m; cañón m; **~ organ** organillo m

barren ['bærən] estéril, árido

barricade [bæri'keid] s barricada f; v/t obstruir

barrier ['bæriə] barrera f

barrister ['bæristə] abogado m

bartender [ba:'tendə] barman m

barter ['ba:tə] s trueque m; v/t trocar; v/i traficar

base [beis] a bajo, vil, villano; s base f; basar; apoyar; fundar; **~ball** béisbol m; **~less** infundado; **~ment** sótano m

bashful ['bæʃful] tímido

basic ['beisik] básico

basil ['bæzl] albahaca f

basin ['beisn] palangana f; geog cuenca f

bask [ba:sk] v/i tomar el sol

basket ['ba:skit] cesta f; canasta f; **~ball** baloncesto m

Basque [bæsk] a, s vasco(a) m (f)

bass [beis] mús bajo m

bastard ['bæstəd] bastardo m

bat [bæt] zool murciélago m; sp bate m

bath [ba:θ] s baño m; v/t bañar (niño, enfermo, etc); **~e** [beið] v/t bañar; v/i bañarse (al aire libre); **~ing-suit** traje m de baño; bañador m; **~robe** albornoz m; **~ room** cuarto m de baño; **~tub** [ba:θ-] bañera f

baton ['bætən] *mús* batuta *f*
batter ['bætə] *v/t* golpear; demoler; **~ed** magullado; **~y** batería *f*; pila *f*
battle ['bætl] *s* batalla *f*; lucha *f*; *v/i* luchar; **~ship** acorazado *m*
bawl [bɔːl] *v/i* vocear; llorar a gritos
bay [bei] *a* bayo; *s* bahía *f*; rada *f*; *bot* laurel *m*; *arq* entrepaño *m*; **at ~** acorralado; *v/t* ladrar, aullar; **~onet** bayoneta *f*
be [biː, bi] *v/i* ser; estar; **to ~ in** estar (en *casa, etc*); **to ~ out** haber salido; **so ~ it** así sea
beach [biːtʃ] playa *f*
beacon ['biːkən] almenara *f*, *aer* baliza *f*; faro *m*
bead [biːd] cuenta *f*; abalorio *m*; **~s** rosario *m*
beak [biːk] pico *m*
beam [biːm] *s arq* viga *f*; rayo *m* (*de luz; sol*); *mar* manga *f*; *v/t* emitir; *v/i* brillar
bean [biːn] haba *f*; judía *f*; *LA* frijol *m*; habichuela *f*
bear [beə] *s zool* oso *m*; *com* bajista *m*/*f*; *v/t* aguantar; dar a luz; llevar; **~ out** confirmar
beard [biəd] barba *f*; **~ed** barbudo
bear|er ['beərə] portador(a) *m*(*f*); **~ing** porte *m*; **~ings** rumbo *m*, orientación *f*
beast [biːst] bestia *f*
beat [biːt] *v/t* batir; pegar; golpear; tocar; derrotar; *v/i*

latir, palpitar; **~ about the bush** ir por rodeos; **~ it** largarse; **~ time** *mús* llevar el compás; **~ up** dar una paliza; *s* golpe *m*; latido *m*; ronda *f* (*del policía*); *mús* compás *m*
beauti|ful ['bjuːtəful] hermoso, bello; **~fy** ['~fai] *v/t* embellecer; **~y** hermosura *f*; belleza *f*; **~y parlo(u)r** salón *m* de belleza
beaver ['biːvə] castor *m*
because [bi'kɔz] *adv* porque; **~ of** *prep* por; a causa de
beckon ['bekən] *v/t* llamar por señas
become [bi'kʌm] *v/i* llegar a ser; hacerse; volverse, ponerse; *v/t* convenir a; **~ing** que sienta bien (*vestido*)
bed [bed] cama *f*; lecho *m*; *bot* arriate *m*; **to go to ~** acostarse; **~ding** ropa *f* de cama; **~lam** ['bedləm] confusión *f*, caos *m*; **~ridden** postrado en cama; **~room** dormitorio *m*, alcoba *f*; **~spread** colcha *f*; **~time** hora *f* de acostarse
bee [biː] abeja *f*; **~hive** colmena *f*; **~line** línea *f* recta
beech [biːtʃ] haya *f*
beef [biːf] carne *f* de res *o* de vaca; **~steak** bistec *m*
beer [biə] cerveza *f*
beet [biːt] remolacha *f*
beetle ['biːtl] escarabajo *m*
befit [bi'fit] *v/t* convenir a
before [bi'fɔː] *adv* delante (*lugar*); antes (*tiempo*); *prep* delante de (*lugar*); ante (

· antes de (*tiempo*); **~hand** de antemano

beg [beg] *v/t* rogar; pedir; *v/i* mendigar

beggar ['begə] mendigo *m*

begin [bi'gin] *v/t, v/i* empezar; comenzar; iniciar; **~ner** principiante *m*; **~ning** comienzo *m*

beguile [bi'gail] *v/t* engañar; seducir

behalf [bi'hɑ:f]: **on ~ of** en nombre de

behav|e [bi'heiv] *v/t, v/i* (com)portarse; obrar; conducirse; **~io(u)r** conducta *f*

behead [bi'hed] *v/t* decapitar

behind [bi'haind] *adv* atrás; detrás; *prep* detrás de; tras; **to be ~** estar atrasado; *s* trasero *m*

being ['bi:iŋ] ser *m*; persona *f*; **for the time ~** por ahora

belated [bi'leitid] tardío; atrasado

belch [beltʃ] *v/i* eructar

belfry ['belfri] campanario *m*

Belgi|an ['beldʒən] *a, s* belga *m, f*; **~um** ['beldʒəm] Bélgica *f*

belie [bi'lai] *v/t* desmentir

belie|f [bi'li:f] creencia *f*; **~vable** creíble; **~ve** *v/t, v/i* creer; **to make ~ve** fingir; **~ver** creyente *m, f(pl)*

belittle [bi'litl] *v/t* menospreciar

bell [bel] (*iglesia*) campana *f*; (*eléctrico*) timbre *m*; (*ganado*) cencerro *m*; **~boy** botones *m*

belligerent [bi'lidʒərənt] *a, s* beligerante

bellow ['beləu] *v/i* bramar; gritar; **~s** fuelle *m*

belly ['beli] vientre *m*; panza *f*; **~ button** *fam* ombligo *m*

belong [bi'lɔŋ] *v/i* pertenecer; **~ings** posesiones *f/pl*

beloved [bi'lʌvid] *a, s* querido(a) *m (f)*

below [bi'ləu] *adv* abajo; *prep* bajo; debajo de

belt [belt] cinturón *m*; faja *f*; *tecn* correa *f*

bench [ben(t)ʃ] banco *m*; tribunal *m*

bend [bend] *s* vuelta *f*; curva *f*; *v/t* doblar; inclinar; *v/i* encorvarse; torcerse

beneath [bi'ni:θ] *adv* abajo; debajo; *prep* bajo, debajo de

bene|diction [beni'dikʃən] bendición *f*; **~factor** ['bifæktə] bienhechor *m*; **~ficial** [~'fiʃəl] beneficioso; **~fit** ['bifit] beneficio *m*, provecho *m*; **~volent** [bi'nevələnt] benévolo

benign [bi'nain] benigno (*t med*)

bent [bent] encorvado; doblado; **to be ~ on** empeñarse en

benzine ['benzi:n] bencina *f*

bequeath [bi'kwi:ð] *v/t* legar

bequest [bi'kwest] legado *m*

bereaved [bi'ri:vd]: **the ~** los afligidos

beret ['berei] boina *f*

berry ['beri] baya *f*

berth [bə:θ] *s* amarradero *m*;

bind

camarote *m*; litera *f*; *v/t* atracar

beseech [bi'si:tʃ] *v/t* implorar; suplicar

beside [bi'said] *prep* al lado de, junto a; **to be ~ oneself** estar fuera de sí; **~s** *adv* además

besiege [bi'si:dʒ] *v/t* sitiar; asediar

best [best] el (lo) mejor; óptimo; superior; **~ man** padrino *m* de boda; **~ seller** éxito *m* de librería; **to do one's ~** hacer todo lo posible; **to make the ~ of it** salir lo mejor posible

bestow [bi'stou] *v/t* conferir; otorgar

bet [bet] *s* apuesta *f*; *v/t*, *v/i* apostar

betray [bi'trei] *v/t* traicionar; revelar; **~al** traición *f*; **~er** traidor *m*

betrothed [bi'trouðd] prometido(a) *m* (*f*)

better ['betə] *a*, *adv* mejor; **to be ~** valer más; **to be ~ off** estar mejor; **so much the ~** tanto mejor; **to get ~** mejorarse; *v/t* mejorar

between [bi'twi:n] entre

beverage ['bevəridʒ] bebida *f*

beware [bi'wɛə] *v/t*, *v/i* precaverse; **~ of ...!** ¡cuidado con (*el perro*, *etc*)!

bewilder [bi'wildə] *v/t* dejar perplejo; aturdir; **~ment** aturdimiento *m*

bewitch [bi'witʃ] *v/t* hechizar,

embrujar

beyond [bi'jɔnd] *adv* más allá; *prep* más allá de; además de; **it's ~ me** no lo entiendo; **~ the seas** allende los mares

bias ['baiəs] *s* prejuicio *m*, parcialidad *f*; sesgo *m*; *v/t* predisponer

bib [bib] babero *m*

Bible ['baibl] Biblia *f*

bicycle ['baisikl] bicicleta *f*

bid [bid] *v/t* mandar; licitar; pujar; **~ding** mandato *m*; oferta *f*, licitación *f*

bier [biə] féretro *m*

big [big] grande; **~ brother** hermano *m* mayor; **~ game** caza *f* mayor; **to talk ~** fanfarronear; echar bravatas; **~ot** ['bigət] fanático(a) *m*(*f*)

bike [baik] *fam* bicicleta *f*

bile [bail] bilis *f*; ira *f*

bill [bil] *com* cuenta *f*, nota *f*; factura *f*; billete *m*; proyecto *m* de ley; cartel *m*, letrero *m*; pico *m* (*de ave*); **~ of exchange** letra *f* de cambio; **~ of fare** menú *m*; **~ of lading** conocimiento *m* de embarque; **~board** [∼'bɔ:d] *Am* cartelera *f*; **~fold** [∼'fould] *Am* billetero *m*

billet ['bilit] *s mil* acantonamiento *m*; *v/t* acantonar

billiards ['biljədz] billar *m*

billion ['biljən] billón *m*, *Am* mil millones *m*/*pl*

billow ['bilou] *v/i* ondular; *s* ola *f*, onda *f*

bind [baind] *v/t* sujetar; atar:

ligar; encuadernar; obligar; **~ing** a obligatorio; s encuadernación f

binoculars [bi'nɔkjuləz] prismáticos m/pl

biography [bai'ɔgrəfi] biografía f

biology [bai'ɔlɔdʒi] biología f

birch [bəːtʃ] abedul m

bird [bəːd] ave f; pájaro m; **~ of passage** ave f de paso; **~ of prey** ave f de rapiña; **~'s-eye view** (a) vista f de pájaro

birth [bəːθ] nacimiento m; med parto m; **to give ~ (to)** dar a luz; **~ control** control m de la natalidad; **~day** cumpleaños m; **~mark** rosa f de nacimiento; **~rate** natalidad f

biscuit ['biskit] galleta f

bishop ['biʃəp] obispo m; alfil m (de ajedrez)

bison ['baisn] bisonte m

bit [bit] poquito m; bocado m; **a little ~** un poquito; **~ by ~** poco a poco

bitch [bitʃ] perra f

bite [bait] s mordedura f; picadura f; bocado m; v/t, v/i morder; picar

bitter ['bitə] a amargo; encarnizado; cortante; **~ness** amargura f; **~sweet** agridulce

bizarre [bi'zaː] grotesco; extraño

black [blæk] a, s negro(a) m

(f); v/t ennegrecer; v/i: **~ out** med desmayarse; **~ and blue** amoratado; **in ~ and white** por escrito; **~berry** zarzamora f; **~bird** mirlo m; **~board** pizarra f; **~ eye** ojo m amoratado; **~mail** chantaje m; **~ market** mercado m negro; **~out** apagón m; **~smith** herrero m

bladder ['blædə] vejiga f

blade [bleid] hoja f (de espada, de cuchillo); pala f (de remo); hoja f (de hélice)

blame [bleim] s culpa f; v/t culpar; **to be to ~ for** tener la culpa de; **~less** inocente

bland [blænd] blando

blank [blæŋk] a en blanco; vacío; sin expresión (mirada, etc); **~ verse** verso m libre; s formulario m; **draw a ~** intentar sin éxito

blanket ['blæŋkit] manta f; LA frazada f

blare [blɛə] v/i resonar

blast [blɑːst] s ráfaga f; soplo m; carga f explosiva; explosión f; v/t volar (con dinamita); **~ furnace** alto horno m; **~ (it)!** ¡maldito sea!; **~off** despegue m (de un cohete)

blaze [bleiz] s llamarada f; v/i arder; llamear; **~a trail** (t fig) abrir un camino

bleach [bliːtʃ] v/t blanquear

bleak [bliːk] desierto, frío; desolado, sombrío

bleat [bliːt] v/i balar; s balido m

bleed [bli:d] *v/t* sangrar; *v/i* sangrar, perder sangre

blemish ['blemiʃ] *s* mancha *f*; tacha *f*; defecto *m*

blend [blend] *s* mezcla *f*; combinación *f*; *v/t* mezclar, combinar

bless [bles] *v/t* bendecir; **~ my soul!** ¡válgame Dios!; **~ed** bendito; **~ing** bendición *f*; gracia *f*

blind [blaind] *a* ciego; *s* celosía *f*; persiana *f*; *fig* pretexto *m*; *v/t* cegar; deslumbrar; **~ alley** callejón *m* sin salida; **~folded** con los ojos vendados; **~ness** ceguera *f*, ceguedad *f*

blink [bliŋk] *s* parpadeo *m*; **on the ~** incapacitado; roto; *v/t* guiñar; *v/i* parpadear; **~er** *aut* intermitente *m*

bliss [blis] felicidad *f*

blister ['blistə] ampolla *f*

blizzard ['blizəd] ventisca *f*

bloat [bləut] *v/t* hinchar

block [blɔk] *s* bloque *m*; zoquete *m*; obstrucción *f*; manzana *f* (casas); *LA* cuadra *f*; *v/t* obstruir, bloquear; **~ade** [blɔ'keid] bloqueo *m*; **~head** zopenco *m*; **~ letter** letra *f* de imprenta

blond(e) [blɔnd] *a*, *s* rubio(a) *m* (*f*)

blood [blʌd] sangre *f*; **in cold ~** a sangre fría; **~ poisoning** envenenamiento *m* de la sangre; **~ pressure** tensión *f* arterial; **~shed** matanza *f*;

~shot ensangrentado; **~thirsty** sanguíneo; **~ vessel** vaso *m* sanguíneo; **~y** sangriento; *fam* maldito

bloom [blu:m] *s* florecimiento *m*; *v/i* florecer

blossom ['blɔsəm] *s* flor *f*; *v/i* florecer

blot [blɔt] *s* borrón *m*; mancha *f*; *v/t* **~ out** borrar, tachar; **~ting paper** papel *m* secante

blouse [blauz] blusa *f*

blow [bləu] *s* golpe *m*; *v/t* soplar; *mús* tocar; **~ one's nose** sonarse; **~ up** foto ampliar; *v/i* soplar; **~ out** apagarse; **~ over** pasar; **~ up** estallar; **~ out** *aut* pinchazo *m*

bludgeon ['blʌdʒən] cachiporra *f*

blue [blu:] azul; *fam* desanimado, triste; **~ bell** campánula *f*; **~blooded** de sangre noble; **~print** calco *m* azul; *fig* plan *m* de acción

bluff [blʌf] *s* fanfarronada *f*; *v/i* aparentar, baladronear

blunder ['blʌndə] *s* patochada *f*; desacierto *m*; *v/i* disparatar, equivocarse

blunt [blʌnt] desafilado; despuntado; obtuso; rudo; brusco

blur [blə:] aspecto *m* borroso

blush [blʌʃ] *s* sonrojo *m*; *v/i* sonrojarse, ruborizarse

bluster ['blʌstə] *v/i* bravear

boar [bɔ:] verraco *m*; **wild ~** jabalí *m*

board [bɔːd] *s* tabla *f*; tablero *m*; **full ~** pensión *f* completa; **on ~** a bordo; *v/t* subir a bordo de; enmaderar; **~er** huésped *m*; alumno *m* interno; **~ing card** tarjeta *f* de embarque; **~ing house** casa *f* de huéspedes; **~ing school** internado *m*

boast [bəust] *s* jactancia *f*; *v/t* ostentar; *v/i* alardear; jactarse, vanagloriarse

boat [bəut] *s* barca *f*; bote *m*; barco *m*; **~race** regata *f*; **~swain** ['bəusən] contramaestre *m*

bob [bɔb] *v/t*, *v/i* menear(se); **~sled** ['bɔbsled] bob *m*

bodice ['bɔdis] corpiño *m*

body ['bɔdi] cuerpo *m*; casco *m* (de barco); carrocería *f* (de coche); gremio *m*, corporación *f*; **in a ~** en comitiva; **~guard** guardaespaldas *m*

bog [bɔg] pantano *m*

boil [bɔil] *v/t*, *v/i* hervir, cocer; *s* furúnculo *m*; **~ over** rebosar(se); **~ed egg** huevo *m* pasado por agua; **~er** caldero *m*; caldera *f*

boisterous ['bɔistərəs] ruidoso, alborotado

bold [bəuld] atrevido, audaz; valiente

Bolivia [bə'liviə] Bolivia *f*; **~n** *a*, *s* boliviano(a) *m* (*f*)

bolster ['bəulstə] travesero *m*

bolt [bəult] *s* cerrojo *m*; perno *m*; rayo *m*; pasador *m*; *v/t* acerrojar; **~ upright** erguido

bomb [bɔm] *s* bomba *f*; *v/t* bombardear; **~er** bombardero *m*

bond [bɔnd] *s* lazo *m*; ligazón *f*; com bono *m*; **~age** esclavitud *f*; **~ed** depositado bajo fianza

bone [bəun] hueso *m*; espina *f*; **~ of contention** manzana *f* de la discordia

bonfire ['bɔnfaiə] hoguera *f*

bonnet ['bɔnit] gorra *f*; toca *f*

bonus ['bəunəs] prima *f*; sobrepaga *f*

bony ['bəuni] huesudo

boo [buː] *v/t* abuchear

booby ['buːbi]: **~ prize** premio *m* de consolación; **~ trap** trampa *f* explosiva

book [buk] *s* libro *m*; *teat* libreto *m*; *v/t* reservar (*cuarto*, *etc*); asentar; **~case** armario *m* para libros; **~ed up** (*hotel*) completo; **~ing clerk** taquillero *m*; **~ing office** despacho *m* de billetes; *teat* taquilla *f*; LA boletería *f*; **~keeper** tenedor *m* de libros; **~let** ['ˌlit] folleto *m*; **~maker** corredor *m* de apuestas; **~shop** librería *f*

boom [buːm] prosperidad *f*; auge *m* repentino; retumbo *m*

boor [buə] patán *m*

boost [buːst] *s* tecn incremento *m*; *v/t* levantar; fomentar

boot [buːt] bota *f*; portamaletas *m* (*de automóvil*); **to ~**

para colmos, además; **~ black** limpiabotas *m*

booth [buːð] puesto *m*; cabina *f*; tenderete *m*

booty ['buːti] botín *m*

border ['bɔːdə] borde *m*; frontera *f*

bor|e [bɔː] *v/t* taladrar; aburrir, dar la lata a; *s* latoso *m*, pelmazo *m*; **~edom** aburrimiento *m*; **~ing** aburrido, latoso

borough ['bʌrə] municipio *m*

borrow ['bɔrəu] *v/t, v/i* pedir prestado

bosom ['buzəm] seno *m*; pecho *m*

boss [bɔs] *s* jefe *m*, patrón *m*, amo *m*, cacique *m*; *v/t* dominar; mandar

botany ['bɔtəni] botánica *f*

botch [bɔtʃ] *v/t* frangollar, embarullar

both [bəuθ] *a* ambos; *pron* los (las) dos, ambos(as); **~ ... and** tanto ... como

bother ['bɔðə] *s* molestia *f*, fastidio *m*; *v/t* fastidiar, molestar; *v/i* preocuparse; molestarse

bottle ['bɔtl] *s* botella *f*; **baby ~** biberón *m*; **hit the ~** fam emborracharse; *v/t* **~ up** embotellar; *fig* reprimir; **~ opener** abrebotellas *m*

bottom ['bɔtəm] *s* fondo *m*; trasero *m*

bough [bau] rama *f*

boulder ['bəuldə] pedrón *m* rodado, pedrejón *m*

bounce [bauns] *v/i* rebotar

bound [baund] *v/t* confinar, limitar; *v/i* saltar; *s* límite *m*, término *m*; *a* atado, ligado; **~ for** con rumbo a; **~ary** límite *m*, linde *m*; **~less** ilimitado

bounty ['baunti] generosidad *f*; merced *f*

bouquet [bu'kei] ramo *m* de flores; nariz *f* (*del vino*)

bout [baut] tanda *f*, turno *m*; *med* ataque *m*; *sp* asalto *m*

bow [bəu] *s* arco *m*; [bau] saludo *m*; *mar* proa *f*; *v/t* doblar; saludar; *v/i* inclinarse, hacer reverencia

bowels ['bauəlz] intestinos *m/pl*

bowl [bəul] *s* tazón *m*; escudilla *f*; bola *f*; *v/i* jugar a las bochas

bowlegged ['bəu'legid] estevado

bowler ['bəulə] (sombrero *m* de) hongo *m*

box [bɔks] *v/i* boxear; *v/t* abofetear; *s* caja *f*; *teat* palco *m*; casilla *f*; **~ing** boxeo *m*; **~ office** taquilla *f*

boy [bɔi] muchacho *m*; niño *m*

boycott ['bɔikɔt] *v/t* boicotear

bra [brɑː] *fam* sostén *m*

brace [breis] *v/t* reforzar; asegurar; *s* abrazadera *f*, riostra *f*; **~let** brazalete *m*; pulsera *f*; **~s** tirantes *m/pl*

bracket ['brækit] *v/t* poner entre corchetes; agrupar; *s* ménsula *f*; soporte *m*; grupo *m*; **~s** corchetes *m/pl*

brag

brag [bræg] *v/t, v/i* jactarse, fanfarronear; **~gart** ['~ət] bravucón *m*, fanfarrón *m*

braid [breid] *s* trenza *f*; *v/t* trenzar

brain [brein] cerebro *m*; **~s** *fig* sesos *m/pl*; **rack one's ~s** devanarse los sesos; **~washing** *fig* lavado *m* del cerebro

brake [breik] *s* freno *m*; *bot* helecho *m*; *v/t* frenar

bramble ['bræmbl] zarza *f*

branch [brɑːntʃ] *s* rama *f*; ramo *m*; **~ office** sucursal *f*

brand [brænd] *s* tizón *m* (*fuego*); hierro *m* (*ganado*); marca *f*, estigma *m*; **~new** flamante, novísimo

brandy ['brændi] coñac *m*

brass [brɑːs] latón *m*

brassière ['bræsiə] sostén *m*

brat [bræt] mocoso *m*

brave [breiv] *v/t* desafiar; *a* valiente; **~ry** valentía *f*; proeza *f*

bravo! ['brɑː'vəu] ¡olé!; ¡bravo!

brawl [brɔːl] *s* alboroto *m*; camorra *f*; *v/i* armar camorra

bray [brei] rebuzno *m*

brazen ['breizn] descarado

Brazil [brə'zil] (el) Brasil; **~ian** *a, s* brasileño(a) *m* (*f*)

breach [briːtʃ] *v/t, v/i* abrir una brecha (en); *s* rotura *f*; rompimiento *m*; *fig* infracción *f*, violación *f*; brecha *f*

bread [bred] pan *m*

breadth [bredθ] anchura *f*

break [breik] *s* pausa *f*; ruptura *f*; quiebra *f*; grieta *f*; **without a ~** sin parar; **~ of day** alba *f*; *v/t* romper, quebrar; fracturar; infringir (*ley*); abatir; comunicar (*noticia*); hacer saltar (*la banca*); **~ down** derribar; **~ in** forzar; **~ in pieces** hacer pedazos; *v/i* romperse; quebrar(se); **~ away** escaparse; **~ down** perder el ánimo; *aut* averiarse; **~ out** estallar; **~down** colapso *m*; *tecn* avería *f*; **~fast** ['brekfəst] desayuno *m*; **~ through** *fig* avance *m* importante; **~up** disolución *f*; desintegración *f*

breast [brest] pecho *m*; seno *m*; **to make a clean ~ of** confesar

breath [breθ] aliento *m*; **out of ~** sin aliento; **to hold one's ~** contener el aliento; **~e** [briːð] *v/i* respirar; **~less** ['breθlis] falto de aliento, sofocado

breeches ['briːtʃiz] calzones *m/pl*

breed [briːd] *s* casta *f*; raza *f*; *v/t* engendrar; criar; *v/i* multiplicarse; **~ing** crianza *f*; educación *f*

breeze [briːz] brisa *f*

brethren ['breðrin] *relig* hermanos *m/pl*

brew [bruː] *s* infusión *f*; mezcla *f*; *v/t* fabricar (*cerveza*); tramar; *v/i* amenazar (*tormenta*); **~ery** fábrica *f* de cerveza

bribe [braib] *s* soborno *m*; *v/t*

brother

sobornar; **~ry** soborno *m*; cohecho *m*

brick [brik] *s* ladrillo *m*; *v/t* enladrillar; **~layer** albañil *m*; albañilería *f*

brid|al ['braidl] nupcial; **~e** novia *f*, desposada *f*; **~egroom** novio *m*, desposado *m*; **~esmaid** madrina *f* de boda

bridge [bridʒ] *v/t* tender un puente sobre; **~ a gap** llenar un vacío; *s* puente *m*; *anat* caballete *m*; bridge *m* (juego de naipes)

bridle ['braidl] *v/t* embridar; *v/i* erguirse; *s* brida *f*; **~ path** camino de herradura

brief [bri:f] *a* corto, sumario; *s for* escrito *m*; relig breve *m* apostólico; *v/t* informar; **~case** cartera *f*; **~ing** informe *m*; **~s** calzoncillos *m/pl*

bright [brait] claro, brillante; despierto, inteligente; **~en** *v/t* iluminar; avivar; *v/i* aclararse; avivarse; **~ness** resplandor *m*; claridad *f*; agudeza *f*

brillian|ce, **~cy** ['briljəns, '~si] brillantez *f*; **~t** brillante

brim [brim] borde *m*; labio *m* (de vasija); ala *f* (de sombrero); **~ful** repleto

brine [brain] salmuera *f*

bring [briŋ] *v/t* traer; conducir; rendir; **~ about** originar, causar; **~ back** devolver; **~ forth** producir; parir; **~ forward** com llevar (saldo); **~ off** lograr; **~ round** convencer; **~ up** criar, educar

brink [briŋk] borde *m*

brisk [brisk] enérgico; rápido; activo

bristle ['brisl] *v/t*, *v/i* erizar(se); *s* cerda *f*

Britain ['britan] Gran Bretaña *f*

British ['britiʃ] inglés, británico

brittle ['britl] quebradizo; frágil

broach [brəutʃ] *v/t* introducir (tópico)

broad [brɔ:d] ancho; amplio; **~cast** *v/t*, *v/i* emitir; radiar; *s* emisión *f*; **~en** *v/t*, *v/i* ensanchar(se); **~minded** tolerante

broccoli ['brɔkəli] brécol *m*

broil [brɔil] *v/t* asar a la parrilla

broke [brəuk]: **to be ~** estar sin blanca; **~n: ~n English** inglés imperfecto (lit); **to be ~nhearted** tener el corazón partido

broker ['brəukə] corredor *m*; agente *m*

bronze [brɔnz] bronce *m*

brooch [brəutʃ] broche *m*

brood [bru:d] *v/t* empollar; *v/i* **~ over** rumiar; *s* cría *f*; camada *f*

brook [bruk] arroyo *m*

broom [bru:m] escoba *f*; retama *f*

broth [brɔθ] caldo *m*

brothel ['brɔθl] burdel *m*

brother ['brʌðə] hermano *m*;

~hood hermandad *f*;
~in-law cuñado *m*; **~ly** fra-
ternal
brow [brau] ceja *f*; frente *f*;
knit one's ~ fruncir las ce-
jas
brown [braun] *a* marrón; moreno; castaño; pardo; **~ pa-**
per papel *m* de estraza; *v/t*
dorar; broncear
bruise [bru:z] *s* contusión *f*;
magulladura *f*; *v/t* magullar
brush [brʌʃ] *s* cepillo *m*; brocha *f*; *v/t* cepillar; **~ up** pulir;
fig repasar; *v/i* rozar
Brussels ['brʌslz] Bruselas; **~**
sprouts col *f* de Bruselas
brut|al ['bru:tl] brutal; **~ality**
['tæliti] brutalidad *f*; **~e**
[bru:t] bruto *m*; bestia *f*
bubble ['bʌbl] *s* burbuja *f*; **~**
bath baño *m* espumoso; *v/i*
burbujear; bullir
buck [bʌk] macho *m* cabrío;
gamo *m*; **pass the ~** echar la
carga a otro
bucket ['bʌkit] cubo *m*
buckle ['bʌkl] *s* hebilla *f*
buckskin ['bʌkskin] piel *f* de
ante
bud [bʌd] *v/t* echar hojas; *v/i*
brotar; *s* brote *m*, capullo *m*;
yema *f*; **nip in the ~** cortar de
raíz
budget ['bʌdʒit] presupuesto
m
buff|alo ['bʌfələu] búfalo *m*;
~er ['bʌfə] amortiguador *m*;
tope *m*; **~et** ['bʌfit] *v/t* abofetear; *s* bofetada *f*; ['bufei]

aparador *m*
bug [bʌg] sabandija *f*; chinche
f
bugle ['bju:gl] corneta *f*;
clarín *m*; **~r** corneta *m*
build [bild] *v/t* construir; edi-
ficar; establecer; **~er** cons-
tructor *m*; **~ing** construcción
f; edificio *m*
built|-in ['bilt'in] empotrado;
incorporado; **~up** urbani-
zado
bulb [bʌlb] *bot* bulbo *m*; *elec*
bombilla *f*
bulge [bʌldʒ] *v/t, v/i* com-
bar(se); *s* comba *f*; protuberancia *f*
bulk [bʌlk] masa *f*; volumen
m; (la) mayor parte *f*; **in ~**
(*mercancías*) a granel; **~y** vo-
luminoso
bull [bul] *zool* toro *m*; *relig*
bula *f*; **~** *com* alcista *m*;
~dozer ['dəuzə] aplanadora *f*
bullet ['bulit] bala *f*
bulletin ['bulitin] boletín *m*
bull|fight ['bulfait] corrida
f de toros; **~fighter** torero *m*;
~headed terco; **~ring** plaza
f de toros
bullion ['buljən] lingote *m* (*de*
oro, etc)
bully ['buli] *v/t* intimidar; *s*
matón *m*
bum [bʌm] holgazán *m*, vagabundo *m*; **~blebee** ['~blbi:]
abejorro *m*
bump [bʌmp] *v/t* golpear; *v/i*
chocar contra; *s* choque *m*;

chichón *m*; **~er** parachoques *m*

bun [bʌn] bollo *m*; (*de pelo*) moño *m*

bunch [bʌntʃ] manojo *m*; racimo *m*

bundle ['bʌndl] *s* lío *m*; haz *m* (*de leña*); *v/t* liar, atar

bungalow ['bʌŋɡələu] casita *f* campestre

bungle ['bʌŋɡl] *v/t* estropear, chapucear, frangollar

bunk [bʌŋk] litera *f*; tarima *f*; **~er** carbonera *f*

bunny ['bʌni] conejillo *m*

buoy [bɔi] *s* boya *f*; **~ant** boyante; animado

burden ['bɜːdn] *s* carga *f*; *v/t* cargar; **~some** pesado; oneroso

bureau [bjuə'rəu] oficina *f*; **~cracy** [~'rɔkrəsi] burocracia *f*

burgl|ar ['bɜːɡlə] ladrón *m*; **~ary** robo *m* con allanamiento (*de morada*)

burial ['beriəl] entierro *m*; **~ ground** cementerio *m*

burly ['bɜːli] corpulento

burn [bɜːn] *v/t* quemar; *v/i* arder; *s* quemadura *f*; **~er** mechero *m*; **~ing** ardiente

burp [bɜːp] *s* eructo *m*; *v/i* eructar

burst [bɜːst] *v/t* reventar, romper; *v/i* estallar, reventar; **~ into tears** desatarse en lágrimas; *s* estallido *m*; explosión *f*; **~ of laughter** carcajada *f*

bury ['beri] *v/t* enterrar

bus [bʌs] autobús *m*; **~ stop** parada *f* de autobús

bush [buʃ] arbusto *m*

business ['biznis] negocio *m*; empresa *f*; ocupación *f*; asunto *m*; **to mind one's own ~** no meterse en lo que no le toca; **~ hours** horas *f/pl* de oficina; **~ letter** carta *f* comercial; **~like** sistemático, formal; **~man** hombre *m* de negocios; **~ trip** viaje *m* de negocios

bust [bʌst] busto *m*; pecho *m*

bustle ['bʌsl] *v/i* apresurarse; *s* animación *f*; ajetreo *m*

busy ['bizi] ocupado

but [bʌt] *conj* pero; sino; *prep* excepto; *adv* solamente; **~ for** a no ser por; **~ then** pero por otra parte

butcher ['butʃə] *v/t* matar; *s* carnicero *m*

butler ['bʌtlə] mayordomo *m*

butt [bʌt] tocón *m* (*de un árbol*); cabo *m*

butter ['bʌtə] *s* mantequilla *f*; *v/t* untar con mantequilla; **~cup** bot ranúnculo *m*; **~fly** mariposa *f*; **~milk** leche *f* de manteca

buttock ['bʌtək] nalga *f*

button ['bʌtn] *v/t* abotonar; *s* botón *m*; **~hole** ojal *m*

buttress ['bʌtris] *arq* contrafuerte *m*; **flying ~** arbotante *m*

buxom ['bʌksəm] persona *f* rolliza

buy [bai] v/t comprar; **~er** comprador m

buzz [bʌz] v/i zumbar; s zumbido m

by [bai] prep por; al lado de; junto a; adv al lado; aparte; cerca; **~ day** de día; **~ and ~** luego; **~ and large** en gene-

ral; **~gone** pasado; **~pass** desvío m; **~~product** producto m derivado; **~stander** espectador m; **~street** callejuela f; **~way** camino m apartado; **~word** refrán m

bye-bye! ['bai'bai] fam ¡adiós!

C

cab [kæb] taxi m

cabbage ['kæbidʒ] col f; repollo m

cabin ['kæbin] cabaña f; mar camarote m; cabina f; **~et** ['~it] gabinete m; **~etmaker** ebanista m

cable ['keibl] s cable m; v/t, v/i cablegrafiar

caboose [kə'bu:s] f c vagón m de cola

cabstand ['kæbstænd] parada f de taxis

cackle ['kækl] s cacareo m; v/i cacarear

cactus ['kæktəs] cacto m

cadger ['kædʒə] gorrón m

cafeteria [kæfi'tiəriə] cafetería f; restaurante m

cage [keidʒ] s jaula f; v/t enjaular

cake [keik] pastel m; tarta f; pastilla f (de jabón)

calamity [kə'læmiti] calamidad f, desastre m

calcium ['kælsiəm] calcio m

calcula|te ['kælkjuleit] v/t calcular; **~tion** cálculo m; **~tor** calculadora f

calendar ['kælində] calendario m

calf [kɑ:f] zool ternero(a) m (f); anat pantorrilla f

calibre ['kælibə] calibre m (t fig)

call [kɔ:l] s llamada f; grito m; visita f; **on ~** disponible; **port of ~** puerto m de escala; v/t llamar; proclamar; calificar de; **~ back** volver a llamar; **~ off** cancelar; v/i llamar; dar voces; **~ at** pasar por, visitar; **~ for** ir por; pedir; **~ on** visitar; **~box** cabina f telefónica; **~er** visitante m; **~ing** vocación f

calm [kɑ:m] a sereno, tranquilo; s calma f; tranquilidad f; v/t calmar; v/i **~ down** tranquilizarse

calorie ['kæləri] caloría f

camel ['kæməl] camello m

camera ['kæmərə] máquina f fotográfica; TV, cine cámara f

camomile ['kæməmail] manzanilla f

camouflage ['kæmufla:ʒ] s camuflaje m; disfraz m

carafe

camp [kæmp] s campamento
m; campo m; v/i acampar; ~
bed catre m (de tijera); ~
ground [~graund], ~ **site**
[~sait] camping m; ~ **stool**
silla f plegadiza

campaign [kæm'pein] campaña f

camphor ['kæmfə] alcanfor m

can [kæn] s lata f; bote m; v/t
enlatar; **~opener** abrelatas
m

can defectivo usado como verbo auxiliar: poder; saber hacer algo

Canada ['kænədə] el Canadá

Canadian [kə'neidjən] a, s canadiense m, f

canal [kə'næl] canal m

canary [kə'nɛəri] canario m

cancel ['kænsəl] v/t cancelar;
revocar; **~lation** cancelación
f; anulación f

cancer ['kænsə] cáncer m

candid ['kændid] franco,
abierto, sincero

candidate ['kændidit] candidato m

candied ['kændid] azucarado

candle ['kændl] candela f;
vela f; bujía f; **~stick** candelero m; palmatoria f

candy ['kændi] bombón m;
dulce m

cane [kein] caña f; bastón m

canister ['kænistə] bote m;
lata f

cannon ['kænən] cañón m

canoe [kə'nu:] canoa f; piragua f

canteen [kæn'ti:n] cantina f

canter ['kæntə] s medio galope m

canvas ['kænvəs] lona f; lienzo m; **~s** v/t solicitar (votos, etc)

canyon ['kænjən] cañón m

cap [kæp] gorra f; tapa f

capa|bility [keipə'biliti] capacidad f; **~ble** capaz; **~city**
[kə'pæsiti] capacidad f; cabida f

cape [keip] geog cabo m; capa
f

caper ['keipə] alcaparra f

capital ['kæpitl] s com capital
m; (ciudad) capital f; arq capitel m; a capital; magnífico;
~ **letter** mayúscula f; **~ism**
capitalismo m

capitulate [kə'pitjuleit] v/i
capitular

capricious [kə'priʃəs] caprichoso

capsize [kæp'saiz] v/t, v/i zozobrar; volcar(se)

capsule ['kæpsju:l] cápsula f

captain ['kæptin] capitán m

caption ['kæpʃən] encabezamiento m; leyenda f; cine
subtítulo m

captiv|ate ['kæptiveit] v/t
cautivar; **~e** s, a cautivo; **~ity**
[~'tiviti] cautiverio m

capture ['kæptʃə] v/t capturar, apresar; fig cautivar; s
captura f

car [kɑ:] coche m; auto m; LA
carro m; f c vagón m

carafe [kə'rɑ:f] garrafa f

carat ['kærət] quilate *m*

caravan [kærə'væn] caravana *f*; remolque *m*

carbon ['ka:bən] carbono *m*; **~ dioxide** *quím* dióxido *m* de carbono

carbuncle ['ka:bʌŋkl] (*piedra*) carbúnculo *m*; *med* carbunclo *m*

carburet(t)or ['ka:bjuretə] carburador *m*

card [ka:d] *s* tarjeta *f*; carta *f*; (*baraja*) naipe *m*; *v/t* cardar; **~board** cartón *m*; **~igan** ['-igən] chaqueta *f* de punto

cardinal ['ka:dinl] cardenal *m*

care [keə] *s* cuidado *m*; atención *f*; preocupación *f*; **in ~ of** al cuidado de; **take ~** tener cuidado; **take ~ of** cuidar a; ocuparse de; *v/i* **~ for** cuidar; querer; **I don't ~** me da igual; **~free** despreocupado; **~ful** cuidadoso; **~less** descuidado; **~taker** guardián *m*; **~worn** agobiado

career [kə'riə] carrera *f*

caress [kə'res] *v/t* acariciar; *s* caricia *f*

cargo ['ka:gəu] carga *f*; cargamento *m*

caricature [kærikə'tjuə] caricatura *f*

carnation [ka:'neiʃən] clavel *m*

carnival ['ka:nivəl] carnaval *m*

carol ['kærəl] villancico *m*

carp [ka:p] *s* carpa *f*; *v/i* criticar

carpenter ['ka:pintə] carpintero *m*

carpet ['ka:pit] alfombra *f*

carriage ['kæridʒ] carruaje *m*; vagón *m*; coche *m*; porte *m* (*t* com)

Carribean [kæri'bi:ən] caribe; **~ Sea** [-si:] mar *m* caribe

carrier ['kæriə] compañía *f* de transportes; *med* portador *m*; *aer* portaaviones *m*

carrot ['kærət] zanahoria *f*

carry ['kæri] *v/t* llevar; transportar; tener (encima); traer consigo; **~ away** llevarse; **~ on** continuar, seguir; **~ out** realizar; *v/i* alcanzar

cart [ka:t] *s* carro *m*; carreta *f*; *v/t* acarrear

cartoon [ka:'tu:n] caricatura *f*; *cine* dibujo *m* animado; **~ist** caricaturista, *m, f*

cartridge ['ka:tridʒ] cartucho *m*

carv|e [ka:v] *v/t*, *v/i* tallar; esculpir; (*carne*) trinchar; **~ing** escultura *f*

cascade [kæs'keid] cascada *f*

cas|e [keis] *s* caso *m*; caja *f*; estuche *m*; cubierta *f*; *for* causa *f*, pleito *m*; **in any ~e** de todas formas; **just in ~e** por si acaso; **~ement** ventana *f* a bisagra

cash [kæʃ] *s* dinero *m* efectivo; **~ down** al contado; **~ on delivery** pago *m* contra entrega; **~ register** caja *f* registradora; *v/t* cobrar; hacer efectivo; **~ier** [kæ'ʃiə] cajero m

cashmere [kæʃ'miə] cachemira f

cask [kɑːsk] cuba f; barril m; **~et** cofrecito m; ataúd m

cassette [kæ'set] cassette m, f

cassock ['kæsək] sotana f

cast [kɑːst] s echada f; tirada f; molde m; *teat* reparto m; v/t tirar, lanzar; fundir (*metales*); echar; **~ iron** hierro m fundido; **~ out** arrojar, expulsar; **~anet** [kæstə'net] castañuela f

caste [kɑːst] casta f

castle ['kɑːsl] castillo m; (*ajedrez*) torre f

castor ['kɑːstə]: **~ oil** aceite m de ricino

casual ['kæʒjuəl] casual; indiferente; **~ty** víctima m/f; *mil* baja f

cat [kæt] gato(a) m (f)

catalogue ['kætələg] s catálogo m; v/t catalogar

cataract ['kætərækt] catarata f

catarrh [kə'tɑː] catarro m

catastrophe [kə'tæstrəfi] catástrofe f

catcall ['kætkɔːl] rechifla f, LA silbatina f

catch [kætʃ] v/t, v/i coger; agarrar, atrapar; captar, entender; **~ cold** resfriarse; **~ fire** prender fuego; encenderse; **~ on** caer en la cuenta; **~ up with** alcanzar; **~ as ~**

can lucha f libre; s cogida f; pesca f; cerradura f; trampa f; **~ing** pegadizo; contagioso; **~word** lema m, mote m

category ['kætigəri] categoría f

cater ['keitə]: **~ for** proveer, abastecer

caterpillar ['kætəpilə] oruga f

cathedral [kə'θiːdrəl] catedral f

Catholic ['kæθəlik] a, s católico(a) m (f)

cattle [kætl] ganado m

cauldron ['kɔːldrən] caldera f

cauliflower ['kɔliflauə] coliflor f

cause [kɔːz] s causa f, motivo m; v/t causar, motivar; **~way** arrecife m, calzada f elevada

cauti|on ['kɔːʃən] s cautela f; advertencia f; v/t advertir; **~ous** cauteloso, cauto

cavalry ['kævəlri] caballería f

cav|e [keiv] s cueva f; v/i: **to ~ in** derrumbarse; **~ern** ['kævən] caverna f; **~ity** cavidad f

cease [siːs] v/t suspender, parar; v/i cesar; **~ fire** alto m el fuego; **~less** incesante

cedar ['siːdə] cedro m

cede [siːd] v/t, v/i ceder

ceiling ['siːliŋ] techo m; **to hit the ~** poner el grito en el cielo; **~ price** precio m máximo

celebr|ate ['selibreit] v/t celebrar; **~ated** célebre; **~ation** fiesta f; **~ity** [si'lebriti] celebridad f

celery ['seləri] apio m

celestial [si'lestjəl] celestial

celibacy ['selibəsi] celibato m

cell [sel] celda f; célula f (t elec)

cellar ['selə] sótano m; bodega f

Celt [kelt] celta m; ~ic céltico

cement [si'ment] s cemento m; v/t cimentar (t fig)

cemetery ['semitri] cementerio m

cens|or ['sensə] s censor m; v/t censurar; ~orship censura f; ~ure ['~∫ə] s censura f; v/t reprobar, reprender; ~us censo m

cent [sent] céntimo m; centavo m; per ~ por ciento; ~ennial a, s centenario m; ~er = centre

centi|grade ['sentigreid] centígrado; ~meter, ~metre [~mi:tə] centímetro m

central ['sentrəl] central, céntrico; ~al heating calefacción f central; ~alize v/t centralizar; ~re centro m; ~re-forward delantero m centro; ~re-half medio m centro.

century ['sent∫uri] siglo m

ceramic [si'ræmik] cerámico; ~s cerámica f

cereal ['siəriəl] a, s cereal m

ceremon|ial [seri'məunjəl], s ceremonial; ~y ['~məni] ceremonia f

certain ['sə:tn] cierto; ~ly ciertamente, por cierto; ~ty

certeza f; certidumbre f

certif|icate [sə'tifikit] certificado m; diploma m; partida f (de nacimiento, etc); ~y ['sə:rtifai] v/t certificar

chafe [t∫eif] v/t, v/i rozar(se); irritar(se)

chagrin ['∫ægrin] desazón f, mortificación f

chain [t∫ein] s cadena f; serie f; v/t encadenar; ~ reaction reacción f en cadena

chair [t∫eə] silla f; cátedra f (de universidad); presidencia f; ~lift telesilla f; ~man, ~woman presidente(a) m(f)

chalk [t∫ɔ:k] creta f; tiza f

challenge ['t∫ælindʒ] s desafío m; v/t desafiar

chamber ['t∫eimbə] cámara f; recámara f

chamois ['∫æmwɑ:] gamuza f

champagne [∫æm'pein] champaña m

champion ['t∫æmpjən] campeón m; ~ship campeonato m

chance [t∫ɑ:ns] a accidental, casual; s casualidad f; ocasión f; suerte f; by ~ por casualidad; stand a ~ tener la posibilidad f; to take a ~ aventurarse

chancell|ery ['t∫ɑ:nsələri] cancillería f

chandelier [∫ændi'liə] araña f de luces

change [t∫eindʒ] s cambio m; vuelta f; for a ~ para variar; v/t cambiar; cambiar de (*ropa, tren, opinión*); **~able** variable; **~less** inmutable

channel ['tʃænl] *s* canal *m* (*t fig*); *v/t* encauzar

chaos ['keiɔs] caos *m*

chap [tʃæp] *s* grieta *f*; *fam* mozo *m*; tipo *m*

chapel ['tʃæpəl] capilla *f*

chaperon ['ʃæpərəun] *v/t* acompañar

chap|lain ['tʃæplin] capellán *m*; **~ter** ['~tə] *relig* cabildo *m*; capítulo *m*

character ['kæriktə] carácter *m*; *teat* personaje *m*; **~istic** [~'ristik] característico

charcoal ['tʃɑːkəul] carbón *m* vegetal

charge [tʃɑːdʒ] *s* carga *f*; cargo *m*; gasto *m*; acusación *f*; **free of ~** gratis; **in ~ of** encargado de; *v/t* cargar; encargar; acusar; *mil* atacar

charit|able ['kæritəbl] caritativo; **~y** caridad *f*

charm [tʃɑːm] *s* gracia *f*; encanto *m*; hechizo *m*; amuleto *m*; *v/t* encantar; **~ing** encantador

chart [tʃɑːt] *s* carta *f* de navegar; gráfica *f*; esquema *m*; **~er** ['~ə] *s* carta *f*; *v/t* mar fletar; **~er flight** vuelo *m* chárter

chase [tʃeis] *v/t* cazar; perseguir

chassis ['ʃæsi] armazón *f*; chasis *m*

chast|e [tʃeist] *a* casto, puro; **~ity** ['tʃæstiti] castidad *f*

chat [tʃæt] *s* charla *f*; *v/i* charlar; **~ter** ['tʃætə] *v/i* parlotear; chacharear; **~terbox** parlanchín(ina) *m* (*f*)

chauffeur ['ʃəufə] chófer *m*

cheap [tʃiːp] barato

cheat [tʃiːt] *s* tramposo *m*; trampa *f*; *v/t* defraudar

check [tʃek] *s* freno *m*; impedimento *m*; nota *f*, cuenta *f*; control *m*; talón *m*, contraseña *f*; cuadro *m*; tela *f* de cuadros; (*ajedrez*) jaque *m*; *v/t* controlar; refrenar; comprobar; *v/i* **~ in** registrarse en (*un hotel*); facturar (*el equipaje*); **~ out** pagar la cuenta y salir (*de un hotel*); **~book** talonario *m* de cheques; **~ers** juego *m* de damas; **~mate** (*ajedrez*) jaque *m* mate; **~room** guardarropa *m*; *f c* consigna *f*

cheek [tʃiːk] mejilla *f*; descaro *m*; **~y** descarado

cheer [tʃiə] *v/t* aplaudir; alentar; *v/i* **~ up** animarse; **~ful** alegre; **~less** triste; **~s** (*brindis*) ¡salud!

cheese [tʃiːz] queso *m*

chemi|cal ['kemikəl] *a* químico; *s* producto *m* químico; **~st** químico *m*; farmacéutico *m*; **~stry** química *f*; **~st's shop** farmacia *f*

cheque [tʃek] cheque *m*; talón *m*; **~book** talonario *m* de cheques

chequered ['tʃekəd] a cuadros (*tela, etc*); *fig* variado

cherish ['tʃeriʃ] v/t apreciar; acariciar (*esperanza*)

cherry ['tʃeri] cereza f

chess [tʃes] ajedrez m; **~board** tablero m de ajedrez

chest [tʃest] cofre m, cajón m; pecho m; **~ of drawers** cómoda f

chestnut ['tʃesnʌt] a castaño; s castaña f

chew [tʃuː] v/t, v/i masticar; **~ing gum** chicle m

chicken ['tʃikin] pollo m; **~hearted** cobarde; **~ pox** ['~pɒks] varicela f

chickpea ['tʃikpiː] garbanzo m

chief [tʃiːf] a principal; s jefe m; **~tain** ['~tən] cacique m

chilblain ['tʃilblein] sabañón m

child [tʃaild] hijo(a), niño(a) m (f); **~birth** parto m; **~hood** niñez f; **~ish** pueril; **~like** como un niño; **~ren** ['tʃildrən] niños(as), hijos(as) m/pl (f/pl)

Chile ['tʃili] Chile m; **~an** a, s chileno (a) m (f)

chill [tʃil] s frío m; escalofrío m; v/t enfriar; **~y** frío

chime [tʃaim] s repique m; campaneo m; v/i repicar; v/t tocar

chimney ['tʃimni] chimenea f

chin [tʃin] barbilla f

chin|a ['tʃainə] porcelana f; **2a** China f; **2ese** a, s chino(a) m (f)

chip [tʃip] s astilla f; lasca f; v/t astillar; v/i desportillarse; **~munk** ['~mʌŋk] ardilla f listada; **~s** patatas f/pl fritas

chirp [tʃəːp] s gorjeo m; v/i piar; chirriar

chisel ['tʃizl] s escoplo m; cincel m; v/t, v/i cincelar

chivalr|ous ['ʃivəlrəs] caballeroso; **~y** caballerosidad f

chive [tʃaiv] cebollino m

chlor|ide ['klɔːraid] cloruro m; **~ine** ['~iːn] cloro m; **~oform** cloroformo m

chocolate ['tʃɒkəlit] chocolate m

choice [tʃɔis] a selecto; s elección f; preferencia f

choir ['kwaiə] coro m

choke [tʃəuk] v/t, v/i estrangular, sofocar(se); s tecn estrangulador m

cholera ['kɒlərə] cólera m

choose [tʃuːz] v/t escoger, elegir

chop [tʃɒp] s corte m; tajada f, coc chuleta f; v/t cortar; tajar; coc picar; **~sticks** palillos m/pl

chord [kɔːd] cuerda f; mús acorde m

chore [tʃɔː] faena f doméstica; quehacer m

chorus ['kɔːrəs] coro m; estribillo m; **~ girl** teat corista f

Christ [kraist] Jesucristo m; **2en** ['krisn] v/t bautizar; **~ian** ['kristjən] a, s cristiano(a) m (f); **~mas** ['krisməs]

Navidad *f*; **~mas Eve** Nochebuena *f*

chromium ['krəumjəm] cromo *m*

chronic ['krɔnik] crónico

chron|icle ['krɔnikəl] *s* crónica *f*; **~ological** [krɔnə-'lɔdʒikəl] cronológico

chubby ['tʃʌbi] rechoncho

chuck [tʃʌk] *v/t fam* tirar

chuckle [tʃʌkl] *s* risa *f* ahogada; *v/i* reírse entre dientes

chum [tʃʌm] *fam* camarada *m, f*

chunk [tʃʌŋk] pedazo *m*; trozo *m*

church [tʃəːtʃ] iglesia *f*; **2 of England** iglesia anglicana; **~yard** cementerio *m*

churn [tʃəːn] *s* mantequera *f*; *v/t (leche)* batir; agitar

cider ['saidə] sidra *f*

cigar [si'gɑː] cigarro *m*; puro *m*; **~ette** [sigə'ret] cigarrillo *m*; pitillo *m*; **~ette case** pitillera *f*; **~ette holder** boquilla *f*

cinder ['sində] carbonilla *f*; **~s** cenizas *f/pl*

cinema ['sinimə] cine *m*

cinnamon ['sinəmən] canela *f*

cipher ['saifə] *s* cifra *f*; clave *f*; cero *m* (*t fig*); *v/t* cifrar

circle ['səːkl] *s* círculo *m*; *v/t* rodear, circundar

circuit ['səːkit] circuito *m*

circula|r ['səːkjulə] circular; **~te** *v/i* circular; **~tion** circulación *f*

circum|ference [sə'kʌmfə-

rəns] circunferencia *f*; **~scribe** ['ː.skraib] *v/t* circunscribir

circumstance ['səːkʌmstəns] circunstancia *f*; condición *f*

circus ['səːkəs] circo *m*

cistern ['sistən] cisterna *f*; depósito *m*

cit|ation [sai'teiʃən] cita *f*, citación *f*; **~e** *v/t* citar

cit|izen ['sitizn] ciudadano(a) *m (f)*; **~izenship** ciudadanía *f*

city ['siti] ciudad *f*

civ|ic ['sivik] cívico; municipal; **~ics** educación *f* cívica; **~il** civil; cortés; **~il service** administración *f* pública; **~ilian** [si'viljən] paisano *m*; **~ility** cortesía *f*; **~ilization** civilización *f*; **~ilize** ['sivi-laiz] *v/t* civilizar

claim [kleim] *s* reclamación *f*, demanda *f*; *v/t* reclamar, demandar

clam [klæm] almeja *f*

clam|orous ['klæmərəs] ruidoso; **~o(u)r** *s* clamor *m*; ruido *m*; *v/i* gritar, vociferar

clamp [klæmp] *s* grapa *f*; *v/t* sujetar

clan [klæn] clan *m*

clandestine [klæn'destin] clandestino

clap [klæp] *s* palmoteo *m*; palmada *f*; **~ of thunder** trueno *m*; *v/t* **~one's hands** dar palmadas; *v/i* aplaudir

clarity ['klæriti] claridad *f*

clash [klæʃ] s choque m; conflicto m; v/i chocar

clasp [klɑːsp] s broche m; apretón m (de manos); ~ **knife** navaja f (de muelle); v/t abrochar; apretar

class [klɑːs] s clase f; *first* ~ primera clase f; *economy* ~ clase f turista; *lower* ~ clase f baja; v/t clasificar

classic ['klæsik] a, s clásico m; ~**al** clásico

class|ification [klæsifi'keiʃən] clasificación f; ~**ify** ['klæsifai] v/t clasificar

class|mate ['klɑːsmeit] compañero(a) m(f) de clase; ~**room** aula f

clatter ['klætə] s chacoloteo m; v/i chacolotear

clause [klɔːz] s cláusula f; artículo m

claw [klɔː] s garra f; v/t arañar

clay [klei] arcilla f; barro m

clean [kliːn] a limpio; v/t limpiar; ~ **up** poner en orden; ~**ers** tintorería f, *LA* lavandería f; ~**ing** limpieza f; aseo m; ~**ness** limpieza f; ~**se** [klenz] v/t limpiar, purificar

clear [kliə] a claro; libre; v/t aclarar; despejar (*camino, etc*); v/i despejarse; ~ **out** marcharse; ~**cut** bien definido; ~**ing** claro m

cleave [kliːv] v/t partir

clef [klef] *mús* clave f

clemency ['klemənsi] clemencia f

clench [klentʃ] v/t cerrar; apretar

cler|gy ['klɜːdʒi] clero m; ~**gyman** clérigo m; ~**ical** ['klerikəl] de oficina (*error, etc*)

clerk [klɑːk] oficinista m

clever ['klevə] hábil; listo; mañoso; inteligente

cliché ['kliːʃei] cliché m; frase f hecha

click [klik] golpecito m seco; chasquido m (*de la lengua*); v/t chasquear

client ['klaiənt] cliente m, f

cliff [klif] risco m, acantilado m

climate ['klaimit] clima m

climax ['klaimæks] culminación f; punto m culminante; colmo m

climb [klaim] s subida f; v/t, v/i subir, escalar; trepar

clinch [klintʃ] s forcejeo m (*de boxeadores*); v/t agarrar; remachar

cling [kliŋ] v/i adherirse, pegarse, quedar fiel

clinic ['klinik] clínica f

clink [kliŋk] v/t tintinear

clip [klip] s prendedor m; recorte m; sujetapapeles m; grapa f; v/t cortar; (*ovejas*) esquilar; acortar; recortar; ~**pings** recortes m/pl

clique [kliːk] pandilla f

cloak [kləuk] manto m; capa f (*t fig*); ~**room** guardarropa f

clock [klɔk] reloj m

clog [klɔg] s zueco m; chanclo m; v/t atascar

code

cloister ['klɔistə] claustro *m*; monasterio *m*

close|e [klaus] *a* estrecho; callado; cercano; exacto; tacaño; *adv* cerca; [klauz] *s* fin *m*; **draw to a ~e** tocar a su fin; *v/t*, *v/i* cerrar; terminar; **~ed** cerrado; **~e down** cerrar definitivamente; **~e-knit** ['klausnit] muy unido; **~et** ['klɔzit] ropero *m*; **~e-up** ['klausʌp] primer plano *m*

clot [klɔt] *v/t* coagular

cloth [klɔθ] paño *m*; tela *f*; **~e** [klauð] *v/t* vestir; **~es** [klauðz] ropa *f*; **~es hanger** percha *f*; **~ing** ['klauðiŋ] ropa *f*

cloud [klaud] *s* nube *f*; **~less** despejado; **~y** nublado

clove [klauv] *bot* clavo *m*; **~r** trébol *m*

clown [klaun] payaso *m*

club [klʌb] porra *f*; palo *m*; club *m*; **~s** (*naipes*) tréboles *m/pl*

cluck [klʌk] *v/i* cloquear

clue [klu:] indicio *m*; pista *f*

clump [klʌmp] *s* masa *f*; grupo *m*

clumsy ['klʌmzi] desmañado; torpe

cluster ['klʌstə] *s bot* racimo *m*; (*gente*) grupo *m*; *v/i* arracimarse; apiñarse

clutch [klʌtʃ] *s* agarro *m*; garra *f*; *tecn* embrague *m*; *v/t* agarrar

c/o = in care of a cargo de

coach [kautʃ] coche *m*; *sp* en-

trenador *m*; *v/t* entrenar; preparar

coal [kaul] carbón *m*

coalition [kaua'liʃən] *pol* coalición *f*

coarse [kɔːs] basto; vulgar; tosco

coast [kaust] *s* costa *f*; litoral *m*; **the ~ is clear** no hay moros en la costa; **~guard** guardacostas *m*

coat [kaut] *s* chaqueta *f*; americana *f*; abrigo *m*; capa *f*, mano *f* (*de pintura*); **~ of arms** escudo *m* de armas; *v/t* cubrir; **~ing** capa *f*; revestimiento *m*

coax [kauks] *v/t* engatusar

cobalt [kau'bɔːlt] cobalto *m*

cobweb ['kɔbweb] telaraña *f*

cocaine [kə'kein] cocaína *f*

cock [kɔk] *s* gallo *m*; macho *m*; grifo *m*; llave *f*; *v/t* amartillar (*fusil*); **~-a-doodle-do** ['kɔkədu:dl'du:] *interj* ¡quiquiriquí!; **~-and-bull story** cuento *m* chino; **~atoo** [~ə'tu:] cacatúa *f*; **~le** ['kɔkl] berberecho *m*; **~pit** *aer* cabina *f* de piloto

cockroach ['kɔkrautʃ] cucaracha *f*

cocktail ['kɔkteil] cóctel *m*

cocoa ['kaukau] cacao *m*

coconut ['kaukanat] coco *m*: **~ palm** cocotero *m*

cocoon [kə'ku:n] capullo *m*

cod [kɔd] bacalao *m*

code [kaud] *s* código *m*; clave *f*; *v/t* cifrar

coerce [kəu'ə:s] v/t forzar, obligar

coexist [ˈkəuigˈzist] v/i coexistir; **~ence** coexistencia f

coffee [ˈkɔfi] café m; **~ bean** grano m de café; **~house** café m; **~ mill** molinillo m de café; **~pot** cafetera f

coffin [ˈkɔfin] ataúd m

cog [kɔg] tecn diente m; **~nac** [ˈkɔnjæk] coñac m; **~wheel** rueda f dentada

coherence [kəuˈhiərəns] coherencia f

coiffeur [kwaːˈfjuə] peluquero m

coil [kɔil] s rollo m; bobina f; espiral f; v/t, v/i enrollar(se)

coin [kɔin] s moneda f; v/t acuñar (t fig)

coincide [kəuinˈsaid] v/i coincidir; **~nce** [kəuˈinsidəns] coincidencia f

coke [kəuk] coque m; ♀ fam Coca Cola f

cold [kəuld] a frío (t fig); s frío m; resfriado m; catarro m; **catch a ~** resfriarse; **have a ~** estar resfriado; **~blooded** zool de sangre fría; fig desalmado; **~ cuts** fiambres m/pl; **~ness** frialdad f, indiferencia f

coleslaw [ˈkəulˈslɔː] ensalada f de col

colic [ˈkɔlik] cólico m

collaborat|e [kəˈlæbəreit] v/t colaborar; **~ion** colaboración f; **~or** colaborador m

collaps|e [kəˈlæps] s fracaso m; med colapso m; v/i desplomarse; **~ible** plegadizo

collar [ˈkɔlə] cuello m; collar m (de perro); **~bone** clavícula f

colleague [ˈkɔliːg] colega m, f

collect [kəˈlekt] v/t reunir; coleccionar (sellos, etc); cobrar; **~ion** colección f; **~ive** colectivo; **~or** coleccionista m; recaudador m; elec colector m

college [ˈkɔlidʒ] colegio m

collide [kəˈlaid] v/i chocar

collision [kəˈliʒən] choque m

colloquial [kəˈləukwiəl] popular; familiar

colon [ˈkəulən] gram dos puntos m/pl; anat colon m

colonel [ˈkəːnl] coronel m

colon|ial [kəˈləunjəl] colonial; **~ialism** colonialismo m; **~ist** [ˈkɔlənist] colono m; **~ize** v/t colonizar; **~y** colonia f

colo(u)r [ˈkʌlə] s color m; v/t colorar; colorear, teñir; **~ bar** discriminación f racial; **~blind** daltonismo m; **~ed** colorado; de color (personas); **~ful** lleno de color; **~ing** colorido m; **~less** incoloro; pálido; **~s** colores m/pl de la bandera

colt [kəult] potro m

column [ˈkɔləm] columna f

comb [kəum] s peine m; v/t peinar

combat [ˈkɔmbæt] s combate

communist

m; v/t, v/i combatir; **~ant** combatiente m

combin|ation [kɔmbi'neiʃən] combinación f; **~e** [kəm-'bain] v/t, v/i combinar(se); ['kɔmbain] s agr segadora f trilladora

combustion [kɔm'bʌstʃən] combustión f

come [kʌm] v/i venir; **how ~?** ¿ y eso?; **~ about** suceder; **~ across** encontrarse con; **~ along!** ¡vamos!; **~ back** volver; **~ by** conseguir; **~ down** bajar; **~ from** venir de; **~ in (to)** entrar (en); **~ in!** ¡pase!; **~ in handy** ser útil; **~ out** salir; **~ to** volver en sí; **~ true** realizarse; **~ up** subir; surgir; salir; **~back** rehabilitación f

comed|ian [kə'mi:diən] cómico m; **~y** ['kɔmidi] comedia f

comet ['kɔmit] cometa m

comfort ['kʌmfət] s comodidad f; consuelo m; v/t consolar; **~able** cómodo

comic ['kɔmik] a gracioso; cómico; **~s,** strips tiras f/pl cómicas; tebeos m/pl

command [kə'mɑːnd] s mando m; orden f; dominio m; **to be in ~** estar al mando; v/t mandar; ordenar; mil. comandar; **~er** comandante m; **~ment** mandamiento m

commemorate [kə'meməreit] v/t conmemorar

commence [kə'mens] v/t, v/i comenzar, empezar; **~ment**

comienzo m

commend [kə'mend] v/t encomendar; alabar; **~able** loable

comment ['kɔment] s comentario m; v/i comentar; **~ator** ['~enteitə] comentarista m; (radio) locutor m

commerc|e ['kɔmə:rs] comercio m; **~ial** [kə'mə:ʃəl] a comercial; s anuncio m publicitario

commission [kə'miʃən] s comisión f; mil nombramiento m; v/t encargar; nombrar; **~er** comisario m

commit [kə'mit] v/t cometer; entregar; **~ oneself** comprometerse; **~ment** compromiso m

committee [kə'miti] comité m; comisión f

commodity [kə'mɔditi] mercancía f

common ['kɔmən] a común; ordinario, corriente; **in ~** en común; **~er** plebeyo m; **~ market** mercado m común; **~place** s cosa f común; a trivial; **2s** Cámara f Baja; **~ sense** sentido m común

commotion [kə'məuʃən] tumulto m; alboroto m

commun|icate [kə'mju:nikeit] v/t comunicar; transmitir; **~ication** comunicación f; **~icative** [~kətiv] comunicativo; **~ion** [~ʃən] comunión f; **~ism** ['kɔmjunizəm] comunismo m; **~ist** a, *s* comunista; **~ity** [kə'mjuːniti] comunidad *f*, sociedad *f*

commute [kə'mjuːt] *v/t* conmutar; *v/i* viajar (al trabajo) a diario

compact [kəm'pækt] *a* compacto; ['kəmpækt] *s* pacto *m*

companion [kəm'pænjen] compañero(a) *m* (*f*); **~able** sociable

company ['kʌmpəni] compañía *f*; (**limited**) **~** *com* sociedad *f* anónima

compar|able ['kəmpərəbl] comparable; **~ative** [kəm'pærətiv] comparativo; (*ciencia*) comparado; **~e** [~'pɛə] *s* comparación *f*; **beyond ~e** sin igual; *v/t* comparar; *v/i*: **to ~e** (**with**) compararse (con); **~ison** [~'pærisn] comparación *f*

compartment [kəm'pɑːtmənt] compartimiento *m*; *f c* departamento *m*

compass ['kʌmpəs] *s* brújula *f*; alcance *m*; *v/t* circundar; lograr

compassion [kəm'pæʃən] compasión *f*; **~ate** [~it] compasivo

compatible [kəm'pætəbl] compatible

compel [kəm'pel] *v/t* obligar, forzar

compensat|e ['kəmpenseit] *v/t* compensar, indemnizar; **~ion** compensación *f*; indemnización *f*

compet|e [kəm'piːt] *v/i* competir; **~ence** ['kəmpitəns] competencia *f*; **~ent** ['kəmpitənt] competente; capaz; **~ition** [kəmpi'tiʃən] competición *f*; **~itor** [kəm'petitə] competidor *m*, rival *m*

compile [kəm'pail] *v/t* recopilar

complacent [kəm'pleisənt] satisfecho de sí mismo

complain [kəm'plein] *v/i* quejarse; **~t** queja *f*; dolencia *f*; reclamación *f*

complaisant [kəm'pleizənt] afable, agradable

complet|e [kəm'pliːt] *a* completo; acabado; *v/t* completar; acabar; **~ion** terminación *f*; cumplimiento *m*

complex ['kəmpleks] *a*, *s* complejo *m*; **~ion** [kəm'plekʃn] tez *f*; cutis *m*

complicat|e ['kəmplikeit] *v/t* complicar; **~ion** complicación *f*

compliment ['kəmplimənt] cumplido *m*; piropo *m*, galantería *f*; **~s** saludos *m/pl*

comply [kəm'plai]: **~** (**with**) *v/i* cumplir (con); acatar

component [kəm'pəunənt] *a*, *s* componente *m*

compos|e [kəm'pəuz] *v/t* componer; **~e oneself** calmarse; **~ed** sereno; **~ed of** compuesto de; **~er** compositor *m*; **~ition** composición *f*; **~ure** [kəm'pəuʒə] compostura *f*, serenidad *f*

compound ['kəmpaund] *a*

condition

compuesto; s mezcla f; [kəm'paund] v/t componer; ~ **fracture** fractura f complicada; ~ **interest** com interés m compuesto

comprehen|d [kɔmpri'hend] v/t comprender; contener; ~**sible** inteligible; ~**sion** comprensión f; ~**sive** extenso

compress [kəm'pres] v/t comprimir; ['kɔmpres] s med compresa f

comprise [kəm'praiz] v/t comprender, incluir

compromise ['kɔmprəmaiz] arreglo m, componenda f

compuls|ion [kəm'pʌlʃən] compulsión f, coacción f; ~**ory** obligatorio

computer [kəm'pju:tə] ordenador m; computador(a) m (f); ~ **science** informática f

comrade ['kɔmreid] camarada m, f

concave ['kɔn'keiv] cóncavo

conceal [kən'si:l] v/t ocultar; ~**ment** ocultación f

concede [kən'si:d] v/t conceder

conceit [kən'si:t] presunción f; ~**ed** engreído, presumido

conceiv|able [kən'si:vəbl] concebible; ~**e** v/t, v/i concebir

concentrat|e ['kɔnsentreit] v/t, v/i concentrar(se); ~**ion** concentración f

conception [kən'sepʃən] concepción f

concern [kən'sɜːn] s interés m; inquietud f; asunto m; empresa f; v/t concernir, interesar; tratar de; preocupar; ~**ed** preocupado; ~**ing** sobre, acerca de; as ~s respecto de

concert ['kɔnsət] s concierto m; in ~ with de concierto con; [kən'sɜːt] v/t concertar; ~**ed** unido, combinado

concession [kən'seʃən] concesión f

conciliate [kən'silieit] v/t conciliar

concise [kən'sais] conciso

conclu|de [kən'klu:d] v/t concluir, terminar; inferir; deducir; decidir; ~**sion** [~ʒən] conclusión f; ~**sive** decisivo

concord ['kɔnkɔːd] concordia f; mús, gram concordancia f

concrete ['kɔnkri:t] s hormigón m, LA concreto m; a concreto

concur [kən'kɜːr] v/i concurrir, coincidir

concussion [kən'kʌʃən] med conmoción f cerebral

condemn [kən'dem] v/t condenar; censurar; ~**ation** [kɔndem'neiʃən] condenación f

condens|e [kən'dens] v/t, v/i condensar(se)

condescend [kɔndi'send] v/i condescender, dignarse

condition [kən'diʃən] s condición f; v/t condicionar, esti-

pular; **on ~ that** a condición
(de) que

condolences [kənˈdəulənsiz]
pésame *m*

condominium [ˈkɒndəˈmi-
niəm] condominio *m*

conduct [ˈkɒndʌkt] *s* conducta *f*; comportamiento *m*, dirección *f*; [kənˈdʌkt] *v/t* conducir, dirigir; manejar; **~or**
mús director *m* de orquesta;
(*autobús*) cobrador *m*

cone [kəun] cono *m*

confectioner [kənˈfekʃənə]
repostero *m*; **~'s shop** repos-
tería *f*; **~y** confites *m/pl*, confitura *f*

confedera|cy [kənˈfedərəsi],
~tion confederación *f*; alianza *f*; **~te** *a*, *s* aliado(a) *m* (*f*);
v/i aliarse, confederar(se)

confer [kənˈfəː] *v/t* conferir,
otorgar; *v/i* conferenciar;
consultar; **~ence** [ˈkɒnfərəns]
conferencia *f*; congreso *m*

confess [kənˈfes] *v/t*, *v/i* con-
fesar(se); **~ion** confesión *f*;
credo *m*

confid|e [kənˈfaid] *v/t*, *v/i*: **to
~e in** confiar en; fiarse de;
~ence [ˈkɒnfidəns] confianza *f*; confidencia *f*; **~ent** seguro; **~ential** [~ˈdenʃəl] confidencial

confine [kənˈfain] *v/t* limitar;
encerrar; **to be ~d** *med* estar
de parto; **~ment** encierro *m*;
prisión *f*; *med* sobreparto *m*;
~s [ˈkɒnfainz] confines *m/pl*

confirm [kənˈfəːm] *v/t* confir-

mar; ratificar; **~ation** [kɒn-
fəˈmeiʃən] confirmación *f*

confiscate [ˈkɒnfiskeit] *v/t*
confiscar

conflict [ˈkɒnflikt] *s* conflicto
m; [kənˈflikt] *v/i* pugnar;
contradecirse; **~ing** anta-
gónico, opuesto

conform [kənˈfɔːm] *v/t*, *v/i*
conformar(se); **~ity** conformidad *f*

confound [kənˈfaund] *v/t*
confundir

confront [kənˈfrʌnt] *v/t* confrontar; afrontar; **~ation**
[kɒnfrʌnˈteiʃən] enfrenta-
miento *m*

confus|e [kənˈfjuːz] *v/t* con-
fundir; **~ed** confuso; *sin*
[~ʒən] confusión *f*

congeal [kənˈdʒiːl] *v/t*, *v/i*
cuajar(se), coagular(se)

congenial [kənˈdʒiːniəl] simpático, agradable

congestion [kənˈdʒestʃən]
med congestión *f*; *fig* aglo-
meración *f*

congratulat|e [kənˈɡrætju-
leit] *v/t* felicitar; **~ions!** ¡enhorabuena! *f*

congregat|e [ˈkɒŋɡrigeit] *v/t*,
v/i congregar(se); **~ion** *relig*
fieles *m/pl*

congress [ˈkɒŋɡres] congreso
m

conifer [ˈkɒnifə] conífera *f*

conjecture [kənˈdʒektʃə]
conjetura *f*

conjugal [ˈkɒndʒuɡəl] conyugal

conjugat|e ['kɔndʒugeit] v/t conjugar; **~ion** conjugación f

conjunct|ion [kən'dʒʌŋkʃən] conjunción f; **~ive** conjuntivo m

conjur|e [kən'dʒuə] v/t suplicar; ['kʌndʒə] v/t, v/i hacer juegos de manos; **~e up** hacer aparecer; **~er** mago m

connect [kə'nekt] v/t juntar; unir; conectar; asociar; relacionar; v/i unirse; conectarse; empalmar (tren); **~ed** unido; conexo; **~ion** conexión f; fc correspondencia f; enlace m; relación f

connive [kə'naiv] v/i intrigar; hacer la vista gorda

connoisseur [kɔni'səː] conocedor(a) m (f)

conque|r ['kɔŋkə] v/t conquistar; fig vencer; **~ror** conquistador m; vencedor m; **~st** ['kɔŋkwest] conquista f

consci|ence ['kɔnʃəns] conciencia f; **~entious** [ʌi'enʃəs] concienzudo; **~ous** ['kɔnʃəs] consciente; **~ousness** conciencia f; med conocimiento m

conscript ['kɔnskript] recluta m

consecrate ['kɔnsikreit] v/t consagrar

consecutive [kən'sekjutiv] consecutivo

consent [kən'sent] s consentimiento m; v/i **to ~ to** consentir en

consequen|ce ['kɔnsikwəns] consecuencia f; **~t** consiguiente; **~tly** por consiguiente

conserv|ation [kɔnsə'veiʃən] conservación f; **~ative** [kən-'səːvətiv] a, s conservativo(a) m (f); conservador(a) m (f); **~atory** más conservatorio m; **~e** v/t conservar; s conserva f

consider [kən'sidə] v/t considerar; tomar en cuenta; **~able** considerable; **~ate** [ʌit] considerado, respetuoso; **~ation** consideración f; aspecto m; recompensa f

consign [kən'sain] v/t consignar; **~ment** com consignación f; envío m

consist [kən'sist] v/i: **~ (of)** consistir (en); **~ence, ~ency** consistencia f; **~ently** continuamente

consol|ation [kɔnsə'leiʃən] consolación f; consuelo m; **~e** [kən'səul] v/t consolar

consolidate [kən'sɔlideit] v/t, v/i consolidar(se)

consonant ['kɔnsənənt] consonante f

conspicuous [kən'spikjuəs] llamativo

conspir|acy [kən'spirəsi] conspiración f; **~ator** conspirador m; **~e** [ʌ'spaiə] v/i conspirar; v/t urdir

constable ['kʌnstəbl] policía m

constant ['kɔnstənt] constante; firme

consternation [kɔnstə'nei-ʃən] consternación f

constipation [kɔnsti'peiʃən] med estreñimiento m

constituen|cy [kən'stitjuənsi] distrito m electoral; **~t** s pol elector m

constitut|e [kɔnsti'tju:t] v/t constituir; **~ion** pol, med constitución f; **~ional** constitucional

constrain [kən'strein] v/t constreñir, compeler; obligar; **~t** constreñimiento m; encierro m

construct [kən'strʌkt] v/t construir; **~ion** construcción f; obra f; interpretación f; **~ive** constructivo

consul [kɔnsəl] cónsul m; **~ar** ['~julə] consular; **~ate** ['~julit] consulado m

consult [kən'sʌlt] v/t consultar; **~ation** [kɔnsəl'teiʃən] consulta f; consultación f; **~ing hours** horas f/pl de consulta

consum|e [kən'sju:m] v/t consumir; comerse; beberse; v/i consumirse; **~er** consumidor m; **~er goods** artículos m/pl de consumo; **~mate** ['kɔnsəmeit] v/t consumar; [kən'sʌmit] a consumado

consumption [kən'sʌmpʃən] consunción f, consumo m; med tisis f

cont. = **continued**

contact ['kɔntækt] s contacto m; [kən'tækt] v/t poner(se)

en contacto con; **~ lenses** microlentillas f/pl

contagious [kən'teidʒəs] contagioso

contain [kən'tein] v/t contener; abarcar; **~er** envase m, recipiente m

contaminat|e [kən'tæmineit] v/t contaminar; **~ion** contaminación f

contemplat|e ['kɔntempleit] v/t contemplar; **~ion** contemplación f; **~ive** contemplativo

contemporary [kən'tempərəri] a, s contemporáneo(a) m (f)

contempt [kən'tempt] desprecio m, desdén m; for contumacia f; **~ible** despreciable; **~uous** [~juəs] desdeñoso, despreciativo

contend [kən'tend] v/t sostener, disputar; v/i contender

content [kən'tent] a contento, satisfecho; s satisfacción f; agrado m; **~ed** satisfecho, tranquilo; **~ion** contienda f; argumento m

contents ['kɔntents] contenido m; tabla f de materias

contest ['kɔntest] s concurso m; contienda f; disputa f; [kən'test] v/t disputar; pol ser candidato en; **~ant** concursante m, f

context ['kɔntekst] contexto m

continent ['kɔntinənt] conti-

convince

nente *m*; **~al** [~'nentl] conti-
nental

contingent [kən'tindʒənt]
contingente; **~ upon** dependiente de

continu|al [kən'tinjuəl] conti-
nuo; **~ally** constantemente;
~ation continuación *f*; **~e**
[~u(:)] *v/t* continuar, seguir;
v/i continuar, durar, proseguir; **to be ~ed** continuará;
~ity [kɒnti'njuiti] continuidad *f*; **~ous** continuo

contour ['kɒntuə] contorno *m*

contraceptive [kɒntrə'septiv]
anticonceptivo *m*

contract [kən'trækt] *v/t* contraer; *v/i* contraerse; encogerse; ['kɒntrækt] *s* contrato
m; de ['kɒntræktə] contra-
tista *m*, *f*

contradict [kɒntrə'dikt] *v/t*
contradecir; desmentir; **~ion**
contradicción *f*; **~ory** contradictorio

contrary ['kɒntrəri] *s*, *a* contrario; **on the ~** al contrario

contrast ['kɒntrɑːst] *s* contraste *m*; [kən'trɑːst] *v/t*, *v/i*
contrastar

contribut|e [kən'tribju(:)t]
v/t, *v/i* contribuir; **~ion**
[kɒntri'bjuːʃən] contribución
f; colaboración *f*; **~or** contri-
buyente *m*, *f*

contrite ['kɒntrait] contrito

contrive [kən'traiv] *v/t* idear,
inventar; lograr

control [kən'trəul] *s* control
m; mando *m*; comprobación

f, inspección *f*; puesto *m* de
control; *v/t* controlar; gobernar; dominar; manejar; **~
tower** *aer* torre *f* de control;
~ler inspector *m*

controver|sial [kɒntrə'vɜːʃəl]
contencioso; discutible; **~sy**
['~vəːsi] controversia *f*

convalesce [kɒnvə'les] *v/i*
convalecer; **~nce** convale-
cencia *f*; **~t** convaleciente

conven|ience [kən'viːnjəns]
conveniencia *f*; comodidad
f; **~ient** conveniente

convent ['kɒnvənt] convento
m

convention [kən'venʃən] con-
vención *f*; asamblea *f*; convenio *m*; **~al** convencional

convers|ation [kɒnvə'seiʃən]
conversación *f*; **~e** [kən'vəːs]
v/i conversar; **~e** ['kɒnvəːs] *a*
inverso

conver|sion [kən'vəːʃən] con-
versión *f*; **~t** *v/t* convertir;
transformar; ['kɒnvəːt] *s*
converso/a *m* (*f*); **~tible** *a*, *s*
convertible *m*; *aut* descapotable

convey [kən'vei] *v/t* transportar; transmitir; **~ance** transporte *m*; transmisión *f*;
vehículo *m*; **~or belt** cinta *f*
transportadora

convict ['kɒnvikt] *s* presidia-
rio *m*; [kən'vikt] *v/t* condenar, declarar culpable; **~ion**
convicción *f*; *for* condena *f*

convince [kən'vins] *v/t* convencer

convulsion [kən'vʌlʃən] convulsión *f*; **~s of laughter** paroxismo *m* de risa

coo [ku:] *v/i* arrullar

cook [kuk] *s* cocinero(a) *m* (*f*); *v/t* cocinar; guisar; cocer; *v/i* cocinar; **~ie** galleta *f*, pasta *f*; **~ing** arte *m* de cocinar

cool [ku:l] *a* indiferente; sereno; *v/t* enfriar; *v/i* ~ **down** enfriarse; calmarse; **~ness** frescura *f*; frialdad *f*

coop [ku:p] gallinero *m*; ~ **up** *v/t* encerrar

co-op ['kəuɔp] *fam* = **cooperative** cooperativa *f*

cooperat|e ['kəu'ɔpəreit] *v/i* cooperar; **~ion** cooperación *f*; **~ive** [~ətiv] *a* cooperativo; *s* cooperativa *f*

co-opt [kəu'ɔpt] *v/t* apropiar

coordinate [kəu'ɔ:dineit] *v/t* coordinar; *s mat* coordenada *f*

copartner ['kəu'pɑ:tnə] *s* consocio *m*, copartícipe *m, f*

cope [kəup] *v/i*: ~ **with** hacer frente a; arreglárselas con; dar abasto para

copious ['kəupjəs] copioso

copper ['kɔpə] cobre *m*; caldera *f*; *fam* perra *f* (*moneda*)

copulat|e ['kɔpjuleit] *v/i* copularse; **~ion** cópula *f*

copy ['kɔpi] *s* copia *f*; ejemplar *m*; *v/t* copiar, imitar; **~book** cuaderno *m*; **~cat** *fam* imitador(a) *m* (*f*); ~ **right** derechos *m/pl* de autor

coral ['kɔrəl] coral *m*

cord [kɔ:d] *s* cuerda *f*; cordón *m*; *v/t* encordonar

cordial ['kɔ:djəl] cordial; **~ity** [~i'æliti] cordialidad *f*

corduroy ['kɔ:dərɔi] pana *f*

core [kɔ:] *bot* corazón *m*; núcleo *m*, centro *m*; *fig* esencia *f*

cork [kɔ:k] corcho *m*; **~screw** sacacorchos *m*

corn [kɔ:n] grano *m*; trigo *m*; maíz *m*; callo *m* (*de pie*); **~cob** mazorca *f* de maíz

corner ['kɔ:nə] *s* rincón *m*; esquina *f*; *v/t* arrinconar; **cut ~s** atajar; **~stone** *arq, fig* piedra *f* angular

cornet ['kɔ:nit] corneta *f*

corn starch ['kɔ:nstɑ:tʃ] almidón *m* de maíz

corny ['kɔ:ni] gastado; pesado (*broma, etc*)

coronation [kɔrə'neiʃən] coronación *f*

coroner ['kɔrənə] *for* pesquisidor *m*

corpora|l ['kɔpərəl] *a* corporal; físico; *s mil* cabo *m*; **~tion** corporación *f*; sociedad *f* anónima

corpse [kɔ:ps] cadáver *m*

corpuscle ['kɔ:pʌsl] glóbulo *m* (*de sangre*)

correct [kə'rekt] *a* correcto, exacto; *v/t* corregir; calificar; **~ion** corrección *f*; rectificación *f*

correspond [kɔris'pɔnd] *v/i* corresponder; **~ence** corres-

couple

pondencia *f*; **~ent** *a* correspondiente; *s* corresponsal *m*; **~ing** correspondiente

corridor ['kɔridɔ:] pasillo *m*

corroborate [kə'rɔbəreit] *v/t* corroborar

corro|de [kə:rəud] *v/t* corroer; **~sion** [~ʒən] corrosión *f*

corrugate ['kɔrugeit] *v/t* arrugar; acanalar; **~d iron** hierro *m* ondulado

corrupt [kə'rʌpt] *a* corrompido, corrupto; *v/t* corromper; viciar; **~ion** corrupción *f*

corsage [kɔ:'sɑ:ʒ] corpiño *m*; ramillete *m* (*de flores*)

cosmetic [kɔz'metik] *a*, *s* cosmético *m*; **~s** cosmética *f*

cosmic ['kɔsmik] cósmico

cosmonaut ['kɔzmənɔ:t] cosmonauta *m*, *f*

cosmopolitan [kɔsmə'pɔlitən] *a*, *s* cosmopolita *m*; *f*

cost [kɔst] *s* coste *m*; costo *m*; precio *m*; *v/i* costar; valer; **~ly** costoso

Costa Rica ['kɔstə'ri:kə] Costa *f* Rica; **~ n** *a*, *s* costarriqueño(a) *m* (*f*)

costume ['kɔstju:m] traje *m*; disfraz *m*; **~ jewel|ery)** bisutería *f*

cosy ['kɔuzi] cómodo; acogedor

cot [kɔt] cuna *f*; catre *m*

cottage ['kɔtidʒ] casita *f* de campo; **~ cheese** requesón *m*

cotton ['kɔtn] algodón *m*

couch [kautʃ] *s* canapé *m*; sofá *m*; *v/t* expresar

cough [kɔf] *s* tos *f*; *v/i* toser; **~ up** escupir; **~ drop** pastilla *f* para la tos

council ['kaunsl] *s* consejo *m*; *relig* concilio *m*; **~(l)or** concejal *m*

counsel ['kaunsəl] consejo *m*; abogado *m*; **to take ~** deliberar; consultar; **~(l)or** ['~silə] consejero(a) *m* (*f*)

count [kaunt] *s* cuenta *f*; cómputo *m*; suma *f*; (*noble*) conde *m*; *v/t* contar; *v/i* valer; **it doesn't ~** no vale; **~ on** contar con; **~down** cuenta *f* regresiva (*al lanzar un cohete*); **~enance** ['~inəns] *s* semblante *m*; *v/t* aprobar; **~er** *s* mostrador *m*; ficha *f*; contador *m*; *v/t* combatir; contradecir; *v/i* oponerse; **run ~er to** oponerse a; **~eract** [kauntə'rækt] *v/t* contrarrestar; **~er-espionage** contraespionaje *m*; **~erfeit** ['~fit] falsificado, falso; **~erpart** parte *f* correspondiente (*a uno*); **~ess** condesa *f*; **~less** innumerable

country ['kʌntri] país *m*; patria *f*; campo *m*; **in the ~** en el campo; **~man** paisano *m*; **~side** campo *m*

county ['kaunti] condado *m*; **~ seat** cabeza *f* de partido

coup [ku:] golpe *m*; **~ d'état** golpe *m* de estado

couple ['kʌpl] *s* pareja *f*; par

m; v/t acoplar; juntar; **a married** ~ matrimonio *m*; **a** ~ **of** un par de

courage ['kʌrɪdʒ] valor *m*; ánimo *m*; **~ous** [kə'reɪdʒəs] valiente

cour|ier ['kurɪə] estafeta *f*; **~se** [kɔːs] curso *m*; rumbo *m*; vía *f*; ruta *f*; plato *m*; **to change** ~ cambiar de rumbo; **in due ~se** a su tiempo; **of ~se** por supuesto

court [kɔːt] *s* patio *m*; corte *f*; tribunal *m*; *v/t* cortejar; **~eous** ['kɔːtjəs] cortés; **~esy** ['kɔːtɪsɪ] cortesía *f*; **~ house** palacio *m* de justicia; **~ier** ['kɔːtjə] cortesano *m*; **~martial** cortemarcial *m* de guerra; **~ship** cortejo *m*; **~yard** patio *m*

cousin ['kʌzn] primo(a) *m* (*f*); **first** ~ primo(a) *m* (*f*) carnal

cove [kəuv] cala *f*, ensenada *f*

cover ['kʌvə] *s* cubierta *f*; tapa *f*; envoltura *f*; amparo *m*; pretexto *m*; *v/t* cubrir; proteger; tapar; revestir; **under** ~ bajo techo; **to** ~ **up** ocultar; ~ **charge** precio *m* del cubierto

covert ['kʌvət] secreto, disimulado

covet ['kʌvɪt] *v/t* codiciar

cow [kau] *s* vaca *f*; hembra *f* (*de elefante, etc*); *v/t* acobardar; **~ard** ['kauəd] cobarde *m*; **~ardice** ['~ɪs] cobardía *f*; **~boy** vaquero *m*

co-worker ['kəu'wɜːkə] colaborador *m*; compañero *m* de trabajo

coxswain ['kɔkswein] timonel *m*

coy [kɔɪ] tímido; coqueta

cozy ['kəuzɪ] = **cosy**

crab [kræb] cangrejo *m*; ~ **apple** manzana *f* silvestre

crack [kræk] *s* grieta *f*; chasquido *m*; *fam* chiste *m*; hendedura *f*; *v/t* agrietar; chasquear (*un látigo*); resquebrajar; hender; *v/i* restallar; henderse; agrietarse; ~ **up** *med* sufrir un colapso nervioso; **~er** cracker *m*; petardo *m*

cradle ['kreidl] *s* cuna *f*

craft [krɑːft] habilidad *f*; oficio *m*; astucia *f*; embarcación *f*; **~sman** artesano *m*; **~y** astuto

crag [kræg] despeñadero *m*, peñasco *m*

cram [kræm] *v/t* rellenar; embutir; *v/i* empollar

cramp [kræmp] calambre *m*; grapa *f*

cranberry ['krænbərɪ] arándano *m* agrio

crane [krein] *s* *tecn* grúa *f*; *orn* grulla *f*; *v/t, v/i* estirar(se) (*el cuello*)

crank [kræŋk] *s* manubrio *m*; manivela *f*; chiflado(a) *m* (*f*); *v/t* hacer arrancar (*motor*); **~shaft** eje *m* del cigüeñal

crash [kræʃ] *s* estrépito *m*;

crochet

choque *m*; *aer* caída *f*; *fig*
derrumbe *m*; *com* quiebra *f*;
v/i estrellarse; **~ into** chocar
con

crate [kreit] cajón *m* de emba-
laje

crater ['kreitə] cráter *m*

crav|e [kreiv] *v/t* implorar; *v/i*
~e for anhelar; **~ing** antojo
m, anhelo *m*

crawl [krɔ:l] *v/i* arrastrarse;
andar a gatas; *s* (*natación*)
crol *m*

crayfish ['kreifiʃ] cangrejo *m*
de río

crayon ['kreiən] creyón *m*

crazy ['kreizi] loco; extravagante

creak [kri:k] *v/i* crujir; chirriar

cream [kri:m] nata *f* (*de
leche*), crema *f* (*t fig*); **~
cheese** queso *m* crema; **~y**
cremoso

crease [kri:s] *s* arruga *f*;
pliegue *m*; *v/t* arrugar; plegar

creat|e [kri(:)'eit] *v/t* crear;
causar; **~ion** creación *f*; **~ive**
creativo, creador; **~or** crea-
dor(a) *m* (*f*); **~ure** ['kri:tʃə]
criatura *f*

credentials [kri'denʃəlz] cre-
denciales *f/pl*

credible ['kredəbl] creíble

credit ['kredit] *s* crédito *m*; *v/t*
acreditar, abonar en; **~ card**
tarjeta *f* de crédito; **~or**
acreedor *m*

creed [kri:d] credo *m*

creek [kri:k] cala *f*; riachuelo
m

creep [kri:p] *v/i* arrastrarse;
gatear; **~er** *bot* trepadora *f*

cremate [kri'meit] *v/t* incinerar (*cadáver*)

crescent ['kresnt] *a* creciente;
s (*luna*) cuarto *m* creciente

cress [kres] mastuerzo *m*

crest [krest] cresta *f*; cima *f*;
~fallen abatido

crevice ['krevis] grieta *f*; hendedura *f*

crew [kru:] tripulación *f*;
equipo *m*

crib [krib] pesebre *m*; cuna *f*
(*de bebé*); *fam* chuleta *f*

cricket ['krikit] grillo *m*; cri-
quet *m*

crim|e [kraim] crimen *m*; **~i-
nal** ['kriminl] *a*, *s* criminal *m*

crimson ['krimzn] carmesí

cringe [krindʒ] *v/i* agacharse;
encogerse (*de miedo*)

crinkle ['kriŋkl] *v/t* arrugar

cripple ['kripl] *s* lisiado(a) *m*
(*f*); mutilado(a) *m* (*f*); *v/t* li-
siar; *fig* incapacitar

crisis ['kraisis] crisis *f*

crisp [krisp] *a* crujiente; crespo; tostado; *v/t* encrespar;
~s rajas *f/pl* de patatas fritas

crisscrossed ['kriskrɔst] en-
trelazado

critic ['kritik] *s* crítico *m*; **~al**
crítico; **~ism** ['~sizəm] crítica
f; **~ize** ['~saiz] *v/t*, *v/i* criticar

croak [krauk] *v/i* graznar;
croar

crochet ['krəuʃei] *s* labor *f* de

ganchillo; v/t hacer ganchillo

crockery ['krɔkəri] loza f

crocodile ['krɔkədail] cocodrilo m

crony ['krəuni] compinche m

crook [kruk] gancho m; fam fullero m, estafador m; **~ed** torcido

crop [krɔp] s cosecha f; v/t cortar; cosechar; v/i ~ up surgir

cross [krɔs] s cruz f; v/t cruzar; atravesar; ~ oneself santiguarse; ~ out borrar; tachar; a malhumorado; enfadado; ~ country a campo traviesa; **~eyed** bizco; **~ing** cruce m, intersección f; **~road** camino m transversal; pl encrucijada f; ~ section sección f transversal; **~wise** transverso; **~word puzzle** crucigrama m

crouch [krautʃ] v/i agacharse

crow [krəu] s cuervo m; corneja f; v/i cantar (gallo); **~bar** alzaprima m

crowd [kraud] s gentío m; muchedumbre f; v/t atestar; apiñar; v/i apiñarse; **~ed** atestado; concurrido

crown [kraun] s corona f; v/t coronar

crucial ['kru:ʃəl] crucial; decisivo

cruci|fixion [kru:si'fikʃən] crucifixión f; **~fy** ['kru:sifai] v/t crucificar

crude [kru:d] crudo; grosero

cruel ['kruəl] cruel; **~ty** crueldad f

cruet ['kru:it] vinagrera f

cruise [kru:z] s crucero m; v/i cruzar; **~r** crucero m

crumb [krʌm] miga f; **~le** ['~bl] v/t desmigajar; v/i desmoronarse

crumple ['krʌmpl] v/t arrugar; v/i contraerse

crunch [krʌntʃ] v/t ronzar; v/i crujir

crusade [kru:'seid] cruzada f; **~r** cruzado m

crush [krʌʃ] s apretón m, apretadura f; gentío m; v/t aplastar; estrujar; abrumar

crust [krʌst] s corteza f; costra f; v/t, v/i encostrar(se)

crutch [krʌtʃ] muleta f

cry [krai] s grito m; llanto m; v/t, v/i gritar; llorar

crypt [kript] cripta f

crystal ['kristl] cristal m

cub [kʌb] cachorro m

Cuba ['kju:bə] Cuba f; **~n** a, s cubano(a) m (f)

cub|e [kju:b] s cubo m; v/t cubicar; **~ic** cúbico

cuckoo ['kuku:] cuclillo m

cucumber ['kju:kʌmbə] pepino m

cuddle ['kʌdl] v/t acariciar

cudgel ['kʌdʒəl] s porra f

cue [kju:] apunte m; señal f; taco m (de billar)

cuff [kʌf] puño m de camisa; bofetada f; ~ links gemelos m/pl

culminate ['kʌlmineit] v/i culminar

culprit ['kʌlprit] culpable m, f

cult|ivate ['kʌltiveit] v/t cultivar; **~ure** ['~tʃə] cultura f; **~ured** culto

cunning ['kʌniŋ] a astuto; s ardid m; astucia f

cup [kʌp] taza f; copa f; **~board** ['kʌbəd] armario m; aparador m

curb [kə:b] s = **kerb**; v/t refrenar

curd [kə:d] cuajada f

curdle ['kə:dl] v/t, v/i cuajar(se)

cure [kjuə] s cura f; v/t, v/i curar(se)

curfew ['kə:fju:] toque m de queda

curio|sity [kjuəri'əsiti] curiosidad f; **~us** ['~əs] curioso

curl [kə:l] s rizo m; bucle m; v/t, v/i rizar(se); arrollar(se); **~y** rizado

currant ['kʌrənt] pasa f de Corinto; **red ~** grosella f

curren|cy ['kʌrənsi] moneda f; **~t** s corriente f; a corriente; actual; **~tly** actualmente

curriculum [kə'rikjuləm] plan m de estudios

curse [kə:s] s maldición f; v/t maldecir; v/i blasfemar

curt [kə:t] brusco, rudo; breve, lacónico

curtail [kə:'teil] v/t acortar; reducir

curtain ['kə:tn] cortina f; teat telón m

curtsy ['kə:tsi] s reverencia f; v/i hacer una reverencia

curve [kə:v] s curva f; v/t, v/i encorvar(se); hacer una curva

cushion ['kuʃən] s cojín m; almohadón m; v/t amortiguar; mitigar

custard ['kʌstəd] natillas f/pl

custody ['kʌstədi] custodia f; **in ~** for detenido

custom ['kʌstəm] costumbre f; **~ary** acostumbrado; **~er** cliente m; **~ize** v/t fabricar según especificaciones; **~-made** Am hecho a la medida; **~s** aduana f

cut [kʌt] a cortado; **~ off** aislado; s cortadura f; corte m; reducción f; **short ~** atajo m; v/t cortar; tallar; partir; v/i cortar; **~ down** talar (árboles); reducir (gastos, precios); **~ out** recortar; **~** [kjut] mono; **~lery** cuchillería f; **~let** chuleta f; **~throat** asesino m; **~ting** cortante; fig mordaz

cyanide ['saiənaid] cianuro m

cycl|e ['saikl] s ciclo m; bicicleta f; v/i ir en bicicleta; **~ist** ciclista m

cyclone ['saikləun] ciclón m

cylinder ['silində] cilindro m

cyni|c ['sinik] cínico m; **~cal** cínico; **~cism** cinismo m

cypress ['saipris] ciprés m

cyst [sist] med quiste m

Czechoslovak ['tʃekəu'sləuvæk] s, a checo(e)slovaco(a) m (f); **~ia** Checoslovaquia f

D

dab [dæb] pequeña cantidad *f*

dabble ['dæbl]: *v/i* ~ *in* ocuparse superficialmente en

dad [dæd], **~dy** [~i] papá *m*

daffodil ['dæfədil] narciso *m*

daft [dɑːft] tonto, chiflado

dagger ['dægə] puñal *m*; daga *f*

daily ['deili] diario, cotidiano

dainty ['deinti] delicado, exquisito, fino

dairy ['dɛəri] lechería *f*; vaquería *f*; ~ **products** productos *m/pl* lácteos

daisy ['deizi] margarita *f*

dam [dæm] *s* embalse *m*; presa *f*; *v/t* represar; embalsar

damage ['dæmidʒ] *s* daño *m*; perjuicio *m*; avería *f*; *v/t* dañar; perjudicar; *v/i* dañarse

dame [deim] dama *f*; *fam* tía *f*

damn [dæm] *v/t* maldecir; ~ *it!* ¡maldito sea!; *I don't give a* ~ no me importa un bledo; **~ation** [~'neiʃən] condenación *f*

damp [dæmp] *a* húmedo; *v/t* mojar; humedecer; amortiguar; *fig* desanimar; **~ness** humedad *f*

danc|e [dɑːns] *s* baile *m*; danza *f*; *v/i* bailar; **~er** bailarín *m*, bailarina *f*; **~ing** baile *m*

dandelion ['dændilaiən] diente *m* de león

dandruff ['dændrif] caspa *f*

danger ['deindʒə] peligro *m*; riesgo *m*; **~ous** ['~dʒrəs] peligroso; arriesgado

dangle ['dæŋgl] *v/t* colgar; *v/i* pender

Danish ['deiniʃ] *a, s* danés *m*

dar|e [dɛə] *v/i* osar: atreverse; *v/t* desafiar; **~ing** *a* atrevido, temerario; *s* osadía *f*, arrojo *m*

dark [dɑːk] *a* oscuro; tenebroso; *s* oscuridad *f*; **~en** *v/t* oscurecer; *v/i* oscurecerse; **~ness** oscuridad *f*; ~ **room** *foto* cuarto *m* oscuro

darling ['dɑːliŋ] *a, s* querido(a) *m (f)*; amor *m*

darn [dɑːn] *v/t* zurcir

dart [dɑːt] *s* dardo *m*; *v/i* lanzarse, precipitarse; **~board** blanco *m*; **~s** juego *m* de dardos

dash [dæʃ] *s* brío *m*; arremetida *f*; pizca *f*; raya *f*; *v/i* lanzarse; **~board** *aut* salpicadero *m*; **~ing** brioso; garboso; vistoso

data ['deitə] datos *m/pl*; ~ **base** base *f* de datos

date [deit] *s* fecha *f*; plazo *m*; cita *f*; *bot* dátil *m*; **up to** ~ al día; moderno; *out of* ~ anticuado; *v/t* fechar; **~d** pasado de moda

daughter ['dɔːtə] hija *f*; **~in-law** nuera *f*

deceive

dawdle ['dɔːdl] v/i holgaza-near

dawn [dɔːn] s alba f; v/i amanecer; *from ~ to dusk* de sol a sol

day [dei] día m; *all ~* todo el día; *by ~* de día; *~ by ~* día por día; *~ in, ~ out* día tras día; *every ~* todos los días; *every other ~* un día sí y otro no; *the ~ after tomorrow* pasado mañana; *the ~ before yesterday* anteayer; *to this ~* hasta hoy; **~break** amanecer m; **~dream** ensueño m; **~light** luz f del día; *in broad ~light* en pleno día

daze [deiz] v/t aturdir

dazzle ['dæzl] v/t deslumbrar

dead [ded] muerto; difunto; *elec* sin corriente; *the ~* los muertos m/pl; *~ beat* hecho polvo; **~beat** ['dedbiːt] vago m; **~en** v/t amortiguar; *~ end* callejón m sin salida (t fig); **~line** fecha f, línea f tope; **~lock** fig punto m muerto; **~ly** mortal

deaf [def] sordo; *to turn a ~ ear* hacerse el sordo; **~en** v/t ensordecer; **~-mute** a, s sordomudo(a) m (f); **~ness** sordera f

deal [diːl] s negocio m; trato m; pacto m; *a good ~* bastante; *a great ~ (of)* mucho; v/t distribuir; v/i *~ in* distribuir en; *~ with* tratar con; ocuparse de; **~er** comerciante m

dean [diːn] decano m

dear [diə] querido; caro; *~ me!* ¡válgame Dios!; **~ly** profundamente; caramente; **~th** [dɔːθ] falta f; escasez f

death [deθ] muerte f; fallecimiento m; *freeze to ~* partírsele de frío los huesos; *frightened to ~* muerto de susto; **~ly** sepulcral, mortal; *~ rate* mortalidad f

debase [di'beis] v/t degradar; envilecer

debate [di'beit] s debate m; v/t, v/i discutir, debatir

debauchery [di'bɔːtʃəri] libertinaje m

debit ['debit] s com déber m; v/t cargar en cuenta, adeudar; *~ balance* saldo m deudor

debris ['debriː] escombros m/pl

debt [det] deuda f; **~or** deudor(a) m (f)

début ['deibuː] estreno m

decade ['dekeid] decenio m; década f

decadence ['dekədəns] decadencia f; **~t** decadente

decaffeinated [di'kæfiːnatid] descafeinado

decay [di'kei] s podredumbre f; decaimiento m; v/i pudrirse; decaer

decease [di'siːs] s fallecimiento m; v/i fallecer; **~d** a, s difunto(a) m (f)

deceit [di'siːt] engaño m; fraude m; **~ful** engañoso, falso; **~ve** v/t engañar

December [di'sembə] diciembre m

decen|cy ['di:snsi] decencia f;
~t decente

decentralize [di:'sentrəlaiz]
v/t descentralizar

decept|ion [di'sepʃən] en-
gaño m; **~ive** engañoso

decide [di'said] v/t, v/i resolver; determinar; decidir(se)

decipher [di'saifə] v/t descifrar

decision [di'siʒən] decisión f;
for fallo m

deck [dek] mar cubierta f; **~
chair** hamaca f

declar|ation [deklə'reiʃən]
declaración f; **~e** [di'kleə] v/t
declarar, manifestar

decl|ension [di'klenʃən]
gram declinación f; **~ine**
[di'klain] s declive m; decadencia f; v/t gram declinar;
rehusar; v/i declinar, decaer

decontamination [di:kən-
'tæmineiʃən] descontaminación f

decor|ate ['dekəreit] v/t deco-
rar, adornar, condecorar;
~ation adorno m; condecoración f; **~ator** decorador m;
~um [di'kɔ:rəm] decoro m

decrease [di:kri:s] s disminu-
ción f; v/t, v/i dismi-
nuir(se), reducir(se)

decree [di'kri:] s decreto m;
edicto m; v/t decretar

decrepit [di'krepit] decrépito f

dedicat|e ['dedikeit] v/t dedi-
car; consagrar; **~ion** dedica-

ción f; (en un libro) dedicato-
ria f

deduce [di'dju:s] v/t deducir,
inferir

deduct [di'dʌkt] v/t restar;
descontar; **~ion** deducción f;
descuento m

deed [di:d] acto m; hecho m;
for escritura f

deem [di:m] v/t juzgar

deep [di:p] profundo, hondo;
astuto; subido, oscuro (color); fig astuto; **~en** v/t pro-
fundizar, intensificar; v/i in-
tensificarse; **~-freeze** conge-
ladora f; **~ly** profundamente; **~sea** de alta mar; **~set**
hundido (ojos)

deer [diə] ciervo m

deface [di'feis] v/t desfigurar,
estropear

defame [di'feim] v/t difamar,
calumniar

default [di'fɔ:lt] v/i no pagar;
s **by ~** for en rebeldía; **~er**
moroso(a) m (f)

defeat [di'fi:t] s derrota f; v/t
vencer, derrotar

defect [di'fekt] defecto m;
~ive defectuoso

defen|ce [di'fens] defensa f;
protección f; **~celess** indefenso, desamparado; **~d**
[di'fend] v/t defender; **~dant**
for demandado(a) m (f);
acusado(a) m (f); **~der** de-
fensor(a) m (f); **~se = defence; ~sive** s: **on the ~sive**
a la defensiva

defer [di'fə:] v/t diferir, aplazar; **~ential** [defə'renʃəl] deferente, respetuoso

defiance [di'faiəns] desafío m; **in ~ of** en contra de

deficien|cy [di'fiʃənsi] deficiencia f; **~t** deficiente; insuficiente

deficit [di'defisit] déficit m

defin|e [di'fain] v/t definir; **~ite** ['definit] exacto; determinado; **~ition** definición f; **~itive** [di'finitiv] definitivo

deflate [di'fleit] v/t desinflar

deflect [di'flekt] v/t, v/i apartar(se), desviar(se)

deform [di'fɔːm] v/t deformar; **~ed** deforme, desfigurado; **~ity** deformidad f

defrost [di:'frɒst] v/t deshelar, descongelar

deft [deft] diestro, hábil

defunct [di'fʌŋkt] difunto

defy [di'fai] v/t desafiar

degenerate [di'dʒenərit] s, a degenerado(a) m (f)

degrade [di'greid] v/t degradar

degree [di'griː] grado m; rango m; **by ~s** paso a paso, gradualmente

dehydrated [di:'haidreitid] deshidratado; **~ milk** leche f en polvo

de-ice [di:'ais] v/t deshelar

deign [dein] v/i: **~ to** dignarse

deity ['diːiti] deidad f

dejected [di'dʒektid] abatido, desalentado

delay [di'lei] s dilación f; retraso m; tardanza f; v/t de-

morar, aplazar; dilatar; v/i tardar

delegat|e ['deligit] a, s delegado(a); diputado; ['deligeit] v/t delegar; **~ion** delegación f

deliberate [di'libəreit] v/t, v/i deliberar; [di'libərit] premeditado; **~ly** a propósito; pausadamente

delica|cy ['delikəsi] delicadeza f; (salud) delicadez f; golosina f; **~te** ['~it] delicado, fino; frágil; **~tessen** [delikə'tesn] tienda f de ultramarinos

delicious [di'liʃəs] delicioso, rico

delight [di'lait] s encanto m; deleite m; delicia f; v/t encantar; v/i deleitarse; **~ed** encantado; **~ful** delicioso, encantador

delinquen|cy [di'liŋkwənsi] delincuencia f; **~t** delincuente

deliver [di'livə] v/t librar; entregar; **~ a speech** pronunciar un discurso; **~y** entrega f; alumbramiento m; **~y room** paritorio m; **home ~y** servicio m a domicilio

delude [di'luːd] v/t engañar; **~ oneself** engañarse

deluge ['deljuːdʒ] diluvio m, inundación f

delusion [di'luːʒən] ilusión f; decepción f

de luxe [di'lʌks] de lujo

demand [di'mɑːnd] s petición

f; exigencia *f*; *v/t* exigir; **in ~** solicitado; **~ing** exigente

demeano(u)r [di'mi:nə] porte *m*; conducta *f*

demilitarized [di:'militə-raizd] desmilitarizado

demise [di'maiz] fallecimiento *m*

demobilize [di:'məubilaiz] *v/t* desmovilizar

democra|cy [di'məkrəsi] democracia *f*; **~t** ['deməkræt] demócrata *m*, *f*; **~tic** [~'krætik] democrático

demolish [di'məliʃ] *v/t* demoler; derribar

demon ['di:mən] demonio *m*

demonstra|te ['demənstreit] *v/t* demostrar, probar; **~tion** demostración *f*; *pol* manifestación *f*

demur [di'mə:] *v/i* poner reparo; **~e** [di'mjuə] modesto; púdico

den [den] guarida *f*; estudio *m*; gabinete *m*

denial [di'naiəl] negación *f*; desmentida *f*

Denmark ['denma:k] Dinamarca *f*

denomination [dinəmi-'neiʃən] *relig* secta *f*; valor *m* (*de una moneda*)

denote [di'nəut] *v/t* significar

denounce [di'nauns] *v/t* denunciar

dense [dens] denso; espeso

dent [dent] *v/t* abollar; *s* abolladura *f*; **~al** dental

dent|ist ['dentist] dentista *m*;

~ure ['~tʃə] dentadura *f*

deny [di'nai] *v/t* negar, denegar; desmentir

deodorant [di:'əudərənt] desodorante *m*

depart [di'pa:t] *v/i* partir, irse; marcharse; **~ment** departamento *m*; sección *f*; **~ment store** grandes almacenes *m/pl*; **~ure** [~tʃə] partida *f*, salida *f*

depend [di'pend]: *v/i* **~ on** depender de; contar con; **that ~s** según y conforme; **~able** seguro; de confianza; **~ence** dependencia *f*; confianza *f*; **~ent**, *a*, *s* dependiente; subordinado(a) *m* (*f*)

deplor|able [di'plo:rəbl] deplorable; **~e** *v/t* deplorar

deployment [di'ploimənt] *mil* despliegue *m*

depopulate [di:'popjuleit] *v/t* despoblar

deport [di'po:t] *v/t* deportar; **~ment** comportamiento *m*

depos|e [di'pouz] *v/t* deponer; **~it** [~'pozit] *s* depósito *m*; fianza *f*; sedimento *m*; *v/t* depositar

depot ['depəu] depósito *m*, almacén *m*

depraved [di'preivd] depravado

depreciate [di'pri:ʃieit] *v/i* depreciarse, perder valor

depress [di'pres] *v/t* deprimir; **~ed** deprimido; **~ing** deprimente; **~ion** depresión *f* (*t com*)

deprive [di'praiv] v/t privar, despojar

depth [depθ] profundidad f

deputy ['depjuti] diputado m, delegado m

derail [di'reil] v/t, v/i descarrilar

derange [di'reindʒ] v/t desarreglar; **~d** trastornado mentalmente; **~ment** desarreglo m; trastorno m (mental)

deri|de [di'raid] v/t ridiculizar, mofarse de; **~sion** [di'riʒən] mofa f; burla f; **~sive** [~'raisiv] burlón; mofador

derive [di'raiv] v/t derivar

derogatory [di'rɔgətəri] despectivo; desdeñoso

descen|d [di'send] v/t, v/i descender, bajar; **~dant** a, s descendiente; **~t** [di'sent] descenso m; pendiente f; descendencia f

descri|be [dis'kraib] v/t describir; **~ption** [dis'kripʃən] descripción f; **~ptive** descriptivo

desecrate ['desikreit] v/t profanar

desert ['dezət] a desierto, yermo; s desierto m; [di'zə:t] v/t abandonar; v/i desertar; **~er** desertor m; **~ion** deserción f

deserve [di'zə:v] v/t merecer

design [di'zain] s designio m; proyecto m; dibujo m, diseño m; v/t proyectar; diseñar, dibujar

designate ['dezigneit] v/t de-

signar; señalar; nombrar

designer [di'zainə] dibujante m, f; diseñador m; **fashion ~** modista m/f

desir|able [di'zaiərəbl] deseable; **~e** [~aiə] s deseo m; v/t desear

desk [desk] escritorio m; (escuela) pupitre m

desolat|e ['desəlit] a solitario; desierto; **~ion** desolación f; aflicción f

despair [dis'peə] s desesperación f; v/i desesperarse

desperate ['despərit] desesperado

despise [dis'paiz] v/t despreciar

despite [dis'pait] prep a pesar de, a despecho de

despondent [dis'pɔndənt] abatido, alicaído

dessert [di'zə:t] postre(s) m(pl)

destin|ation [desti'neiʃən] destino m; **~e** ['~in] v/t destinar; **~y** destino m

destitute ['destitju:t] indigente; desamparado

destr|oy [dis'trɔi] v/t destrozar; destruir; **~oyer** destructor m; **~uction** [dis'trʌkʃən] destrucción f; **~uctive** destructivo

detach [di'tætʃ] v/t separar, desprender; mil destacar; **~able** separable; **~ed** separado; imparcial; **~ment** separación f; mil destacamento m

detail ['di:teil] s detalle m; pormenor m; **in** ~ en detalle; **~ed** detallado

detain [di'tein] v/t retener; detener

detect [di'tekt] v/t descubrir; averiguar; **~ion** descubrimiento m; **~ive** detective m; **~ive story** novela f policíaca

detention [di'tenʃən] detención f

deter [di'tə:] v/t disuadir; impedir; **~gent** a, s detergente m

deteriorate [di'tiəriəreit] v/t, v/i empeorar(se)

determin|ation [ditə:mi'neiʃən] determinación f, empeño m; **~e** [di'tə:min] v/t determinar; **~ed** resuelto

deterrent [di'terənt] a disuasivo

detest [di'test] v/t detestar; **~able** detestable

detonat|e ['detəuneit] v/t hacer detonar; **~ion** detonación f

detour ['di:tuə] desvío m; **make a** ~ dar un rodeo

detract [di'trækt] v/t: ~ **from** quitar mérito a

detriment ['detrimənt]: **to the** ~ **of** en perjuicio de; **~al** perjudicial

devalu|ation [di:vælju'eiʃən] desvalorización f; **~e** ['~'vælju:] v/t desvalorizar

devastat|e ['devəsteit] v/t devastar; **~ing** abrumador

develop [di'veləp] v/t desarrollar; revelar; explotar; v/i desarrollarse, desenvolverse; **~ment** desarrollo m; suceso m; urbanización f; foto revelado m

deviat|e ['di:vieit] v/t, v/i desviar(se); **~ion** desviación f

device [di'vais] aparato m, dispositivo m; plan m

devil ['devl] diablo m, demonio m; **raise the** ~ fam armarla; **~ish** diabólico; **~-may-care** fam despreocupado

devious ['di:viəs] tortuoso; intricado

devise [di'vaiz] v/t proyectar; idear

devoid [di'vɔid]: ~ **of** desprovisto de

devot|e [di'vəut] v/t dedicar; **~ed** devoto; dedicado; **~ion** devoción f

devour [di'vauə] v/t devorar; tragar

devout [di'vaut] devoto

dew [dju:] rocío m

dexter|ity [deks'teriti] destreza f; habilidad f

diabetic [daiə'betik] a, s diabético(a) m (f)

diagnose ['daiəgnəuz] v/t diagnosticar

diagram ['daiəgræm] diagrama m

dial ['daiəl] s cuadrante m; esfera f; tec disco m (selector); v/t tel marcar

dialect ['dailekt] dialecto m; **~ics** dialéctica f

dialogue ['daɪəlɔg] diálogo *m*
diameter [daɪ'æmɪtə] diámetro *m*
diamond ['daɪəmənd] diamante *m*
diaper ['daɪəpə] *Am* pañal *m* (*para bebés*)
diaphragm ['daɪəfræm] diafragma *m*
diarr(o)ea [daɪə'rɪə] diarrea *f*
diary ['daɪərɪ] diario *m*
dice [daɪs] dados *m/pl*
dictat|e [dɪk'teɪt] *v/t* dictar; **~ion** dictado *m*; **~or** dictador *m*; **~orship** dictadura *f*
dictionary ['dɪkʃənrɪ] diccionario *m*
die [daɪ] *v/i* morir; **~ down** extinguirse gradualmente; **~hard** intransigente *m, f*
diet ['daɪət] *s* régimen *m* alimenticio, dieta *f*; *v/i* estar a dieta
differ ['dɪfə] *v/i* diferenciarse; distinguirse; **~ence** ['dɪfrəns] diferencia *f*; **it makes no ~ence** lo mismo da; **~ent** diferente
difficult ['dɪfɪkəlt] difícil; **~y** dificultad *f*; **with utmost ~y** a duras penas
diffident ['dɪfɪdənt] tímido
diffuse [dɪ'fjuːs] *a* difuso; [dɪ'fjuːz] *v/t* difundir
dig [dɪg] *v/t, v/i* cavar; excavar; **~ out, up** desenterrar
digest ['daɪdʒest] *s* compendio *m*; [dɪ'dʒest] *v/t* digerir (*t fig*); compendiar, resumir;

~ion digestión *f*
digni|fied ['dɪgnɪfaɪd] serio, mesurado; **~ty** dignidad *f*
digress [daɪ'gres] *v/i*: **~ from** apartarse de; **~ion** digresión *f*
dike [daɪk] dique *m*
dilapidated [dɪ'læpɪdeɪtɪd] ruinoso
dilate [daɪ'leɪt] *v/t, v/i* dilatar(se)
diligen|ce ['dɪlɪdʒəns] diligencia *f*; **~t** diligente
dill [dɪl] eneldo *m*
dilute [daɪ'ljuːt] *v/t, v/i* diluir(se)
dim [dɪm] *a* débil; indistinto, oscuro; opaco (*t fig*); *v/t* oscurecer, opacar
dimension [dɪ'menʃən] dimensión *f*
diminish [dɪ'mɪnɪʃ] *v/t, v/i* disminuir(se)
dimple ['dɪmpl] hoyuelo *m*
din [dɪn] estruendo *m*
din|e [daɪn] *v/i* cenar; **~e out** comer fuera de casa; **~ing car** coche-comedor *m*; **~ing room** comedor *m*; **~ner** ['dɪnə] comida *f*, cena *f*; **~ner jacket** esmoquin *m*
dip [dɪp] *s* inclinación *f*, inmersión *f*; *v/t* sumergir; *v/i* sumergirse; inclinarse
diphtheria [dɪf'θɪərɪə] difteria *f*
diploma [dɪ'pləʊmə] diploma *m*; **~cy** diplomacia *f*; **~t** ['dɪpləmæt] diplomático *m*; **~tic** [dɪplə'mætɪk] diplomático

dire 72

dire ['daiə] horrendo
direct [di'rekt] *a* directo; derecho; recto; franco; *v/t* dirigir; mandar; **~ion** dirección *f*; **~ions** instrucciones *f/pl*; **~ions for use** modo *m* de empleo; **~ly** directamente; en seguida; **~or** director *m*
directory *s*: (*telephone*) ~ guía *f* telefónica
dirt [də:t] suciedad *f*; porquería *f*; ~ **cheap** baratísimo, regalado; **~y** *a* sucio; indecente; *v/t* ensuciar
disability [disə'biliti] incapacidad *f*; inhabilidad *f*; **~led** [dis'eibld] incapacitado; inválido; mutilado
disadvantage [disəd'va:ntidʒ] desventaja *f*; detrimento *m*; **~ous** [disædvæn-'teidʒəs] desventajoso
disagree [disə'gri:] *v/i* discrepar; ~ **with** no estar de acuerdo con; **~able** desagradable; **~ment** desacuerdo *m*; altercado *m*
disappear [disə'piə] *v/t* desaparecer; **~ance** desaparición *f*
disappoint [disə'pɔint] *v/t* decepcionar; defraudar; **~ment** desilusión *f*; decepción *f*
disapprov|al [disə'pru:vəl] desaprobación *f*; **~e** *v/t*, *v/i* desaprobar
disarm [dis'a:m] *v/t* desarmar; **~ament** desarme *m*
disarray [disə'rei] *s* desarre-

glo *m*; desorden *m*
disast|er [di'zɑ:stə] desastre *m*; **~er area** zona *f* siniestrada; **~rous** desastroso
disbelief ['disbi'li:f] incredulidad *f*
disburse [dis'bə:s] *v/t* desembolsar; **~ment** desembolso *m*, gasto *m*
disc [disk] disco *m*
discard [dis'ka:d] *v/t* descartar; tirar
discern [di'sə:n] *v/t*, *v/i* discernir; percibir; **~ing** perspicaz; **~ment** discernimiento *m*; juicio *m*
discharge [dis'tʃa:dʒ] *s* descarga *f*; (*arma*) disparo *m*; *com* descargo *m*; *mil* licenciamiento *m*; pago *m*; despedida *f*; *v/t* descargar; disparar; licenciar; desempeñar; despedir; dar de alta; *v/i* descargar
disciple [di'saipl] discípulo *m*
discipline ['disiplin] disciplina *f*
disc jockey ['disk 'dʒɔki] montadiscos *m*
disclaim [dis'kleim] *v/t* negar; *for* renunciar
disclose [dis'kləuz] *v/t* revelar
discomfort [dis'kʌmfət] incomodidad *f*; molestia *f*
disconcert [diskən'sə:t] *v/t* desconcertar; confundir
disconnect ['diskə'nekt] *v/t* desconectar; desacoplar; **~ed** inconexo

disconsolate [dis'kɔnsəlit] desconsolado

discontent ['diskən'tent] descontento *m*; desagrado *m*; **~ed** descontento

discontinue ['diskən'tinju] *v/t, v/i* interrumpir, suspender (*pagos*)

discord ['diskɔːd] discordia *f*; desacuerdo *m*; **~ance** [ˌ~'kɔːdəns] discordia *f*; disonancia *f*; **~ant** discordante; *mús* disonante

discotheque ['diskəutek] discoteca *f*

discount ['diskaunt] descuento *m*; rebaja *f*

discourage [dis'kʌridʒ] *v/t* desanimar, desalentar; **~ment** desaliento *m*

discourse ['diskɔːs] discurso *m*

discourteous [dis'kɔːtiəs] descortés

discover [dis'kʌvə] descubrir; **~er** descubridor *m*; **~y** descubrimiento *m*

discredit [dis'kredit] *s* descrédito *m*; *v/t* desacreditar

discre|et [dis'kriːt] discreto; **~pancy** [dis'krepənsi] discrepancia *f*; **~tion** [ˌ~'kreʃən] discreción *f*

discriminat|e [dis'krimineit] *v/t, v/i*: **~e between** distinguir entre; **~e against** discriminar contra; **~ing** discerniente; **~ion** discriminación *f*

discuss [dis'kʌs] *v/t* discutir; hablar de, tratar de; **~ion** discusión *f*

disdain [dis'dein] *s* desdén *m*; *v/t* desdeñar

disease [di'ziːz] enfermedad *f*; **~d** enfermo

disembark ['disim'bɑːk] *v/t, v/i* desembarcar(se)

disengage [disin'geidʒ] *v/t* desenganchar; soltar; *aut* desembragar

disentangle [disin'tæŋgl] *v/t* desenredar

disfavo(u)r [dis'feivə] *s* desaprobación *f*; desgracia *f*

disfigure [dis'figə] *v/t* desfigurar; deformar

disgrace [dis'greis] *s* deshonra *f*; vergüenza *f*; *v/t* deshonrar; **~ful** ignominioso

disgruntled [dis'grʌntld] disgustado, malhumorado

disguise [dis'gaiz] *s* disfraz *m*; *v/t* disfrazar

disgust [dis'gʌst] *s* asco *m*; repugnancia *f*; *v/t* repugnar; **~ing** asqueroso, repugnante

dish [diʃ] plato *m*; fuente *f*; **~es** vajilla *f*; **wash the ~es** fregar los platos; **~cloth** paño *m* de cocina

dishearten [dis'hɑːtn] *v/t* desalentar

dishevel(l)ed [di'ʃevəld] desgreñado, desmelenado

dishonest [dis'ɔnist] fraudulento; tramposo; falso; **~y** falta *f* de honradez

dishono(u)r [dis'ɔnə] *s* deshonra *f*, deshonor *m*; *v/t* deshonrar; *com rechazar (cheque, etc)*

dishwasher ['dɪʃwɔʃə] *tecn* lavavajillas *m*

disillusion [disi'luʒn] *s* desilusión *f*; *v/t* desilusionar

disinclined ['dɪsɪn'klaɪnd] renuente, poco dispuesto

disinfect [dɪsɪn'fekt] *v/t* desinfectar; fumigar; ~ant *a, s* desinfectante *m*

disinherit ['dɪsɪn'herɪt] *v/t* desheredar

disintegrate [dɪs'ɪntɪgreɪt] *v/i* disgregarse; desintegrarse

disinterested [dɪs'ɪntrɪstɪd] desinteresado

disk [dɪsk] = **disc**

dislike [dɪs'laɪk] *s* aversión *f*; antipatía *f*; *v/t* tener aversión a; no gustarle a uno

dislocate ['dɪsləʊkeɪt] *v/t* dislocar

dislodge [dɪs'lɒdʒ] *v/t* echar fuera; mil desalojar

disloyal ['dɪs'lɔɪəl] desleal

dismal ['dɪzməl] lúgubre; sombrío; deprimente

dismantle [dɪs'mæntl] *v/t* desmontar

dismay [dɪs'meɪ] *s* consternación *f*; *v/t* consternar

dismiss [dɪs'mɪs] *v/t* despedir; destituir; dejar ir; ~al despedida *f*; destitución *f*

dismount ['dɪs'maʊnt] *v/t* desmontar; *v/i* apearse

disobedience [dɪsə'biːdjəns] desobediencia *f*; ~t desobediente

disobey ['dɪsə'beɪ] *v/t, v/i* desobedecer

disorder [dɪs'ɔːdə] *s* desorden *m*; disturbio *m*; *med* trastorno *m*; *v/t* desordenar; ~ly desordenado; alborotado

disown [dɪs'əʊn] *v/t* desconocer; negar; repudiar

disparage [dɪs'pærɪdʒ] *v/t* menospreciar; ~ment menosprecio *m*

dispassionate [dɪs'pæʃnɪt] desapasionado

dispatch [dɪs'pætʃ] *s* despacho *m*; prontitud *f*; *v/t* despachar; expedir

dispel [dɪs'pel] *v/t* disipar; *fig* desvanecer

dispensable [dɪs'pensəbl] dispensable; *v/t* distribuir, repartir; *v/i* ~e with pasar sin, prescindir de

disperse [dɪs'pɜːs] *v/t, v/i* dispersar(se)

displace [dɪs'pleɪs] *v/t* sacar de su sitio; ~d person desplazado(a) *m (f)*; ~ment desalojamiento *m*; *mar* desplazamiento *m*

display [dɪs'pleɪ] *s* exhibición *f*, ostentación *f*; ~ window escaparate *m*; *v/t* exponer; ostentar

displease [dɪs'pliːz] *v/t, v/i* disgustar, molestar; desagradar; ~ing desagradable; ~ure [~eʒə] desagrado *m*, disgusto *m*

disposal [dɪs'pəʊzəl] disposición *f*; ajuste *m*; venta *f*; eliminación *f*; **~e** *v/t* disponer; *v/i* **~e of** disponer de; deshacerse de; **~ition** disposición *f*; propensión *f*; carácter *m*

disproportionate [disprə'pɔ:ʃnit] desproporcionado

disprove [dis'pru:v] *v/t* refutar

dispute [dis'pju:t] *s* disputa *f*, controversia *f*; *v/t*, *v/i* disputar

disqualify [dis'kwɔlifai] *v/t* descalificar; inhabilitar

disquieting [dis'kwaiətiŋ] inquietante

disregard [disri'gɑ:d] *s* descuido *m*; *v/t* desatender

disrepair [disri'pɛə]: **fall into ~** deteriorarse

disreputable [dis'repjutəbl] de mala fama

disrespectful [disris'pektful] irrespetuoso

disrupt [dis'rʌpt] *v/t* romper; interrumpir

dissatisfaction ['dissætis-'fækʃən] descontento *m*; **~ied** [~faid] descontento

dissension [di'senʃən] disensión *f*, discordia *f*; **~t** *v/i* disentir; **~ter** disidente *m*

disservice [dis'sə:vis]: **do a ~ to** perjudicar a

dissipate ['disipeit] *v/t*, *v/i* disipar(se)

dissociate [di'souʃieit] *v/t* disociar; **~ion** disociación *f*

dissolute ['disəlu:t] disoluto; **~ution** disolución *f*; **~ve** [di'zɔlv] *v/t*, *v/i* disolver(se)

dissuade [di'sweid] *v/t* disuadir

distance ['distəns] distancia *f*; **from a ~ce** desde lejos; **in the ~ce** a lo lejos; **keep at a ~ce** no tratar con familiaridad; **~t** distante, apartado; *fig* reservado

distaste ['dis'teist] aversión *f*; repugnancia *f*; **~ful** desagradable

distend [dis'tend] *v/t*, *v/i* hinchar(se); dilatar(se)

distil(l) [dis'til] *v/t* destilar; **~ery** destilería *f*

distinct [dis'tiŋkt] distinto; claro; **~ion** distinción *f*; **~ive** distintivo

distinguish [dis'tiŋgwiʃ] *v/t* distinguir; **~ed** distinguido, ilustre; marcado

distort [dis'tɔ:t] *v/t* torcer (*t fig*); distorsionar (*sonido, etc*); **~ion** distorsión *f*; deformación *f*

distract [dis'trækt] *v/t* distraer; perturbar; **~ed** aturdido; **~ion** distracción *f*; diversión *f*; perturbación *f*

distress [dis'tres] *s* angustia *f*; congoja *f*; apuro *m*, peligro *m*; miseria *f*; *v/t* afligir, angustiar; **to be in ~** estar en un apuro; **~ing** penoso

distribute [dis'tribju(:)t] *v/t* distribuir, repartir; **~ion** distribución *f*, reparto *m*

district [di'strikt] distrito *m*; comarca *f*; **~ attorney** *Am* [~'tə:ni] fiscal *m*, *f*

distrust [dis'trʌst] s desconfianza f; v/t desconfiar de; **~ful** desconfiado

disturb [dis'tə:b] v/t molestar; inquietar; **~ance** disturbio m; tumulto m; **~ing** perturbador, inquietante

disuse [dis'ju:s] : **to fall into ~** caer en desuso

ditch [ditʃ] zanja f; cuneta f

ditto ['ditəu] ídem, lo mismo

dive [daiv] v/i bucear; zambullirse; mar sumergirse; aer picar; fig lanzarse; s salto m; buceo m; aer picada f; **~r** buzo m; saltador(a) m (f)

diverge [dai'və:dʒ] v/i divergir

diver|se [dai'və:s] diverso; **~sion** diversión f; **~sity** diversidad f; **~t** v/t desviar; divertir

divid|e [di'vaid] v/t dividir, separar; v/i dividirse; **~end** ['dividend] dividendo m; **~ing** divisorio

divin|e [di'vain] a divino; **~g** ['daivin] **board** trampolín m; **~g suit** escafandra f; **~ity** [di'viniti] divinidad f

division [di'viʒən] división f; com departamento m

divorce [di'vɔ:s] s divorcio m; v/t divorciar; fig separar; **get ~d** divorciarse; **~d** divorciado

divulge [dai'vʌldʒ] v/t divulgar

dizzy ['dizi] mareado; confundido; vertiginoso

do [du:] v/t hacer; ejecutar; rendir; servir; arreglar; recorrer; v/i actuar; convenir; estar; **how ~ you ~?** mucho gusto; **that will ~** eso basta; **~ away with** eliminar; **what can I ~ for you?** ¿en qué puedo servirle?; **~ over** volver a hacer; **make ~ with** contentarse con; **nothing to ~ with** nada que ver con; **~ without** prescindir de

docile ['dəusail] dócil

dock [dɔk] s dique m; dársena f; muelle m; for banquillo m; v/t cercenar; acortar; v/i atracar; **~er** estibador m; **~yard** astillero m

doctor ['dɔktə] s médico m, doctor m; v/t medicinar; falsificar; **~ate** doctorado m

doctrine ['dɔktrin] doctrina f

document ['dɔkjumənt] documento m; **~ary** cine documental m

dodge [dɔdʒ] s regate m; truco m; v/t regatear; evadir

doe [dəu] gama f; coneja f; **~skin** ante m

dog [dɔg] s perro m; v/t seguir, acosar; **~ days** canícula f; **~ged** tenaz

dogma ['dɔgmə] dogma m

doings ['du(:)iŋz] fam actividades f/pl

do-it-yourself ['du:itjə'self] bricolaje m

dole [dəul]: s **on the ~** subsidio m de paro; v/t **~ out** repartir; **~ful** triste, lúgubre

drab

doll [dɔl] muñeca *f*

dollar ['dɔlə] dólar *m*

dolphin ['dɔlfin] delfín *m*

dome [dəum] cúpula *f*

domestic [dəu'mestik] doméstico; casero; **~ate** [~eit] *v/t* domesticar

domicile ['dɔmisail] *for* domicilio *m*

domin|ate ['dɔmineit] *v/t* dominar; **~ation** dominación *f*; **~eer** *v/t, v/i* dominar; tiranizar; **~eering** mandón; **~oes** ['dɔminəuz] juego *m* de dominó

dona|te [dəu'neit] *v/t* donar; **~tion** donativo *m*

done [dʌn] *v/t* ejecutado; acabado; **well ~!** ¡muy bien hecho!; **well ~** coc bien hecho; **~ for** rendido; perdido

donkey ['dɔŋki] burro *m*

donor ['dəunə] donante *m, f*

doom [du:m] *s* fatalidad *f*; destino *m*; *v/t* condenar; **~sday** día *m* del juicio final

door [dɔː] puerta *f*; next **~** en la casa del lado; **behind closed ~s** a puertas cerradas; **out of ~s** al aire libre; **~bell** timbre *m*; **~knob** perilla *f*; **~man** portero *m*; **~mat** esterilla *f*; **~way** portal *m*

dope [dəup] *s fam* narcótico *m*; droga *f*; tonto *m*, bobo *m*; *v/t* narcotizar

dormitory ['dɔːmitri] dormitorio *m*

dose [dəus] *s* dosis *f*

dot [dɔt] punto *m*; **on the ~** en punto; **~ted with** salpicado de

double ['dʌbl] *a* doble; *s teat* doble *m*; *adv* dos veces, doble; *v/t* doblar; *v/i* doblarse; **at (on) the ~** rápidamente; **~ up** doblarse; **~bass** contrabajo *m*; **~breasted** cruzado; **~cross** *v/t* engañar; traicionar; **~decker** *fam* ómnibus *m* de dos pisos; **~entry** com partida *f* doble

doubt [daut] *s* duda *f*; *v/t, v/i* dudar; **no ~** sin duda; **~ful** dudoso; **~less** indudablemente

dough [dəu] masa *f*; pasta *f*; **~nut** buñuelo *m*

dove [dʌv] paloma *f*; **~tail** *v/i* encajar

dowdy ['daudi] desaliñado; mal vestido

down [daun] *adv* abajo; hacia abajo; *s* plumón *m*; **~ and out** arruinado; **~ to earth** realista; **~ with...!** ¡abajo!; **~cast** cabizbajo, abatido; **~fall** caída *f*; **~hill** cuesta abajo; **~pour** chaparrón *m*; **~right** absoluto, completo; **~stairs** abajo; **~town** centro *m* de la ciudad; **~ward(s)** ['~wəd(z)] hacia abajo; **~y** velloso

dowry ['dauəri] dote *f*

doze [dauz] *s* sueño *m* ligero; *v/i* dormitar

dozen ['dʌzn] docena *f*

drab [dræb] gris; monótono

draft

draft [drɑːft] bosquejo *m*; borrador *m*; corriente *f* de aire; *com* letra *f* de cambio, giro *m*; *mil* quinta *f*; ~ **beer** cerveza *f* de barril; *v/t* bosquejar; hacer un proyecto de; ~**sman** dibujante *m*

drag [dræg] *s mar* rastra *f*; *fam* lata *f*; *v/t* arrastrar; *mar* rastrear; *v/i* arrastrarse (*por el suelo*); ~ **on** ser interminable

dragon ['drægən] dragón *m*; ~**fly** caballito *m* del diablo

drain [drein] *s* desagüe *m*; desaguadero *m*; *v/t* desaguar; drenar; ~**age** desagüe *m*; drenaje *m*

drama ['drɑːmə] drama *m*; ~**tic** [drə'mætik] dramático; ~**tist** ['dræmətist] dramaturgo *m*

drape [dreip] *v/t* vestir, cubrir con colgaduras; ~**r's shop** pañería *f*; ~**s** cortinas *f/pl*

drastic ['dræstik] drástico

draught [drɑːft] corriente *f* (*de aire*); tiro *m* de chimenea; trago *m* (*de bebida*); *mar* calado *m*; ~ **animal** animal *m* de tiro

draw ['drɔː] *s sp* empate *m*; atracción *f*; sorteo *m*; *v/t* tirar, arrastrar; dibujar; atraer; sacar; tomar (*aliento*); *com* girar; ~ **aside** apartar a; ~ **back** retirar; ~ **forth** hacer salir; ~ **lots** echar suertes *f/pl*; ~ **money** cobrar; ~ **out** sacar; ~ **up** redactar; *v/i*

atraer, dibujar; *sp* empatar; ~ **near** acercarse; ~ **up** detenerse; ~**back** inconveniente *m*; ~**bridge** puente *m* levadizo; ~**er** ['drɔːə] girador *m*; [drɔː] cajón *m*; ~**ing** dibujo *m*; diseño *m*; ~**ing pin** chincheta *f*; ~**ing room** salón *m*

dread [dred] *s* temor *m*; pavor *m*; espanto *m*; *v/t*, *v/i* temer; ~**ful** espantoso

dream [driːm] *s* sueño *m*; **day** ~ ensueño *m*; *v/t*, *v/i* soñar; soñar con; ~**y** soñador

dreary ['driəri] monótono

dregs [dregz] heces *f/pl*

drench [drentʃ] *v/t* empapar; calar

dress [dres] *s* vestido *m*; traje *m*; atuendo *m*; *v/t* vestir; ataviar; arreglar; *med* curar; *v/i* vestirse; ~ **circle** galería *f* principal; ~ **coat** frac *m*; ~**ing gown** bata *f*; ~**ing table** tocador *m*; ~**maker** modista *f*; ~ **rehearsal** ensayo *m* general

dribble ['dribl] *v/i* gotear; babear

drift [drift] *s* corriente *f*; rumbo *m*, tendencia *f*; *mar*, *aer* deriva *f*; *v/t* llevar, arrastrar la corriente; *a* la deriva; amontonarse (*arena*, *nieve*)

drill [dril] *s* taladro *m*, barrena *f*; *mil* ejercicio *m*; surco *m* (*para siembra*); *v/t* taladrar; ejercitar; *mil* adiestrar

drink [drink] *s* bebida *f*; trago *m*; *v/t*, *v/i* beber

dunghill

drip [drip] *s* goteo *m*; *v/i* gotear; chorrear; **~dry** de lava y pon

driv|e [draiv] *s* paseo *m*, viaje *m* (*en coche*); calzada *f* particular; avenida *f*, energía *f*, empuje *m*, *tecn* propulsión *f*; *v/t* conducir; impulsar; empujar, llevar; *v/i* conducir; **~e at** querer decir; **~e-in** servicio *m* al coche (*banco, etc*); **~er** conductor *m*; **~ing** conducción *f*; **~ing licence** carnet *m* de conducir; **~ing school** autoescuela *f*

drizzle ['drizl] *s* llovizna *f*; *v/i* lloviznar

drone [drəun] *s* zángano *m*; zumbido *m*; *v/i* zumbar

drool [druːl] *v/i* babear

droop [druːp] *v/i* colgar; pender

drop [drɔp] *s* gota *f*; caída *f*; pastilla *f*; *v/t* dejar caer; *v/i* bajar, caer; **~ in** visitar de paso; **~ off** quedarse dormido

drought [draut] sequía *f*

drown [draun] *v/t* ahogar; anegar; *v/i* ahogarse

drowsy ['drauzi] soñoliento

drudge [drʌdʒ] *s* esclavo *m* del trabajo; *v/i* afanarse

drug [drʌg] *s* droga *f*; medicamento *m*; *v/t* narcotizar; **~ addict** toxicómano *m*; **~gist** ['~gist] farmacéutico *m*; **~store** farmacia *f*

drum [drʌm] *s* tambor *m*; cilindro *m*; *anat* tímpano *m*;

v/i tocar el tambor; tamborear (*con los dedos*); **~stick** mús palillo *m*; *coc* muslo *m*

drunk [drʌŋk] borracho; **get~** emborracharse; **~ard** borracho *m*

dry [drai] *a* seco, árido; desecado; *fig* aburrido; *v/t* secar, *v/i* secarse; **~-clean** *v/t* limpiar en seco; **~ dock** dique *m* de carena; **~er** secador(a) *m* (*f*); **~ goods** *Am* mercería *f*

dual ['djuːəl] doble

dubious ['djubjəs] dudoso

duchess ['dʌtʃis] duquesa *f*

duck [dʌk] *s* pato(a) *m* (*f*); *v/i* agacharse

due [djuː] *a* debido; merecido; *com* pagadero; **in ~ course** a su debido tiempo; **~ to** debido a; *s* derecho *m*

duel ['dju(ː)əl] duelo *m*

duke [djuːk] duque *m*

dull [dʌl] *a* apagado; aburrido; opaco; *v/t* entorpecer; embotar

duly ['djuːli] debidamente

dumb [dʌm] mudo; estúpido; **~founded** atónito

dummy ['dʌmi] *a* postizo; *s* maniquí *m*; chupete *m* (*de bebé*)

dump [dʌmp] *s* basurero *m*; *mil* depósito *m*; *v/t* descargar; verter; vaciar

dunce [dʌns] zopenco *m*

dune [djuːn] duna *f*

dung [dʌŋ] estiércol *m*; **~hill** estercolero *m*

dungeon ['dʌndʒən] calabozo *m*; mazmorra *f*

dupe [dju:p] *s* incauto *m*; primo *m*; *v/t* engañar

duplicate ['dju:plikit] *a, s* duplicado *m*; **~or** multicopista *f*

durable ['djuərəbl] duradero

duration [djuə'reiʃən] duración *f*

duress [djuə'res] compulsión *f*

during ['djuəriŋ] durante

dusk [dʌsk] anochecer *m*; crepúsculo *m*; **~y** obscuro; moreno

dust [dʌst] *s* polvo *m*; *v/t* desempolvar; quitar el polvo; empolvorear; **~bin** cubo *m* para basura; **~er** plumero *m*; trapo *m* de polvo; **~pan** cogedor *m*; **~y** polvoriento

Dutch [dʌtʃ] *s, a,* holandés; **~man** holandés *m*; **~woman** holandesa *f*

duty ['dju:ti] deber *m*; obligación *f*; **off** ~ libre (de servicio); **on** ~ de servicio; **~free** libre de derechos de aduana

dwarf [dwɔːf] enano *m*

dwell [dwel] *v/i* habitar, morar; **~ing** vivienda *f*

dwindle ['dwindl] *v/i* disminuir(se); menguar

dye [dai] *s* tinte *m*; *v/t* teñir; **~r** tintorero *m*

dying ['daiiŋ] moribundo

dynamic [dai'næmik] dinámico; **~s** dinámica *f*

dynamite ['dainəmait] dinamita *f*

dynamo ['dainəməu] dínamo *f*

dysentery ['disntri] disentería *f*

E

each [i:tʃ] *a* cada; *pron* cada uno(a); ~ **other** mutuamente; el uno al otro

eager ['i:gə] ansioso; anhelante; **~ness** ansia *f*, anhelo *m*; afán *m*

eagle ['i:gl] águila *f*

ear [iə] oído *m*; oreja *f*; *bot* espiga *f*; **~drum** tímpano *m*

earl [əːl] conde *m*

early ['əːli] temprano; primitivo; ~ **in the morning** muy de mañana; **5 minutes** ~ (con) 5 minutos de anticipación

earmark ['iəmɑːk] *v/t* destinar; poner aparte

earn [əːn] *v/t* ganar(se); merecer; **~ings** ['əːiŋz] sueldo *m*; ingresos *m/pl*

earnest ['əːnist] serio, formal; **in** ~ de veras, en serio

ear|phones ['iəfəunz] auriculares *m/pl*; **~rings** pendientes *m/pl*, aretes *m/pl*

earth [əːθ] *s* tierra *f*; *v/t* elec conectar a tierra; **~en** de barro; **~enware** loza *f* de barro; **~quake** terremoto *m*

ease [i:z] *s* tranquilidad *f*; alivio *m*; comodidad *f*; facilidad *f*; *v/t* facilitar; aliviar; **ill at ~** incómodo

easel ['i:zl] caballete *m*

east [i:st] este *m*, oriente *m*; **the ~** el Oriente

Easter ['i:stə] Pascua *f* de Resurrección; **~ly** del este; **~n** oriental

easy ['i:zi] fácil; cómodo; **take it ~** tomarlo con calma; descansar; **~ chair** sillón *m*; **~going** despreocupado

eat [i:t] *v/t* comer; **~ up** comerse; acabar

eaves [i:vz] alero *m*; **~drop** *v/i* escuchar a escondidas (*a la conversación privada de otros*)

ebb [eb] menguante *m*; reflujo *m*; **at a low ~** decaído; **~ tide** marea *f* menguante

ebony ['ebəni] ébano *m*

eccentric [ik'sentrik] *a*, *s* excéntrico(a) *m* (*f*)

ecclesiastical [ikli:zi'æstikəl] eclesiástico

echo ['ekəu] *s* eco *m*; *v/i* reverberar, resonar

eclipse [i'klips] eclipse *m*

ecolog|y [i'kɔlədʒi] ecología *f*; **~gist** ecologista *m*, *f*

economic [i:kə'nɔmik] económico; **~al** económico, frugal; **~s** economía *f* política; **~st** [i(:)'kɔnəmist] economista *m*, *f*; **~ze** *v/t*, *v/i* economizar, ahorrar

economy [i(:)'kɔnəmi] economía *f*

ecstasy ['ekstəsi] éxtasis *m*

Ecuador [ekwə'dɔ:] El Ecuador; **~ian** *s*, *a* ecuatoriano(a) *m* (*f*)

edge [edʒ] *s* canto *m*; filo *m*; borde *m*; **on ~e** de canto; *fig* ansioso; nervioso; **~ing** borde *m*; ribete *m*

edible ['edibl] comestible

edifice ['edifis] edificio *m*

edit ['edit] *v/t* editar; dirigir; redactar; **~ion** [i'diʃən] edición *f*; tirada *f*; **~or** redactor *m*; **~orial** [ˌ'tɔ:riəl] *s* artículo *m* de fondo; **~orial staff** redacción *f*

educat|e ['edju:keit] *v/t* educar; instruir; **~ion** educación *f*, instrucción *f*; **~ional** educacional; docente

eel [i:l] anguila *f*

effect [i'fekt] *s* efecto *m*; impresión *f*; *v/t* efectuar, ejecutar; **go into ~** entrar en vigor; **~ive** efectivo, eficaz; vigente; **~s** efectos *m/pl*

effeminate [i'feminit] afeminado

effervescent [efə'vesnt] efervescente

efficien|cy [i'fiʃənsi] eficiencia *f*; eficacia *f*; **~t** eficiente

effort ['efət] esfuerzo *m*; **to make an ~** esforzarse por

effusive [i'fju:siv] efusivo

egg [eg] huevo *m*; **to ~ on** *v/t* incitar; **~cup** huevera *f*; **~head** *fam* intelectual *m*; **~nog** ponche *m* de huevo

~plant berenjena *f*; **~shell** cáscara *f* de huevo

ego ['egəu] (el) yo; **~tist** egoísta *m, f*

Egypt ['i:dʒipt] Egipto *m*; **~ian** [i'dʒipʃən] *a, s* egipcio(a) *m (f)*

eiderdown ['aidədaun] edredón *m*

eight [eit] ocho

either ['aiðə] *a, pron* uno u otro; ambos; *adv* (*en negación*) tampoco

eject [i(:)'dʒekt] *v/t* expulsar; echar; **~ion** expulsión *f*

elaborate [i'læbərit] *a* elaborado; detallado; [~eit] *v/t* elaborar

elapse [i'læps] *v/i* transcurrir, pasar

elastic [i'læstik] *a, s* elástico *m*

elated [i'leitid] *a*: **to be ~** regocijarse

elbow ['elbəu] *s* codo *m*; *v/i* codear

elde|r ['eldə] *a, s* mayor *m*; *bot* saúco *m*; **~rly** *a* entrado en años; *s* la gente mayor; **~st** *a, s* (el, la) mayor (*de todos*)

elect [i'lekt] *a* elegido; *v/t* elegir; **~ to** optar por; **~ion** elección *f*; **~or** elector *m*; **~orate** electorado *m*

electr|ic [i'lektrik] eléctrico; **~ical** eléctrico; **~ician** [~'triʃən] electricista *m*; **~icity** [~'trisiti] electricidad *f*; **~ify** *v/t* electrificar; *fig*

electrizar

electron [i'lektrən] electrón *m*; **~ic** electrónico; **~ics** electrónica *f*

elegan|ce ['eligəns] elegancia *f*; **~t** elegante

element ['elimənt] elemento *m*; **~ary** [~'mentəri] elemental; **~ary school** escuela *f* primaria

elephant ['elifənt] elefante *m*

elevat|e ['eliveit] *v/t* elevar, ascender; **~ion** elevación *f*; altura *f*; **~or** *Am* ascensor *m*

eligible ['elidʒəbl] elegible

eliminat|e [i'limineit] *v/t* eliminar; descartar; **~ion** eliminación *f*

elitist [ei'li:tist] *a, s* elitista *m, f*

elk [elk] alce *m*

ellipse [i'lips] elipse *f*

elm [elm] olmo *m*

elongate ['i:ləŋgeit] *v/t* alargar

elope [i'ləup] *v/i* fugarse (*con un amante*)

eloquen|ce ['eləukwəns] elocuencia *f*; **~t** elocuente

else [els] *a* otro; más; *everyone* **~** todos los demás; *nobody* **~** ningún otro; *nothing* **~** nada más; *somebody* **~** otra persona; *what* **~**? ¿qué más?; *where* en otra parte; a otra parte

elu|de [i'lu:d] *v/t* eludir, esquivar; **~sion** evasión *f*; **~sive** evasivo

emaciated [i'meiʃieitid] demacrado

enamel

emanate ['eməneit] *v/i* emanar

emancipate [i'mænsipeit] *v/t* emancipar

embalm [im'baːm] *v/t* embalsamar; *fig* preservar

embankment [im'bæŋkmənt] terraplén *m*; dique *m*

embark [im'baːk] *v/t, v/i* embarcar(se); **~ upon** emprender; lanzarse a

embarrass [im'bærəs] *v/t* desconcertar, avergonzar; estorbar; **~ing** embarazoso; molesto; **~ment** desconcierto *m*; perplejidad *f*; embarazo *m*; *financial* **~ment** apuros *m/pl*

embassy ['embəsi] embajada *f*

embed [im'bed] *v/t* empotrar

embellish [im'beliʃ] *v/t* embellecer

embers ['embəz] rescoldo *m*

embezzle [im'bezl] *v/t* desfalcar; malversar

embitter [im'bitə] *v/t* amargar

emblem ['embləm] emblema *m*

embody [im'bɔdi] *v/t* encarnar; incorporar

embrace [im'breis] *s* abrazo *m*; *v/t* abrazar; abarcar

embroider [im'brɔidə] *v/t* bordar; **~y** bordado *m*

embryo ['embriəu] embrión *m*

emerald ['emərəld] esmeralda *f*

emerge [i'məːdʒ] *v/i* salir, surgir; **~ncy** [~ənsi] emergencia *f*; *in an* **~ncy** en caso de urgencia; **~ncy exit** salida *f* de emergencia; **~ncy landing** *aer* aterrizaje *m* forzoso

emigra|nt ['emigrənt] emigrante *m*; **~te** ['~eit] *v/i* emigrar; **~tion** emigración *f*

eminent ['eminənt] eminente

emit [i'mit] *v/t* emitir, despedir

emotion [i'məuʃən] emoción *f*; **~al** emocional; impresionable

emperor ['empərə] emperador *m*

empha|sis ['emfəsis] énfasis *m*; **~size** destacar, recalcar; **~tic** [im'fætik] enfático; categórico

empire ['empaiə] imperio *m*

employ [im'plɔi] *s* puesto *m*, empleo *m*; *v/t* emplear; **~ee** [emplɔi'iː] empleado *m*; **~er** patrón *m*; **~ment** empleo *m*; oficio *m*; **~ment agency** agencia *f* de colocaciones

empress ['empris] emperatriz *f*

empt|iness ['emptinis] vacío *m*; vacuidad *f*; **~y** *a* vacío; *v/t* vaciar

enable [i'neibl] *v/t* capacitar; permitir

enact [i'nækt] *v/t* decretar, promulgar; **~ment** promulgación *f* (*de una ley*)

enamel [i'næməl] *s* esmalte *m*; *v/t* esmaltar

enchant [in'tʃɑːnt] *v/t* encantar; **~ing** encantador

encircle [in'səːkl] *v/t* cercar; circundar; ceñir

encl. = enclosed

enclos|e [in'kləuz] *v/t* encerrar; incluir, adjuntar; **~ed** adjunto; **~ure** [-ʒə] cercado *m*; recinto *m*; carta *f* adjunta

encore [ɔŋ'kɔː] *teat* ¡ bis!

encounter [in'kauntə] *s* encuentro *m*; choque *m*; *v/t, v/i* encontrar; dar con

encourag|e [in'kʌridʒ] *v/t* animar; alentar; **~ement** estímulo *m*; **~ing** animador, alentador

encumber [in'kʌmbə] *v/t* recargar; estorbar; **~ed with** tener que cargar con

end [end] *s* fin *m*; extremo *m*; cabo *m*; final *m*; conclusión *f*; **in the ~** al fin y al cabo; **for hours on ~** horas seguidas; **put to an ~** poner fin a; **on ~** de punta; **stand on ~** erizarse (*pelo*); **to be at an ~** tocar a su fin; **to what ..?** ¿a qué propósito?; *v/t, v/i* terminar, acabar; cesar; **~ up at** ir a parar en

endanger [in'deindʒə] *v/t* arriesgar; poner en peligro

endear [in'diə] *v/t* hacer querer; **~ment** cariño *m*

endeavo(u)r [in'devə] *s* esfuerzo *m*; empeño *m*; *v/i* esforzarse

end|ing ['endiŋ] conclusión *f*; desenlace *m* (*de un libro*); terminación *f*; final *m*; **~ive** ['endiv] endibia *f*; **~less** interminable

endorse [in'dɔːs] *v/t* endosar; aprobar; **~ment** aprobación *f*

endow [in'dau] *v/t* dotar, fundar; **~ment** fundación *f*

endur|ance [in'djuərəns] aguante *m*, resistencia *f*; **~e** *v/t* soportar, aguantar; tolerar

enemy ['enimi] *a, s* enemigo(a) *m* (*f*)

energ|etic [enə'dʒetik] enérgico; **~y** ['enədʒi] energía *f*

enfold [in'fəuld] *v/t* envolver; abrazar

enforce [in'fɔːs] *v/t* imponer; hacer cumplir (*ley*); poner en vigor; **~ment** ejecución *f* de una ley

engage [in'geidʒ] *v/t* contratar; emplear; ocupar; comprometer; *v/i teen* engranar con; comprometerse; **~d** comprometido (*en matrimonio*); ocupado; *tel* comunicando; **~ment** compromiso *m*; contrato *m*; *mil* combate *m*; noviazgo *m*; **~ment ring** anillo *m* de prometida

engine ['endʒin] motor *m*; locomotora *f*; **~ driver** maquinista *m*; **~er** [endʒi'niə] *s* ingeniero *m*; *v/t fam* agenciar; gestionar; **~ering** ingeniería *f*

England ['iŋglənd] Inglaterra *f*

English ['iŋgliʃ] *a* inglés; *s*
(*idioma*) inglés *m*; **the ~** los
ingleses; **~ Channel** Canal *m*
de la Mancha; **~man** inglés
m; **~woman** inglesa *f*

engrave [in'greiv] *v/t* grabar; **~er** grabador *m*; **~ing**
grabado *m*

engross [in'grous] *v/t* absorber (*atención, etc*); **~ing** fas-
cinante

engulf [in'gʌlf] *v/t* sumergir,
hundir

enigma [i'nigmə] enigma *m*

enjoin [in'dʒɔin] *v/t* mandar;
prescribir

enjoy [in'dʒɔi] *v/t* gozar de;
disfrutar de; gustarle a uno;
~ oneself divertirse; **~able**
agradable; **~ment** goce *m*;
uso *m*

enlarge [in'lɑːdʒ] *v/t foto* ampliar; extender; **~ment** aumento *m*; *foto* ampliación *f*

enlighten [in'laitn] *v/t* instruir; ilustrar; **~ment** ilustración *f*

enlist [in'list] *v/t* alistar

enliven [in'laivn] *v/t* avivar,
vivificar; animar

enmity ['enmiti] enemistad *f*

enormous [i'nɔːməs] enorme

enough [i'nʌf] bastante

enrage [in'reidʒ] *v/t* enfurecer

enrapture [in'ræptʃə] *v/t* em-
belesar

enrich [in'ritʃ] *v/t* enriquecer

enrol(l) [in'roul] *v/t, v/i* ins-
cribir(se), matricular(se);

~ment inscripción *f*

en route [ɔn 'ruːt] en camino

ensign ['ensain, *mar* 'ensn]
bandera *f*; alférez *m*

enslave [in'sleiv] *v/t* esclavi-
zar

ensure [in'ʃuə] *v/t* asegurar

entail [in'teil] *v/t* suponer;
ocasionar

entangle [in'tæŋgl] *v/t* enredar; **~ment** enredo *m*

enter ['entə] *v/t* entrar en; afi-
liarse a; anotar; *v/i* entrar;
into establecer; tomar parte
en; **~ upon** emprender

enterprise ['entəpraiz] empresa *f*; **~ing** emprendedor

entertain [entə'tein] *v/t* en-
tener; divertir; agasajar; **~er**
artista *m, f*; **~ing** divertido,
entretenido; **~ment** entretenimiento *m*; espectáculo *m*

enthusias|m [in'θjuːziæzəm]
entusiasmo *m*; **~tic** [~'æstik]
entusiástico

entice [in'tais] *v/t* atraer, seducir; tentar

entire [in'taiə] entero, íntegro; **~ly** enteramente

entitled [in'taitld]: **to be ~ to**
tener derecho a

entourage [ɔntuˈrɑːʒ] séquito
m

entrails ['entreilz] entrañas
f/pl

entrance ['entrəns] entrada *f*;
admisión *f*; [in'trɑːns] *v/t* encantar, hechizar

entreat [in'triːt] *v/t* rogar, suplicar

entrepreneur [ɔntrəprə'nə:] impresario m

entrust [in'trʌst]: v/t to ~ something to someone confiar algo a uno

entry ['entri] entrada f; acceso m; no ~ prohibido el paso

enumerate [i'nju:məreit] v/t enumerar

envelop [in'veləp] v/t envolver; ~e ['enveləup] sobre m

envious ['enviəs] envidioso; ~y ['envi] s envidia f; v/t envidiar

environment [in'vaiərənmənt] medio ambiente m

envisage [in'vizidʒ] v/t contemplar; prever

envoy ['envɔi] enviado m

epidemic [epi'demik] a epidémico; s epidemia f

epilepsy ['epilepsi] epilepsia f

episode ['episəd] episodio m

epoch ['i:pɔk] época f

equal ['i:kwəl] a, s igual m; to be ~ to estar a la altura de; ~ity [i(:)'kwɔliti] igualdad f; ~ize v/t igualar

equanimity [ekwə'nimiti] ecuanimidad f; ~te [i'kweit] considerar equivalente (a)

equation [i'kweiʒən] ecuación f

equator [i'kweitə] ecuador m

equestrianism [i'kwestriənizəm] sp hípica f

equilibrium [i:kwi'libriəm] equilibrio m

equinox ['i:kwinɔks] equinoccio m

equip [i'kwip] v/t equipar; ~ped with tecn dotado de; ~ment equipo m; material m

equivalent [i'kwivələnt] a, s equivalente m

era ['iərə] época f; era f

erase [i'reiz] v/t borrar; ~er goma f de borrar; ~ure [~ʒə] borradura f

erect [i'rekt] a derecho; erguido; v/t erigir; levantar; ~ion construcción f, erección f

ermine ['ə:min] armiño m

erotic [i'rotik] erótico

err [ə:] v/i errar; equivocarse

errand ['erənd] mandado m, recado m; run ~s hacer los mandados

erratic [i'rætik] irregular, inconstante

erroneous [i'rəunjəs] erróneo

error ['erə] error m, equivocación f

eruption [i'rʌpʃən] erupción f

escalation [eskə'leiʃən] intensificación f; ~or escalera f móvil

escape [is'keip] v/t escapar de, evitar; v/i escaparse, huir; s fuga f; escape m (de gas)

escort ['eskɔ:t] escolta f; [is'kɔ:t] v/t escoltar

Eskimo ['eskiməu] esquimal m, f

esophagus [i'sofəgəs] esófago m

esoteric [esəu'terik] esotérico, recóndito

espadrille ['espədril] alpargata f

especially [is'peʃəli] especialmente

espionage [espiə'nɑ:ʒ] espionaje m

essay ['esei] ensayo m; ~**ist** ensayista m

essen|ce ['esns] esencia f; ~**tial** [i'senʃəl] esencial

establish [is'tæbliʃ] establecer; instituir; probar; ~**ment** establecimiento m

estate [is'teit] finca f; hacienda f; propiedad f; bienes m/pl; caudal m hereditario

esteem [is'ti:m] v/t estimar; apreciar

estimat|e [is'estimit] s estimación f, tasa f; ['~eit] v/t estimar, valorar, tasar; ~**ion** estimación f; **in my** ~**ion** según mis cálculos

estrange [is'treindʒ] v/t enajenar

estuary ['estjuəri] estuario m, ría f

etching ['etʃiŋ] grabado m; aguafuerte f

etern|al [i(:)'tə:nl] eterno; ~**ity** eternidad f

ether ['i:θə] éter m

ethic|al ['eθikl] ético; honrado; ~**s** ['eθiks] ética f

etiquette [eti'ket] etiqueta f

eulogize ['ju:lədʒaiz] v/t elogiar; preconizar

euphemism ['ju:fimizm] eufemismo m

Europe ['juərəp] Europa f;

~**an** [~'pi(:)ən] a, s europeo(a) m (f)

evacuat|e [i'vækjueit] v/t evacuar; ~**ion** evacuación f

evade [i'veid] v/t evadir, eludir

evaluate [i'væljueit] v/t evaluar

evangelist [i'vændʒilist] evangelizador m

evaporate [i'væpəreit] v/t, v/i evaporar(se)

evasion [i'veiʒən] evasión f

eve [i:v] víspera f; **on the ~ of** en vísperas de

even ['i:vən] a llano, liso; igual; constante; mat par; adv aun, hasta; siquiera; ~ **so** aun así; ~ **though** aunque; **not** ~ ni siquiera; v/t igualar, nivelar; **break** ~ ni ganar ni perder; **get** ~ ajustar cuentas

evening ['i:vniŋ] s tarde f; anochecer m; noche f; **good** ~! ¡buenas tardes!; ¡buenas noches!; ~ **dress** traje m de etiqueta

event [i'vent] suceso m, acontecimiento m; sp contienda f; **at all** ~**s** en todo caso; ~**ful** memorable, notable; ~**ual** subsiguiente; ~**ually** finalmente

ever ['evə] siempre, jamás; alguna vez; nunca (con verbo negativo); **for** ~ **and** ~ para siempre jamás; **if** ~ si alguna vez; **better than** ~ mejor que nunca; ~ **since** desde entonces; ~**green** de hoja perenne; ~**lasting** eterno

every ['evri] a cada; todo, todos los; ~ **other day** un día sí y otro no; ~**body**, ~**one** todo el mundo; ~**day** cada día; ~**thing** todo; ~**where** en todas partes

eviden|ce ['evidəns] evidencia f; for prueba f; testimonio m; ~**t** evidente, patente

evil ['i:vl] a malo; maligno; s maldad f; mal m

evoke [i'vəuk] v/t evocar

evolution [i:və'lu:ʃən] evolución f; desarrollo m

evolve [i'vɔlv] v/t desenvolver; v/i desarrollarse

ewe [ju:] oveja f hembra

exact [ig'zækt] a exacto; v/t exigir; ~**ing** exigente; ~**ly** en punto (hora)

exaggerate [ig'zædʒəreit] v/t exagerar

exalt [ig'zɔ:lt] v/t exaltar

examin|ation [igzæmi'neiʃən] examen m; med reconocimiento m; ~**e** [ig'zæmin] v/t examinar; for interrogar

example [ig'zɑ:mpl] ejemplo m; ejemplar m; **for** ~ por ejemplo

exasperate [ig'zɑ:spəreit] v/t exasperar

excavate ['ekskəveit] v/t excavar

exceed [ik'si:d] v/t exceder; ~**ingly** sumamente

excel [ik'sel] v/t, v/i superar; sobresalir; ~**lence** ['eksə-

ləns] excelencia f; ~**lent** excelente

except [ik'sept] prep excepto, salvo; ~ **for** dejando aparte; sin contar; v/t exceptuar; ~**ing** prep excepto, menos; ~**ion** excepción f; **with** ~**ion of** a excepción de; ~**ional** excepcional

excess [ik'ses] exceso m; ~ **luggage** exceso m de equipaje; ~**ive** excesivo

exchange [iks'tʃeindʒ] s cambio m; intercambio m; tel central f (telefónica); v/t cambiar; ~**rate** tipo m de cambio

excite [ik'sait] v/t excitar; emocionar; ~**ment** emoción f

excla|im [iks'kleim] v/t, v/i exclamar; ~**mation** [eksklə-'meiʃən] exclamación f; ~**mation point** signo m de admiración

exclu|de [iks'klu:d] v/t excluir; ~**sion** [~ʒən] exclusión f; ~**sive** [~siv] exclusivo; selecto

excrement ['ekskrimənt] excremento m

excruciating [iks'kru:ʃieitiŋ] agudísimo, atroz

excursion [iks'kə:ʃən] excursión f

excuse [iks'kju:z] s excusa f, disculpa f; pretexto m; v/t excusar, disculpar, perdonar; ~ **me!** ¡ perdóneme!

execut|e ['eksikju:t] v/t ejecutar; llevar a cabo; cumplir; **~ion** ejecución *f*; cumplimiento *m*; **~ioner** verdugo *m*; **~ive** [ig'zekjutiv] *a*, *s* ejecutivo *m*; **~or** *for* albacea *m*; ejecutor *m* testamentario

exempt [ig'zempt] *a* exento; *v/t* eximir; **~ion** exención *f*

exercise ['eksəsaiz] *s* ejercicio *m*; *v/t* ejercer; *v/i* hacer ejercicios

exert [ig'zə:t] *v/t* ejercer; **~ oneself** *v/r* esforzarse, afanarse; **~ion** esfuerzo *m*

exhale [eks'heil] *v/t* exhalar; *v/i* disiparse

exhaust [ig'zɔ:st] *s* (tubo de) escape *m*; **~ fumes** gases *m/pl* de escape; *v/t* agotar; cansar; **~ed** agotado; **~ing** agotador; **~ion** agotamiento *m*; **~ive** exhaustivo, detallado

exhibit [ig'zibit] *s* objeto *m* expuesto; *for* prueba *f* instrumental; *v/t* manifestar; exponer; presentar; **~ion** [eksi'biʃən] exposición *f*

exhilarate [ig'ziləreit] *v/t* regocijar; vivificar

exile ['eksail] *s* destierro *m*; exilio *m*; *v/t* desterrar, exiliar

exist [ig'zist] *v/i* existir; vivir; **~ence** existencia *f*, vida *f*; **~ent**, **~ing** existente

exit ['eksit] salida *f*

exonerate [ig'zɔnəreit] *v/t* exculpar

exotic [ig'zɔtik] exótico

expand [iks'pænd] *v/t*, *v/i* extender(se); **~se** [~s] exten-

sión *f*; **~sion** expansión *f*; **~sive** expansivo

expect [iks'pekt] *v/t* esperar; suponer; contar con; **~ation** [ekspek'teiʃən] expectativa *f*; **~ing: to be ~ing** estar encinta

expedient [iks'pi:djənt] *a* conveniente; *s* expediente *m*, recurso *m*

expedition [ekspi'diʃən] expedición *f*

expel [iks'pel] *v/t* expulsar; expeler

expend [iks'pend] *v/t* gastar, derrochar; **~dable** prescindible; **~diture** [~ditʃə] gastos *m/pl*; desembolso *m*; **~se** [~s] gasto *m*; **~se account** cuenta *f* de gastos; **~sive** caro

experience [iks'piəriəns] *s* experiencia *f*; *v/t* experimentar; sufrir

experiment [iks'perimənt] *s* experimento *m*; *v/i* experimentar

expert ['ekspə:t] *a* experto; *s* perito *m*, experto *m*

expiration [ekspaiə'reiʃən] expiración *f*; *com* vencimiento *m*; **~e** [iks'paiə] *v/i* expirar; *com* vencer

explain [iks'plein] *v/t* explicar; **~nation** [eksplə'neiʃən] explicación *f*; **~natory** [iks'plænətəri] explicativo

explicit [iks'plisit] explícito

explode [iks'pləud] *v/t* detonar, volar; hacer saltar; *v/i* estallar; *fig* reventar

exploit ['eksplɔit] s hazaña f, proeza f; [iks'plɔit] v/t explotar; **~ation** explotación f

explor|ation [eksplɔː'reiʃən] exploración f; **~e** [iks'plɔː] v/t explorar; **~er** explorador m

explo|sion [iks'pləuʒən] explosión f; **~sive** [~siv] explosivo

export ['ekspɔːt] s exportación f; [eks'pɔːt] v/t exportar; **~er** exportador m

expose [iks'pəuz] v/t exponer; descubrir; poner al descubierto; **~ition** [ekspəu'ziʃən] exposición f; **~ure** [~ʒə] exposición f; revelación f; **~ure** meter foto fotómetro m

express [iks'pres] a, s expreso m; (tren) rápido m; v/t expresar; expresar; **~ion** expresión f; **~ive** expresivo; **~ly** expresamente

expulsion [iks'pʌlʃən] expulsión f

exquisite ['ekskwizit] exquisito

exten|d [iks'tend] v/t extender, alargar; prolongar; diluir; v/i extenderse; proyectarse; **~sion** extensión f; anexo m; com prórroga f; **~sive** extenso; amplio; **~t** extensión f; alcance m; **to some ~t** hasta cierto punto

exterior [eks'tiəriə] a, s exterior m

exterminat|e [iks'tə:mineit]

v/t exterminar; **~ion** exterminación f

external [eks'tə:nl] externo, exterior

extin|ct [iks'tiŋkt] extinto; **~ction** extinción f; **~guish** [~'tiŋwiʃ] v/t extinguir, apagar

extra ['ekstrə] a de más; de sobra; extraordinario; adicional; s recargo m; extra m; gasto m extraordinario

extract ['ekstrækt] s extracto m; [iks'trækt] v/t extraer; **~ion** extracción f

extraordinary [iks'trɔ:dnri] extraordinario

extravagan|ce [iks'trævigəns] extravagancia f; despilfarro m; **~t** extravagante

extrem|e [iks'tri:m] a extremo; extremado; s extremo m, extremidad f; **~e unction** [~'ʌŋkʃən] extremaunción f; **~ely** extremadamente; sumamente; **~ity** [~'tremiti] extremidad f

extricate ['ekstrikeit] v/t desenredar; sacar (de una dificultad)

exuberant [ig'zju:bərənt] exuberante

exult [ig'zʌlt] v/i exultar, alborozarse

eye [ai] s ojo m; bot yema f; **to turn a blind ~** hacer la vista gorda; **to see ~ to ~** estar de acuerdo; **to keep an ~ on** vigilar; **with an ~ to** con miras a; v/t ojear, mirar; **~ball** glo-

bo *m* del ojo; **~brow** ceja *f*;
~glasses gafas *f/pl*, lentes
m/pl; **~lash** pestaña *f*; **~let**
ojete *m*; **~lid** párpado *m*; ~

shadow sombreador *m* (de
ojos); **~sight** vista *f*; **~ tooth**
colmillo *m*; **~witness** testigo
m ocular

F

fable ['feibl] *s* fábula *f*
fabric ['fæbrik] tejido *m*; tela
f; **~ation** invención *f*
fabulous ['fæbjuləs] fabuloso *f*
façade [fə'sɑːd] fachada *f*
face [feis] cara *f*; rostro *m*,
semblante *m*; esfera *f* (*del reloj*); *lose* **~e** salvar las apariencias; **~e down** boca abajo; **~e to ~e** cara a cara; *to make ~e* hacer muecas; *to pull ~es* hacer muecas; *v/t* hacer frente a; mirar hacia;
encararse con; **~ lift** cirugía
f estética; **~e value** valor *m*
nominal
facil|**itate** [fə'siliteit] *v/t* facilitar; **~ity** facilidad *f*
facing ['feisiŋ] frente (a)
fact [fækt] hecho *m*; realidad
f; *in* **~** en realidad; **~finding**
de investigación
factor ['fæktə] factor *m*
factory ['fæktəri] fábrica *f*
faculty ['fækəlti] facultad *f*;
aptitud *f*
fad [fæd] novedad *f* pasajera
fade [feid] *v/t* marchitarse;
descolorarse; **~ away** desvanecerse
fail [feil] *v/t* suspender; no
aprobar; *v/i* acabarse; fallar;
fracasar; *com* quebrar; ser

suspendido; *without* **~** sin
falta; **~ to** dejar de; **~ure**
['~jə] fracaso *m*; *com* quiebra
f
faint [feint] *a* débil; casi imperceptible; *to feel* **~** sentirse
mareado; *s* desmayo *m*; *v/i*
desmayarse; **~hearted** tímido, medroso
fair [feə] *a* claro; rubio; equitativo, justo; regular; favorable; *it's not* **~!** ¡ no hay derecho!; **~ play** juego *m* limpio; *s* feria *f*; **~ly** bastante;
~ness rectitud *f*
fairy ['feəri] hada *f*; **~ tale**
cuento *m* de hadas
faith [feiθ] fe *f*; confianza *f*;
~ful fiel, leal; **~fully yours**
atentamente la saluda; **~fulness** fidelidad *f*, lealtad *f*;
~less desleal, pérfido
fake [feik] *s* falsificación *f*; impostor *m*; *v/t* falsificar; fingir
falcon ['fɔːlkən] halcón *f*
fall [fɔːl] *s* caída *f*; *com* baja *f*;
otoño *m*; *v/i* caer(se); bajar;
disminuir; **~ apart** deshacerse; **~ back on** recurrir a; **~ behind** quedarse atrás; **~ due** *com* vencerse; **~ for** dejarse engañar por; **~ in love with** enamorarse de; **~ out**

reñir; ~ **short of** no llegar a; ~ **through** fracasar; ~**out** ['fɔːlaut] lluvia f (radiactiva)

fals|e [fɔːls] falso, incorrecto; falsificado; ~**e teeth** dentadura f postiza; ~**ehood** falsedad f

falter ['fɔːltə] v/i vacilar

fame [feim] fama f; ~**d** famoso, afamado

famil|iar [fə'miljə] familiar; conocido; **to be ~iar with** estar enterado de; ~**iarity** [~i'æriti] familiaridad f; confianza f; ~**y** ['fæmili] familia f; ~**y name** apellido m; ~**y tree** árbol m genealógico

fami|ne ['fæmin] hambre f; ~**shed** hambriento

famous ['feiməs] famoso, célebre

fan [fæn] s abanico m; ventilador m; aficionado m; v/t abanicar; avivar

fanatic(al) [fə'nætik(əl)] a fanático; s fanático(a) m (f)

fancy ['fænsi] s fantasía f; capricho m; gusto m; a de adorno; ~ **ball** baile m de disfraces; ~ **dress** disfraz m; **to take a** ~ **to** aficionarse a

fang [fæŋ] colmillo m

fantastic [fæn'tæstik] fantástico

far [fɑː] a lejano, remoto; adv lejos; **as** ~ **as** hasta; **by** ~ con mucho; ~ **and wide** por todas partes; ~ **better** mucho mejor; ~ **off** a lo lejos; **to go too** ~ extralimitarse; ~**away**

lejano

farce [fɑːs] farsa f

fare [fɛə] s precio m (del billete); tarifa f; pasaje m; ~**well** adiós m; despedida f

far-fetched [fɑː'fetʃid] improbable; ~**flung** ['~'flʌŋ] extenso

farm [fɑːm] s granja f; v/t cultivar; ~**er** granjero m; ~**hand** labriego m, LA peón m; ~**house** alquería f; ~**ing** cultivo m; labranza f

far-sighted ['fɑː'saitid] présbita; fig previsor

fart [fɑːt] (tabu) s pedo m; v/i soltar pedos

farther ['fɑːðə] más lejos

fascinat|e ['fæsineit] v/t fascinar; ~**ing** fascinador; ~**ion** fascinación f

fasc|ism ['fæʃizəm] fascismo m; ~**ist**, a s fascista m, f

fashion ['fæʃən] s moda f; uso m; **out of** ~ pasado de moda; **to be in** ~ estar de moda; ~**able** de moda

fast [fɑːst] a rápido, veloz; firme; (reloj) adelantado; disoluta (mujer); adv rápidamente; **de prisa; hold** ~ mantenerse firme; s ayuno m; v/i ayunar; ~**en** ['fɑːsn] v/t fijar; atar; ~**ener** cierre m

fastidious [fəs'tidiəs] delicado; quisquilloso

fat [fæt] a gordo, grueso; fig pingüe; **to get** ~ engordar; s grasa f

fat|al ['feitl] fatal; funesto;

~ality [fə'tæliti] fatalidad f; **~ally injured** herido a muerte; **~e** hado m, destino m; suerte f
father ['fɑːðə] s padre m; v/t engendrar; **~hood** paternidad f; **~-in-law** suegro m; **~land** patria f; **~ly** paternal
fathom ['fæðəm] s mar braza f; v/t sondear; fig comprender; **~less** insondable
fatigue [fə'tiːg] s fatiga f; v/t cansar, fatigar
fat|ten ['fætn] v/t cebar; v/t, v/i engordar; **~ty** grasiento
faucet ['fɔːsit] grifo m
fault [fɔːlt] s falta f; defecto m; culpa f; **to be at ~** tener la culpa; **to find ~ with** criticar, desaprobar; **~less** sin defecto, impecable; **~y** defectuoso
favo(u)r ['feivə] s favor m; apoyo m; aprobación f; **do a ~** hacer un favor; **in ~ of** a favor de; v/t favorecer; **~able** favorable; **~ite** ['~rit] a favorito, predilecto; s favorito m; **~itism** favoritismo m
fawn [fɔːn] s cervato m; v/i **~ on** lisonjear
fear [fiə] s miedo m; temor m; aprensión f; v/t, v/i temer; tener miedo; **~ful** miedoso; tímido; **~less** audaz
feast [fiːst] s fiesta f; banquete m; v/t festejar
feat [fiːt] s hazaña f, proeza f
feather ['feðə] pluma f; tecn cuña f; lengüeta f; **birds of a**

~ fig lobos m/pl de una camada; v/t emplumar; **~bed** plumón m
feature ['fiːtʃə] s rasgo m, característica f; película f o artículo m principal; v/t hacer resaltar; **~s** facciones f/pl
February ['februəri] febrero m
federal ['fedərəl] federal
federation [fedə'reiʃən] federación f
fed up [fed 'ʌp]: **to be ~** estar harto
fee [fiː] honorarios m/pl; cuota f de ingreso; derechos m/pl
feeble ['fiːbl] débil; **~minded** imbécil
feed [fiːd] v/t nutrir, alimentar; dar de comer a; v/i pastar; alimentarse; **~er** tecn alimentador m
feel [fiːl] v/t tocar, palpar; sentir; experimentar; v/i sentirse, encontrarse; resultar (al tacto); **~ cold** tener frío; **~ for** compadecerse de; **~ like** tener ganas de; **~ up to** creerse capaz de; **~er** tentáculo m; sondeo m; **~ing** tacto m; sentimiento m; sensación f; **hard ~ings** rencor; **hurt one's ~ings** ofenderle
feign [fein] v/t, v/i fingir
fell [fel] v/t talar (árbol)
fellow ['feləu] compañero m; socio m; fam tipo m, tío m; mozo m; **~being** prójimo m; **~ citizen** conciudadano m; **~ship** compañerismo m;

beca f; ~ **travel(l)er** compañero m de viaje; ~ **worker** colega m, f

felon ['felən] criminal m; ~**y** delito m mayor

felt [felt] fieltro m; ~**tip pen** rotulador m

female ['fiːmeil] a, s hembra f

feminine ['feminin] femenino; ~**st** feminista m, f

fenc|e [fens] s valla f, cerca f; v/t cercar; guardar; v/i esgrimir; ~**ing** esgrima f

fend [fend] (off) v/t parar; repeler; ~**er** aut guardabarro m

ferment ['fəːment] s fermento m; [fə(ː)'ment] v/i fermentar; ~**ation** fermentación f

fern [fəːn] helecho m

ferocity [fə'rɔsiti] ferocidad f

ferry ['feri] transbordador m; ~**man** barquero m

fertil|e ['fəːtail] a, fértil, fecundo; ~**ity** [~'tiliti] fertilidad f; ~**ize** [~'ilaiz] v/t fertilizar, agr abonar; ~**ing** abono m

fervent ['fəːvənt] fervoroso, ardiente

fester ['festə] v/i ulcerarse

festiv|al ['festəvəl] fiesta f; mús teatro m; ~**e** festivo; ~**ity** [~'tiviti] festividad f

fetch [fetʃ] v/t ir a buscar; ir por; v/i venderse a (cierto precio); ~**ing** atractivo

fetter ['fetə] v/t encadenar, trabar; ~**s** grillos m/pl

feud [fjuːd] enemistad f (entre familias); odio m de sangre;

~**alism** feudalismo m

fever ['fiːvə] fiebre f, calentura f; ~**ish** febril

few [fjuː] a, s pocos(as); unos(as), algunos(as); **a** ~ unos(as) cuantos(as); ~**er** menos

fiancé [fi'ɑːnsei] novio m; ~**e** novia f

fib [fib] mentirilla f

fiber = **fibre**

fibr|e ['faibə] fibra f; ~**eglass** fibra f de vidrio

fickle ['fikl] inconstante

fict|ion ['fikʃən] ficción f; novelas f/pl; ~**tious** [~'tiʃəs] ficticio

fiddle ['fidl] s violín m; **to be fit as a** ~ estar de buena salud; **to play second** ~ hacer el papel de segundo; v/i tocar el violín; ~ **with** jugar con; ~**r** violinista m, f; ~**sticks!** ¡tonterías!

fidelity [fi'deliti] fidelidad f

fidget ['fidʒit] v/i moverse nerviosamente

field [fiːld] campo m; prado m; esfera f (de actividades); ~ **glasses** gemelos m/pl; ~**gun** cañón m de campaña; ~ **marshal** mariscal m de campo

fiend [fiːnd] demonio m, diablo m; ~**ish** diabólico

fierce [fiəs] feroz; violento, intenso

fiery ['faiəri] ardiente; fig apasionado

fifth [fifθ] quinto

fifty ['fifti] cincuenta; *to go ~-~* ir a medias

fig [fig] higo *m*; *~ tree* higuera *f*

fight [fait] *s* lucha *f*; pelea *f*; *v/t* combatir; *v/i* luchar, pelear; **~er** combatiente *m*; avión *m* de caza; **~ing** lucha *f*, combate *m*

figur|ative ['figjurətiv] figurado; **~e** ['figə] *s* figura *f*; ilustración *f*; cifra *f*, número *m*; personaje *m*; *v/t* representar; imaginar; **~e out** entender; *v/t* figurar; **~e skating** patinaje *m* artístico

file [fail] *s* lima *f*; carpeta *f*; archivo *m*; fila *f*, hilera *f*; in **single ~** en fila india; on **~** archivado; *v/t* limar; clasificar; archivar

fill [fil] *v/t* llenar; rellenar; empastar (*diente*); *~* in llenar, completar; *v/i* llenarse

fil(l)et ['filit] filete *m*

filling ['filiŋ] relleno *m*; **~station** estación *f* de servicio

film [film] *s* película *f*; *v/t* filmar; rodar (*una escena, etc*); **~ star** estrella *f* de cine

filter ['filtə] *s* filtro *m*; *v/t* filtrar

filth [filθ] suciedad *f*; obscenidad *f*; **~y** sucio; obsceno

fin [fin] aleta *f*

final ['fainl] final, último; **~ exam** reválida *f*; **~ly** finalmente, por último

financ|e [fai'næns] *s* finanzas *f/pl*; *v/t* financiar; **~ing** financiación *f*, financiamiento *m*; **~ial** [~ʃəl] financiero; **~ier** [~siə] financiero *m*

find [faind] *v/t* encontrar, hallar; descubrir; *~ out* averiguar; *s* hallazgo *m*; **~er** hallador *m*; **~ing** descubrimiento *m*; *for* fallo *m*

fine [fain] *a* fino; bello; *~ weather* buen tiempo; *that is ~!* ¡de acuerdo!; *adv* muy bien; *s* multa *f*; *v/t* multar; *~* arts bellas artes *f/pl*; **~ry** ['~əri] aderezo *m*, galas *f/pl*; **~sse** [fi'nes] sutileza *f*

finger ['fiŋgə] *s* dedo *m* (*de la mano*); manecilla *f* (*del reloj*); *not lift a ~* no hacer nada; *little ~* dedo *m* meñique; **~** dedo *m* del corazón; *ring ~* dedo *m* anular; *v/t* manosear, tocar; teclear; **~nail** uña *f*; **~prints** huellas *f/pl* dactilares; **~tip** punta *f* del dedo

finish ['finiʃ] *s* fin *m*; final *m*, remate *m*; acabado *m*; *v/t* acabar, terminar; *~ off* acabar con; *v/i* acabar; **~ing touch** última mano *f*

Finland ['finlənd] Finlandia *f*

Finnish ['finiʃ] *a, s* finlandés(esa) *m* (*f*)

fir [fəː] abeto *m*

fire ['faiə] *s* fuego *m*; incendio *m*; *to be on ~* estar en llamas; *to set on ~* incendiar; *v/t* encender; incendiar; *fig* excitar; *fam* despedir; disparar; **~arm** arma *f* de fuego; **~ bri-**

gade, *Am* **department**
cuerpo *m* de bomberos; ~
engine bomba *f* de incendios; ~**escape** escalera *f* de
escape de incendios; **~man**
bombero *m*; **~place** chimenea *f*; **~proof** a prueba de
fuego; **~works** fuegos *m/pl*
artificiales

firm [fɜːm] *a* firme; *s* casa *f*
comercial; empresa *f*; **~ness**
firmeza *f*

first [fɜːst] *a* primero; primitivo; original; *adv* primero; ~
of all ante todo; (*the*) ~ *s* (el)
primero; *at* ~ al principio; ~
aid primeros auxilios *m/pl*;
~aid kit botiquín *m*; **~born**
primogénito; **~class** excelente, de primera clase; ~
cousin primo hermano *m*; ~
hand de primera mano; **~ly**
en primer lugar; ~ **name**
nombre *m* de pila; ~ **night**
teat estreno *m*; **~rate** de primera (clase)

firth [fɜːθ] brazo *m* de mar

fish [fiʃ] *s* pez *m*; peces *m/pl*;
pescado *m*; *v/t*, *v/i* pescar;
~bone espina *f* de pescado;
~bowl pecera *f*; **~erman**
['fiʃəmən] pescador *m*; **~ing
rod** caña *f* de pescar; **~ing
tackle** aparejo *m* de pesca;
~monger's pescadería *f*; ~
a pescado (*sabor, olor*); *fig*
dudoso, sospechoso

fission ['fiʃən] fisión *f*; **~ure**
['fiʃə] *s* grieta *f*, hendedura *f*;
v/i agrietarse

fist [fist] puño *m*; **~ful** puñado
m

fit [fit] *a* en buen estado físico;
sp en forma; a propósito;
apropiado; adecuado, dig-
no; *to see* ~ juzgar conveniente; *s* ataque *m*; ajuste *m*;
v/t acomodar; cuadrar con;
sentar bien a (*ropa*); ~ *out*
equipar; *v/i* ajustarse; ~ *in*
caber; ~ *in with* llevarse bien
con; **~ness** aptitud *f*; buena
salud *f*; **~ter** ajustador *m*;
~ting a conveniente; *s* ajuste
m; prueba *f*; **~tings** guarniciones *f/pl*

five [faiv] cinco

fix [fiks] *s* apuro *m*; *in a* ~ en
un aprieto; *v/t* fijar; asegurar; arreglar; ~ *up* arreglar;
reparar; **~ed** fijo; **~tures** ins-
talaciones *f/pl*

flabbergasted ['flæbəɡɑːstid]
pasmado

flabby ['flæbi] flojo; gordo

flag [flæɡ] *s* bandera *f*; pabellón *m*; *v/i* flaquear; *fig* aflojar (*interés, etc*); **~pole** asta *f*
de bandera; **~ship** capitana
f; **~stone** losa *f*

flagrant ['fleiɡrənt] notorio

flair [flɛə] aptitud *f* especial

flake [fleik] *s* escama *f*; copo
m (*de nieve*); *v/i* desprenderse
en escamillas

flamboyant [flæm'bɔiənt] extravagante; flamante

flame [fleim] *s* llama *f*; *fig*
novio(a) *m* (*f*); *v/i to ~ up*
inflamarse

flank [flæŋk] s lado m, costado m; flanco m; v/t mil flanquear

flannel ['flænl] franela f

flap [flæp] s faldilla f; solapa f (del sobre); aletazo m; palmada f; v/i aletear; sacudirse; v/t batir

flare [flɛə] s llamarada f; señal f luminosa; v/i fulgurar; brillar; **~ up** encenderse

flash [flæʃ] s destello m; fogonazo m de cañón; instante m; foto flash m; v/i relampaguear; v/t blandir; fam ostentar; **~light** linterna f eléctrica; **~y** chillón, llamativo

flask [flɑːsk] frasco m

flat [flæt] a llano, liso; insípido; apagado; mús bemol; desafinado; adv to fall ~ caer mal; s piso m, LA departamento m; aut pinchazo m; **~footed** de pies planos; **~iron** plancha f; **~ten** v/t allanar, aplastar; v/i aplanarse

flatter ['flætə] v/t adular, lisonjear; **~ing** halagüeño; **~y** adulación f, lisonja f

flaunt [flɔːnt] v/t ostentar, lucir

flavo(u)r ['fleivə] s sabor m, gusto m; aroma m; v/t sazonar; condimentar

flaw [flɔː] falta f; defecto m; grieta f; **~less** intachable

flax [flæks] lino m

flay [flei] v/t desollar

flea [fliː] pulga f

flee [fliː] v/i huir

fleece [fliːs] s vellón m; lana f; v/t esquilar; fig desplumar, pelar

fleet [fliːt] s flota f; a veloz; **~ing** fugaz; pasajero

flesh [fleʃ] carne f; pulpa f (de una fruta); **in the ~** en persona; **of ~ and blood** de carne y hueso

flexible ['fleksəbl] flexible

flexitime ['fleksitaim] horario m flexible

flick [flik] s golpecito m; v/t dar un capirotazo a

flicker ['flikə] s parpadeo m; luz f oscilante; v/i flamear; vacilar

flight [flait] huida f, fuga f; vuelo m; **~ of stairs** tramo m de escalera; **~y** frívolo; casquivano

flimsy ['flimzi] débil, frágil

flinch [flintʃ] v/i acobardarse, echarse atrás

fling [fliŋ] v/t arrojar, tirar; **~ open** abrir de golpe (puerta, etc)

flint [flint] pedernal m; piedra f

flip [flip] v/t dar la vuelta a; (moneda) echar a cara o cruz

flippant ['flipənt] impertinente; poco serio

flipper ['flipə] aleta f

flirt [fləːt] s coqueta f; galanteador m; v/i coquetear, flirtear, galantear; **~ation** coqueteo m, flirteo m

flit [flit] v/i volar, revolotear

float 98

float [fləut] *s* boya *f*; balsa *f*; *v/i* flotar

flock [flɔk] *s* congregación *f*; rebaño *m* (*de ovejas*); *v/i* congregarse, afluir

flog [flɔg] *v/t* azotar

flood [flʌd] *s* inundación *f*; diluvio *m*; pleamar *f*, *fig* flujo *m*; torrente *m*; *v/t* inundar; *v/i* desbordar; **~ gate** compuerta *f* de esclusa; **~ light** faro *m*

floor [flɔ:] *s* suelo *m*; piso *m*; **ground ~**, *Am* **~** planta *f* baja; *v/t* solar; *fig* derribar, vencer

flop [flɔp] *s* fracaso *m*; *v/i* aletear; moverse bruscamente; *fig* fracasar; **~ down** dejarse caer pesadamente

florist ['flɔrist] florista *m*, *f*

flour [flauə] harina *f*

flourish [flʌriʃ] *v/t* blandir; *v/i* florecer; prosperar; **~ing** floreciente

flow [fləu] *s* corriente *f*; flujo *m*; *v/i* correr, fluir

flower [flauə] *s* flor *f*; flujo maciso *m*; **~ bowl**, **~ vase** florero *m*; **~pot** tiesto *m*, maceta *f*

flu [flu:] *fam* gripe *f*

fluctuate ['flʌktjueit] *v/i* fluctuar

fluent ['flu(:)ənt] fluido, fácil; corriente

fluff [flʌf] pelusa *f*; **~y** velloso

fluid ['flu(:)id] fluido *m*; líquido *m*

flurry ['flʌri] ráfaga *f*, remoli-

no *m* (*de viento*); agitación *f*

flush [flʌʃ] *a* parejo, igual; **with ~** a ras de; **~ with money** adinerado; *s* rubor *m*, sonrojo *m*; flujo *m* rápido; *v/i* fluir, brotar (*agua*); ruborizarse

fluster ['flʌstə] *s* agitación *f*, confusión *f*; *v/t* confundir

flute [flu:t] *s* flauta *f*; *arq* estría *f*; *v/t* acanalar; **~ist** flautista *m*, *f*

flutter ['flʌtə] *s* revoloteo *m*; aleteo *m*; palpitación *f*; *v/i* palpitar; aletear; agitarse

flux [flʌks] flujo *m*

fly [flai] *s* mosca *f*; bragueta *f*; *v/i* volar; huir; ir en avión; **~ into a rage** montar en cólera; **~ off** desprenderse; **~catcher** papamoscas *m*; **~ing** *~ing boat* hidroavión *m*; *with ~ing colors* con gran éxito; *~ing saucer* platillo volante; **~ swatter** atrapamoscas *m*; **~wheel** volante *m*

foal [fəul] *s* potro *m*; *v/t*, *v/i* parir (*una yegua*)

foam [fəum] *s* espuma *f*; *v/i* espumar; **~y** espumoso

focus ['fəukəs] *s* foco *m*; **in ~** enfocado; *v/t* enfocar

foe [fəu] enemigo *m*

f(o)etus ['fi:təs] feto *m*

fog [fɔg] *s* niebla *f*; *fig* nebulosidad *f*; *v/t* obscurecer; **~gy** *fig* nebuloso

foible ['fɔibl] punto *m* débil, flaqueza *f*

foil [fɔil] s hojuela f; fig contraste m; v/t frustrar

fold [fəuld] s pliegue m, arruga f; corral m, aprisco m; relig rebaño m; v/t doblar; plegar; cruzar (brazos); v/i doblarse, plegarse; **∼er** carpeta f, folleto m; **∼ing bed** cama f plegadiza; **∼ing chair** silla f de tijera; **∼ing door** puerta f plegadiza; **∼ing screen** biombo m

foliage ['fəuliidʒ] follaje m

folk [fəuk] gente f; nación f; pueblo m; **∼lore** ['∼lɔː] folklore m; **∼s** fam parentela f; **∼song** canción f folklórica

follow ['fɔləu] v/t, v/i seguir; resultar; **∼ through** llevar hasta el fin; **∼er** seguidor(a) m (f), partidario m; **∼ing** a siguiente; s partidarios m/pl; séquito m

folly ['fɔli] locura f

fond [fɔnd] cariñoso, afectuoso; **to be ∼ of** tener cariño a; ser aficionado a

fondle ['fɔndl] v/t acariciar

food [fuːd] comida f, alimento m; provisiones f/pl; **∼stuffs** comestibles m/pl

fool [fuːl] s tonto(a) m (f); **to make a ∼ of oneself** ponerse en ridículo; v/t engañar; v/i bromear, chancear; **∼ around** malgastar el tiempo; **∼hardy** temerario; **∼ish** tonto; imprudente; **∼ishness** tontería f, disparate m; **∼proof** a prueba de imperi-

cia; infalible

foot [fut] pie m; pata f (de animal); **on ∼** de pie; **to put one's ∼ in it** meter la pata; **∼ball** fútbol m; **∼baller** futbolista m; **∼ brake** freno m de pie; **∼hold** pie m firme; **∼ing** posición f; **∼lights** candilejas f/pl; **∼note** nota f (al pie de la página); **∼print** huella f; **∼step** paso m; **∼wear** calzado m

for [fɔː] prep para, con destino a; por; a causa de; **as ∼** en cuanto a; **what ∼?** ¿para qué?; **∼ good** para siempre; conj pues, porque; **as ∼ me** por mi parte

forbear [fɔː'bɛə] v/t, v/i abstenerse de

forbid [fə'bid] v/t prohibir; **∼ding** desagradable

force [fɔːs] s fuerza f; **by ∼** a la fuerza; **in ∼** en vigor; v/t forzar; violar; **∼d landing** aer aterrizaje m forzoso; **∼ful** vigoroso, enérgico

forceps ['fɔːseps] tenazas f/pl

forcible ['fɔːsəbl] forzado

ford [fɔːd] s vado m; v/t vadear

fore [fɔː] a delantero; **∼arm** antebrazo m; **∼boding** presagio m; **∼cast** s pronóstico m; v/t predecir; **∼fathers** antepasados m/pl; **∼finger** índice m; **∼front** vanguardia f; **∼going** anterior; **∼ground** primer plano m; **∼head** ['fɔrid] frente f

foreign ['fɔrin] extranjero, exterior; extraño; **~er** extranjero(a) m (f); **~ exchange** divisas f/pl, moneda f extranjera; **~ policy** política f exterior
fore|man ['fɔːmən] capataz m; **~most** primero; **~runner** precursor m; **~see** v/t prever; **~sight** previsión f
fore|st ['fɔrist] s bosque m; **~stall** [fɔː'stɔːl] v/t prevenir
fore|taste ['fɔːteist] anticipo m; **~thought** prevención f
forever [fə'revə] para siempre
foreword ['fɔːwəd] prefacio m
forfeit ['fɔːfit] s prenda f; multa f; v/t perder (derecho a)
forge [fɔːdʒ] s fragua f; v/t fraguar; forjar; falsificar; **~ahead** seguir avanzando; **~ry** falsificación f
forget [fə'get] v/t olvidar; **~ful** olvidadizo; descuidado; **~-me-not** bot nomeolvides f
forgiv|e [fə'giv] v/t perdonar; **~eness** perdón m
fork [fɔːk] s tenedor m; agr horca f; bifurcación f (de caminos, etc); v/i bifurcarse
forlorn [fə'lɔːn] abandonado; desamparado
form [fɔːm] s forma f; figura f; formulario m; banco m; clase f; v/t formar; constituir; **in top ~** en plena forma
formal ['fɔːməl] formal; ceremonioso; **~ity** [~'mæliti] formalidad f; etiqueta f

formation [fɔː'meiʃən] formación f
former ['fɔːmə] a anterior; precedente; **the ~** pron aquél m, aquélla f; **~ly** antiguamente, antes
formidable ['fɔːmidəbl] formidable
formulate ['fɔːmjuleit] v/t formular
forsake [fə'seik] v/t dejar, abandonar
fort [fɔːt] fuerte m, fortaleza f
forth [fɔːθ]: **back and ~** de acá para allá; **and so ~** etcétera; **~coming** próximo, venidero; **~right** franco; directo
fortify ['fɔːtifai] v/t fortificar
fortitude ['fɔːtitjud] fortaleza f
fortnight ['fɔːtnait] quincena f; **~ly** quincenal
fortress ['fɔːtris] fortaleza f
fortunate ['fɔːtʃnit] afortunado, feliz; **~ly** afortunadamente
fortune ['fɔːtʃən] fortuna f
forward ['fɔːwəd] a adelantado, delantero; s sp delantero m; v/t promover, fomentar; reexpedir; **~s** adelante, hacia adelante
foster| brother ['fɔstə~] hermano m de leche; **~ mother** madre f adoptiva; **~ sister** hermana f de leche
foul [faul] a sucio, asqueroso; vil; malo, desagradable; obsceno, grosero; s sp falta f; v/t ensuciar

found [faund] v/t fundar; tecn fundir; **~ation** fundación f; **~er** fundador m; **~ling** niño m expósito

fountain ['fauntin] fuente f; **~ pen** pluma f estilográfica

four [fɔː] cuatro; **~fold** ['fɔːfəuld] cuádruple; **~ square** firme; sincero

fowl [faul] ave f (de corral)

fox [fɔks] zorro m (t fig); **~ glove** bot dedalera f; **~y** fig astuto

foyer ['fɔiei] vestíbulo m

fraction ['frækʃən] fracción f

fracture ['fræktʃə] s fractura f; v/t, v/i fracturar(se)

fragile ['frædʒail] frágil

fragment ['frægmənt] fragmento m

fragran|ce ['freigrəns] fragancia f; **~t** fragante

frail [freil] delicado, frágil; quebradizo

frame [freim] s marco m; tecn armazón f, m; estructura f; cuerpo m; v/t formar; formular; enmarcar; **~s** (para gafas) montura f

France [frɑːns] Francia f

franchise ['fræntʃaiz] sufragio m; derecho m político

frank [fræŋk] franco, abierto

frankfurter ['fræŋkfətə] perrito m caliente

frantic ['fræntik] frenético, furioso

fratern|al [frə'təːnl] fraternal; **~ity** fraternidad f

fraud [frɔːd] fraude m, timo

m; **~ulent** fraudulento

fray [frei] s refriega f, riña f; v/i desgastarse

freak [friːk] rareza f; monstruosidad f; tipo m excéntrico

freckle ['frekl] peca f

free [friː] a libre; liberal; suelto; gratuito; **get off scot ~** salir impune; **set ~** poner en libertad; **~ and easy** despreocupado; **~ of charge** gratis; **~ on board** (f o b) franco a bordo; v/t liberar, libertar; eximir; desembarazar; **~dom** libertad f; inmunidad f; **~hand** hecho a pulso; v/i libremente; **~ly** sin reserva; libremente; ♈**mason** francmasón m; **~ port** puerto m franco; **~ trade** librecambio m; **~way** Am autopista f; **~ will** libre albedrío m

freez|e [friːz] v/t helar, congelar; v/i congelar; fig helarse; **~er** congelador m; **~ing point** punto m de congelación

freight [freit] s flete m; carga f; v/t cargar; fletar; **~er** buque m de carga

French [frentʃ] a, s francés; **the ~** los franceses m/pl; **~man** francés m; **~ window** puerta f ventana; **~woman** francesa f

frenzy ['frenzi] frenesí m

frequen|cy ['friːkwənsi] frecuencia f; **~t** frecuente

fresh [freʃ] fresco; nuevo;

dulce (*agua*); **~en** v/t, v/i refrescar(se); **~ness** frescura f

fret [fret] v/t rozar, raer; v/i inquietarse; **~ful** irritable, enojadizo; **~fully** de mala gana

friar ['fraiə] fraile m

friction ['frikʃən] fricción f; *fig* rozamiento m

Friday ['fraidi] viernes m

fridge [fridʒ] *fam* refrigerador f

fried [fraid] frito

friend [frend] amigo(a) m (f); **to make ~s** hacerse amigos; **~ly** amistoso; **~ship** amistad f

fright [frait] susto m; **~en** v/t asustar, espantar; **~en away** ahuyentar; **~ened of** tener miedo a; **~ful** espantoso, terrible

frigid ['fridʒid] frío; hostil: *med* frígido

frill [fril] volante m

fringe [frindʒ] fleco m; borde m; periferia f; grupo m marginal

frisk [frisk] v/i brincar; cabriolar; **~y** juguetón, retozón

fritter ['fritə] **~ away** desperdiciar

frivolous ['frivələs] frívolo

fro [frəu]: **to and ~** de una parte a otra

frog [frɔg] rana f

frolic ['frɔlik] v/i juguetear

from [frɔm, frəm] de, desde; **~ day to day** de día en día

front [frʌnt] s frente f; fachada f; **in ~ of** delante de; a delantero; frontero; **~ door** puerta f principal; **~ier** ['fra·ntiə] frontera f; **~ page** primera plana f

frost [frɔst] s helada f; escarcha f; v/t cubrir con escarcha; escarchar (*pasteles, etc*); **~bite** congelación f

froth [frɔθ] espuma f

frown [fraun] s ceño m; v/i fruncir el entrecejo

frozen ['frəuzn] congelado, helado

frugal ['fru:gəl] frugal

fruit [fru:t] fruto m; fruto m; producto m, resultado m; **~ful** provechoso; **~ion** [fru'ifn] **to come to ~ion** verse logrado; **~ juice** zumo m (*LA* jugo m) de frutas; **~less** infructuoso

frustrate [frʌs'treit] v/t frustrar; **~d** frustrado

fry [frai] v/t, v/i freír(se); **~ing pan** sartén f

fuel [fjuəl] combustible m

fugitive ['fju:dʒitiv] fugitivo m

fulfil(l) [ful'fil] v/t cumplir; realizar; **~ment** cumplimiento m; satisfacción f

full [ful] lleno, repleto; completo; máximo; pleno; **in ~** (*citar*) íntegramente; **~-length** de cuerpo entero; **~moon** luna f llena; **~ness** plenitud f; **~ stop** punto m final; **~ time** de jornada completa; **~y** completamente

fumble ['fʌmbl] v/t, v/i manosear o tentar torpemente

fume [fju:m] v/i humear; fig echar rayos; ~s humo m

fun [fʌn] diversión f; alegría f; **for ~, in ~** en broma; **to have ~** divertirse; **to make ~ of** burlarse de

function ['fʌŋkʃən] s función f; v/i funcionar; ~al funcional; ~ary funcionario m

fund [fʌnd] s fondo m; v/t proveer de fondos

fundamental [fʌndə'mentl] fundamental

funeral ['fju:nərəl] entierro m; ~ **service** funerales m/pl

funnel ['fʌnl] embudo m; mar chimenea f

funny ['fʌni] gracioso; raro

fur [fə:] piel f; pelo m; ~ **coat** abrigo m de pieles

furious ['fjuəriəs] furioso

furl [fə:l] v/t aferrar

furnace ['fə:nis] horno m

furni|sh ['fə:niʃ] v/t amueblar; suministrar; ~**ture** ['fə:nitʃə] muebles m/pl

furrier ['fʌriə] peletero m

furrow ['fʌrəu] surco m

furthe|r ['fə:ðə] a más distante; adicional; adv más allá; además; v/t fomentar; ~**er-more** además; ~**est** a más lejano; adv más lejos

furtive ['fə:tiv] furtivo

fury ['fjuəri] furia f, rabia f

fuse [fju:z] s espoleta f; elec fusible m; v/t, v/i fundir(se)

fuselage ['fju:zila:ʒ] aer fuselaje m

fusion ['fju:ʒən] fusión f

fuss [fʌs] s agitación f; conmoción f; lío m; **make a ~** armar un lío; v/i agitarse por pequeñeces; ~**y** exigente

futile ['fju:tail] inútil

future ['fju:tʃə] a futuro, venidero; s futuro m

fuzz [fʌz] borra f; vello m

G

gab [gæb] fam parloteo m; **to have the gift of the ~** tener mucha labia

gable ['geibl] arq aguilón m

gadfly ['gædflai] tábano m

gadget ['gædʒit] aparato m; artilugio m

gag [gæg] s mordaza f; teat morcilla f; fam chiste m; v/t amordazar

gaiety ['geiəti] alegría f

gaily ['geili] alegremente

gain [gein] s ganancia f; beneficio m; v/t ganar, conseguir, lograr; v/i crecer; engordar; ganar terreno

gait [geit] marcha f, paso m

gale [geil] vendaval m; ventarrón m

gall [gɔ:l] hiel f; bilis f; fig rencor m; descaro m; ~ **bladder** vejiga f de la bilis

gallant ['gælənt] valiente;

garboso; **~ry** valentía f; galantería f

gallery ['gæləri] galería f

galley ['gæli] galera f

gallon ['gælən] galón m (*ingl:* 4,5 litros; *EU:* 3,8 *litros*)

gallop ['gæləp] s galope m; v/i galopar

gallows ['gæləuz] horca f

gallstone ['gɔːlstəun] cálculo m biliar

galore [gə'lɔː] en abundancia

gamble ['gæmbl] s jugada f arriesgada; v/t apostar; v/i jugar al azar; **~er** jugador m; tahúr m

game [geim] s juego m; partida f (*de naipes*); partido m (*de fútbol, etc*); caza f; **big ~** caza f mayor; **~keeper** guardabosque m

gang [gæn] s banda f; pandilla f; cuadrilla f; **~ up on** v/i atacar en conjunto contra

gangster ['gænstə] pistolero m, gánster m

gangway ['gænwei] pasillo m; mar portalón m

gaol [dʒeil] = **jail**

gap [gæp] abertura f, brecha f; vacío m; intervalo m

gape [geip] v/i estar boquiabierto

garage ['gæraːdʒ] s garaje m; v/t guardar en un garaje

garbage [gɑːbidʒ] basura f

garden ['gɑːdn] jardín m; huerto m; huerta f; **~er** jardinero m; **~ing** jardinería f

gargle ['gɑːgl] v/i hacer

gárgaras

garland ['gɑːlənd] guirnalda f

garlic ['gɑːlik] ajo m

garment ['gɑːmənt] prenda f de vestir

garnish ['gɑːniʃ] v/t adornar, guarnecer

garrison ['gærisn] s guarnición f

garter ['gɑːtə] liga f

gas [gæs] s gas m; Am gasolina f; **~eous** ['~jəs] gaseoso; **~ket** tecn junta f; **~mask** careta f antigás

gasp [gɑːsp] v/i boquear; jadear

gas|-station ['gæsteiʃən] gasolinera f; **~stove** ['gæsstəuv] cocina f de gas

gate [geit] puerta f, portal m; taquilla f; **~keeper** portero m; **~way** puerta f, entrada f

gather ['gæðə] v/t recoger; reunir; deducir; cobrar (*velocidad, fuerzas, etc*); entender; v/i reunirse, congregarse; **~ing** reunión f; agrupación f

gaudy ['gɔːdi] llamativo, chillón

ga(u)ge [geidʒ] s medida f; calibre m; f c entrevía f; tecn calibrador m; v/t medir; calibrar; estimar

gaunt [gɔːnt] flaco; sombrío; **~let** ['gɔːntlit]: **run the ~let** correr baquetas; **throw down the ~let** arrojar el guante

gauze [gɔːz] gasa f

get

gay [gei] alegre; jovial, festivo; *fam* homosexual

gaze [geiz] s mirada f fija; *v/i* mirar fijamente

gear [giə] s prendas f/pl; equipo m; pertrechos m/pl; *mar* aparejo m; *tecn* engranaje m; transmisión f; *aut* marcha f; **in ~** engranado; **~box** caja f de engranajes; **~shift** cambio m de velocidades

gelatine ['dʒelətin] gelatina f

gem [dʒem] gema f; *fig* joya f

gender ['dʒendə] género m

gene [dʒi:n] gen m

general ['dʒenərəl] *a* general; *s* general m; **in ~** en general, por lo general; **~ize** *v/i* generalizar; **~ly** generalmente

generate ['dʒenəreit] *v/t* engendrar; procrear; producir; *elec* generar; **~ion** generación f; **~or** generador m

genero|sity [dʒenə'rɔsiti] generosidad f; **~us** ['dʒenərəs] generoso

genetics [dʒi'netiks] genética f

genial ['dʒi:njəl] afable; suave

genitals ['dʒenitlz] órganos m/pl genitales

genitive ['dʒenitiv] genitivo m

genius ['dʒi:njəs] genio m

gentle ['dʒentl] suave, dulce; manso; cortés, fino; bien nacido, noble; **~man** caballero m; señor m; **~ness** bondad f; mansedumbre f; dulzura f

gently ['dʒentli] suavemente

gentry ['dʒentri] alta burguesía f

genuine ['dʒenjuin] genuino, auténtico

geography [dʒi'ɔgrəfi] geografía f

geolog|ist [dʒi'ɔlədʒist] geólogo m; **~y** geología f

geometry [dʒi'ɔmitri] geometría f

geophysics [dʒiəu'fiziks] geofísica f

geranium [dʒi'reinjəm] geranio m

geriatrics [dʒeri'ætriks] geriatría f

germ [dʒə:m] germen m; **~ warfare** guerra f bacteorológica

German ['dʒə:mən] *a, s* alemán(ana) m (f); **~ measles** rubéola f; **~y** Alemania f

germinate ['dʒə:mineit] *v/i* germinar

gest|iculate [dʒes'tikjuleit] *v/i* gesticular; **~ure** ['dʒestʃə] gesto m

get [dʒet] *v/t* conseguir, lograr; obtener; recibir; traer; aprender, comprender; *v/i* volverse, ponerse; ~ **about** andar; viajar; ~ **across** hacer entender; ~ **ahead** prosperar; ~ **along** marcharse; progresar; ~ **along with** llevarse bien; ~ **along without** pasarse sin; ~ **away** escaparse; ~ **back** recobrar; ~ **back at** pagar en la misma mone-

da; ~ **by** ir tirando; ~ **down**
bajar; ~ **going** ponerse en
marcha; ~ **in** entrar; subir; ~
it fam caer en la cuenta; ~
lost perderse; ~ **off** bajar,
apearse de; ~ **on** progresar;
subir; ~ **on with** congeniar
con; ~ **out** salir; interj ¡fuera!; ~ **over** reestablecerse de;
~ **ready** prepararse; ~ **up** le-
vantarse; **have got** tener;
have got to ... tener que, deber ...

geyser ['gaizə] géiser m;
['giːzə] calentador m

ghastly ['gɑːstli] horrible,
espantoso; pálido

gherkin [gəːkin] pepinillo m

ghost [gəust] fantasma m;
espectro m; **to give up the ~**
rendir el alma

giant ['dʒaiənt] gigante m

gibe [dʒaib] v/i mofarse (de)

giblets ['dʒiblits] menudillos
m/pl

giddy [gidi] mareado; vertiginoso; atolondrado

gift [gift] regalo m; dádiva f;
don m, dote f, talento m; **~ed**
talentoso, dotado

gigantic [dʒai'gæntik] gigan-
tesco

giggle ['gigl] s risita f tonta;
v/i reírse tontamente

gild [gild] v/t dorar

gilt [gilt] dorado

gin [dʒin] s ginebra f

ginger ['dʒindʒə] s jengibre
m; fam brío m, vivacidad f;
~bread pan m de jengibre;

~ly cautelosamente

gipsy ['dʒipsi] a, s gitano(a) m
(f)

giraffe [dʒi'rɑːf] jirafa f

gird [gəːd] v/t ceñir; **~er** viga f
maestra; **~le** ['gəːdl] s cinturón m; faja f; v/t ceñir

girl [gəːl] muchacha f; chica f;
moza f; **~ish** de niña

girth [gəːθ] cincha f; circunferencia f

gist [dʒist] lo esencial

give [giv] v/t dar; entregar;
causar (enfermedad); indicar (temperatura, etc); ~
away regalar; revelar; ~
back devolver; **~ birth to** dar
a luz; **~ off** emitir; ~ **up** renunciar a; **~ oneself up** rendirse, entregarse; **~n to** ser
propenso a; v/i dar, hacer
regalos; ceder; ~ **in** ceder; ~
up darse por vencido;
~-and-take ['givən'teik]
toma y daca m

glacier ['glæsjə] glaciar m

glad [glæd] contento, alegre;
to be ~ alegrarse; estar contento; **~ly** con mucho gusto;
~den v/t alegrar

glamo(u)r ['glæmə] encanto
m; **~ous** encantador

glance [glɑːns] s mirada f;
vistazo m; **at first** ~ a primera
vista; v/i echar un vistazo; ~
at dar un vistazo a

gland [glænd] glándula f

glare [glɛə] s relumbrón m;
mirada f feroz; v/i relum-
brar; ~ **at** mirar con ira

glass [glɑ:s] *s* cristal *m*; vidrio *m*; vaso *m*; espejo *m*; barómetro *m*; catalejo *m*; **~es** gafas *f/pl*, *LA* anteojos *m/pl*; *a* de cristal, de vidrio; **~house** invernadero *m*; **~y** vítreo; vidrioso (*ojos, etc*)

glaze [gleiz] *s* barniz *m*; *v/t* barnizar; lustrar; poner vidrios a (*una ventana*); **~ier** ['~jə] vidriero *m*

gleam [gli:m] *s* destello *m*; brillo *m*; *v/i* brillar, centellear

glee [gli:] *s* júbilo *m*

glen [glen] hoya *f*

glib [glib] suelto de lengua

glide [glaid] *s* deslizamiento *m*; *v/i* deslizarse; *aer* planear; **~r** *aer* planeador *m*

glimmer ['glimə] *s* vislumbre *f*; *fig* rastro *m*; *v/i* rielar, brillar

glimpse [glimps] *s* ojeada *f*, vista *f* fugaz; *v/t* vislumbrar

glint [glint] *s* destello *m*; *v/i* destellar

glisten ['glisn] *v/i* relucir, brillar

glitter ['glitə] *s* brillo *m*; *v/i* brillar; relucir

gloat [gləut] *v/i*: **~ over** *v/i* saborear maliciosamente

glob|al ['gləubl] mundial; global; **~e** globo *m*; **~e trotter** trotamundos *m, f*

gloom [glu:m] lobreguez *f*; tristeza *f*; **~y** obscuro, tenebroso; triste, abatido

glor|ify ['glɔ:rifai] *v/t* glorifi-

car; **~ious** glorioso; **~y** gloria *f*

gloss [glɔs] *s* lustre *m*, brillo *m*; glosa *f*; **~ary** ['~əri] glosario *m*; **~y** lustroso; satinado

glove [glʌv] guante *m*

glow [gləu] *s* brillo *m*; luminosidad *f*; *v/i* brillar, fulgurar; **~er** ['glauə]: **~er at** *v/i* mirar con ceño; **~worm** luciérnaga *f*

glue [glu:] *s* cola *f*; goma *f*; *v/t* pegar, encolar

glut [glʌt] *s* superabundancia *f*; *v/t* inundar (*el mercado*)

glutt|on ['glʌtn] glotón *m*; **~ony** gula *f*

glycerine ['glisərin] glicerina *f*

gnarled [nɑ:ld] nudoso

gnash [næʃ] *v/t* rechinar (*dientes*)

gnat [næt] mosquito *m*

gnaw [nɔ:] *v/t* roer

go [gəu] *v/i* ir; irse; andar; viajar; funcionar; pasar; correr (*el tiempo*); alcanzar; **~ ahead** seguir adelante; **~ away** irse, marcharse; **~ back** regresar; **~ between** mediar; **~ by** pasar (por); **~ down** ponerse (*sol*); bajar; **~ for** ir a buscar; ir por; **~ home** volver a casa; **~ in for** dedicarse a; **~ into** entrar en; investigar; **~ off** irse; dispararse; **~ on** seguir, continuar; **~ out** salir; extinguirse; apagarse; **~ over** recorrer; repasar; **~ through** pasar por; sufrir; ~ **through with** llevar a cabo; ~ **to bed** acostarse; ~ **to school** ir al colegio; **to be ~ing to** ir a (*hacer*); ~ **under** hundirse; perderse; ~ **with** hacer juego con; ~ **without** pasarse sin; s energía f, fuerza f; empuje m; **no ~** es inútil; **on the ~** en actividad; activo; **have a ~ at** probar suerte con

goad [gəud] v/t aguijonear; incitar

go-ahead ['gəuəhed] fig luz f verde

goal [gəul] meta f, gol m; **~keeper** guardameta m, portero m

goat [gəut] cabra f; macho m cabrío

go-between ['gəu-bitwi:n] mediador(a) m (f)

gobble ['gɔbl] v/t e ~ **up** engullirse

goblet ['gɔblit] copa f

goblin ['gɔblin] duende m

God [gɔd] Dios m; 2 deidad f, dios m; **~forbid!** ¡por Dios!; ~ **willing** si Dios quiere

god/child ahijado(a) m (f); **~dess** diosa f; **~father** padrino m; **~less** descreído; **~like** (de aspecto) divino; **~liness** santidad f; **~mother** madrina f; **~parents** padrinos m/pl; **~send** don m del cielo

goggles ['gɔglz] gafas f/pl submarinas

going ['gəuiŋ] s ida f, partida

f; a en marcha; existente; **the ~ rate** la tarifa en vigor; **~s-on** actividades f/pl dudosas

gold [gəuld] oro m; ~ **digger** buscador m de oro; fig Am aventurera f; **~en** de oro; **~fish** pez m de colores; **~smith** orfebre m

golf [gɔlf] golf m; ~ **course** campo m de golf; **~er** jugador m de golf

gone [gɔn] ido; perdido; arruinado; pasado; muerto

good [gud] a bueno; **for ~** para siempre; **to make ~** cumplir (*promesa*); reparar; prosperar; **as ~ as** tan bueno como; casi; **a ~ deal** mucho; **~ afternoon** buenas tardes; ~ **at** hábil en; ~ **breeding** buena educación f; ~ **for nothing** inútil; 2 **Friday** Viernes m Santo; **in ~ time** a tiempo; ~ **luck!** ¡buena suerte!; ~ **morning** buenos días; s bien m; **it's no ~** no vale para nada, es inútil; **for the ~ of** para el bien de; **~bye** adiós m; **~-for-nothing** haragán m; **~-looking** guapo; **~-natured** bondadoso; **~ness** bondad f; benevolencia f; **~s** [gudz] bienes m/pl; ~ **turn** favor m; ~ **will** buena voluntad f

goose [gu:s] ganso m; **~berry** [ˈguzbəri] grosella f espina; **~flesh**, Am **~bumps** fig carne f de gallina

gore [gɔ:] v/t cornear

gorge [gɔːdʒ] *s anat, geog* garganta *f*; barranco *m*; *v/t* engullir; *v/i* hartarse; **~ous** ['~əs] magnífico, hermosísimo

gorilla [gə'rilə] gorila *m*

gory ['gɔːri] sangriento

gospel ['gɔspəl] evangelio *m*

gossip ['gɔsip] *s* chismorreo *m*; chisme *m*; chismoso(a) *m* (*f*); *v/i* chismear

gourd [ɡuəd] calabaza *f*

gout [ɡaut] gota *f*; **~y** gotoso *m*

govern ['ɡʌvən] *v/t* gobernar; dirigir; regir, guiar; *v/i* gobernar; **~ess** institutriz *f*; **~ing board** junta *f* directiva; **~ment** gobierno *m*; **~or** gobernador *m*; director *m*

gown [ɡaun] vestido *m* de mujer; toga *f*

grab [ɡræb] *v/t* agarrar; arrebatar; coger

grace [ɡreis] *s* gracia *f*; finura *f*; *relig* bendición *f*; **to say ~** bendecir la mesa; *v/t* adornar; favorecer; **~ful** agraciado; elegante; **~ note** *mús* nota *f* de adorno

gracious ['ɡreiʃəs] benigno, grato, ameno; **good ~!** ¡válgame Dios!

grad|e [ɡreid] *s* grado *m*, pendiente *f*; clase *f*; nota *f*; **~e crossing** *f c* paso *m* a nivel; *v/t* graduar; nivelar; **~ient** ['~ənt] pendiente *f*; **~ual** ['ɡrædʒuəl] gradual; **~uate** ['ɡrædʒueit] *v/t*, *v/i* graduar(se); ['~dʒuət] *s* gradua-

do *m*; **~uation** [~dju'eiʃən] graduación *f*

graft [ɡrɑːft] *s med* injerto *m*; soborno *m*; *v/i* injertar; transferir

grain [ɡrein] *s* grano *m*; (*de tejido*) fibra *f*; cereales *m/pl*; *against the ~* a contrapelo

gramm|ar ['ɡræmə] gramática *f*; **~atical** [ɡrə'mætikəl] gramático

gram(me) [ɡræm] gramo *m*

gramophone ['ɡræməfəun] gramófono *m*

grand [ɡrænd] grandioso, ilustre; magnífico; **~daughter** ['~dɔːtə] nieta *f*; **~eur** ['~ndʒə] magnificencia *f*; **~father** ['~dfɑː] abuelo *m*; **~father clock** reloj *m* de péndulo; **~ma** ['~nmɑː] abuelita *f*; **~mother** ['~nm~] abuela *f*; **~pa** ['~npɑː] abuelito *m*; **~parents** ['~np~] abuelos *m/pl*; **~son** nieto *m*; **~stand** *f* principal

granny ['ɡræni] *fam* abuelita *f*

grant [ɡrɑːnt] *s* concesión *f*; otorgamiento *m*; donación *f*; beca *f*; *v/t* conceder, otorgar; permitir; **to take for ~ed** dar por sentado; **~ed that** dado que

granulated ['ɡrænjuleitid] **sugar** azúcar *m* granulado

grape [ɡreip] uva *f*; **sour ~s** *fruit* pomelo *m*; toronja *f*; **~shot** metralla *f*; **~vine** vid *f*

graph 110

graph [græf] gráfica *f*; **~ic** gráfico

grapple ['græpl]: *v/i* **~ with** esforzarse por resolver

grasp [graːsp] *v/t* empuñar, asir; agarrar; *s* asimiento *m*; alcance *m*; **~ing** codicioso

grass [graːs] hierba *f*; yerba *f*; césped *m*; **~hopper** saltamontes *m*; **~land** pradera *f*; **~ roots** *pol* básico; popular

grate [greit] *s* parrilla *f* de hogar; *v/t* rallar; enrejar; *v/i* **~ on** *fig* irritar

grateful ['greitful] agradecido, reconocido

grati|fication [grætifi'keiʃən] satisfacción *f*; **~fy** ['-fai] *v/t* satisfacer, complacer

grating ['greitiŋ] *s* verja *f*, reja *f*; *a* áspero; irritante

gratitude ['grætitjuːd] agradecimiento *m*

gratuit|ous [grə'tjuː(i)təs] gratuito; **~y** gratificación *f*

grave [greiv] *a* grave, serio; importante; *s* tumba *f*, sepultura *f*; **~digger** sepulturero *m*

gravel ['grævəl] grava *f*

graveyard ['greivjaːd] cementerio *m*

gravitation [grævi'teiʃən] gravitación *f*

gravity ['græviti] gravedad *f*; seriedad *f*

gravy ['greivi] jugo *m* de carne; salsa *f*

gray [grei] = **grey**

graze [greiz] *v/t* apacentar; rozar; *v/i* pacer

greas|e [griːs] *f* grasa *f*; lubricante *m*; [-z] *v/t* engrasar; **~y** ['-zi] grasiento, pringoso

great [greit] grande; importante; estupendo; largo; principal; *a* **~ deal** mucho; *a* **~ many** muchos(as); **~aunt** tía *f* abuela; **2 Britain** ['~ 'britn] Gran Bretaña *f*; **~est** mayor, máximo; **~grandchild** bisnieto(a) *m* (*f*); **~grandfather** bisabuelo *m*; **~grandmother** bisabuela *f*; **~ly** mucho; muy; **~ness** grandeza *f*

Greece [griːs] Grecia *f*

greed [griːd] codicia *f*, avidez *f*; gula *f*; voracidad *f*; **~y** codicioso, avaro; goloso; voraz

Greek [griːk] *a*, *s* griego(a) *m* (*f*)

green [griːn] *a* verde; fresco; *s* pradera *f*; césped *m*; **~ bean** judía *f* verde; **~grocer** verdulero *m*; **~horn** bisoño *m*; novato *m*; **~house** invernadero *m*; **~s** verduras *f/pl*

greet [griːt] *v/t* saludar; **~ing** saludo *m*

gregarious [gre'gɛəriəs] gregario

grenade [gri'neid] granada *f*

grey [grei] gris; **~ hair** canas *f/pl*; **~haired** canoso; **~ hound** galgo *m*; **~ish** pardusco

grid [grid] *s* rejilla *f*; **~iron** parrilla *f*

grie|f [griːf] s pesar m; pena f; dolor m; **to come to ~f** fracasar; **~vance** agravio m; motivo m para quejarse; **~ve** v/t afligir; v/i apenarse; **~vous** penoso; doloroso

grill [grill] s parrilla f; v/t asar a la parrilla

grim [grim] ceñudo, torvo; sombrío; severo; siniestro

grimace [griˈmeis] s mueca f; v/i hacer muecas

grim|e [graim] mugre f; **~y** sucio; mugriento

grin [grin] v/i sonreír bonachonamente o abiertamente

grind [graind] s trabajo m pesado y aburrido; v/t moler; afilar; hacer rechinar (los dientes)

grip [grip] s apretón m; agarro m; v/t apretar, agarrar; **come to ~s with** luchar a brazo partido

grisly [ˈgrizli] espantoso, horrible

grit [grit] arena f, cascajo m; valor m

groan [groun] s gemido m; quejido m; v/i gemir

grocer [ˈgrousə] s tendero m (de ultramarinos); abacero m; **~y** tienda f de comestibles; LA tienda f de abarrotes

groin [grɔin] s ingle f

groom [gruːm] s mozo m de cuadra; novio m; v/t cuidar

groove [gruːv] s ranura f, surco m; v/t acanalar

grope [group] v/t, v/i ir a tientas; **~ for** buscar a tientas

gross [grous] a grueso; denso; grosero; com bruto; s gruesa f (doce docenas); **~ly** excesivamente

grotesque [grouˈtesk] grotesco

grotto [ˈgrɔtou] gruta f

grouch [grautʃ] fam, Am quejoso(a) m (f)

ground [graund] s suelo m, tierra f; causa f; mar fondo m; v/t fundar; v/i mar encallar; **~control** aer control m desde tierra; **~floor** planta f baja; **~less** sin fundamento; **~nut** cacahuete m; **~s** terreno m; poso m; **~work** cimientos m/pl

group [gruːp] s grupo m; v/t, v/i agrupar(se)

grove [grouv] s arboleda f

grow [grou] v/t cultivar; v/i crecer; volverse; **~ dark** obscurecer; **~ fat** engordar; **~ into** llegar a ser; **~ old** envejecer; **~ up** crecer; salir de la niñez; **~er** cultivador m; **~ing** a creciente

growl [graul] s gruñido m; v/i gruñir

grown-up [ˈgrounʌp] adulto m

growth [grouθ] crecimiento m; desarrollo m; vegetación f; med tumor m

grub [grʌb] s larva f; gusano m; v/t, v/i desarraigar, desyerbar; **~by** sucio; desaliñado

grudg|e [grʌdʒ] s rencor m; inquina f; **bear a ~e** guardar rencor; **~ingly** de mala gana

gruel [gruəl] s gachas f/pl; **~(l)ing** duro, riguroso

gruff [grʌf] áspero; ceñudo; bronco

grumble ['grʌmbl] v/i refunfuñar, regañar; **~r** gruñón m

grunt [grʌnt] s gruñido m; v/i gruñir

guarant|ee [gærən'ti:] s garantía f; v/t garantizar, responder por; **~or** [~'tɔ] garante m; fiador m; **~y** ['gærənti] garantía f; fianza f

guard [gɑ:d] s guarda m, f; mil guardia m; centinela m, f; protección f; **off ~** desprevenido; **on ~** en guardia; v/t, v/i guardar, proteger; custodiar; **~ian** guardián m; for tutor m

Guatemala [gwɑ:ti'mɑ:lə] Guatemala f; **~n** a, s guatemalteco(a) m (f)

guess [ges] s suposición f, conjetura f; v/t, v/i suponer, conjeturar

guest [gest] huésped(a) m (f); invitado(a) m (f); **~house** casa f de huéspedes

guffaw [gʌ'fɔ:] carcajada f

guid|ance ['gaidəns] s gobierno m, dirección f; **~e** guía m, f; v/t guiar, conducir; **~e book** guía f del viajero; **~e lines** normas f/pl generales

guild [gild] gremio m

guile [gail] astucia f; maña f; **~less** inocente, cándido

guilt [gilt] culpa f, culpabilidad f; **~less** inocente; **~y** culpable

guinea pig ['ginipig] conejillo m de Indias

guise [gaiz] apariencia f; **under the ~ of** so capa de

guitar [gi'tɑ:] guitarra f

gulf [gʌlf] golfo m, bahía f

gull [gʌl] gaviota f

gull|et ['gʌlit] esófago m; **~ible** ['gʌləbl] crédulo; **~y** barranco m

gulp [gʌlp] s trago m; v/t tragar; **~ down** engullir

gum [gʌm] s goma f; v/t engomar; **~s** encías f/pl

gun [gʌn] s fusil m; cañón m; Am fam revólver m, pistola f; **jump the ~** precipitarse; **~man** pistolero m; **~metal** bronce m de cañón; **~ner** artillero m; **~powder** pólvora f; **~shot** cañonazo m, escopetazo m

gurgle ['gə:gl] v/i gorgotear

gush [gʌʃ] s chorro m; fam efusión f; v/i salir en chorros

gust [gʌst] ráfaga f

guts [gʌts] intestinos m/pl, tripas f/pl; **to have ~** fig tener agallas f/pl

gutter ['gʌtə] arroyo m, zanja f; gotera f

guy [gai] fam tipo m; tío m; **~wise** ~ fam sabelotodo m

guzzle ['gʌzl] v/t engullir

halt

gymnas|ium [dʒim'neizjəm] gimnasio *m*; **~tics** [~'næstiks] gimnasia *f*

gyn(a)ecologist [gaini'kɔ-lədʒist] ginecólogo *m*

gypsum ['dʒipsəm] yeso *m*

gyr|ate [dʒaiə'reit] *v/i* girar; **~ation** giro *m*, vuelta *f*

H

haberdashery ['hæbədæʃəri] mercería *f*

habit ['hæbit] hábito *m*; costumbre *f*; **~able** habitable

habitual [hə'bitjuəl] habitual, acostumbrado

hack [hæk] *s* caballo *m* de alquiler; corte *m*; *v/t* picar; machetear; **~ney coach** coche *m* de alquiler; **~neyed** trillado; **~saw** sierra *f* para metales

h(a)emorrhage ['heməridʒ] hemorragia *f*

h(a)emorrhoids ['heməroidz] hemorroides *f/pl*

hag [hæg] bruja *f*

haggard ['hægəd] emaciado; trasnochado, ojeroso

haggle ['hægl] *v/i* discutir; regatear (*el precio*)

hail [heil] *s* granizo *m*; pedrisco *m*; saludo *m*; *v/i* granizar; *v/t* llamar a; aclamar; **~storm** granizada *f*

hair [hɛə] pelo *m*; cabello *m*; vello *m* (*de brazo o pierna*); *let one's ~ stand on end* comportarse con desenvoltura; *make one's ~ stand on end* ponerle los pelos de punta; *split ~s* andar en quisquillas; **~curlers** rulos *m/pl*; **~cut** corte *m* de pelo; **~do** peinado *m*; **~dresser** peluquero(a) *m* (*f*); **~drier** secador *m*; **~net** redecilla *f*; **~pin** horquilla *f*; **~raising** horripilante; **~splitting** quisquilloso; **~y** peludo

half [hɑːf] *s* mitad *f*; *in ~* en dos mitades; *cut in ~* cortar por la mitad; *a, adv* medio (a); semi; casi; a medias; **~ an hour** media hora; *an hour and a ~* hora y media; **~blood** mestizo *m*; **~brother** medio hermano *m*; **~caste** mestizo(a) *m* (*f*); **~hearted** con poco entusiasmo; **~price** a mitad del precio; **~sister** media hermana *f*; **~ time** *sp* intermedio *m*; **~way** a medio camino; en el medio; **~witted** bobo; imbécil

hall [hɔːl] vestíbulo *m*; sala *f*

hallo [hə'lou] ¡hola!

hallow ['hælou] *v/t* santificar; **~ed** sagrado

hallucinate [hə'luːsineit] *v/t* alucinar

halo ['heilou] halo *m*; aureola *f*

halt [hɔːlt] *a* alto *m*; parada *f*; *v/t* parar; detener; *v/i* detenerse, hacer alto

halter ['hɔːltə] cabestro *m*; dogal *m*

halve [hɑːv] *v/t* dividir en dos partes iguales

ham [hæm] jamón *m*

hamburger ['hæmbɜːgə] hamburguesa *f*

hamlet ['hæmlit] caserío *m*; aldea *f*

hammer ['hæmə] *s* martillo *m*; *v/t* martillar

hammock ['hæmək] hamaca *f*

hamper ['hæmpə] *s* canasta *f*, cesta *f* grande; *v/t* estorbar

hand [hænd] *s* mano *f*; obrero *m*; *mar* tripulante *m*; manecilla *f* (*de reloj*); aplausos *m/pl*; escritura *f*; **at ~** a la mano; inminente; **at first ~** de primera mano; **by ~** a mano; **~ in ~** cogidos de la mano; **on ~** disponible; **on the one ~** por una parte; **on the other ~** por otra parte; **to change ~s** mudar de manos; **to get out of ~** desmandarse; **to have the upper ~** dominar la situación; **to lend a ~** echar una mano a; *v/t* dar; entregar, pasar; **~ in** entregar; **~ over** entregar; **~bag** bolsa *f* de mano; **~ball** balonmano *m*; **~bill** volante *m*; **~book** manual *m*; **~cuffs** esposas *f/pl*; **~ful** manojo *m*

handi|cap ['hændikæp] *s* handicap *m*; *fig* desventaja *f*; *v/t* estorbar; **the ~capped** los minusválidos *m/pl*; **~craft** artesanía *f*; **~craftsman** ar-

tesano *m*

handkerchief ['hæŋkətʃif] pañuelo *m*

handl|e ['hændl] *s* mango *m*, puño *m*; tirador *m*; picaporte *m*; **~ebar** manillar *m* (*de bicicleta*); **~ing** manejo *m*

hand|made ['hændmeid] hecho a mano; **~rail** pasamano *m*; **~shake** apretón *m* de manos; **~some** ['hænsəm] guapo; **~writing** escritura *f*; **~y** a mano; diestro; práctico; **come in ~y** venir bien

hang [hæŋ] *v/t* colgar; suspender; ahorcar (*el criminal*); *v/i* pender, colgar

hangar ['hæŋə] hangar *m*

hanger ['hæŋə] percha *f*

hangman ['hæŋmən] verdugo *m*

hangover ['hæŋəuvə] *fam* resaca *f*

haphazard ['hæp'hæzəd] *a* casual; fortuito

happen ['hæpən] *v/i* suceder, acontecer, ocurrir, pasar; **~ to (do)** ... (hacer) por casualidad; **~ing** acontecimiento *m*; espectáculo *m* improvisado

happ|ily ['hæpili] *adv* felizmente; **~iness** felicidad *f*; **~y** feliz; dichoso; **~y-go-lucky** despreocupado

harass ['hærəs] *v/t* acosar; hostigar

harbo(u)r ['hɑːbə] *s* puerto *m*; *v/t* abrigar; albergar

hard [hɑːd] *a* duro; sólido; firme; inflexible; riguroso, se-

115   **havoc**

vero; difícil; **~ luck** mala
suerte f; **~ of hearing** duro de
oído; adv fuertemente; dura-
mente, muy; **~ by** muy cerca;
~ up apurado; **~en** v/t endurecer, **~headed** testarudo;
poco sentimental; **~hearted**
duro de corazón; insensible;
~ly apenas; **~ness** dureza f;
~ship penuria f; penas f/pl;
~ware quincalla f, ferretería
f; **~y** robusto; audaz

hare [heə] liebre f; **~brained**
casquivano

harm [ha:m] s daño m; perjuicio m; v/t dañar, perjudicar;
herir; **~ful** dañino, perjudicial; **~less** inofensivo

harmon|ious [ha:'mounjəs]
armonioso; **~ize** ['~ənaiz] v/i
armonizar; **~y** armonía f

harness ['ha:nis] s arreos
m/pl, guarniciones f/pl; v/t
enjaezar; fig utilizar

harp [ha:p] s arpa f; v/i **to ~ on**
repetir constantemente

harpoon [ha:'pu:n] s arpón
m; v/t arponear

harrow ['hærəu] s grada f; v/t
gradar; **~ing** horroroso

harsh [ha:ʃ] áspero, duro;
chillón (color)

hart [ha:t] ciervo m

harvest ['ha:vist] s cosecha f,
recolección f; v/t cosechar,
recoger; **~er** segador(a) m
(f); cosechadora f

hash [hæʃ] s picadillo m

hashish ['hæʃi:ʃ] hachís m

hassle ['hæsl] Am s riña f; v/t

molestar a

hast|e [heist] prisa f; **to make
~e** darse prisa; **~en** ['~sn] v/i
darse prisa; v/t apresurar;
apremiar; **~y** apresurado;
precipitado

hat [hæt] sombrero m

hatch [hætʃ] s pollada f, nida-
da f; compuerta f; mar escotilla f; v/t empollar, incubar;
tramar; v/i empollarse;
(ideas) madurarse

hatchet ['hætʃit] machado m;
hacha f; **bury the ~** hacer las
paces

hat|e [heit] s odio m; v/t odiar,
detestar; **~eful** odioso; **~red**
['~rid] odio m

haughty ['hɔ:ti] altanero; altivo

haul [hɔ:l] s redada f (de
peces); botín m; tirón m;
trayecto m; transporte m; v/t
arrastrar, tirar de; transportar

haunt [hɔ:nt] s guarida f;
lugar m favorito; v/t frecuentar; **~ed** visitado por fantasmas; **~ed house** casa f de
fantasmas

have [hæv, həv] v/t tener; poseer; v/aux haber; **to ~ a
mind to** tener ganas de; **to ~
had it** no poder más; **to ~ it
out** poner las cosas en claro;
to ~ on llevar puesto; **to ~ to**
tener que

haven ['heivn] puerto m; fig
refugio m

havoc ['hævək] estrago m;

destrucción f; **to play ~ with** causar estragos en

hawk [hɔːk] s halcón m; v/t pregonar

hawthorn ['hɔːθɔːn] espino m

hay [hei] heno m; **~ fever** fiebre f del heno; **~loft** henil m; **~stack** almiar m; **~wire** en desorden

hazard ['hæzəd] s azar m; v/t arriesgar; **~ous** arriesgado

haze [heiz] calina f

hazel ['heizl] avellano m; **~nut** avellana f; neblina f

hazy ['heizi] calinoso; nebuloso; confuso

he [hiː] pron él; **~ who** el que, quien

head [hed] s cabeza f; cara f (de moneda); jefe m; geog cabo m; tecn cabezal m; **not to make ~ nor tail of it** no verle ni pies ni cabeza; **~ or tails** cara o cruz; **~ over heels** precipitadamente; locamente; **off one's ~** loco; v/t dirigir; encabezar; encaudillar; v/i adelantarse, dirigirse; **~ache** ['~eik] dolor m de cabeza; **~ing** título m; **~land** promontorio m; **~lights** faros m/pl; **~line** titular m; **~master** director m (de colegio); **~ office** central f u oficina f principal; **~phones** auriculares m/pl; **~quarters** cuartel m general; **~rest** reposacabezas m; **~strong** voluntarioso; **~way: make ~way** avanzar

heal [hiːl] v/t curar; v/i cicatrizarse

health [helθ] salud f; sanidad f; **~ful** sano; **~y** sano, saludable

heap [hiːp] s montón m; v/t amontonar, acumular; colmar de

hear [hiə] v/t oír; sentir; escuchar; v/i oír; oír decir; **~er** oyente m, f; **~ing** oído m; audiencia f; **within ~ing** al alcance del oído; **~say** rumores m/pl

hearse [hɜːs] coche m fúnebre

heart [haːt] corazón m; fig fondo m; copa f (de naipes); **at ~** en el fondo; **by ~** de memoria; **to lose ~** descorazonarse; **to take ~** cobrar ánimo; **~ attack** ataque m cardíaco; **~beat** latido m del corazón; **~breaking** desgarrador; **~burn** acedía f; **~en** v/t alentar, animar

hearth [haːθ] fogón m

heart|ily ['haːtili] sinceramente; cordialmente; **~less** ['haːtlis] despiadado; **~y** cordial; sincero; sano

heat [hiːt] s calor m; ardor m, vehemencia f; celo m (animales); v/t calentar; v/i calentarse; fig acalorar; **~er** calentador m

heath [hiːθ] brezal m; brezo m

heathen ['hiːðən] a, s pagano(a) m (f)

heather ['heðə] brezo m

heating ['hiːtiŋ] calefacción f

here

heave [hi:v] v/t levantar; elevar; alzar

heaven ['hevn] cielo m; **good ~s!** ¡cielos!; **~ly** divino, celeste

heavy pesado; denso; fuerte; fig importante; **~-duty** resistente (producto); **~-handed** opresivo

Hebrew ['hi:bru:] a, s hebreo(a) m (f)

hectic ['hektik] agitado

hedge [hedʒ] s seto m vivo; v/t cercar; rodear; dar respuestas evasivas; **~hog** erizo m

heed [hi:d] s **take ~** hacer caso; v/t hacer caso de, atender a; escuchar; v/i prestar atención; **~less** descuidado

heel [hi:l] talón m; tacón m (de zapato); **to take to one's ~s** fam largarse, poner pies en polvorosa

hefty ['hefti] fornido; fuerte

heifer ['hefə] novilla f

height [hait] altura f; altitud f; talle m; geog cerro m; cima f, cumbre f; fig colmo m; **~en** v/t realzar; aumentar

heinous ['heinəs] horrendo

heir [ɛə] heredero m; **~ess** heredera f

helicopter ['helikɔptə] helicóptero m

hell [hel] infierno m

hello ['he'ləu] ¡hola!; tel ¡diga!

helm [helm] timón m

helmet ['helmit] casco m

help [help] s ayuda f; socorro m; remedio m; ayudante m; **~!** ¡socorro!; v/t ayudar, socorrer; **to ~ oneself** servirse; **it can't be ~ed** no hay más remedio; **~er** ayudante m; **~ful** útil; servicial; **~ing** porción f; **~less** desvalido; impotente; indefenso

helter-skelter ['heltəskeltə] a troche y moche

hem [hem] s dobladillo m; v/t dobladillar; **~ in** cercar, encerrar

hemisphere ['hemisfiə] hemisferio m

hemlock ['hemlɔk] cicuta f

hemp [hemp] cáñamo m

hen [hen] gallina f

hence [hens] adv de aquí; por esto; por lo tanto; **~forth** de aquí en adelante

hen|coop ['henku:p] gallinero m; **~peck** v/t tiranizar (al marido)

her [hə:] pron pos su (de ella); pron pers la, le, a ella; ella (después de preposición)

herald ['herəld] s heraldo m; precursor m; v/t anunciar; **~ry** heráldica f

herb [hə:b] hierba f

herd [hə:d] s hato m; rebaño m; manada f; fig tropel m; **~sman** vaquero m

here [hiə] adv aquí, acá; **~!** ¡presente!; **~ and there** aquí y allá; **~ goes!** ¡ahí va!; **~ you are!** ¡tenga!; **~'s to you!** ¡a su salud!; **in ~** aquí dentro; **over ~** por aquí; **right ~** aquí

mismo; **~abouts** por aquí;
~after en lo futuro; **~by** por
la presente
heredity [hi'rediti] herencia *f*
here|sy ['herəsi] herejía *f*; **~tic**
hereje *m, f*
here|upon ['hiərə'pɔn] en seguida; **~with** con esto
heritage ['heritidʒ] herencia *f*
hermit ['hə:mit] ermitaño *m*;
~age ermita *f*
hernia ['hə:njə] hernia *f*
hero ['hiərəu] héroe *m*; protagonista *m*; **~ic** [hi'rəuik]
heroico; **~in** ['herəuin]
heroína *f* *farm*; **~ine**
['herəuin] heroína *f*; **~ism**
heroísmo *m*
heron ['herən] garza *f*
herring ['heriŋ] arenque *m*;
red ~ pista *f* falsa
hers [hə:z] *pron pos* suyo,
suya; el suyo, la suya; los
suyos, las suyas *(de ella)*;
~elf [hə:'self] ella misma; sí
misma; se
hesita|te ['heziteit] *v/i* vacilar, titubear; **~tion** vacilación *f*; hesitación *f*
heterosexual [hetərəu-
'seksjuəl] *a, s* heterosexual
m, f
hew [hju:] *v/t* cortar; talar
(árboles); labrar *(piedra)*
hey [hei] ¡oiga!; ¡eh!
heyday ['heidei] auge *m*;
apogeo *m*
hi [hai] ¡hola!
hiccup ['hikʌp] hipo *m*
hid|den ['hidn] escondido,

oculto; **~e** [haid] *v/t, v/i*
esconder(se), ocultar(se); *s*
cuero *m*; piel *f*; **~e-and-seek**
escondite *m*
hideous ['hidiəs] horrible;
feo; deforme
hid|e-out ['haidaut] escondrijo *m*; **~ing** *fam* paliza *f*; *go
into* **~ing** ocultarse; **~ing
place** escondrijo *m*
hierarchy ['haiərɑ:ki] jerarquía *f*
hi-fi ['hai'fai] (de) alta fidelidad *f*
high [hai] alto; elevado; fuerte; extremo; *it is* **~ time** ya es
hora; **~ and dry** en seco; **~
and mighty** encopetado; **~
altar** altar *m* mayor; **~brow**
intelectual *m, f*; **~chair** silla *f*
alta; **~class** de clase superior; **~ command** alto mando *m*; **~ diving** saltos *m/pl* de
palanca; **~fidelity** (de) alta
fidelidad *f*; **~handed** despótico; **~heeled** de tacón
alto; **~ jump** salto *m* de altura; **~lights** puntos *m/pl* salientes; **~ly** altamente; muy
bien; **~ness** altura *f*; 2**ness**
Alteza *f*; **~pitched** agudo;
~powered de gran potencia; **~ pressure** de alta presión; **~ rise** edificio *m* de muchos pisos; **~ school** *Am* colegio *m* de segunda enseñanza; **~ season** temporada *f* alta; **~spirited** animado; **~ tide** marea *f* alta;
~way carretera *f*

hijack ['haidʒæk] *v/t* secuestrar (*avión*)

hike [haik] *v/i* hacer excursiones; s caminata *f*; excursión *f*; **~r** excursionista *m*

hilarious [hi'lεəriəs] hilarante; muy chistoso

hill [hil] colina *f*; cerro *m*; cuesta *f*; **~side** ladera *f*; **~y** ondulado, montuoso

hilt [hilt] puño *m*; empuñadura *f*

him [him] *pron pers* le; lo; él (*después de preposición*); **~self** [~'self] él mismo; sí mismo; se

hind [haind] s cierva *f*; *a* trasero, posterior

hind|er ['hində] *v/t* impedir, estorbar; **~rance** impedimento *m*, estorbo *m*, obstáculo *m*

hinge [hindʒ] s bisagra *f*; *v/t* engoznar

hint [hint] s indirecta *f*; sugestión *f*; **take the ~** darse por aludido; *v/t* insinuar, sugerir; *v/i* echar una indirecta

hinterland ['hintəlænd] traspaís *m*

hip [hip] cadera *f*

hippopotamus [hipə'potəməs] hipopótamo *m*

hire ['haiə] s alquiler *m*; arriendo *m*; sueldo *m*; *v/t* alquilar, arrendar

his [hiz] *pron pos* su, de (él); suyo (la) suya; (los) suyos, (las) suyas (*de él*)

Hispanic [his'pænik] his-

pánico

hiss [his] s siseo *m*; silbido *m*; *v/t*, *v/i* silbar; sisear (*hablando*)

histor|ian [his'tɔːriən] historiador(a) *m* (*f*); **~ic(al)** [~'torik(əl)] histórico; **~y** ['~əri] historia *f*

hit [hit] s golpe *m*; choque *m*; acierto *m*; *mús*, *teat* éxito *m*; *v/t* pegar, golpear; dar con; **~ or miss** a la buena ventura; **~ the nail on the head** dar en el clavo; **it ~s you in the eye** le salta a la vista

hitch [hitʃ] s tropiezo *m*, dificultad *f*; *v/t* atar; *mar* amarrar; **~hike** *v/i* hacer autostop

hither ['hiðə] *lit* acá, hacia acá; **~to** hasta ahora

hive [haiv] s colmena *f*

hoard [hɔːd] s provisión *f*; *v/t*, *v/i* acumular y guardar; acaparar; **~ing** acaparamiento *m*; atesoramiento *m*

hoarfrost ['hɔː'frɔst] escarcha *f*

hoarse [hɔːs] ronco; **~ness** ronquera *f*

hoax [həuks] s engaño *m*; trampa *f*; *v/t* chasquear, engañar

hobble ['hɔbl] *v/t* manear; poner trabas a; *v/i* cojear

hobby ['hɔbi] pasatiempo *m*; afición *f*; **~horse** caballito *m* de madera

hobgoblin ['hɔbgɔblin] duende *m*

hobo ['houbou] *Am* vagabundo *m*

hock [hok] *v/t* empeñar

hockey ['hoki] hockey *m*

hoe [hou] *s* azada *f*, azadón *m*; *v/t* azadonar

hog [hog] *s* cerdo *m*, puerco *m*; *v/t fig* acaparar

hoist [hoist] *s* montacargas *m*; *v/t* alzar, elevar; levantar; izar (*bandera*)

hold [hould] *s* presa *f*, *fig* posesión *f*; dominio *m*; autoridad *f*; *mar* bodega *f* (*de un barco*); **to catch** (**get**) ~ **of** coger, agarrar; *v/t* tener; poseer; ocupar; sostener; ~ **one's own** mantenerse firme; ~ **up** levantar; mostrar; detener; asaltar; *v/i* no ceder; ser válido; ~ **on** agarrarse bien; ~ **out for** insistir en; ~ **the line!** *tel* ¡no cuelgue!; ~**er** titular *m/f*; arrendatario *m*; ~**ing** posesión *f*; propiedad *f*; ~**up** atraco *m*

hole [houl] agujero *m*; hoyo *m*; boquete *m*; *fig* aprieto *m*; ~ **puncher** ['-pʌntʃə] perforadora *f*

holiday ['holidi] día *m* de fiesta; ~**s** vacaciones *f/pl*

Holland ['holənd] Holanda *f*

hollow ['holou] *a* hueco; vacío; hundido; *s* cavidad *f*; hondonada *f*; *v/t* excavar; ahuecar

holly ['holi] acebo *m*

holster ['houlstə] pistolera *f*

holy ['houli] santo; 2 **Ghost**,

Spirit Espíritu *m* Santo; 2 **Land** Tierra *f* Santa; ~ **water** agua *f* bendita; **the 2 Writ** la Sagrada Escritura

homage ['homidʒ] homenaje *m*; **to pay** ~ rendir homenaje

home [houm] casa *f*, hogar *m*; domicilio *m*; residencia *f*; asilo *m*; ~ **en** casa; **to make oneself at** ~ ponerse cómodo; **to strike** ~ dar en lo vivo; ~**less** sin hogar; ~**ly** acogedor; sencillo; feo; ~**made** casero, de fabricación casera; ~**maker** ama *f* de casa; ~ **rule** autonomía *f*; ~**sick** nostálgico; **to be** ~**sick** tener morriña; ~ **team** *sp* equipo *m* de casa; ~**town** ciudad *f* natal; ~**ward**(**s**) a casa, hacia casa; ~**work** deberes *m/pl*

homicide ['homisaid] homicidio *m*; homicida *m*, *f*

homosexual ['houmou'seksjuəl] *a*, *s* homosexual *m*, *f*

Hondura|n [hon'djuərən] *a*, *s* hondureño(a) *m* (*f*); ~**s** Honduras *f*

honest ['onist] honrado; recto; probo; honesto; ~**ly** honradamente; ~**y** honradez *f*; rectitud *f*

honey ['hʌni] miel *f*; ~**comb** panal *m*; ~**moon** luna *f* de miel; ~**suckle** madreselva *f*

honk [honk] *aut* bocinazo *m*; *zool* graznido *m*

honorary ['onərəri] honorario

hono(u)r ['ɔnə] *s* honor *m*; honra *f*; *v/t* honrar; respetar; condecorar; *com* aceptar; **~able** honorable

hood [hud] capucha *f*; *tecn* capota *f*; **~** An capó *m*

hoodlum ['huːdləm] maleante *m*, matón *m*

hoodwink ['huːdwiŋk] *v/t* engañar

hoof [huːf] casco *m*; pezuña *f*

hook [huk] *s* gancho *m*; anzuelo *m* (*de pescar*); **by ~** or **by crook** por fas o por nefas; *v/t* enganchar, encorvar; **~ed** ganchudo; **~y**: *play* **~y** hacer novillos

hoop [huːp] aro *m*

hoot [huːt] *s* ululación *f*; grito *m*; bocinazo *m* (*de coche*); *v/i* ulular; gritar; tocar la bocina

hop [hɔp] *s* brinco *m*, salto *m*; *bot* lúpulo *m*; *v/i* brincar, saltar

hope [həup] *s* esperanza *f*; confianza *f*; *v/t*, *v/i* esperar, confiar; **~ful** lleno de esperanzas; prometedor; **~less** sin esperanza, desesperado

horizon [hə'raizn] horizonte *m*; **~tal** [hɔri'zɔntl] horizontal

hormone ['hɔːməun] hormona *f*

horn [hɔːn] cuerno *m*; asta *f*; *mús* cuerno *m*; trompa *f*; *aut* bocina *f*

hornet ['hɔːnit] avispón *m*

horny ['hɔːni] córneo; calloso

horoscope ['hɔrəskəup] horóscopo *m*

horr|ible ['hɔrəbl] horrible; espantoso; **~id** ['~id] espantoso; **~ify** ['~ifai] *v/t* horrorizar; **~or** horror *m*, espanto *m*; **~or film** película *f* de terror

horse [hɔːs] caballo *m*; *mil* caballería *f*; **on ~back** a caballo; **~ chestnut** castaño *m* de Indias; **~hair** crin *f*; **~man** jinete *m*; **~play** payasadas *fpl*; **~power** caballo *m* de fuerza; **~ race** carrera *f* de caballos; **~radish** rábano *m* picante; **~shoe** herradura *f*; **~whip** látigo *m*; **~woman** amazona *f*

horticulture ['hɔːtikʌltʃə] horticultura *f*

hose [həuz] manguera *f*

hosiery ['həuziəri] calcetería *f*

hospi|table ['hɔspitəbl] hospitalario; **~tal** hospital *m*; **~tality** ['tæliti] hospitalidad *f*

host [həust] *s* anfitrión *m*; multitud *f*; *relig* hostia *f*

hostage ['hɔstidʒ] rehén *m*

hostel ['hɔstəl] posada *f*; **youth ~** albergue *m* juvenil

hostess ['həustis] anfitriona *f*; **air ~** azafata *f*

hostil|e ['hɔstail] hostil; **~ity** ['~tiliti] hostilidad *f*

hot [hɔt] muy caliente; caluroso; *fig* acalorado, ardiente; (*comida*) picante; *it is* **~** hace mucho calor; *to be* **~** tener calor; **~blooded** apasionado

hotel [həu'tel] hotel *m*

hot|**head** ['hɔthed] exaltado *m*; **~house** invernadero *m*

hound [haund] *s* perro *m* de caza; sabueso *m*; *v/t* acosar, perseguir

hour ['auə] hora *f*; **by the ~** por horas; **rush ~** hora(s) *f*/(*pl*) punta; **keep late ~s** trasnochar; **wee ~s** (*of the morning*) altas horas *f*/*pl* (*de la madrugada*); **~ly** cada hora

house [haus] *s* casa *f*; residencia *f*; *teat* sala *f*; **it's on the ~** va por cuenta de la casa; *bto* **keep ~** llevar la casa; *v/t* [hauz] alojar; almacenar; **~coat** bata *f*; **~hold** casa *f*; familia *f*; **~keeper** ama *f* de llaves; **~maid** sirvienta *f*, criada *f*; **~warming party** fiesta *f* de estreno de casa; **~wife** ama *f* de casa; **~work** quehaceres *m*/*pl* domésticos

housing ['hauziŋ] alojamiento *m*; **~ estate** urbanización *f*

hover ['hɔvə] *v/i* revolotear, cernerse; **~craft** aerodeslizador *m*; **~ing** revoloteo *m*

how [hau] *adv* cómo; (*exclamación ante adjetivo o adverbio*) qué, cuán(to, -ta, -tos, -tas); **~ about that?** ¿qué le parece?; **~ do you do?** mucho gusto; **~ far?** ¿a qué distancia?; **~ long?** ¿cuánto tiempo?; **~ many?** ¿cuántos(as)?; **~ much?** ¿cuánto?; **~ much is it?** ¿cuánto cuesta?

however [hau'evə] *conj* no obstante; sin embargo; *adv* por muy ... que sea; aunque sea

howl [haul] *s* aullido *m*, alarido *m*; *v/i* aullar, dar alaridos (*animales*); bramar (*viento*); berrear (*niños*)

hub [hʌb] cubo *m* (*de rueda*); eje *m*, centro *m*

hubbub ['hʌbʌb] alboroto *m*, tumulto *m*

hubcap ['hʌbkæp] tapacubos *m*

huddle ['hʌdl] *v/t* amontonar; *v/i* **~ (up)** acurrucarse

hue [hju:] color *m*; matiz *m*; **~ and cry** alarma *f*

huff [hʌf]: **get into a ~** ofenderse

hug [hʌg] *s* abrazo *m* fuerte; *v/t* abrazar

huge [hju:dʒ] enorme, vasto, inmenso

hull [hʌl] *s* vaina *f*; casco *m* (*de un buque*); *v/t* mondar, descascarar

hullaballoo [hʌləbə'lu:] alboroto *m*, jaleo *m*

hullo ['hʌ'ləu] ¡hola!

hum [hʌm] *s* zumbido *m*; *v/t* tararear; *v/i* canturrear

human ['hju:mən] humano; **~e** [~'mein] humano, humanitario; **~itarian** [~mæni-'tɛəriən] humanitario; **~ity** [~'mæniti] humanidad *f*

humble ['hʌmbl] *a* humilde; *v/t* humillar

humbug ['hʌmbʌg] *s* farsa *f*; patraña *f*; (*persona*) farsante *m*, embustero *m*

humdrum ['hʌmdrʌm] monótono; rutinario

humidity [hju(:)'miditi] humedad *f*

humili|ate [hju(:)'milieit] *v/t* humillar; **~ation** humillación *f*; **~ty** [~'militi] humildad *f*

hummingbird ['hʌmiŋ'bə:d] colibrí *m*

humo(u)r ['hju:mə] *s* humor *m*; genio *m*; humorismo *m*; **in a good (bad)** ~ de buen (mal) humor; *v/t* complacer; **~ist** humorista *m*; **~ous** gracioso, chistoso

hump [hʌmp] joroba *f*

hunch [hʌntʃ] presentimiento *m*; **~back** jorobado *m*

hundred ['hʌndrəd] *a* ciento, cien; *s* ciento *m*

Hungar|ian [hʌŋ'gɛəriən] *a*, *s* húngaro(a) *m* (*f*); **~y** Hungría *f*

hunger ['hʌŋgə] *s* hambre *m*; *v/i* tener hambre; ansiar; **~ry** ['hʌŋgri] hambriento; **to be ~ry** tener hambre

hunt [hʌnt] *s* caza *f*; cacería *f*; *v/t* cazar; **~ for** buscar; **~er** cazador *m*; **~ing** caza *f*, cacería *f*, montería *f*

hurdle ['hə:dl] *sp* valla *f*

hurl [hə:l] *v/t* tirar, lanzar

hurrah! [hu'ra:] ¡ viva!

hurricane ['hʌrikən] huracán *m*

hurried ['hʌrid] apresurado; precipitado

hurry ['hʌri] *s* prisa *f*; **to be in a** ~ tener prisa; *v/i* apresurarse; *v/t* acelerar

hurt [hə:t] *s* daño *m*; herida *f*; *v/t* lastimar; dañar; hacer mal a; **get** ~ lastimarse; *v/i* doler

husband ['hʌzbənd] *s* marido *m*, esposo *m*; *v/t* economizar; **~ry** labranza *f*, agricultura *f*

hush [hʌʃ] *s* silencio *m*; *v/t* apaciguar; aquietar; *interj* **~!** ¡chito!; ¡silencio!; ~ **up** callar; encubrir

husk [hʌsk] *s* cáscara *f*; vaina *f*; pellejo *m*; *v/t* descascarar; desvainar

husky ['hʌski] *s* ronco; robusto, fornido

hustle ['hʌsl] *s* ajetreo *m*; *v/t* empujar; apresurar; *v/i fam* menearse

hut [hʌt] cabaña *f*, choza *f*

hutch [hʌtʃ] conejera *f*

hyacinth ['haiəsinθ] jacinto *m*

hybrid ['haibrid] *a*, *s* híbrido *m*

hydrant ['haidrənt] boca *f* de riego

hydraulic [hai'drɔ:lik] hidráulico

hydro|carbon ['haidrəu'ka:bən] hidrocarburo *m*; **~chloric** [~'klɔrik] clorhídrico; ~**gen** ['~dʒən] hidrógeno *m*; ~**gen bomb** bomba *f* de hidrógeno; ~**plane** hidroavión *m*

hyena [hai'i:nə] hiena *f*

hygiene ['haidʒi:n] higiene *f*

hymn [him] himno *m*

hyphen ['haifən] guión *m*

hypnotize ['hipnətaiz] *v/t* hipnotizar

hypocri|sy [hi'pɔkrisi] hipocresía *f*; ~**te** ['hipəkrit] hipócrita *m, f*; ~**tical** [hipəu-'kritikəl] hipócrita

hypothesis [hai'pɔθisis] hipótesis *f*

hysteri|a [his'tiəriə] histeria *f*, histerismo *m*; ~**cal** ['~'terikəl] histérico; ~**cs** paroxismo *m* histérico

---

I

I [ai] yo

Iberian [ai'biəriən] *a* ibérico; *s* ibero(a) *m* (*f*)

ice [ais] *s* hielo *m*; *v/t* helar; alcorzar; *v/i* ~ **over**, ~ **up** helarse; ~**berg** ['~bə:g] iceberg *m*; ~**box** nevera *f*; *LA* refrigerador *m*; ~**cream** helado *m*; ~**cube** cubito *m* de hielo; ~ **hockey** hockey *m* sobre hielo

Iceland ['aislənd] Islandia *f*

ice|rink ['aisriŋk] pista *f* de hielo; ~ **skating** patinaje *m* sobre hielo

ic|icle ['aisikl] carámbano *m*; ~**ing** alcorza *f*; ~**y** helado

idea [ai'diə] idea *f*; concepto *m*; ~**l** *a*, *s* ideal *m*; ~**list** idealista *m, f*

identi|cal [ai'dentikəl] idéntico; ~**fication** [aidentifi'kei-ʃən] identificación *f*; ~**fy** ['~'dentifai] *v/t* identificar; ~**ty** [~'dentiti] identidad *f*

ideology [aidi'ɔlədʒi] ideología *f*

idiom ['idiəm] lenguaje *m*; modismo *m*

idiot ['idiət] idiota *m, f*, necio *m*; ~**ic** [~'ɔtik] idiota, tonto

idle ['aidl] *a* ocioso; perezoso; inútil; frivolo; ~ **hours** horas *f/pl* desocupadas; *v/t* ~ **away the time** malgastar el tiempo; *v/i* holgazanear; *tecn* marchar en vacío; ~**ness** ociosidad *f*

idol ['aidl] ídolo *m*; ~**atry** [ai'dɔlətri] idolatría *f*; ~**ize** ['~aulaiz] *v/t* idolatrar

idyll ['idil] idilio *m*

if [if] *conj* si; aunque; *as* ~ como si; ~ **so** de ser así

igloo ['iglu] iglú *m*

ign|ite [ig'nait] *v/t* encender; *v/i* inflamarse; ~**ition** [ig'ni-ʃən] ignición *f*; *aut* encendido *m*

ignoble [ig'nəubl] innoble

ignoran|ce ['ignərəns] ignorancia *f*; ~**nt** ignorante; ~**nt of** ignorar, desconocer

ignore [ig'nɔ:] v/t pasar por alto; desatender

ill [il] a enfermo; malo; *fall ~* ponerse enfermo; *feel ~* sentirse mal; adv mal; difícilmente; **~advised** malaconsejado; **~at-ease** incómodo; **~bred** malcriado

il|legal [i'li:gəl] ilegal; **~legible** [i'ledʒəbl] ilegible; **~legitimate** ilegítimo; **~l-fated** malogrado; **~licit** [i'lisit] ilícito; **~literate** [i'litərit] a, s analfabeto m

ill-|mannered ['il'mænəd] maleducado; **~ness** enfermedad f; **~ogical** ilógico; **~tempered** de mal genio; **~timed** inoportuno

illuminate [i'lju:mineit] v/t iluminar; **~ion** iluminación f; alumbrado m

illus|ion [i'lu:ʒən] ilusión f; **~ory** [~səri] ilusorio

illustrate ['iləstreit] v/t ilustrar; explicar; **~ion** ilustración f; grabado m; lámina f; **~ive** ilustrativo

illustrious [i'lʌstriəs] ilustre

imag|e ['imidʒ] imagen f; **~inary** [i'mædʒinəri] imaginario; **~ination** imaginación f; fantasía f; **~ine** [~in] v/t imaginar; imaginarse

imbecile ['imbisi:l] a, s imbécil m, f

imitat|e ['imiteit] v/t imitar; **~ion** imitación f

immature [imə'tjuə] inmaduro

immediate [i'mi:djət] inmediato; **~ly** inmediatamente, en seguida

im|mense [i'mens] inmenso, vasto; **~merse** [i'mɔ:s] v/t sumergir, hundir

immigra|nt ['imigrənt] inmigrante m, f; **~te** ['~eit] v/i inmigrar

im|mobile ['iməubail] inmóvil; **~modest** [i'mɔdist] impúdico; **~moral** inmoral; **~mortal** inmortal; **~mortality** [imɔ:'tæliti] inmortalidad f; **~movable** inmóvil; **~mune** [i'mju:n] inmune

imp [imp] diablillo m

impact ['impækt] impacto m

impair [im'pεə] v/t perjudicar; deteriorar; debilitar

impart [im'pa:t] v/t comunicar, impartir; **~ial** [~'pa:ʃəl] imparcial

im|passable [im'pasəbl] intransitable; **~passive** impasible; **~patience** impaciencia f; **~patient** impaciente; **~peccable** impecable

imped|e [im'pi:d] v/t estorbar, dificultar; **~iment** impedimento m

impending [im'pendiŋ] inminente

imperative [im'perətiv] a imperioso; s gram imperativo m

imperfect [im'pə:fikt] a imperfecto, defectuoso; s gram imperfecto m

imperial [im'piəriəl] imperial; **~ism** imperialismo *m*

imperil [im'peril] *v/t* arriesgar; poner en peligro

im|personate [im'pə:səneit] *v/t* teat hacer el papel de; **~pertinent** [~'pə:tinənt] impertinente; **~pervious** [~'pə:vjəs] **to** insensible a

impetuous [im'petjuəs] impetuoso

impetus ['impitəs] ímpetu *m*

impinge [im'pindʒ]: *v/t* **~ on** abusar de

implausible [im'plɔ:zəbl] inverosímil

implement ['implimənt] instrumento *m*; herramienta *f*; utensilio *m*

implicat|e ['implikeit] *v/t* implicar; **~ion** implicación *f*; inferencia *f*

implicit [im'plisit] implícito

implore [im'plɔ:] *v/t* suplicar, implorar

imply [im'plai] *v/t* implicar; significar

impolite [impə'lait] descortés

import [im'pɔ:t] *v/t* com importar; *v/i* importar; ['impɔ:t] *s* com importación *f*; significado *m*

importan|ce [im'pɔ:təns] importancia *f*; **~t** importante

importer [im'pɔ:tə] importador *m*

impos|e [im'pəuz] *v/t* imponer; **~e upon** molestar; **~ing** imponente; **~ition** molestia *f*; carga *f*

impossib|ility [impɔsə'biliti] imposibilidad *f*; **~le** [~'pɔsibl] imposible

impostor [im'pɔstə] impostor *m*

impotence ['impətens] impotencia *f*

impoverish [im'pɔvəriʃ] *v/t* empobrecer; **~ed** necesitado

impractical [im'præktikəl] poco práctico

impregnate ['impregneit] *v/t* impregnar

impress [im'pres] *v/t* impresionar; imprimir; estampar; **~ion** impresión *f*; marca *f*; **~ive** impresionante

imprint ['imprint] *s* impresión *f*; huella *f*; [im'print] *v/t* imprimir; grabar

imprison [im'prizn] *v/t* encarcelar; **~ment** encarcelamiento *m*

improbable [im'prɔbəbl] improbable

impromptu [im'prɔmtju:] improvisado

improper [im'prɔpə] impropio; incorrecto

improve [im'pru:v] *v/t* mejorar; *v/i* progresar; mejorarse; **~ment** mejora *f*; progreso *m*

im|provise ['imprəvaiz] *v/t*, *v/i* improvisar; **~prudent** [im'pru:dənt] imprudente

impuden|ce ['impjudəns] descaro *m*; **~t** descarado

impuls|e ['impʌls] impulso

m; impulsión *f*; **~ive**
[im'pʌlsiv] impulsivo
impur|e [im'pjuə] impuro;
adulterado; **~ity** impureza *f*
in [in] *prep* dentro de; en; *adv*
dentro; de moda; **~** the
distance a lo lejos; **~** the
house en la casa; **~** the
morning por la mañana; **~**
this way de este modo; to go
~ for dedicarse a; *s* the **~s**
and outs recovecos *m/pl*
in|accessible [inæk'sesəbl]
inaccesible, inaccesible;
~accurate inexacto; **~ade-**
quate insuficiente; **~advert-**
ent [~əd'vəːtənt] inadvertido; accidental; **~advisable**
no aconsejable; **~ane** [in'ein]
necio, fatuo; **~animate**
[~'ænimit] inanimado; **~ap-**
propriate inoportuno; **~ar-**
ticulate incapaz de expre-
sarse
inasmuch [inəz'mʌtʃ]: **~** as
puesto que, ya que
inattentive [inə'tentiv]
distraído; desatento
inaugurat|e [i'nɔːgjureit] *v/t*
inaugurar; **~ion** inaugura-
ción *f*
in|born [in'bɔːn] innato;
~capable [in'keipəbl] incapaz
Inc. = **incorporated** *Am* sociedad *f* anónima
incapacitate [inkə'pæsiteit]
v/t incapacitar
incendiary [in'sendjəri] *a, s*
incendiario *m*

incense ['insens] *s* incienso
m; [in'sens] *v/t* encolerizar
incentive [in'sentiv] estímulo
m
incessant [in'sesnt] incesante
incest ['insest] incesto *m*
inch [intʃ] pulgada *f* (2,54
cm); *within an* **~** of a dos
dedos de; **~** by palmo a
palmo
incident ['insidənt] incidente
m; **~al** [~'dentl] no esencial,
accesorio; **~ally** a propósito, de paso
incis|ion [in'siʒn] incisión *f*;
corte *m*; **~ive** penetrante; ta-
jante; **~or** incisivo *m* (*diente*)
incite [in'sait] *v/t* incitar, provocar
inclin|ation [inkli'neiʃən] in-
clinación *f*; declive *m*; tendencia *f*; **~e** [in'klain] *v/t* inclinar; *v/i* inclinarse; tender
a
inclu|de [in'kluːd] *v/t* incluir;
comprender; **~sive** inclusivo
incoherent [inkəu'hiərənt]
incoherente
incom|e ['inkʌm] ingresos
m/pl; entrada *f*; **~ tax** impuesto *m* sobre la renta; **~ing**
entrante
incompa|rable [in'kɔmpə-
rəbl] incomparable; sin
igual; **~tible** incompatible
in|competent [in'kɔmpitənt]
incompetente; **~complete**
incompleto; **~comprehen-**
sible [~'kɔmpri'hensəbl] incomprensible; **~conceiva-**

ble inconcebible; **~conclusive** inconcluyente; **~congruous** [in'kɔŋgruəs] absurdo; disonante; **~considerate** desconsiderado
inconsistent [inkən'sistənt] inconsistente; contradictorio
inconspicuous [inkən'spikjuəs] poco llamativo; modesto
inconstant [in'kɔnstənt] inconstante, variable
inconvenien|ce [inkən'vi:njəns] s inconvenientes m/pl; v/t incomodar; **~t** incómodo, inoportuno
incorporate [in'kɔ:pəreit] v/t incorporar; agregar; **~ed** com sociedad f anónima; **~ion** incorporación f
in|correct [inkə'rekt] incorrecto; **~corrigible** [in'kɔridʒəbl] incorregible
increase [in'kri:s] s aumento m; v/t aumentar; incrementar; v/i crecer; multiplicarse; **~ingly** cada vez más
incredible [in'kredəbl] increíble; **it seems ~** parece mentira
incredulous [in'kredjuləs] incrédulo
incriminate [in'krimineit] v/t incriminar
incumbent [in'kʌmbənt] s ocupante m/f; a **to be ~ upon** incumbir a uno
incur [in'kə:] v/t incurrir en; contraer (deuda)

indebted [in'detid] adeudado; **to be ~ to** estar en deuda con; **~ness** deuda f; obligación f
indecent [in'di:sənt] indecente
indecisive [indi'saisiv] indeciso; incierto
indeed [in'di:d] en efecto; **~?** ¿de veras?; **yes, ~!** ¡sí, por cierto!
indefatigable [indi'fætigəbl] incansable
in|definite [in'definit] indefinido; incierto; **~delible** [~'delibl] indeleble; imborrable
indelicate [in'delikit] indelicado; indecoroso
indemnif|y [in'demnifai] v/t indemnizar; **~ty** indemnización f
indent [in'dent] v/t (en)dentar; impr sangrar; **~ation** mella f; impr sangría f
independent [indi'pendənt] independiente
in-depth [in'depθ] detallado; completo; trabajado
indescribable [indis'kraibəbl] indescriptible
indeterminate [indi'tə:minit] indeterminado
index ['indeks] índice m; **~ card** ficha f; **~ finger** dedo m
India ['indjə] India f; **~n** a, s indio(a) m (f); **~n corn** maíz m; **~n summer** veranillo m de San Martín

indicat|e [ˈindikeit] *v/t* indicar; **~ion** indicio *m*; señal *f*; **~ive** indicativo; **~or** indicador *m*

indict [inˈdait] *v/t* acusar; procesar; **~ment** acusación *f*; *for* sumaria *f*

indifferen|ce [inˈdifrəns] indiferencia *f*; **~t** indiferente; imparcial

indigenous [inˈdidʒinəs] indígena

indigent [ˈindidʒənt] indigente, pobre

indigesti|ble [indiˈdʒestəbl] indigestible; **~on** indigestión *f*; empacho *m*

indign|ant [inˈdignənt] indignado; **~ation** indignación *f*; **~ity** indignidad *f*; ultraje *m*

indirect [indiˈrekt] indirecto

indiscre|et [indisˈkriːt] indiscreto; **~tion** indiscreción *f*

indiscriminate [indisˈkriminit] promiscuo; sin criterio; indistinto

indispensable [indisˈpensəbl] imprescindible

indisposed [indisˈpouzd] indispuesto

indisputable [indisˈpjuːtəbl] incontestable

indistinct [indisˈtiŋkt] indistinto, confuso

individual [indiˈvidjuəl] *a* individual; *s* individuo(a) *m* (*f*); **~ist** individualista *m/f*

indolent [ˈindələnt] indolente, haragán

indomitable [inˈdɔmitəbl] in-domable; invincible

indoor [ˈindɔː] interior; de casa; *sp* en sala; **~s** en casa; (a)dentro; bajo techado

induce [inˈdjuːs] *v/t* inducir; **~ment** aliciente *m*

induct [inˈdʌkt] *v/t* instalar; admitir; **~ion** *elec* inducción *f*

indulge [inˈdʌldʒ] *v/t* consentir a; *v/i* **~** in darse a, permitirse; **~nce** indulgencia *f*; **~nt** indulgente

industr|ial [inˈdʌstriəl] industrial; **~ialist** industrial *m*; **~ialize** *v/t* industrializar; **~ious** aplicado; **~y** [ˈindʌstri] industria *f*

inedible [inˈedibl] incomestible

ineffective [iniˈfektiv] ineficaz

inefficient [iniˈfiʃənt] ineficaz

inept [iˈnept] inepto

inequality [iniˈkwɔliti] desigualdad *f*; disparidad *f*

inert [iˈnəːt] inerte

in|evitable [inˈevitəbl] inevitable; **~excusable** imperdonable; **~exhaustible** inagotable; **~expensive** económico; **~experienced** inexperto; **~explicable** [~eksˈplikəbl] inexplicable

inexpressible [iniksˈpresəbl] indecible

infallible [inˈfæləbl] infalible

infam|ous [ˈinfəməs] infame; **~y** infamia *f*

infan|cy [ˈinfənsi] infancia *f*;

~t criatura f; **~tile** ['~tail] infantil, pueril

infantry ['infəntri] infantería f
infatuat|e [in'fætjueit] v/t
amartelar; atontar; **~ed with**
encaprichado por; enamora-
do de

infect [in'fekt] v/t infectar;
contagiar; **~ion** infección f;
~ious infeccioso; contagioso

infer [in'fə:] inferir, deducir;
~ence ['infərəns] deducción
f

inferior [in'fiəriə] a, s inferior
m; **~ity** [~'ɔriti] inferioridad f

infernal [in'fə:nl] infernal

infertile [in'fə:tail] estéril

infest [in'fest] v/t infestar;
~ed with plagado de

infidelity [infi'deliti] infidelidad f

infiltrate ['infiltreit] v/t, v/i
infiltrar(se), penetrar

infinit|e ['infinit] infinito;
~ive [~'finitiv] gram infiniti-
vo m; **~y** infinidad f

infirm [in'fə:m] enfermizo;
~ity debilidad f; enfermedad
f

inflame [in'fleim] inflamar (t
fig)

inflamma|ble [in'flæməbl] in-
flamable; **~tion** [~ə'meiʃən]
inflamación f; **~tory**
[~'flæmətəri] med inflamato-
rio; fig incitante

inflat|e [in'fleit] v/t inflar;
~ion inflación f

inflect [in'flekt] v/t torcer;
doblar; **~ion** inflexión f

inflexible [in'fleksəbl] inflexible

inflict [in'flikt] v/t infligir; imponer

influen|ce ['influəns] s in-
fluencia f; influjo m; v/t influir sobre, en; **~tial** [~'enʃəl]
influente

influenza [influ'enzə] gripe
f

inform [in'fə:m] v/t informar;
avisar; **to be ~ed about** estar
al corriente de; **~ against**
denunciar; **~al** informal; familiar; **~ation** información
f; informes m/pl; conoci-
mientos m/pl; **~er** denun-
ciante m

infraction [in'frækʃn] infracción f

infrequent [in'fri:kwənt]
poco frecuente

infringe [in'frindʒ]: v/i **~ on**
abusar de

infuriate [in'fjuərieit] v/t enfurecer

infuse [in'fju:z] v/t infundir;
inculcar

ingenious [in'dʒi:njəs] ingenioso; inventivo

ingenu|ity [indʒi'nju(:)iti] in-
geniosidad f; **~ous** ingenuo

ingot ['iŋgət] lingote m; barra
f

ingrained ['in'greind] arrai-
gado; innato

ingratiate [in'greifieit]: v/r
~ate oneself congraciarse;
~tude [~'grætitju:d] ingrati-
tud f

ingredient [in'gri:djənt] ingrediente *m*

inhabit [in'hæbit] *v/t* habitar; **~ant** habitante *m*

inhale [in'heil] *v/t* inhalar

inherit [in'herit] *v/t* heredar; **~ance** herencia *f*

inhibit [in'hibit] *v/t* inhibir; **~ion** inhibición *f*

in|hospitable [in'hospitəbl] inhospitalario; **~human** inhumano; **~imitable** inimitable

initia|l [in'niʃəl] *a, s* inicial *f*; **~te** [~ʃieit] *v/t* iniciar; **~tive** [~ʃiətiv] iniciativa *f*

inject [in'dʒekt] *v/t* inyectar; **~ion** inyección *f*

injunction [in'dʒʌŋkʃn] *for* entredicho *m*

injur|e [in'dʒə] *v/t* lastimar; herir; dañar; lesionar; **~ious** [in'dʒuəriəs] dañoso; **~y** herida *f*; lesión *f*; daño *m*

injustice [in'dʒʌstis] injusticia *f*

ink [iŋk] tinta *f*

inkling ['iŋkliŋ] atisbo *m*; noción *f* vaga

ink|pot ['iŋkpɔt], **~well** ['~wel] tintero *m*

inland ['inlənd] *a* interior; *adv* tierra adentro

in-laws ['inlɔːz] parientes *m/pl* políticos

inlay ['in'lei] *v/t* embutir; taracear

inlet ['inlet] cala *f*

inmate ['inmeit] inquilino *m*; paciente *m*; preso *m*

inmost ['inməust] más íntimo; más profundo

inn [in] posada *f*; fonda *f*

inner ['inə] interior; interno; **~ tube** *aut* cámara *f*

innocen|ce ['inəsns] inocencia *f*; **~t** inocente

innovation ['inəuveiʃən] novedad *f*

innuendo [inju'endəu] insinuación *f*

inoffensive [inə'fensiv] inofensivo

inordinate [i'nɔːdinit] desmesurado

in-patient ['inpeiʃənt] paciente *m (f)* interno(a)

inquest ['inkwest] pesquisa *f* judicial

inquir|e [in'kwaiə] *v/t, v/i* pedir informes; **~e about** preguntar por; **~e into** indagar; **~y** consulta *f*; investigación *f*

inquisit|ion [inkwi'ziʃən] inquisición *f*; **~ive** [~'kwizitiv] inquisitivo; preguntón

insan|e [in'sein] loco, demente; **~ity** [~'sæniti] locura *f*; demencia *f*

inscri|be [in'skraib] *v/t* inscribir; **~ption** [~ipʃən] inscripción *f*; dedicatoria *f*

insect ['insekt] insecto *m*

insecure [insi'kjuə] inseguro

insensitive [in'sensətiv] insensible

insert [in'sə:t] *v/t* insertar; intercalar; introducir

inside [in'said] *a* interior; interno; *s* interior *m*; parte *f* de dentro; **on the ~** por dentro; **~ out** al revés; **~ and out** por dentro y por fuera; **~s** entrañas *f/pl*

insight ['insait] perspicacia *f*

in|significant [insig'nifikənt] insignificante; **~sincere** [insin'siə] poco sincero, falso; **~sinuate** [~'sinjueit] *v/t* insinuar; **~sipid** [~'sipid] insípido

insist [in'sist] *v/i* insistir; persistir; **~ence** insistencia *f*; empeño *m*

insolent ['insələnt] descarado, insolente

in|soluble [in'sɔljubl] insoluble; **~solvent** insolvente

insomnia [in'sɔmniə] insomnio *m*

inspect [in'spekt] *v/t* inspeccionar; **~ion** inspección *f*; **~or** inspector *m*

inspir|ation [inspə'reiʃən] inspiración *f*; **~e** [in'spaiə] *v/t* inspirar

install [in'stɔ:l] *v/t* instalar; **~ation** [~o'leiʃən] instalación *f*

instal(l)ment [in'stɔ:lmənt] entrega *f*; *com* plazo *m*; **~ plan** pago *m* a plazos

instan|ce ['instəns] ejemplo *m*; caso *m*; **for ~ce** por ejemplo; **~t** *a* inmediato; instantáneo; *s* instante *m*; momento *m*; **~t coffee** café *m* en polvo; **~tly** en seguida

instead [in'sted] *adv* en cambio; **~ of** *prep* en vez de; en

lugar de

instep ['instep] empeine *m*

instigate ['instigeit] *v/t* instigar

instil(l) [in'stil]: *v/t* **~ into** inculcar en

instinct ['instiŋkt] instinto *m*; **~ive** [in'stiŋktiv] instintivo

institut|e ['institju:t] *s* instituto *m*; *v/t* instituir; establecer; **~ion** institución *f*; establecimiento *m*

instruct [in'strʌkt] *v/t* instruir; mandar; **~ion** instrucción *f*; **~ions for use** modo *m* de empleo; **~ive** instructivo; aleccionador; **~or** instructor *m*

instrument ['instrumənt] instrumento *m*

in|subordinate [insə'bɔ:dnit] insubordinado; **~sufferable** [~'sʌfərəbl] insufrible; **~sufficient** insuficiente

insular ['insjulə] insular; *fig* de miras estrechas

insulat|e ['insjuleit] *v/t tecn* aislar; **~ion** aislamiento *m*

insulin ['insjulin] insulina *f*

insult ['insʌlt] *s* insulto *m*; [in'sʌlt] *v/t* insultar; injuriar

insur|ance [in'ʃuərəns] seguro *m*; **~ance policy** póliza *f* de seguro; **~e** *v/t* asegurar

insurrection [insə'rekʃən] insurrección *f*

intact [in'tækt] intacto

intake ['inteik] *tecn* toma *f*; cantidad *f* admitida

intangible [in'tænʒəbl] intangible

integrate ['intigreit] *v/t, v/i* intergrar(se); **~rity** [in'tegriti] entereza *f*; integridad *f*

intellect ['intilekt] intelecto *m*; **~ual** [~'lektjuəl] *a, s* intelectual *m, f*

intelligen|ce [in'telidʒəns] inteligencia *f*; información *f*; **~t** inteligente

intend [in'tend] *v/t* proponerse; querer hacer; pensar en; **~ for** destinar a

intens|e [in'tens] intenso; **~ity** intensidad *f*; **~ive** intensivo

intent [in'tent] *a* atento; empeñado; *s* propósito *m*; intento *m*; **~ion** intención *f*; **~ionally** adrede

inter [in'tə:] *v/t* enterrar

interact [intər'ækt] *v/i* influirse mutuamente

inter|cede [intə(:)'si:d] *v/t* interceder; **~cept** [~'sept] *v/t* interceptar

interchange ['intə(:)'tʃeindʒ] *s* intercambio *m*; [intə(:)'tʃeindʒ] *v/t, v/i* alternar(se); trocar(se)

intercourse ['intə(:)kɔ:s] trato *m*; comercio *m*; coito *m*

interest ['intərist] *s* interés *m*; beneficio *m*; **to earn~ in** devengar intereses; **take an~ in** interesarse por; *v/t* interesar; **~ing** interesante

interfer|e [intə'fiə] *v/i* entrometerse; **~e with** estorbar;

~ence intromisión *f*; *elec* interferencia *f*

interim ['intərim]: **in the~** entretanto

interior [in'tiəriə] *a* interior; interno; *s* interior *m*

interlude [intə(:)'lu:d] intervalo *m*; *teat.* intermedio *m*

intermediary [intə(:)'mi:djəri] intermediario *m*

intermission [intə'miʃn] *teat* descanso *m*

intermittent [intə'mitənt] intermitente

internal [in'tə:nl] interno

inter|national [intə(:)'næʃənl] internacional; **~play** interacción *f*

interpret [in'tə:prit] *v/t* interpretar; **~ation** interpretación *f*; **~er** intérprete *m, f*

interrogate [in'terougeit] *v/t* interrogar

interrupt [intə'rʌpt] *v/t* interrumpir; **~ion** interrupción *f*

intersect [intə'sekt] *v/t, v/i* cruzar(se); **~ion** cruce *m*

intertwine [intə'twain] *v/t, v/i* entrelazar(se)

interval ['intəvəl] intervalo *m*

interven|e [intə'vi:n] *v/i* intervenir; sobrevenir; **~tion** intervención *f*

interview ['intəvju:] *s* entrevista *f*; interviú *f*; *v/t* entrevistar(se con)

intestine [in'testin] intestino *m*

intima|cy ['intiməsi] intimi-

dad *f*; **~te** ['~it] *a* íntimo;
[~'eit] *v/t* insinuar

intimidate [in'timideit] *v/t* intimidar

into ['intu, 'intə] *en; a; hacia dentro; adentro*

intolerant [in'tɔlərənt] intolerante

intoxicate [in'tɔksikeit] *v/t* embriagar; *med* intoxicar; **~d** embriagado

intransigent [in'trænsidʒənt] intransigente

intravenous ['intrə'vi:nəs] intravenoso

intrepid [in'trepid] intrépido

intricate ['intrikit] intrincado

intrigu|e [in'tri:g] *s* intriga *f*; trama *f*; *v/i* intrigar; *v/t* fascinar; **~ing** intrigante

introduc|e [intrə'dju:s] *v/t* introducir; presentar; **~tion** [~'dʌkʃən] introducción *f*; **~tory** [~'dʌktəri] preliminar

intru|de [in'tru:d] *v/i* entremeterse; **~sion** [~ʒən] intrusión *f*

intuition [intju(:)'iʃən] intuición *f*

invade [in'veid] *v/t* invadir; **~r** invasor *m*

invalid [in'invali:d] *s* inválido *m*; [in'vælid] *a* inválido, nulo; **~ate** [~eit] *v/t* invalidar

invaluable [in'væljuəbl] inestimable

invariable [in'veəriəbl] invariable

invasion [in'veiʒən] invasión *f*

invent [in'vent] *v/t* inventar; idear; **~ion** invento *m*; invención *f*; **~ory** ['invəntri] inventario *m*

inverse ['in'vəːs] inverso; **~sion** inversión *f*; **~t** *v/t* invertir; **~ted commas** comillas *f/pl*

invest [in'vest] *com* invertir

investigat|e [in'vestigeit] *v/t* investigar; examinar; **~ion** investigación *f*; **~or** investigador *m*

invest|ment [in'vestmənt] *com* inversión *f*; **~or** *com* inversionista *m, f*

invigorat|e [in'vigəreit] *v/t* vigorizar; *fig* estimular; **~ing** vigorizador

invincible [in'vinsəbl] invencible

inviolable [in'vaiələbl] inviolable

invisible [in'vizibl] invisible

invit|ation [invi'teiʃən] invitación *f*; convite *m*; **~e** [in'vait] *v/t* invitar; convidar; instar; **~ing** atractivo; tentador

invoice ['invɔis] *com* factura *f*

in|voke [in'vəuk] *v/t* invocar; apelar a; **~voluntary** involuntario; **~volve** [~'vɔlv] *v/t* envolver; implicar; **~volved** complicado; *get* **~volved in** embrollarse en

inward ['inwəd] interno; interior; **~ly** para sí

iodine ['aiəudiːn] yodo *m*

I.O.U. ['aiəu'juː] *com* pagaré *m*

irascible [i'ræsibl] irascible

irate [ai'reit] airado; enojado

Ireland ['aiələnd] Irlanda *f*

iris ['aiəris] *anat* iris *m*; *bot* lirio *m*

Irish ['airiʃ] *a, s* irlandés *m*; *the* ~ los irlandeses; ~**man**, ~**woman** irlandés *m*, irlandesa *f*

iron ['aiən] *s* hierro *m*; plancha *f*; *a* férreo; de hierro; *v/t* planchar; ~**clad** acorazado; ~ **curtain** telón *m* de acero

iron|ic(al) [ai'rɒnik(əl)] irónico; ~**ing board** tabla *f* de planchar; ~**monger** [aiən-mʌŋgə] ferretero *m*; ~**y** ['airəni] ironía *f*

ir|rational [i'ræʃənl] irracional; ~**reconcilable** irreconciliable

irregular [i'regjulə] irregular; desigual

ir|relevant [i'relivənt] ajeno al caso; inaplicable; ~**replaceable** [iri'pleisəbl] irreemplazable

irreproachable [iri'prəutʃ-əbl] intachable

irresistible [iri'sistəbl] irresistible

irresolute [i'rezəlu:t] indeciso

irrespective [iris'pektiv]: ~ *of* sin consideración a

irresponsible [iris'pɒnsəbl] irresponsable; poco serio

irrevocable [i'revəkəbl] irrevocable; inalterable

irrigat|e ['irigeit] *v/t* regar; *med* irrigar; ~**ion** riego *m*; *med* irrigación *f*

irritate ['iriteit] *v/t* irritar

Islam ['izla:m] islam *m*

island ['ailənd] *s* isla *f*; *a* isleño

isolat|e ['aisəleit] *v/t* aislar, separar; ~**ion** aislamiento *m*

Israel ['izreil] Israel *m*; ~**i** *a, s* israelí *m, f*

issue ['iʃju:] *s* cuestión *f*; resultado *m*; sucesión *f*, prole *f*; emisión *f* (*de bonos, moneda, etc*); edición *f*; número *m* (*de revista, etc*); *at* ~ en discusión; *evade the* ~ esquivar la pregunta; *v/t* emitir; extender (*cheque, etc*); impartir (*orden, etc*); publicar (*libro, etc*); *v/i* salir; surtir; provenir

isthmus ['isməs] istmo *m*

it [it] *pron* él; ella; ello; *acc* la, lo; *dat* le; *impers* (*no se traduce cuando es sujeto gramatical*); ~ *is hot* hace calor; ~ *is late* es tarde; ~ *is impossible* es imposible; *who is* ~? ¿quién es?

Italian [i'tæljən] *a, s* italiano(a) *m(f)*

italics [i'tæliks] *impr* letra *f* bastardilla

Italy ['itəli] Italia *f*

itch [itʃ] *s* picazón *m*; *v/i* picar

item ['aitəm] artículo *m*; detalle *m*; asunto *m* a tratar

itinerary [ai'tinərəri] itinerario *m*

its [its] *pron pos* su, sus (de él,

de ello, de ella); **~elf** [it'self] *pron* él mismo, ella misma; ello mismo; **by ~elf** sólo; separado

ivory ['aivəri] marfil *m*

ivy ['aivi] hiedra *f*

J

jab [dʒæb] *s* pinchazo *m*; codazo *m*; *v/t* dar un codazo a; golpear

jack [dʒæk] *aut* gato *m*; sota *f* (de cartas)

jackal ['dʒækɔːl] chacal *m*

jackdaw ['dʒækdɔː] grajo *m*

jacket ['dʒækit] americana *f*; chaqueta *f*

jackknife ['dʒæknaif] navaja *f*

jade [dʒeid] jade *m*; **~d** hastiado

jagged ['dʒægid] dentado

jail [dʒeil] cárcel *f*, prisión *f*; **~er** carcelero *m*

jam [dʒæm] *s* confitura *f*; *fam* enredo *m*, lío *m*; *v/t* apretar; apiñar; obstruir; (radio) perturbar; *v/i* atascarse

janitor ['dʒænitə] portero *m*, conserje *m*

January ['dʒænjuəri] enero *m*

Japan [dʒə'pæn] Japón *m*; **~ese** [dʒæpə'niːz] *a*, *s* japonés(esa) *m* (*f*)

jar [dʒɑː] *s* tarro *m*; jarra *f*; cántaro *m*; sacudida *f*; choque *m*; *v/t* sacudir

jargon ['dʒɑːgən] jerga *f*

jaundice ['dʒɔːndis] ictericia *f*

jaunt [dʒɔːnt] excursión *f*; **~y** alegre

javelin ['dʒævlin] jabalina *f*

parado

ivory ['aivəri] marfil *m*

ivy ['aivi] hiedra *f*

jaw [dʒɔː] *s* mandíbula *f*; quijada *f*

jealous ['dʒeləs] celoso, envidioso; **~y** celos *m/pl*; envidia *f*

jeans [dʒiːnz] pantalones *m/pl* vaqueros

jeer [dʒiə] *v/i* burlarse, mofar; *s* burla *f*, mofa *f*

jelly ['dʒeli] jalea *f*; gelatina *f*; **~fish** medusa *f*

jeopardize ['dʒepədaiz] *v/t* arriesgar; comprometer

jerk [dʒəːk] *s* sacudida *f*; tirón *m*; *v/t* sacudir; tirar; *v/i* mover a empujones

jersey ['dʒəːzi] jersey *m*

jest [dʒest] *s* broma *f*, burla *f*; *v/i* bromear, burlar; **~er** bufón *m*

jet [dʒet] azabache *m*; chorro *m*; surtidor *m*; mechero *m* (de gas); avión *m* a reacción; **~ fighter** caza *m* a (de) reacción; **~ lag** síndrome *m* de los vuelos intercontinentales; **~propelled** a reacción; a chorro

jetty ['dʒeti] muelle *m*

Jew [dʒuː] judío(a) *m* (*f*)

jewel ['dʒuːəl] joya *f*; alhaja *f*; rubí *m* (de reloj); **~(l)er** joyero *m*; **~(l)er's** joyería *f*; **~(l)ery** joyas *f/pl*

Jewish judío

jiffy ['dʒifi]: *in a* ~ en un santiamén

jigsaw ['dʒigsɔ:]: ~ *puzzle* rompecabezas *m*

jingle ['dʒiŋgl] *s* tintineo *m*, retintín *m*; *v/i* retiñir

job [dʒɔb] tarea *f*, empleo *m*, puesto *m*; asunto *m*

jocular ['dʒɔkjulə] jocoso

jog [dʒɔg] *v/t* empujar; *v/i* hacer footing; *s* empujón *m*, trote *m* corto; ~*ging suit* chandal *m*, LA sudadera *f*

join [dʒɔin] *v/t* juntar, unir, acoplar; anexar; *com* asociarse *a*; *v/i* unirse; juntarse; confluir; ~ *in* participar en; ~*er* ebanista *m*; ~*t s* junta *f*, juntura *f*; *anat* articulación *f*; asado *m* (*de carne*); *a* unido, junto; colectivo; común; **by** ~*t agreement* por común acuerdo; ~*tly* en común

joke [dʒɔuk] *s* chiste *m*, broma *f*; *play a* ~ *on* gastar una broma a; *v/i* bromear, hacer chistes; ~*r* bromista *m*; comodín *m* (*de naipes*)

jolly ['dʒɔli] *a* alegre; divertido; jovial; *adv* muy

jolt [dʒɔult] *v/t* sacudir, traquetear; *s* traqueteo *m*

jostle ['dʒɔsl] *v/t*, *v/i* empujar; codear

jot [dʒɔt] *s* pizca *f*, jota *f*; *v/t* ~ *down* apuntar

journal ['dʒɔ:nl] *s* diario *m*; periódico *m* (*diario*); revista *f*; ~*ism* ['~əlizəm] periodis-

mo *m*; ~*ist* periodista *m, f*

journey ['dʒɔ:ni] *s* viaje *m*; pasaje *m*; *v/i* viajar

joy [dʒɔi] alegría *f*, júbilo *m*; ~*ful* alegre, jubiloso

jubil|ant ['dʒu:bilənt] jubiloso; ~*ation* júbilo *m*; ~*ee* aniversario *m*; *relig* jubileo

judge [dʒʌdʒ] *s* juez *m*; árbitro *m*; conocedor *m*; *v/i* juzgar, opinar; *v/t* juzgar, sentenciar; ~*ment* juicio *m*; fallo *m*; sentencia *f*; 2*ment Day* día *m* del juicio final

judic|ial [dʒu(:)'diʃəl] judicial; ~*ious* juicioso

jug [dʒʌg] jarro *m*

juggle ['dʒʌgl] *v/i* hacer juegos malabares; ~ *with* engañar; falsificar; ~*nat* malabarista *m, f*

Jugoslav ['ju:gəu'sla:v] *a, s* yugoeslavo(a) *m (f)*

juic|e [dʒu:s] jugo *m*; zumo *m*; ~*er* exprimidor *m*; ~*y* jugoso, suculento; *fig* picante, sabroso

juke-box ['dʒu:k-] tocadiscos *m* automático

July [dʒu(:)'lai] julio *m*

jumble ['dʒʌmbl] *s* confusión *f*, mezcla *f*; *v/t* mezclar, confundir

jump [dʒʌmp] *s* salto *m*, brinco *m*; *v/i* saltar, brincar; sobresaltarse; ~*y* nervioso

junction ['dʒʌŋk∫ən] unión *f*; *elec, f c* empalme *m*

juncture ['dʒʌŋkt∫ə] coyuntura *f*

June [dʒuːn] junio *m*

jungle ['dʒʌŋgl] jungla *f*; selva *f*

junior ['dʒuːnjə] *s* joven *m*; *a* menor, más joven

juniper ['dʒuːnipə] enebro *m*

junk [dʒʌŋk] junco *m* (*barca*); *fam* trastos *m/pl* viejos

juris|sdiction [dʒuəris'dikʃən] jurisdicción *f*; **~prudence** ['~pruːdəns] jurisprudencia *f*; **~st** jurista *m*

jury ['dʒuəri] jurado *m*

just [dʒʌst] *a* justo, recto; merecido; genuino, legítimo; *adv* precisamente; exactamente; apenas; solamente; ~

about poco más o menos; ~ **as** en el momento en que; ~ **as well** menos mal; ~ **like that** así como así; ~ **now** ahora mismo; **he has ~ come** acaba de venir

justice ['dʒʌstis] justicia *f*; juez *m*

justi|fication [dʒʌstifi'keiʃən] justificación *f*; **~y** ['~fai] *v/t* justificar

justly ['dʒʌstli] justamente; debidamente

jut [dʒʌt] *v/i* sobresalir; ~ **out** proyectarse

juvenile ['dʒuːvinail] juvenil

juxtapose [dʒʌkstə'pəuz] *v/t* yuxtaponer

K

kaleidoscope [kə'laidəskəup] cal(e)idoscopio *m*

kangaroo [kæŋgə'ruː] canguro *m*

keel [kiːl] *s* quilla *f*; *v/i* ~ **over** dar de quilla

keen [kiːn] agudo; afilado; sutil, vivo; entusiasta, interesado; ~ **on** aficionado a; **~ness** agudeza *f*; entusiasmo *m*

keep [kiːp] *s* mantenimiento *n*; **earn one's ~** ganarse la vida; *v/t* guardar, conservar; mantener; llevar; proteger; seguir por; conseguir en, observar; ~ **back** retener; ~ **from doing** no dejar hacer; ~ **in mind** tener presente, recordar; ~ **up** mantener; ~ **waiting** hacer esperar; *v/i* quedar(se); conservarse; continuar, seguir; ~ **aloof**, ~ **away** mantenerse apartado; ~ **on** continuar; ~ **out!** ¡prohibida la entrada!; ~ **to** adherirse a; ~ **up** mantenerse firme; ~ **up with** ir al paso de; **~er** guardián *m*; **~ing** preservación *f*; custodia *f*; **in ~ing with** en conformidad con; **~sake** ['kiːpseik] recuerdo *m*

kennel ['kenl] perrera *f*

kerb [kəːb] bordillo *m*

kerchief ['kəːtʃif] pañuelo *m*

kernel ['kəːnl] grano *m*; meollo *m*, núcleo *m*

ketchup ['ketʃəp] salsa f dulce de tomate

kettle ['ketl] caldera f; **a pretty ~ of fish** bonito lío m; **~drum** atabal m; timbal m

key [kiː] s llave f; clave f; mús tono m; tecla f (de piano o máquina de escribir); v/t tecn enchavetar; **~board** teclado m; **~hole** ojo m de la cerradura; **~ ring** llavero m; **~stone** arq piedra f clave

khaki ['kaːki] caqui

kick [kik] s coz f, patada f, puntapié m; fig fuerza f, vigor m; **for ~s** para divertirse; v/t dar coces a; dar una patada a; **~ the bucket** fam morirse; v/i dar coces

kid [kid] s cabrito m; fam niño(a) m (f); chico(a) m (f); v/i fam bromearse; **no ~ding!** ¡en serio!; **~ gloves** guantes m/pl de cabritilla; **~nap** ['kidnæp] v/t secuestrar, raptar; **~napper** secuestrador m; **~napping** secuestro m

kidney ['kidni] riñón m; **~ bean** judía f, frijol m

kill [kil] v/t matar; destruir; **~er** asesino m; **~ing** matanza f; asesinato m

kiln [kiln] horno m

kilogram ['kiləugræm] kilo m, kilogramo m

kilometre ['kiləumiːtə] kilómetro m

kilt [kilt] tonelete m escocés

kin [kin] parentela f; linaje m; **~ship** parentesco m

kind [kaind] a amable; cordial; bondadoso; cariñoso; **~ regards** muchos recuerdos m/pl; s clase f, especie f; **in ~** en especie

kindergarten ['kindəgaːtn] jardín m de infancia

kind-hearted ['kaind'haːtid] bondadoso

kindle ['kindl] v/t encender; v/i arder

kind|ly ['kaindli] a bondadoso; adv amablemente; **~ness** bondad f

kindred ['kindrid] semejante; afín

king [kiŋ] rey m; **~dom** ['~dəm] reino m; **~ly** real; regio; **~size** de tamaño extra

kinky ['kiŋki] enroscado; fam excéntrico; pervertido

kipper ['kipə] arenque m ahumado

kiss [kis] s beso m; v/t besar

kit [kit] equipo m; caja f de herramientas

kitchen ['kitʃin] cocina f; **~ette** [~'net] cocina f pequeña

kite [kait] cometa f

kitten ['kitn] gatito m

knack [næk] destreza f; treta f, truco m

knapsack ['næpsæk] mochila f

knave [neiv] bribón m, pícaro m; sota f (de naipes)

knead [niːd] v/t amasar

knee [niː] rodilla f; **~cap**

['ni:kæp] rótula f; ~l [ni:l] v/i:
~l down arrodillarse

knickerbockers ['nikəbɔkəz],
knickers ['nikəz] pantalones
m/pl bombachos; bragas f/pl

knick-knack ['niknæk] baratija f

knife [naif] s cuchillo m; navaja f; tecn cuchilla f; v/t acuchillar

knight [nait] s caballero m; caballo m (de ajedrez); v/t armar caballero

knit [nit] v/i hacer punto, tejer,
hacer calceta; fruncir (el entrecejo); fig unir; ~ting labor
f de punto; ~ting needle
aguja f de hacer punto;
~wear géneros m/pl de punto

knob [nɔb] botón m; perilla f;
bulto m

knock [nɔk] s golpe m; llamada f (a la puerta); v/t, v/i golpear, pegar; llamar (a la

puerta); ~ down tumbar, derribar; atropellar; ~ out dejar
sin sentido; ~er aldaba f; llamador m; ~ing golpeo m

knot [nɔt] s nudo m; lazo m;
grupo m; mar nudo m; v/t
atar, anudar; ~ty nudoso; fig
difícil

know [nəu] v/t saber; conocer; comprender; v/i saber;
estar informado; ~ about
estar enterado de; ~how pericia f; ~ing sagaz;
despierto; ~ingly a sabiendas; ~ledge ['nɔlidʒ] conocimiento m; saber m; to my
~ledge que yo sepa; ~n
conocido, sabido; to make
~n dar a conocer, hacer saber

knuckle ['nʌkl] s nudillo m,
artejo m; v/i ~ under someterse

Koran [kɔ'rɑːn] Alcorán m,
Corán m

L

label ['leibl] s etiqueta f,
rótulo m; v/t poner etiqueta
a, rotular

laboratory [lə'bɔrətəri] laboratorio m

laborious [lə'bɔːriəs] laborioso

labo(u)r ['leibə] s labor f;
trabajo m; fatiga f; tarea
f; faena f; mano f de
obra; dolores m/pl de parto;
hard ~ trabajos m/pl forza-

dos; **to be in** ~ estar de parto;
v/i trabajar; fatigarse; ~er
trabajador m; obrero m;
~saving que ahorra trabajo

lace [leis] s encaje m; cordón
m de zapato; v/t atar

lack [læk] s falta f, carencia f;
v/t carecer de; faltarle a uno;
~ing carente de

laconic [lə'kɔnik] lacónico

lacquer ['lækə] laca f

lad [læd] muchacho *m*, joven *m*

ladder ['lædə] *s* escalera *f*; carrera *f (de media)*; *v/i* correrse, desmallarse *(la media)*

laden ['leidn] cargado

ladle ['leidl] *s* cucharón *m*, cazo *m*; *v/t* sacar con cucharón

lady ['leidi] señora *f*; señorita *f*; **~bird** mariquita *f*; **~-in-waiting** dama *f* de honor; **~like** elegante, bien educada

lag [læg] *s* retraso *m*; *v/i* ~ *behind* quedarse atrás

lager ['lɑːgə] cerveza *f* (añeja)

lagoon [lə'guːn] laguna *f*

lair [lɛə] guarida *f*

lake [leik] lago *m*

lamb [læm] *s* cordero *m*; *v/i* parir *(la oveja)*; ~ **chop** chuleta *f* de cordero

lame [leim] cojo; lisiado; *fig* débil, insatisfactorio

lament [lə'ment] *s* lamento *m*, queja *f*; *v/t*, *v/i* lamentar(se) (de); **~able** ['læməntəbl] lamentable, deplorable; **~a-tion** lamentación *f*

lamp [læmp] lámpara *f*; **~oon** [læm'puːn] *v/t* satirizar; **~post** poste *m* de farol; **~shade** pantalla *f* de lámpara

lance [lɑːns] *s* lanza *f*; *v/t* lancear; **~r** lancero *m*; **~t** lanceta *f*

land [lænd] *s* tierra *f*; terreno *m*; finca *f*; campo *m*; país *m*; *by* ~ por tierra; *v/t* desem-

barcar; *v/i* desembarcar; aterrizar; **~ed** hacendado; **~ing** desembarque *m*; aterrizaje *m*; **~ing field** *avi* campo *m* de aterrizaje; **~ing gear** tren *m* de aterrizaje; **~lady** patrona *f*; **~locked** cercado de tierra; **~lord** patrón *m*; **~mark** mojón *m*; hito *m*; **~scape** paisaje *m*; **~slide** desprendimiento de tierra

lane [lein] senda *f*; callejuela *f*; carril *m (de carretera)*

language ['læŋgwidʒ] idioma *m*; lengua *f*; lenguaje *m*

langu|id ['læŋgwid] lánguido; **~ish** *v/i* languidecer, consumirse; *v/t* ['læŋgə] languidez *f*; **~orous** lánguido

lank [læŋk] flaco; lacio *(pelo)*; **~y** delgaducho, larguirucho

lantern ['læntən] linterna *f*

lap [læp] *s* regazo *m*; falda *f*; *v/t*, *v/i* traslapar(se); **~el** [lə'pel] solapa *f*

lapse [læps] *s* lapso *m*; desliz *m*; transcurso *m* de tiempo; *v/i* transcurrir, pasar *(tiempo)*; recaer; *for* caducar

larceny ['lɑːsəni] hurto *m*, robo *m*

lard [lɑːd] manteca *f* de cerdo; **~er** despensa *f*

large [lɑːdʒ] grande; amplio, vasto; grueso; *at* ~ en libertad; **~ly** en buena parte, mayormente; **~scale** en gran escala

lark [lɑːk] alondra *f*; *fam* travesura *f*

larynx ['lærɪŋks] laringe f

lascivious [lə'sɪvɪəs] lascivo

lash [læʃ] s tralla f (del látigo); latigazo m; azote m; (eye)~ pestaña f; v/t azotar; mar amarrar; v/i ~ **out** atacar violentamente

lass, ~ie [læs, '~i] muchacha f, mozuela f

lasso [læ'su:] s lazo m; v/t lazar

last [lɑːst] a último; pasado; final; extremo; ~ **but one** penúltimo; ~ **night** anoche; ~ **week** la semana pasada; **the** ~ **time** la última vez; **this is the** ~ **straw!** ¡no faltaba más que esto!; adv por último; finalmente; s último m; **at** ~ por fin; ~ **but not least** no hay que olvidar; v/i durar; continuar; subsistir; sobrevivir; durante, permanente; **~ly** por último; **~name** apellido m

latch [lætʃ] s aldaba f; picaporte m; v/i cerrar con aldaba; **~key** llavín m

late [leɪt] a tarde; tardío; difunto; antiguo; último; **to get** ~ hacerse tarde; adv tarde; **to come** ~ llegar tarde; ~ **at night** muy entrada la noche; ~ **in life** a una edad avanzada; ~ **on** más tarde; **at the ~st** a más tardar; **~ly** últimamente

lathe [leɪð] torno m

lather ['lɑːðə] s espuma f (de jabón); v/t enjabonar

Latin ['lætɪn] a latino; s latín m; ~ **American** a, s latinoamericano(a) m (f)

latitude ['lætɪtjuːd] latitud f

latter ['lætə] a posterior; último; segundo (de dos); pron **the** ~ éste, ésta, esto

lattice ['lætɪs] celosía f

laudable ['lɔːdəbl] laudable

laugh [lɑːf] s risa f; v/i reír; reírse; ~ **at** reírse de; ~ **off** tomar a risa; **~able** risible; **~ing stock** hazmerreír m; **~ter** risa f

launch [lɔːntʃ] s lancha f; v/t botar; lanzar; **~ing** lanzamiento m (de cohetes); mar botadura f; **~ing pad** plataforma f de lanzamiento

laund|erette [lɔːndə'ret] lavandería f automática; **~ry** lavandería f; lavadero m; ropa f de lavar; ropa f lavado o por lavar

laurel ['lɔrəl] laurel m

lavatory ['lævətəri] lavabo m; retrete m

lavender ['lævɪndə] lavanda f

lavish ['lævɪʃ] a profuso; pródigo; v/t ~ **on** colmar a

law [lɔː] ley f; derecho m; jurisprudencia f; sp regla f; ~ **and order** orden m público; ~ **court** tribunal m de justicia; **~ful** legal, lícito, legítimo; **~less** ilegal; anárquico

lawn [lɔːn] césped m; **~mower** ['~məuə] cortacésped m

law|suit ['lɔːsjuːt] pleito *m*; **~yer** ['~jə] abogado *m*

lax [læks] laxo, flojo; **~ative** ['~ətiv] *a*, *s* laxante *m*

lay [lei] *s* laico *m*; *v/t* poner; colocar; tumbar; **~ aside** dejar a un lado; **~ bare** poner al descubierto; **~ before** exponer a; **~ out** tender; gastar; planificar; **~ up** acumular; guardar; *to be laid up* guardar cama; *v/i* poner (*huevos*); **~ off** *fam* quitarse de encima

layer ['leiə] capa *f*

layette [lei'et] ajuar *m* (de niño)

layman ['leimən] lego *m*

lay|off ['leiɔf] despido *m* provisional; **~out** trazado *m*; *impr* composición *f*

lazy ['leizi] perezoso, holgazán

lead [liːd] *s* delantera *f*; dirección *f*; *teat* papel *m* principal; *elec* conductor *m*; traílla *f*; *v/t* guiar, conducir; acaudillar; *v/i* ir primero; **~ to** llevar a; **~ to nothing** no dar resultado; **~ up to** conducir a

lead [led] plomo *m*; mina *f* (de *lápiz*); *mar* sonda *f*; **~en** plomoso

lead|er ['liːdə] guía *m*, *f*; líder *m*, caudillo *m*; editorial *m*; **~ing** principal

leaf [liːf] *s* hoja *f*; *turn over a new* **~** reformarse; **~ through** hojear; **~let** folleto *m*; **~y** frondoso

league [liːg] *s* liga *f*

leak [liːk] *s* gotera *f*; escape *m*; *v/i* gotear; salirse; escaparse; **~age** goteo *m*; escape *m*, fuga *f*; **~y** agujereado; llovedizo (*techo, etc*)

lean [liːn] *a* flaco; magro; *v/i* apoyarse; inclinarse; **~ out** asomarse; **~ing** propensión *f*, inclinación *f*

leap [liːp] *s* salto *m*, brinco *m*; *v/i* saltar, brincar; **~ year** año *m* bisiesto

learn [ləːn] *v/t*, *v/i* aprender; enterarse de; **~ed** ['~id] docto, erudito; **~er** principiante *m*, *f*; estudiante *m*, *f*; **~ing** saber *m*

lease [liːs] *s* arriendo *m*; *v/t* arrendar

leash [liːʃ] *s* traílla *f*; correa *f*

least [liːst] *a* mínimo; menor; más pequeño; *that's the* **~** *of it* eso es lo de menos; *s* lo menos; *at* **~** por lo menos; *not in the* **~** de ninguna manera; *adv* menos

leather ['leðə] cuero *m*

leave [liːv] *s* permiso *m*, vacaciones *f/pl*; *mil* licencia *f*; *to take (one's)* **~** despedirse; *v/i* salir, marcharse; *v/t* dejar; abandonar, salir de; **~ out** omitir

leaven ['levn] levadura *f*

lecherous ['letʃərəs] lascivo

lecture ['lektʃə] *s* conferencia *f*; reprimenda *f*; *v/i* dictar conferencias, disertar; *v/t* sermonear; **~r** conferenciante *m*

ledge [ledʒ] repisa *f*; reborde *m*

ledger ['ledʒə] *com* libro *m* mayor

lee [li:] sotavento *m*

leech [li:tʃ] *s* sanguijuela *f*

leek [li:k] puerro *m*

leer [liə] *v/i* mirar de reojo (*maliciosa o socarronamente*); *s* mirada *f* de soslayo

left [left] *a* izquierdo; *s* izquierda *f*; **to be ~ over** sobrar; **on the ~** a la izquierda; **to the ~** a la izquierda; **~handed** zurdo; **~ist** *a, s* izquierdista *m, f*

left-luggage office ['left-'lʌgidʒ'ɔfis] consigna *f*

leg [leg] pierna *f*; pata *f* (*de animales*); **to pull one's ~** tomarle el pelo a alguien

legacy ['legəsi] herencia *f*, legado *m*

legal ['li:gəl] legal, jurídico; legítimo, lícito; **to take ~ action** entablar juicio; **~ize** *v/t* legitimar, legalizar

legation [li'geiʃən] legación *f*

legend ['ledʒənd] leyenda *f*; **~ary** legendario, fabuloso

legible ['ledʒəbl] legible

legion ['li:dʒən] legión *f*

legislat|ion [ledʒis'leiʃən] legislación *f*; **~ive** ['~lətiv] legislativo; **~or** ['~leitə] legislador *m*

legitimate [li'dʒitimit] *a* legítimo; [~eit] *v/t* legitimar

leisure ['leʒə] ocio *m*; tiempo *m* libre; **at ~** con sosiego; **a**

life of ~ una vida regalada; **~ time** ratos *m/pl* libres; **~ly** pausadamente; despacio

lemon ['lemən] limón *m*; **~ade** [~'neid] limonada *f*

lend [lend] *v/t* prestar; **~ing library** biblioteca *f* circulante

length [leŋθ] *s* longitud *f*, largo *m*; trozo *m*; duración *f*; **at ~** por fin; **~en** *v/t* alargar(se), estirar(se); prolongar(se); estirar(se); **~ of** largo; **~y** largo; extenso

lenient ['li:njənt] indulgente, clemente

lens [lenz] lente *f*

Lent [lent] cuaresma *f*

lentil ['lentil] lenteja *f*

leopard ['lepəd] leopardo *m*

leprosy ['leprəsi] lepra *f*

less [les] *a* menor; menos; *adv* menos; **~** disminuir, menguar; **~ and ~** cada vez menos; **more or ~** más o menos

less|en ['lesn] *v/t* disminuir, reducir; **~er** menor, más pequeño

lesson ['lesn] lección *f*

lest [lest] *conj* para que no; no sea que; por miedo de

let [let] *v/t* dejar, permitir; alquilar; **~ alone** menos aún; **~ down** bajar; *fam* decepcionar; **~ go** soltar; **~ in** admitir; **~ off** disparar; descargar; **~ out** dejar salir; *v/i* alquilarse; **~ up** moderarse; **to ~** se alquila; **~down** decepción *f*

lethal ['li:θəl] mortal
letter ['letə] s carta f; letra f; ~ **of credit** carta de crédito; **to the** ~ al pie de la letra; v/t estampar con letras; ~ **box** buzón m; ~**head** membrete m

lettuce ['letis] lechuga f

level ['levl] s nivel m, altura f; llanura f; **on the** ~ fam honesto; a llano; igual, plano; ~ **crossing** paso a nivel; v/t nivelar; igualar; derribar; allanar; ~**headed** sensato

lever ['li:və] palanca f

levity ['leviti] ligereza f

levy ['levi] s leva f; recaudación f (de impuestos); v/t imponer tributo; mil reclutar

lewd [lu:d] lascivo; obsceno

liab|ility [laiə'biliti] responsabilidad f; obligación f; pl com pasivo m; ~**le** ['laiəbl] responsable; expuesto (a)

liaison [li'eizɔ:n] enlace m

liar ['laiə] mentiroso(a) m (f)

libel ['laibəl] s difamación f; v/t difamar; calumniar

liberal ['libərəl] a liberal, generoso; s liberal m, f; ~**ism** liberalismo m

liberat|e ['libəreit] v/t liberar; ~**ion** liberación f

liberty ['libəti] libertad f; **at** ~ libre, en libertad; **take the** ~ **of** tomarse la libertad de

librar|ian [lai'brɛəriən] bibliotecario(a) m (f); ~**y** ['~əri] biblioteca f

lice [lais] pl de **louse** piojos m/pl

licen|ce ['laisəns] licencia f; permiso m; autorización f; título m; ~**ce plate** placa f de matrícula; ~**se** ['~səns] v/t licenciar, autorizar; ~**see** [~'si:] concesionario m

lick [lik] s lamedura f; v/t lamer; fam cascar; derrotar; ~**ing** fam paliza f

licorice ['likəris] regaliz m

lid [lid] tapa f; anat párpado m

lie [lai] s mentira f; embuste m; **white** ~ mentirilla f; v/i mentir

lie [lai] s posición f; v/i estar acostado; yacer; estar colocado, situado; ~ **down** acostarse, echarse

lieu [lju:]: **in** ~ **of** en lugar de

lieutenant [lef'tenənt, Am lu:'tenənt] teniente m

life [laif] vida f; existencia f; **for** ~ de por vida; **never in my** ~ en mi vida; ~ **annuity** renta f vitalicia; ~**belt** cinturón m f salvavidas; ~**boat** bote m salvavidas; ~**guard** vigilante m de playa; ~ **jacket** chaleco m salvavidas; ~**less** exánime; muerto; ~**like** natural; ~**long** de toda la vida; ~**time** (el curso de la) vida f

lift [lift] s ascensor m; montacargas m; alza f; **to give someone a** ~ llevar a uno en auto; v/t elevar, subir, levantar; v/i disiparse; ~**off** aer despegue m

light [lait] s luz f; claridad f; lumbre f; día m; **have you got a ~?** ¿tiene fuego? a ligero; claro; v/t encender; alumbrar, iluminar; **~bulb** bombilla f; **~en** v/t alumbrar; aligerar (peso), aliviar; **~er** mechero m, encendedor m; **~headed** ligero de cascos; **~house** faro m; **~ing** alumbrado m; **~ly** ligeramente; **~ning** ['~niŋ] relámpago m; **~ning conductor** pararrayos m; **~weight** peso m ligero

like [laik] a semejante, parecido; **what is he ~?** ¿cómo es?; prep como, a manera de; tal como; s semejante m; **and the ~** y cosas por el estilo; v/t querer, tener afecto a; gustar; **I ~ tea** me gusta el té; **~ better** preferir; **~able** simpático; **~lihood** ['laiklihud] probabilidad f; **~ly** probable; verosímil; **~ness** parecido m, semejanza f; retrato m; **~wise** ['~waiz] igualmente

liking ['laikiŋ] simpatía f; agrado m

lilac ['lailək] lila f

lily ['lili] lirio m

limb [lim] anat miembro m; bot rama f

lime [laim] s cal f; bot lima f; v/t encalar; **~light** luz f de calcio; **to be in the ~light** fig ser el centro de atención; **~ tree** limero m;

tilo m

limit ['limit] s límite m; **that's the ~!** fam ¡esto es el colmo!; **to the ~** hasta no más; v/t limitar, restringir; **~ation** limitación f

limousine ['limuːziːn] limusina f

limp [limp] a flojo; v/i cojear

line [lain] s línea f; raya f, hilera f; cuerda f; f c vía f, impr renglón m; com especialidad f, ramo m; **draw the ~** fijar límites; detenerse; **to stand in ~** hacer cola; v/t alinear; rayar; revestir, forrar; **~ up** ponerse en fila; **~age** ['linidʒ] linaje m; **~ar** linear, lineal

linen ['linin] hilo m, lino m; lienzo m; lencería f; ropa f blanca

liner ['lainə] transatlántico m; vapor m de línea

line-up ['lainʌp] alineación f

linger ['liŋgə] v/i tardar, demorarse

lingerie ['lænʒəri] ropa f interior de mujer

lining ['lainiŋ] forro m

link [liŋk] s eslabón m; enlace m; v/t enlazar, unir; **~ up** enlazarse; aer acoplarse

lion ['laiən] león m; **~ess** leona f

lip [lip] labio m; **to lick one's ~s** chuparse los dedos; **~stick** barra f de labios

liquid ['likwid] a, s líquido m; **~ate** v/t liquidar

liquor ['likə] licor m; bebidas f/pl alcohólicas

liquorice ['likəris] regaliz m

lisp [lisp] s ceceo m; v/i cecear

list [list] s lista f; v/t catalogar; registrar; inscribir

listen ['lisn] v/i escuchar; oír; **~er** oyente m, f (de radio)

listless ['listlis] indiferente

litany ['litəni] letanía f

liter = **litre**

literal ['litərəl] literal

litera|ry ['litərəri] literario; **~ture** ['~ritʃə] literatura f

lithe [laið] ágil; flexible

litre ['li:tə] litro m

litter ['litə] s litera f; camilla f; camada f; desechos m/pl; v/t esparcir

little ['litl] a pequeño; poco; **a ~** un poquito m; **~ finger** meñique m; s poco m; **by ~** poco a poco; adv poco

liv|e [liv] a vivo; elec cargado; TV vivo; [liv] v/i vivir; **long ~e**¡ ¡viva!; **~e and learn** vivir para ver; v/t llevar; tener; pasar; **~e it up** darse la buena vida; **~elihood** ['laivlihud] sustento m; **~ely** animado

liver ['livə] hígado m

livestock ['laivstɔk] ganado m

livid ['livid] lívido; furioso

living ['liviŋ] vivo; **a make a ~** ganarse la vida; **~ room** sala f de estar

lizard ['lizəd] lagarto m

load [ləud] s carga f; v/t cargar; colmar

loaf [ləuf] s barra f de pan; v/i holgazanear

loam [ləum] marga f

loan [ləun] s préstamo m, empréstito m; **on ~** prestado; v/t prestar

loath [ləuθ] renuente; **~e** v/t detestar; **~some** ['~ðsəm] repugnante

lobby ['lɔbi] vestíbulo m, antesala f; **~ing** cabildeo m

lobe [ləub] lóbulo m

lobster ['lɔbstə] langosta f

loca|l ['ləukəl] a local; s fam taberna f del barrio; **~lity** ['~kæliti] localidad f; **~lize** v/t localizar; **~te** ['~keit] v/t situar, localizar; **~tion** colocación f; localidad f; cine **on ~tion** (rodaje) exterior

loch [lɔk] lago m, laguna f

lock [lɔk] s cerradura f; cerrojo m (del fusil); sp llave f; esclusa f; v/t cerrar con llave; entrelazar; **~er** armario m; **~jaw** trismo m; **~out** cierre m forzoso (de fábrica, etc) por los patronos; **~smith** cerrajero m

locomotive ['ləukəməutiv] locomotora f

locust ['ləukəst] cigarra f

lodg|e [lɔdʒ] s casita f (del portero); casa f de campo; v/t alojar; **~er** huésped m; **~ings** hospedaje m; habitación f

loft [lɔft] desván *m*; **~y** elevado; altivo; eminente

log [lɔg] tronco *m*; **~book** aer libro *m* de vuelo

logic ['lɔdʒik] *s* lógica *f*; *a* lógico; **~al** lógico *m*

loin [lɔin] ijada *f*; *coc* lomo *m*

loiter ['lɔitə] *v/i* holgazanear, vagar

London ['lʌndən] Londres; **~er** londinense *m*, *f*

lonel|iness ['ləunlinis] soledad *f*; **~y** solitario

long [lɔŋ] *a* largo; prolongado; *in the ~ run* a la larga; *adv* mucho tiempo; *all day ~* todo el santo día; *as ~ as* mientras; *~ before ~* en breve; *~ ago* hace mucho; *~ before* mucho antes; *how ~?* ¿cuánto tiempo?; *~ since* hace mucho; *so ~!* ¡hasta luego!; *to take ~* tardar mucho; *v/i ~ for* anhelar, ansiar; **~-distance** de larga distancia; *tel* interurbano; **~ing** anhelo *m*; **~itude** ['lɔndʒitu:d] longitud *f*; **~-playing** de larga duración; **~-range** de gran alcance; **~-standing** de mucho tiempo; **~-suffering** sufrido; **~-term** *com* a largo plazo; **~-winded** verboso

look [luk] *s* mirada *f*; *pl* aspecto *m*; *to take a ~ at* echar una mirada a; *v/t* mirar, contemplar; *~ over* examinar; *v/i* mirar; ~ tener aspecto de; ~ *after* cuidar (de); ~ *at* mirar,

observar; ~ *back* mirar hacia atrás; ~ *down on* despreciar; ~ *for* buscar; ~ *forward to* esperar con ilusión; ~ *in* entrar al pasar; ~ *into* investigar; ~ *like* parecerse a; ~ *out!* ¡ojo!; ¡cuidado!; ~ *up to* respetar, admirar; ~ *well* tener buen aspecto; **~ing glass** espejo *m*; **~-out** vigía *f*; atalaya *f*; *fig* perspectiva *f*; asunto *m*

loom [lu:m] *s* telar *m*; *v/i* asomarse en forma vaga

loop [lu:p] *s* lazo *m*; presilla *f*; *aer* rizo *m*; **~hole** escapatoria *f*

loose [lu:s] suelto; flojo; disoluto; **~n** ['~sn] *v/t* soltar, desatar, aflojar

loot [lu:t] *s* botín *m*; *v/t* pillar, saquear

lop [lɔp] *v/t* desmochar; ~ *off* cortar; **~sided** desequilibrado

loquacious [ləu'kweiʃəs] locuaz

lord [lɔ:d] señor *m*; lord (*título*); **2's Prayer** padrenuestro *m*; **~ly** señorial; **~ship** señoría *f*

lorry ['lɔri] camión *m*

los|e [lu:z] *v/t* perder; *v/i* sufrir una pérdida; perder; **~s** [lɔs] pérdida *f*; *to be at a ~s* no saber qué hacer; **~t** [lɔst] perdido; *to get ~t* perderse

lot [lɔt] lote *m*; suerte *f*; parcela *f*; *a ~* mucho

lunge

lotion ['ləuʃən] loción f

lottery ['lɔtəri] lotería f

loud [laud] alto; fuerte; ruidoso; chillón; **~ly** en alta voz, fuertemente; **~speaker** altavoz m, LA altoparlante m

lounge [laundʒ] s salón m; v/i haraganear; reposar

lous|e [laus] piojo m; **~y** piojoso; ['lauzi] fam pésimo, miserable

lout [laut] patán m, gamberro m

lov|e [lʌv] s amor m; cariño m; **to fall in ~e** enamorarse; v/t amar, querer; **~e affair** aventura f amorosa; amorío m; **~e letter** carta f de amor; **~ely** encantador, bello, hermoso; **~er** amante m, f; **~ing** cariñoso, afectuoso

low [ləu] a bajo; abatido; débil; estrecho; escotado; adv bajo; en voz baja; v/i mugir; **~ meteor** área f de baja presión; fam punto m bajo; **~cost** económico; **~er** a más bajo, inferior; v/t bajar; reducir; disminuir; v/i bajar; menguar; **~land** tierra f baja; **~liness** humildad f; **~ly** humilde; **~ tide** marea f baja

loyal ['lɔiəl] leal, fiel; **~ty** lealtad f; fidelidad f

lozenge ['lɔzindʒ] pastilla f

Ltd. = limited company

lubrica|nt ['lu:brikənt] a, s lubri(fi)cante m; **~te** ['~eit] v/t lubri(fi)car, engrasar

lucid ['lu:sid] lúcido

luck [lʌk] suerte f, ventura f; **good ~** buena suerte f; **~y** afortunado, dichoso

ludicrous ['lu:dikrəs] ridículo, absurdo

lug [lʌg] m tirón m; v/t tirar; arrastrar

luggage ['lʌgidʒ] equipaje m; **~ rack** portaequipajes m, rejilla f

lukewarm ['lu:kwɔ:m] tibio (t fig)

lull [lʌl] s momento m de calma; v/t arrullar, adormecer; calmar; **~aby** ['~əbai] canción f de cuna; nana f

lumber ['lʌmbə] s maderos m/pl; madera f aserrada; fam trastos m/pl; v/i andar pesadamente; **~jack** leñador m

luminous ['lu:minəs] luminoso

lump [lʌmp] s bulto m; pedazo m; terrón m (de azúcar); nudo m (en la garganta); v/t ~ **together** amontonar; **~ sum** cantidad f global

lunacy ['lu:nəsi] locura f

lunar ['lu:nə] lunar

lunatic ['lu:nətik] a, s loco m, demente m; **~ asylum** manicomio m

lunch [lʌntʃ] s almuerzo m; comida f; v/i almorzar; comer; **~ hour** pausa f para almorzar

lung [lʌŋ] pulmón m

lunge [lʌndʒ] v/i arremeter; **~ at** abalanzarse sobre

lurch [lə:tʃ] s sacudida f; **to leave in the ~** dejar a uno plantado; v/i dar tumbos

lure [ljuə] s atractivo m; señuelo m; v/t atraer, seducir

lurk [lə:k] v/i estar al acecho; fig estar latente

luscious ['lʌʃəs] suculento, sabroso; delicioso

lust [lʌst] s lujuria f; codicia f; v/i **~ after** codiciar; **~y** robusto; vigoroso

luster = **lustre**

lustr|e ['lʌstə] lustre m, brillo

m; **~ous** lustroso

lute [luːt] laúd m

luxurious [lʌgˈzjuəriəs] lujoso, suntuoso; **~y** ['lʌkʃəri] lujo m

lye [lai] lejía f

lying ['laiiŋ] falso, mentiroso; yacente, situado; **~in** parto m

lymph [limf] linfa f

lynch [lintʃ] v/t linchar

lynx [links] lince m

lyric ['lirik] a lírico; s poema m lírico; **~s** letra f (de una canción)

M

macaroni [mækəˈrəuni] macarrones m/pl

machine [məˈʃiːn] s máquina f; mecanismo m; v/t trabajar, acabar a máquina; **~ gun** ametralladora f; **~ry** maquinaria f; **~ tool** máquina f herramienta

mackintosh ['mækintɔʃ] impermeable m

mad [mæd] loco; demente; furioso; **to be ~ about** estar loco por; **to get ~** enfadarse; **to go ~** volverse loco; enloquecerse

madam ['mædəm] señora f

madden ['mædn] v/t, v/i enloquecer

made [meid] hecho; fabricado; **~-to-order** hecho a la medida; **~-up** ficticio

mad|man ['mædmən] loco m;

~ness locura f

magazine [mægəˈziːn] impr revista f; mil recámara f (del cañón); almacén m de explosivos

maggot ['mægət] gusano m

magic ['mædʒik] s magia f; a: **~ wand** varita f mágica; **~al** mágico; **~ian** [məˈdʒiʃən] mago m

magistrate ['mædʒistreit] magistrado m

magnanimous [mægˈnæniməs] magnánimo

magnet ['mægnit] imán m; **~ic** [~'netik] magnético

magni|ficence magnificencia f; **~ficent** magnífico; **~fy** ['~fai] v/t ampliar; exagerar; **~fying glass** lupa f; **~tude** [~tjuːd] magnitud f

magpie ['mægpai] urraca f

mahogany [mə'hɔgəni] caoba f

maid [meid] criada f; **~en** a virgen; soltera; s doncella f; joven f soltera; **~en name** nombre m de soltera

mail [meil] s correo m; correspondencia f; v/t despachar; echar al correo; **~bag** valija f (postal); **~box** buzón m; **~man** cartero m; **~order house** almacén m de ventas por correo

maim [meim] v/t mutilar; fig estropear

main [mein] principal; mayor; **~land** tierra f firme; **~s** tubería f maestra (de gas, agua); red f eléctrica; **~stay** fig pilar m; **~stream** corriente f principal

maint|ain [mein'tein] v/t mantener; sostener; **~e-nance** ['meintənəns] mantenimiento m

maize [meiz] maíz m

majest|ic [mə'dʒestik] majestuoso; **~y** ['mædʒisti] majestad f

major ['meidʒə] a mayor; más importante; s comandante m

Majorca [mə'dʒɔːkə] Mallorca f

majority [mə'dʒɔriti] mayoría f; mayor parte f

make [meik] s marca f; fabricación f; v/t hacer; crear; producir; ganar (dinero);

obligar; causar; fam recorrer (distancia); **~ do with** contentarse con; **~ fun of** burlarse de; **~ known** dar a conocer; **~ the most of** aprovechar; **~ out** descifrar; comprender; divisar; extender (documento); **~ over** traspasar; **~ up** formar; inventar; arreglar; **~ up one's mind** resolverse; **~ it up** hacer las paces; **~ use of** servirse de; v/i **~ for** ir hacia; **~ off** largarse; **~ ready** prepararse; **~believe** a fingido; s ficción f; invención f; **~r** fabricante m; **~shift** improvisado; provisional; **~up** maquillaje m

malady ['mælədi] enfermedad f

male [meil] s varón m; a masculino

malevolent [mə'levələnt] malévolo

malfunction [mæl'fʌŋkʃn] funcionamiento m defectuoso

malic|e ['mælis] malicia f; **~ious** [mə'liʃəs] malicioso

malignant [mə'lignənt] maligno

mallet ['mælit] mazo m

malnutrition ['mælnjuː(ː)-'triʃən] desnutrición f

malpractice [mæl'præktis] procedimientos m/pl impropios o injuriosos (esp. de médicos)

malt [mɔːlt] malta f

mam(m)a [mə'mɑː] mamá f

mammal ['mæməl] mamífero *m*

man [mæn] *s* hombre *m*; el hombre *m*, la humanidad *f*; sirviente *m*; **the ~ in the street** hombre *m* corriente; *v/t* tripular; guarnecer

manage ['mænidʒ] *v/t* manejar; manipular; dirigir; arreglar; administrar; *v/i* arreglárselas; **~able** manejable; dócil; **~ment** dirección *f*; manejo *m*; *com* gerencia *f*; **~r** *com* gerente *m*; director *m*; empresario *m*

mandatory ['mændətəri] obligatorio

mane [mein] crin *f*; melena *f*

manger ['meindʒə] pesebre *m*

mangle ['mæŋgl] *v/t* mutilar; magullar

mangy ['meindʒi] sarnoso, roñoso

manhandle ['mænhændl] *v/t* maltratar; **~ood** [~hud] virilidad *f*; edad *f* adulta

mania ['meinjə] manía *f*; **~c** ['~iæk] *a*, *s* maníaco *m*

manicure ['mænikjuə] manicura *f*

manifest ['mænifest] *a* manifiesto; evidente; *v/t* manifestar; revelar

manifold ['mænifəuld] múltiple; vario; variado

mankind [mæn'kaind] la humanidad; **~ly** varonil

manner ['mænə] manera *f*; modo *m*; conducta *f*; **~s** modales *m/pl*; **bad ~s** mala educación *f*

manoeuvre [mə'nu:və] *s* maniobra *f*; *v/t*, *v/i* maniobrar

manor ['mænə] casa *f* solariega

manpower ['mænpauə] mano *f* de obra

mansion ['mænʃən] casa *f* señorial

manslaughter ['mænslɔ:tə] *for* homicidio *m* no premeditado

mantelpiece ['mæntlpi:s] repisa *f* de chimenea

manual ['mænjuəl] *a*, *s* manual *m*

manufactur|e [mænju'fæktʃə] *s* fabricación *f*; *v/t* fabricar

manure [mə'njuə] *s* estiércol *m*; *v/t* abonar

many ['meni] muchos; **a great ~** muchísimos; **as ~ as** tantos como; **how ~?** ¿cuántos?; **too ~** demasiados

map [mæp] *s* mapa *m*; plano *m* (*de una ciudad*); *v/t* **~ out** planear

maple ['meipl] arce *m*

marble ['mɑ:bl] mármol *m*; canica *f*

March [mɑ:tʃ] marzo *m*; 2 *v/i* marchar; *s* marcha *f*

mare [mɛə] yegua *f*

margarine [mɑ:dʒə'ri:n] margarina *f*

margin ['mɑ:dʒin] margen *m*; **in the ~** al margen

marine [mə'ri:n] *a* marino; *s* marina *f*; **merchant ~** marina f mercante; **~r** ['mærinə] marinero m; **~s** infantería f de marina

marital ['mæritl]: **~ status** estado m civil

maritime ['mæritaim] marítimo

mark [mɑːk] s marca f; señal f; impresión f; huella f; calificación f; blanco m; v/t marcar; notar; señalar; **~down** rebaja f; **~ed** ['mɑːkit] marcado, pronunciado

market ['mɑːkit] s mercado m; v/t llevar al mercado; vender; **~able** vendible; **~ing** marketing m, compra f y venta f; **~ place** plaza f del mercado

marksman ['mɑːksmən] tirador m (certero)

marmalade ['mɑːməleid] mermelada f de frutas cítricas

marmot ['mɑːmət] marmota f

marquee [mɑːˈkiː] entoldado m; marquesina f

marri|age ['mæridʒ] matrimonio m; boda f; **~age certificate** partida f de matrimonio; **~ed** casado; **to get ~ed** casarse

marrow ['mærəu] médula f; calabacín m

marry ['mæri] v/t casar; casarse con; v/i casarse

marsh [mɑːʃ] pantano m; marisma f

marshal ['mɑːʃəl] s mariscal

m; v/t dirigir; ordenar, formar (las tropas)

marshmallow ['mɑːˈʃˈmæləu] malvavisco m

martial ['mɑːʃəl] marcial; **~ law** ley f marcial

martyr ['mɑːtə] mártir m, f

marvel ['mɑːvəl] s maravilla f; v/i admirarse; **~lous** maravilloso

mascara [mæsˈkɑːrə] rímel m

masculine ['mæskjulin] masculino

mash [mæʃ] s masa f; v/t majar; **~ed potatoes** puré m de patatas, LA de papas

mask [mɑːsk] máscara f

mason ['meisn] albañil m; **~ry** mampostería f

mass [mæs] s masa f; montón m; muchedumbre f; relig misa f; **~ media** los media m/pl; **~ production** fabricación f en serie; v/t, v/i juntar(se)

massacre ['mæsəkə] matanza f

massage ['mæsɑːʒ] s masaje m; v/t dar masaje a

massive ['mæsiv] macizo; grande, grueso

mast [mɑːst] palo m; mástil m

master ['mɑːstə] s amo m; dueño m; maestro m; **~ of ceremonies** presentador m; v/t superar; domar; dominar; **~ly** magistral; **~piece** obra f maestra; **~y** maestría f

mat [mæt] s estera f; felpudo m; v/i enredarse; a mate

match [mætʃ] s cerilla f, fósforo m; partido m; matrimonio m; v/t aparear; emparejar; igualar; v/i hacer juego, corresponderse; **~box** cajita f de fósforos; **~less** sin igual

mate [meit] s cónyuge m, f; compañero(a) m (f); mar maestre m; (ajedrez) mate m; v/t, v/i aparear; parear(se)

material [mə'tiəriəl] s material m; materia f; tejido m; tela f; a material; esencial; **~ize** v/i concretarse; realizarse

matern|al [mə'tə:nl] maternal; materno; **~ity** maternidad f

mathematic|ian [mæθimə-'tiʃən] matemático(a) m (f); **~s** [~'mætiks] matemáticas f/pl

matinée ['mætinei] función f de tarde

matriculate [mə'trikjuleit] v/t, v/i matricular(se)

matrimony ['mætriməni] matrimonio m

matron ['meitrən] matrona f

matter ['mætə] s materia f; sustancia f; asunto m; **as a ~ of course** por rutina; **as a ~ of fact** en realidad; **for that ~** en cuanto a eso; **no ~** no importa; **what's the ~?** ¿qué pasa?; v/i importar; **it doesn't ~** no importa; **~-of-fact** prosaico; práctico

mattress ['mætris] colchón m

matur|e [mə'tjuə] a maduro;

v/i madurar; com vencer; **~ity** madurez f; com vencimiento m

mauve [məuv] color m de malva

maxim ['mæksim] máxima f; **~um** ['~əm] máximo m

May [mei] mayo m

may [mei] v/i poder; ser posible; **~ I come in?** ¿puedo entrar?; **~be** quizá

mayonnaise [meiə'neiz] mayonesa f

mayor [meə] alcalde m

maze [meiz] laberinto m

me [mi:, mi] pron pers me, mí; **with ~** conmigo

meadow ['medəu] pradera f

meager = **meagre**

meagre ['mi:gə] magro; pobre

meal [mi:l] comida f (preparada); **~time** hora f de comer

mean [mi:n] a medio; humilde; tacaño; v/t querer decir; significar; v/i tener (buenas, malas) intenciones; s medio m; término m medio; **~s** medios m/pl; recursos m/pl; **by all ~s** de todos modos; **by no ~s** de ninguna manera; **by ~s of** mediante

meaning ['mi:niŋ] significado m; **~ful** significativo; **~less** sin sentido

mean|time ['mi:n'taim], **~while** [~'wail]: **in the ~** mientras tanto

measles ['mi:zlz] med sarampión m; **German ~** rubéola f

measur|e ['meʒə] s medida f;
cantidad f; **beyond** ~e excesivamente; v/t, v/i medir;
~ement dimensión f

meat [mi:t] carne f; ~ball
albóndiga f; ~y carnudo; fig
substancioso

mechani|c [mi'kænik] mecá-
nico m; ~cs mecánica f; ~sm
['mekənizəm] mecanismo m;
~ze ['~naiz] v/t mecanizar

medal ['medl] medalla f

meddle ['medl] v/i entrome-
terse

mediat|e ['mi:dieit] v/t, v/i
mediar; ~ion mediación f

medic|al ['medikəl] a médico;
~ament [mə'dikəmənt] me-
dicamento m; ~ine ['medsin]
medicina f

mediocre [mi:di'əukə] mediocre; mediano

meditat|e ['mediteit] v/i me-
ditar; ~ion meditación f;
~ive ['~ətiv] meditativo

Mediterranean [meditə-
'reinjən] (**Sea**) (Mar m) mediterráneo m

medium ['mi:djəm] a mediano; regular; s medio m

medley ['medli] mezcolanza
f; mús potpurrí m

meek [mi:k] manso, dócil

meet [mi:t] v/t encontrar(se)
(con); tropezar con; esperar;
conocer; hacer frente a;
cumplir; satisfacer; v/i encontrarse; reunirse; ~ **with**
toparse con; sufrir; ~ing reunión f; junta f

melancholy ['melənkəli] melancolía f

meld [meld] v/t, v/i unir(se),
fusionar(se)

melee ['melei] pelotera f;
confusión f

mellow ['meləu] maduro;
suave

melod|ious [mi'ləudjəs] me-
lodioso; ~y ['melədi] melodía
f

melon ['melən] melón m

melt [melt] v/t derretir; v/i
fundirse; ~ **away** esfumarse

member ['membə] miembro
m; socio m; ~ship calidad f
de socio

membrane ['membrein]
membrana f

memo|irs ['memvɑːz] pl me-
morias f/pl; ~rial [mi'mɔː-
riəl] conmemorativo; ~rize
['meməraiz] v/t aprender de
memoria

memory ['meməri] memoria
f; recuerdo m

menace ['menəs] s amenaza
f; v/t, v/i amenazar

mend [mend] v/t componer;
remendar; reparar; v/i curar-
se

menial ['mi:njəl] a servil

mental ['mentl] mental; ~ity
['~tæliti] mentalidad f

mention ['menʃən] s mención
f; v/t mencionar; **don't ~ it!**
¡no hay de qué!

menu ['menjuː] menú m, minuta f

meow 156

meow [miː'au] *s* maullido *m*; *v/i* maullar

mercantile ['məːkəntail] mercantil

mercenary ['məːsinəri] *a, s* mercenario *m*

merchan|dise ['məːtʃəndaiz] mercancías *f/pl*; *LA* mercadería *f*; **~t** comerciante *m*

merc|iful ['məːsiful] clemente; compasivo; **~iless** despiadado

mercury ['məːkjuri] mercurio *m*

mercy ['məːsi] misericordia *f*; piedad *f*; *at the ~ of* a la merced de

mere [miə] mero; puro

merge [məːdʒ] *v/t* unir; *v/i* fundirse; **~r** *for, com* fusión *f*

meridian [mə'ridiən] meridiano *m*

meringue [mə'ræŋ] merengue *m*

merit ['merit] *s* mérito *m*; *v/t* merecer

mermaid ['məːmeid] sirena *f*

merr|iment ['merimənt] alegría *f*; **~y** alegre; feliz; *to make ~y* divertirse; **~y-go-round** tiovivo *m*

mesh [meʃ] *s* malla *f*; *tecn* engranaje *m*; *v/i* engranar

mess [mes] *s* lío *m*; confusión *f*; *mil* comedor *m*; *v/t* **~ up** desordenar

mess|age ['mesidʒ] mensaje *m*; recado *m*; **~enger** mensajero *m*

messy ['mesi] desordenado

metal ['metl] *s* metal *m*; *a* de metal; **~lic** [mi'tælik] metálico

mete [miːt] *v/t* **~ out** repartir; imponer (*castigo*)

meteor ['miːtjə] meteoro *m*; **~ology** [~'rɔlədʒi] meteorología *f*

meter ['miːtə] = **metre**; contador *m* (*gas, etc*); medidor *m*

method ['meθəd] método *m*; **~ical** [mi'θɔdikəl] metódico

meticulous [mi'tikjuləs] meticuloso

metr|e ['miːtə] metro *m*; **~ical** ['metrikəl] métrico

metropolitan [metrə'pɔlitən] metropolitano

mew [mjuː] *s* maullido *m*; lugar *m* de reclusión; *v/i* maullar

Mexic|an ['meksikən] *a, s* mexicano(a) *m* (*f*); **~o** ['~əu] México *m*

mezzanine ['mezəniːn] entresuelo *m*

miaow [mi(ː)'au] = **meow**

micro|phone ['maikrəfəun] micrófono *m*; **~processor** microprocesador *m*; **~scope** microscopio *m*; **~wave oven** horno *m* microondas

mid [mid] medio; pleno; *in ~ winter* en pleno invierno; **~day** mediodía *m*

middl|e ['midl] *a* medio; intermedio; mediano; *s* centro *m*; mitad *f*; **~e-aged** de mediana edad; **2e Ages** *pl*

mineral water

Edad f Media; **~eman** intermediario m; **~e name** segundo nombre m; **~ing** mediano

midget ['mɪdʒit] enano m

midnight ['midnait] medianoche f

mid|st [midst]: **in the ~st of** entre; en medio de; **~way** a mitad del camino

midwife ['midwaif] comadrona f

might [mait] poder m; poderío m; **~y** a poderoso; potente; adv sumamente

migrane ['mi:grein] jaqueca f

migra|te ['maiˈgreit] v/i emigrar; **~tion** migración f; **~tory** ['~ətəri] migratorio

mild [maild] suave, benigno, templado; manso

mildew ['mildju:] moho m

mile [mail] milla f

mil(e)age ['mailidʒ] millaje m; recorrido m en millas

milestone ['mailstəun] piedra f miliaria; hito m (t fig)

militant ['militənt] militante

military ['militəri] militar

milk [milk] s leche f; v/t ordeñar; **~man** lechero m; **~shake** batido m de leche; **~y** lechoso; 2**y Way** Vía f Láctea

mill [mil] s molino m; fábrica f de tejidos; v/t moler; **~er** molinero m

millet ['milit] mijo m

milliner ['milinə] modista f de sombreros

million ['miljən] millón m; **~aire** [~ˈneə] millonario m

mime [maim] mimo m; mímica f

mimeograph ['mimiəgrɑ:f] mimeógrafo m

mimic ['mimik] a mímico; s remedador m; v/t imitar

mince [mins] v/t desmenuzar; picar (carne); **~ no words** no tener pelos en la lengua; v/i andar con pasos menuditos; **~meat** carne f picada

mind [maind] s mente f; inteligencia f; opinión f; intención f; **out of one's ~** loco, fuera de su juicio; **to bear in ~** tener en cuenta; **to change one's ~** cambiar de opinión; **to cross one's ~** ocurrírsele; **to have a ~ to** tener ganas de; **to make up one's ~** decidirse; v/t fijarse en; cuidar; oponerse a; tener inconveniente en; **~ your own business!** ¡no se meta en cosas ajenas!; **I don't ~** me es igual; **never ~!** ¡no importa!; **~blowing** fam alucinante; **~boggling** abrumador; **~ful of** consciente de; **~less** estúpido

mine [main] pron pos mío, mía, míos, mías, el mío, la mía, los míos, las mías, lo mío

min|e [main] s mina f; v/t minar; extraer (mineral, etc); **~er** minero m

mineral ['minərəl] mineral m; **~ water** agua f mineral

mingle ['miŋgl] v/t, v/i mezclar(se)

miniature ['minjətʃə] miniatura f

minimum ['miniməm] mínimo m

mining ['mainiŋ] minería f

miniskirt ['miniskə:t] minifalda f

minist|er ['ministə] s pol, relig ministro m; v/t relig administrar (sacramento); v/i ayudar; **~ry** ministerio m; relig sacerdocio m

mink [miŋk] visón m

minor ['mainə] a menor (t mús); inferior; secundario; s menor m, f de edad; **~ity** [~'nɔriti] minoría f

minster ['minstə] catedral f

minstrel ['minstrəl] juglar m; trovador m

mint [mint] bot menta f; casa f de la moneda

minus ['mainəs] prep menos; a negativo; fam sin, desprovisto de

minute [mai'nju:t] a menudo; diminuto; ['minit] s minuto m; momento m; **at the last ~** a última hora; **~ hand** minutero m; **~s** pl actas f/pl

mirac|le ['mirəkl] milagro m; **~ulous** [mi'rækjuləs] milagroso

mirage ['mira:ʒ] espejismo m

mire ['maiə] cenagal m

mirror ['mirə] s espejo m; v/t reflejar

mirth [mə:θ] regocijo m; alegría f

misadventure ['misəd'ventʃə] desgracia f

misapprehen|d ['misæpri'hend] v/t malentender; **~sion** equivocación f

misbehav|e ['misbi'heiv] v/i portarse mal; **~io(u)r** mala conducta f

miscarr|iage [mis'kæridʒ] aborto m; error m; fracaso m; v/i abortar; malparir; malograrse

miscellaneous [misi'leinjəs] misceláneo

mischie|f ['mistʃif] travesura f; daño m; **~vous** ['~vəs] travieso; malicioso

misconception ['miskən'sepʃən] concepto m erróneo

misdeed ['mis'di:d] delito m

misdemeanour [misdi'mi:nə] for delito m menor

miser ['maizə] avaro m; **~able** ['mizərəbl] triste; abatido; despreciable; **~y** miseria f

misfit ['misfit] mal ajuste m; inadaptado(a) m (f)

mis|fortune [mis'fɔ:tʃən] desgracia f; infortunio m; percance m; **~giving** recelo m; desconfianza f; **~guided** equivocado, mal aconsejado

mishandle ['mis'hændl] v/t manejar mal; maltratar

mishap ['mishæp] contratiempo m; accidente m

model

mislay [mis'lei] v/t extraviar; traspapelar

mislead [mis'li:d] v/t engañar; despistar

mismanage ['mis'mænidʒ] v/t administrar mal; **~ment** desgobierno m; mala administración f

misplace ['mis'pleis] v/t colocar mal; extraviar

misprint [mis'print] s impr errata f; v/t imprimir mal

misrepresent ['misrepri'zent] v/t tergiversar; desfigurar, falsificar

miss [mis] señorita f

miss [mis] v/t perder; no acertar; fallar; echar de menos; v/i errar el blanco

missal ['misəl] misal m

misshapen ['mis'ʃeipən] deforme

missile ['missail] proyectil m; cohete m

missing ['misin] mil desaparecido; perdido; **to be ~** faltar

mission ['miʃən] relig, pol misión f; mil tarea f; **~ary** ['~nəri] misionero(a) m (f)

mist [mist] s neblina f, niebla f; vaho m; v/t empañar

mistake [mis'teik] s equivocación f; error m; **by ~** por equivocación; v/t confundir; entender mal; **~n** erróneo; **to be ~n** estar equivocado

mister ['mistə] señor m

mistletoe ['misltəu] muérdago m

mistress ['mistris] maestra f; dueña f; querida f

mistrust ['mis'trʌst] s desconfianza f; v/t desconfiar de; dudar de

misty ['misti] nebuloso

misunderstand ['misʌndə'stænd] v/t entender mal; **~ing** malentendido m

misuse [mis'ju:s] s abuso m; ['~'ju:z] v/t abusar de; maltratar; com malversar (fondos)

mite [mait] pizca f

mitigate ['mitigeit] v/t mitigar

mitten ['mitn] manopla f

mix [miks] v/t mezclar; **~ up** fig confundir; v/i mezclarse; asociarse; **~ed** mixto; mezclado; **~er** batidora f; **~ture** ['~tʃə] mezcla f; mescolanza f; **~up** confusión f

moan [məun] s gemido m; v/i quejarse; gemir

moat [məut] mil foso m

mob [mɔb] chusma f; gentío m; muchedumbre f

mobil|e ['məubail] móvil; movible; **~ize** ['məubilaiz] v/t movilizar

mock [mɔk] a imitado; fingido; v/t, v/i mofarse (de), burlarse (de); **~ery** mofa f; burla f

mode [məud] moda f; manera f; modo m

model ['mɔdl] a modelo; s modelo m, f; patrón m; maqueta f; v/t modelar

moderat|e ['mɒdərit] *a* moderado; ['mɒdəreit] *v/t* moderar; **~ion** [~'reiʃən] moderación *f*

modern ['mɒdən] moderno; **~ize** *v/t* modernizar

modest ['mɒdist] modesto; **~y** modestia *f*; pudor *m*

modif|ication [mɒdifi'keiʃən] modificación *f*; **~y** ['~fai] *v/t* modificar

modul|ate ['mɒdjuleit] *v/t* modular; **~e** ['~u:l] módulo *m* (*lunar, etc*)

mohair ['məuheə] mohair *m*

Mohammedan [məu'hæmidən] *a, s* mahometano(a) *m (f)*

moist [mɔist] húmedo; **~en** ['~sn] *v/t* humedecer; **~ure** ['~stʃə] humedad *f*

molar ['məulə] muela *f*

mole [məul] *zool* topo *m*; lunar *m*; muelle *m*

molecule ['mɒlikju:l] molécula *f*

molest [məu'lest] *v/t* molestar; importunar; **~ation** [~'teiʃən] molestia *f*

mollify ['mɒlifai] *v/t* apaciguar

moment ['məumənt] momento *m*; instante *m*; importancia *f*; **at the ~** de momento, por ahora; **~ary** momentáneo; **~ous** [~'mentəs] importante

monarch ['mɒnək] monarca *m*; **~y** monarquía *f*

monastery ['mɒnəstəri] monasterio *m*

Monday ['mʌndi] lunes *m*

monetary ['mʌnitəri] monetario

money ['mʌni] dinero *m*; moneda *f*; **make ~** ganar dinero; **ready ~** fondos *m/pl* disponibles; **~ed** adinerado; **~lender** prestamista *m*; **~ order** giro *m* postal

monitor ['mɒnitə] *s* monitor *m*; *TV* receptor *m*; *v/t* controlar; vigilar

monk [mʌŋk] monje *m*, fraile *m*

monkey ['mʌŋki] *s* mono *m*

monologue ['mɒnələg] monólogo *m*

monopol|ize [mə'nɒpəlaiz] monopolizar (*t fig*); **~y** monopolio *m*

monotone ['mɒnətəun] monotonía *f*; **speak in a ~** hablar en un solo tono

monotonous [mə'nɒtnəs] monótono

monsoon [mɒn'su:n] monzón *m, f*

monst|er ['mɒnstə] monstruo *m*; **~rous** enorme; monstruoso

month [mʌnθ] mes *m*; **~ly** mensual

monument ['mɒnjumənt] monumento *m*

moo [mu:] *v/i* mugir

mood [mu:d] humor *m*; disposición *f*; **to be in a good (bad) ~** estar de buen (mal) humor; **~y** malhumorado; caprichoso

motion

moon [mu:n] luna *f*; **~light** luz *f* de la luna

Moor [muə] moro(a) *m (f)*

moor [muə] *s* páramo *m*; brezal *m*; *v/t mar* amarrar; *v/i* atracar; **~ings** *pl* amarras *f/pl*; amarradero *m*

moose [mu:s] alce *m*

mop [mɔp] *s* fregona *f*; greña *f*; *v/t* fregar; enjugar, *LA* trapear

mope [məup] *v/i* estar abatido; **~ around** andar alicaído

moral ['mɔrəl] *a* virtuoso; moral; recto; *s* moraleja *f*; **~e** [mɔ'ra:l] estado *m* de ánimo; **~ity** [mə'ræliti] moralidad *f*; **~ize** ['mɔrəlaiz] *v/t, v/i* moralizar

morass [mə'ræs] ciénaga *f*

morbid ['mɔ:bid] morboso

more [mɔ:] *a (compar de much, many)* más; más; además; **~ and ~** cada vez más; **~ or less** más o menos; **once ~** una vez más; **the ~ the merrier** cuanto más, ... tanto mejor; **~over** además

morgue [mɔ:g] depósito *m* de cadáveres

morning ['mɔ:niŋ] *s* mañana *f*; **early ~** madrugada *f*; **good ~!** ¡ buenos días!; **this ~** esta mañana; **tomorrow ~** mañana por la mañana; *a* matutino; matinal

Moroccan ['mə'rɔkən] *a, s* marroquí *m, f*; **~o** Marruecos *m*

morose [mə'rəus] malhumo-

rado; hosco

morphine ['mɔ:fi:n] morfina *f*

morsel ['mɔ:səl] pedacito *m*, bocado *m*

mortal ['mɔ:tl] *a, s* mortal *m*; **~ity** [~'tæliti] mortalidad *f*

mortar ['mɔ:tə] *mil, arq* mortero *m*

mortgage ['mɔ:gidʒ] *s* hipoteca *f*; *v/t* hipotecar

mortify ['mɔ:tifai] *v/t* mortificar, humillar

mortuary ['mɔ:tjuəri] depósito *m* de cadáveres

mosaic [məu'zeiik] mosaico *m*

Moslem ['mɔzləm] *a, s* musulmán(ana) *m (f)*

mosque [mɔsk] mezquita *f*

mosquito [məs'ki:təu] mosquito *m*

moss [mɔs] musgo *m*

most [məust] *a (superl de much, many)* el, la, los, las más; la mayor parte de; *adv* más; muy; sumamente; **at (the) ~** a lo más; **~ likely** muy probable; **make the ~ of** sacar el mejor partido de; **~ly** principalmente

moth [mɔθ] polilla *f*; **~-eaten** apolillado

mother ['mʌðə] *s* madre *f*; **~hood** maternidad *f*; **~-in-law** suegra *f*; **~less** huérfano de madre; **~ly** maternal; **~-of-pearl** nácar *m*; **~ tongue** lengua *f* materna

motif [məu'ti:f] motivo *m*

motion ['məuʃən] *s* movi-

miento m; gesto m; además m; moción f; v/t indicar con un gesto de la mano; **~less** inmóvil; **~ picture** película f
motiv|ate ['məutiveit] v/t motivar; **~e** motivo m
motor ['məutə] s motor m; automóvil m, v/i ir en coche; **~bike** moto f; **~car** automóvil m; coche m; **~cycle** motocicleta f; **~cyclist** motociclista m, f; **~ing** automovilismo m; **~ist** automovilista m, f; **~ize** motorizar; **~way** autopista f
motto ['mɔtəu] lema m; divisa f
mo(u)ld [məuld] s molde m; moho m; v/t moldear; formar; **~er** v/i desmoronarse; **~y** mohoso
mound [maund] montículo m
mount [maunt] s monte m; montura f; v/t montar; elevar; subir, escalar; v/i subir; crecer; montar a caballo
mountain ['mauntin] montaña f; **~ chain, ~ range** cordillera f; sierra f; **~eer** [~'niə] alpinista m; montañés m; **~ous** montañoso
mourn [mɔːn] v/t llorar; lamentar; v/i lamentarse; **~er** doliente m, f; plañidera f; **~ful** triste; doloroso; **~ing** luto m; **to be in ~ing** estar de luto
mouse [maus] ratón m; **~trap** ratonera f
moustache [məs'tɑː∫] bigote m

mouth [mauθ] s boca f; desembocadura f (de río); [mauð] v/t pronunciar; **~ful** bocado m; **~piece** boquilla f; portavoz m; **~wash** enjuague m; **~watering** apetitoso
mov|e [muːv] s movimiento m; paso m; jugada f; v/t mover; trasladar; conmover; v/i moverse; mudarse; **~e into** (casa) instalarse en; **~e on** seguir caminando; **~ement** movimiento m; **~ies** fam cine m; **~ing** conmovedor
mow [mau] v/t segar; **~er** segador(a) m (f)
much [mʌt∫] a mucho; adv mucho; muy; **as ~ as** tanto como; **how ~ is it?** ¿cuánto es?; **so ~ the better** tanto mejor; **so ~ the worse** tanto peor; **too ~** demasiado; **very ~** muchísimo
mucus ['mjuːkəs] moco m
mud [mʌd] barro m; fango m; lodo m
muddle ['mʌdl] s embrollo m; perplejidad f; v/t confundir; **~ up** embrollar
mud|dy ['mʌdi] lodoso; **~guard** guardabarros m
muezzin [muː(ː)'ezin] almuecín m
muff [mʌf] manguito m
muffin ['mʌfin] mollete m
muffle ['mʌfl] v/t tapar; embozar; amortiguar (sonido, etc); **~r** bufanda f; aut silenciador m

mug [mʌg] cubilete m; v/t asaltar para robar; **~ging** asalto m; **~gy** bochornoso

mulberry ['mʌlbəri] mora f; moral m

mule [mjuːl] mulo m; mula f; **~teer** [~i'tiə] arriero m

mull [mʌl] v/t **~ over** meditar sobre

multicolored ['mʌltikʌləd] multicolor

multifarious ['mʌlti'fɛəriəs] múltiple, vario

multiple [mʌltipl] a múltiple; s múltiplo m; **~y** ['~plai] v/t, v/i multiplicar(se)

multitude ['mʌltitjuːd] multitud f

mumble ['mʌmbl] v/t, v/i hablar entre dientes

mummy ['mʌmi] momia f; mami f

mumps [mʌmps] paperas f/pl

munch [mʌntʃ] v/t mascar

mundane [mʌn'dein] mundano

municipal [mjuː(:)'nisipəl] municipal; **~ity** [~'pæliti] municipio m

mural ['mjuərəl] a, s mural m

murder ['məːdə] s asesinato m; v/t asesinar; **~er** asesino m; **~ous** asesino; homicida; fig feroz

murmur ['məːmə] s murmullo m; v/t, v/i murmurar

muscle ['mʌsl] músculo m; **~ular** ['~kjulə] musculoso; muscular

muse [mjuːz] v/i reflexionar;

meditar; s musa f

museum [mju(:)'ziəm] museo m

mush [mʌʃ] gachas f/pl

mushroom ['mʌʃrum] seta f; champiñón m

music ['mjuːzik] música f; **~al** musical; músico; **~ hall** teatro m de variedades; **~ian** [~'ziʃən] músico(a) m (f)

musk [mʌsk] almizcle m

Muslim ['mʌslim] a, s musulmán(ana) m (f)

muslin ['mʌslin] muselina f

mussel ['mʌsəl] mejillón m

must [mʌst] v/aux deber, tener que, haber de, deber de; **I ~ write** debo escribir; **~ be late** debe de ser tarde; s **it's a ~** es imprescindible

must [mʌst] mosto m; moho m

mustard ['mʌstəd] mostaza f

muster ['mʌstə] v/t reunir; v/i juntarse; s asamblea f

musty ['mʌsti] mohoso; rancio

mute [mjuːt] silencioso; mudo; **~d** sordo, apagado

mutilate ['mjuːtileit] v/t mutilar

mutineer [mjuːti'niə] amotinado m; **~ous** ['~nəs] sedicioso; **~y** ['~ni] motín m

mutter ['mʌtə] v/t, v/i murmurar; rezongar

mutton ['mʌtn] carne f de carnero

mutual ['mjuːtʃuəl] mutuo

muzzle ['mʌzl] s hocico m;

bozal *m*; boca *f* (*de arma de fuego*); *v/t* amordazar
my [mai] *pron pos* mi, mis
myopic [mai'ɔpik] miope
myrrh [mɔː] mirra *f*
myrtle ['mɔːtl] mirto *m*
myself [mai'self] *pron* yo mis-

mo; me; mí
myst|erious [mis'tiəriəs] mis-terioso; **~ery** ['-təri] misterio *m*; **~ic** ['mistik] *a*, *s* mís-tico(a) *m* (*f*); **~ify** ['-tifai] *v/t* mistificar; desconcertar
myth [miθ] mito *m*

N

nab [næb] *v/t* arrestar, atra-par
nag [næg] *v/t*, *v/i* regañar
nail [neil] *s* uña *f*; clavo *m*; **to hit the ~ on the head** dar en el clavo; *v/t* clavar; **~ file** lima *f* para las uñas; **~ polish** laca *f* de uñas
naïve [nai'iːv] ingenuo
naked ['neikid] desnudo
name [neim] *s* nombre *m*; apellido *m*; título *m*; *v/t* po-ner nombre a; apellidar; de-signar; mencionar; **maiden ~** nombre *m* de soltera; **what's your ~?** ¿cómo se lla-ma?; **~less** sin nombre; anónimo
namely ['neimli] a saber
nanny ['næni] niñera *f*; **~ goat** cabra *f*
nap [næp] sueño *m* ligero; **to take a ~** echar una siesta
nape [neip] nuca *f*
nap|kin ['næpkin] servilleta *f*; **~py** *fam* pañal *m*
narcotic [naː'kɔtik] *a*, *s* nar-cótico *m*; **~s** estupefacientes *m/pl*
narrate [næ'reit] *v/t* narrar;

~ion narración *f*; **~ive** ['-ɔtiv] narrativa *f*
narrow ['nærəu] *a* estrecho; limitado; *v/t* estrechar; limi-tar; *v/i* estrecharse; **~ly** por poco; **~-minded** intolerante, de miras estrechas
nasty ['naːsti] horrible; sucio; repulsivo; peligroso
nation ['neiʃən] nación *f*; **~al** ['næʃənl] nacional; **~ality** [~'næliti] nacionalidad *f*; **~alize** ['næʃnəlaiz] *v/t* naciona-lizar; **~wide** ['-waid] a ni-vel nacional
nativ|e [neitiv] *a* nativo; na-tural; indígena; *s* natural *m*, *f*, nacional *m*, *f*, nativo(a) *m* (*f*); **~ity** [nə'tiviti] natividad *f*
natural ['nætʃrəl] natural; **~ize** *v/t* naturalizar; **~ly** na-turalmente; desde luego
nature ['neitʃə] naturaleza *f*; carácter *m*; índole *f*
naught [nɔːt] nada *f*; cero *m*
naughty ['nɔːti] travieso; des-obediente
nause|a ['nɔːsjə] náusea *f*; **~ate** ['-ieit] *v/t* dar asco; **~ating** nauseabundo

nautical ['nɔ:tikəl] náutico; ~ **mile** milla f marina

naval ['neivəl] naval

nave [neiv] relig nave f

navel ['neivəl] ombligo m

naviga|te ['nævigeit] v/t, v/i navegar; **~tor** navegante m

navy ['neivi] marina f; armada f; ~ **blue** azul marino

near [niə] prep cerca de; junto a; próximo a; adv cerca; a cercano; próximo; contiguo; íntimo; inmediato; v/i acercarse a; **~by** cerca; **~ly** casi; por poco; **~ness** proximidad f; inminencia f; **~sighted** miope

neat [ni:t] pulcro; ordenado; **~ness** pulcritud f

necessary ['nesisəri] necesario; preciso

necessit|ate [ni'sesiteit] v/t necesitar, requerir; **~y** necesidad f; requisito m

neck [nek] cuello m; pescuezo m; gollete m (de una botella); **~lace** ['-lis] collar m; **~tie** corbata f

née [nei] nacida

need [ni:d] s necesidad f; carencia f; urgencia f; pobreza f; **in ~** necesitado; v/t necesitar; precisar

needle [ni:dl] aguja f

needless ['ni:dlis] innecesario, inútil; **~ to say** huelga decir

needy ['ni:di] necesitado

negation [ni'geiʃən] negación f; **~ve** ['negətiv] s nega-

tiva f; foto negativo m; a negativo

negl|ect [ni'glekt] s descuido m; abandono m; v/t descuidar; abandonar; **~igent** ['neglidʒənt] negligente, descuidado; **~igible** insignificante

negotia|te [ni'gouʃieit] v/i negociar; tratar; v/t negociar; tramitar; **~tion** negociación f; **~tor** negociador(a) m (f)

neigh [nei] v/i relinchar

neighbo(u)r ['neibə] vecino(a) m (f); **~hood** vecindad f; barrio m; **~ing** cercano, vecino; **~ly** sociable

neither ['naiðə] a ningún (de dos); pron ninguno(a) (de dos); ni uno ni otro; conj ni; tampoco; **~ ... nor** ni ... ni

neon ['ni:ɔn] neón m

nephew ['nevju(:)] sobrino m

nerv|e [nə:v] nervio m; valor m; descaro m; **what ~e!** ¡qué caradura!; **it gets on my ~es** me crispa los nervios; **~ous** nervioso

nest [nest] s nido m

net [net] s red f; redecilla f (para el pelo); a neto; v/t coger con la red

Netherlands ['neðələndz] Países m/pl Bajos

nettle ['netl] ortiga f

network ['netwə:k] radio, TV red f de emisoras

neut|er ['nju:tə] a neutro; **~ral** ['-trəl] a, s neutral m; f;

~rality [~'træliti] neutralidad f

neutron ['nju:trən] neutrón m

never ['nevə] nunca; jamás; **~ending** interminable; **~more** nunca más; **~theless** no obstante; sin embargo

new [nju:] nuevo; fresco; novicio; reciente; **~born** recién nacido; **~comer** recién llegado m; novato m; **~ly** nuevamente; **~lyweds** recién casados m/pl; **~ness** novedad f

news [nju:z] noticia f; noticias f/pl; **~cast** (radio, TV) telediario m; **~paper** periódico m; **~reel** noticiario m; actualidades f/pl; **~stand** quiosco m de periódicos

New Year ['nju:'jə:] año m nuevo; **~ Year's Eve** Nochevieja f

next [nekst] a siguiente, venidero; próximo; **~ time** la próxima vez; **~ to** junto a; **~ year** el año que viene; después; en seguida; **~door** al lado

nibble [nibl] v/t mordiscar

Nicaragua [nikə'rægjuə] Nicaragua f; **~n** a, s nicaragüense m, f

nice [nais] simpático; amable; agradable; bonito; **~ly** muy bien; agradablemente; **~ness** amabilidad f; **~ties** ['~itiz] sutilezas f/pl

niche [nitʃ] nicho m

nick [nik] s mella f; v/t mellar

nickel ['nikl] níquel m

nickname ['nikneim] apodo m; mote m

nicotine ['nikəti:n] nicotina f

niece [ni:s] sobrina f

niggardly ['nigədli] tacaño

night [nait] noche f; at ~ por la noche; by ~ de noche; good ~! ¡buenas noches!; last ~ anoche; tomorrow ~ mañana por la noche; **~cap** gorro m de dormir; fam último trago m (de la noche); **~fall** anochecer m; **~gown** camisón m; **~ingale** ['~iŋgeil] ruiseñor m; **~ly** de noche; todas las noches; **~mare** ['~mɛə] pesadilla f; ~ school escuela f nocturna; **~time** noche f

nil [nil] nada

nimble ['nimbl] ágil, ligero

nine [nain] nueve

nip [nip] s pellizco m; traguito m; v/t pellizcar

nipple ['nipl] pezón m

nitrate ['naitreit] nitrato m; **~rogen** ['~trədʒən] nitrógeno m

no [nəu] adv no; a ninguno; ~ one nadie

nobility [nəu'biliti] nobleza f

noble ['nəubl] noble; **~eman** noble m

nobody ['nəubədi] nadie; ~ else nadie más

nod [nɔd] s seña f con la cabeza; v/i afirmar con la cabeza; inclinar la cabeza; dormitar

noise [nɔiz] ruido m; **~eless** silencioso; **~y** ruidoso

notice

nomad ['nɔməd] *a, s* nómada *m, f*

nomina|l ['nɔminl] nominal; **~te** ['~eit] *v/t* proponer; nombrar; **~tion** nombramiento *m*; **~tive** ['~ətiv] nominativo *m*

non ['nɔn] prefijo no; des...; in...; falta de; **~acceptance** rechazo *m*; **~aligned** (*país*) neutral; **~chalant** [nɔnʃə-'lɑːnt] indiferente; **~committal** evasivo; **~descript** ['~diskript] indefinido; indeterminado

none [nʌn] nadie, ninguno

non|entity [nɔ'nentiti] nulidad *f*; **~etheless** [nʌnðəles] no obstante; **~fiction** no ficción; **~observance** incumplimiento *m*; **~plus** ['nɔn-'plʌs] *v/t* dejar perplejo; **~profit** sin fin lucrativo

nonsense ['nɔnsəns] disparate *m*; tontería *f*

non|reflecting ['nɔnri'flektiŋ] antirreflejo; **~skid** ['nɔn-'skid] antideslizante; **~smoker** no fumador; **~stop** directo (*tren*); sin escalas

noodle ['nuːdl] fideo *m*

nook [nuk] rincón *m*

noon [nuːn] mediodía *m*

nor [nɔː] tampoco; ni

norm [nɔːm] norma *f*; **~al** normal

north [nɔːθ] *s* norte *m*; *a* del norte; septentrional; *adv* hacia el norte; ♀ **America** América *f* del Norte; ♀

American *a, s* norteamericano(a) *m (f)*; **~ern** del norte; ♀ **Pole** Polo *m* Norte; ♀ **Sea** Mar *m* del Norte; **~wards** ['~wədz] hacia el norte

Norw|ay ['nɔːwei] Noruega *f*; **~egian** [~'wiːdʒən] *a, s* noruego(a) *m (f)*

nose [nəuz] *s* nariz *f*; olfato *m*; *blow one's* ~ sonarse; *v/i* ~ *about* curiosear; ~ *dive* *v/i aer* lanzarse de morro; **~gay** ['~gei] ramillete *m* de flores

nostalgia [nɔs'tældʒiə] nostalgia *f*, añoranza *f*

nostril ['nɔstril] ventana *f* de la nariz

nosy ['nəuzi] *fam* curioso

not [nɔt] no; *why* ~? ¿por qué no?; ~ *at all* de ninguna manera; en absoluto; ~ *yet* todavía no

notable ['nəutəbl] notable

notary ['nəutəri] notario *m*

notch [nɔtʃ] *s* muesca *f*

note [nəut] *s* nota *f*; billete *m*; señal *f*; apunte *m*; distinción *f*; *com* vale *m*; *v/t* apuntar; observar; advertir; **~book** libreta *f*; cuaderno *m*; **~d** afamado, conocido; **~paper** papel *m* de carta; **~worthy** notable

nothing ['nʌθiŋ] nada *f*; cero *m*; *for* ~ gratis; ~ *if not* más que todo; ~ *to do with* nada que ver con; *to say* ~ *of* sin mencionar

notice ['nəutis] *s* aviso *m*;

atención *f*; **take ~ of** hacer
caso de; **to give ~** despedir (*a
uno*); informar; **short ~** corto plazo *m*; *v/t* notar; advertir; **~able** perceptible; evidente

notify ['nəutifai] *v/t* notificar

notion ['nəuʃən] noción *f*;
idea *f*; opinión *f*

notorious [nəu'tɔ:riəs] notorio

notwithstanding [nɔtwið-
'stændiŋ] *prep* a pesar de; *adv*
no obstante

nought [nɔ:t] nada *f*; cero *m*

noun [naun] nombre *m*, sustantivo *m*

nourish ['nʌriʃ] *v/t* nutrir, alimentar; **~ing** nutritivo;
~ment alimento *m*, sustento
m

novel ['nɔvəl] *a* nuevo; *s* novela *f*; **~ist** novelista *m, f*; **~ty**
novedad *f*

November [nəu'vembə] noviembre *m*

now [nau] ahora; **right ~** ahora mismo; **~ and then** de vez
en cuando; **~adays** ['~ədeiz]
hoy en día

nowhere ['nəuweə] en ninguna parte

noxious ['nɔkʃəs] nocivo

nozzle ['nɔzl] boquilla *f*; *tecn*
tobera *f*

nuclear ['nju:kliə] *a* nuclear;
~us ['nju:kliəs] núcleo *m*

nude [nju:d] *a, s* desnudo *m*

nudge [nʌdʒ] *s* codazo *m*; *v/t*
dar un codazo

nudism ['nju:dizm] naturismo *m*

nugget ['nʌgit] pepita *f* (de
oro)

nuisance ['nju:sns] fastidio
m; molestia *f*

null [nʌl] nulo; **~ and void**
nulo, sin efecto ni valor

numb [nʌm] entumecido; *v/t*
entumecer, entorpecer

number ['nʌmbə] *s* número
m; *v/t* numerar; **~ plate** *aut*
placa *f* de matrícula

numeral ['nju:mərəl] *a* numeral; *s* número *m*, cifra *f*;
~ous numeroso

nun [nʌn] monja *f*

nuptials ['nʌpʃəlz] nupcias
f/pl

nurse [nə:s] *s* enfermera *f*;
niñera *f*; *v/t* criar; cuidar;
~ry cuarto *m* de los niños;
~ry rhyme canción *f* infantil; **~ry school** parvulario
m; **~ing** crianza *f*; cuidado
m; **~ing home** clínica *f* de
inválidos

nut [nʌt] nuez *f*; *tecn* tuerca *f*;
fam loco *m*; **~cracker** casca-
nueces *m*; **~meg** nuez *f* moscada; **~shell** cáscara *f* de
nuez; **in a ~shell** en resumi-
das cuentas

nutritious [nju'triʃəs] nutritivo

nylon ['nailən] nilón *m*

obtrusive

O

oak [əuk] roble *m*

oar [ɔ:] remo *m*

oasis [əu'eisis] oasis *m*

oat [əut] avena *f*

oath [əuθ] juramento *m*; **to take an ~** prestar juramento

oatmeal ['əut'mi:l] harina *f* de avena

obedien|ce [ə'bi:djəns] obediencia *f*; sumisión *f*; **~t** obediente; sumiso

obes|e [əu'bi:s] obeso; **~ity** obesidad *f*

obey [ə'bei] *v/t* obedecer; cumplir

obituary [ə'bitjuəri] necrología *f*

object ['ɔbdʒikt] *s* objeto *m*; materia *f*; propósito *m*; *gram* complemento *m*; [əb'dʒekt] *v/t* objetar; *v/i* oponerse; **~ion** objeción *f*, reparo *m*; **to have no ~ion** no ver ningún inconveniente; **~ionable** ofensivo; **~ive** *a*, *s* objetivo *m*

obligat|ion [ɔbli'geiʃən] obligación *f*; **~ory** [ɔ'bligətəri] obligatorio

oblig|e [ə'blaidʒ] *v/t* obligar; complacer; **much ~ed** muy agradecido; **~ing** servicial, atento

oblique [ə'bli:k] oblicuo; indirecto

obliterate [ə'blitəreit] *v/t* obliterar, borrar; aniquilar

oblivi|on [ə'bliviən] olvido *m*; **~ous: to be ~ous of** inconsciente de

oblong ['ɔblɔŋ] *s* figura *f* oblonga; *a* oblongo

obnoxious [ɔb'nɔkʃəs] ofensivo, detestable

obscene [ɔb'si:n] obsceno

obscure [əb'skjuə] *a* oscuro; vago; confuso; *v/t* oscurecer; anublar

obsequious [əb'si:kwiəs] obsequioso; servil

observan|ce [əb'zə:vəns] prática *f*; **~t** observador

observ|ation [ɔbzə(:)'veiʃən] observación *f*; **under ~ation** vigilado; **~atory** [əb'zə:vətri] observatorio *m*; **~e** *v/t* observar; **~er** observador *m*

obsess [əb'ses] *v/t* obsesionar; obsesión *f*

obsolete ['ɔbsəli:t] anticuado, desusado

obstacle ['ɔbstəkl] obstáculo *m*; inconveniente *m*

obstina|cy ['ɔbstinəsi] terquedad *f*; **~te** [~it] terco; obstinado

obstruct [əb'strʌkt] *v/t* obstruir; estorbar; bloquear; **~ion** obstrucción *f*; obstáculo *m*; estorbo *m*

obtain [əb'tein] *v/t* obtener, conseguir; **~able** asequible

obtrusive [əb'tru:siv] intruso; importuno

obvious ['ɔbviəs] obvio; evidente; patente

occasion [ə'keiʒən] s ocasión f, oportunidad f; acontecimiento m; motivo m; v/t ocasionar; **on the ~ of** con motivo de; **~al** poco frecuente; **~ally** de vez en cuando

occupant ['ɔkjupənt] ocupante m; inquilino m

occup|ation [ɔkju'peiʃən] ocupación f; tenencia f; empleo m; profesión f; **~y** ['ɔ'pai] v/t ocupar; vivir en; emplear (*tiempo*)

occur [ə'kəː] v/i ocurrir; suceder; **~rence** [ə'kʌrəns] ocurrencia f; acontecimiento m; caso m

ocean ['əuʃən] océano m; **~ liner** transatlántico m

o'clock [ə'klɔk]: **it is two ~** son las dos

octane ['ɔktein] octano m

octave ['ɔktiv] octava f

October [ɔk'təubə] octubre m

octopus ['ɔktəpəs] pulpo m

ocul|ar ['ɔkjulə] ocular; **~ist** oculista m, f

odd [ɔd] impar; y tanto; suelto; sobrante; raro; estrambótico; ocasional; **~ numbers** impares m/pl; **thirty ~** treinta y tantos; **~ity** rareza f; **~ly** curiosamente; **~s** ventaja f; probabilidad f; **at ~s** en desacuerdo; **~s and ends** retazos m/pl

odious ['əudjəs] odioso

odorous ['əudərəs] oloroso

odo(u)r ['əudə] olor m; **~less** inodoro

of [ɔv, əv] prep de; **all ~ them** todos ellos; **most ~ all** más que nada; **a cup ~ coffee** una taza de café; **it smells ~ fish** huele a pescado; **I dream ~ you** sueño contigo; **a friend ~ mine** un amigo mío; **~ late** últimamente; **~ course** por supuesto

off [ɔf] prep lejos de; fuera de; **a day ~** un día libre; **10% ~** 10 % de descuento; **~ the road** fuera de la carretera; adv lejos; fuera de servicio; **to take ~** quitarse; despegar (*el avión*); **to go ~** marcharse; **~ and on** a intervalos; **~ with you!** ¡lárgate! a tecn desconectado; apagado (*luz*)

offen|ce, ~se [ə'fens] ofensa f; delito m; **to take ~ce** ofenderse; **~d** v/t ofender; v/i **~d against** pecar contra; **~der** ofensor m; delincuente m; **~sive** s ofensiva f; a ofensivo

offer ['ɔfə] s oferta f; propuesta f; proposición f; v/t ofrecer; proponer; v/i ofrecerse, presentarse; **~ing** relig ofrenda f; sacrificio m

offhand [ɔf'hænd] adv de improviso; a espontáneo

office ['ɔfis] oficina f; despacho m; oficio m; empleo m; **to take ~** asumir un cargo; **~r** oficial m; funcionario m; policía m

official [ə'fiʃəl] a oficial; s funcionario *m*; **~dom** burocracia *f*

offing ['ɔfiŋ]: *to be in the ~* estar en perspectiva

off|shoot ['ɔfʃuːt] vástago *m*; *fig* ramal *m*; **~shore** cerca de la costa; **~side** *sp* fuera de juego

offspring ['ɔfspriŋ] descendiente *m, f*; descendencia *f*

often ['ɔfn] *adv* muchas veces; frecuentemente; a menudo; *how ~?* ¿cuántas veces?

oil [ɔil] *s* aceite *m*; petróleo *m*; *v/t* aceitar, lubri(fi)car; engrasar; **~cloth** encerado *m*; **~gauge** *aut* mediador *m* del aceite; **~painting** pintura *f* al óleo; **~skin** impermeable *m*, chubasquero *m*; **~well** pozo *m* de petróleo; **~y** aceitoso; grasiento

ointment ['ɔintmənt] ungüento *m*

OK, okay [ou'kei] *interj fam* muy bien; ¡vale!; *s* visto *m* bueno

old [ould] viejo; antiguo; añejo; *grow ~* envejecer; *how ~ is he?* ¿cuántos años tiene?; **~age** vejez *f*; **~est** el (la) más viejo(a); **~-fashioned** pasado de moda; **~maid** solterona *f*; **Ω Testament** Antiguo Testamento *m*

olive ['ɔliv] aceituna *f*; **~tree** olivo *m*

Olympic [ou'limpik] **games** juegos *m/pl* olímpicos

omelet(te) ['ɔmlit] tortilla *f*

omen ['oumen] agüero *m*; augurio *m*

ominous ['ɔminəs] siniestro; de mal agüero

omi|ssion [ə'miʃən] omisión *f*; olvido *m*; **~t** *v/t* omitir; pasar por alto

omni|potent [ɔm'nipətənt] omnipotente; **~scient** [~sient] omnisciente

on [ɔn] *prep* encima de; sobre; en; **~account of** a causa de; **~Monday** el lunes; **~foot** a pie; **~holiday** de vacaciones; **~horseback** a caballo; **~purpose** a propósito; *adv* adelante; sucesivamente; encima; puesto; encendido (*gas, luz, etc*); *go ~!* ¡siga!; *to go ~* seguir adelante; *come ~!* ¡vamos!; ¡venga!; *and so ~* y así sucesivamente; *from then ~* desde entonces

once [wʌns] una vez; antiguamente; *all at ~* de repente; *at ~* en seguida; *in a while* de vez en cuando; *~more* otra vez; *~upon a time* érase una vez

one [wʌn] *a* un, uno(a); único; cierto; un tal; *~hundred* ciento, cien; *s, pron* uno *m*; una *f*; la una (hora) *f*; *this ~* éste(a); *that ~* ése(a), aquél(la); *~another* el uno a otro; *~by ~* uno a uno; *~'s* su, sus; *~self* uno(a) mismo(a); sí mismo; *~-armed* manco; *~-sided* parcial; **~way street** calle f de dirección única; **~way ticket** billete m de ida

onion ['ʌnjən] cebolla f

onlooker ['ɔnlukə] espectador(a) m (f)

only ['əunli] a único; solo; **an ~ child** un hijo m único; adv solamente, sólo; únicamente; recién; **~ just** apenas; conj sólo que; pero

onrush ['ɔnrʌʃ] arremetida f

onset ['ɔnset] ataque m; comienzo m

onward ['ɔnwəd] a progresivo; **~(s)** adv adelante

ooze [u:z] s cieno m; v/t exudar

opaque [əu'peik] opaco

open ['əupən] a abierto; libre; franco; manifiesto; descubierto; susceptible de; com pendiente; v/t abrir; descubrir; dar comienzo a; **in the ~** al aire libre; **bring into the ~** hacer público; **~er** abridor m; **~ing** abertura f; comienzo m; oportunidad f; **~ly** abiertamente; **~-minded** imparcial; **~ness** franqueza f

opera ['ɔpərə] ópera f; **~ glasses** gemelos m/pl de teatro

operate ['ɔpəreit] v/t impulsar; hacer funcionar; v/i operar; obrar, actuar; med operar; **~ing room** sala f de operaciones; **~ion** operación f; funcionamiento m; **~ive** ['~ətiv] a eficaz; activo; **~or**

operador m

opinion [ə'pinjən] opinión f; juicio m; parecer m; **in my ~** a mi parecer; **~ated** testarudo (en sus opiniones)

opium ['əupjəm] opio m

opponent [ə'pəunənt] antagonista m; adversario m

opportunity [ɔpə'tju:niti] oportunidad f

oppos|e [ə'pəuz] v/t oponerse a; **~ed** opuesto; **~ing** contrario; divergente; **~ite** ['ɔpəzit] de enfrente; opuesto; **~ition** [ɔpə'ziʃən] oposición f; resistencia f

oppress [ə'pres] v/t oprimir; **~ion** opresión f; **~ive** opresivo; agobiante

optic|(al) ['ɔptik(əl)] a óptico; **~ian** [ɔp'tiʃən] óptico m; **~s** óptica f

optimism ['ɔptimizəm] optimismo m

or [ɔ:] conj o; u; **~ else** de otro modo; si no; **either ... ~** o ... o

oral ['ɔ:rəl] oral

orange ['ɔrindʒ] naranja f; **~ade** ['~eid] naranjada f

orator ['ɔrətə] orador m

orbit ['ɔ:bit] órbita f

orchard ['ɔ:tʃəd] huerto m

orchestra ['ɔ:kistrə] orquesta f

orchid ['ɔ:kid] orquídea f

ordeal [ɔ:'di:l] prueba f dura

order ['ɔ:də] s mandato m; orden m; arreglo m; com pedido m; orden f (militar o reli-

giosa); condecoración *f*; **in ~
that** para que; **in ~ to** para; **in
short ~** en breve plazo; **on ~**
por encargo; **out of ~** estro-
peado; "no funciona"; **to
put in ~** arreglar; *v/t* ordenar,
mandar; dirigir; cada pedir;
~ly *a* ordenado; metódico; *s
mil* ordenanza *m*

ordinary ['ɔ:dnri] ordinario;
común; corriente

ore [ɔ:] mineral *m*

organ ['ɔ:gən] órgano *m*

organic [ɔ:'gænik] orgánico

organiz|ation [ɔ:gənai'zei-
ʃən] organización *f*; **~e**
['~aiz] *v/t*, *v/i* organizar(se)

Orient ['ɔ:riənt] Oriente *m*;
2ation orientación *f*

origin ['ɔridʒin] origen *m*;
principio *m*; procedencia *f*;
~al [ə'ridʒənl] *a* original, primitivo; legítimo; *s* original
m; prototipo *m*; **~ality**
[ɔridʒi'næliti] originalidad *f*;
~ate [ə'ridʒineit] *v/t* crear;
ocasionar; *v/i* originarse;
provenir

orna|ment ['ɔ:nəmənt] *s* or-
namento *m*; adorno *m*;
['~ment] *v/t* adornar; decor-
ar; **~mental** ornamental

orphan ['ɔ:fən] huérfano(a) *m*
(*f*); **~age** orfanato *m*

ortho|dox ['ɔ:θədɔks] ortodo-
xo; **~pedic** [~'pidik] orto-
pédico

oscillat|e ['ɔsileit] *v/i* oscilar;
~ion oscilación *f*

ostentatious [ɔsten'teiʃəs]

ostentativo; aparatoso

ostrich ['ɔstritʃ] avestruz *m*

other ['ʌðə] *a* otro(a, os, as);
adv **~ than** otra cosa que;
pron el otro, la otra; **one
after the ~** uno tras otro;
~wise ['~waiz] de otra manera

ought [ɔ:t] *v/aux* deber; **he ~
to write** debería escribir

ounce [auns] onza *f*

our [auə] *a* nuestro(a, os, as);
2 Father padrenuestro *m*; **~s**
pron el nuestro, la nuestra,
los nuestros, las nuestras;
~selves nosotros(as)
mismos(as)

oust [aust] *v/t* desalojar, expulsar

out [aut] *adv* fuera; afuera; de
fuera; ausente; terminado;
apagado; de huelga; pasado
de moda; al descubierto; **get
~!** ¡fuera!; *prep* **~ of** fuera de;
~ of danger fuera de peligro;
to go ~ salir

out|board fuera de borda;
~break *s* estallido
m; **~burst** explosión *f*; **~cast**
paria *m*; **~come** resultado
m; **~cry** protesta *f*; **~do** *v/t*
superar, exceder; **~doors** al
aire libre; **~er** externo; **~fit** *s*
equipo *m*; pertrechos *m/pl*;
v/t equipar; **~flow** efusión *f*;
~going saliente; extrovertido; **~grow** *v/t* superar; salirse *f*; **~ing** excursión *f*; **~law**
s proscrito *m*; *v/t* proscribir;
~lay gasto *m*; **~let** salida *f*;

desahogo m; ~**line** s contorno m; v/t trazar; ~**live** v/t sobrevivir a; ~**look** perspectiva f; ~**lying** remoto; ~**moded** anticuado; ~**number** v/t ceder en número; ~**patient** paciente m, f externo(a); ~**post** puesto m de avanzada; ~**put** producción f; ~**rage** s ultraje m; atrocidad f; v/t ultrajar; ~**rageous** [aut'reidʒəs] escandaloso; ~**right** ['aut'rait] a completo; definitivo; adv de una vez; ~**run** v/t correr más que; ~**set** principio m; ~**side** a externo, exterior; s exterior m; adv fuera; prep fuera de; ~**sider** extraño m; forastero m; ~**skirts** alrededores m/pl; ~**spoken** franco; ~**standing** destacado; com pendiente; ~**strip** v/t aventajar; ~**ward** [~'wəd] a exterior; externo; ~**wards** adv hacia fuera; ~**weigh** v/t exceder; valer más que; ~**wit** v/t ser más listo que

oval ['əuvəl] oval, ovalado
oven [ʌvn] horno m
over ['əuvə] prep sobre; encima de; por encima de; durante; por; adv encima; ~**here** acá; ~**there** allá; it's all ~! ¡se acabó!; ~ **and out** mil cambio y corte; ~ **and** ~ repetidamente; ~**alls** mono m; ~**bearing** despótico; ~**board** al agua; ~**booking** sobreocupación f; ~**cast**

anublado; ~**charge** v/t cobrar en demasía; ~**coat** abrigo m; ~**come** v/t vencer; ~**crowding** sobrepoblación f; ~**do** v/t excederse en; exagerar; ~**dose** sobredosis f; ~**draw** v/t girar en descubierto; ~**due** retrasado; ~**flow** v/i desbordarse; derramarse; ~**haul** v/i revisar (coche etc); ~**head** de arriba; s com gastos m/pl generales; ~**hear** v/t oír por casualidad; ~**joyed** contentísimo; ~**lap** v/i traslaparse; ~**load** v/t sobrecargar; ~**look** v/t dominar (con la vista); pasar por alto; no hacer caso de; ~**night** durante la noche; ~**pass** f c paso m superior; ~**power** v/t subyugar; vencer; ~**rate** v/t sobrestimar; ~**rule** v/t for denegar; ~**run** v/t invadir; ~**seas** ultramar; ~**seer** capataz m; superintendente m; ~**shadow** v/t obscurecer; fig eclipsar; ~**sight** inadvertencia f; descuido m; ~**sleep** quedarse dormido; ~**state** v/t exagerar; ~**strung** muy tenso; ~**take** v/t alcanzar; aut adelantar; ~**throw** v/t volcar; derribar; ~**time** horas f/pl extraordinarias
overture ['əuvətjuə] mús obertura f
over|turn [əuvə'tə:n] v/t volcar; derribar; v/i volcar; ~**weight** exceso m de peso;

~whelm [~'welm] v/t abrumar; aplastar; **~work** v/i trabajar en exceso
owe [əu] v/t deber
owing ['əuiŋ] to debido a
owl [aul] búho m; lechuza f
own [əun] v/t poseer; reconocer; a propio; **on one's ~** por

su propia cuenta; **~er** propietario m; **~ership** posesión f; propiedad f
ox [ɔks] buey m
oxi|de ['ɔksaid] óxido m; **~ygen** ['ɔksidʒən] oxígeno m
oyster ['ɔistə] ostra f
ozone ['əuzəun] ozono m

P

pace [peis] s paso m; marcha f; v/i to **~ up and down** pasearse de un lado a otro; **~maker** med marcapasos m
pacif|ic [pə'sifik] pacífico; **~ist** ['pæsifist] a, s pacifista m, f; **~y** ['~fai] v/t pacificar; apaciguar
pack [pæk] s paquete m; fardo m; cajetilla f (de cigarrillos); baraja f (de naipes); pandilla f (de ladrones); jauría f (de perros); manada f (de lobos); v/t empaquetar; embalar; **~ off** despachar; v/i hacer las maletas
pack|age ['pækidʒ] paquete m; bulto m; **~er** embalador m; **~et** ['~it] paquete m pequeño; **~ing** embalaje m
pact [pækt] pacto m
pad [pæd] s almohadilla f; **~ of paper** bloc m; v/t forrar; rellenar
paddle ['pædl] s canalete m; paleta f; v/t remar (con paleta)
paddock ['pædək] corral m
padlock ['pædlɔk] candado m

pagan ['peigən] a, s pagano(a) m (f)
page [peidʒ] s página f (de libro); plana f (de periódico); paje m (chico); botones m; v/t paginar
pageant ['pædʒənt] desfile m espectacular; **~ry** pompa f, boato m
pail [peil] cubo m, balde m
pain [pein] s dolor m; v/t doler; dar lástima; **to feel ~** sentir dolor; sufrir; **to take ~s** empeñarse; **~ful** doloroso; **~less** sin dolor; **~staking** esmerado; concienzudo
paint [peint] s pintura f; v/t pintar; v/i ser pintor; maquillarse; **~er** pintor(a) m (f); **~ing** pintura f; cuadro m
pair [peə] s par m; pareja f; yunta f (de bueyes); **~ of scissors** tijeras f/pl; **~ of glasses** gafas f/pl; **~ of trousers** pantalones m/pl; v/t **~ off** aparear; acoplar
pajamas [pə'dʒæməz] Am pijama m, LA f
pal [pæl] fam compañero m

palace ['pælis] palacio *m*
palate ['pælit] paladar *m*
pal|e [peil] *a* pálido; **to grow**
~e palidecer; *s* estaca *f*; **~ing**
estacada *f*; **~isade** [pæli-
'seid] palizada *f*
pallor ['pælə] palidez *f*
palm [pɑːm] palma *f*; palmera
f; **2 Sunday** Domingo *m* de
Ramos
palpitation [pælpi'teiʃən] palpitación *f*
paltry ['pɔːltri] baladí
pamper ['pæmpə] *v/t* mimar
pamphlet ['pæmflit] folleto *m*
pan [pæn] cacerola *f*; *frying* **~**
sartén *f*
Panama ['pænəmɑː] Panamá
m; **~nian** *a, s* panameño(a)
m (f)
pancake ['pænkeik] hojuela
f, tortita *f*, *LA* panqueque *m*
pane [pein] cristal *m*; hoja *f*
de vidrio
panel ['pænl] *s* entrepaño *m*;
tablero *m*; **~(l)ing** pane-
les *m/pl*
pang [pæŋ] dolor *m* agudo;
punzada *f*; **~s of conscience**
remordimiento *m*
panic ['pænik] *s* pánico *m*;
terror *m*; *v/t, v/i* aterrar(se);
~-stricken despavorido
pansy ['pænzi] *bot* pensamiento *m*
pant [pænt] *v/i* jadear
panther ['pænθə] pantera *f*
panties ['pæntiz] *fam* bragas
f/pl; *LA* pantaletas *f/pl*

pantry ['pæntri] despensa *f*
pants [pænts] calzoncillos
m/pl; *Am* pantalones *m/pl*; **~**
suit traje *m* pantalón
panty ['pænti] *hose* media *f*
panty
papa [pə'pɑː] papá *m*
papacy ['peipəsi] papado *m*
paper ['peipə] *s* papel *m*; documento *m*; artículo *m*; *v/t*
empapelar; **~back** libro *m* de
bolsillo; **~ clip** sujetapapeles
m, clip *m*; **~hanger** empa-
pelador *m*; **~ money** papel *m*
moneda; **~ towels** papel *m*
de cocina; **~weight** pisapa-
peles *m*; **~work** papeleo *m*
par [pɑː] par *f*; *sp m*; *on a* **~**
with estar a la par con
parachut|e ['pærəʃuːt] *s* pa-
racaídas *m*; *v/i* saltar con
paracaídas; **~ist** paracaidista *m*
parade [pə'reid] *s* desfile *m*;
v/t ostentar; *v/i* desfilar
paradise ['pærədais] paraíso
m
paragraph ['pærəgrɑːf] párrafo *m*
Paraguay ['pærəgwai] el Paraguay; **~an** *a, s* para-
guayo(a) *m (f)*
parallel ['pærəlel] *a* paralelo;
s paralela *f*; paralelo *m*
paraly|se ['pærəlaiz] *v/t* pa-
ralizar; **~sis** [pə'rælisis]
parálisis *f*; **~tic** [pærə'litik] *a,
s* paralítico(a) *m (f)*
paramount ['pærəmaunt]
sumo; supremo

parasite ['pærəsait] parásito m

parcel ['pɑːsl] s paquete m; lío m; bulto m; parcela f (de tierra); v/t ~ **out** parcelar; repartir

parch [pɑːtʃ] v/t (re)secar; ~**ment** pergamino m

pardon ['pɑːdn] s perdón m; for indulto m; v/t perdonar; **I beg your** ~ perdone

pare [peə] v/t cortar; mondar; ~ **down** reducir

parent ['pɛərənt] padre m; madre f; ~**s** padres m/pl

parenthesis [pə'renθisis] paréntesis m

parings ['pɛəriŋz] peladuras f/pl, mondaduras f/pl

parish ['pæriʃ] parroquia f; ~**ioner** [pə'riʃənə] parroquiano m

parity ['pæriti] paridad f

park [pɑːk] s parque m; v/t, v/i estacionar; ~**ing:** ~**ing attendant** guardacoches m; ~**ing lot** estacionamiento m; aparcamiento m; **no** ~**ing** prohibido estacionarse; ~**ing meter** parquímetro m

Parliament ['pɑːləmənt] parlamento m; **2ary** [~'mentəri] parlamentario

parlo(u)r ['pɑːlə] salón m

parody ['pærədi] parodia f

parole [pə'rəul]: **on** ~ **for** libre bajo palabra

parquet ['pɑːkei] parqué m

parrot ['pærət] loro m; papagayo m

parsley ['pɑːsli] perejil m

parson ['pɑːsn] clérigo m

part [pɑːt] s parte f; porción f; trozo m; paraje m; teat papel m; **for my** ~ en cuanto a mí; **to take** ~ **in** tomar parte en; v/t dividir; repartir; v/i separarse; partir; ~ **from** despedirse de; ~ **with** privarse de; deshacerse de

partial ['pɑːʃəl] parcial; ~**ity** [~ʃi'æliti] parcialidad f

particip|ant [pɑː'tisipənt] participante m, f; ~**ate** [~eit] v/t participar; v/i tomar parte (en); ~**ation** participación f

participle ['pɑːtisipl] participio m

particle ['pɑːtikl] partícula f

particular [pə'tikjulə] particular; especial; quisquilloso; ~**ity** [~'læriti] particularidad f; peculiaridad f

parting ['pɑːtiŋ] separación f

partition [pɑː'tiʃən] s división f; v/t repartir; dividir; ~ **wall** tabique m

partly ['pɑːtli] en parte

partner ['pɑːtnə] socio(a) m (f); pareja f; ~**ship** asociación f; sociedad f; **to enter into** ~**ship with** asociarse con

partridge ['pɑːtridʒ] perdiz f

part-time [pɑːt'taim] de media jornada; por horas (trabajo etc)

party ['pɑːti] partido m; grupo m; partida f; fiesta f

pass [pɑːs] s puerto m (de

montaña); *sp* pase *m*; permiso *m*, licencia *f*; *v/t* pasar; traspasar; llevar; superar; aprobar (*examen*); ~ **out** distribuir; ~ **over** pasar por alto; ~ **up** no aprovechar; *v/i* pasar; ser aceptable; ~ **away** fallecer; ~ **out** *fam* desmayarse; ~ **through** estar de paso por; ~**able** transitable; tolerable; ~**age** paso *m*; pasaje *m*; travesía *f*; corredor *m*; ~**enger** ['pæsindʒə] pasajero *m*; ~**er-by** ['pɑːsə'bai] transeúnte *m*; ~**ing** pasajero

passion ['pæʃən] pasión *f*; cólera *f*; ~**ate** ['~it] apasionado; colérico

passive ['pæsiv] *a, s* pasivo *m*; ~**ity** [~'siviti] pasividad *f*

pass|port ['pɑːspɔːt] pasaporte *m*; ~**word** contraseña *f*

past [pɑːst] *s* pasado *m, a* pasado; último; concluido; *prep* más de, más allá de; **half** ~ **six** las seis y media

paste [peist] *s* pasta *f*; engrudo *m*; *v/t* empastar; pegar; ~**board** cartón *m*

pastime ['pɑːstaim] pasatiempo *m*; recreo *m*

pastry ['peistri] pasteles *m/pl*; pastas *f/pl*

pasture ['pɑːstʃə] *s* pasto *m*; dehesa *f*; *v/t* apacentar; *v/i* pacer

pat [pæt] *s* palmadita *f*, golpecillo *m* de mano; *v/t* acariciar; dar golpecitos con la mano

patch [pætʃ] *s* remiendo *m*; parche *m*; *agr* terreno *m*; ~ **up** reparar; chapucear; ~**work** obra *f* de retazos; ~**y** desigual

patent ['peitənt] *a* patente; manifiesto; *s* patente *f* (*de invención*); privilegio *m*; *v/t* patentar; ~ **leather** charol *m*; ~**ly** evidentemente

patern|al [pə'təːnl] paterno; paternal; ~**ity** paternidad *f*

path [pɑːθ] senda *f*, sendero *m*; camino *m*

pathetic [pə'θetik] patético, conmovedor

patien|ce ['peiʃəns] paciencia *f*; ~**t** *a* paciente; *s* paciente *m, f*

patio ['pɑːtiəu] patio *m*

patriot ['peitriət] *a, s* patriota *m, f*; ~**ic** [pætri'ɔtik] patriótico; ~**ism** ['pætriətizəm] patriotismo *m*

patrol [pə'trəul] *s* patrulla *f*; ronda *f*; *v/t, v/i* patrullar; ~ **car** coche *m* patrullero

patron ['peitrən] cliente *m*; patrocinador *m*; ~ **saint** patrono(a) *m* (*f*); ~**age** ['pætrənidʒ] patrocinio *m*; ~**ize** *v/t* patrocinar; frecuentar

patter ['pætə] *s* pasos *m/pl* ligeros; *v/i* andar con pasos ligeros; tamborilear

pattern ['pætən] *s* modelo *m*; dibujo *m*; *costura* patrón *m*; *v/t* modelar

paunch [pɔːntʃ] panza *f*

pause [pɔːz] s pausa f; v/i cesar; hacer una pausa

pave [peiv] v/t pavimentar; **~ment** pavimento m

pavilion [pə'viljən] pabellón m

paw [pɔː] s pata f, zarpa f; garra f; v/t piafar; manosear

pawn [pɔːn] s (ajedrez) peón m; v/t empeñar; **~broker** prestamista m; **~shop** prendería f; monte m de piedad

pay [pei] s paga f, sueldo m; v/t pagar; abonar; **it doesn't ~** no vale la pena; **~ back** reembolsar; **~ cash** pagar al contado; **~ down** pagar a cuenta; **~ in advance** adelantar; **~ off** amortizar; **~ a visit** hacer una visita; **~able** pagadero m; **~ee** [̩'iː] tenedor m; **~er** pagador m; **~load** carga f útil; **~ment** pago m; **make a ~ment** efectuar un pago; **stop ~ment** detener el cobro; **~roll** nómina f, LA planilla f

pea [piː] guisante m

peace [piːs] paz f; **~ful** apacible, pacífico; sosegado; **~maker** pacificador m

peach [piːtʃ] melocotón m; LA durazno m

peacock ['piːkɔk] pavo m real

peak [piːk] s pico m; cumbre f; a máximo; **~ hours** horas f/pl punta

peal [piːl] v/i repicar; s repique m (de las campanas)

peanut ['piːnʌt] cacahuete m

pear [peə] pera f; **~ tree** peral m

pearl [pɔːl] perla f

peasant ['pezənt] campesino m

peat [piːt] turba f

pebble ['pebl] guijarro m

peck [pek] s picotazo m; v/t, v/i picotear

peculiar [pi'kjuːljə] raro; peculiar; especial; **~ity** [̩'æriti] peculiaridad f; singularidad f

pedal ['pedl] s pedal m; v/i pedalear

pedant ['pedənt] pedante m

pedestal ['pedistl] pedestal m

pedestrian [pi'destriən] s peatón m; **~ crossing** paso m de peatones

pedigree ['pedigriː] linaje m

peek [piːk] s mirada f furtiva; v/i mirar furtivamente

peel [piːl] v/t pelar; s cáscara f; corteza f

peep [piːp] s pío m (pájaros); atisbo m; v/i piar; atisbar

peer [piə] s par m; igual m; v/t mirar de cerca; **~age** nobleza f; **~less** sin par

peevish ['piːviʃ] malhumorado; irritable

peg [peg] s clavija f; gancho m; pretexto m; pinzas f/pl; v/t estaquillar; fijar

pejorative ['piːdʒərətiv] peyorativo

pelican ['pelikən] pelícano m

pelt [pelt] v/t lanzar, arrojar

pen [pen] *s* pluma *f*; corral *m*; *v/t* ~ (**up**) encerrar

penal ['pi:nl] penal; **~ty** ['penlti] pena *f*, castigo *m*

penance ['penəns] penitencia *f*

pencil ['pensl] lápiz *m*; ~ **sharpener** sacapuntas *m*

pendant ['pendənt] medallón *m*; pendiente *m*

pending ['pendiŋ] *a* pendiente; *prep* antes de

penetrate ['penitreit] *v/t* penetrar

penguin ['peŋgwin] pingüino *m*

penicillin [peni'silin] penicilina *f*

peninsula [pi'ninsjulə] península *f*

penis ['pi:nis] pene *m*

penitent ['penitənt] *s* penitente *m*; *a* arrepentido; **~tiary** cárcel *f*

penknife ['pennaif] cortaplumas *m*, navaja *f*

penniless ['penilis] indigente; sin dinero

pennant ['penənt] banderola *f*

penny ['peni] penique *m*

pension ['penʃən] *s* pensión *f*; retiro *m*; jubilación *f*; *v/t* pensionar; **~er** pensionado(a) *m (f)*; pensionista *m, f*

pensive ['pensiv] pensativo

penthouse ['penthaus] apartamento *m* de azotea

pent-up ['pent'ʌp] contenido; reprimido

people ['pi:pl] *s* gente *f*; pueblo *m*; *v/t* poblar

pep [pep] *s* ánimo *m*, vigor *m*; *v/t* ~ **up** animar

pepper ['pepə] pimienta *f*; **green** ~ pimiento *m*; **~mint** menta *f*; pastilla *f* de menta

per [pə:] por

perceive [pə'si:v] *v/t* percibir; comprender

per|cent [pə'sent] por ciento *m*; **~centage** porcentaje *m*

percept|ible [pə'septəbl] perceptible; **~ion** percepción *f*; perspicacia *f*

perch [pə:tʃ] *s* percha *f*; *v/i* posarse

percussion [pə'kʌʃən] percusión *f*

peremptory [pə'remptəri] perentorio, terminante

perfect ['pə:fikt] *a* perfecto; acabado; [pə'fekt] *v/t* perfeccionar; **~ion** perfección *f*; **~ly** perfectamente

perforat|e ['pə:fəreit] *v/t* perforar; **~ion** perforación *f*; agujero *m*

perform [pə'fɔ:m] *v/t* ejecutar; llevar a cabo; cumplir; *v/i* actuar, representar; **~ance** ejecución *f*; *teat, mús* función *f*; actuación *f*

perfume ['pə:fju:m] *s* perfume *m*; fragancia *f*; [pə'fju:m] *v/t* perfumar

perhaps [pə'hæps, præps] quizá, quizás; tal vez; ~ **not** puede que no

peril ['peril] peligro *m*; riesgo

m; **~ous** peligroso; arriesgado

period ['piəriəd] período *m*; época *f*; punto *m*; *med* regla *f*; **~ical** [~'ɔdikəl] *a*, *s* periódico *m*

perish ['perif] *v/i* perecer; **~able** perecedero

perjury ['pə:dʒəri] perjurio *m*

perk [pə:k] *v/i* erguirse; **~ up** animarse; sentirse mejor

perm [pə:m] *fam* permanente *f*; **~anence** ['~ənəns] permanencia *f*; **~anent** permanente, duradero

permeate ['pə:mieit] *v/t* penetrar; impregnar

permi|ssion [pə'mifən] permiso *m*; **~ssive** tolerante, permisivo; **~t** [~'mit] *v/t* permitir; ['pə:mit] *s* permiso *m*, licencia *f*

perpendicular [pə:pən'dikjulə] perpendicular

perpetual [pə'petfuəl] perpetuo, continuo

perplex [pə'pleks] *v/t* confundir; **~ed** perplejo

persecut|e ['pə:sikju:t] *v/t* perseguir; acosar; **~ion** persecución *f*

persevere [pə:si'viə] *v/i* perseverar; persistir

Persian ['pə:fən] *a*, *s* persa *m*, *f*

persist [pə'sist] *v/i* persistir; empeñarse; **~ence** persistencia *f*, empeño *m*; **~ent** persistente, tenaz

person ['pə:sn] persona *f*; *in* **~** en persona; **~age** personaje

m; **~al** personal; particular; **~ality** [~sə'næliti] personalidad *f*; **~ify** [~'sɔnifai] *v/t* personificar; **~nel** [~sə'nel] personal *m*

perspective [pə'spektiv] perspectiva *f*

perspir|ation [pə:spə'reifən] transpiración *f*; sudor *m*; **~e** [pəs'paiə] *v/t* transpirar, sudar

persua|de [pə'sweid] *v/t* persuadir; **~sion** [~ʒən] persuasión *f*; **~sive** [~siv] persuasivo

pert [pə:t] descarado, fresco, respondón

pertain [pə:'tein] *v/i*: **~ to** referirse a

Peru [pə'ru:] el Perú

perus|al [pə'ru:zəl] lectura *f* cuidadosa; **~e** *v/t* leer; examinar

Peruvian [pə'ru:viən] *a*, *s* peruano(a) *m* (*f*)

pervade [pə:'veid] *v/t* penetrar; saturar

perver|se [pə'və:s] perverso; **~sion** perversión *f*; corrupción *f*; **~t** ['pə:və:t] *s* pervertido *m*; [pə'və:t] *v/t* pervertir; falsear

pessimis|m ['pesimizəm] pesimismo *m*; **~t** ['pesimist] pesimista *m*, *f*

pest [pest] plaga *f*; insecto *m*; **~er** *v/t* molestar, fastidiar; **~icide** [~aid] insecticida *m*

pet [pet] *s* favorito *m*; animal *m* doméstico; *v/t* mimar; acariciar

petal ['petl] pétalo *m*

petition [pi'tiʃən] *s* petición *f*; instancia *f*; ruego *m*; *v/t* suplicar; **~er** suplicante *m*

pet name ['pet'neim] apodo *m* cariñoso

petrify ['petrifai] *v/t*, *v/i* petrificar(se)

petrol ['petrəl] gasolina *f*; **~ station** gasolinera *f*

petroleum [pi'trəuljəm] petróleo *m*

petticoat ['petikəut] enagua *f*

petty ['peti] mezquino; insignificante; **~ cash** gastos *m/pl* menores

petulant ['petjulənt] malhumorado; irritable

pew [pju:] banco *m* de iglesia

phantom ['fæntəm] fantasma *m*

pharmacy ['fɑːməsi] farmacia *f*, botica *f*

phase [feiz] *s* fase *f*; *v/t* **~ out** reducir por etapas

pheasant ['feznt] faisán *m*

phenomen|al [fi'nɔminl] fenomenal; **~on** fenómeno *m*

philantropist [fi'lænθrəpist] filántropo *m*

Philippine ['filipain] *a*, *s* filipino(a) *m* (*f*); **~s** (Islas) Filipinas *f/pl*

philolog|ist [fi'lɔlədʒist] filólogo *m*; **~y** filología *f*

philosoph|er [fi'lɔsəfə] filósofo *m*; **~ize** *v/i* filosofar; **~y** filosofía *f*

phone [fəun] *fam* *s* teléfono *m*; *v/t*, *v/i* telefonear

phonetic [fəu'netik] fonético; **~s** fonética *f*

phon(e)y ['fəuni] *s* farsante *m*, *f*; *a* falso; insincero

photo ['fəutəu] foto *f*; **~copy** fotocopia *f*; **~genic** [ˌ~'dʒenik] fotogénico; **~grapher** [fə'tɔgrəfə] fotógrafo *m*; **~graphy** fotografía *f*; **~synthesis** fotosíntesis *f*

phrase [freiz] *s* frase *f*; locución *f*

physic|al ['fizikəl] físico; **~ian** [fi'ziʃən] médico *m*; **~ist** ['~sist] físico *m*; **~s** física *f*

physique [fi'zik] físico *m*

piano [pi'ænəu] piano *m*

pick [pik] *s* pico *m*; piqueta *f*; *v/t* picar; coger; seleccionar; **~ on** meterse con; **~ out** escoger; discernir; **~ up** recoger; aprender; **~er** *s* estaca *f*; piquete *m*; **~et line** línea *f* de huelguistas

pickle ['pikl] *s* escabeche *m*; *v/t* escabechar; salar

pick|pocket ['pikpɔkit] ratero *m*; **~up** furgoneta *f*; camioneta *f*

picnic ['piknik] jira *f*; merienda *f* campestre

pictorial [pik'tɔːriəl] *a* pictórico; *s* revista *f* ilustrada

picture ['piktʃə] *s* cuadro *m*; ilustración *f*, grabado *m*; *cine* película *f*; *v/t* describir; pintar, retratar

picturesque [piktʃə'resk] pintoresco

pie [pai] pastel *m* (*de frutas*)

piston

piece [piːs] s trozo m; pieza f; pedazo m; **a ~ of advice** un consejo m; **a ~ of news** una noticia f; **in ~s** hecho pedazos; v/t remendar; juntar; **~work** trabajo m a destajo

pier [piə] muelle m; embarcadero m

pierce [piəs] v/t penetrar; taladrar; atravesar; conmover; **~ing** agudo

piety ['paiəti] piedad f

pig [pig] cerdo m, puerco m, marrano m, LA chancho m

pigeon ['pidʒin] pichón m, paloma f

pigheaded ['pig'hedid] testarudo; **~sty** ['⁓stai] pocilga f; **~tail** trenza f (de pelo), coleta f

pike [paik] pica f; lucio m

pile [pail] s pila f; montón m; v/t **~ up** amontonar; v/i amontonarse

pilfer [pilfə] v/t ratear

pilgrim ['pilgrim] peregrino m; **~age** peregrinación f; romería f

pill [pil] píldora f

pillar [pilə] pilar m; columna f; fig soporte m

pillow ['piləu] almohada f; **~case, ~slip** funda f de almohada

pilot ['pailət] s piloto m; mar práctico m; v/t pilotar; guiar

pimp [pimp] chulo m

pimple ['pimpl] grano m

pin [pin] s alfiler m; broche m; tecn perno m; v/t prender

con alfileres; **~ up** sujetar; clavar

pincers ['pinsəz] tenazas f/pl; pinzas f/pl

pinch [pintʃ] s pellizco m; pizca f; aprieto m; apuro m; v/t pellizcar; hurtar, birlar; v/i apretar

pine [pain] s pino m; v/i **~ away** desfallecer; languidecer; **~ for** ansiar; apuro m; **~apple** ananás m; piña f; **~cone** piña f (del pino)

ping [piŋ] sonido m metálico

pink [piŋk] a rosado; s clavel m

pinnacle ['pinəkl] ápice m; cima f; cumbre f

pinpoint ['pinpoint] v/t indicar con precisión

pint [paint] pinta f (¹/₈ de galón)

pioneer [paiə'niə] s explorador m; pionero m; v/t explorar; fig promover

pious ['paiəs] piadoso, devoto

pip [pip] semilla f, pepita f

pipe [paip] s tubo m, caño m; cañería f; cañón m (del órgano); pipa f (de fumar); **~eline** tubería f; oleoducto m; **~ing** cañería f

piquant ['piːkənt] picante (t fig)

pique [piːk] pique m; **in a ~** resentido

pirate ['paiərit] pirata m

pistol ['pistl] pistola f

piston ['pistən] émbolo m, pistón m

pit [pit] s hoyo m; pozo m; teat patio m; Am hueso m (de frutas); abismo m; v/t **to ~ against** oponer a

pitch [pitʃ] s pez f; grado m de inclinación; puesto m; tono m; tiro m; v/t tirar; arrojar; mús entonar; v/i caerse; mar cabecear; **~ into** embestir; **~er** cántaro m; sp lanzador m; **~fork** agr horca f

piteous ['pitiəs] lastimero, lastimoso

pitfall ['pitfɔːl] trampa f

pith [piθ] médula f

pithy ['piθi] sucinto

piti|able ['pitiəbl] lastimoso; **~ful** lastimoso, triste; lamentable; **~less** despiadado; inhumano

pity ['piti] s piedad f, lástima f, compasión f; **it's a ~** es una lástima; v/t compadecer

pivot ['pivət] s pivote m; v/i girar sobre un eje

placard ['plækɑːd] cartel m

place [pleis] s lugar m; sitio m; puesto m; situación f; localidad f; región f; **in ~** en lugar de; **out of ~** fuera de lugar; **to take ~** ocurrir; tener lugar; v/t colocar; emplear; recordar

placid ['plæsid] plácido, sosegado; apacible

plagiarism ['pleidʒiərizəm] plagio m

plague [pleig] s peste f; plaga f; v/t atormentar

plaid [plæd] manta f escocesa

plain [plein] a llano, liso; sencillo; corriente; manifiesto; s llanura f; **~clothes man** policía m vestido de civil; **~ness** sencillez f; franqueza f; **~spoken** franco

plaint|iff ['pleintif] demandante m, f; **~ive** plañidero; dolorido

plait [plæt] trenza f (de cabello)

plan [plæn] s plan m; esquema m; plano m; proyecto m; v/t proyectar, planear

plane [plein] a plano; s plano m; fam avión m; tecn cepillo m; v/t alisar

planet ['plænit] planeta m

plank [plæŋk] s tabla f, tablón m; v/t entarimar

planning ['plæniŋ] planificación f

plant [plɑːnt] s planta f, instalación f industrial; equipo m; v/t plantar; sembrar; sentar; **~ation** plantación f; **~er** ['plɑːntə] cultivador m; hacendado m

plaque [plɑːk] placa f

plaster ['plɑːstə] s yeso m; argamasa f, enlucido m; med emplasto m, parche m; **~ of Paris** yeso m blanco; v/t enyesar, enlucir; emplastar

plastic ['plæstik] a, s plástico m; **~s** plástica f

plate [pleit] s plato m; plancha f, chapa f; lámina f; foto placa f; **~au** ['plætəu] meseta f

platform ['plætfɔːm] plataforma *f* (*t fig*); *f c* andén *m*; estrado *m*

platinum ['plætinəm] platino *m*

platitude ['plætitjuːd] lugar *m* común

platter ['plætə] plato *m* grande; bandeja *f*

plausible ['plɔːzəbl] verosímil, plausible

play [plei] *s* juego *m*; *teat* obra *f*; *tecn* funcionamiento *m*; **foul ~** juego *m* sucio; *v/t* jugar a (*algún juego*); *teat* representar; tocar (*música o instrumento*); **~ dead** hacerse el muerto; **~ down** quitar importancia a; **~back** reproducción *f* (de lo grabado); **~boy** señorito *m* amante de los placeres; **~er** jugador *m*; actor *m*, actriz *f*; **~ful** juguetón; **~mate** compañero *m* de juegos; **~pen** parque *m* de niño; **~thing** juguete *m*; **~wright** dramaturgo *m*

plea [pliː] *s* argumento *m*; súplica *f*; pretexto *m*; disculpa *f*; *for* alegato *m*

plead [pliːd] *v/t for* defender una causa; alegar; excusarse con; *v/i* suplicar; *for* abogar; **~ guilty** confesarse culpable

pleas|ant ['pleznt] agradable; ameno; grato; simpático; **~e** [pliːz] *v/t* gustar; agradar; contentar; *v/i* gustar; tener a; dignarse; **~e!** ¡por favor!; **~ed** satisfecho; **~ing**

agradable; placentero; **~ure** ['pleʒə] placer *m*; gusto *m*

pleat [pliːt] *s* pliegue *m*; *v/t* plegar, plisar

pledge [pledʒ] *s* prenda *f*; fianza *f*; promesa *f*; *v/t* empeñar; prometer

plent|iful ['plentiful] abundante; **~y** *s* abundancia *f*; profusión *f*; **~y of** muchos, bastante

pliable ['plaiəbl] flexible; plegable; dócil

pliers ['plaiəz] alicates *m/pl*

plight [plait] aprieto *m*, apuro *m*

plod [plɔd] *v/i* fatigarse; andar laboriosamente

plot [plɔt] *s* solar *m*, parcela *f*; conspiración *f*; *teat* argumento *m*; *v/t* tramar; *v/i* conspirar; **~ter** conspirador *m*

plough [plau] *s* arado *m*; *v/t*, *v/i* arar; **~share** reja *f* de arado

ploy [plɔi] truco *m*; artimaña *f*

pluck [plʌk] *s* ánimo *m*; valor *m*; *v/t* sacar, arrancar; desplumar (*aves*); **~ up courage** recobrar ánimo; **~y** animoso, valiente

plug [plʌg] *s* taco *m*; tapón *m*; *elec* enchufe *m*; *v/t* tapar; **~ in** enchufar

plum [plʌm] ciruela *f*; **~ tree** ciruelo *m*

plumage ['pluːmidʒ] plumaje *m*

plumb [plʌm] plomada *f*; **~er** fontanero *m*; *LA* gasfitero *m*; **~ing** fontanería *f*
plume [pluːm] pluma *f*; penacho *m*, plumero *m*
plump [plʌmp] *a* rollizo, regordete; *v/t* soltar, dejar caer; *v/i* caer a plomo; engordar
plunder [plʌndə] *s* pillaje *m*; botín *m*; *v/t* saquear, pillar; **~er** saqueador *m*
plunge [plʌndʒ] *s* zambullida *f*; *v/t* sumergir; *v/i* caer; hundirse; arrojarse; **~r** *tecn* émbolo *m*
plunk [plʌŋk] *v/t* puntear (*cuerdas*)
pluperfect [ˈpluːˈpəːfikt] pluscuamperfecto *m*
plural [ˈpluərəl] plural *m*
plus [plʌs] *prep* más; *a mat* positivo; adicional
plush [plʌʃ] felpa *f*
ply [plai] *s* **three ~** de tres cordones; *v/t* ejercer (*un oficio*); *v/i* hacer servicio regular (*entre puertos, etc*); **~wood** madera *f* contrachapada
pneumatic [njuːˈmætik] neumático
pneumonia [njuːˈməuniə] pulmonía *f*
poach [pəutʃ] *v/t* escalfar (*huevos*); *v/i* cazar clandestinamente; **~er** cazador *m* furtivo
pocket [ˈpɔkit] *s* bolsillo *m*; bolsa *f*; cavidad *f*; *v/t* embolsar; **~book** monedero *m*; *Am*

bolsa *f*; **~** **book** libro *m* de bolsillo; **~knife** cortaplumas *m*
pod [pɔd] vaina *f*; cápsula *f*
poem [ˈpəuim] poema *m*
poet [ˈpəuit] poeta *m*; **~ic** [~ˈetik] poético; **~ry** poesía *f*
poignant [ˈpɔinənt] intenso, agudo, conmovedor
point [point] *s* punto *m*; punta *f*; cabo *m*; finalidad *f*; **~ of view** punto *m* de vista; *that's beside the* **~** no viene al caso; *to come to the* **~** ir al grano; *to make a* **~** hacerse entender; *to see the* **~** caer en la cuenta; *v/t* apuntar; aguzar; **~ out** indicar; *v/i* **at** señalar; **~blank** a quemarropa; **~ed** puntiagudo; evidente; **~er** indicador *m*, puntero *m*; aguja *f*; **~less** inútil, sin sentido
poise [poiz] *s* equilibrio *m*; serenidad *f*; *v/t* equilibrar
poison [ˈpoizn] *s* veneno *m*; *v/t* envenenar; **~ous** venenoso
poke [pəuk] *s* empuje *m*; *v/t* atizar (*fuego*); meter; asomar; **~ one's nose into** meter las narices en; **~r** hurgón *m*, atizador *m*; póquer *m*
polar [ˈpəulə] polar; **~ bear** oso *m* blanco; **~ize** *v/t* polarizar
Pol|and [ˈpəulənd] Polonia *f*; **~e** polaco(a) *m* (*f*)
pole [pəul] *s* polo *m*; palo *m*; vara *f*; *sp* pértiga *f*

police [pə'li:s] policía *f*; **~man** policía *m*; guardia *m*; **~station** comisaría *f*; **~woman** mujer *f* policía

policy ['polisi] política *f* (*práctica*); póliza *f* (*de seguros*)

Polish ['pəuliʃ] polaco

polish ['poliʃ] *v/t* pulir, barnizar; lustrar (*zapatos*); *s* lustre *m*, brillo *m*; betún *m* (*de zapatos*); **~ed** culto; refinado

polite [pə'lait] cortés; atento; **~ness** cortesía *f*

politic|al [pə'litikəl] político; **~ian** [poli'tiʃən] político *m*; **~s** ['politiks] política *f* (*abstracta*)

polka ['pəulkə] polca *f*; **~dots** lunares *m/pl*

poll [pəul] *s* votación *f*; votos *m/pl*; **public opinion ~** sondeo *m*; **to go to the ~s** acudir a las urnas

pollut|e [pə'lu:t] *v/t* contaminar, corromper; **~ion** contaminación *f*, polución *f*

polyester [poli'estə] poliéster *m*

poly|gamy [pə'ligəmi] poligamia *f*; **~glot** [~glot] *a*, *s* poligloto(a) *m* (*f*)

pomegranate ['pomɚgrænit] granada *f*

pomp ['pomp] pompa *f*; **~ous** pomposo

pond [pond] estanque *m*; charco *m*

ponder ['pondə] *v/t* ponderar, examinar; *v/i* reflexionar;

~ous pesado, laborioso

pontiff ['pontif] pontífice *m*; **~ical** [~'tifikəl] pontifical; **~icate** [~'tifikit] pontificado *m*

pony ['pəuni] jaca *f*

poodle ['pu:dl] perro *m* de lanas

pool [pu:l] *s* charca *f*; estanque *m*; piscina *f*; *LA* alberca *f*; quinielas *f/pl*; *v/t* mancomunar, juntar

poor [puə] pobre; malo; **the ~** los pobres; **~ly** enfermizo; indispuesto

pop [pop] *s* taponazo *m*; detonación *f*; bebida *f* gaseosa; música *f* popular; *v/t* disparar; *v/i* estallar; **~ in** visitar de paso; **~corn** palomitas *f/pl* de maíz

Pope [pəup] papa *m*

poplar ['poplə] álamo *f*

poppy ['popi] amapola *f*

popula|r ['popjulə] popular; **~rity** [~'læriti] popularidad *f*; **~te** [~'eit] *v/t* poblar; **~tion** población *f*

porcelain ['po:səlin] porcelana *f*

porch [po:tʃ] porche *m*

porcupine ['po:kjupain] puerco *m* espín

pore ['po:] *s* poro *m*; *v/i* **~over** estudiar detenidamente

pork [po:k] carne *f* de cerdo

pornography [po:'nogrəfi] pornografía *f*

porous ['po:rəs] poroso

porpoise ['po:pəs] marsopa *f*

porridge ['pɔridʒ] gachas *f/pl* de avena

port [pɔ:t] puerto *m*; *mar* babor *m*.

portable ['pɔ:təbl] portátil *m*.

porter ['pɔ:tə] portero *m*; conserje *m*; mozo *m*.

portfolio [pɔ:t'fəuljəu] carpeta *f*; cartera *f*.

porthole ['pɔ:thəul] portilla *f*.

portion ['pɔ:ʃən] s porción *f*; parte *f*; dote *f*; *v/t* ~ *out* repartir; distribuir

portly ['pɔ:tli] corpulento

portrait ['pɔ:trit] retrato *m*; ~**y** *v/t* retratar; describir; ~**yal** [pɔ:'treiəl] representación *f*

Portugal ['pɔ:tjugəl] Portugal *m*

Portuguese [pɔ:tju'gi:z] *a, s* portugués(esa) *m (f)*

pose [pəuz] s postura *f*; afectación *f*; *v/t* poner; plantear (*problema*); *v/i* posar

position [pə'ziʃən] posición *f*; puesto *m*; opinión *f*; *to be in a* ~ estar en condiciones de

positive ['pɔzətiv] *a* positivo (*t foto, mat, elec*); cierto; absoluto; seguro

possess [pə'zes] *v/t* poseer; ~**ed** poseído, poseso; ~**ion** posesión *f*; ~**ive** posesivo; ~**or** poseedor(a) *m (f)*

possibility [pɔsə'biliti] posibilidad *f*; ~**le** ['pɔsəbl] posible; *as soon as* ~*le* cuanto antes; ~**ly** posiblemente; quizás, quizá

post [pəust] s poste *m*; *mil* plaza *f*; puesto *m*, empleo *m*; correo *m*; *by return of* ~ a vuelta de correo; *v/t* echar al correo; situar; contabilizar; *"~ no bills"* "prohibido fijar carteles"; ~**age** franqueo *m*; ~**age stamp** sello *m, LA* estampilla *f*; ~**box** buzón *m*; ~**card** tarjeta *f* postal; ~**ed: to keep** ~ tener al corriente; ~**er** cartel *m*; ~**erior** [pɔs'tiəriə] *a* posterior; *s* trasero *m*; ~**erity** [pɔs'teriti] posteridad *f*; ~**humous** ['pɔstjuməs] póstumo; ~**man** cartero *m*; ~**mark** matasellos *m*; ~**office** estafeta *f* de correos; ~**office box** apartado *m* de correos; ~**paid** con porte pagado

postpone [pəust'pəun] *v/t* posponer, aplazar; ~**ment** aplazamiento *m*

postscript ['pəusskript] pos(t)data *f*

posture ['pɔstʃə] postura *f*

postwar ['pəust'wɔ:] de pos(t)guerra

pot [pɔt] s marmita *f*; olla *f*; maceta *f*, tiesto *m*; *v/t* envasar; plantar en tiestos

potato [pə'teitəu] patata *f, LA* papa *f*

potent ['pəutənt] potente; poderoso; ~**ial** [pə'tenʃl] *a, s* potencial *m*

pothole ['pɔthəul] bache *m*; ~**luck** comer lo que haya; ~**shot** tiro *m* al azar

potter ['pɒtə] alfarero *m*; **~y** alfarería *f*

pouch [pautʃ] saquito *m*

poultice ['pəultis] cataplasma *m*

poultry ['pəultri] aves *f/pl* del corral

pounce [pauns] *v/i* lanzarse, saltar; **~ upon** precipitarse sobre

pound [paund] *s* libra *f* (*451 gramos*); **~ sterling** libra esterlina; *v/t* golpear; moler; machacar

pour [pɔː] *v/t* verter; echar; *v/i* fluir, correr

pout [paut] *s* puchero *m*; mueca *f*; *v/i* hacer pucheros

poverty ['pɒvəti] pobreza *f*

powder ['paudə] *s* polvo *m*; pólvora *f*; *v/t* pulverizar; **~room** tocador *m*; **~y** polvoriento; empolvado

power ['pauə] poder *m*; poderío *m*; potencia *f*; facultad *f*; **~ of attorney** poder *m* notarial; **~ failure** apagón *m*; **~ful** poderoso; potente; enérgico; **~less** impotente; ineficaz; **~ plant** central *f* eléctrica

practi|cable ['præktikəbl] practicable; **~cal** práctico; **~ce** [**~**tis] costumbre *f*; ejercicio *m*; práctica *f*; *Am* **~ce** *v/t* practicar; ejercitar; ejercer (*profesión*); *v/i* practicar, ejercer; entrenarse; **~tioner** [**~**'tiʃnə] profesional *m*, *f*

pragmatic [præg'mætik] pragmático

prairie ['prɛəri] llanura *f*, pampa *f*, pradera *f*

praise [preiz] *s* alabanza *f*; *v/t* alabar, loar, elogiar; **~worthy** loable

pram [præm] cochecillo *m* de niño

prance [prɑːns] *v/i* cabriolar

prank [præŋk] travesura *f*

prattle ['prætl] *s* parloteo *m*; *v/i* parlotear

prawn [prɔːn] camarón *m*

pray [prei] *v/t* rogar; pedir; *v/i* rezar, orar; **~er** [prɛə] oración *f*, rezo *m*; súplica *f*; **~er book** devocionario *m*

preach [priːtʃ] *v/t*, *v/i* predicar; **~er** predicador *m*

precarious [pri'kɛəriəs] precario

precaution [pri'kɔːʃən] precaución *f*

preced|e [pri(ː)'siːd] *v/t* preceder; **~ent** ['presidənt] precedente *m*

precept ['priːsept] precepto *m*; mandato *m*

precinct ['priːsiŋkt] recinto *m*; **~s** inmediaciones *f/pl*

precious ['preʃəs] *a* precioso; *adv fam* muy

precipi|ce ['presipis] precipicio *m*; **~tate** [pri'sipitit] *a* precipitado; [**~**'eit] *v/t*, *v/i* precipitar(se); **~tation** [**~**'teiʃən] precipitación *f*; **~tous** escarpado

precis|e [pri'sais] preciso, exacto; meticuloso; **~ely**

precisamente; **~ion** [~'siʒən]
precisión f, exactitud f
preclude [pri'klu:d] v/t excluir
precocious [pri'kəuʃəs] precoz; **~ness** precocidad f
predatory ['predətəri] rapaz
predecessor ['pri:disesə]
predecesor m
predica|ment [pri'dikəmənt]
apuro m; **~te** ['predikit]
gram predicado m
predict [pri'dikt] v/t pronosticar; **~ion** pronóstico m
predisposition ['pri:dispə-
'ziʃən] predisposición f
predomina|nt [pri'dɔminənt]
predominante; **~te** [~eit] v/i
predominar
prefabricated ['pri:'fæbri-
keitid] prefabricado m
preface ['prefis] prefacio m
prefer [pri'fə:] v/t preferir;
~able ['prefərəbl] preferible;
~ence ['prefərəns] preferencia f; **~ential** [prefə'renʃəl]
preferente; privilegiado
prefix ['pri:fiks] prefijo m
pregnan|cy ['pregnənsi] em-
barazo m; **~t** embarazada,
encinta; fig fecundo, repleto
prehistoric ['pri:his'tɔrik]
prehistórico
prejudice ['predʒudis] s prejuicio m; v/t predisponer,
prevenir; perjudicar
preliminary [pri'liminəri] a, s
preliminar m
prelude ['prelju:d] preludio m
premature [premə'tjuə] pre-

maturo
premeditate [pri(:)'mediteit]
v/t, v/i premeditar
premier ['premjə] primer ministro m
première ['premiɛə] estreno
m
premises ['premisiz] local m,
establecimiento m
premium ['pri:mjən] premio
m; at a ~ ser muy solicitado
premonition [pri:mə'niʃn]
presentimiento m
preoccupied [pri(:)'ɔkju-
paid] preocupado
prepar|ation [prepə'reiʃən]
preparación f; **~ations** pre-
parativos m/pl; **~e** [pri'pɛə]
v/t preparar; disponer; confeccionar; v/i **~ for** prepararse para
prepay ['pri:'pei] v/t pagar
por adelantado
preposition [prepə'ziʃən]
preposición f
preposterous [pri'pɔstərəs]
absurdo
prerequisite ['pri:'rekwizit]
requisito m previo
prerogative [pri'rɔgətiv]
prerrogativa f
prescri|be [pris'kraib] v/t
prescribir; med recetar;
~ption [~'kripʃən] prescrip-
ción f; med receta f
presence ['prezns] presencia
f; ~ of mind presencia f de
ánimo
present ['preznt] s actualidad
f; regalo m; a presente; ac-

prim

tual; **at ~** actualmente; **to be ~ at** asistir a; ['prɪzent] v/t presentar; explicar; dar; **~ation** presentación f

presently ['prezntlɪ] dentro de poco; *Am* ahora, al presente

preserv|ation [prezə(:)'veɪʃən] preservación f; conservación f; **~e** [prɪ'zɜːv] v/t preservar; conservar; tec **~es** conservas f/pl

preside [prɪ'zaɪd] v/t presidir; **~ncy** ['prezɪdənsɪ] presidencia f; **~nt** presidente m

press [pres] s prensa f; imprenta f; apretón m; v/t prensar; planchar (*ropa*); apretar; instar; **~ed for time** tener poco tiempo; **~ conference** rueda f de prensa; **~ing** a urgente; **~ure** ['~ʃə] presión f; urgencia f; **~ure cooker** olla f de presión; **~ure gauge** manómetro m; **~ure group** grupo m de presión

prestige [pres'tiːʒ] prestigio m; fama f

presum|able [prɪ'zjuːməbl] presumible; **~e** v/t presumir, suponer; v/i presumir

presumpt|ion [prɪ'zʌmpʃən] presunción f, conjetura f; atrevimiento m; **~uous** presumido; arrogante

presuppose [priːsə'pəʊz] v/t presuponer

preten|ce, *Am* **~se** [prɪ'tens] pretexto m; pretensión f; **~d** v/t aparentar, fingir; v/i fin-

gir; **~der** pretendiente m (*al trono*); **~sion** pretensión f; demanda f; **~tious** presuntuoso; afectado

pretext ['priːtekst] pretexto m

pretty ['prɪtɪ] a bonito, lindo; *adv* bastante; casi

prevail [prɪ'veɪl] v/i prevalecer; estar en boga; **~ on** persuadir a; **~ing** reinante; predominante

prevalent ['prevələnt] predominante; corriente

prevent [prɪ'vent] v/t impedir; **~ion** prevención f; **~ive** preventivo; impeditivo

previous ['priːvjəs] previo; anterior; **~ly** previamente, con anterioridad

prewar ['priː'wɔː] de preguerra

prey [preɪ] s presa f; **bird of ~** ave f de rapiña; v/i **~ on** pillar; agobiar

price [praɪs] s precio m; valor m; **fixed ~** precio fijo; **at any ~** cueste lo que cueste; v/t valuar, tasar; **~less** inapreciable; **~ list** lista f de precios

prick [prɪk] s pinchazo m, picadura f; v/t picar, pinchar, punzar; **~ one's ears** aguzar las orejas; **~le** púa f; espina f; **~ly** espinoso

pride [praɪd] s orgullo m; soberbia f; v/r **~ oneself on** enorgullecerse de

priest [priːst] sacerdote m

prim [prɪm] decoroso; estirado

primar|ily ['praɪmrɪli] ante todo; **~y** primario; **~y school** escuela *f* primaria

prime [praɪm] principal, primero; primo, selecto; **~ minister** primer ministro *m*; **~r** cartilla *f*

primitive ['prɪmɪtɪv] primitivo; rudimentario

primrose ['prɪmrəʊz] *bot* primavera *f*, prímula *f*

prince [prɪns] príncipe *m*; **~ss** [~'ses] princesa *f*

principal ['prɪnsəpəl] *a* principal; *s* principal *m*, director *m*; **~ity** [prɪnsɪ'pælɪti] principado *m*

principle ['prɪnsəpl] principio *m*; **on ~** por principio

print [prɪnt] *s* marca *f*; estampado *m*; impresión *f*; grabado *m*; **out of ~** agotado; *v/t* imprimir; escribir con letra de imprenta; *foto* copiar; **~ed matter** impresos *m/pl*; **~er** impresor(a) *m* (*f*); **~ing** impresión *f*; tipografía *f*; **~ing office** imprenta *f*

prior ['praɪə] *a* anterior; previo; *s* prior *m*; **~ity** [~'ɔrɪti] prioridad *f*

prison ['prɪzn] prisión *f*; cárcel *f*; **~er** preso *m*; prisionero *m*; **to take ~er** apresar

priva|cy ['praɪvəsi] retiro *m*; secreto *m*; intimidad *f*; **~te** ['praɪvɪt] privado; particular; secreto

privation [praɪ'veɪʃən] privación *f*

privilege ['prɪvɪlɪdʒ] privilegio *m*; **~d** privilegiado

prize [praɪz] *s* premio *m*; *v/t* apreciar; estimar

probab|ility [prɔbə'bɪlɪti] probabilidad *f*; **~le** ['~əbl] probable, verosímil

prob|ation [prə'beɪʃən] *on ~ation* de prueba *f*; *for* libertad *f* condicional; **~e** [prəʊb] *v/t* sondar; indagar; *s* sonda *f*; tienta *f*

problem ['prɔbləm] problema *m*

proce|dure [prə'siːdʒə] *s* procedimiento *m*; trámites *m/pl*; **~ed** [~'siːd] *v/i* proceder; seguir su curso; **~edings** por proceso *m*; actas *f/pl*; **~eds** ['prəʊsiːdz] ganancias *f/pl*

process ['prəʊses] *s* proceso *m*; método *m*; *v/t* elaborar; tratar; **~ion** [prə'seʃən] procesión *f*, desfile *m*; cortejo *m* (*fúnebre*)

procla|im [prə'kleɪm] *v/t* proclamar; **~mation** [prɔklə'meɪʃən] proclamación *f*

procure [prə'kjʊə] *v/t* conseguir

prod [prɔd] *s* empuje *m*; codazo *m*; *v/t* empujar; *fig* estimular

prodig|ious [prə'dɪdʒəs] prodigioso; **~y** ['prɔdɪdʒi] prodigio *m*; *infant* **~y** niño *m* prodigio

produce ['prɔdjuːs] *s* producto *m* (*de la tierra*); [prə'djuːs] *v/t* producir; rendir; fabricar; poner en escena (*obra de cine, teatro*); **~r** productor *m*; director *m* (*de obras de teatro o cine*)

product ['prɔdʌkt] producto *m*, resultado *m*; **~ive** [prə'dʌktiv] productivo

profane [prə'fein] profano; sacrílego

profess [prə'fes] *v/t* profesar; manifestar; simular; **~ed** declarado; supuesto; **~ion** carrera *f*, profesión *f*; **~ional** profesional; **~or** catedrático *m*; profesor *m*

proficien|cy [prə'fiʃənsi] pericia *f*; habilidad *f*; **~t** experimentado; perito

profile ['prəufail] perfil *m*, silueta *f*

profit ['prɔfit] *s* provecho *m*; ganancia *f*; beneficio *m*; **~ and loss** pérdidas y ganancias; *v/i* ganar; *v/t* servir a; aprovechar a; **~able** provechoso

profound [prə'faund] profundo

profu|se [prə'fju:s] profuso; pródigo; **~sion** profusión *f*

prognosis [prɔg'nəusis] pronóstico *m*

program|(me) ['prəugræm] programa *m*; **~(m)ing** programación *f*

progress ['prəugres] *s* progreso *m*; [~'gres] *v/i* progresar, adelantar; **~ive** a progresivo; *a, s pol* progresista *m, f*

prohibit [prə'hibit] *v/t* prohibir; **~ion** [prəui'biʃən] prohibición *f*; **~ive** [~'hibitiv] prohibitivo

project ['prɔdʒekt] *s* proyecto *m*; plan *m*; [prə'dʒekt] *v/t* proyectar; *v/i* sobresalir; **~ion** proyección *f*; **~or** proyector *m*

proletarian [prəule'tɛəriən] *a, s* proletario(a) *m(f)*

prolog(ue) ['prəulɔg] prólogo *m*

prolong [prəu'lɔŋ] *v/t* extender, prolongar; **~ation** extensión *f*, prórroga *f*

promenade [prɔmi'nɑ:d] *s* paseo *m*; *v/i* pasearse

prominent ['prɔminənt] prominente; saliente

promiscuous [prə'miskjuəs] promiscuo

promis|e ['prɔmis] *s* promesa *f*; esperanza *f*; *v/t, v/i* prometer; **~ing** prometedor

promontory ['prɔməntri] promontorio *m*

promot|e [prə'məut] *v/t* promover; fomentar; ascender; **~er** promotor *m*; gestor *m*; **~ion** promoción *f*; *com* fomento *m*

prompt [prɔmpt] *a* pronto; *adv* puntualmente; *v/t* incitar; impulsar; **~er** *teat* apuntador *m*

prone [prəun] postrado; **~ to** propenso a

prong [prɔŋ] púa *f*, diente *m* (*de tenedor*)

pronoun ['prəunaun] pronombre m

pronounce [prə'nauns] v/t
pronunciar; articular; **~ed**
marcado; fuerte

pronunciation [prənʌnsi'ei-
ʃən] pronunciación f

proof [pru:f] s prueba f; comprobación f; a a prueba de;
~s impr pruebas f/pl

prop [prɔp] s soporte m; pun-
tal m; v/t apuntalar

propaganda [prɔpə'gændə]
propaganda f; **~te** ['prɔpə-
geit] v/t propagar

propel [prə'pel] v/t impulsar;
~ler hélice f

proper ['prɔpə] propio; conveniente; atinado, correcto;
decoroso; **~ly** debidamente;
~ty propiedad f

prophecy [prə'fisi] profecía
f; **~sy** ['~ai] v/t profetizar; **~t**
['~fit] profeta m

proportion [prə'pɔːʃən] s proporción f; **~s** dimensiones
f/pl

proposal [prə'pəuzəl] propuesta f; **~e** v/t proponer; v/i
declararse, pedir la mano;
~ition [prɔpə'ziʃən] proposición f

proprietary [prə'praiətəri]
patentado; **~or, ~ress** [~ris]
propietario(a) m (f)

propulsion [prə'pʌlʃən] pro-
pulsión f

prosaic [prəu'zeiik] prosaico

prose [prəuz] prosa f

prosecute ['prɔsikju:t] v/t
for procesar; proseguir; **~ion**
prosecución f; for parte f
acusadora; **~or** demandante
m; fiscal m

prospect ['prɔspekt] s perspectiva f expectativa f; vista
f; [prəs'pekt] v/i, v/t explorar; or prospector m

prospectus [prəs'pektəs]
prospecto m

prosper ['prɔspə] v/i prosperar; **~ity** [~'periti] prosperidad f; **~ous** ['~pərəs] próspero

prostitute ['prɔstitju:t] s prostituta f

prostrate ['prɔstreit] a postrado; [prɔs'treit] v/t postrar;
~ oneself postrarse

protect [prə'tekt] v/t proteger; **~ion** protección f, amparo m; **~ive** protector

protein ['prəutiːn] proteína f

protest ['prəutest] s protesta
f; [prə'test] v/t protestar;
afirmar; **~ant** ['prɔtistənt] a,
s protestante m, f

protocol ['prəutəkɔl] protocolo m

protract [prə'trækt] v/t alargar; prolongar

protrude [prə'truːd] v/i salir
fuera

proud [praud] orgulloso; soberbio; imponente

prove [pruːv] v/t probar; v/i
resultar

proverb ['prɔvəːb] refrán m;
proverbio m; **~ial** [prə-
'vəːbjəl] proverbial

provide [prə'vaid] *v/t* proveer; abastecer; proporcionar; *v/i* ~ **against** precaverse de; **~d (that)** con tal que, siempre que

providence ['prɔvidəns] providencia *f*

provinc|e ['prɔvins] provincia *f*; **~ial** [prə'vinʃəl] provincial

provision [prə'viʒən] provisión *f*; disposición *f*, medida *f*; **~al** provisional; **~s** provisiones *f/pl*

proviso [prə'vaizəu] estipulación *f*

provo|cation [prɔvə'keiʃən] provocación *f*; **~cative** [prə'vɔkətiv] provocativo; **~ke** [~'vəuk] *v/t* provocar; irritar

prow [prau] *mar* proa *f*

prowess ['prauis] destreza *f*

prowl [praul] *v/i* rondar

proximity [prɔk'simiti] proximidad *f*

proxy ['prɔksi] poder *m*; apoderado *m*; **by ~** por poder(es)

prud|e [pru:d] mojigato(a) *m (f)*; **~ence** prudencia *f*; discreción *f*; **~ent** prudente, discreto; **~ish** gazmoño

prune [pru:n] *s* ciruela *f* pasa; *v/t, v/i* podar

psalm [sɑ:m] salmo *m*

pseudonym ['psju:dənim] seudónimo *m*

psychiatr|ist [sai'kaiətrist] psiquiatra *m/f*; **~y** psiquiatría *f*

psychic ['saikik] psíquico

psycho|analysis [saikəuə-'næləsis] psicoanálisis *m*; **~logical** [saikə'lɔʒikəl] psicológico; **~logist** [sai'kɔ-lədʒist] psicólogo *m*; **~logy** [~'kɔlədʒi] psicología *f*; **~therapy** psicoterapia *f*

pub [pʌb] *fam* taberna *f*, cantina *f*, bar *m*

puberty ['pju:bəti] pubertad *f*

publi|c ['pʌblik] *a* público; **~c house** taberna *f*, bar *m*; **~c prosecutor** fiscal *m*; **~c spirited** de buen ciudadano; **~c welfare** salud *f* pública; *s* público *m*; **in ~c** públicamente; **~cation** publicación *f*; **~city** [~'lisiti] publicidad *f*; **~cize** *v/t* publicar; **~sh** ['pʌbliʃ] *v/t* publicar; editar; **~shing house** casa *f* editorial

pudding ['pudin] budín *m*

puddle ['pʌdl] charco *m*

Puerto Ri|can ['pwɔ:təu'ri:-kən] *a, s* puertorriqueño(a) *m (f)*; **~co** Puerto *m* Rico

puff [pʌf] *s* soplo *m*; bocanada *f*; borla *f*; *v/t* soplar; chupar (*pipa*); **~ up** hinchar; *v/i* resoplar, jadear; **~ pastry** hojaldre *m*; **~y** hinchado

pull [pul] *v/t* tirar (de); sacar; arrastrar; **~ down** demoler; **~ off** concluir con éxito; **~ one's leg** tomarle el pelo; **~ oneself together** componerse; **~ out** arrancar; **~ up** detener, parar; *s* tirón *m*; tirador *m*; trago *m*; influencia *f*

pulley ['puli] polea *f*
pullover ['puləuvə] jersey *m*, *LA* pulóver *m*
pulp [pʌlp] pulpa *f*
pulpit ['pulpit] púlpito *m*
puls|ate [pʌl'seit] *v/i* latir; **~ation** latido *m*, pulsación *f*; **~e** pulso *m*
pulverize ['pʌlvəraiz] *v/t* pulverizar; triturar
pumice ['pʌmis] **stone** piedra *f* pómez
pump [pʌmp] *s* bomba *f*; *v/t* bombear; sonsacar
pumpkin ['pʌmpkin] calabaza *f*
pun [pʌn] juego *m* de palabras
punch [pʌntʃ] *s* puñetazo *m*; punzón *m*; ponche *m*; *v/t* dar puñetazos; punzar
punctual ['pʌŋktjuəl] puntual
punctua|te ['pʌŋktjueit] *v/t* puntuar; **~tion** puntuación *f*; **~tion mark** signo *m* de puntuación
puncture ['pʌŋktʃə] *s* pinchazo *m*; puntura *f*; *v/t* pinchar; punzar
pungent ['pʌndʒənt] picante; mordaz; acre
punish ['pʌniʃ] *v/t* castigar; **~ment** castigo *m*
punt [pʌnt] *s* batea *f*; *v/i* ir en batea
puny ['pjuːni] diminuto; débil
pup [pʌp] cachorro(a) *m (f)*
pupil ['pjuːpl] alumno(a) *m (f)*; *anat* pupila *f*
puppet ['pʌpit] títere *m*

puppy ['pʌpi] cachorro(a) *m (f)*
purchas|e ['pəːtʃəs] *s* compra *f*; *v/t* comprar; **~ing power** poder *m* adquisitivo
pure [pjuə] puro; **~ly** puramente
purg|ative ['pəːgətiv] purgante; **~atory** purgatorio *m*; **~e** [pəːdʒ] *s med* purgante *m*; *pol* purga *f*; depuración *f*; *v/t med* purgar; *pol* depurar
purify ['pjuərifai] *v/t* purificar, depurar
purity ['pjuəriti] pureza *f*
purple ['pəːpl] *a* purpúreo; morado; *s* púrpura *f*
purpose ['pəːpəs] *s* propósito *m*; intención *f*; resolución *f*; **on ~** de propósito, adrede; **to no ~** en vano; *v/t, v/i* proponer(se); **~ful** resuelto; **~ly** de propósito
purr [pəː] *v/i* ronronear
purse [pəːs] *s* portamonedas *m*; bolso *m*; *LA* bolsa *f*; *v/t* fruncir (*labios*); **~r** mar cortador *m*
pursu|e [pə'sjuː] *v/t* perseguir; seguir; acosar; **~er** perseguidor *m*; **~it** [~'uːt] persecución *f*; ocupación *f*, actividad *f*; **in ~it of** en pos de
purveyor [pəː'veiə] proveedor *m*
pus [pʌs] pus *m*
push [puʃ] *s* empujón *m*; impulso *m*; empuje *m*, brío *m*; *v/t* empujar; apretar; presionar; **~ back** echar atrás; re-

chazar; *v/i* empujar; **~ off**
fam largarse; **~ through**
abrirse camino a empujones;
~y agresivo

puss [pus], **pussy(-cat)** minino *m*, michino *m*

put [put] *v/t* poner, colocar;
echar; exponer; presentar; **~
across** hacer entender; **~
back** devolver a su lugar; **~
down** apuntar; reprimir;
atribuir; **~ in** meter; **~ it to**
decirlo a; **~ off** aplazar; **~ on**
ponerse (*ropa, etc*); encender; **~ out** poner afuera; extender, apagar; irritar; desconcertar; **~ through** *tel* co-

municar; **~ up** hospedar;
montar (*una máquina*); elevar; cambiar de rumbo; **~
about** mar cambiar de rumbo; **~ up with** aguan-
tar

putrefy ['pju:trifai] *v/i* pudrirse

putrid ['pju:trid] podrido, putrefacto

putty ['pʌti] masilla *f*

puzzle ['pʌzl] *s* rompecabezas
m; problema *m*; *v/t* embrollar, confundir; *v/i* devanarse
los sesos

pyjamas [pə'dʒɑ:məs] pijama
m

pyramid ['pirəmid] pirámide *f*

Q

quack [kwæk] *s* curandero *m*;
graznido *m*; *v/i* graznar;
~ery curandería *f*

quadrangle   ['kwɔdræŋgl]
cuadrángulo *m*

quadruple   ['kwɔdrupl]
cuádruplo; **~ts** ['~lits] cua-
trillizos *m/pl*

quail [kweil] *s zool* codorniz *f*;
v/i acobardarse

quaint [kweint] pintoresco;
curioso; extraño; exótico

quake [kweik] *s* temblor *m*;
v/i temblar; trepidar

Quaker ['kweikə] cuáque-
ro(a) *m* (*f*)

qualification [kwɔlifi'keiʃən]
calificación *f*; idoneidad *f*;
reserva *f*; **~ied** ['~faid] cuali-
ficado; capacitado; apto;

limitado, condicional; **~y**
['~fai] *v/t* calificar, habilitar;
v/i ser apto; ser aprobado; *sp*
clasificarse

quality ['kwɔliti] cualidad *f*;
calidad *f*, clase *f*

qualm [kwɑ:m] *s* náusea *f*; escrúpulo *m*

quandary ['kwɔndəri]: **to be
in a ~** estar en un dilema

quantity ['kwɔntiti] cantidad *f*

quarantine ['kwɔrənti:n] *s*
cuarentena *f*

quarrel ['kwɔrəl] *s* disputa *f*,
querella *f*; *v/i* disputar,
reñir; **~some** pendenciero

quarry ['kwɔri] cantera *f*; presa *f*

quarter ['kwɔːtə] *s* cuarta *f*;
cuarta parte *f*; cuarto *m*; *mil*

cuartel m; barrio m (de ciudad); **a ~ to, past** un cuarto para (la hora), (la hora) y cuarto; v/t hospedar; mil acuartelar; **~ly** a trimestral; **~s** alojamiento m; mil cuartel m; **at close ~s** de cerca

quartet(te) [kwɔːˈtet] mús cuarteto m

quartz [kwɔːts] cuarzo m

quaver [ˈkweivə] v/i temblar; hablar en tono trémulo

quay [kiː] muelle m, (des)embarcadero m

queasy [ˈkwiːzi] med bascoso

queen [kwiːn] reina f

queer [kwiə] a raro, extraño; indispuesto; s fam maricón m

quench [kwentʃ] v/t apagar

querulous [ˈkwerʊləs] quejumbroso; irritable

query [ˈkwiəri] s pregunta f; cuestión f

quest [kwest] búsqueda f; indigación f

question [ˈkwestʃən] s pregunta f; cuestión f; asunto m; **ask a ~** hacer una pregunta; **out of the ~** imposible; **~ mark** signo m de interrogación; v/t, v/i interrogar, preguntar; dudar de; **~able** discutible; dudoso; **~naire** [ˌ~stiəˈneə] cuestionario m

queue [kjuː] s cola f; v/i **~ up** hacer cola

quick [kwik] a rápido; ágil; vivo; agudo; **to be ~** darse prisa; **~en** v/t apresurar; acelerar; **~ly** de prisa; pronto;

~ness rapidez f; **~sand** arena f movediza; **~silver** mercurio m; **~witted** listo, despierto

quid [kwid] fam libra f esterlina

quiet [ˈkwaiət] a callado; tranquilo; quieto; s sosiego m; calma f; silencio m; v/t calmar, aquietar; **~ness** silencio m; tranquilidad f

quilt [kwilt] edredón m

quince [kwins] membrillo m

quinine [kwiˈniːn] quinina f

quintuple [ˈkwintjupl] quíntuplo; **~ts** [ˈ~lits] quintillizos m/pl

quip [kwip] pulla f

quirk [kwɜːk] peculiaridad f

quit [kwit] v/t dejar; abandonar; v/i desistir, cesar

quite [kwait] totalmente; bastante, muy; **~ a few** bastantes; **~ so!** ¡así es!

quits [kwits]: **call it ~** dar por terminado

quiver [ˈkwivə] s vibración f; temblor m; v/i temblar; estremecerse

quiz [kwiz] s interrogatorio m; serie f de preguntas; TV concurso m; v/t examinar; interrogar

quota [ˈkwəutə] cuota f

quot|ation [kwəuˈteiʃən] cita f; com cotización f; **~ation marks** comillas f/pl; **~e** v/t citar; com cotizar

quotient [ˈkwəuʃənt] c(u)ociente m

R

rabbi ['ræbai] rabino *m*

rabbit ['ræbit] conejo *m*

rabble ['ræbl] chusma *f*

rabid ['ræbid] rabioso; **~es** ['reibiz] rabia *f*

raccoon [rə'ku:n] mapache *m*

race [reis] *s* raza *f*, casta *f*; carrera *f* (*de caballos, coches*); *v/i* correr de prisa; competir; **~course** hipódromo *m*, *LA* cancha *f*

raci|al ['reiʃəl] racial; **~sm** ['reisizm] racismo *m*; **~st** *a, s* racista *m, f*

rack [ræk] *s* colgadero *m*; percha *f*; rejilla *f*; potro *m*; pesebre *m*; *v/t* atormentar

racket ['rækit] raqueta *f*; alboroto *m*; *fam* estafa *f*

racy ['reisi] vigoroso; picante; salado

radar ['reida] radar *m*

radian|ce ['reidjəns] brillo *m*, resplandor *m*; **~t** brillante, resplandeciente

radi|ate ['reidieit] *v/t* radiar; emitir; **~ation** radiación *f*; **~ator** radiador *m*; **~o** ['reidiəu] radio *f* (*emisión*); radio *f*, *LA m* (*aparato*); **~oactive** radiactivo

radish ['rædiʃ] rábano *m*

radius ['reidjəs] radio *m*

raffle ['ræfl] *s* rifa *f*; lotería *f*; *v/i* rifar; sortear

raft [rɑ:ft] balsa *f*

rag [ræg] trapo *m*

rag|e [reidʒ] *s* rabia *f*; furia *f*; *v/i* rabiar; **to be all the ~** hacer furor; **~ing** violento

raid [reid] *s* incursión *f*; ataque *m*; *v/t* atacar; invadir

rail [reil] baranda *f*; *f c* riel *m*, carril *m*; **by ~** por ferrocarril; **~ings** barandilla *f*; balaustrada *f*; **~road** *Am t*, **~way** ferrocarril *m*

rain [rein] *s* lluvia *f*; *v/i* llover; **~ cats and dogs** llover a cántaros; **~bow** ['~bəu] arco *m* iris; **~coat** impermeable *m*; **~y** lluvioso

raise [reiz] *v/t* levantar; elevar; criar, educar (*niños*); formular (*preguntas, etc*); subir (*precio*); juntar (*dinero*); **~ one's glass to** brindar por; **~ one's voice** alzar la voz

raisin ['reizn] pasa *f*

rake [reik] *s* rastrillo *m*; libertino *m*; *v/t* rastrillar; barrer

rally ['ræli] *s* reunión *f* popular; *aut* rallye *m*; *med* recuperación *f*; *v/t* reunir; *v/i* congregarse; reanimarse

ram [ræm] *s* *zool* morueco *m*; carnero *m*; *tecn* pisón *m*; *mil* ariete *m*; *v/t* apisonar; chocar con

ramble ['ræmbl] *s* paseo *m*; *v/i* vagar; divagar; perder el hilo

ramp [ræmp] rampa *f*; **~age:**

to be on the **~age** desbocarse; **~ant** prevaleciente; desenfrenado; **~er** [ˈ~aːt] terraplén m; muralla f

ranch [rɑːntʃ] estancia f; hacienda f; LA rancho m; **~er** ganadero m, hacendado m; LA ranchero m

rancid [ˈrænsid] rancio

ranco(u)r [ˈræŋkə] rencor m

random [ˈrændəm]: **at ~ a** la ventura; al azar

range [reindʒ] s extensión f; alcance m; fila f; orden m; pradera f; **mountain ~** sierra f, cordillera f; **within ~ of al** alcance de; v/t recorrer; clasificar; v/i vagar por; extenderse; fluctuar; **~r** guardabosques m

rank [ræŋk] s mil fila f; grado m, rango m; calidad f; **the ~ and file** las masas; **break ~s** romper filas; v/t clasificar; ordenar; v/i tener un grado; a exuberante; espeso; de mal olor; acabado

ransack [ˈrænsæk] v/t saquear; registrar

ransom [ˈrænsəm] s rescate m; v/t rescatar

rant [rænt] v/i vociferar; hablar con violencia

rap [ræp] v/t golpear; v/i dar golpes; s golpe m seco

rapacious [rəˈpeiʃəs] rapaz

rape [reip] s estupro m; violación f; v/t violar, estuprar

rapid [ˈræpid] rápido; **~ity**

[rəˈpiditi] rapidez f; velocidad f

rapt [ræpt] transportado, extasiado; **~ure** rapto m, éxtasis m

rar|e [reə] raro; precioso; poco hecho (carne); **~ity** rareza f; singularidad f

rascal [ˈrɑːskəl] pícaro m; bellaco m; granuja m

rash [ræʃ] a temerario; imprudente; s salpullido m

rasher [ˈræʃə] lonja f de tocino

rasp [rɑːsp] s escofina f; sonido m estridente; v/t raspar; rallar; **~berry** [ˈrɑːzbəri] frambuesa f

rat [ræt] zool rata f; **~ race** lucha f diaria competitiva; **to smell a ~** haber gato encerrado; v/t cazar ratas

rate [reit] s tasa f; proporción f, razón f; tipo m; valor m; **at any ~** de todos modos; **~ of exchange** tipo m de cambio; v/t tasar; clasificar; estimar

rather [ˈrɑːðə] más bien; antes; mejor dicho; bastante, algo; **would ~** preferir

ratify [ˈrætifai] v/t ratificar

ration [ˈræʃən] s ración f; v/t racionar

rational [ˈræʃənl] racional; razonable; **~ize** [ˈ~ʃnəlaiz] v/t racionalizar

rationing [ˈræʃniŋ] racionamiento m

rattle [ˈrætl] s matraca f, cascabel m; cascabeleo m, traqueteo m; golpeteo m; v/t sacudir con ruido; v/i traquetear; sonar; **~d** desconcertado; **~snake** serpiente f de cascabel

raucous ['rɔːkəs] estridente

ravage ['rævidʒ] v/t devastar, asolar; s devastación f, estrago m

rave [reiv] v/i delirar; **~ about** entusiasmarse por

raven ['reivn] zool cuervo m; **~ous** ['rævənəs] voraz, rapaz; famélico; hambriento

ravine [rə'viːn] barranco m

ravish ['ræviʃ] v/t arrebatar, encantar

raw [rɔː] crudo; novato; rudo; com en bruto; **~ material** materia f prima

ray [rei] rayo m; zool raya f

rayon ['reiɔn] rayón m

razor ['reizə] navaja f de afeitar; máquina f de afeitar; **~ blade** hoja f de afeitar

reach [riːtʃ] s alcance m; extensión f; facultad f; **within ~ of** al alcance de; v/t alcanzar; llegar; lograr; v/i extenderse; llegar; **~ out one's hand** tender la mano

react [riː(ː)'ækt] v/i reaccionar; **~ion** reacción f; **~ionary** [~ʃnəri] a, s reaccionario(a) m (f); **~or** reactor m (nuclear)

read [riːd] v/t leer; interpretar; registrar; v/i rezar; saber leer; **~ aloud** leer en voz alta; **~able** legible; **~er** lector m

readi|ly ['redili] pronto; fácilmente; **~ness** disposición f favorable; estado m de alerta

reading ['riːdiŋ] lectura f; interpretación f

readjust ['riːə'dʒʌst] v/t reajustar; **~ment** reajuste m

ready ['redi] listo, preparado, dispuesto; **get ~** preparar(se); **~made** hecho; confeccionado

real [riəl] real, verdadero; genuino; **~ estate, ~ property** bienes m/pl raíces; inmuebles m/pl; **~ism** realismo m; **~ist** realista m, f; **~istic** realista; **~ity** [riː'æliti] realidad f; **~ize** v/t com realizar; darse cuenta de; hacerse cargo de; **~ly** realmente, efectivamente; **~ly?** ¿de veras?

realm [relm] reino m

realtor ['riːltə] Am corredor m de bienes raíces

reap [riːp] v/t segar; cosechar; **~er** segador m; segadora f mecánica

reappear ['riːə'piə] v/i reaparecer; **~ance** reaparición f

rear [riə] a trasero; posterior; s fondo m; v/t levantar; construir; criar; **~ guard** retaguardia f

rearm ['riː'ɑːm] v/t rearmar; **~ament** rearme m

reason ['riːzn] s razón f, motivo m; sensatez f; **~ of** a causa de; **it stands to ~** es lógico que; v/t razonar que; v/i discutir; **~able** razona-

ble, justo; módico (*precio*);
~**ing** razonamiento *m*

reassure [ri:əˈʃuə] *v/t* tranquilizar; *com* reasegurar

rebate [ˈriːbeit] *s* descuento *m*; rebaja *f*; *v/t, v/i* rebajar, descontar

rebel [ˈrebl] *a, s* rebelde *m, f*; [ri'bel] *v/i* sublevarse; rebelarse; ~**lion** [~ˈbeljən] rebelión *f*; sublevación *f*; ~**lious** [~ˈbeljəs] rebelde; revoltoso

rebirth [ˈriːbəːθ] renacimiento *m*

rebound [riˈbaund] *v/i* rebotar; repercutir

rebuff [riˈbʌf] *s* repulsa *f*; desaire *m*; *v/t* rechazar; desairar

rebuild [ˈriːˈbild] *v/t* reconstruir

rebuke [riˈbjuːk] *s* reproche *m*; reprimenda *f*; *v/t* reprender; censurar; reprochar

rebuttal [riˈbʌtl] refutación *f*

recalcitrant [riˈkælsitrənt] recalcitrante

recall [riˈkɔːl] *s* revocación *f*; recordación *f*; retirada *f*; **beyond** ~ irrevocable; *v/t* revocar; retirar; recordar

recap [riːˈkæp] *v/t, v/i* recapitular

recapture [ˈriːˈkæptʃə] *s* represa *f*; *v/t* recobrar

recede [riˈ(ː)siːd] *v/i* retroceder, retirarse

receipt [riˈsiːt] *s* recepción *f*; recibo *m*; ~**s** ingresos *m/pl*

receive [riˈsiːv] *v/t* recibir, cobrar; aceptar, admitir; acoger; ~**r** recibidor *m*; (*teléfono*) auricular *m*; *for* síndico *m*

recent [ˈriːsnt] reciente; ~**ly** recientemente; **until** ~**ly** hasta hace poco

reception [riˈsepʃən] recepción *f*; acogida *f*; ~**ist** recibidor(a) *m (f)*, *LA* recepcionista *m, f*

receptive [riˈseptiv] receptivo

recess [riˈses] nicho *m*; retiro *m*; recreo *m*; ~**ion** recesión *f* (*económica*)

recipe [ˈresipi] receta *f*

recipient [riˈsipiənt] recipiente *m, f*

reciprocal [riˈsiprəkəl] recíproco; mutuo

recit|al [riˈsaitl] narración *f*; *mús, teat* recital *m*; ~**e** *v/t* recitar, declamar; narrar

reckless [ˈreklis] temerario, imprudente

reckon [ˈrekən] *v/t* contar; considerar; ~ **with** tomar en cuenta; ~**ing** [ˈ~niŋ] cálculo *m*; cómputo *m*

reclaim [riˈkleim] *v/t* reclamar; recuperar

recline [riˈklain] *v/t* recostar; ~ *v/i* recostarse; reclinarse

recogni|tion [rekəgˈniʃən] reconocimiento *m*; ~**ze** [ˈrekəgnaiz] *v/t* reconocer; admitir

recoil [riˈkɔil] *v/i* retroceder; recular

recollect [rekəˈlekt] *v/t* recordar, acordarse de; **~ion** recuerdo *m*

recommend [rekə'mend] *v/t* recomendar; **~ation** recomendación *f*

recompense ['rekəmpəns] *s* recompensa *f*; compensación *f*; *v/t* recompensar

reconcil|e ['rekənsail] *v/t* (re)conciliar; **~e oneself to** resignarse a; **~iation** [~sili'eiʃən] (re)conciliación *f*

reconsider [ri:kən'sidə] *v/t* volver a considerar; repensar

reconstruct ['ri:kəns'trʌkt] *v/t* reconstruir; reedificar

record ['rekɔ:d] *s* registro *m*; acta *f*, documento *m*; relación *f*; *sp* récord *m*; disco *m*; **on ~** registrado; **off the ~** confidencialmente; inoficial; [ri'kɔ:d] *v/t* registrar; relatar; marcar; grabar (*discos o cintas*); **~er** registrador *m*; (*máquina*) grabadora *f*; *mús* flauta *f* dulce; **~ing** grabación *f*; **~ player** tocadiscos *m*

recourse [ri'kɔ:s] recurso *m*; **to have ~ to** recurrir a

recover [ri'kʌvə] *v/t* recuperar, recobrar; *v/i* reponerse; **~y** recuperación *f*; restablecimiento *m*

recreation [rekri'eiʃən] recreación *f*; recreo *m*

recruit [ri'kru:t] *s* recluta *m*; *v/t, v/i* reclutar

rectangle ['rektæŋgl] rectángulo *m*

rectify ['rektifai] *v/t* rectificar

rector ['rektə] rector(a) *m* (*f*); **~y** rectoría *f*

recumbent [ri'kʌmbənt] reclinado; recostado

recur [ri'kə:] *v/i* repetirse; volver (*enfermedad*, *etc*); **~rent** [ri'kʌrənt] periódico; recurrente; repetido

recycl|able [ri:'saikələbl] reciclable; **~ing** reciclaje *m*

red [red] rojo; encarnado; colorado; (*vino*) tinto; **~den** *v/i* ruborizarse

rede|em [ri'di:m] *v/t* redimir; rescatar; compensar; **~emer** redentor *m*; **~mption** [ri'dempʃən] redención *f*

red-handed ['red'hændid]: **caught ~** cogido con las manos en la masa; **~headed** pelirrojo; **~hot** candente

redo ['ri:'du:] *v/t* rehacer

redouble [ri'dʌbl] *v/t, v/i* redoblar(se); intensificar(se)

redress [ri'dres] *s* reparación *f*; compensación *f*; *v/t* reajustar

redtape ['red'teip] papeleo *m*

red|uce [ri'dju:s] *v/t* reducir; abreviar; degradar; **~uction** [~'dʌkʃən] reducción *f*; rebaja *f*

reed [ri:d] caña *f*; *mús* lengüeta *f*

reef [ri:f] *s* arrecife *m*

reek [ri:k] *v/i* heder; oler mal; **~ of** oler a

reel [ri:l] *s* carrete *m*, broca *f*;

v/t tecn devanar; *v/i* tambalear, bambolear

re|elect [ri:i'lekt] *v/t* reelegir; **~emerge** *v/i* volver a salir; **~enter** *v/i* reingresar; **~establish** *v/t* restablecer

refer [ri'fə:] *v/t* referir, remitir; *v/i:* **~ to** referirse a; **~ee** [refə'ri:] árbitro *m*; **~ence** ['refrəns] referencia *f*; alusión *f*; certificado *m*; **~ence book** libro *m* de consulta; **~endum** [refə'rendəm] plebiscito *m*

refill [ri:'fil] *s* recambio *m*; ['ri:'fil] *v/t* rellenar

refine [ri'fain] *v/t* refinar, purificar; *fig* pulir; *v/i* refinarse; **~d** refinado; culto; **~ment** refinamiento *m*; urbanidad *f*; **~ry** refinería *f*

reflect [ri'flekt] *v/t, v/i* reflejar, reflectar; reflexionar; **~ion** reflexión *f*; reflejo *m*; meditación *f*

reflex [ri:'fleks] *a, s* reflejo *m*, *f*; **~ive** [ri'fleksiv] reflexivo

reform [ri'fɔ:m] *s* reforma *f*; reformación *f*; *v/t* reformar; **♀ation** [refə'meiʃən] *relig* Reforma *f*; **~er** reformador(a) *m* (*f*)

refract [ri'frækt] *v/t* refractar; **~ory** refractorio

refrain [ri'frein] *v/i* abstenerse; *s* estribillo *m*

refresh [ri'freʃ] *v/t* refrescar; **~ment** refresco *m*

refrigerator [ri'fridʒəreitə] refrigerador *m*, nevera *f*, fri-

gorífico *m*

refuel [ri:'fjuəl] *v/t, v/i* reabastecer(se) de combustible

refuge [refjudʒ] *s* refugio *m*; asilo *m*; **~e** [~u(:)'dʒi:] refugiado(a) *m* (*f*)

refund [ri:'fʌnd] *s* re(em)bolso *m*; *v/t* re(em)bolsar; devolver

regain [ri'gein] *v/t* recuperar, recobrar

regal ['ri:gəl] regio; real

regard [ri'gɑ:d] *s* consideración *f*; atención *f*; respeto *m*; mirada *f*; **with ~ to** en cuanto a; *v/t* mirar; considerar; **~ing** con respecto a; **~less** *adv* a pesar de todo; **~less of** sin tomar en consideración; **~s** recuerdos *m/pl*, saludos *m/pl*

regent ['ri:dʒənt] regente *m*, *f*

régime [rei'ʒi:m] régimen *m*

regiment ['redʒimənt] regimiento *m*

region ['ri:dʒən] región *f*; comarca *f*

regist|er ['redʒistə] *s* registro *m*; inscripción *f*; asiento *m*; *v/t* registrar; inscribir; **~ered letter** carta *f* certificada; **~rar** [~'rɑ:] registrador *m*; **~ration** registro *m*; inscripción *f*; *aut, mar etc* matrícula *f*

regret [ri'gret] s sentimiento m, pesar m; remordimiento m; v/t sentir, lamentar; **~s** excusas f/pl; **~table** lamentable

regula|r ['regjulə] regular; corriente; normal; **~rity** [~'læriti] regularidad f; **~rize** ['regjuləraiz] v/t regularizar; **~te** v/t regular; **~tion** regulación f; reglamento m

rehears|al [ri'hə:səl] teat, mús ensayo m; **~e** v/t, v/i ensayar

reign [rein] v/i reinar; prevalecer; s reinado m; reinante; prevaleciente

reimburse [ri:im'bə:s] v/t reembolsar; **~ment** reembolso m

rein [rein] rienda f; **to give ~ to** dar rienda suelta a

reindeer ['reindiə] zool reno m

reinforce [ri:in'fɔ:s] v/t reforzar; (cemento) armar

reinstate ['ri:in'steit] v/t reintegrar; volver a emplear

reject [ri'dʒekt] v/t rechazar, rehusar, desechar; **~ion** rechazo m

rejoic|e [ri'dʒɔis] v/t, v/i regocijar(se), alegrar(se); **~ing** regocijo m; alegría f

rejoin [ri:'dʒɔin] v/t reunirse con; **~der** réplica f

relapse [ri'læps] s med recaída f; reincidencia f; v/i recaer; reincidir

relat|e [ri'leit] v/t relatar, narrar; relacionar; v/i **~e to** referirse a; relacionarse con; **~ion** relación f; **~ive** ['relətiv] a relativo; s pariente(a) m (f); **~ively** relativamente

relax [ri'læks] v/t relajar; aflojar; v/i relajarse; descansar; **~ation** [ri:læk'seiʃən] relajamiento m; descanso m; esparcimiento m; **~ed** relajado

relay ['ri:'lei] s elec relé m; v/t retransmitir (radio); **~race** carrera f de relevos

release [ri'li:s] s liberación f; exoneración f; publicación f; for descargo m; tecn disparador m; v/t soltar; libertar; emitir; disparar; divulgar

relent [ri'lent] v/i ablandarse; **~less** implacable

relevant ['relivənt] pertinente; oportuno

reliab|ility [rilaiə'biliti] confiabilidad f; seguridad f de funcionamiento; **~le** fidedigno, de confianza

reliance [ri'laiəns] confianza f, dependencia f

relic ['relik] reliquia f

relief [ri'li:f] alivio m; desahogo m; socorro m; mil relevo m; for desagravio m; arte, geog relieve m

relieve [ri'li:v] v/t aliviar; socorrer; relevar

religio|n [ri'lidʒən] religión f; **~us** religioso

relinquish [ri'liŋkwiʃ] *v/t* renunciar a; abandonar

relish ['reliʃ] *s* gusto *m*; sabor *m*; apetito *m*; condimento *m*; *v/t* saborear; gustar de

reluctan|ce [ri'lʌktəns] desgana *f*; renuencia *f*; **~t** renuente; **~tly** de mala gana, a regañadientes

rely [ri'lai]: **~ on** *v/i* confiar en; fiarse de; contar con

remain [ri'mein] *v/i* quedar; permanecer; quedarse; sobrar; **~der** resto *m*; **~ing** demás, restante; **~s** restos *m/pl*; sobras *f/pl*

remark [ri'maːk] *s* observación *f*; *v/t, v/i* observar; **~able** notable; **~ably** extraordinariamente

remarry ['riː'mæri] *v/i* volver a casarse

remedy ['remidi] *s* remedio *m*; *v/t* remediar

rememb|er [ri'membə] *v/t* recordar; acordarse de; tener presente; **~rance** recuerdo *m*, memoria *f*

remind [ri'maind] *v/t* recordar; **~er** recordatorio *m*; advertencia *f*

reminiscent [remi'nisnt] recordativo

remiss [ri'mis] negligente; **~ion** [∼'miʃən] perdón *m*

remit [ri'mit] *v/t* remitir; **~tance** *com* remesa *f*

remnant ['remnənt] resto *m*; residuo *m*; retazo *m*

remonstrate ['remənstreit]

v/i protestar

remorse [ri'mɔːs] remordimiento *m*; **~ful** arrepentido; **~less** despiadado

remote [ri'məut] lejano; distante; **~ control** mando *m* a distancia

remov|al [ri'muːvəl] deposición *f*; eliminación *f*; traslado *m*; mudanza *f*; **~e** *v/t* quitar; eliminar; trasladar; deponer

Renaissance [rə'neisəns] Renacimiento *m*

rend [rend] *v/t* desgarrar

render ['rendə] *v/t* rendir; dar; prestar (*servicios*); hacer; volver; *mús, teat* representar, interpretar

renegade ['renigeid] *a, s* renegado(a) *m (f)*

renew [ri'njuː] *v/t* renovar; extender; prorrogar; **~al** renovación *f*; prórroga *f*

renounce [ri'nauns] *v/t* renunciar; abandonar

renovate ['renəuveit] *v/t* renovar

renown [ri'naun] fama *f*; **~ed** renombrado, famoso

rent [rent] *s* alquiler *m*; *com* renta *f*; *v/t* alquilar, arrendar

repair [ri'pɛə] *v/t* reparar; componer; remendar; *s* reparación *f*; compostura *f*; **~ shop** taller *m* de reparaciones

reparation [repə'reiʃən] reparación *f*; satisfacción *f*; **~s** *pol* indemnizaciones *f/pl*

repartee [repɑː'tiː] réplica f
aguda

repay [riː'pei] v/t reembolsar;
devolver; pagar; **~ment**
reembolso m

repeat [ri'piːt] v/t repetir; reiterar; **~edly** repetidamente

repel [ri'pel] v/t repeler; rechazar; repugnar

repent [ri'pent] v/i, v/t arrepentirse (de); sentir; **~ance**
arrepentimiento m; **~ant**
arrepentido

repertoire ['repǝtwɑː] repertorio m

repetition [repi'tiʃǝn] repeti-
ción f

replace [ri'pleis] v/t reempla-
zar; sustituir; **~ment** sustitu-
ción f; repuesto m

replenish [ri'pleniʃ] v/t rellenar; reponer

replete [ri'pliːt] repleto

replica ['replikǝ] copia f

reply [ri'plai] s respuesta f,
contestación f; v/t, v/i contestar; responder

report [ri'pɔːt] s relato m; parte f; informe m; (arma)
estampido m; v/t relatar; denunciar; v/i presentar informe; **~er** reportero m

repose [ri'pǝuz] s reposo m;
v/i descansar; reposar

represent [repri'zent] v/t
representar; **~ation** [~'teiʃǝn]
representación f; **~ative** a re-
presentativo; s representante
m, f; **for** apoderado m

repress [ri'pres] v/t reprimir;

~ion represión f

reprieve [ri'priːv] s suspensión f; respiro m; v/t indul-
tar; suspender la pena

reprimand ['reprimɑːnd] s reprimenda f; v/t reprender

reprint ['riː'print] reimpresión f

reprisal [ri'praizǝl] represalia f

reproach [ri'prǝutʃ] s reproche m; v/t reprochar

reproduce [riːprǝ'djuːs] v/t
reproducir; **~tion** [~'dʌkʃǝn]
reproducción f

reproof [ri'pruːf] reproche
m; **~ve** [ri'pruːv] v/t reprochar; reprender

reptile ['reptail] reptil m

republic [ri'pʌblik] república
f; **~an** a, s republicano(a) m
(f)

repudiate [ri'pjuːdieit] v/t rechazar; repudiar; descartar

repugnance [ri'pʌgnǝns] repugnancia f; **~t** repugnante,
repulsivo

repulse [ri'pʌls] s repulsa f;
rechazo m; v/t repulsar, rechazar; **~ion** [~'pʌlʃǝn] re-
pulsión f; repugnancia f;
~ive repulsivo, repugnante

reputable ['repjutǝbl] respetable; honrado; **~ation** reputación f; renombre m; **~e**
[ri'pjuːt] s reputación f; v/t
reputar; **to be ~ed** pasar por;
tener fama de; **~edly** según
se cree

request [ri'kwest] s ruego m,

petición f, instancia f; v/t solicitar; pedir; suplicar

requi|re [ri'kwaiə] v/t necesitar; requerir; exigir; **~red** necesario; **~rement** necesidad f; requisito m; exigencia f; **~site** ['rekwizit] necesario

rer|oute ['ri:'ru:t] v/t desviar; **~un** ['ri:rʌn] TV programa m repetido

rescue ['reskju:] s salvamento m; rescate m; liberación f; v/t salvar; rescatar

research [ri'sə:tʃ] v/t, v/i investigar; s investigación f; **~er** investigador(a) m (f)

resembl|ance [ri'zembləns] parecido m, semejanza f; **~e** v/t parecerse a

resent [ri'zent] v/t resentirse de; **~ful** resentido; **~ment** resentimiento m

reserv|ation [rezə'veiʃən] reservación f, reserva f; **~e** [ri'zə:v] s reserva f; v/t reservar; guardar; **~ed** reservado; callado

reservoir ['rezəvwɑ:] depósito m; embalse m

reside [ri'zaid] v/i residir, vivir; **~nce** ['rezidəns] residencia f; domicilio m; **~nt** a, s residente m, f

residue ['rezidju:] residuo m; resto m

resign [ri'zain] v/t dimitir, renunciar; v/r resignarse; someterse; **~ation** [rezig-'neiʃən] dimisión f; resignación f; **~ed** resignado

resin ['rezin] resina f

resist [ri'zist] v/t, v/i resistir; oponerse a; **~ance** resistencia f; **~ant** resistente

resolut|e ['rezəlu:t] resuelto; **~ion** [ˌ.'lu:ʃən] resolución f; acuerdo m

resolve [ri'zɔlv] s determinación f; propósito m; v/t resolver; decidir; v/i decidirse; **to be ~d to** estar resuelto a

resonance ['reznəns] resonancia f

resort [ri'zɔ:t] s recurso m; punto m de reunión; lugar m de temporada; **as a last ~** en último caso; v/i **~ to** acudir a; echar mano de; recurrir a

resound [ri'zaund] v/i resonar; **~ing** sonoro

resource [ri'sɔ:s] recurso m; expediente m; **~ful** ingenioso; **~s** recursos m/pl

respect [ris'pekt] respeto m; consideración f; respecto m; aspecto m; **with ~ to** con respecto a; **in every ~** en todo concepto; **in this ~** en cuanto a esto; **~able** respetable; **~ful** respetuoso; **~ive** respectivo, relativo; **~s** recuerdos m/pl

respiration [respə'reiʃən] respiración f

respite ['respait] s respiro m, pausa f; **without ~** sin tregua

resplendent [ris'plendənt] resplandeciente

respon|d [ris'pɔnd] v/i responder, reaccionar; **~dent**

for demandado(a) *m* (*f*); **~se** [~ns] respuesta *f*; contestación *f*; *fig* reacción *f*; **~sibility** [rispɒnsə'biliti] responsabilidad *f*; **~sible** [~'pɒnsəbl] responsable

rest [rest] *s* descanso *m*; resto *m*; apoyo *m*; pausa *f*; **come to ~** parar; **the ~** el resto, lo demás; **~ assured** tener la seguridad; *v/i* descansar, reposar; **~ (up)on** apoyarse en; posarse en; **to ~ with** depender de

restaurant ['restərɒnt] restaurante *m*

rest|ful ['restful] descansado; sosegado; **~ home** residencia *f* de jubilados; **~ive** inquieto; **~less** intranquilo, agitado

restor|ation [restə'reiʃən] restauración *f*; renovación *f*; **~e** [ris'tɔː] *v/t* restaurar

restrain [ris'trein] *v/t* refrenar, reprimir; **~ oneself** contenerse, dominarse; **~t** moderación *f*; restricción *f*; reserva *f*

restrict [ris'trikt] *v/t* restringir; **~ion** restricción *f*

rest room ['rest'ruːm] excusado *m*; servicios *m*/*pl*

result [ri'zʌlt] *s* resultado *m*; *v/i* resultar; **~ in** terminar en

resum|e [ri'zjuːm] *v/t* reanudar; **~ption** [~'zʌmpʃən] reanudación *f*

resurrection [rezə'rekʃən] resurrección *f*

resuscitate [ri'sʌsiteit] *v/t* resucitar

retail ['riːteil] *s* venta *f* al por menor; [riː'teil] *v/t* vender al por menor; **~er** detallista *m*

retain [ri'tein] *v/t* retener; guardar; contratar; **~er** partidario(a) *m* (*f*); criado(a) *m* (*f*); *for* anticipo *m*

retaliat|e [ri'tælieit] *v/i* tomar represalias; **~ion** represalias *f*/*pl*; desquite *m*

retard [ri'tɑːd] *v/t* retrasar; **~ed** retrasado

retent|ion [ri'tenʃən] retención *f*; conservación *f*; **~ve** retentivo

reticent ['retisənt] reservado

retinue ['retinjuː] comitiva *f*

retir|e [ri'taiə] *v/t* retirar, jubilar; *v/i* retirarse; jubilarse; **~ed** retirado; jubilado; **~ement** retiro *m*; jubilación *f*; **~ing** retraído

retort [ri'tɔːt] *s* réplica *f*; *quim* retorta *f*; *v/t* replicar

retrace [ri'treis] *v/t* seguir (*las huellas*); desandar; volver a trazar

retract [ri'trækt] *v/t* retractar; retraer; *v/i* retractarse, retraerse; **~able** retráctil

retreat [ri'triːt] *s* retiro *m*, refugio *m*; retirada *f*; *v/i* retirarse, refugiarse

retribution [retri'bjuːʃən] justo castigo *m*

retrieve [ri'triːv] *v/t* recuperar; recobrar

retro|active ['retrəu'æktiv]

retroactivo; **~spect:** *in
~spect* mirando hacia atrás

return [ri'tən] *s* vuelta *f*; regreso *m*; devolución *f*; retorno *m*; recompensa *f*; respuesta *f*; *com* utilidad *f*, ganancia *f*; relación *f*; *by ~ mail* a vuelta de correo; *in ~* en cambio; *income tax ~* declaración *f* de renta; *v/t* devolver; restituir; corresponder; producir; elegir; *v/i* volver, regresar; **~s** informe *m* oficial; *com* devoluciones *f/pl*; *many happy ~s!* ¡muchas felicidades!; **~ ticket** billete *m* de ida y vuelta

reunion [ri:'ju:njən] reunión *f*

reveal [ri'vi:l] *v/t* revelar; descubrir

revel ['revl] *s* jarana *f*; *v/i ~ in* deleitarse

revelation [revi'leiʃən] revelación *f*

revenge [ri'vendʒ] *s* venganza *f*; *to take ~ on* vengarse de; **~ful** vengativo

revenue ['revinju:] ingresos *m/pl*; renta *f*; rédito *m*

reverberate [ri'və:bəreit] *v/i* resonar, retumbar

revere [ri'viə] *v/t* reverenciar, venerar; **~nce** ['revərəns] reverencia *f*; **~nd** reverendo

reverse [ri'və:s] *s* lo contrario; revés *m*; desgracia *f*; reverso *m*; *teen* marcha *f* atrás; *v/t* volver al revés; invertir, trastornar; cambiar (opi-

nión, etc); *a* inverso; opuesto

review [ri'vju:] *s* repaso *m*; reexaminación *f*; reseña *f*; revista *f*; *for* revisión *f*; *v/t* reexaminar, repasar; reseñar; *mil* pasar revista a; **~er** crítico *m*

revile [ri'vail] *v/t* injuriar

revis|e [ri'vaiz] *v/t* revisar; corregir; refundir; **~er** revisor(a) *m* (*f*); **~ion** [ˌiʒən] revisión *f*; repaso *m*; corrección *f*

reviv|al [ri'vaivəl] renacimiento *m*, restauración *f*; *teat* reposición *f*; **~e** *v/t* reanimar; restablecer; *v/i* reanimarse; volver en sí

revoke [ri'vouk] *v/t* revocar

revolt [ri'voult] *s* rebelión *f*, sublevación *f*; *v/t* repugnar, dar asco a; *v/i* rebelarse, sublevarse; **~ing** repugnante

revolution [revə'lu:ʃən] revolución *f*; **~ary** [ˌnəri] *a, s* revolucionario *m*; **~ize** [ˌʃnaiz] *v/t* revolucionar

revolv|e [ri'vɔlv] *v/i* revolver, girar; rodar; dar vueltas; *v/t* hacer girar *o* rodar; revolver; **~er** revólver *m*; **~ing** giratorio

revue [ri'vju:] *teat* revista *f*

revulsion [ri'vʌlʃn] asco *m*; *med* revulsión *f*

reward [ri'wɔ:d] *s* recompensa *f*; premio *m*; *v/t* recompensar; gratificar; **~ing** provechoso, valioso

rewind [ri:'waind] *v/t* dar cuerda a (*reloj*); rebobinar

rhapsod|ize ['ræpsədaiz]: *v/i* **to ~ize over** extasiarse ante; **~y** rapsodia *f*

rheumatism ['ru:mətizəm] reumatismo *m*

rhinoceros [rai'nɔsərəs] rinoceronte *m*

rhubarb ['ru:bɑ:b] ruibarbo *m*

rhyme [raim] *s* rima *f*; *v/t, v/i* rimar; *without ~ or reason* sin ton ni son

rhythm ['riðəm] ritmo *m*; **~ic, ~ical** rítmico

rib [rib] *anat* costilla *f*; *arq* nervio *m*; arista *f*; *mar* cuaderna *f*; varilla *f* (*de para-guas*)

ribald ['ribəld] obsceno

ribbon ['ribən] cinta *f*

rice [rais] arroz *m*; **~ field** arrozal *m*

rich [ritʃ] rico; fértil (*tierra*); sustancioso (*comida*); **~es** riqueza *f*; **~ness** riqueza *f*, opulencia *f*

ricket|s ['rikits] raquitismo *m*; **~y** raquítico

rid [rid] *v/t* desembarazar, librar; **to get ~ of** librarse de

riddle ['ridl] *s* adivinanza *f*, enigma *m*; criba *f*; *v/t* cribar; acribillar

rid|e [raid] *s* paseo *m* a caballo *o* en vehículo; *v/t* ir en coche; **~e at anchor** estar fondeado; *v/t* montar; **~e someone** tirani-

zar a uno; **~er** jinete *m*

ridge [ridʒ] lomo *m*; loma *f*; cresta *f*; *arq* caballete *m*

ridicul|e ['ridikju:l] *s* irrisión *f*; mofa *f*; *v/t* ridiculizar; burlarse de; **~ous** [~'dikjuləs] ridículo

riding ['raidiŋ] montar *m* a caballo

rife [raif] corriente; endémico

rifle ['raifl] *s* rifle *m*, fusil *m*; *v/t* robar; pillar

rift [rift] hendedura *f*, grieta *f*

right [rait] *s* derecho *m*; razón *f*; justicia *f*; derecha *f*; *a* correcto; recto, derecho; justo; **to be ~** tener razón; **to have a ~ to** tener derecho a; **to set ~** arreglar; *adv* directamente; bien; *v/t* enderezar; rectificar; **all ~!** ¡muy bien!; **that's ~** eso es; **~ and left** a diestro y siniestro; **~ away** en seguida; **~ now** ahora mismo; **~ angle** ángulo *m* recto; **~eous** ['~ʃəs] honrado, virtuoso; **~ful** legítimo; **~ly** con razón; **~ist** *a, s* derechista *m, f*

rigid ['ridʒid] rígido

rigor ['rigə] rigor *m*; **~ous** riguroso; severo; duro

rim [rim] canto *m*; borde *m*

rind [raind] corteza *f* (*de queso*); pellejo *m*

ring [riŋ] *s* anillo *m*; círculo *m* (*de gente*); aro *m*; *sp* cuadrilátero *m*; cerco *m* (*de montañas*); sonido *m* (*de timbre*); repique *m* (*de campanas*); ojera *f* (*bajo los ojos*); tele-

fonazo *m*; *v/t* cercar; tocar; ~
the bell tocar el timbre; ~
telefonear, llamar; *v/i* sonar;
resonar; repicar; zumbar
(*oídos*); **~leader** cabecilla *m*;
~let bucle *m*, rizo *m*

rink [riŋk] pista *f*

rinse [rins] *v/t* enjuagar; aclarar

riot ['raiət] *s* motín *m*; tumulto *m*; *v/i* amotinarse; alboro-
tarse; **~er** amotinado(a) *m*
(*f*); **~ous** tumultuoso; licencioso

rip [rip] *s* rasgón *m*, rasgadura
f; *v/t* rasgar; descoser

ripe [raip] maduro; *v/t*, *v/i*
madurar; **~ness** madurez *f*,
sazón *f*

rip-off ['ripɔf] *fam* estafa *f*;
timo *m*

ripple ['ripl] *s* rizo *m*; ondita *f*;
v/t, *v/i* rizar(se)

rise [raiz] *s* subida *f*; *com* alza
f; cuesta *f*; elevación *f*;
aumento *m*; *to give* ~ dar
origen a; *v/i* subir, ascender;
elevarse; ponerse de pie; surgir; sublevarse; salir (*el sol*);
~ *early* madrugar

rising ['raiziŋ] levantamiento
m; salida *f* (*del sol*)

risk [risk] *s* riesgo *m*; peligro
m; *v/t* arriesgar; **~y** arriesgado; aventurado

rite [rait] rito *m*; *funeral* ~*s*
exequias *f/pl*

rival ['raivəl] *a*, *s* rival *m*, *f*;
competidor *m* (*f*); *v/t* rivalizar; competir con; **~ry** ri-
validad *f*

river ['rivə] río *m*; *down* ~ río
abajo; *up* ~ río arriba;
~basin cuenca *f* de río; **~bed**
lecho *m* fluvial; **~side** orilla
f, ribera *f*

rivet ['rivit] *s* remache *m*; *v/t*
remachar

road [rəud] camino *m*; carre-
tera *f*; vía *f*; **~block** barricada *f*; ~ *map*
mapa *m* de carreteras; ~ *sign*
señal *f* de tráfico

roam [rəum] *v/i* vagar; errar

roar [rɔː] *s* rugido *m*, grito *m*;
v/i rugir; gritar

roast [rəust] *a*, *s* asado *m*; *v/t*,
v/i asar; tostar; ~ *beef* rosbif
m

rob [rɔb] *v/t* robar, hurtar;
~ber ladrón *m*; salteador *m*;
~bery robo *m*

robe [rəub] *s* túnica *f*; *for* toga
f; manto *m*; *bath* ~ albornoz
m; bata *f*

robin ['rɔbin] petirrojo *m*

robot ['rəubɔt] robot *m*,
autómata *m*

robust [rəu'bʌst] robusto,
vigoroso

rock [rɔk] *s* peñasco *m*, peñasco
peña *f*; *on the* ~*s* con hielo
(*bebida*); *v/t* mecer; balancear; *v/i* mecerse; ~ *bottom*
punto *m* más bajo; ~ *crystal*
cristal *m* de roca; **~er** rocke-
ro(a) *m* (*f*)

rocket ['rɔkit] cohete *m*; **~ry**
cohetería *f*

rocking chair ['rɔkiŋ'tʃɛə]
mecedora *f*

round

rocky ['rɔki] rocoso; 2 *Mountains* Montañas *f/pl* Rocosas

rod [rɔd] vara *f*; varilla *f*

rodent ['rəudənt] *zool* roedor *m*

roe [rəu] hueva *f* (*de pescado*); *zool* corzo *m*

rogu|e [rəug] pícaro *m*, bribón *m*; **~ish** pícaro, bellaco

role [rəul] papel *m*; **to play a ~** desempeñar un papel

roll [rəul] *s* rollo *m*; bollo *m*, panecillo *m*; lista *f*; redoble *m*, retumbo *m*; *fam* fajo *m* (*de dinero*); *v/t* hacer rodar, girar; enrollar; liar (*cigarillo*); *metal* laminar; vibrar (*la lengua*); **~ up** envolver; *v/i* rodar, dar vueltas; revolverse; bambolearse; balancearse; **~er** rodillo *m*; aplanadora *f*; **~er coaster** montaña *f* rusa; **~er skate** patín *m* de ruedas; **~film** película *f* en carrete; **~icking** alegre, divertido; **~ing** rodante; **~ing stock** material *m* rodante

Roman ['rəumən] *a, s* romano(a) *m* (*f*)

roman|ce [rəu'mæns] amoríos *m/pl*; novela *f* romántica; **~tic** romántico

rompers ['rɔmpəz] mameluco *m* (*para niños*); pelele *m*

roof [ru:f] *s* techo *m*; tejado *m*, azotea *f*; *v/t* techar; tejar

rook [ruk] graja *f*; (*ajedrez*) torre *f*

room [rum] cuarto *m*, pieza *f*; habitación *f*; sala *f*; espacio *m*, sitio *m*, cabida *f*; **to make ~** hacer sitio; **~mate** compañero(a) *m* (*f*) de cuarto; **~y** espacioso

roost [ru:st] percha *f* de gallinero; **~er** gallo *m*

root [ru:t] *s* raíz *f*; origen *m*; base *f*; *v/t, v/i* arraigar; **~ out** extirpar; arrancar

rope [rəup] cuerda *f*; soga *f*; cable *m*

rosary ['rəuzəri] *relig* rosario *m*

ros|e [rəuz] *s* rosa *f*; roseta *f* (*de ducha, etc*); *a* color *m* de rosa; **~ebush** rosal *m*; **~emary** romero *m*; **~y** sonrosado; rosado

rot [rɔt] *s* putrefacción *f*; descomposición *f*; *v/i* pudrirse; echarse a perder; *v/t* pudrir

rota|ry ['rəutəri] rotatorio; **~te** [~'teit] *v/t, v/i* (hacer) girar; **~tion** rotación *f*

rotor ['rəutə] *aer* rotor *m*

rotten ['rɔtn] podrido; corrompido; *fam* malísimo

rotund [rəu'tʌnd] rotundo

rouge [ru:ʒ] colorete *m*

rough [rʌf] áspero; tosco; quebrado; crudo; rudo; aproximado; **~ly** ásperamente; aproximadamente; **~ness** aspereza *f*

round [raund] *a* redondo; rotundo; lleno; *s* esfera *f*; curvatura *f*; redondez *f*; vuelta *f*; *mil* ronda *f*; circuito *m*; *adv* alrededor; **to go ~** dar vueltas; *all the year* ~ todo el año; *prep* alrededor de; a la vuelta de; *v/t* ~ *off*, ~ *out* redondear; ~ *up* recoger; ~*about* a indirecto; *s* tiovivo *m*; ~*ly* rotundamente

rouse [rauz] *v/t* despertar; excitar; levantar; ~ *oneself* animarse

rout|e [ru:t] ruta *f*; ~*ine* [~'ti:n] rutina *f*

rov|e [rəuv] *v/i* vagar; ~*er* vagabundo *m*; ambulante; ~*ing* errante

row [rau] *s* alboroto *m*; tumulto *m*; disputa *f*

row [rəu] *s* hilera *f*; fila *f*; *v/i* remar; ~*boat* bote *m* de remos

royal ['rɔiəl] real; ~*ty* realeza *f*; derechos *m/pl* de autor

rub [rʌb] *s* frotamiento *m*; roce *m*; *v/t* frotar; restregar

rubber ['rʌbə] caucho *m*, goma *f*, *LA* jebe *m*, huele *m*

rubbish ['rʌbiʃ] basura *f*; desperdicios *m/pl*; *fam* tontería *f*; disparates *m/pl*

rubble ['rʌbl] escombros *m/pl*

ruby ['ru:bi] rubí *m*

rucksack ['ruksæk] mochila *f*

rudder ['rʌdə] timón *m*

ruddy ['rʌdi] rojizo

rude [ru:d] grosero; rudo; ~*ness* grosería *f*; rudeza *f*

rue [ru:] *v/t* arrepentirse de

ruffian ['rʌfjən] bellaco *m*, rufián *m*

ruffle ['rʌfl] *s* volante *m*; *v/t* fruncir; erizar; arrugar; irritar; descomponer

rug [rʌg] alfombra *f*; manta *f*; ~*ged* áspero; abrupto; rudo; robusto

ruin [ruin] *s* ruina *f*; *v/t* arruinar; estropear; ~*ous* ruinoso

rul|e [ru:l] *s* regla *f*; reglamento *m*; norma *f*; *as a* ~ *e* por regla general; *home* ~*e* autonomía *f*; *v/t* gobernar; mandar; ~*e out* descartar, excluir; ~*er* prevalecer; ~*er* gobernador *m*; regla *f* (*para trazar lineas*); ~*ing* a predominante; *s* fallo *m*

rum [rʌm] ron *m*

Rumania [ru:'meinjə] Rumania *f*; ~*n a*, *s* rumano(a) *m* (*f*)

rumble ['rʌmbl] *v/i* retumbar; *s* retumbo *m*

rumina|nt ['ru:minənt] *a*, *s* rumiante *m*; ~*te* [~eit] *v/t*, *v/i* rumiar

rummage ['rʌmidʒ] *v/t*, *v/i* revolverlo todo

rumo(u)r ['ru:mə] *s* rumor *m*; *v/i it is* ~*ed* se dice

rump [rʌmp] cuarto *m* trasero; ancas *f/pl*

rumple ['rʌmpl] *v/t* arrugar (*ropa*); desgreñar (*cabellos*)

run [rʌn] *s* carrera *f*; curso *m*; serie *f*, racha *f*; demanda *f* general; *in the long* ~ a la larga; *v/t* explotar; manejar; llevar; ~ *across* dar con; ~ *out of* quedar sin; ~ *over* atropellar; *to be* ~ *down med* estar debilitado; *v/i* correr; funcionar; fluir; ~ *away* huir; ~ *down* quedarse sin cuerda (*reloj*); ~ **out** agotarse; ~ **over** desbordar; ~ **up against** chocar con

rung [rʌŋ] pedaño *m*

runner ['rʌnə] corredor(a) *m* (*f*); cuchilla *f* (*del patín*); *bot* trepadora *f*; **~up** *sp* subcampeón *m*

running ['rʌniŋ] dirección *f*, manejo *m*; *tecn* funcionamiento *m*; ~ **board** estribo *m*

runway ['rʌnwei] *aer* pista *f* de despegue *o* de aterrizaje

rupture ['rʌptʃə] *s* ruptura *f*, rotura *f*; *v/t* quebrarse

rural ['ruərəl] rural, rústico

rush [rʌʃ] *s* acometida *f*; prisa *f*, precipitación *f*; ajetreo *m*;

bot junco *m*; ~ **hours** horas *f/pl* punta; *v/t* apresurar; *v/i* precipitarse; ir de prisa

Russia ['rʌʃə] Rusia *f*; **~an** *a*, *s* ruso(a) *m* (*f*)

rust [rʌst] *s* herrumbre *f*; *v/i* oxidarse

rustic ['rʌstik] rústico

rustle ['rʌsl] *s* crujido *m*; *v/i* crujir; susurrar

rust|proof ['rʌstpru:f] a prueba de herrumbre; **~y** ['rʌsti] mohoso, oxidado

rut [rʌt] rodada *f*; carril *m*; celo *m* (*de animales*); *fig* rutina *f*

ruthless ['ru:θlis] inexorable; despiadado

rye [rai] centeno *m*

S

sable ['seibl] *zool* marta *f* cebellina

sabotage ['sæbətɑ:ʒ] *s* sabotaje *m*; *v/t* sabotear

saccharin ['sækərin] sacarina *f*

sack [sæk] *s* saco *m*; talego *m*; **to get the** ~ ser despedido; *v/t* saquear; *fam* despedir, echar

sacrament ['sækrəmənt] sacramento *m*

sacred ['seikrid] sagrado

sacrifice ['sækrifais] *s* sacrificio *m*; *v/t*, *v/i* sacrificar

sacrilege ['sækrilidʒ] sacrilegio *m*

sad [sæd] triste; melancólico;

~den *v/t* entristecer

saddle ['sædl] *s* silla *f* (*de montar*); sillín *m* (*de bicicleta*); collado *m* (*de monte*); *v/t* ensillar; **~bag** alforja *f*

sadis|m ['sædizm] sadismo *m*; **~t** sadista *m*, *f*

sadness ['sædnis] tristeza *f*

safe [seif] *a* seguro; salvo; ileso; fuera de peligro; *s* caja *f* fuerte; ~ **and sound** sano y salvo; **to be on the ~ side** por mayor seguridad; ~ **conduct** salvoconducto *m*; **~guard** salvaguardia *f*; garantía *f*; **~ly** con seguridad; sin peligro; **~ty** seguridad *f*; **~ty belt** cinturón *m* de seguridad; **~ty**

pin imperdible *m*; **~ty razor** maquinilla *f* de afeitar; **~ty valve** válvula *f* de seguridad

saffron ['sæfrən] azafrán *m*

sag [sæg] *s* comba *f*; *v/i* combarse; hundirse; aflojarse

sage [seidʒ] *s* sabio *m*; *bot* salvia *f*; *a* sabio

said [sed] dicho; **when all is ~ and done** al fin y al cabo

sail [seil] *s mar* vela *f*; *v/i* navegar; darse a la vela; **~(ing)boat** velero *m*; **~or** marinero *m*, marino *m*

saint [seint] *a*, *s* santo(a) *m (f)*; San (*delante de nombres masculinos no empezando con t o d*)

sake [seik]: *for God's* **~!** ¡por amor de Dios!; *for the ~ of* por; por respeto a

salad ['sæləd] ensalada *f*; **~ bowl** ensaladera *f*

salary ['sæləri] sueldo *m*

sale [seil] venta *f*; *for ~* se vende; **~sman, ~swoman** vendedor(a) *m (f)*, dependiente *m*, dependienta *f*

saliva [sə'laivə] saliva *f*

sallow ['sæləu] cetrino; amarillento

sally ['sæli] *s* salida *f*; *v/i* **~ forth** salir resueltamente

salmon ['sæmən] salmón *m*

saloon [sə'lu:n] sala *f* grande; *Am* bar *m*, taberna *f*

salt [sɔ:lt] sal *f*; *fig* agudeza *f*; **~cellar** salero *m*; **~petre**, *Am* **~peter** ['~'pi:tə] salitre *m*;

~works salinas *f/pl*; **~y** salado

salubrious [sə'lu:briəs], **~tary** ['sæljutəri] salubre, saludable

salut|ation [sælju(:)'teiʃən] salutación *f*; **~e** [sə'lu:t] *s* saludo *m*; *mil* salva *f*; *v/t*, *v/i* saludar

salvage ['sælvidʒ] salvamento *m*; objetos *m/pl* salvados

salvation [sæl'veiʃən] salvación *f*

salve [sɑ:v] ungüento *m*; *fig* bálsamo *m*

same [seim] mismo, idéntico; **all the ~** aun así; sin embargo; **it is all the ~ to me** a mí me da lo mismo

sample ['sɑ:mpl] *s* muestra *f*; *v/t* probar; catar

sanatorium [sænə'tɔ:riəm] sanatorio *m*

sancti|fy ['sæŋktifai] *v/t* santificar; **~monious** [~'məunjəs] santurrón; **~on** ['sæŋkʃən] *s* sanción *f*; *v/t* sancionar

sanctuary ['sæŋktjuəri] santuario *m*; asilo *m*

sand [sænd] *s* arena *f*; *v/t* enarenar

sandal ['sændl] sandalia *f*

sand|paper papel *m* de lija; **~stone** piedra *f* arenisca

sandwich ['sænwidʒ] bocadillo *m*; sandwich *m*

sandy ['sændi] arenoso

sane [sein] cuerdo, sensato

sanguine ['sæŋgwin] sanguíneo

sanita|ry ['sænitəri] sanitario; **~ry napkin** compresa *f*; **~tion** medidas *f/pl* sanitarias

sanity ['sæniti] cordura *f*, sensatez *f*

Santa Claus [sæntə'klɔːz] San Nicolás

sap [sæp] *s* savia *f*; vitalidad *f*; *mil* zapa *f*; *v/i* mil zapar; minar; *v/t* socavar; **~phire** ['sæfaiə] zafiro *m*

sarcasm ['sɑːkæzəm] sarcasmo *m*

sardine [sɑːˈdiːn] sardina *f*

Sardini|a [sɑːˈdiniə] Cerdeña *f*; **~an** *a*, *s* sardo(a) *m* (*f*)

sardonic [sɑːˈdɔnik] burlón

sash [sæʃ] faja *f*; banda *f*

Satan ['seitən] Satanás *m*; **2ic** [sə'tænik] satánico

satchel ['sætʃəl] cartapacio *m*; bolso *m*

satellite ['sætəlait] satélite *m*

satin ['sætin] raso *m*

satir|e ['sætaiə] sátira *f*; **~ize** ['~əraiz] *v/t* satirizar

satisf|action [sætis'fækʃən] satisfacción *f*; **~actory** **~factory** satisfactorio; **~y** ['~fai] *v/t* satisfacer

Saturday ['sætədi] sábado *m*

sauc|e [sɔːs] salsa *f*; **~epan** cacerola *f*; **~er** platillo *m*; *flying* **~er** platillo *m* volador; **~y** fresco, insolente

saunter ['sɔːntə] *v/i* deambular

sausage ['sɔsidʒ] salchicha *f*; embutido *m*

savage ['sævidʒ] salvaje *m*, *f*

sav|e [seiv] *prep* salvo; excepto; *conj* a menos que; *v/t* salvar; ahorrar (*dinero*); evitar; **~ings** ahorros *m/pl*; **~ings bank** caja *f* de ahorros

savio(u)r ['seivjə] salvador *m*; **2** *relig* Redentor *m*, Salvador *m*

savo(u)r ['seivə] *s* gusto *m*; sabor *m*; *v/t* saborear; **~y** sabroso, apetitoso

saw [sɔː] *s* sierra *f*; *v/t* serrar; **~dust** serrín *m*; **~mill** aserradero *m*

Saxon ['sæksn] *a*, *s* sajón *m*, sajona *f*

saxophone ['sæksəfəun] saxofón *m*

say [sei] *v/t*, *v/i* decir; recitar; *they* **~** dicen; *that is to* **~** es decir; **~** *grace* bendecir la mesa; **~** *mass* decir misa; **~** *no* (*yes*) decir que no (sí); **~ing** dicho *m*; refrán *m*

scab [skæb] *med* costra *f*, zool roña *f*; **~by** sarnoso

scaffold ['skæfəld] andamio *m*; patíbulo *m*

scald [skɔːld] *s* escaldadura *f*; *v/t* escaldar

scale [skeil] *s* escala *f*; gama *f*; escama *f* (*de pez*); *v/t* escamar (*pescado*); escalar; **~s** balanza *f*

scalp [skælp] *s* cuero *m* cabelludo; *v/t* escalpar; **~el** escalpelo *m*

scamp [skæmp] diablillo *m*; **~er away** *v/i* escaparse corriendo

scan [skæn] v/t escudriñar;
~ner escaner m

scandal ['skændl] escándalo
m; **~ize** v/t escandalizar;
~ous escandaloso

Scandinavian [skændi'nei-
vjən] a, s escandinavo(a) m
(f)

scant [skænt], **~y** escaso;
magro

scapegoat ['skeipgəut] chivo
m expiatorio

scar [skɑː] s cicatriz f; v/i cica-
trizar(se)

scarc|e [skeəs] escaso; **~ely**
apenas; **~ity** escasez f

scare [skeə] s espanto m; v/t
espantar; **~crow** espantapájaros m

scarf [skɑːf] bufanda f; LA
chalina f

scarlet ['skɑːlit] s escarlata f;
a de color escarlata; **~ fever**
escarlatina f

scary ['skeəri] asustadizo

scathing ['skeiðiŋ] fig devasta-
dor; mordaz

scatter ['skætə] v/t esparcir;
desparramar; dispersar

scavenge ['skævindʒ] v/t
barrer (calles, etc); recoger
(entre la basura)

scene [siːn] escena f; paisaje
m; **~ry** escenario m; teat de-
corado m; **behind the ~s**
entre bastidores

scent [sent] s perfume m; olor
m; olfato m; rastro m; v/t
perfumar; v/i olfatear; husmear

sceptic ['skeptik] s, a escépti-
co(a) m (f); **~al** escéptico;
~ism ['~sizəm] escepticismo
m

schedule ['ʃedjuːl] s lista f;
programa m; horario m; v/t
fijar la hora de; catalogar

scheme [skiːm] s esquema m;
proyecto m; intriga f; v/t
proyectar; idear; tramar

schola|r ['skɔlə] estudiante m,
f; erudito(a) m (f); **~rly** erudito; **~rship** beca f; erudi-
ción f; **~stic** [skə'læstik] escolar

school [skuːl] s escuela f; v/t
instruir; entrenar; **at ~** en la
escuela; **~boy** colegial m;
~girl colegiala f; **~ing** enseñanza f; **~mate** com-
pañero(a) m (f) de clase;
~teacher maestro(a) m (f);
profesor(a) m (f)

schooner ['skuːnə] goleta f

scien|ce ['saiəns] ciencia f;
~ce fiction ciencia-ficción f;
~ces ciencias f/pl naturales;
~tific [~'tifik] científico m;
~tist
['~tist] científico m

scissors ['sizəz] tijeras f/pl

scoff [skɔf] s mofa f; v/i burlarse

scold [skəuld] v/t regañar, reprender

scoop [skuːp] v/t sacar con
cuchara; **~ out** ahuecar

scooter ['skuːtə] patinete m;
moto f

scope [skəup] alcance m;
campo m de acción

scorch [skɔːtʃ] *v/t* chamuscar; tostar

score [skɔː] *s* marca *f*; raya *f*; cuenta *f*; veintena *f*; *sp* tanteo *m*; *mús* partitura *f*; *v/t* marcar; rayar; apuntar; *v/i* tantear; marcar un gol

scorn [skɔːn] *s* desprecio *m*; *v/t* despreciar; **∼ful** desdeñoso

scorpion ['skɔːpjən] escorpión *m*

Scot [skɔt] escocés(esa) *m* (*f*)

Scotch [skɔtʃ], **Scottish** escocés

scot-free ['skɔt'friː] impune

scoundrel ['skaundrəl] canalla *m*

scour [skauə] *v/t* fregar; limpiar

scourge [skɔːdʒ] azote *m*

scout [skaut] *s* (niño *m*) explorador *m*; *v/t*, *v/i* explorar; reconocer

scowl [skaul] *s* ceño *m*; *v/i* mirar con ceño

scramble ['skræmbl] *s* arrebatiña *f*; *v/i* trepar; **∼d eggs** huevos *m/pl* revueltos

scrap [skræp] *s* pedazo *m*; fragmento *m*; **∼s** desperdicios *m/pl*; *v/t* desmontar; *fig* desechar; **∼book** álbum *m* de recortes

scrape [skreip] *s* raspadura *f*; apuro *m*; *v/t* raspar; **∼e together** reunir a duras penas; **∼er** raspador *m*

scrap iron ['skræp'aiən] chatarra *f*

scratch [skrætʃ] *s* rasguño *m*; arañazo *m*; *v/t* rascar; arañar; **∼ out** borrar

scrawl [skrɔːl] *s* garabato *m*; *v/t*, *v/i* garabatear

scream [skriːm] *s* chillido *m*, grito *m*; *v/i* gritar, chillar

screech [skriːtʃ] chillido *m*

screen [skriːn] *s* biombo *m*; pantalla *f* (*de cine*; *radiología*); tabique *m*; *v/t* abrigar, ocultar; proyectar (*película*); investigar (*personas*)

screw [skruː] *s* tornillo *m*; *v/t* atornillar; **∼driver** destornillador *m*

scribble ['skribl] *s* garabato *m*; *v/t*, *v/i* escribir mal; garabatear

script [skript] escritura *f*; guión *m* (*de película*); **Sure** Escritura *f*

scroll [skrəul] rollo *m* de papel *o* de pergamino

scrounge [skraundʒ] *v/i* gorronear; sablear

scrub [skrʌb] *s* maleza *f*; *v/t* fregar; restregar

scruffy ['skrʌfi] sucio; desaliñado

scruple ['skruːpl] escrúpulo *m*; **∼ulous** ['∼pjuləs] escrupuloso

scrutinize ['skruːtinaiz] *v/t* escudriñar; **∼y** escrutinio *m*

scuba diving ['skubə 'daiviŋ] submarinismo *m*

scuffle ['skʌfl] *s* refriega *f*; *v/i* pelear

sculpt|or ['skʌlptə], **~ress** escultor(a) *m* (*f*); **~ure** *s* escultura *f*; *v/t*, *v/i* esculpir; tallar
scum [skʌm] espuma *f*; *fig* heces *f/pl*
scurvy ['skə:vi] escorbuto *m*
scuttle ['skʌtl] *mar* escotilla *f*
scythe [saið] guadaña *f*

sea [si:] mar *m*, *f*; **at ~** en el mar; **on the high ~s** en alta mar; **to be all at ~** estar despistado; **~dog** lobo *m* de mar; **~farer** marinero *m*; **~food** mariscos *m/pl*; **~gull** gaviota *f*
seal [si:l] *s zool* foca *f*; sello *m*; *v/t* sellar; **~ up** encerrar herméticamente
sea|level ['si:'levl] nivel *m* del mar; **~ling wax** lacre *m*; **~lion** león *m* marino
seam [si:m] *s* costura *f*; *tecn* juntura *f*; *med* sutura *f*
sea|man ['si:mən] marinero *m*; **~mstress** ['semstris] costurera *f*; **~plane** hidroavión *m*; **~port** puerto *m* de mar; **~power** poderío *m* naval
search [sə:tʃ] *s* busca *f*, búsqueda *f*; registro *m*; *v/t*, *v/i* investigar; buscar; **~ light** reflector *m*
sea|shore ['si:'ʃɔ:] playa *f*; **~sick** mareado
season ['si:zn] *s* estación *f* (*del año*); temporada *f*; tiempo *m*; sazón *f*; *v/t* condimentar; madurar, curar; **~able** oportuno; **~ing** condimento *m*; **~ ticket** abono *m*

seat [si:t] *s* asiento *m*; localidad *f*; silla *f*; sede *f*; fondillos *m/pl* (*de calzones*); **to take a ~** tomar asiento; *v/t* sentar; colocar; tener asientos para; **be ~ed!** ¡siéntese!; **~ belt** *aut, aer* cinturón *m* de seguridad
sea|weed ['si:wi:d] alga *f* marina; **~worthy** marinero
secession [si'seʃən] secesión *f*
secluded [si'klu:did] apartado; retirado
second ['sekənd] *a* segundo; otro; *s* segundo *m*; ayudante *m*; padrino *m*; *v/t* apoyar; secundar; **~ary** secundario; **~class** de segunda clase, inferior; **~hand** de segunda mano; **~ly** en segundo lugar; **~ thoughts** reflexión *f*
secre|cy ['si:krisi] secreto *m*; discreción *f*, **~t** ['~it] *a* secreto; oculto; *s* secreto *m*
secretary ['sekrətri] secretario(a) *m* (*f*)
secrete [si'kri:t] *v/t med* secretar; esconder; **~ive** reservado; callado
sect [sekt] secta *f*
sect|ion ['sekʃən] sección *f*; parte *f*; **~or** sector *m*
secular ['sekjulə] seglar, secular; **~ize** ['~raiz] *v/t* secularizar
secur|e [si'kjuə] *a* seguro; cierto; firme; *v/t* asegurar; afirmar; conseguir; **~ity** seguridad *f*; firmeza *f*; protec-

ción *f*; *com* fianza *f*; **~ities** valores *m/pl*

sedative ['sedətiv] *a*, *s* sedativo *m*

sedentary ['sedntəri] sedentario *m*

sediment ['sedimənt] *s* sedimento *m*

seduc|e [si'dju:s] *v/t* seducir; **~er** seductor *m*; **~tion** [~'dʌkʃən] seducción *f*

see [si:] *v/t*, *v/i* ver; observar; comprender; acompañar; *let's ~* a ver; *~ off* despedirse de; *~ to* atender a; *~ you later!* ¡hasta luego!

seed [si:d] *s* semilla *f*; simiente *f*; *v/t* sembrar; **~y** *fam* destartalado

seek [si:k] *v/t* buscar; anhelar; procurar

seem [si:m] *v/i* parecer; **~ing** aparente; **~ly** decente; decoroso

seep [si:p] *v/i* filtrarse

seesaw ['si:sɔ:] balancín *m*, *LA* subibaja *f*

seethe [si:ð] *v/i* bullir; *fig* hervir

segment ['segmənt] segmento *m*

segregat|e ['segrigeit] *v/t*, *v/i* segregar(se); **~ion** segregación *f*

seiz|e [si:z] *v/t* asir, agarrar, prender, capturar; *fig* comprender; **~ upon** valerse de; **~ure** ['~ʒə] confiscación *f*; embargo *m*; *med* ataque *m* apopléptico

seldom ['seldəm] rara vez

select [si'lekt] *a* selecto; *v/t* escoger; seleccionar; **~ion** selección *f*; surtido *m*

self [self] *a* propio; *s* (*pl* **selves**) uno mismo, uno mismo; *pron pers* se; sí mismo; **~assurance** confianza *f* en sí mismo; **~-centred**, *Am* **~-centered** egocéntrico; **~conscious** cohibido; **~control** dominio *m* de sí mismo; **~-defence**, *Am* **~-defense** defensa *f* propia; **~-denial** abnegación *f*; **~-evident** patente; **~-government** autonomía *f*; **~ish** egoísta; **~-made man** hombre que debe su posición a sí mismo; **~-pity** compasión *f* de sí mismo; **~-portrait** autorretrato *m*; **~-possessed** sereno; **~-respect** amor *m* propio; **~-righteous** santurrón; **~-sacrifice** abnegación *f*; **~-service** autoservicio *m*; **~-taught** autodidacta

sell [sel] *v/t* vender; *v/i* venderse; **~ off** liquidar las existencias; **~ out** transigir; **~er** vendedor(a) *m* (*f*); **~out** traición *f*; éxito *m* de taquilla

semblance ['sembləns] parecido *m*; semejanza *f*

semi|colon ['semi'kəulən] punto *m* y coma; **~nar** seminario *m*; **~sweet** semiamargo

senat|e ['senit] senado *m*; **~or** ['~ətə] senador *m*

send [send] *v/t* enviar, mandar; despachar; (*radio*) transmitir; **~ away for** despachar por; **~ back** devolver; **~ on** reexpedir; **~ word** avisar; *v/i* **~** for enviar por; **~er** remitente *m*

senile ['si:nail] senil

senior ['si:njə] *a* mayor (de edad); más antiguo; *s* persona *f* mayor; oficial *m* más antiguo

sensation [sen'seiʃən] sensación *f*; **~al** sensacional

sens|e [sens] *v/t* percibir; *s* sentido *m*; juicio *m*; significado *m*; **~e of humo(u)r** sentido *m* de humor; **common ~e** sentido *m* común; **in a ~e** en cierto sentido; **make ~e** tener sentido; **to be out of one's ~es** haber perdido el juicio; **~eless** sin sentido, disparatado; **~ibility** [sensi-'biliti] sensibilidad *f*; discernimiento *m*; **~ible** sensato, prudente (*juicio*); sensible; **~itive** [sensitiv] sensible; **~ual** ['~juəl] sensual

sentence ['sentəns] *s* oración *f*; frase *f*; *for* sentencia *f*; *v/t* **~ to** for condenar a

sentiment ['sentimənt] sentimiento *m*; **~al** [~'mentl] sentimental; **~ality** [~men'tæliti] sentimentalismo *m*

sentry ['sentri] *mil* centinela *m*, *f*

separat|e ['sepəreit] *v/t*, *v/i* separar(se); ['seprit] *a* separado; privado; por separado; **~ely** por separado; **~ion** [~'reiʃən] separación *f*

sephardic [sə'fɑːdik] *a*, *s* sefardí *m*, *f*

September [sep'tembə] se(p)tiembre *m*

septic ['septik] séptico

sepulcher = **sepulchre**

sepulchre ['sepəlkə] sepulcro *m*

seque|l ['si:kwəl] secuela *f*; continuación *f*; resultado *m*; **~nce** ['~wəns] serie *f*; sucesión *f*

sequin ['si:kwin] lentejuela *f*

seren|e [si'ri:n] sereno, sosegado; **~ity** serenidad *f*, calma *f*

sergeant ['sɑ:dʒənt] sargento *m*

seri|al ['siəriəl] *a* consecutivo; *s* novela *f* por entregas; *radio, TV* serial *m*; **~es** ['~iz] serie *f*; ciclo *m*

serious ['siəriəs] serio; grave; **~ly** seriamente; gravemente

sermon ['sə:mən] sermón *m*

serpent ['sə:pənt] serpiente *f*; sierpe *f*

serum ['siərəm] suero *m*

serv|ant ['sə:vənt] criado(a) *m* (*f*); sirviente *m*, *f*; **~e** *v/t* servir; trabajar para; *v/i* servir; ser criado; *sp* sacar; **~ice** ['~vis] servicio *m*; *relig* oficio *m*; **~iceable** servible; útil;

~ice station estación f de servicio

session ['seʃən] sesión f

set [set] s juego m, serie f; batería f (de cocina); plató m (cine); tendencia f; aparato m (de radio); puesta f (del sol); **shampoo and ~** lavar y marcar; a, prep rígido; listo; fijo; **to be all ~** estar listo; v/t poner, colocar; montar; fijar; **~ aside** reservar; descarchar; poner aparte; **~ eyes on** avistar; **~ free** poner en libertad; **~ on fire** pegar fuego a; **~ up** establecer; v/i ponerse (el sol); cuajarse; fraguar (cemento); **~ about** empezar; **~ off** partir; **~back** revés m

setting ['setin] montadura f; puesta f (del sol); colocación f

settle ['setl] v/t arreglar; colocar; com saldar; ajustar (cuentas); resolver; v/i posarse, asentarse; **~ down** sentar la cabeza; **~ for** conformarse con; **~ on** ponerse de acuerdo; **~ment** arreglo m; establecimiento m; colonia f; pago m; **~r** colono(a) m (f)

seven ['sevn] siete

sever ['sevə] v/t separar; cortar; v/i separarse

several ['sevrəl] varios; diversos

sever|e [si'viə] severo; riguroso; grave; duro; **~ity** [~'veriti] severidad f

sew [səu] v/t, v/i coser

sew|age ['sju(:)idʒ] aguas f/pl residuales; **~er** alcantarilla f; **~erage** alcantarillado m

sewing ['səuiŋ] costura f; **~ machine** máquina f de coser

sex [seks] sexo m; **~ appeal** atracción f sexual

sexual ['seksjuəl] sexual

shabby ['ʃæbi] gastado

shack [ʃæk] choza f

shad|e [ʃeid] s sombra f; matiz m; celosía f; pantalla f (de lámpara); v/t sombrear; matizar; **~ow** ['ʃædəu] s sombra f; v/t sombrear; seguir de cerca; **~owy** umbroso; vago; **~y** ['ʃeidi] sombreado; fig sospechoso

shaft [ʃɑːft] flecha f; caña f, vara f; mango m; tecn eje m; min pozo m

shaggy ['ʃægi] peludo

shak|e [ʃeik] s sacudida f; meneo m; vibración f; v/t sacudir; debilitar (fe, etc); **~e hands** estrecharse las manos; **~e up** agitar; v/i temblar; **~y** trémulo, tembloroso

shall [ʃæl] v/aux para el futuro: **we ~ read** leeremos; he **~ go** irá; **you ~ have it** lo tendrás

shallow ['ʃæləu] poco profundo; fig superficial; **~s** bajío m

sham [ʃæm] a fingido; falso; s impostura f; v/i simular, fingir; **~bles** lío m, desorden m

shame [ʃeim] s vergüenza f; ignominia f; v/t avergonzar; **~faced** avergonzado; **~ful** vergonzoso; escandaloso; **~less** desvergonzado; descarado

shampoo [ʃæm'puː] s champú m; v/t lavar (*la cabeza*)

shamrock [ʃæmrɔk] trébol m

shank [ʃæŋk] zanca f; tecn mango m

shape [ʃeip] s forma f; figura f; condición f; v/t formar; moldear; fig idear; **~less** informe; **~ly** bien formado

share [ʃɛə] s porción f; participación f; parte f; com acción f; v/t compartir; **~ out** repartir; **~holder** accionista m

shark [ʃɑːk] tiburón m

sharp [ʃɑːp] a agudo; afilado; distinto; penetrante; definido; mús sostenido; adv en punto; **four o'clock ~** las 4 en punto; **~en** v/t afilar; aguzar; sacar punta a (*lápiz*); **~ener** afilador m; sacapuntas m; **~ness** agudeza f; nitidez f

shatter [ʃætə] v/t estrellar; destrozar; v/i destrozarse

shav|e [ʃeiv] v/t afeitar; tecn acepillar; v/i afeitarse; **~ing** viruta f (*de madera*)

shawl [ʃɔːl] mantón m; chal m

she [ʃiː] pron f ella; s hembra f; **~cat** gata f

sheaf [ʃiːf] gavilla f; haz f

shear [ʃiə] v/t esquilar, tras-quilar; **~s** tijeras f/pl de jardín

sheath [ʃiːθ] vaina f; estuche m; **~e** [ʃiːð] v/t envainar; aforrar

shed [ʃed] s cobertizo m; v/t verter; despojarse (de)

sheep [ʃiːp] oveja(s) f(pl); carnero m; **~dog** perro m pastor; **~ish** tímido

sheer [ʃiə] puro; transparente

sheet [ʃiːt] sábana f; hoja f (*de metal, papel*); lámina f; mar escota f

shelf [ʃelf] anaquel m, estante m

shell [ʃel] cáscara f (*de nuez, huevo, etc*); vaina f (*de legumbres*); zool concha f; armazón f; mil granada f; cápsula f (*para cartuchos*)

shellfish ['ʃelfiʃ] marisco m

shelter ['ʃeltə] s refugio m; asilo m; v/t abrigar; amparar; v/i refugiarse

shelve [ʃelv] v/t fig aplazar

shepherd ['ʃepəd] s pastor m

sherry ['ʃeri] jerez m

shield [ʃiːld] s escudo m (t fig); v/t proteger

shift [ʃift] s cambio m; recurso m; maña f, evasión f; turno m, tanda f (*de obreros*); v/t cambiar; desplazar; v/i cambiar; moverse; **~y** furtivo, taimado

shilling ['ʃiliŋ] chelín m

shimmer ['ʃimə] s reflejo m trémulo; v/i relucir

shin [ʃin] espinilla f; v/t, v/i ~ **up** trepar

shine [ʃain] s lustre m; brillo m; v/i resplandecer; brillar (a fig); v/t sacar lustre a (zapatos)

shingle ['ʃiŋgl] guijos m/pl (playa); tabla f de ripia; **~s** med herpes m/pl o f/pl

shiny ['ʃaini] brillante

ship [ʃip] s buque m, barco m; navío m; nave f; v/t embarcar; despachar; **~ment** embarque m; envío m; **~owner** naviero m, armador m; **~wreck** naufragio m; **~yard** astillero m

shirk [ʃə:k] v/t evadir, eludir

shirt [ʃə:t] camisa f; **~sleeve** manga f de camisa

shiver ['ʃivə] s escalofrío m; temblor m; v/i tiritar; temblar; tener escalofríos

shock [ʃɔk] s choque m; sacudida f; golpe m; v/t chocar, sacudir; disgustar; escandalizar; ~ **absorber** amortiguador m; **~ing** chocante; escandaloso

shoddy [ʃɔdi] de pacotilla

shoe [ʃu:] s zapato m, calzado m; v/t calzar; herrar (caballo); **~horn** calzador m; **~lace** cordón m; **~maker** zapatero m; **~shop** zapatería f

shoot [ʃu:t] s bot vástago m; retoño m; v/t disparar; tirar; matar o herir a tiros; filmar; rodar (una película); mil fusilar; v/i tirar; germinar, bro-

tar (planta); **~ing** tiro m; caza f con escopeta; **~ing star** estrella f fugaz; **~out** pelea f a tiros

shop [ʃɔp] tienda f; almacén m; taller m; ~ **assistant** dependiente m; **~keeper** tendero m; **~lifter** mechero m; **~ping** compras f/pl; **to go ~ping** ir de compras; **~ping centre**, Am **center** centro m comercial; ~ **steward** dirigente m obrero; **~walker** vigilante m de tienda; ~ **window** escaparate m

shore [ʃɔ:] orilla f; playa f

short [ʃɔ:t] corto; breve; bajo (de estatura); **to be ~ of** andar escaso de; **in ~** en suma; **to cut ~** interrumpir; abreviar; **to run ~** escasear; **~age** escasez f; falta f; **~circuit** cortocircuito m; **~coming** defecto m; **~cut** atajo m; **~en** v/t acortar; abreviar; **~hand** taquigrafía f; **~hand typist** taquimecanógrafa f; **~ly** dentro de poco; **~ness** brevedad f; deficiencia f; **~s** pantalones m/pl cortos; **~sighted** miope; **~tempered** enojadizo; **~term** a corto plazo

shot [ʃɔt] tiro m, disparo m; balazo m; tirador(a) m (f) (persona); foto, cine toma f

should [ʃud] v/aux para formar el condicional de los verbos: **I ~ go** iría; debería irme

shoulder ['ʃouldə] s hombro

m; v/t llevar a hombros; *fig* cargar con; **~ blade** omóplato m

shout [ʃaut] s grito m; v/t, v/i gritar; **~ing** vocerío m

shove [ʃʌv] s empujón m; v/t, v/i empujar

shovel [ʃʌvl] pala f

show [ʃəu] s exposición f; espectáculo m; *teat* función f; ostentación f; v/t mostrar; enseñar; exhibir; proyectar (*una película*); v/i parecer; **~ off** alardear; presumir; **~ up** asistir; presentarse; **~ business** el mundo del espectáculo; **~case** vitrina f

shower [ʃauə] s chaparrón m; ducha f; v/t regar; mojar; **~ with** colmar de; v/i llover; ducharse

showy [ʃəui] vistoso; ostentoso

shrapnel [ʃræpnl] metralla f

shred [ʃred] s triza f; fragmento m; v/t desmenuzar; hacer trizas

shrew [ʃru:] arpía f; mujer f de mal genio

shrewd [ʃru:d] astuto

shriek [ʃri:k] s chillido m; v/i chillar

shrill [ʃril] estridente; penetrante

shrimp [ʃrimp] *zool* gamba f

shrine [ʃrain] santuario m

shrink [ʃriŋk] v/i encogerse; disminuir; **~ from** evadir; **~age** encogimiento m

shrivel [ʃrivl] v/t, v/i arru-

gar(se); avellanarse

Shrove [ʃrəuv] **Tuesday** martes m de carnaval

shrub [ʃrʌb] arbusto m

shrug [ʃrʌg] s encogimiento m de hombros; v/i encogerse de hombros

shudder [ʃʌdə] s estremecimiento m; v/i estremecerse

shuffle [ʃʌfl] s barajadura f (*de naipes*); v/t, v/i barajar (*naipes*); arrastrar los pies

shun [ʃʌn] v/t, v/i esquivar

shut [ʃʌt] v/t cerrar; encerrar; v/i **~ up** callarse la boca; **~down** cierre m, suspensión f del trabajo; **~ter** contraventana f; *foto* obturador m

shuttle [ʃʌtl] *aer* lanzadera f

shy [ʃai] tímido; **~ness** timidez f

Sicil|ian [si'siljən] a, s siciliano(a) m (f); **~y** Sicilia f

sick [sik] enfermo; **~ of** harto de; **to be ~** tener náuseas; vomitar; **~en** v/t enfermar; dar asco a; v/i enfermarse; hartarse

sickle [sikl] hoz f

sick| leave [sikli:v] licencia f por enfermedad; **~ly** enfermizo; **~ness** enfermedad f; náuseas f/pl

sid|e [said] s lado m; costado m; ladera f; **~e by** se al lado a lado; **on all ~es** por todas partes; v/t, v/i to take **~es** tomar partido; **~eboard** aparador m; **~eburns** patillas f/pl; **~elong** de soslayo

~step v/t fig esquivar; **~etrack** v/t fig desviar (a su propósito); **~ewalk** Am acera f; **~eways** de lado

siege [si:dʒ] sitio m; **to lay ~ to** sitiar

sieve [siv] s criba f; tamiz m; v/t tamizar

sift [sift] v/t tamizar; cribar; fig escudriñar

sigh [sai] s suspiro m; v/i suspirar; **~ for** añorar

sight [sait] s vista f, visión f; espectáculo m; lugar m de interés; mira f; **at first ~** a primera vista; **by ~** de vista; **in ~** a la vista; **to catch ~ of** avistar; v/t ver; divisar; **~seeing** turismo m; **~seer** turista m, f

sign [sain] s signo m; seña f, señal f; indicio m; letrero m; **show ~s of** dar muestras de; v/t firmar; señalar

signal ['signl] s señal f; v/t, v/i indicar; hacer señales

signature ['signitʃə] firma f

signboard ['sainbɔːd] letrero m

signet ['signit] sello m

significance [sig'nifikəns] significación f; **~icant** significante; significativo; **~y** ['signifai] v/t significar

signpost ['sainpəust] poste m indicador

silence ['sailəns] s silencio m; v/t hacer callar; **~cer** tecn silenciador m; **~t** silencioso; callado; mudo (filme); **~t**

partner com socio m comanditario

silhouette [silu'et] silueta f

silicon ['silikən] silicio m

silk [silk] seda f; **~y** sedoso

sill [sil] antepecho m (de la ventana); repisa f

silly ['sili] tonto; necio; simple

silt [silt] sedimento m

silver ['silvə] s plata f; **~plated** plateado; **~smith** platero m; **~ware** vajilla f de plata; **~y** argentino (tono, etc)

similar ['similə] parecido, semejante; **~ity** [~'læriti] semejanza f; **~ly** igualmente; del mismo modo

simmer ['simə] v/i hervir a fuego lento

simple ['simpl] simple; mero; sencillo; tonto; **~icity** [sim'plisiti] sencillez f; **~ification** simplificación f; **~ify** v/t simplificar

simulate ['simjuleit] v/t simular, fingir

simultaneous [siməl'teinjəs] simultáneo

sin [sin] s pecado m; v/i pecar

since [sins] adv desde entonces; después; **long ~** hace mucho; conj ya que; puesto que; prep desde; después de

sincere [sin'siə] sincero; **~ity** [~'seriti] sinceridad f

sinew ['sinju] tendón m; **~s** fig fibra f; **~y** fibroso; fig fuerte

sing [siŋ] v/t, v/i cantar; trinar (*pájaros*)

singe [sindʒ] v/t chamuscar; quemar (*las puntas del pelo*)

singer ['siŋə] cantante m, f

single ['siŋgl] a solo; único; soltero; v/t ~ **out** escoger, separar; s billete m de ida; persona f soltera; **~-handed** solo, sin ayuda; **~-minded** sincero; con un solo propósito

singular ['siŋgjulə] singular; extraño; **~ity** [~'læriti] singularidad f; rareza f

sinister ['sinistə] siniestro

sink [siŋk] s fregadero m; v/t sumergir; hundir; bajar; v/i hundirse; ponerse (*sol*); declinar; ~ **in** penetrar; **~ing** hundimiento m

sinner ['sinə] pecador(a) m (f)

sinus ['sainəs] seno m

sip [sip] s sorbo m; v/t sorber

sir [sə:] señor m

siren ['saiərən] sirena f

sirloin ['sə:lɔin] solomillo m

sister ['sistə] hermana f; relig sor f; **~-in-law** cuñada f

sit [sit] v/i estar sentado; reunirse; sentar (*ropa*); **~ down** sentarse; ~ **for** posar para; **~ up** velar; incorporarse; prestar atención; v/t sentar; dar asiento

site [sait] sitio m

sitting ['sitiŋ] a sentado; s sesión f; **~room** sala f de estar

situated ['sitjueitid] a situado; **~ion** situación f

six [siks] seis

size [saiz] s tamaño m; talla f; número m (*zapatos*); v/t clasificar por tamaño; **~able** considerable

sizzle ['sizl] v/t, v/i chisporrotear, chirriar

skate [skeit] s patín m; v/i patinar; **~eboard** patinete m; **~er** patinador(a) m (f); **~ing rink** pista f de patinaje

skeleton ['skelitn] esqueleto m; fig armadura f; ~ **key** llave f maestra

skeptic = **sceptic**

sketch [sketʃ] s bosquejo m, boceto m; teat pieza f corta; v/t bosquejar, trazar; **~y** superficial, incompleto

ski [ski:] s esquí m; v/i esquiar

skid [skid] s patinazo m, resbalón m; v/i patinar, resbalar

skier ['ski:ə] esquiador(a) m (f); **~ing** esquí m; ~ **lift** telesquí m

skil(l)ful ['skilful] hábil, diestro; **~l** habilidad f, destreza f; **~led** experto; **~led worker** obrero m calificado

skim [skim] v/t desnatar (*leche*); espumar; ~ **through** hojear

skin [skin] s piel f; cutis m, pellejo m; cuero m; corteza f; v/t desollar, pelar; **~-deep** superficial; **~ny** flaco, magro

skip [skip] s brinco m; v/i brincar

slide rule

skipper ['skɪpə] capitán *m*
skirmish ['skɜːmɪʃ] escaramuza *f*
skirt [skɜːt] *s* falda *f*; faldón *m*; borde *m*; *v/t* bordear; moverse *f* por el borde de
skittles ['skɪtlz] juego *m* de bolos
skull [skʌl] cráneo *m*; calavera *f*
skunk [skʌŋk] mofeta *f*
sky [skaɪ] cielo *m*; **~diving** paracaidismo *m*; **~jack** ['~dʒæk] *v/t* secuestrar en vuelo; **~lark** alondra *f*; **~light** tragaluz *m*; claraboya *f*; **~line** perfil *m* arquitectónico; **~scraper** rascacielos *m*
slab [slæb] losa *f*; plancha *f*
slack [slæk] *a* flojo; negligente; *s* lo flojo; período *m* inactivo; cisco *m* (*de carbón*); **~en** *v/t* aflojar; disminuir; *v/i* aflojarse; **~s** pantalones *m/pl*
slam [slæm] *s* golpe *m*; portazo *m*; *v/t* cerrar de golpe
slander ['slɑːndə] *s* calumnia *f*; *v/t* calumniar
slang [slæŋ] jerga *f*; argot *m*
slant [slɑːnt] *s* inclinación *f*; *v/t*, *v/i* inclinar(se)
slap [slæp] *s* palmada *f*; bofetada *f*; *v/t* pegar; abofetear; **~stick comedy** *teat* comedia *f* de payasadas
slash [slæʃ] *s* cuchillada *f*; *v/t* acuchillar
slate [sleɪt] *s* pizarra *f*
slaughter ['slɔːtə] *s* matanza *f*; carnicería *f*; *v/t* matar; *LA*

carnear; *Am* masacrar; **~ house** matadero *m*
slave [sleɪv] *s* esclavo(a) *m* (*f*); siervo(a) *m* (*f*); *v/i* **~e away** sudar tinta; **~ery** ['~ərɪ] esclavitud *f*; **~ish** servil
slay [sleɪ] *v/t* matar; **~er** asesino *m*
sled [sled], **sledge** [sledʒ] trineo *m*; **~hammer** acotillo *m*
sleek [sliːk] *a* alisado; lustroso; *v/t* alisar
sleep [sliːp] *s* sueño *m*; **to go to ~** dormirse; *v/t*, *v/i* dormir; **~ soundly** dormir a pierna suelta; **~er** *f/c* coche *m* cama; **~ing bag** saco *m* de dormir; **~ing partner** socio *m* secreto; **~lessness** insomnio *m*; **~walker** somnámbulo(a) *m* (*f*); **~y** soñoliento
sleet [sliːt] aguanieve *f*
sleeve [sliːv] manga *f*; *tecn* manguito *m*; **to have something up one's ~** tener preparado en secreto
sleigh [sleɪ] trineo *m*
slender ['slendə] delgado; *fig* escaso; débil
slice [slaɪs] *s* rebanada *f* (*de pan*); tajada *f* (*de carne*); *v/t* cortar; tajar
slick [slɪk] hábil, diestro; tramposo
slide [slaɪd] *s* tapa *f* corrediza; deslizadero *m*; tobogán *m*; *foto* diapositiva *f*; *v/i* resbalar; deslizarse; **~ rule** regla *f* de cálculo

slight [slait] a leve, ligero; escaso; pequeño; v/t despreciar; **~ly** un poco

slim a delgado; esbelto; escaso; v/t adelgazar

slim|e [slaim] limo m; cieno m; babaza f; **~y** viscoso; baboso; limoso

sling [sliŋ] s mil honda f; med cabestrillo m; v/t arrojar, tirar

slip [slip] s papeleta f; tira f; funda f; combinación f; resbalón m; fig desliz m; v/i deslizarse, resbalarse; **~ away** escabullirse; **~ up** equivocarse; v/t hacer deslizar; **~per** zapatilla f; **~pery** resbaladizo; **~shod** descuidado

slit [slit] s hendedura f; v/t hender, rajar

slobber ['slɔbə] s baba f; v/i babear

slogan ['slougən] lema m; eslogan m

slop [slɔp] v/t, v/i **~ over** derramar(se)

slope [sloup] s cuesta f; inclinación f; v/i **~ down** estar en declive

sloppy ['slɔpi] descuidado; desaliñado

slot [slɔt] muesca f; ranura f

sloth [slouθ] pereza f; zool perezoso m

slot machine ['slɔtməˌʃiːn] máquina f tragaperras

slouch [slautʃ] v/i **~ about** andar con un aire gacho

slough [slau] s fangal m; [slʌf]

~ off v/t echar de sí; v/i desprenderse

slovenly ['slʌvnli] desaseado, descuidado

slow [slou] a lento; atrasado (reloj); v/t, v/i **~ down** aflojar el paso; **~ly** despacio; **~ motion** cámara f lenta; **~ness** lentitud f; torpeza f

sluggish ['slʌgiʃ] perezoso

sluice [sluːs] esclusa f

slum [slʌm] barrio m bajo, LA barriada f

slumber ['slʌmbə] s sueño m; v/i dormitar

slump [slʌmp] s declive m económico; v/i hundirse (precios)

slush [slʌʃ] fango m; nieve f acuosa

slut [slʌt] marrana f

sly [slai] disimulado; astuto; **on the ~** a escondidas

smack [smæk] s dejo m; palmada f; v/t dar una palmada a; v/i **~ of** saber a; tener resabios de

small [smɔːl] pequeño; menudo; reducido; poco; insignificante; **~ hours** primeras horas f/pl de la madrugada; **~ness** pequeñez f; **~pox** viruela f; **~ talk** cháchara f

smart [smaːt] a listo, vivo; elegante; alerto; v/i escocer; picar

smash [smæʃ] s choque m; colisión f violenta; v/t, v/i romper; destrozar; **~ing** a extraordinario

smattering ['smætəriŋ] tintura f; nociones f/pl

smear [smiə] s mancha f; v/t ensuciar; untar; calumniar

smell [smel] s olor m; aroma m; hedor m (malo); olfato m (sentido); v/t oler; olfatear; v/i ~ of oler a; **~ing salts** sales f/pl aromáticas; **~y** que huele mal

smelt v/t fundir

smil|e [smail] s sonrisa f; v/i sonreír(se); fumar; **~y** risueño

smirk [smə:k] sonrisa f afectada

smith [smiθ] herrero m; **~y** ['~ði] herrería f

smock [smɔk] bata f (de artista); delantal m (de niño)

smog [smɔg] mezcla f nociva de humo y niebla

smok|e [sməuk] s humo m; v/t ahumar; fumar; v/i echar humo; fumar; **~er** fumador m; f c coche m de fumadores; **~e screen** cortina f de humo

smok|ing ['sməukiŋ] el fumar m; **no ~ing** prohibido fumar; **~y** humeante; ahumado

smooth [smu:ð] a liso; suave; llano; v/t alisar; suavizar

smother ['smʌðə] v/t sofocar, apagar; ahogar

smoulder ['sməuldə] v/i arder en rescoldo; fig estar latente

smudge [smʌdʒ] s tiznón m; v/t tiznar

smug [smʌg] pagado de sí mismo; presumido

smuggl|e ['smʌgl] v/t pasar

de contrabando; **~er** contrabandista m; **~ing** contrabando m

smut [smʌt] s tizne m; obscenidad f; v/t tiznar; **~ty** tiznado; sucio; fig obsceno

snack [snæk] piscolabis m; **~ bar** cafetería f, merendero m

snail [sneil] caracol m; **at a ~'s pace** a paso de tortuga

snake [sneik] serpiente f; culebra f; víbora f

snap [snæp] s castañetazo m (de dedos); chasquido m (ruido); cierre m de resorte; a repentino; adv **~!** ¡crac!; v/t castañetear; romper; hacer crujir; v/i ~ at replicar con un chasquido; romperse con un chasquido; **~ fastener** corchete m de presión; **~pish** regañón, arisco; **~shot** foto instantánea f

snare [snɛə] lazo m; trampa f

snarl [snɑ:l] s gruñido m agresivo; v/i gruñir

snatch [snætʃ] s arrebatamiento m; **~es of** trozos de m/pl; v/t arrebatar

sneak [sni:k] v/i ir a hurtadillas; **~ers** zapatillas f/pl; playeras f/pl

sneer [sniə] s risa f de desprecio; mofa f; v/i mofarse (at)

sneeze [sni:z] s estornudo m; v/i estornudar

sniff [snif] s husmeo m; v/t husmear; olfatear; v/i ~ at oliscar; fig despreciar

snip [snip] *s* recorte *m*; pedacito *m*; *v/i* tijeretear

snipe [snaip] *zool* agachadiza *f*; **~r** tirador *m* emboscado

snivel ['snivl] *v/i* lloriquear

snob [snɔb] *s*, *m*, *f*

snoop [snu:p] *v/i* curiosear, fisgonear

snooze [snu:z] *v/i* dormitar

snore [snɔ:] *s* ronquido *m*; *v/i* roncar

snort [snɔ:t] *v/i* bufar; *s* bufido *m*

snout [snaut] hocico *m*

snow [snəu] *s* nieve *f*; *v/i* nevar; **~ball** bola *f* de nieve; **~drift** ventisquero *m*; **~drop** campanilla *f* de invierno; **~fall** nevada *f*; **~flake** copo *m* de nieve; **~man** figura *f* de nieve; **~plough**, *Am* **~plow** quitanieves *m*; **~storm** ventisca *f*; **~y** de mucha nieve

snub [snʌb] *a* desaire; *v/t* repulsar; desairar; **~-nosed** chato

snuff [snʌf] *s* rapé *m*, tabaco *m* en polvo; *v/t* aspirar; **~ out** apagar

snug [snʌg] cómodo; abrigado; **~gle** *v/i* arrimarse

so [səu] *adv*, *pron* así; de este modo; tan; por tanto; de este modo; tan; por tanto; **~ far** hasta ahora; **~ long!** ¡hasta luego!; **~ much** tanto; *I think* **~** creo que sí; *Mr.* 2-and-2 don Fulano de tal; **~ ~** así así; *conj* con tal que

soak [səuk] *s* remojo *m*; *v/t* remojar; empapar; **~ up** ab-

sorber

soap [səup] *s* jabón *m*; *v/t* enjabonar; **~ dish** jabonera *f*; **~ opera** telenovela *f*; **~y** jabonoso

soar [sɔ:] *v/i* encumbrarse

sob [sɔb] *s* sollozo *m*; *v/i* sollozar

sober ['səubə] *a* sobrio; grave, serio; apagado (*color*); *v/i* **~er up** desintoxicarse; **~ness**, **~riety** [ˌ'braiəti] sobriedad *f*

so-called ['səu'kɔ:ld] llamado, supuesto

soccer ['sɔkə] fútbol *m*

sociable ['səuʃəbl] sociable

social ['səuʃəl] social; **~l climber** arribista *m*, *f*; **~lism** socialismo *m*; **~list**, *s* socialista *m*, *f*; **~lize** *v/t* socializar

society [sə'saiəti] sociedad *f*; asociación *f*

sock [sɔk] calcetín *m*; tortazo *m*

socket ['sɔkit] cuenca *f* (*del ojo*); *tecn* casquillo *m*; *elec* enchufe *m*

sod [sɔd] terrón *m* herboso; tepe *m*; **~den** empapado

sofa ['səufə] sofá *m*

soft [sɔft] blando; suave; no alcohólico (*bebida*); **~en** ['sɔfn] *v/t*, *v/i* ablandar(se); **~ness** suavidad *f*

soil [sɔil] *s* tierra *f*; suelo *m*; *v/t* ensuciar

sojourn ['sɔdʒə:n] permanencia *f*; estancia *f*

solace ['sɔləs] consuelo *m*

sort

sold [səuld]: ~ **out** agotado; "no hay billetes"

soldier ['səuldʒə] soldado *m*, militar *m*

sole [səul] *s* planta *f (del pie)*; suela *f (del zapato)*; *zool* lenguado *m*; *v/t* echar suela; *a* único, solo, exclusivo

solemn ['sɔləm] solemne; grave

solicit [sə'lisit] *v/t* demandar, reclamar; **~or** abogado *m*; **~ous** solícito

solid ['sɔlid] sólido; macizo; bien fundado; **~arity** [sɔli'dæriti] solidaridad *f*; **~ity** [sə'liditi] solidez *f*

soliloquy [sə'liləkwi] soliloquio *m*

solit|ary ['sɔlitəri] solitario; **~ude** ['~tju:d] soledad *f*

solo ['səuləu] solo *m*; **~ist** solista *m*, *f*

solu|ble ['sɔljubl] soluble; **~tion** solución *f*

solve [sɔlv] *v/t* resolver; **~nt** *a*, *s* solvente *m*

somber = **sombre**

sombre ['sɔmbə] sombrío; triste

some [sʌm, səm] *a* un poco de; algo de; algún; unos pocos; algunos; *pron* algunos(as); unos; algo; **~body** ['sʌmbədi], **~one** alguien; **~body else** algún otro; **~day** algún día; **~how** de algún modo

somersault ['sʌməsɔ:lt] salto *m* mortal, voltereta *f*

some|thing ['sʌmθiŋ] algo; **~time** algún día; **~times** a veces; **~what** algo; un tanto; **~where** en alguna parte

son [sʌn] hijo *m*

song [sɔŋ] canción *f*, canto *m*, cantar *m*; **~bird** pájaro *m* cantor; **~book** cancionero *m*

sonic ['sɔnik] sónico

son-in-law ['sʌninlɔ:] yerno *m*

sonnet ['sɔnit] soneto *m*

soon [su:n] pronto; **as ~ as** tan pronto como; **as ~ as possible** cuanto antes; **~er** más temprano; **no ~er ... than** apenas ... cuando; **~er or later** tarde o temprano

soot [sut] hollín *m*

soothe [su:ð] *v/t* calmar

sophisticated [sə'fistikeitid] sofisticado

soporific [sɔpə'rifik] soporífico *m*; narcótico *m*

sopping ['sɔpiŋ]: ~ **wet** empapado

sorcer|er ['sɔ:sərə] brujo *m*; **~y** brujería *f*

sordid ['sɔ:did] sórdido; asqueroso; vil

sore [sɔ:] *a* dolorido; inflamado; disgustado; **~ throat** dolor *m* de garganta; *s* llaga *f*

sorrow ['sɔrəu] *s* dolor *m*; pesar *m*; **~ful** pesaroso

sorry ['sɔri] arrepentido; lastimoso; **to be** ~ sentir; **to be ~ for (someone)** compadecerse de (alguien)

sort [sɔ:t] *s* clase *f*; especie *f*;

something of the ~ algo por el estilo; ~ *of* en cierta medida; *v/t* clasificar

soul [soul] alma *f*, espíritu *m*

sound [saund] *a* sano; ileso; correcto; profundo (*sueño*); *com* solvente; *s* sonido *m*; *v/t* sonar; tocar; *med* auscultar; sondear; *v/i* sonar; resonar; ~ **barrier** barrera *f* del sonido; ~**ing** sondeo *m*; ~**less** silencioso *m*; ~**proof** insonorizado; ~ **track** *cine* banda *f* sonora; ~ **wave** onda *f* sonora

soup [su:p] sopa *f*

sour ['sauə] *a* agrio, ácido; cortado (*leche*); *fig* desabrido; *v/t*, *v/i* agriar(se)

source [sɔ:s] fuente *f*; origen *m*

south [sauθ] *a* sur *m*; *a* meridional; 2 *America* América *f* del Sur; 2 *American a*, *s* sudamericano(a) *m* (*f*); ~**erly** ['sʌðəli], ~**ern** meridional; ~**ward(s)** ['sauθwəd(z)] hacia el sur

souvenir ['su:vəniə] recuerdo *m*

soviet ['səuviət] soviético; *the* 2 *Union* la Unión Soviética

sow [sau] puerca *f*, cerda *f*

sow [səu] *v/t*, *v/i* sembrar; esparcir; diseminar; ~ *one's wild oats* correr sus mocedades

soy [sɔi] soja *f*; ~**bean** semilla *f* de soja

spa [spa:] balneario *m*

space [speis] *s* espacio *m*; intervalo *m*; *v/t* espaciar; ~**craft**, ~**ship** nave *f* espacial; ~ **shuttle** transbordador *m* espacial

spacious ['speiʃəs] amplio

spade [speid] laya *f*; pala *f*; (*naipes*) espada *f*

Spain [spein] España *f*

span [spæn] palmo *m* (*de la mano*); luz *f* (*del puente*); *arq* tramo *m*; *aer* envergadura *f*; lapso *m*; *v/t* medir; extender sobre

spangle ['spæŋgl] lentejuela *f*

Spaniard ['spænjəd] español(a) *m* (*f*)

spaniel ['spænjəl] perro *m* de aguas

Spanish ['spæniʃ] *a*, *s* español(a) *m* (*f*); hispánico

spank [spæŋk] *v/t* zurrar; ~**ing** zurra *f*

spar|e [speə] *a* de repuesto; disponible; flaco; enjuto; frugal; ~**e parts** piezas *f/pl* de recambio; ~**e time** tiempo *m* libre; *v/t* ahorrar; evitar; privarse de; perdonar (*vida*); *to* ~*e* de sobra; ~**ing** frugal; escaso

spark [spa:k] *s* chispa *f*; *v/i* chispear; ~**le** *v/i* centellear; ~**ling** brillante; ~**plug** bujía *f*

sparrow ['spærəu] *zool* gorrión *m*

sparse [spa:s] esparcido

spasm ['spæzəm] espasmo *m*; ~**odic** [~'mɔdik] espasmódico

spatter ['spætə] s salpicadura f; v/t, v/i salpicar

spawn [spɔːn] s zool huevas f/pl; v/t, v/i zool desovar

speak [spiːk] v/t, v/i hablar; decir; ~ **one's mind** hablar en plata; ~ **up** hablar en alta voz; hablar claro; ~**er** orador(a) m (f); hablante m, f

spear [spiə] lanza f; ~**head** punta f de lanza

special ['speʃəl] especial; particular; ~**ist** especialista m, f; ~**ity** [ˌ~i'æliti] especialidad f; ~**ize** v/i especializarse

species ['spiːʃiːz] especie f

speci|**fic** [spi'sifik] específico; ~**fy** ['spesifai] v/t especificar

specimen ['spesimin] muestra f; ejemplar m

speck [spek] manchita f; grano m; ~**le** v/t motear; manchar

specta|**cle** ['spektəkl] espectáculo m; ~**cles** gafas f/pl; ~**cular** [ˌ~'tækjulə] espectacular, aparatoso; ~**tor** [ˌ~'teitə] espectador(a) m (f)

speculat|**e** ['spekjuleit] v/t, v/i especular; ~**ion** especulación f

speech [spiːtʃ] discurso m; habla f; ~**less** mudo

speed [spiːd] s velocidad f; rapidez f; **at full** ~ a toda velocidad; v/t ~ **up** acelerar; ~ **limit** límite m de velocidad; ~**ometer** [spi'dɔmitə] taquímetro m; ~**y** rápido

spell [spel] s hechizo m, en-

canto m; turno m; rato m; v/t, v/i deletrear; ~**ing** ortografía f

spend [spend] v/t gastar (dinero); emplear, pasar (tiempo); ~**thrift** derrochador; ~**t** gastado; agotado

sperm [spɜːm] esperma m

spher|**e** [sfiə] esfera f; ~**ical** ['sferikəl] esférico

sphinx [sfiŋks] esfinge f

spic|**e** [spais] s especia f; v/t condimentar; ~**y** picante

spider ['spaidə] araña f; ~**'s web** telaraña f

spike [spaik] ~ púa f; escarpia f; v/t clavar, escarpiar

spill [spil] s fam vuelco m; v/t, v/i derramar(se)

spin [spin] s vuelta f; giro m; v/t, v/i hilar; girar

spinach ['spinidʒ] espinaca f

spinal ['spainl] espinal; ~ **column** columna f vertebral

spindle ['spindl] huso m

spine [spain] espina f dorsal; ~**less** sin energía; servil

spinster ['spinstə] soltera f

spiny ['spaini] espinoso

spiral ['spaiərəl] a, s espiral f

spire ['spaiə] aguja f (de iglesia)

spirit ['spirit] s espíritu m; ánimo m; humor m; alcohol m; **high** ~**s** animación f; **low** ~**s** abatimiento m; ~ **away** llevarse en secreto; ~**ed** vivo; brioso; ~**ual** [ˌ~'tjuəl] espiritual

spit [spit] s coc asador m; saliva f; v/t, v/i escupir

spite [spait] rencor m; **in ~ of** a pesar de; **~ful** rencoroso; malévolo

spittle ['spitl] saliva f; **~oon** [~'tu:n] escupidera f

splash [splæʃ] s salpicadura f; v/t rociar; salpicar; v/i ~ **about** chapotear; **~down** amerizaje m

spleen [spli:n] anat bazo m

splendid ['splendid] espléndido; **~o(u)r** pompa f; esplendor m

splint [splint] med s tablilla f; v/t entablillar; **~er** s astilla f; v/t astillar

split [split] s hendedura f; raja f; fig cisma m; v/t hender; rajar; ~ up dividir; v/i partirse; ~ **off**, ~ **up** separarse

splurge [splɜ:dʒ] v/t gastar de modo extravagante

splutter ['splʌtə] s farfulla f; v/t, v/i farfullar; chisporrotear

spoil [spoil] v/t estropear; mimar; v/i echarse a perder; **~s** s/pl despojo m, botín m; **~sport** aguafiestas m, f; **~t child** niño m consentido

spoke [spəuk] s rayo m (de rueda)

spokesman portavoz m

sponge [spʌndʒ] s esponja f; v/i gorrear; **~e cake** bizcocho m; **~er** gorrista m, f; **~y** esponjoso

sponsor ['spɒnsə] s patroci-

nador m; v/t patrocinar

spontaneous [spɒn'teinjəs] espontáneo

spook [spu:k] espectro m

spool [spu:l] carrete m

spoon [spu:n] cuchara f; **~ful** cucharada f

sporadic [spə'rædik] esporádico

sport [spɔ:t] s deporte m; diversión f; v/t ostentar; v/i jugar; divertirse; **~ing** deportivo; **~sman**, **~swoman** deportista m, f

spot [spot] s lugar m; sitio m; punto m; tacha f; mancha f; **on the ~** en el acto; en un aprieto; v/t descubrir, encontrar; manchar; **~less** inmaculado; nítido; **~light** proyector m; **~ test** prueba f selectiva

spouse [spauz] cónyuge m, f

spout [spaut] s pitón m; pico m (de cafetera); v/t, v/i arrojar

sprain [sprein] s torcedura f; v/t torcer

sprat [spræt] s sardineta f

spray [sprei] s rociada f; espuma f (del mar); atomizador m; v/t pulverizar; rociar; ~ **gun** pistola f pulverizadora

spread [spred] s extensión f; expansión f; propagación f; cobertor m; v/t extender; divulgar; desplegar; untar

spree [spri:]: **go on a ~** ir de juerga

stage

sprig [sprig] ramita *f*

spring [spriŋ] *s* primavera *f*; fuente *f* (*de agua*); tecn resorte *m*; muelle *m*; salto *m*; *v/i* saltar, brincar; brotar; nacer; surgir; **~board** trampolín *m*; **~iness** elasticidad *f*; **~s** *aut* ballestas *f/pl*; **~y** elástico

sprinkle ['spriŋkl] *v/t* rociar; **~r** regadera *f* rotativa

sprint [sprint] *s* corrida *f*; *v/i* correr a toda carrera; **~er** velocista *m*, *f*

sprout [spraut] *s* vástago *m*; *v/i* brotar

spruce [spru:s] *a* pulcro, galano; *s* pícea *f*

spur [spə:] *s* espuela *f* (*t fig*); *v/t* **~ on** *fig* estimular; **on the ~ of the moment** de improviso; **~n** [spə:n] *v/t* rechazar

spy [spai] *s* espía *m*, *f*; *v/t*, *v/i* espiar

squabble ['skwɔbl] *v/i* reñir; *s* riña *f*; disputa *f*

squad [skwɔd] pelotón *m*; cuadrilla *f*; **~ron** ['~rən] *mar*, *aer* escuadra *f*

squall [skwɔ:l] ráfaga *f*

squalor ['skwɔlə] suciedad *f*; miseria *f*

squander ['skwɔndə] *v/t*, *v/i* derrochar; malgastar

square [skweə] *a* cuadrado; honesto; *fam* abundante (*comida*); *s* plaza *f*; cuadrado *m*; *v/t* cuadrar; arreglar, saldar (*cuentas*); **~ly** honradamente

squash [skwɔʃ] *s* aplasta-

miento *m*; calabaza *f*; *v/t* aplastar

squat [skwɔt] *v/i* agacharse

squeak [skwi:k] *s* chirrido *m*; *v/i* chirriar

squeal [skwi:l] *v/i* chillar

squeamish ['skwi:miʃ] escrupuloso; remilgado

squeeze [skwi:z] *s* estrujón *m*; *v/t* estrujar; **~ out** exprimir

squid [skwid] calamar *m*

squint [skwint] *s* mirada *f* bizca; *v/t*, *v/i* bizquear

squire ['skwaiə] hacendado *m*, terrateniente *m*

squirm [skwə:m] *v/i* retorcerse

squirrel ['skwirəl] ardilla *f*

squirt [skwə:t] *s* chorretada *f*; *v/t*, *v/i* (hacer) salir a chorros

stab [stæb] *s* puñalada *f*; *v/t* apuñalar

stability [stə'biliti] estabilidad *f*; solidez *f*; **~ilize** ['steibilaiz] *v/t* estabilizar

stable ['steibl] *s* cuadra *f*; establo *m*; *a* estable

stack [stæk] *s* montón *m*; pila *f*; *v/t* amontonar

stadium ['steidjəm] estadio *m*

staff [stɑ:f] *s* palo *m*; vara *f*; bastón *m*; personal *m*; *mil* estado *m* mayor; *v/t* dotar de personal

stag [stæg] ciervo *m*

stage [steidʒ] *s* escena *f*; plataforma *f*; escenario *m*; etapa *f*; *v/t* representar en escena; **~ fright** miedo *m* al público

stagger ['stægə] *s* tambaleo *m*; *v/i* tambalear; vacilar; *v/t* asombrar; hacer tambalear

stagnant ['stægnənt] estancado; *fig* paralizado

staid [steid] *s* formal, sobrio, serio

stain [stein] *s* mancha *f*; tintura *f*; *v/t*, *v/i* manchar; **~ed glass** vidrio *m* de color; **~less steel** acero *m* inoxidable

stair [steə] escalón *m*; peldaño *m*; **~s** escalera *f*

stake [steik] *s* estaca *f*; posta *f*; *com* interés *m*; **at ~** en juego; *v/t* estacar; arriesgar

stale [steil] viejo; viciado; rancio; **~mate** ['·meit] (*ajedrez*) tablas *f/pl* (por ahogado); *fig* paralización *f*

stalk [stɔ:k] *s bot* tallo *m*; paso *m* majestuoso; *v/t* cazar al acecho

stall [stɔ:l] *s* pesebre *m*; casilla *f*; puesto *m* (*en el mercado*); *teat* butaca *f*; *v/t* meter en establo; atascar; *v/i* atascarse; ahogarse (*motor*); buscar evasivas

stallion ['stæljən] caballo *m* padre

stalwart ['stɔ:lwət] forzudo; *pol* leal

stamina ['stæminə] resistencia *f*

stammer ['stæmə] *s* balbuceo *m*; *v/t*, *v/i* tartamudear; bal-

bucear

stamp [stæmp] *s* sello *m*, *LA* estampilla *f*; estampado *m*, marca *f*; impresión *f*; *v/t* sellar; marcar; franquear; **~ out** extirpar; *v/t* patear; **~ collecting** filatelia *f*

stand [stænd] *s* puesto *m*; tenderete *m*; posición *f*; pedestal *m*; estrado *m*, tribuna *f*; parada *f* (*de taxis*); **take a ~** aferrarse a un principio; *v/t* resistir; aguantar, tolerar; colocar; *v/i* estar de pie; erguirse; **~ by** estar alerta; apoyar; **~ in for** sustituir; **~ off** apartarse; **~ out** destacarse; **~ up** ponerse en pie; **~ up for** defender; **~ up to** hacer frente a

standard ['stændəd] *a* normal; *s* norma *f*; patrón *m*; tipo *m*; estandarte *m*; **~ of living** nivel *m* de vida; **~ize** *v/t* normalizar

standing ['stændiŋ] *s* reputación *f*; duración *f*; *a* de pie, derecho, *LA* parado; **~room** *teat* entrada *f* para estar de pie

stand|-offish ['stænd'ɔfiʃ] reservado; poco amistoso; **~point** punto *m* de vista; **~still** parada *f*

stapler ['steiplə] grapadora *f*

star [stɑ:] *s* estrella *f*; *v/i teat*, *cine* figurar como estrella

starboard ['stɑ:bəd] estribor *m*

starch [stɑ:tʃ] almidón *m*

stare [steə] s mirada f fija; v/i abrir grandes ojos; mirar fijamente

stark [staːk] a escueto; severo; ~ **naked** en cueros

star|ling ['staːliŋ] estornino m; ~**lit** iluminado por las estrellas; ~**ry** estrellado; ~**ry-eyed** ojeroso

start [staːt] s comienzo m, principio m; salida f; sobresalto m; v/i arrancar; empezar; v/t comenzar; iniciar; ~**er** aut arranque m; ~**ing point** punto m de partida

startl|e ['staːtl] v/t asustar; ~**ing** alarmante

starv|ation [staːˈveiʃən] inanición f; hambre f; ~**e** v/i hambrear; morir de hambre; v/t hacer morir de hambre; ~**ing** famélico

state [steit] s estado m; condición f; **in** ~ de gran ceremonia; **to lie in** ~ estar de cuerpo presente; v/t, v/i declarar; manifestar; afirmar; ~**ly** majestuoso; ~**ment** declaración f; relato m; com estado m de cuenta; ~**room** camarote m; ~**sman** hombre m de estado; estadista m

static ['stætik] estático

station ['steiʃən] s estación f; puesto m; v/t colocar; ~**ary** fijo; ~**er's** papelería f; ~**ery** útiles m/pl de escritorio; ~**master** jefe m de estación; ~ **wagon** rubia f

statistics [stəˈtistiks] estadís-

tica f

statue ['stætjuː] estatua f

statute ['stætjuːt] estatuto m

staunch [stɔːntʃ] a firme; leal; v/t restañar (la sangre)

stay [stei] s estancia f, permanencia f; soporte m; v/i quedarse; hospedarse; ~ **away** ausentarse; ~ **behind** quedar atrás; ~ **put** seguir en el mismo sitio; ~ **up** velar

stead [sted]: **in his** ~ en su lugar; ~**fast** ['fɑːst] firme; constante; ~**y** seguro; uniforme; firme

steak [steik] biftec m; tajada f

steal [stiːl] v/t, v/i hurtar; robar; ~**thy** ['stelθi] furtivo

steam [stiːm] s vapor m; vaho m; v/i emitir vapor; navegar a vapor; ~ **up** empañarse (vidrio); ~**boat**, ~**er**, ~**ship** (buque m de) vapor m; ~**roller** apisonadora f

steel [stiːl] s acero m; a de acero; v/t tecn acerar; ~ **oneself** acorazarse; ~**works** fábrica f siderúrgica

steep [stiːp] a empinado; s precipicio m; v/t remojar, empapar

steeple ['stiːpl] campanario m; ~**chase** carrera f de obstáculos

steer [stiə] s novillo m; v/t dirigir; gobernar; v/i navegar; ~**age** dirección f; ~**ing wheel** volante m

stem [stem] s bot tallo m; caña f; mar roda f; **from** ~ **to stern**

de proa a popa; *v/t* contener; *v/i* ~ **from** provenir de

stench [stentʃ] hedor *m*

stenograph|er [stə'nɔgrəfə] taquígrafo(a) *m (f);* **~y** taquigrafía *f*

step [step] *s* paso *m*; escalón *m*; grado *m*; **to take ~s** tomar medidas; *v/i* dar un paso; andar; ~ **down** retirarse; ~ **in** entrar; **~brother** hermanastro *m*; **~child** hijastro(a) *m (f);* **~father** padrastro *m*; **~mother** madrastra *f;* **~s** escaleras *f/pl;* **~sister** hermanastra *f*

stereo ['stiəriəu] estéreo *m*; **~type** estereotipo *m*

steril|e ['sterail] estéril; **~ity** [~'riliti] esterilidad *f;* **~ize** [~'ilaiz] *v/t* esterilizar

sterling ['stə:liŋ] *s* libra *f* esterlina; *a* genuino; *de ley*

stern [stə:n] *a* austero, severo; *s* popa *f*

stew [stju:] *s* estofado *m*; *v/t, v/i* estofar

steward [stjuəd] mayordomo *m*; camarero *m (del buque);* **~ess** azafata *f*, aeromoza *f*

stick [stik] *s* palo *m*; barra *f*; *v/t* clavar, picar; pegar; fijar; *v/i* quedar atascado; adherirse; perseverar; ~ **by** ser fiel;; ~ **it out** perseverar; ~ **out** sobresalir; ~ **up for** defender a; **~er** pegatina *f*, **~iness** viscosidad *f*; **~ing plaster** esparadrapo *m*; **~y** pegajoso, viscoso

stiff [stif] tieso, rígido; espeso; fuerte *(bebida);* difícil; **~en** *v/t* atiesar; endurecer; *v/i* endurecerse

stifle ['staifl] *v/t* sofocar

stigma ['stigmə] estigma *m*

still [stil] *a* inmóvil; quieto; silencioso; *adv* aún, todavía; *conj* no obstante; *s* silencio *m*; *v/t* calmar; **~born** nacido muerto; ~ **life** naturaleza *f* muerta; **~ness** sosiego *m*; calma *f*

stilt [stilt] zanco *m*; **~ed** pomposo

stimul|ant ['stimjulənt] *a, s* estimulante *m*; **~ate** ['~eit] *v/t* estimular; **~us** ['~əs] estímulo *m*

sting [stiŋ] *s* aguijón *m*; picadura *f*; *v/t* picar

stingy ['stindʒi] tacaño

stink [stiŋk] *s* hedor *m*; *v/i* apestar, heder; **~ing** hediondo

stipulat|e ['stipjuleit] *v/t* estipular; **~ion** estipulación *f*

stir [stə:] *s* conmoción *f;* *v/t* remover; revolver; ~ **up** agitar; fomentar

stirrup ['stirəp] estribo *m*

stitch [stitʃ] *s* puntada *f;* *med* punto *m*; *v/t* coser; *med* suturar

stock [stɔk] *s* linaje *m*; raza *f*; ganado *m*; mango *m*; *com* existencias *f/pl*, capital *m*; acciones *f/pl; in* ~ en existencia; *out of* ~ agotado; *to take* ~ *of* hacer inventario de; *v/t*

proveer; almacenar; ~
breeder ganadero m; ~
broker corredor m de bolsa;
~ **exchange** bolsa f (de valores o de comercio); **~holder** accionista m

stocking ['stɔkin] media f
stockpile ['stɔkpail] reserva f; v/t formar una reserva de
stocky ['stɔki] rechoncho
stomach ['stʌmək] s estómago m; fig apetito m; v/t tragar; ~ **ache** dolor m de estómago
ston|e [stəun] s piedra f; med cálculo m; hueso m (de fruta); v/t apedrear; deshuesar; **~eware** gres m; **~y** pedregoso; pétreo
stool [stu:l] taburete m
stoop [stu:p] s inclinación f de hombros; v/i encorvarse; inclinarse
stop [stɔp] s alto m, parada f; pausa f, fin m; paradero m; teen retén m; v/t detener; parar; tapar; ~ **up** atascar, obturar; v/i pararse; cesar; ~ **doing** dejar de hacer; **~gap** ['~gæp] recurso m provisional; **~over** escala f; **~page** interrupción f; suspensión f; tecn obturación f; **~per** tapón m; **~watch** cronómetro m
stor|age ['stɔ:ridʒ] almacenaje m; **~e** [stɔ:] s provisión f; tienda f; almacén m; v/t almacenar; surtir; **~ehouse** depósito m, almacén m

stor(e)y ['stɔ:ri] piso m; planta f
stork [stɔ:k] cigüeña f
storm [stɔ:m] s tormenta f; tempestad f; v/t asaltar; tomar por asalto; v/i rabiar; **~y** borrascoso, tempestuoso
story ['stɔ:ri] cuento m; arq piso m, planta f
stout [staut] a fuerte; sólido; s cerveza f negra
stove [stəuv] estufa f; hornillo m
stow [stəu] v/t guardar, almacenar; mar arrumar; **~away** polizón m
straddle ['strædl] v/i ponerse a horcajadas; v/t no tomar partido (en un asunto)
straggling ['stræglin] disperso
straight [streit] a derecho; recto; erguido (espalda); lacio (pelo); adv directamente; correctamente; ~ **ahead** todo seguido; ~ **away** sin vacilar, en seguida; **~en** v/t enderezar; arreglar; **~forward** franco; recto
strain [strein] s tensión f; esfuerzo m; med torcedura f; raza f; v/t forzar; estirar; filtrar; v/i esforzarse; **~er** colador m
strait [streit] a estrecho; **~s** geog estrecho m
strand [strænd] v/t varar; fig abandonar; s hebra f
strange [streindʒ] extraño; raro; ajeno; **~r** forastero(a)

m (f); desconocido(a) m (f)

strang|le ['stræŋgl] v/t estrangular; **~ulation** [~ju-'leiʃən] estrangulación f

strap [stræp] tira f; correa f; **~ping** robusto

strat|egic [strə'tiːdʒik] estratégico; **~egy** ['strætidʒi] estrategia f

straw [strɔː] paja f; **~berry** fresa f

stray [strei] a extraviado; perdido; v/i perderse; extraviarse

streak [striːk] s raya f; vena f; **winning ~** racha f de victorias; **~ of lightning** relámpago m; v/t rayar; **~y** rayado; entreverado (tocino)

stream [striːm] s arroyo m, corriente f; chorro m; flujo m; v/t, v/i correr; manar; **~lined** aerodinámico

street [striːt] calle f; **~car** Am tranvía m

strength [streŋθ] fuerza f; resistencia f; **~en** v/t fortalecer; robustecer

strenuous ['strenjuəs] vigoroso; arduo; enérgico

stress [stres] s esfuerzo m; tensión f; acento m; med estrés m; v/t acentuar; someter a esfuerzo

stretch [stretʃ] s estiramiento m; alcance m; trecho m; v/t extender; estirar; v/i extenderse; tenderse; **~er** camilla f

stricken ['strikən] herido; afectado; afligido (por)

strict [strikt] estricto

stride [straid] s tranco m; zancada f; v/i andar a trancos

strife [straif] contienda f; lucha f

strik|e [straik] s golpe m; huelga f; hallazgo m; mil ataque m; **on ~e** en huelga; v/t pegar; golpear; dar contra; encender (cerilla); dar (la hora); hallar; arriar (bandera, etc); parecer a; **~e up** mús empezar a tocar; trabar (una amistad); v/i golpear; sonar (campana); declararse en huelga (obreros); **~er** m huelguista m, f; **~ing** llamativo; sorprendente

string [striŋ] s cuerda f; hilera f; sarta f; v/t ensartar; encordar; **~bean** judía f verde; **~y** fibroso; correoso

strip [strip] s tira f; faja f; v/t, v/i despojar(se); desnudar(se)

stripe [straip] raya f; lista f; mil galón m; **~d** rayado

strive [straiv] v/i esforzarse; disputar

stroke [strəuk] golpe m; med ataque m (de apoplejía); sp brazada f, remada f; **~ of luck** golpe m de fortuna

stroll [strəul] s paseo m; v/i pasearse; **~er** paseante m; Am cochecito m (de niño)

strong [strɒŋ] fuerte; robusto; intenso; **~ box** caja f fuerte;

~hold fortaleza *f*; **~willed** resuelto, obstinado

structure ['strʌktʃə] estructura *f*

struggle ['strʌgl] *s* lucha *f*; *v/i* luchar

strum [strʌm] *v/t*, *v/i* rasguear

strut [strʌt] *s arq* riostra *f*; *v/i* pavonearse

stub [stʌb] tocón *m*; colilla *f* (*de cigarro*); talón *m* (*de billete*)

stubble ['stʌbl] rastrojo *m*

stubborn ['stʌbən] terco, testarudo

stud [stʌd] *s* tachón *m*; botón *m* de cuello; caballeriza *f*; *v/t* tachonar

stud|ent ['stju:dənt] estudiante, *f*; **~io** ['~diəu] estudio *m*, taller *m*; **~ious** ['~djəs] estudioso; **~y** ['stʌdi] *s* estudio *m*; *v/i*, *v/t* estudiar

stuff [stʌf] *s* materia *f*; material *m*; paño *m*; *fig* cosa *f*; *v/t* henchir; atestar; llenar; **~ing** relleno *m*; **~y** mal ventilado

stumble ['stʌmbl] *v/i* tropezar

stump [stʌmp] tocón *m*; muñón *m*

stun [stʌn] *v/t* aturdir; dejar pasmado; **~ning** asombroso; *fam* magnífico

stunt [stʌnt] *s* maniobra *f*; truco *m*; *aer* acrobacia *f*; **publicity ~** ardid *m* publicitario

stupefy ['stju:pifai] *v/t* dejar estupefacto

stupendous [stju:'pendəs] estupendo

stupid ['stju:pid] estúpido; tonto; **~ity** ['~piditi] estupidez *f*

stupor ['stju:pə] estupor *m*

sturdy ['stə:di] fuerte, robusto

stutter ['stʌtə] *v/i* tartamudear; *s* tartamudeo *m*

sty [stai] pocilga *f*

styl|e [stail] estilo *m*; **~ish** elegante, de moda

suave [swɑ:v] afable; cortés

subdue [səb'dju:] *v/t* sojuzgar; **~d** amortiguado; tenue (*luz*)

subject ['sʌbdʒikt] *a* sujeto; **~ to** sujeto a; propenso a; *s* asunto *m*; tema *m*; súbdito *m*; [səb'dʒekt] *v/t* someter; exponer; **~ion** sujeción *f*; **~ive** subjetivo

subjunctive [səb'dʒʌŋktiv] subjuntivo *m*

sublime [sə'blaim] sublime, exaltado

submachine gun ['sʌbmə-'ʃi:ngʌn] metralleta *f*

submarine ['sʌbməri:n] *a*, *s* submarino *m*

submerge [səb'mə:dʒ] *v/t*, *v/i* sumergir(se)

submi|ssion [səb'miʃən] sumisión *f*; **~ssive** sumiso; **~t** ['~mit] *v/t* someter; *v/i* someterse; conformarse

subordinate [sə'bɔ:dnit] *a*, *s* subordinado(a) *m* (*f*); [~neit] *v/t* **~ to** subordinar a

subscri|be [səb'skraib] *v/t*, *v/i* suscribir, abonarse; **~be**

for suscribirse a (*libro, acciones*); **~be to** abonarse a (*periódico, etc*); **~ber** *a, s* abonado(a) *m* (*f*); **~ption** [~'skripʃən] suscripción *f*; abono *m*

subsequent ['sʌbsikwənt] subsiguiente; **~ly** posteriormente, seguido

subside [səb'said] *v/i* sumirse; amainarse

subsid|iary [səb'sidjəri] *a* subsidiario; *s* sucursal *f*; **~ize** ['sʌbsidaiz] *v/t* subvencionar; **~y** ['sʌbsidi] subvención *f*

subsist [səb'sist] *v/t* subsistir, existir

substan|ce ['sʌbstəns] sustancia *f*; esencia *f*; **~tial** [səb'stænʃəl] sustancial; sustancioso

substantive ['sʌbstəntiv] sustantivo *m*

substitute ['sʌbstitjuːt] *s* sustituto *m*; *v/t* sustituir

subtitle ['sʌbtaitl] subtítulo *m*

subtle ['sʌtl] sutil; **~ty** sutileza *f*; astucia *f*

subtract [səb'trækt] *v/t, v/i* restar; sustraer

suburb ['sʌbəːb] suburbio *m*; **~an** [sə'bəːbən] suburbano

subway ['sʌbwei] pasaje *m* subterráneo; *Am* metro *m*

succ|eed [sək'siːd] *v/i* tener éxito; **~eed in** lograr; **~eed to** suceder; **~eeding** sucesivo; **~ess** [~'ses] éxito *m*; **~essful** exitoso; próspero;

~essive sucesivo; **~essor** sucesor(a) *m* (*f*)

succinct [sək'siŋkt] sucinto

succulent ['sʌkjulənt] suculento

succumb [sə'kʌm] *v/i* sucumbir

such [sʌtʃ] *a* tal; semejante; **~ as** tal; *pron* los que, las que; *adv* tan

suck [sʌk] *v/t, v/i* chupar; **~le** *v/t* amamantar

sudden ['sʌdn] repentino; súbito; **~ly** de repente, repentinamente

suds [sʌdz] jabonaduras *f/pl*

sue [sjuː] *v/t, v/i* demandar

suède [sweid] ante *m*

suet ['sjuit] sebo *m*

suffer ['sʌfə] *v/t, v/i* sufrir; padecer; soportar; **~er** víctima *f*; **~ing** sufrimiento *m*

suffic|e [sə'fais] *v/t, v/i* bastar; **~cient** bastante, suficiente

suffix ['sʌfiks] sufijo *m*

suffocate ['sʌfəkeit] *v/t, v/i* sofocar(se); asfixiar(se)

sugar ['ʃugə] *s* azúcar *m*; *v/t* azucarar; **~ beet** remolacha *f*; **~ cane** caña *f* de azúcar; **~y** azucarado

suggest [sə'dʒest] *v/t* sugerir; aconsejar; **~ion** sugerencia *f*; **~ive** sugestivo

suicide ['sjuisaid] suicidio *m*; suicida *m, f*

suit [sjuːt] *s* traje *m*; (*naipes*) palo *m*; *for* pleito *m*; *v/t* adaptar; ajustar; convenir; **~ oneself** hacer como guste;

supplier

v/i ~ **with** convenir; ir bien
con; **~able** conveniente;
apropiado; **~case** maleta *f*
suite [swiːt] séquito *m*; serie *f*
(*de muebles*: *habitaciones*);
mús suite *f*
suitor ['sjuːtə] galán *m*; pretendiente *m*
sulk [sʌlk] *v/i* tener mohíno;
~y malhumorado
sullen ['sʌlən] hosco; malhumorado
sulphur ['sʌlfə] azufre *m*
sultry ['sʌltri] bochornoso;
sensual
sum [sʌm] *s* suma *f*; *to do* **~s**
hacer cálculos; *v/t*, *v/i* ~ *up*
resumir; compendiar
summarize ['sʌməraiz] *v/t*
resumir; **~y** resumen *m*, sumario *m*
summer ['sʌmə] verano *m*; *to*
spend the ~ veranear; ~ *re-*
sort lugar *m* de veraneo
summit ['sʌmit] cima *f*; cumbre *f*; ~ *meeting* reunión *f* en
la cumbre
summon ['sʌmən] *v/t* citar;
convocar; **~s** llamamiento
m; *for* citación *f*
sun [sʌn] sol *m*; **~bathe** *v/i*
tomar el sol; **~beam** rayo *m*
de sol; **~burn** quemadura *f*
del sol
Sunday ['sʌndi] domingo *m*
sundial ['sʌndaiəl] reloj *m* de
sol
sundries ['sʌndriz] *com* géneros *m/pl* diversos
sun|flower ['sʌnflauə] girasol

m; **~glasses** gafas *f/pl*, *Am*
lentes *m/pl* de sol
sunken ['sʌŋkən] hundido
sun|ny ['sʌni] soleado; **~rise**
salida *f* del sol; **~set** puesta *f*
del sol; **~shade** parasol *m*;
~shine sol *m*; **~stroke** insolación *f*; **~tan** bronceado
superb [sju(ː)'pəːb] soberbio;
magnífico
super|cilious [sjuːpə'siliəs]
desdeñoso, arrogante; **~fi-**
cial superficial; **~fluous** superfluo; **~human** sobrehumano
superintend [sjuːpərin'tend]
v/t vigilar; **~ent** inspector *m*;
capataz *m*
superior [sju(ː)'piəriə] superior; altivo; **~ity** [~'oriti] su-
perioridad *f*
superlative [sju(ː)'pəːlətiv] *a*,
s superlativo *m*
super|man ['sjuːpəmən] su-
perhombre *m*; **~market** supermercado *m*; **~natural** sobrenatural; **~sede** *v/t* suplantar; **~sonic** supersónico; **~stition** [~'stiʃən] super-
stición *f*; **~stitious** supersticioso; **~vise** ['~vaiz] *v/t* su-
pervisar; controlar; **~visor**
supervisor *m*; inspector *m*
supper ['sʌpə] cena *f*
supple ['sʌpl] flexible
supplement ['sʌplimənt] *s* su-
plemento *m*; ['~ment] *v/t* suplir, complementar
suppl|ier [sə'plaiə] provee-
dor(a) *m* (*f*), suministra-

dor(a) *m* (*f*); **~y** [~ai] *s* abasto *m*; provisiones *f/pl*; **~y and demand** oferta y demanda; *v/t* suministrar; abastecer

support [sə'pɔːt] *s* apoyo *m*; *v/t* mantener; sostener; apoyar; **~er** partidario(a) *m* (*f*); *sp* hincha *m, f*

suppose [sə'pəuz] *v/t* suponer; presumir; **~ed to do** to deber hacer; **~edly** [~idli] según cabe suponer; **~ition** [sʌpə'ziʃən] suposición *f*

suppress [sə'pres] *v/t* suprimir; **~ion** represión *f*

supremacy [sju'preməsi] supremacía *f*; **~e** [~'priːm] supremo

surcharge ['səːtʃɑːdʒ] sobreprecio *m*; sobrecarga *f* (*en sellos*); resello *m* (*en billetes*)

sure [ʃuə] seguro; firme; **~ enough** efectivamente; **to make ~ of** verificar; **~ly** seguramente; **~ness** seguridad *f*; **~ty** garantía *f*

surf [səːf] oleaje *m*; olas *f/pl*

surface ['səːfis] *s* superficie *f*; *v/i* emerger

surge [səːdʒ] *s* oleada *f*; *v/i* agitarse

surgeon ['səːdʒən] cirujano *m*; **~ery** gabinete *m* de cirujano; cirugía *f*; **~ical** quirúrgico

surly ['səːli] áspero, hosco

surmise [sə'maiz] *s* conjetura *f*; [~'maiz] *v/t* conjeturar

surmount [sə'maunt] *v/t* superar

surname ['səːneim] apellido *m*

surpass [səː'pɑːs] *v/t* aventajar; exceder

surplus ['səːpləs], *a, s* sobrante *m*; *com* superávit *m*

surprise [sə'praiz] *s* sorpresa *f*; *v/t* sorprender

surrender [sə'rendə] *s* abandono *m*; entrega *f*; rendición *f*; *v/t, v/i* entregar(se); rendir(se)

surround [sə'raund] *v/t* circundar; cercar; **~ings** alrededores *m/pl*

surveillance [səː'veiləns] vigilancia *f*

survey [sə'vei] *s* examen *m*; escrutinio *m*; *v/t* inspeccionar; **~or** topógrafo *m*; agrimensor *m*

survival [sə'vaivəl] supervivencia *f*; **~e** *v/t, v/i* sobrevivir; **~or** sobreviviente *m, f*

susceptible [sə'septəbl] susceptible; sensible

suspect [səs'pekt] *a* sospechoso; *v/t, v/i* sospechar

suspend [səs'pend] *v/t* suspender; **~ders** ligas *f/pl* (*de medias*), *Am* tirantes *m/pl*; **~sion** suspensión *f*; aplazamiento *m*; **~sion bridge** puente *m* colgante

suspicion [səs'piʃən] sospecha *f*; **~us** sospechoso

sustain [səs'tein] *v/t* sostener; sustentar; sufrir

sustenance ['sʌstinəns] sustento *m*, alimento *m*

swollen

swab [swɔb] estropajo m; *med* torunda f

swaddle ['swɔdl] empañar (*criatura*)

swagger ['swægə] v/i pavonearse

swallow ['swɔləu] s trago m; *zool* golondrina f; v/t tragar

swamp [swɔmp] pantano m; marisma f; **~y** pantanoso

swan [swɔn] cisne m

swarm [swɔːm] s enjambre m; v/t, v/i enjambrar; pulular

swarthy ['swɔːði] moreno

swat [swɔt] v/t aplastar (*mosca etc*)

sway [swei] s balanceo m; dominio m; v/i tambalear; oscilar; v/t mover; influir en

swear [swɛə] v/t, v/i jurar; blasfemar; **~word** palabrota f; *fam* taco m

sweat [swet] s sudor m; v/i sudar; **~er** suéter m, *LA* chompa f; **~y** sudoroso; sudado

Swed|e [swiːd] sueco(a) m (f), en Suecia f; **~ish** sueco

sweep [swiːp] s barredura f; extensión f; **chimney ~** deshollinador m; v/t, v/i barrer; pasar (por); pasar la vista (sobre); **~er** barredor m; **~ing** extenso; comprensivo

sweet [swiːt] a dulce; s dulce m; bombón m; **~en** v/t endulzar; **~heart** enamorado(a) m (f); **~ly** dulcemente; **~ness** dulzura f; suavidad f; **~ pea** guisante m de olor; **~**

potato batata f, camote m

swell [swel] a estupendo; s marejada f; v/i hincharse; **~ing** hinchazón f

sweltering ['sweltəriŋ] sofocante (*calor*)

swerve [swɜːv] v/t, v/i desviar(se)

swift [swift] rápido; veloz; **~ness** rapidez f

swim [swim] v/i nadar; dar vueltas (*la cabeza*); s **to take a ~** ir a nadar; **~mer** nadador(a) m (f); **~ming** natación f; **~ming pool** piscina f; **~suit** traje m de baño

swindle ['swindl] s estafa f; v/t estafar; **~r** estafador m

swine [swain] cerdo m; puerco m; *fig* canalla m

swing [swiŋ] s balanceo m; columpio m; **in full ~** en plena marcha; v/t balancear; v/i oscilar; mecerse; **~ door** puerta f giratoria

swipe [swaip] v/t golpear fuerte; *fam* hurtar

swirl [swɜːl] s remolino m; v/t, v/i arremolinar(se)

Swiss [swis] a, s suizo(a) m (f)

switch [switʃ] s agujas f/pl (de ferrocarril); *elec* interruptor m; v/t, v/i desviar(se); cambiar(se); **~ on** encender (*la luz*); **~ off** desconectar; apagar (*la luz*); **~board** cuadro m de distribución

Switzerland ['switsələnd] Suiza f

swollen ['swəulən] hinchado

swoon [swu:n] s desmayo m; v/i desmayarse
swoop [swu:p] v/i: ~ **down on** precipitarse sobre
sword [sɔːd] espada f
syllable ['siləbl] sílaba f
syllabus ['siləbəs] programa m de estudios
symbol ['simbəl] símbolo m; ~**ic**, ~**ical** [~'bɔlik(əl)] simbólico
symmetry ['simitri] simetría f
sympath|etic [simpə'θetik] compasivo; ~**ize** [~'θaiz] compadecerse; ~**y** ['simpəθi] compasión f
symphony ['simfəni] sinfonía f
symptom ['simptəm] síntoma m

synagogue ['sinəgɔg] sinagoga f
synchronize ['siŋkrənaiz] v/t sincronizar
syndicate ['sindikit] sindicato m
syndrome ['sindrəum] síndrome m
synonym ['sinənim] sinónimo m; ~**ous** [si'nɔniməs] sinónimo
syntax ['sintæks] sintaxis f
synthe|sis ['sinθisis] síntesis f; ~**tic** [~'θetik] sintético
syringe ['sirindʒ] jeringa f
syrup ['sirəp] almíbar m
system ['sistim] sistema m; método m; ~**atic** [~'mætik] sistemático

T

tab [tæb] lengüeta f; oreja f de zapato
table ['teibl] mesa f; tabla f; **set the ~** poner la mesa; ~**cloth** mantel m; ~**land** meseta f; ~**spoon** cuchara f grande
tablet ['tæblit] tableta f; pastilla f; comprimido m
taboo [tə'bu:] a, s tabú m
tacit ['tæsit] tácito; ~**urn** ['~əːn] taciturno
tack [tæk] s tachuela f; v/t clavar con tachuelas; hilvanar; ~**le** ['tækl] s avíos m/pl; mar aparejo m; v/t abordar (problema, etc); enfrentar

tact [tækt] tacto m; discreción f; ~**ful** discreto
tactics ['tæktiks] táctica f
tactless ['tæktlis] indiscreto; falto de tacto
tadpole ['tædpəul] renacuajo m
taffeta ['tæfitə] tafetán m
tag [tæg] s herrete m; rabito m; etiqueta f
tail [teil] cola f, rabo m; ~ **coat** frac m; ~**light** luz f trasera; ~**s** cruz f (de moneda); fam frac m
tailor ['teilə] sastre m
taint [teint] s corrupción f; v/t corromper

tarpaulin

take [teik] v/t tomar; coger; asir; llevar; recibir; **~ advantage of** aprovecharse de; **~ along** llevar consigo; **~ away** quitar; **~ back** devolver; retractar; **~ in** admitir; abarcar; comprender; fam engañar; **~ off** quitarse; **~ out** sacar; **~ over** encargarse de; **~ pains** esmerarse; **~ place** ocurrir; **~ to heart** tomar a pecho; **~ up** recoger; empezar algo; v/i tener efecto; arraigar; **~ after** salir a; **~ off** marcharse; aer despegar; **~ to** aficionarse a; s presa f; cine toma f; **~off** aer despegue m; **~over** toma f de posesión

tale [teil] cuento m; fábula f

talent ['tælənt] talento m; capacidad f; **~ed** talentoso

talk [tɔːk] s conversación f; charla f; conferencia f, discurso m; v/t hablar; **~ into** persuadir a; **~ out of** disuadir de; v/i hablar; charlar; **~ to** hablar a; hablar; **~ative** ['~ətiv] hablador; **~er** conversador(a) m (f)

tall [tɔːl] alto; grande

tallow ['tæləu] sebo m

talon ['tælən] garra f

tambourine [tæmbə'riːn] pandereta f

tame [teim] a manso; domesticado; v/t domar; domesticar

tamper ['tæmpə]: **~ with** v/i manipular indebidamente

tan [tæn] s bronceado m; v/t curtir; tostar

tangent ['tændʒənt] tangente f

tangerine [tændʒə'riːn] mandarina f

tangible ['tændʒəbl] tangible

tangle ['tæŋgl] s enredo m; embrollo m; v/t enredar; embrollar

tank [tæŋk] tanque m; depósito m; **~er** mar petrolero m

tanner ['tænə] curtidor m

tantalizing ['tæntəlaiziŋ] tentador

tantrum ['tæntrəm] rabieta f

tap [tæp] s palmadita f; golpecito m; llave f (de agua); espita f (del barril); v/t tocar; espitar (barril); utilizar

tape [teip] cinta f; **~ measure** cinta f métrica

taper ['teipə] s cirio m; v/i ahusarse

tape recorder ['teipri'kɔːdə] magnetofón m

tapestry ['tæpistri] tapiz m; tapicería f; tenia f

tapeworm ['teipwəːm] solitaria f

tar [tɑː] s alquitrán m; brea f líquida; v/t alquitranar

target ['tɑːgit] blanco m; objetivo m

tariff ['tærif] tarifa f; arancel m

tarnish ['tɑːniʃ] v/i empañar(se); deslustrar(se)

tarpaulin [tɑː'pɔːlin] alquitranado m

tart [tɑːt] *a* ácido; seco; *s* torta *f*

tartan ['tɑːtən] tartán *m*

task [tɑːsk] tarea *f*; **take to ~** reprender

tassel ['tæsəl] borla *f*

tast|e [teist] *s* gusto *m*; sabor *m*; *v/t* gustar; saborear; *v/i* **~e of** *o* **like** saber a; **~eful** de buen gusto; **~eless** insípido; **~y** sabroso

tatters ['tætəz]: **in ~** hecho jirones

tattoo [tə'tuː] tatuaje *m*

taunt [tɔːnt] mofa *f*

taut [tɔːt] tenso; tirante

tavern ['tævən] taberna *f*; tasca *f*

tawdry ['tɔːdri] cursi, de mal gusto

tax [tæks] *s* impuesto *m*; *v/t* gravar; tasar; **~ation** impuestos *m/pl*; **~ collector** recaudador *m* de impuestos

taxi ['tæksi] *s* taxi *m*; *v/i* aer carretear; **~ driver** taxista *m*

tax|payer ['tækspeiə] contribuyente *m, f*; **~ return** declaración *f* de renta

tea [tiː] té *m*

teach [tiːtʃ] *v/t, v/i* enseñar; **~er** maestro(a) *m (f)*; profesor(a) *m (f)*; **~ing** enseñanza *f*

tea|cup ['tiːkʌp] taza *f* de té; **~ kettle** tetera *f*

team [tiːm] *s* equipo *m*; tiro *m (de caballos)*; yunta *f (de bueyes)*; *v/i* **~ up** asociarse con; **~work** trabajo *m* de equipo

teapot ['tiːpɔt] tetera *f*

tear [teə] *s* rasgón *m*; *v/t* rasgar; romper; **~ off** arrancar; **~ up** romper; desarraigar; *v/i* rasgarse

tear [tiə] lágrima *f*; **~ful** lacrimoso; lloroso

tease [tiːz] *v/t fam* tomar el pelo a; fastidiar

teaspoon ['tiːspuːn] cucharita *f* de té

teat [tiːt] teta *f*

techn|ical ['teknikəl] técnico; **~ician** [~'niʃən] técnico *m*; **~ique** [~'niːk] técnica *f*; **~ocrat** tecnócrata *m*; **~ology** tecnología *f*

teddy bear ['tedibeə] osito *m* de felpa

tedious ['tiːdjəs] aburrido

teen|ager ['tiːneidʒə] adolescente *m, f*; **~s** años desde 13 a 19

teethe [tiːð] *v/i* endentecer

teetotaler [tiː'təutlə] abstemio(a) *m (f)*

telegra|m ['teligræm] telegrama *m*; **~ph** [~'grɑːf] telégrafo *m*

telepathy [ti'lepəθi] telepatía *f*

telephone ['telifəun] *s* teléfono *m*; *v/t, v/i* telefonear; **~ booth** cabina *f* telefónica; **~ call** llamada *f* (telefónica); **~ directory** guía *f* telefónica; **~ exchange** central *f* telefónica

tele|printer ['teliprintə] tele-

territory

impresor *m*; **~scope**
[~'skəup] telescopio *m*

televis|e ['telivaiz] *v/t* televisar; **~ion** [~'viʒən] televisión *f*; **to watch ~ion** ver (por) televisión; **~ion set** televisor *m*

telex ['teleks] télex *m*

tell [tel] *v/t, v/i* contar; informar; **~er** cajero(a) *m* (*f*) (*en bancos*); **~tale** revelador

temper ['tempə] *s* humor *m*; mal genio *m*; temple *m* (*metal*); **to lose one's ~** perder la paciencia; *v/t* templar (*metal*); moderar; **~ament** temperamento *m*; **~ance** templanza *f*; **~ate** ['~rit] templado; **~ature** ['~pritʃə] temperatura *f*; fiebre *f*

tempest ['tempist] tempestad *f*; tormenta *f*

temple ['templ] templo *m*; *anat* sien *f*

tempora|l ['tempərəl] temporal; provisional; **~ry** temporáneo; provisional

tempt [tempt] *v/t* tentar; seducir; **~ation** tentación *f*; **~ing** tentador

ten [ten] diez

tenacious [ti'neiʃəs] tenaz

tenant ['tenənt] arrendatario *m*; inquilino *m*

tend [tend] *v/t* cuidar; atender; *v/i* tender a; **~ency** tendencia *f*

tender ['tendə] *a* tierno; delicado; *med* dolorido; *s* oferta *f*; *v/t* ofrecer; presentar; **~loin** ['~loin] filete *m* de solomillo; **~ness** ternura *f*

tendon ['tendən] tendón *m*

tenement house ['tenimənthaus] casa *f* de vecindad, *Am esp* de los barrios pobres

tennis ['tenis] tenis *m*; **~ court** pista *f*, *LA* cancha *f* de tenis

tenor ['tenə] *mús* tenor *m*

tense [tens] *a* tieso; *s gram* tiempo *m*; **~ness** tirantez *f*

tension ['tenʃən] tensión *f*

tent [tent] tienda *f* de campaña, *LA* carpa *f*

tentacle ['tentəkl] tentáculo *m*

tenuous ['tenjuəs] tenue

tepid ['tepid] tibio

term [tə:m] *s* término *m*; plazo *m*; período *m* académico; *v/t* nombrar; llamar; **~s** condiciones *f/pl*; **to be on good ~s with** estar en buenas relaciones con; **to come to ~s** llegar a un acuerdo

termina|l ['tə:minl] *s* estación *f* terminal; *a* terminal; mortal (*enfermedad*); **~te** ['~eit] *v/t* terminar; **~tion** terminación *f*

terrace ['terəs] terraza *f*; terraplén *m*

terrain ['terein] terreno *m*

terrible ['terəbl] terrible

terrif|ic [tə'rifik] fantástico, estupendo; **~y** ['terifai] *v/t* aterrar

territor|ial [teri'tɔ:riəl] territorial; **~y** ['~təri] territorio *m*

terror ['terə] terror *m*; espanto *m*; **~ism** terrorismo *m*; **~ist** terrorista *m, f*; **~ize** *v/t* aterrorizar

terse [təːs] breve, conciso

test [test] *s* prueba *f*, ensayo *m*, experimento *m*; *v/t* ensayar; probar; examinar

testament ['testəmənt] testamento *m*

testify ['testifai] *v/t, v/i* atestiguar

testimony ['testiməni] testimonio *m*; atestación *f*

test tube ['testtjuːb] probeta *f*; **~ baby** niño probeta *m*

testy ['testi] irritable

tetanus ['tetənəs] tétano *m*

text [tekst] texto *m*; **~book** libro *m* de texto

textile ['tekstail] textil; **~s** tejidos *m/pl*

texture ['tekstʃə] textura *f*

Thames [temz] Támesis *m*

than [ðæn, ðən] *conj* que (*después del comparativo*); **more ~ you** más que tú; *de* (*después de números*); **there are more ~ ten** hay más de diez

thank [θæŋk] *v/t* agradecer; dar las gracias; **~ you!** ¡gracias!; **~ful** agradecido; **~less** ingrato; **~s** gracias *f/pl*

that [ðæt, ðət] *a* ese, esa; aquel, aquella; *pron dem* ése, ésa, eso; aquél, aquélla, aquello; *pron rel* que; quien; el cual, la cual, lo cual; **~ which** el que, la que, lo que

thatch [θætʃ] barda *f*; **~ed roof** techumbre *f* de paja

thaw [θɔː] *s* deshielo *m*; *v/t, v/i* deshelar(se)

the [ðe, ð, ðiː] *art* el, la, lo; los, las; *adv* (*con comparativo*) cuanto ... tanto, mientras más ... tanto más; **~ sooner ~ better** cuanto antes mejor

theater = **theatre**

theatre ['θiətə] teatro *m*; arte *m* dramático; **~ical** [θi'ætrikəl] teatral

theft [θeft] hurto *m*, robo *m*

their [ðɛə] *pron* su, sus; suyo(a, os, as); **~s** el suyo, la suya, los suyos, las suyas

them [ðem, ðəm] *pron* los, las, les; *con prep* ellos, ellas

theme [θiːm] tema *m*

themselves [ðem'selvz] *pron pl* ellos mismos; ellas mismas; *con prep* sí mismos, sí mismas

then [ðen] *adv* entonces; luego; después; en otro tiempo; **from ~ on** desde entonces; *conj* en tal caso; pues; por consiguiente

theologian [θiə'ləudʒən] teólogo *m*; **~y** [θi'ɔlədʒi] teología *f*

theoretical [θiə'retikəl] teórico; **~y** ['~ri] teoría *f*

therapy ['θerəpi] terapia *f*

there [ðɛə] *adv* ahí, allí, allá; **~ is, ~ are, ~ was, ~ were** había; hubo; *interj* ¡mira!; **~about(s)** por ahí; aproximadamente; **~after** después de eso; **~by** por eso; **~fore** por lo tanto; **~upon** en seguida; **~with** con eso

thermal ['θɜːmǝl] termal

thermo/meter [θǝ'mɒmitǝ] termómetro *m*; **~s (flask)** termos *m*

these [ðiːz] *a* estas, estos; *pron* éstas, éstos

thesis ['θiːsis] tesis *f*

they [ðei] *pron* ellos, ellas

thick [θik] espeso; grueso; tupido; denso; **~en** *v/t, v/i* espesar(se); **~et** ['~it] matorral *m*; **~ness** espesor *m*; densidad *f*; espesura *f*

thief [θiːf] ladrón(ona) *m* (*f*)

thigh [θai] muslo *m*

thimble ['θimbl] dedal *m*

thin [θin] *a* delgado; fino; ralo; escaso; raro (*aire*); *v/t, v/i* adelgazar; aclarar; reducirse

thing [θiŋ] cosa *f*; asunto *m*; objeto *m*; **the only ~** lo único; **tell him a ~ or two** decirle cuántos son cinco

think [θiŋk] *v/t, v/i* pensar; reflexionar; creer; **~ of** pensar en; acordarse de; idear; **~ over** pensar bien; **~ up** inventar; **~er** pensador(a) *m* (*f*); **~ing** pensamiento *m*

third/party insurance ['θɜːd-'pɑːti] seguro *m* de responsabilidad civil; **~rate** de calidad baja; **2 World** el Tercer Mundo

thirst [θɜːst] sed *f*; **~y** sediento

this [ðis] *a* este, esta; *pron* éste, ésta, esto

thistle ['θisl] cardo *m*

thorn [θɔːn] espina *f*

thorough ['θʌrǝ] completo; cabal; perfecto; minucioso; **~bred** ['~bred] caballo *m* de pura sangre; **~fare** camino *m* público; **~ly** a fondo; **~ness** minuciosidad *f*

those [ðǝuz] *a* esos, esas; aquellos, aquellas; *pron* ésos, ésas; aquéllos, aquéllas

though [ðǝu] *conj* aunque; *adv* sin embargo

thought [θɔːt] pensamiento *m*; idea *f*; **~ful** pensativo; atento; **~less** descuidado; desatento

thrash [θræʃ] *v/t* trillar; apalear; **~ing** paliza *f*

thread [θred] *s* hilo *m*; *tecn* rosca *f*; *v/t* enhebrar; **~bare** raído

threat [θret] amenaza *f*; **~en** *v/t, v/i* amenazar; **~ening** amenazador

three [θriː] tres

thresh [θreʃ] *v/t* trillar; **~er** (máquina) trilladora *f*

threshold ['θreʃhǝuld] umbral *m*

thrift [θrift] economía *f*, frugalidad *f*; **~y** económico, ahorrativo

thrill [θril] *s* emoción *f*; *v/t* emocionar; **~er** novela *f* o película *f* escalofriante; **~ing** emocionante, excitante

thriv|e [θraiv] v/i prosperar; **~ing** floreciente, próspero
throat [θrəut] garganta f
throb [θrɔb] v/i latir
throne [θrəun] trono m
throng [θrɔŋ] s muchedumbre f; v/t atestar; v/i apiñarse
throttle [θrɔtl] s aut obturador m; **to give full ~** acelerar al máximo; v/t ahogar; estrangular
through [θru:] a de paso libre; directo (tren); adv a través; de un extremo a otro; **~ and ~** por los cuatro costados; prep por; a través de; **~out** [~'aut] prep por todo; adv por todas partes
throw [θrəu] v/t, v/i echar; tirar; lanzar; **~ away** arrojar, LA botar; **~ out** echar fuera; expeler; LA botar; **~ up** vomitar; s tiro m, tirada f; lanzamiento m
thrush [θrʌʃ] tordo m
thrust [θrʌst] s empuje m; empujón m; estocada f; arremetida f; tecn empuje m axial; v/t empujar; meter
thud [θʌd] s golpe m sordo
thumb [θʌm] pulgar m; **~tack** chincheta f
thump [θʌmp] s porrazo m; baque m; v/t aporrear
thunder [θʌndə] s trueno m; v/i tronar; **~bolt** rayo m; **~storm** tronada f; **~struck** atónito, pasmado
Thursday [θə:zdi] jueves m
thus [ðʌs] así, de este modo;

por consiguiente
thwart [θwɔːt] v/t frustrar
thyme [taim] tomillo m
tick [tik] s garrapata f; funda f; contramarca f; v/i hacer tictac; v/t contramarcar
ticket [tikit] billete m, LA boleto m; entrada f; **~ office** taquilla f, LA boletería f
tickl|e [tikl] v/t, v/i poner cosquillas a; **~ish** cosquilloso (t fig)
tid|al [taidl] wave ola f de marejada; **~e** [taid] s marea f; fig corriente f; **high ~e** pleamar f; **low ~e** bajamar f
tidy [taidi] a arreglado; limpio; v/t, v/i poner en orden
tie [tai] s corbata f; lazo m; sp empate m; v/t atar
tier [tia] grada f, teat fila f
tiger [taigə] tigre m
tight [tait] apretado; ajustado, ceñido; estrecho; **~en** v/t, v/i apretar(se); estrechar(se); **~rope** cuerda f floja
tigress [taigris] tigresa f
tile [tail] s teja f (de tejado); baldosa f (de piso); azulejo m (de color)
till [til] v/t labrar; cultivar; s caja f (de tienda); prep hasta; conj hasta que
tilt [tilt] s inclinación f; v/t, v/i inclinar(se)
timber [timbə] madera f de construcción; viga f, madero m
time [taim] s tiempo m; hora f; vez f; época f; ocasión f;

compás *m*; **for the ~ being** por lo pronto; **from ~ to ~** a veces; **in ~** a tiempo; **on ~** puntual; **to have a good ~** divertirse; **what ~ is it?** ¿ qué hora es?; **at ~s** a veces; *v/t* fijar para el momento oportuno; regular; **~ limit** fecha *f* tope; **~ly** oportuno; **~table** horario *m*

tim|id ['timid] tímido; **~orous** ['~ərəs] miedoso

tin [tin] *s* estaño *m*; lata *f*; *v/t* estañar; **~foil** papel *m* de estaño

tinge [tindʒ] *v/t* teñir; *fig* matizar; *s* tinte *m*; matiz *m*

tingle ['tiŋgl] *v/i* sentir picazón

tinkle ['tiŋkl] *v/i* tintinear

tin|ned [tind] en lata; **~ opener** abrelatas *m*; **~plate** hojalata *f*; **~sel** ['tinsl] oropel *m*

tint [tint] *v/t* teñir; *s* matiz *m*, tinte *m*

tiny ['taini] diminuto

tip [tip] *s* punta *f*; boquilla *f*; propina *f*; aviso *m* confidencial; *v/t* dar un golpecito a; dar una propina a; **~ off** advertir; **~ out** verter; **~ over** volcar

tipsy ['tipsi] achispado

tiptoe ['tiptəu] *v/i* andar de puntillas

tire [taiə] *s* neumático *m*, *LA* llanta *f*

tir|e ['taiə] *v/t* cansar; **~ed** cansado; **~edness** cansan-

cio *m*; **~esome** pesado; aburrido; latoso

tissue ['tiʃu:] gasa *f*; **~ paper** papel *m* de seda

tit [tit] *zool* herrerillo *m*

titbit ['titbit] golosina *f*, bocadito *m*

titillate ['titileit] *v/t* estimular

title ['taitl] título *m*; *for* título *m*, derecho *m*; **~ page** portada *f*

to [tu:, tu, tə] *prep* para; a; hasta; hacia; menos (*de la hora*); **it is five minutes ~ ten** son las diez menos cinco; **~ and fro** de un lado para otro; **to have ~** tener que

toad [təud] sapo *m*

toast [təust] *s* tostada *f*; brindis *m*; *v/t* tostar; brindar por; **~er** tostador *m*

tobacco [tə'bækəu] tabaco *m*; **~nist's (shop)** estanco *m*

toboggan [tə'bogən] tobogán *m*

today [tə'dei] hoy

toddle ['tɔdl] *v/i* hacer pinitos; andar tambaleando

toe [təu] *s* dedo *m* del pie; punta *f* (*de media, etc*)

toff|ee, **~y** ['tɔfi] caramelo *m*

together [tə'geðə] a juntos; *adv* juntamente; junto; a la vez

toil [tɔil] *s* trabajo *m* duro; *v/i* afanarse; esforzarse

toilet ['tɔilit] *m/t* tocado *m*; excusado *m*; **~ paper** papel *m* higiénico; **~ries** artículos *m/pl* de aseo

token ['təʊkən] señal *f*; prenda *f*

tolera|ble ['tɔlərəbl] tolerable; **~nce** tolerancia *f*; **~nt** tolerante; **~te** ['~eit] tolerar; aguantar

toll [təʊl] *s* peaje *m*; *v/i* doblar (*campanas*)

tomato [tə'mɑːtəʊ] tomate *m*

tomb [tuːm] tumba *f*; **~oy** ['tɔmbɔi] marimacho *m*; **~stone** lápida *f* sepulcral

tomorrow [tə'mɔrəʊ] *s, adv* mañana *f*; **~ night** mañana por la noche; *the day after ~* pasado mañana

ton [tʌn] tonelada *f*

tone [təʊn] *s* tono *m*; *v/t* más entonar; **~ down** suavizar

tongs [tɔŋz] tenacillas *f/pl*

tongue [tʌŋ] lengua *f*; *to hold one's ~* callarse; **~ twister** trabalenguas *m*

tonic ['tɔnik] tónico *m*; *mús* tónica *f*

tonight [tə'nait] esta noche

tonnage ['tʌnidʒ] tonelaje *m*

tonsil ['tɔnsl] amígdala *f*; **~litis** [~si'laitis] amigdalitis *f*

too [tuː] *adv* demasiado; también; **~ many** demasiados(as); **~ much** demasiado

tool [tuːl] herramienta *f*

toot [tuːt] bocinazo *m*; silbido *m*

tooth [tuːθ] diente *m*; **~ache** dolor *m* de muelas; **~brush** cepillo *m* de dientes; **~paste** pasta *f* dentífrica; **~pick** palillo *m*

top [tɔp] *s* cima *f*, cumbre *f*; cabeza *f* (*de una lista etc*); tapa *f*; *aut* capota *f*; superficie *f*; *at the ~ of* a la cabeza de; *from ~ to bottom* de arriba abajo; *on ~ of* encima de; *v/t* coronar; superar; llenar al tope; **~coat** sobretodo *m*; **~ hat** *fam* sombrero *m* de copa

topic ['tɔpik] asunto *m*; tema *m*

topsy-turvy ['tɔpsi'təːvi] trastornado; patas arriba

torch [tɔːtʃ] linterna *f*; antorcha *f*

torment ['tɔːment] *s* tormento *m*; suplicio *m*; [tɔː'ment] *v/t* atormentar

tornado [tɔː'neidəʊ] tornado *m*

torpedo [tɔː'piːdəʊ] torpedo *m*

torp|id ['tɔːpid] tórpido; inerte; **~or** entumecimiento *m*

torrent ['tɔrənt] torrente *m*

torrid ['tɔrid] tórrido, ardiente

tortoise ['tɔːtəs] tortuga *f*

torture ['tɔːtʃə] *s* tortura *f*; *v/t* torturar; atormentar; *fig* tergiversar

toss [tɔs] *s* echada *f*; sacudida *f*; *v/t* tirar; lanzar; agitar

total ['təʊtl] *a* total; completo; entero; *s* total *m*; *v/t* sumar; **~itarian** [~tæli'teəriən] totalitario; **~ity** [~'tæliti] totalidad *f*

totter ['tɔtə] *v/i* tambalear(se)

touch [tʌtʃ] *s* tacto *m*; toque *m*; contacto *m*; rasgo *m*; **in ~ with** en contacto *o* comunicación con; **out of ~** sin noticias; *v/t* tocar; alcanzar; conmover, afectar; concernir; **~ off** hacer estallar; *v/i* tocar(se); **~ down** *aer* aterrizar; **~ and go** dudoso; **~ing** conmovedor; patético; **~y** susceptible; quisquilloso

tough [tʌf] fuerte, resistente; duro; rudo; vulgar; **~en** *v/t, v/i* endurecer(se); **~ness** tenacidad *f*; dureza *f*

tour [tuə] *s* excursión *f*; *v/t* viajar por; **~ist** turista *m*; **~ist office** oficina *f* de turismo

tournament ['tuənəmənt] torneo *m*

tousled ['tauzld] despeinado

tow [təu] *s* remolque *m*; *v/t* remolcar

toward(s) [tə'wɔːd(z)] hacia; para

towel ['tauəl] toalla *f*

tower ['tauə] *s* torre *f*; *v/i* elevarse; **~ above** descollar entre

town [taun] ciudad *f*; villa *f*; población *f*; **~ council** concejo *m* municipal; **~ hall** ayuntamiento *m*, *LA* municipalidad *f*

towrope ['təurəup] cable *m* de remolque

toxic ['tɔksik] tóxico

toy [tɔi] *s* juguete *m*; *v/i* jugar; juguetear

trace [treis] *s* rastro *m*; huella *f*; señal *f*; *v/t* trazar; delinear; seguir la pista de

track [træk] *s* huella *f*, camino *m*; senda *f*; vía *f* férrea; trocha *f*; ruta *f*; vereda *f*; *sp* pista *f*; **off the beaten ~** lugar apartado; **on the right ~** ir por buen camino; *v/t* rastrear; seguir la pista de

tract|ion ['trækʃən] tracción *f*; arrastre *m*; **~or** tractor *m*

trade [treid] *s* comercio *m*; negocio *m*; oficio *m*; *v/i* comerciar; traficar; *v/t* trocar; vender; **~ agreement** tratado *m* comercial; **~mark** marca *f* de fábrica; **~ union** sindicato *m*

tradition [trə'diʃən] tradición *f*; **~al** tradicional

traffic ['træfik] *s* tráfico *m*, tránsito *m*, circulación *f*; *v/i* comerciar; traficar; **~ jam** embotellamiento *m* del tráfico; **~ light** semáforo *m*

trag|edy ['trædʒidi] tragedia *f*; **~ic** ['~ʒik] trágico

trail [treil] *s* rastro *m*; pista *f*; sendero *m*; *v/t* arrastrar; *v/i* rezagarse; **~er** remolque *m*; *cine* avance *m*

train [trein] tren *m*; séquito *m*; serie *f*; cola *f*; *v/t, v/i* disciplinar; entrenar; formar; **~er** entrenador *m*; domador *m*; **~ing** entrenamiento *m*; formación *f*

trait [trei] rasgo *m*

traitor ['treitə] traidor *m*

tram ['træm], **~car** tranvía *m*

tramp [træmp] s marcha f pesada; caminata f; vagabundo m; v/t, v/i vagabundear; marchar; pisar con fuerza; patullar; ~le v/t pisar; hollar

tranquil ['træŋkwil] tranquilo; ~lity [~'kwiliti] tranquilidad f; ~lize v/t, v/i tranquilizar(se)

transact [træn'zækt] v/t tramitar, despachar; ~ion transacción f; negocio m

transatlantic ['trænzət'læntik] transatlántico

transcend [træn'send] v/i trascender; v/t exceder; ~ent sobresaliente

transcri|be [træns'kraib] v/t transcribir; ~pt ['trænskript] trasunto m, copia f; ~ption transcripción f

transfer ['trænsfə:] s transferencia f, traspaso m; [træns'fə:] v/t transferir; transbordar; v/i trasladarse; ~able [~'fə:rəbl] transferible

transform [træns'fɔ:m] v/t transformar; ~ation transformación f; ~er tecn transformador m

transfusion [træns'fju:ʒən] transfusión f (de sangre)

transgress [træns'gres] v/t traspasar, violar; ~ion transgresión f

transient ['trænziənt] pasajero; transitorio

transistor [træn'sistə] transistor m

transit ['trænsit] tránsito m;

~ion [~'siʒən] transición f; paso m; ~ive gram transitivo; ~ory transitorio

translat|e [træns'leit] v/t traducir; ~ion traducción f; ~or traductor(a) m (f)

transmi|ssion [træns'miʃən] transmisión f; ~t v/t transmitir; ~tter transmisor(a) m (f)

transparent [træns'pɛərənt] transparente

transpire [træns'paiə] v/t transpirar; v/i revelarse

transplant [træns'plɑ:nt] v/t trasplantar; ~ation trasplante m

transport [træns'pɔ:t] s transporte m; v/t transportar

trap [træp] trampa f; tecn sifón m; v/t atrapar; aprisionar; ~door trampa f; teat escotillón m

trapeze [trə'pi:z] trapecio m

trap|per ['træpə] cazador m de pieles; ~pings arreos m/pl; adornos m/pl

trash [træʃ] s hojarasca f; cosas f/pl sin valor; basura f

travel ['trævl] s el viajar; v/t, v/i viajar (por); ~ agency agencia f de viajes; ~(l)er viajero(a) m (f); ~(l)er's cheque cheque m para viajeros; ~(l)ing bag maletín m (de viaje)

traverse ['trævə(:)s] v/t cruzar, atravesar

travesty ['trævisti] parodia f

trawl [trɔ:l] v/i pescar en la

rastra; **~er** barco *m* rastreador

tray [trei] bandeja *f*

treacher|ous ['tretʃərəs] traicionero, traidor; **~y** traición *f*

treacle ['triːkl] melaza *f*

tread [tred] *s* paso *m*; pisada *f*; *v/t, v/i* andar; pisar; **~le** *mec* pedal *m*

treason ['triːzn] traición *f*

treasur|e ['treʒə] *s* tesoro *m*; *v/t* atesorar; **~er** tesorero *m*; **~y** tesoro *m*; ♀y Ministerio *m* de Hacienda

treat [triːt] *s* convite *m*; placer *m*; *v/t, v/i* tratar; convidar; **~ise** ['~iz] tratado *m*; **~ment** trato *m*; **~y** tratado *m*, pacto *m*

treble ['trebl] *a* triple; *s* tiple *m* (*voz*); *v/t, v/i* triplicar(se)

tree [triː] árbol *m*

trek [trek] caminata *f*; viaje *m* largo y peligroso

tremble ['trembl] *v/i* temblar

tremendous [tri'mendəs] tremendo; formidable

trem|or ['tremə] temblor *m*; **~ulous** ['~juləs] trémulo

trench [trentʃ] trinchera *f*

trend [trend] tendencia *f*; **~y** de última moda

trespass ['trespəs] *s* intrusión *f*; transgresión *f*; *v/i* violar; infringir; **~er** transgresor(a) *m* (*f*)

tress [tres] trenza *f*

trestle ['tresl] caballete *m*

trial ['traiəl] prueba *f*; ensayo *m*; *for* proceso *m*; **on ~** com a prueba; *for* en juicio

triang|le ['traiæŋgl] triángulo *m*; **~ular** [~'æŋgjulə] triangular

tribe [traib] tribu *f*

tribun|al [trai'bjuːnl] tribunal *m*; **~e** ['tribjuːn] tribuno *m*; tribuna *f*

tribut|ary ['tribjutəri] *a, s* tributario *m*; *geog* afluente *m*; **~e** ['~uːt] tributo *m*

trick [trik] *s* maña *f*; engaño *m*; truco *m*; *v/t* engañar; **~ery** trampería *f*

trickle ['trikl] *v/i, v/t* (hacer) gotear

tricycle ['traisikl] triciclo *m*

trident ['traidənt] tridente *m*

trif|le ['traifl] *s* friolera *f*; bagatela *f*; postre *m* (*de bizocho, fruta, helado y nata*); **a ~e** un poquito; *v/i* **~e with** jugar con; **~ing** baladí, insignificante

trigger ['trigə] gatillo *m*

trill [tril] *v/i* gorjear; trinar; *s* trino *m*

trim [trim] *a* pulcro; arreglado; *s* (buena) condición *f*; recorte *m* (*del pelo*); *v/t* arreglar; recortar; podar; afinar; **~mings** guarnición *f*; aderezos *m/pl*; accesorios *m/pl*

Trinity ['triniti] *relig* Trinidad *f*

trinket ['triŋkit] baratija *f*

trip [trip] *s* excursión *f*; viaje *m*; *v/t* echar la zancadilla a;

tecn soltar; *v/i* tropezar; brincar

tripe [traip] *coc* callos *m/pl*

triple ['tripl] *a* triple; *v/t* triplicar; **~ts** ['~its] trillizos(as) *m* (*f*)/*pl*

tripod ['traipɔd] trípode *m*

trite [trait] trillado; vulgar

triumph ['traiəmf] *s* triunfo *m*; *v/i* triunfar; **~ant** [~'ʌmfənt] triunfante

trivial ['triviəl] trivial, común, insignificante

trolley ['trɔli] carretilla *f*

trombone [trɔm'baun] trombón *m*

troop [tru:p] tropa *f*; banda *f*; **~er** soldado *m* de caballería

trophy ['trəufi] trofeo *m*

tropic ['trɔpik] trópico *m*; **~al** tropical; **~s** trópicos *m/pl*

trot [trɔt] *s* trote *m*; *v/i* trotar

trouble ['trʌbl] *s* molestia *f*; dificultad *f*; **to take the ~** tomarse la molestia; **what's the ~?** ¿qué pasa?; *v/t* molestar; preocupar; inquietar; **~d** inquieto; preocupado; **~some** molesto; dificultoso

trough [trɔf] abrevadero *m*

trousers ['trauzəz] pantalones *m/pl*

trousseau ['tru:səu] ajuar *m*

trout [traut] trucha *f*

truant ['tru:(ə)nt] *a* holgazán; *s* tunante *m*; **to play ~** hacer novillos

truce [tru:s] tregua *f*

truck [trʌk] camión *m*; *f c* vagón *m*

truculent ['trʌkjulənt] agresivo; áspero

trudge [trʌdʒ] *v/i* caminar cansadamente

tru|e [tru:] *a* verdadero; legítimo; verídico; fiel; **to come ~e** realizarse; **~ism** tópico *m*

truly ['tru:li] verdaderamente; sinceramente; **Yours ~** su seguro servidor

trump [trʌmp] triunfo *m* (*en juegos de naipes*)

trumpet ['trʌmpit] trompeta *f*; **~er** trompetero *m*

truncheon ['trʌntʃən] vara *f*; porra *f*

trunk [trʌŋk] tronco *m*; baúl *m*; trompa *f* (*de elefante*); **~ call** llamada *f* interurbana

trust [trʌst] *s* confianza *f*; *com* trust *m*; **for** fideicomiso *m*; **~ee** [~'i:] fideicomisario *m*; **~ful**, **~ing** confiado; **~worthy** confiable, fidedigno; **~y** leal, fidedigno

truth [tru:θ] verdad *f*; **~ful** verídico, veraz

try [trai] *s* tentativa *f*; prueba *f*; *v/t*, *v/i* probar; ensayar; tratar; **~ on** probarse (*ropa*); **~ out** someter a prueba; **~ing** difícil, penoso

T-shirt ['ti:ʃə:t] camiseta *f*

tub [tʌb] cuba *f*; tina *f*

tube [tju:b] tubo *m*; *fam* metro *m*

tuberculosis [tju(:)bə:kju-'ləusis] tuberculosis *f*

tuck [tʌk] *s* pliegue *m*; *v/t* alforzar; recoger; ~ **up** arropar
Tuesday ['tjuːzdi] martes *m*
tuft [tʌft] mechón *m* (de pelo); manojo *m*
tug [tʌg] *s* tirón *m*; remolcador *m*; *v/t* remolcar; tirar de
tuition [tjuː'iʃən] cuota *f* de enseñanza
tulip ['tjuːlip] tulipán *m*
tumble ['tʌmbl] *s* caída *f*; vuelco *m*; *v/i* tumbar, caer; revolcarse; *v/t* tumbar; ~**r** vaso *m*
tummy ['tʌmi] *fam* barriguita *f*
tumo(u)r ['tjuːmə] tumor *m*
tumult ['tjuːmʌlt] tumulto *m*; ~**uous** [~'mʌltjuəs] tumultuoso
tuna ['tuːnə] atún *m*
tune [tjuːn] *s* tonada *f*; melodía *f*; **in** ~ más afinado; **out of** ~ desafinado; *v/t* sintonizar; afinar; *v/i* armonizar; ~**up** afinamiento *m* (de un motor)
tunnel ['tʌnl] *s* túnel *m*
tunny ['tʌni] atún *m*
turbine ['təːbin] turbina *f*
turbulent ['təːbjulənt] turbulento
turf [təːf] *s* césped *m*
Turk [təːk] turco(a) *m* (*f*)
turkey ['təːki] pavo *m*; 2 Turquía *f*
Turkish ['təːkiʃ] turco
turmoil ['təːmɔil] desorden *m*, disturbio *m*
turn [təːn] *s* turno *m*; vuelta *f*;

giro *m*; cambio *m*; favor *m*; **in** ~, **by** ~**s** por turnos; **it is your** ~ es su turno; *v/t* volver; dar vuelta a; girar; convertir; ~ **down** rechazar; ~ **off** apagar (*luz, agua*); ~ **on** poner (*radio*); ~ **out** echar; ~ **over** volcar; entregar; *v/i* dar la vuelta; girar; revolver; ponerse (*agrio, triste, etc*); ~ **aside** desviarse; ~ **away** volver la espalda; ~ **in** acostarse; ~ **out** resultar; ~ **up** llegar, aparecer; ~**coat** *pol* renegado *m*; ~**ing** vuelta *f*; ángulo *m*
turnip ['təːnip] nabo *m*
turn|off ['təːnɔf] salida *f* (*del camino*); ~**out** producción *f* (total); concurrencia *f*; ~**over** *com* volumen *m* de negocios; ~**stile** ['~stail] torniquete *m*
turpentine ['təːpəntain] trementina *f*
turtle ['təːtl] tortuga *f* (de mar); ~**dove** tórtola *f*
tusk [tʌsk] colmillo *m*
tutor ['tjuːtə] preceptor *m*; **for** tutor *m*
TV ['tiː'viː] televisión *f*; **TV viewer** televidente *m*, *f*
tweed [twiːd] paño *m* de lana
tweet [twiːt] *v/i* gorjear
tweezers ['twiːzəz] pinzas *f/pl*
twice [twais] dos veces
twig [twig] ramita *f*
twilight ['twailait] crepúsculo *m*

twin [twin] *a*, *s* gemelo *m*
twine [twain] *s* guita *f*; *v/t* rodear; enrollar
twin-engined ['twin'endʒind] bimotor
twinkle ['twiŋkl] *s* centelleo *m*; parpadeo *m*; *v/t*, *v/i* (hacer) centellear; (hacer) parpadear
twirl [twəːl] *s* rotación *f*; remolino *m*; *v/t*, *v/i* (hacer) girar
twist [twist] *s* torcedura *f*, torsión *f*; torcimiento *m*; *v/t*, *v/i* torcer(se)
twitch [twitʃ] *s* sacudida *f*; tic *m* nervioso
twitter ['twitə] *s* gorjeo *m*; *v/i* gorjear (*pájaros*)
two [tuː] dos; *to put ~ and ~ together* atar cabos; **~faced**

falso; **~fold** *a* doble; *adv* dos veces; **~piece** de dos piezas; **~way** *aut* en ambas direcciones
tycoon [tai'kuːn] magnate *m* industrial
typ|e [taip] *s* tipo *m*; *v/t*, *v/i* escribir a máquina; **~ewriter** máquina *f* de escribir
typhoid (fever) ['taifɔid] fiebre *f* tifoidea
typhoon [tai'fuːn] tifón *m*
typhus ['taifəs] tifus *m*
typical ['tipikəl] típico
typist ['taipist] mecanógrafo(a) *m (f)*
tyrann|ize ['tirənaiz] *v/t* tiranizar; **~y** tiranía *f*
tyre ['taiə] neumático *m*, *LA* llanta *f*

U

udder ['ʌdə] teta *f*; ubre *f*
UFO ['juː'ef'əu] ovni *m*
ugly ['ʌgli] feo; repugnante
ulcer ['ʌlsə] úlcera *f*
ultimate ['ʌltimit] último; final; **~ly** por último; al final
ultimatum [ʌlti'meitəm] ultimátum *m*
umbilical [ʌm'bilikl]: *~ cord* cordón *m* umbilical
umbrella [ʌm'brelə] paraguas *m*
umpire ['ʌmpaiə] *s* árbitro *m*; *v/t*, *v/i* arbitrar
unabated ['ʌnə'beitid] no disminuido

unable ['ʌn'eibl] incapaz
unabridged ['ʌnə'bridʒd] íntegro (*libro*)
unacceptable ['ʌnək'septəbl] inaceptable
unaccountable ['ʌnə'kauntəbl] inexplicable
unaccustomed ['ʌnə'kʌstəmd] insólito
unacquainted ['ʌnə'kweintid]: *~ with* no versado en
unaffected [ʌnə'fektid] natural; sincero
unaided ['ʌn'eidid] sin ayuda
unalterable [ʌn'ɔːltərəbl] inalterable

unanimous [ju(:)'nænɪməs] unánime

unapproachable [ʌnə'prəʊtʃəbl] inabordable; inaccesible

unarmed ['ʌn'ɑ:md] desarmado

unashamed ['ʌnə'ʃeɪmd] desvergonzado; insolente

unassuming ['ʌnə'sju:mɪŋ] modesto

unattainable ['ʌnə'teɪnəbl] inasequible

unauthorized ['ʌn'ɔ:θəraɪzd] desautorizado

unavoidable [ʌnə'vɔɪdəbl] inevitable

unaware ['ʌnə'weə] *be ~ of* ignorar; **~s** de improviso

unbalanced ['ʌn'bælənst] desequilibrado

unbearable [ʌn'beərəbl] insoportable; inaguantable

unbeatable ['ʌn'bi:təbl] imbatible

unbelievable [ʌnbi'li:vəbl] increíble

unbending ['ʌn'bendɪŋ] inflexible

unbiased ['ʌn'baɪəst] imparcial

unborn ['ʌn'bɔ:n] nonato; no nacido aún

unbounded [ʌn'baundɪd] ilimitado

unbroken ['ʌn'brəʊkən] intacto; indómito

unburden [ʌn'bɜ:dn] *v/t* descargar; aliviar

unbutton ['ʌn'bʌtn] *v/t* desabotonar

uncalled-for [ʌn'kɔ:ldfɔ:] impropio; innecesario

uncanny [ʌn'kænɪ] misterioso; extraño

unceasing [ʌn'si:sɪŋ] incesante

uncertain [ʌn'sɜ:tn] incierto; dudoso

unchallenged ['ʌn'tʃælɪndʒd] incontestado

unchangeable [ʌn'tʃeɪndʒəbl] inmutable; invariable

unchecked ['ʌn'tʃekt] desenfrenado

uncivil ['ʌn'sɪvl] descortés; **~ized** bárbaro; inculto

unclaimed ['ʌn'kleɪmd] no reclamado

uncle ['ʌŋkl] tío *m*

unclean ['ʌn'kli:n] sucio

uncomfortable [ʌn'kʌmfətəbl] incómodo; molesto

uncommon [ʌn'kɒmən] raro; extraño; poco común

uncompromising [ʌn'kɒmprəmaɪzɪŋ] intransigente

unconcern [ʌnkən'sɜ:n] desinterés *m*; despreocupación *f*

unconditional ['ʌnkən'dɪʃnl] incondicional

unconfirmed ['ʌnkən'fɜ:md] no confirmado

unconquerable [ʌn'kɒŋkərəbl] invencible

unconscious [ʌn'kɒnʃəs] inconsciente; *med* sin sentido; **~ness** inconsciencia *f*; insensibilidad *f*

uncontrollable [ʌnkən'trəuləbl] ingobernable

unconventional ['ʌnkən'venʃənl] original; desenfadado

uncouth [ʌn'kuːθ] grosero; tosco

uncover [ʌn'kʌvə] v/t descubrir; destapar

uncultivated ['ʌn'kʌltiveitid] inculto, yermo

undamaged ['ʌn'dæmidʒd] indemne; ileso

undated ['ʌndeitid] sin fecha

undaunted [ʌn'dɔːntid] impávido

undecided ['ʌndi'saidid] indeciso

undeniable ['ʌndi'naiəbl] innegable; incontestable

under ['ʌndə] prep debajo de; bajo; menos de; conforme a; adv debajo, bajo, abajo; **~ age** menor de edad

underclothing ['ʌndəkləuðiŋ] ropa f interior

undercurrent ['ʌndə'kʌrənt] fig tendencia f oculta

underdeveloped ['ʌndədi'veləpt] subdesarrollado

underdog ['ʌndə'dɔg] desvalido m

underdone ['ʌndə'dʌn] coc poco hecho

underestimate ['ʌndə'estimeit] v/t subestimar

undergo [ʌndə'gəu] v/t sufrir; sostener

undergraduate [ʌndə'grædjuit] estudiante m, f (universitario)

underground ['ʌndəgraund] a subterráneo; s metro m

undergrowth ['ʌndəgrəuθ] maleza f

underhanded ['ʌndəhændid] clandestino

underline ['ʌndəlain] v/t subrayar

undermine [ʌndə'main] v/t socavar; minar

underneath [ʌndə'niːθ] adv abajo; prep bajo; debajo de

undernourished ['ʌndə'nʌriʃt] desnutrido

underpaid ['ʌndə'peid] mal pagado

underpants ['ʌndəpænts] calzoncillos m/pl

underpass ['ʌndəpɑːs] paso m inferior

underprivileged ['ʌndə'privilidʒd] desamparado

underrate [ʌndə'reit] v/t desestimar

undershirt ['ʌndəʃəːt] camiseta f

undersigned [ʌndə'saind] infrascrito m

understaffed ['ʌndə'stɑːft] corto de personal

understand [ʌndə'stænd] v/t, v/i entender; comprender; **~able** comprensible; **~ing** a comprensivo; s entendimiento m; inteligencia f; acuerdo m

understatement ['ʌndə'steitmənt] declaración f insuficiente

undertak|e [ʌndə'teik] v/t, v/i

emprender; encargarse de; comprometerse a; **~er** empresario *m* de pompas fúnebres; **~ing** empresa *f*

undervalue ['ʌndə'væljuː] *v/t* despreciar; menospreciar

underwater ['ʌndə'wɔːtə] submarino

underway ['ʌndə'wei] en camino

underwear ['ʌndəwɛə] ropa *f* interior

underweight ['ʌndə'weit] de peso menor que el normal

underworld ['ʌndəwɜːld] infiernos *m/pl*; hampa *f*

undesirable ['ʌndi'zaiərəbl] indeseable

undignified [ʌn'dignifaid] indecoroso

undisciplined [ʌn'disiplind] indisciplinado

undisputed ['ʌndis'pjuːtid] incontestable

undisturbed ['ʌndis'tɜːbd] imperturbado; inalterado

undo ['ʌn'duː] *v/t* deshacer; desatar; **~ing** perdición *f*, ruina *f*

undone [ʌn'dʌn] sin hacer; desatado

undoubted [ʌn'dautid] indudable

undress ['ʌn'dres] *v/t, v/i* desnudarse

undue ['ʌn'djuː] indebido

undulate ['ʌndjuleit] *v/t* ondular; fluctuar

unearth ['ʌn'ɜːθ] *v/t* desenterrar

uneasy [ʌn'iːzi] inquieto

uneducated ['ʌn'edjukeitid] ignorante; no educado

unemploy|ed ['ʌnim'plɔid] descoupado; parado; **~ment** desempleo *m*, paro *m*

unequal ['ʌn'iːkwəl] desigual; dispar; **~led** incomparable; sin par

unerring ['ʌn'ɜːriŋ] infalible; seguro

uneven ['ʌn'iːvən] desigual

uneventful ['ʌni'ventful] sin novedad

unexpected [ʌniks'pektid] inesperado

unfading [ʌn'feidiŋ] inmarcesible

unfailing [ʌn'feiliŋ] infalible; incansable

unfair ['ʌn'fɛə] injusto

unfaithful ['ʌn'feiθful] infiel; **~ness** infidelidad *f*

unfamiliar ['ʌnfə'miljə] poco común; desconocido

unfashionable ['ʌn'fæʃnəbl] fuera de moda

unfasten ['ʌn'fɑːsn] *v/t* desatar

unfavo(u)rable ['ʌn'feivərəbl] desfavorable

unfeeling [ʌn'fiːliŋ] insensible, impasible

unfinished ['ʌn'finiʃt] inacabado; inconcluso; incompleto

unfit ['ʌn'fit] impropio; incapaz; inepto

unfold [ʌn'fəuld] *v/t* desdoblar; desplegar; desarrollar

unforeseen ['ʌnfɔː'siːn] imprevisto

unforgettable ['ʌnfə'getəbl] inolvidable

unforgiving ['ʌnfə'givin] implacable

unfortunate [ʌn'fɔːtʃnit] desgraciado; desafortunado; **~ly** desgraciadamente

unfounded ['ʌn'faundid] infundado

unfriendly ['ʌn'frendli] poco amistoso; hostil

unfurnished ['ʌn'fəːniʃt] sin amueblar

ungainly [ʌn'geinli] desgarbado

ungodly [ʌn'gɔdli] impío; *fam* atroz

ungovernable [ʌn'gʌvənəbl] ingobernable

ungrateful [ʌn'greitful] desagradecido; ingrato

ungrudging ['ʌn'grʌdʒin] generoso; incondicional (*apoyo etc*)

unguarded [ʌn'gɑːdid] desguarnecido; desprevenido

unhappy [ʌn'hæpi] infeliz, desdichado

unharmed [ʌn'hɑːmd] ileso; sano y salvo

unhealthy [ʌn'helθi] enfermizo; insalubre

unheard-of [ʌn'həːdɔv] inaudito

unheeded [ʌn'hiːdid] desatendido; **~ing** desoído

unhesitating [ʌn'heziteitin] resuelto; **~ly** sin vacilar

unhook ['ʌn'huk] *v/t* desenganchar; desabrochar; descolgar

unhoped-for [ʌn'həuptfɔː] inesperado

unhurt ['ʌn'həːt] ileso; indemne

unidentified ['ʌnai'dentifaid] sin identificar

uniform ['juːnifɔːm] *a* uniforme; invariable; constante; *s* uniforme *m*

unify ['juːnifai] *v/t* unificar

unimaginable [ʌni'mædʒinəbl] inimaginable

unimportant ['ʌnim'pɔːtənt] sin importancia

uninhabit|able [ʌnin'hæbitəbl] inhabitable; **~ed** inhabitado; despoblado

uninjured ['ʌn'indʒəd] ileso; incólume

unintelligible ['ʌnin'telidʒibl] ininteligible

unintentional ['ʌnin'tenʃənl] involuntario

uninteresting ['ʌn'intristin] falto de interés

uninterrupted ['ʌnintə'rʌptid] ininterrumpido

uninvit|ed ['ʌnin'vaitid] no convidado; **~ing** poco atractivo; desagradable

union ['juːnjən] unión *f*; sindicato *m*, gremio *m* (*de obreros*)

unique [juː'niːk] único

unison ['juːnizn] *s* unisonancia *f*; **in ~** al unísono

unit ['juːnit] unidad *f*; **~e**

[~'nait] v/t unir; unificar; v/i unirse; juntarse; **2ed Nations** Naciones f/pl Unidas; **2ed States** Estados m/pl Unidos; **~y** unidad f

univers|al [ju:ni'vɜːsəl] universal; **~e** ['juːvɜːs] universo m; **~ity** [~'vɜːsiti] universidad f

unjust ['ʌn'dʒʌst] injusto

unkempt ['ʌn'kempt] descuidado; desarreglado

unkind [ʌn'kaind] poco amable; duro

unknown ['ʌn'nəun] desconocido

unlawful ['ʌn'lɔːful] ilícito

unleash ['ʌn'liːʃ] v/t soltar; fig desencadenar

unless [ən'les] conj a menos que; a no ser que

unlike ['ʌn'laik] diferente; distinto; **~ly** improbable; inverosímil

unlimited [ʌn'limitid] ilimitado

unload ['ʌn'ləud] v/t descargar

unlock ['ʌn'lɔk] v/t abrir con llave

unlucky [ʌn'lʌki] desafortunado; **to be ~** tener mala suerte

unmanageable [ʌn'mænidʒəbl] inmanejable

unmarried ['ʌn'mærid] soltero, célibe

unmask ['ʌn'mɑːsk] v/t desenmascarar

unmatched ['ʌn'mætʃt] incomparable

unmerciful [ʌn'məːsiful] despiadado

unmindful [ʌn'maindful]: **~ of** sin pensar en

unmistakable ['ʌnmis'teikəbl] inconfundible

unmoved ['ʌn'muːvd] inalterado, impasible

unnatural [ʌn'nætʃrəl] antinatural; inhumano; desnaturalizado; perverso

unnecessary [ʌn'nesisəri] innecesario; superfluo

unnoticed ['ʌn'nəutist] inadvertido

unobserved ['ʌnəb'zɜːvd] inadvertido

unobtainable ['ʌnəb'teinəbl] inasequible

unobtrusive ['ʌnəb'truːsiv] discreto, moderado

unoccupied ['ʌn'ɔkjupaid] desocupado; libre; vacante

unofficial ['ʌnə'fiʃəl] no oficial

unorganized ['ʌn'ɔːgənaizd] no organizado

unpack ['ʌn'pæk] v/t desempaquetar; desembalar; deshacer las maletas

unpaid ['ʌn'peid] pendiente de pago, LA impago

unparalleled [ʌn'pærəleld] sin par; inigualado

unpardonable [ʌn'pɑːdnəbl] imperdonable

unpaved ['ʌn'peivd] sin pavimentar

unpleasant [ʌn'pleznt] desagradable; **~ness** desavenencia *f*; disgusto *m*

unplug [ʌn'plʌg] *v/t* desenchufar

unpopular [ʌn'pɔpjulə] impopular

unprecedented [ʌn'presidəntid] sin precedente

unpredictable [ʌnpri-'diktəbl] imprevisible

unprejudiced [ʌn'predʒudist] imparcial

unpremeditated [ʌnpri-'mediteitid] impremeditado

unprepared [ʌnpri'peəd] no preparado

unpretentious [ʌnpri'tenʃəs] sin pretensiones, sencillo

unproductive [ʌnprə'dʌktiv] improductivo

unprofitable [ʌn'prɔfitəbl] nada lucrativo

unprovoked [ʌnprə'vəukt] no provocado

unpublished [ʌn'pʌbliʃt] inédito; no publicado

unqualified [ʌn'kwɔlifaid] incapaz, incompetente; incondicional

unquestionable [ʌn'kwestʃənəbl] indiscutible

unravel [ʌn'rævl] *v/t* desenmarañar

unreal [ʌn'riəl] irreal; ilusorio

unreasonable [ʌn'ri:znəbl] irrazonable

unrelated [ʌnri'leitid] inconexo; sin relación

unrelenting [ʌnri'lentiŋ] inexorable, implacable

unreliable [ʌnri'laiəbl] de poca confianza

unrepeatable [ʌnri'pi:təbl] irrepetible

unrepentant [ʌnri'pentənt] impenitente

unrequited [ʌnri'kwaitid] no correspondido

unreserved [ʌnri'zə:vd] sin reservas, incondicional

unrest [ʌn'rest] inquietud *f*; disturbio *m*

unrestrained [ʌnri'streind] desenfrenado

unrestricted [ʌnris'triktid] sin restricción

unripe [ʌn'raip] verde; inmaduro

unrival(l)ed [ʌn'raivəld] sin rival; incomparable

unroll [ʌn'rəul] *v/t* desenrollar

unruffled [ʌn'rʌfld] tranquilo; sereno

unruly [ʌn'ru:li] revoltoso

unsafe [ʌn'seif] inseguro; peligroso

unsaid [ʌn'sed] sin decir

unsatisfactory [ʌnsætis'fæktəri] insatisfactorio

unsavo(u)ry [ʌn'seivəri] ofensivo; desagradable

unscrew [ʌn'skru:] *v/t* desatornillar

unscrupulous [ʌn'skru:pjuləs] sin escrúpulo

unseemly [ʌn'si:mli] indecoroso

unseen [ʌn'si:n] no visto

unselfish ['ʌn'selfiʃ] altruista; desinteresado

unsettled ['ʌn'setld] inestable; pendiente; variable; despoblado; *com* por pagar

unshaven ['ʌn'ʃeivn] sin afeitar

unshrink|able ['ʌn'ʃriŋkəbl] que no se encoge; **~ing** intrépido

unsightly [ʌn'saitli] feo

unskilled [ʌn'skild] inexperto; **~ labo(u)r** mano *f* de obra no cualificada

unsociable [ʌn'səuʃəbl] insociable; reservado

unsold ['ʌn'səuld] sin vender

unsolved ['ʌn'sɔlvd] sin resolver

unsound ['ʌn'saund] defectuoso; erróneo

unspeakable [ʌn'spi:kəbl] indecible

unspoiled ['ʌn'spɔilt] no corrompido, intacto

unspoken ['ʌn'spəukn] tácito

unstable ['ʌn'steibl] inestable

unsteady ['ʌn'stedi] inestable; inconstante; irregular

unsuccessful ['ʌnsək'sesful] sin éxito; fracasado

unsuitable ['ʌn'sju:təbl] impropio

unsure ['ʌn'ʃuə] inseguro

unsuspect|ed ['ʌnsəs'pektid] insospechado; **~ing** confiado

unswerving ['ʌn'swə:viŋ] inquebrantable

untangle ['ʌn'tæŋgl] *v/t* des-

enmarañar

unthink|able [ʌn'θiŋkəbl] inconcebible; **~ing** irreflexivo

untidy [ʌn'taidi] desordenado; desarreglado

untie ['ʌn'tai] *v/t* desatar

until [ən'til] *prep* hasta; *conj* hasta que

untimely [ʌn'taimli] intempestivo; prematuro; *at an ~ hour* a deshora

untiring [ʌn'taiəriŋ] incansable

untold ['ʌn'təuld] nunca contado

untouched ['ʌn'tʌʃt] intacto

untried ['ʌn'traid] no probado

untroubled ['ʌn'trʌbld] tranquilo

untru|e ['ʌn'tru:] falso; **~th** [~'tru:θ] falsedad *f*; **~thful** mentiroso; falso

unused ['ʌn'ju:zd] no usado; nuevo

unusual [ʌn'ju:ʒuəl] insólito, extraordinario

unvarying [ʌn'veəriiŋ] invariable

unveil [ʌn'veil] *v/t* descubrir; quitar el velo a

unvoiced ['ʌn'vɔist] *gram* sordo

unwanted [ʌn'wɔntid] no deseado

unwarranted [ʌn'wɔrəntid] injustificado

unwelcome [ʌn'welkəm] mal acogido; inoportuno

unwell [ʌn'wel] indispuesto,

enfermizo; **to feel ~** sentirse mal

unwholesome [ʌn'həulsəm] insalubre; dañino

unwieldy [ʌn'wi:ldi] abultado; difícil de manejar

unwilling ['ʌn'wiliŋ] desinclinado; **~ to** poco dispuesto a; **~ly** de mala gana

unwind ['ʌn'waind] v/t desenvolver; desenredar

unwise ['ʌn'waiz] poco aconsejable, imprudente

unwittingly [ʌn'witiŋli] inconscientemente

unworthy [ʌn'wə:ði] indigno

unwrap ['ʌn'ræp] v/t desenvolver; desempaquetar

unyielding [ʌn'ji:ldiŋ] obstinado, inflexible; rígido

up [ʌp] a inclinado; ascendente; adv arriba, hacia arriba; **en pie**, levantado; **~ and about** restablecido; **~ and down** de arriba abajo; de un lado a otro; **~ against** tener que habérselas con; **~ to now** hasta ahora; **what's ~?** ¿qué pasa?; s **on the ~ and ~** cada vez mejor; **the ~s and downs** los altibajos m/pl (de la vida)

up-and-coming [ʌp-ən-'kʌmiŋ] fam joven y prometedor

upbraid [ʌp'breid] v/t reprochar

upbringing ['ʌpbriŋiŋ] crianza f; educación f

update [ʌp'deit] v/t poner al día

upgrade [ʌp'greid] v/t mejorar

upheaval [ʌp'hi:vəl] trastorno m; fig cataclismo m

uphill ['ʌp'hil] a ascendente; fig laborioso; adv cuesta arriba

uphold [ʌp'həuld] v/t sostener

upholster [ʌp'həulstə] v/t tapizar; **~er** tapicero m; **~y** tapizado m

upkeep ['ʌpki:p] mantenimiento m

upon [ə'pɔn] sobre; encima de

upper ['ʌpə] superior; más elevado; **get the ~ hand** obtener dominio sobre; **~most** más alto

upright ['ʌp'rait] vertical; derecho; recto

uprising [ʌp'raiziŋ] sublevación f; alzamiento m

uproar ['ʌprɔ:] tumulto m

uproot [ʌp'ru:t] v/t desarraigar

upset [ʌp'set] s vuelco m; contratiempo m; med trastorno m; v/t volcar; desarreglar; trastornar; revolver (el estómago); a perturbado; enfadado

upshot ['ʌpʃɔt] resultado m

upside down ['ʌpsaid'daun] al revés

upstairs ['ʌp'steəz] arriba

upstart ['ʌpstɑ:t] a, s advenedizo m

upstream ['ʌp'stri:m] río arriba

vain

up-to-date [ˌʌptə'deit] al día; moderno

upward(s) ['ʌpwəd(z)] ascendente; hacia arriba

uranium [ju'reinjəm] uranio *m*

urban ['əːbən] urbano

urbane [əː'bein] cortés; mundano

urchin ['əːtʃin] golfillo *m*

urge [əːdʒ] *s* impulso *m*; *v/t* instar; impulsar; incitar; **~nt** urgente

urine ['juərin] orina *f*

urn [əːn] urna *f*

Uruguay ['juərəgwai] el Uruguay; **~an** *a*, *s* uruguayo(a) *m (f)*

us [ʌs, əs] *pron* nos; *(después de preposiciones)* nosotros(as)

U.S.A. = *United States (of America)* EE.UU.

us|age ['juːzidʒ] uso *m*; tratamiento *m*; **~e** [juːs] *s* empleo *m*, aplicación *f*; utilidad *f*; *it is no ~e* es inútil; *what is the ~e of?* ¿para qué sirve?; [juːz] *v/t* usar; emplear; utili-

zar; **~e up** consumir; **~ed** [~sd] gastado; usado; de ocasión; [~st] acostumbrado; **~ed to (do)** solía (hacer); *to get ~ed to* acostumbrarse a; **~eful** útil; **~eless** inútil; inservible

usher ['ʌʃə], **~ette** [~'ret] acomodador(a) *m (f)*

usual ['juːʒuəl] acostumbrado; usual; *as ~* como de costumbre

usur|er ['juːʒərə] usurero *m*; **~y** ['~ʒuri] usura *f*

utensil [ju(ː)'tensl] utensilio *m*

uterus ['juːtərəs] útero *m*

utili|ty [ju(ː)'tiliti] utilidad *f*; *public* **~ties** servicios *m/pl* públicos; **~ze** ['juːtilaiz] *v/t* utilizar

utmost ['ʌtməust] extremo; último; *to the ~* hasta más no poder

utter ['ʌtə] *a* completo, total; absoluto; *v/t* proferir; pronunciar; **~ance** pronunciación *f*; expresión *f*; **~ly** totalmente

V

vaca|ncy ['veikənsi] vacío *m*; vacante *f*; **~nt** vacante; vacío; desocupado; **~te** [və'keit] *v/t* dejar; desocupar; **~tion** vacaciones *f*

vaccin|ate ['væksineit] *v/t* vacunar; **~ation** vacuna *f*

vacuum ['vækjuəm] vacío *m*;

~ cleaner aspiradora *f*

vagabond ['vægəbɔnd] *a*, *s* vagabundo(a) *m (f)*

vagrant ['veigrənt] *a*, *s* vagabundo *m*; *fig* errante

vague [veig] vago; incierto

vain [vein] vano; vanidoso; *in ~* en vano

valet ['vælit] criado m

valiant ['væljənt] valiente

valid ['vælid] válido; **~ity** [və'liditi] validez f

valise [və'li:z] maleta f, valija f

valley ['væli] valle m

valo(u)r ['vælə] valor m

valu|able ['væljuəbl] valioso; **~ables** objetos m/pl de valor; **~ation** valuación f; tasa f; **~e** ['~ju:] s valor m; **~e added tax** impuesto m sobre el valor añadido; v/t valorar; tasar; **~eless** sin valor

valve [vælv] válvula f

van [væn] camioneta f; furgoneta f

vane [vein] veleta f

vanilla [və'nilə] vainilla f

vanish ['væni∫] v/i desvanecerse; desaparecer

vanity ['væniti] vanidad f; engreimiento m; **~ case** polvera f; neceser m

vapo(u)r ['veipə] vapor m; vaho m; **~ize** ['veipəraiz] v/t vaporizar

varia|ble ['vɛəriəbl] variable; **~nce** desacuerdo m; diferencia f; **~nt** variante f; **~tion** variación f; cambio m

varicose ['værikəus]: **~ veins** varices f/pl

var|iety [və'raiəti] variedad f; surtido m; **~iety show** variedades f/pl; **~ious** ['vɛəriəs] vario; diverso; varios

varnish ['va:ni∫] s barniz m; v/t barnizar

vary ['vɛəri] v/t, v/i variar

vase [va:z] florero m, vaso m; jarrón m

vaseline ['væsəli:n] vaselina f

vast [va:st] vasto; inmenso

vat [væt] tina f, cuba f

Vatican ['vætikən] Vaticano m

vault [vɔ:lt] s bóveda f; cueva f; salto m; v/t, v/i saltar

veal [vi:l] carne f de ternera

vegeta|ble ['vedʒitəbl] verdura f; legumbre f; hortaliza f; **~rian** [٫'tɛəriən] vegetariano(a) m (f); **~te** [٫'٫eit] v/i vegetar; **~tion** vegetación f

vehemen|ce ['vi:iməns] vehemencia f; **~t** vehemente

vehicle ['vi:ikl] vehículo m

veil [veil] s velo m; v/t velar

vein [vein] vena f

velocity [vi'lɒsiti] velocidad f

velvet ['velvit] terciopelo m

venal ['vi:nl] venal

vend|er, ~or ['vendə] vendedor(a) m (f); **~ing machine** distribuidor m automático

venera|ble ['venərəbl] venerable; **~te** [٫'٫eit] v/t venerar

venereal [vi'niəriəl]: **~ disease** enfermedad f venérea

Venetian [vi'ni:∫ən]: **~ blind** persiana f

Venezuela [vene'zweilə] Venezuela f; **~n** a, s venezolano(a) m (f)

vengeance ['vendʒəns] venganza f; **with a ~** fam con creces

venison ['venzn] venado m

venom ['venəm] veneno *m* (*t fig*); **~ous** venenoso

vent [vent] *s* respiradero *m*; agujero *m*; abertura *f*; *v/t* desahogar; **~ilate** *v/t* ventilar; **~ilation** ventilación *f*

venture ['ventʃə] *s* empresa *f*; negocio *m* arriesgado; *v/i* atreverse; arriesgarse

verb [vəːb] verbo *m*; **~atim** palabra por palabra; **~ose** [~'bəus] verboso

verdict ['vəːdikt] veredicto *m*; fallo *m*; dictamen *m*

verge [vəːdʒ] *s* borde *m*; margen *m, f*; vara *f*; **on the ~ of** al borde de; *v/i* **~ on** rayar en

verify ['verifai] *v/t* verificar

vermin ['vəːmin] bichos *m/pl*; sabandijas *f/pl*

vermouth ['vəːmuːθ] vermut *m*

vernacular [və'nækjulə] *s* lengua *f* vernácula; *a* vernáculo

versatile ['vəːsətail] adaptable; flexible; versátil

vers|e [vəːs] verso *m*; estrofa *f*; **~ed** versado; **~ion** [~'ʃən] versión *f*

versus ['vəːsəs] contra

vertebra ['vəːtibrə] vértebra *f*

vertical ['vəːtikəl] vertical

very ['veri] *a* mismo; mero, solo; completo; *adv* mucho; muy

vessel ['vesl] vasija *f*; mar barco *m*

vest [vest] *s* camiseta *f*; Am chaleco *m*; **~ed interests** in-

tereses *m/pl* creados

vestige ['vestidʒ] vestigio *m*

vestry ['vestri] sacristía *f*

vet [vet] *fam* veterinario *m*; veterano *m*

veteran ['vetərən] *a, s* veterano *m*

veterinary (surgeon) ['vetərinəri] veterinario *m*

veto ['viːtəu] *s* veto *m*; *v/t* vetar

vex [veks] *v/t* fastidiar; irritar; **~ation** irritación *f*

vibrat|e [vai'breit] *v/t, v/i* vibrar; **~ion** vibración *f*

vicar ['vikə] vicario *m*; párroco *m*; **~age** vicaría *f*

vice [vais] vicio *m*

vice [vais] (*prefijo*) vice-; **~ president** vicepresidente *m*

vicinity [vi'siniti] vecindad *f*

vicious ['viʃəs] vicioso; depravado; cruel

victim ['viktim] víctima *f*; **~ize** *v/t* hacer víctima; tomar represalias contra

victor ['viktə] vencedor *m*; **~ious** [~'tɔːriəs] victorioso; **~y** ['~təri] victoria *f*

video ['vidiəu] vídeo *m*; **~ camera** videocámara *f*; **~ cassette** videocassette *f*; **~ disc** videodisco *m*; **~ recorder** magnetoscopio *m*

vie [vai]: **~ with** *v/i* competir con

view [vjuː] *s* perspectiva *f*; panorama *m*; opinión *f*; **in ~** a la vista; **in ~ of** en vista de; **on ~** expuesto; **with a ~ to**

con miras a; *v/t* contemplar; considerar; **~er** espectador *m*; **~finder** *foto* visor *m*; **~point** punto *m* de vista

vigil ['vidʒil] vela *f*; vigilia *f*; **~ant** vigilante

vigo|rous ['vigərəs] vigoroso; **~(u)r** vigor *m*

vile [vail] vil; odioso

village ['vilidʒ] aldea *f*; pueblo *m*; **~r** aldeano(a) *m (f)*

villain ['vilən] malvado *m*; **~y** vileza *f*

vindicate ['vindikeit] *v/t* vindicar; justificar; **~ion** vindicación *f*; justificación *f*

vindictive [vin'diktiv] vengativo

vine [vain] parra *f*; vid *f*; **~gar** ['vinigə] vinagre *m*; **~yard** ['vinjəd] viñedo *m*

vintage ['vintidʒ] vendimia *f*; **~ wine** vino *m* añejo

viola [vi'əulə] *mús, bot* viola *f*

viol|ate ['vaiəleit] *v/t* violar; **~ation** violación *f*

violen|ce ['vaiələns] violencia *f*; **~t** violento

violet ['vaiəlit] *s* color *m* violado; violeta *f*; *a* violado

violin [vaiə'lin] violín *m*

VIP ['vi:ai'pi:] = *very important person* persona *f* muy importante

viper ['vaipə] víbora *f*

virgin ['və:dʒin] virgen *f*; **~ity** [~'dʒiniti] virginidad *f*

virile ['virail] viril; **~ity** [~'riliti] virilidad *f*

virtual ['və:tʃuəl] virtual; **~e**

['~ju:, '~ʃu:] virtud *f*; **~ous** ['~ʃuəs] virtuoso

virus ['vaiərəs] virus *m*

visa ['vi:zə] visado *m*

vis-à-vis ['vi:zə'vi:] respecto a; frente a frente

visib|lity [vizi'biliti] visibilidad *f*; **~le** ['vizəbl] visible; manifiesto

vision ['viʒən] visión *f*

visit ['vizit] *s* visita *f*; *v/t* visitar; **~or** visitante *m, f*

visor ['vaizə] visera *f*

visual ['vizjuəl] visual; **~ize** *v/t, v/i* imaginar(se)

vital ['vaitl] vital; esencial; enérgico; **~ity** [~'tæliti] vitalidad *f*; **~ize** ['~laiz] *v/t* vitalizar; **~s** partes *f/pl* vitales

vitamin ['vitəmin] vitamina *f*

vivaci|ous [vi'veiʃəs] animado, vivaz; **~ty** [~'væsiti] vivacidad *f*

vivi|d ['vivid] vivo; intenso; gráfico; **~dness** claridad *f*; **~fy** ['~fai] *v/t* vivificar

voca|bulary [vəu'kæbjuləri] vocabulario *m*; **~l** ['vəukəl] vocal *f*; **~l cords** cuerdas *f/pl* vocales; **~lize** *v/t* vocalizar

vocation [vəu'keiʃən] vocación *f*

vogue [vəug] moda *f*; **in ~** en boga

voice [vois] *s* voz *f*; *v/t* expresar; hacerse eco de; **~d** [~t] *gram* sonoro

void [void] *a* vacío; *for* nulo; *v/t* invalidar; desocupar

volatile ['vɔlətail] volátil

waiver

volcano [vɒl'keinəu] volcán m

volley ['vɒli] s mil descarga f; salva f; voleo m (tenis); v/t, v/i sp volear; **~ball** vóleibol m

volt [vault] (voltio m; **~age** voltaje m

voluble ['vɒljubl] locuaz

volum|e ['vɒljum] tomo m; volumen m; **~inous** [və'lju:minəs] voluminoso

volunt|ary ['vɒləntəri] voluntario; **~eer** [~'tiə] s voluntario m; v/i ofrecerse como voluntario

voluptuous [və'lʌptʃuəs] voluptuoso

vomit ['vɒmit] s vómito m; v/t, v/i vomitar

voraci|ous [və'reiʃəs] voraz;

~ty [~'ræsiti] voracidad f

vot|e [vəut] s voto m; sufragio m; v/t, v/i votar; **~er** votante m, f; **~ing** votación f

vouch [vautʃ] v/t atestiguar; ~ **for** responder de; **~er** comprobante m; fiador m; **~safe** [~'seif] v/t conceder

vow [vau] s voto m; v/t hacer voto de; jurar

vowel ['vauəl] vocal f

voyage ['vɔiidʒ] s viaje m marítimo; travesía f

vulgar ['vʌlgə] vulgar; grosero; cursi; ordinario; **~ism** vulgarismo m; **~ity** [~'gæriti] vulgaridad f

vulnerable ['vʌlnərəbl] vulnerable

vulture ['vʌltʃə] buitre m

W

wad [wɒd] s fajo m; mil taco m; bolita f (de algodón etc)

waddle ['wɒdl] v/t anadear

wade [weid] v/t, v/i vadear

wafer ['weifə] barquillo m

waffle ['wɒfl] (especie de) panqueque m, LA wafle m

waft [wɑ:ft] s soplo m; v/i flotar

wag [wæg] s meneo m; v/t menear; mover (el rabo); v/i oscilar

wage [weidʒ] s salario m; sueldo m; v/t ~ **war** hacer la guerra; **~earner** asalariado(a) m (f)

wager ['weidʒə] s apuesta f;

v/t, v/i apostar

wag(g)on ['wægən] carro m; f c vagón m de carga

wail [weil] s lamento m; gemido m; v/t, v/i lamentarse; gemir

waist [weist] anat cintura f; **~coat** ['weiskəut] chaleco m; **~line** talle m

wait [weit] s espera f; v/t, v/i esperar; ~ **at table** servir a la mesa; ~ **for** esperar a; **~er** camarero m; **~ing** espera f; **~ing room** sala f de espera; **~ress** camarera f

waive [weiv] v/t renunciar; **~r** renuncia f

wake [weik] s estela f *(del barco)*; velatorio m; v/i ~ **up** despertar(se); ~**ful** insomne; *fig* despierto; ~**n** v/t, v/i despertar(se)

Wales [weilz] Gales f

walk [wɔːk] s paseo m; caminata f; **to go for a ~, to take a** ~ dar un paseo; ~ **of life** condición f social; profesión f; v/i andar; pasear; ~ **in** entrar; ~ **out** salir; *fam* declararse en huelga; v/t recorrer

walkie-talkie ['wɔːki'tɔːki] transmisor-receptor m portátil

walking papers ['wɔːkiŋ 'peipəz] *fam* carta f de despido; ~ **stick** nastón m

walkout ['wɔːkaut] *fam* huelga f

wall [wɔːl] s pared f; muro m; muralla f

wallet ['wɔlit] cartera f

wallop ['wɔləp] v/t *fam* zurrar

wallpaper ['wɔːlpeipə] papel m pintado

walnut ['wɔːlnʌt] (nuez f de) nogal m

walrus ['wɔːlrəs] morsa f

waltz [wɔːls] s vals m; v/i valsar

wan [wɔn] pálido; descolorido

wand [wɔnd] vara f

wander ['wɔndə] v/t vagar, errar; ~ **about** deambular; ~**er** vagabundo m; ~**ing** errante; nómado

wane [wein] v/i menguar

want [wɔnt] s falta f; necesidad f; **for ~ of** por falta de; v/t querer; desear; necesitar; ~**ed** se busca; se necesita; v/i **be ~ing** faltar; **be ~ing in** estar falto (de)

war [wɔː] s guerra f; **at ~** en guerra

ward [wɔːd] s pupilo m; tutela f; sala f; pabellón m *(de hospital)*; v/t ~ **off** desviar; ~**en** guardián m; ~**er** carcelero m; ~**robe** guardarropa m, f; ropero m; vestidos m/pl

ware|s [weəz] mercancías f/pl; ~**house** almacén m; depósito m

warm [wɔːm] a caliente; caluroso; v/t calentar; ~ **up** recalentar; v/i ~ **up** calentarse; ~**th** [~θ] calor m

warn [wɔːn] v/t avisar; poner en guardia; amonestar; ~**ing** s aviso m; advertencia f; a de aviso

warp [wɔːp] s urdimbre f; v/t deformar; pervertir; v/i torcerse; alabearse

warrant ['wɔrənt] s garantía f; **for ~ of** mandato m judicial; v/t autorizar; garantizar; ~**y** garantía f

war|rior ['wɔriə] guerrero m; ~**ship** buque m de guerra

wart [wɔːt] verruga f

wary ['weəri] cauteloso

wash [wɔʃ] s lavado m; ropa f para lavar; v/t, v/i lavar(se); ~ **up** lavar los platos, *Am t* lavarse; ~**able** lavable; ~

and wear de lava y pon; **~er** *tecn* arandela *f*; **~ing** lavado *m*; **~ing machine** lavadora *f*

wasp [wɔsp] avispa *f*

waste [weist] *s* desperdicios *m/pl*; despilfarro *m*; basura *f*; **a ~ of time** una pérdida de tiempo; *a* desechado; superfluo; desolado; *v/t* malgastar; despilfarrar; *v/i a* **~ away** consumirse; menguar; **~ful** pródigo; derrochador; **~paper basket** cesto *m* de papeles; **~ pipe** tubo *m* de desagüe

watch [wɔtʃ] *s* guardia *f*; vigilancia *f*; reloj *m*; **to be on the ~** estar a la mira; **to keep ~** estar de guardia; *v/t* mirar; observar; vigilar; *v/i* velar; **~ for** esperar; **~ out** tener cuidado; **~band** correa *f* de reloj; **~dog** perro *m* guardián; **~ful** vigilante; **~maker** relojero *m*; **~man** vigilante *m*, sereno *m*; **~word** santo *m* y seña

water [ˈwɔːtə] *a* acuático; *s* agua *f*; **fresh ~** agua *f* dulce; **running ~** agua *f* corriente; *v/t* regar; abrevar (*ganado*); mojar; **~ down** suavizar; *v/i* hacerse agua; *mar* tomar agua; **my mouth ~s** se me hace la boca agua; **~closet** inodoro *m*; **~colo(u)r** acuarela *f*; **~fall** salto *m* de agua; **~ing** riego *m*; **~ing can** regadera *f*; **~ing place** balneario *m*; abrevadero *m*; **~level** nivel *m* de agua; **~logged** empapado; **~mark** filigrana *f*; **~melon** sandía *f*; **~ power** fuerza *f* hidráulica; **~proof** impermeable; **~shed** *fig* momento *m* crítico; **~ skiing** esquí *m* acuático; **~spout** tromba *f* marina; **~ tank** cisterna *f*; depósito *m* de agua; **~tight** estanco; hermético; **~wheel** rueda *f* hidráulica; **~works** planta *f* de agua potable; **~y** acuoso; aguado

watt [wɔt] vatio *m*

wave [weiv] *s* ola *f*; onda *f*; ondulación *f*; *v/t*, *v/i* agitar(se); hacer señales; ondear; saludar; **~length** longitud *f* de onda

waver [ˈweivə] *v/i* vacilar; titubear

wax [wæks] *s* cera *f*; *v/t* encerar; (*luna*) crecer

way [wei] camino *m*; vía *f*; rumbo *m*; medio *m*; modo *m*; **by the ~** a propósito; **by ~** of por vía de; **go out of one's ~** darse la molestia; **have a ~ with people** tener don de gentes; **in a ~** en cierto modo; **lose one's ~** extraviarse; **on the ~** en el camino; **out of the ~** lejano; aislado; **this ~** por acá; **to be in the ~** estorbar; **to give ~** ceder; **to lead the ~** enseñar el camino; **to make one's ~** abrirse paso; **~ in** entrada *f*; **~ out** salida *f*; **which ~?** ¿por dónde?; **~lay** [weiˈlei] *v/t* acechar; **~ward** voluntarioso; rebelde

we [wiː, wi] *pron pers* nosotros(as)

weak [wiːk] débil; flojo; **~en** *v/t, v/i* debilitar(se), atenuar(se); **~ling** canijo *m*; **~ness** debilidad *f*

wealth [welθ] riqueza *f*; opulencia *f*; **~y** rico

wean [wiːn] *v/t* destetar

weapon ['wepən] arma *f*

wear [weə] *s* uso *m*; **~ and tear** desgaste *m*; *v/t* llevar puesto; calzar; vestir de; **~ down**, **~ out** desgastar, cansar; *v/i* durar, resistir el uso; conservarse; **~ away** desgastarse

wear/iness ['wiərinis] cansancio *m*; **~isome** fastidioso; **~y** *a* cansado; fatigado; *v/t* fatigar; cansar

weasel ['wiːzl] comadreja *f*

weather ['weðə] *s* tiempo *m*; intemperie *f*; *v/t* resistir a; aguantar; **~beaten** curtido por la intemperie; **~ chart** mapa *m* meteorológico; **~ forecast** parte *m* meteorológico; **~ vane** veleta *f*

weav/e [wiːv] *v/t* tejer; **~er** tejedor(a) *m* (*f*)

web [web] telaraña *f*; red *f*; alma *f* (*de riel*); *zool* membrana *f*

wed [wed] *v/t* casar; casarse con; *v/i* casarse; **~ding** boda *f*; casamiento *m*; **~ding ring** anillo *m* de boda

wedge [wedʒ] *s* cuña *f*; calce

m; *v/t* acuñar; calzar

wedlock ['wedlɔk] matrimonio *m*

Wednesday ['wenzdi] miércoles *m*

weed [wiːd] *s* mala hierba *f*; *v/t* escardar; **~ out** extirpar

week [wiːk] semana *f*; **~day** día *m* laborable; *LA* día de semana; **~end** fin *m* de semana; **~ly** *a* semanal; *s* semanario *m*

weep [wiːp] *v/t, v/i* llorar; **~ing** llanto *m*; **~ing willow** sauce *m* llorón

weigh [wei] *v/t, v/i* pesar; **~t** *s* peso *m*; pesa *f*; **~ts and measures** pesos *m/pl* y medidas; *v/t* cargar; **~tless- ness** ingravidez *f*; **~t lifting** *sp* levantamiento *m* de pesas; **~ty** pesado

weir [wiə] presa *f*

weird [wiəd] extraño; misterioso; fantástico

welcome ['welkəm] *a* bienvenido; grato; *s* bienvenida *f*; *v/t* dar la bienvenida; acoger; **you're ~!** ¡no hay de qué!

weld [weld] *s* soldadura *f*; *v/t* soldar; **~ing** soldadura *f*

welfare ['welfɛə] bienestar *m*; prosperidad *f*; **~ state** *pol* estado *m* benefactor

well [wel] *s* pozo *m* (*agua, petróleo*); *arq* caja *f* de la escalera

well [wel] *a* bien; sano; **to be o feel ~** sentirse bien; *adv* bien;

muy, mucho; **as ~** también, a la vez; **as ~ as** así como también; *interj* pues; bueno; ¡vaya!; **~advised** bien aconsejado; **~behaved** bien educado; **~being** bienestar *m*; **~bred** bien criado; **~informed about** bien enterado de; **~known** muy conocido; **~meaning** bienintencionado; **~nigh** casi; **~off** con dinero; **~timed** oportuno; **~to-do** acomodado, rico

Welsh [welʃ] *a* galés; *s* idioma *m* galés; **~man** galés *m*; **~woman** galesa *f*

west [west] *a* occidental; *s* oeste *m*, occidente *m*; **~ern** occidental

wet [wet] *a* mojado; húmedo; *v/t* mojar; **~ness** humedad *f*; **~nurse** ama *f* de cría

whack [wæk] *s* golpe *m* fuerte; *fam* tentativa *f*

whale [weil] *s* ballena *f*

wharf [wɔ:f] muelle *m*

what [wot] *pron* qué; cómo; el que, la que, lo que; **~ about?** ¿ qué te parece?; **~ for?** ¿ para qué?; **so ~?** ¿ y qué?; **~'s new?** ¿ qué hay de nuevo?; *interj* **~ a!** ¡ qué!; *a* *interrog* *y* *rel* qué; **~ever** cualquier; todo lo que; **or ~ever** lo que sea

wheat [wi:t] trigo *m*

wheel [wi:l] *s* rueda *f*; volante *m* (*auto*); *v/t* hacer rodar; *v/i* girar; rodar; **~barrow** carre-

tilla *f*; **~chair** silla *f* de ruedas

whelp [welp] cachorro *m*

when [wen] *adv* ¿ cuándo?; *conj* cuando; si

whenever [wen'evə] cuando quiera que; siempre que

where [wɛə] *adv* ¿ dónde?; ¿ adónde?; *conj* donde, adonde; **~abouts** paradero *m*

where|as ['wɛə'æz] por cuanto, visto que; mientras que; **~by** por lo cual; **~fore** por lo que; **~in** ¿ en dónde?; **~on** en que

wherever [wɛə'evə] dondequiera

whet [wet] *v/t* afilar; *fig* abrir (*el apetito*)

whether ['weðə] si; sea que

which [witʃ] *pron rel e interrog* que; el, la, los, las que; lo que; el, la cual; lo cual; *a interrog y rel* ¿ qué?, ¿ cuál?; cuyo; el, la cual

whiff [wif] soplo *m*; vaharada *f*

while [wail] *s* rato *m*; tiempo *m*; **for a ~** por algún tiempo; **in a little ~** dentro de poco; *conj* mientras; mientras que; aun cuando; *v/t* **~ away** pasar, entretener (*el tiempo*)

whim [wim] antojo *m*; capricho *m*

whimper ['wimpə] *v/i* lloriquear; gimotear

whimsical ['wimzikəl] caprichoso; extraño

whine [wain] *s* quejido *m*; gemido *m*; *v/i* quejarse; gemir

whinny ['wini] *v/i* relinchar

whip [wip] *s* fusta *f*; látigo *m*; azote *m*; *v/t* dar latigazos a; azotar; **~ped cream** crema *f*, nata *f* batida; **~ping** azotamiento *m*, paliza *f*

whirl [wə:l] *s* remolino *m*; *v/t*, *v/i* girar; **~pool** remolino *m*; **~wind** torbellino *m*

whisk [wisk] *s* escobilla *f*; cepillo *m*; movimiento *m* rápido; *v/t* barrer; cepillar; **~ away** arrebatar; *v/i* pasar de prisa

whiskers ['wiskəz] patillas *f/pl*

whisk(e)y ['wiski] whisky *m*

whisper ['wispə] *s* susurro *m*; cuchicheo *m*; murmullo *m*; *v/t*, *v/i* cuchichear; susurrar

whistle ['wisl] *s* pito *m*; silbato *m*; *v/t*, *v/i* silbar

white [wait] *a* blanco; pálido; *s* blanco *m* (*del ojo*); clara *f* (*del huevo*); **~collar worker** oficinista *m*; **~ lie** mentirilla *f*; **~n** *v/t* blanquear; **~ness** blancura *f*; **~wash** *s* blanqueo *m*; *v/t* enjalbegar; blanquear; *fig* encubrir

Whitsuntide ['witsntaid] Pentecostés *m*

whizz [wiz] *s* silbido *m*; *v/i* silbar; **~ by** rehilar

who [hu:, hu] *pron interrog y rel* quien(es); el, la, lo, los, las que; el, la, los, las cual(es); ¿quién?; **~ever**

quienquiera; cualquiera que

whol|e [həul] *a* todo; entero; íntegro; intacto; total; *s* todo *m*; totalidad *f*; conjunto *m*; **on the ~e** en general; **~ehearted** con buen fe por cien; **~esale** *com* al por mayor; *fig* en masa; **~esaler** mayorista *m*; **~esome** salubre; **~e** ['həuli] enteramente; íntegramente

whom [hu:m] *pron* a quién(es), a quien(es)

whoop [hu:p] *s* alarido *m*; *v/i* gritar; **~ing cough** tos *f* ferina

whore [hɔ:] ramera *f*

whose [hu:z] *pron y a rel* cuyo, cuya; cuyos, cuyas; de quien, de quienes; *a interrog* ¿de quién?

why [wai] *adv* ¿por qué?; ¿para qué?; *conj* porque; por lo cual; *s* porqué *m*; *interj* pues; ¡toma!

wick [wik] mecha *f*

wicked ['wikid] malo; perverso; malvado

wicker ['wikə] mimbre *m*

wicket ['wikit] postigo *m*

wide [waid] ancho; extenso; vasto; **~awake** despabilado; muy despierto; **~ly** muy, mucho; **~n** *v/t* ensanchar; extender; **~spread** difundido

widow ['widəu] viuda *f*; **~er** viudo *m*; **~hood** viudez *f*

width [widθ] anchura *f*

wife [waif] esposa *f*

wig [wig] peluca f

wiggle ['wigl] v/t, v/i menear(se) rápidamente

wild [waild] a salvaje; silvestre; feroz; desgobernado; descabellado; **~cat strike** huelga f (no autorizada); **~erness** ['wildənis] desierto m; yermo m; **~life** fauna f silvestre; **~ly** desatinadamente; ferozmente

wile [wail] ardid m

wil(l)ful ['wilful] premeditado; testarudo; voluntarioso

will [wil] s voluntad f; intención f; testamento m; **at ~** a voluntad; **~ing** v/t querer; **for** legar; **~ing** voluntario; dispuesto; **~ingness** buena voluntad f

willow ['wilou] sauce m

wilt [wilt] v/t, v/i marchitar(se)

wily ['waili] astuto

win [win] v/t, v/i ganar; conquistar; lograr; s sp triunfo m

wince [wins] v/t hacer mueca de dolor; recular

winch [wintʃ] cigüeña f; torno m

wind [wind] viento m; aliento m; med flatulencia f; **to get ~ of** enterarse de

wind [waind] v/t dar cuerda a (reloj); enrollar; **~ up** concluir; v/i serpentear

wind|ed ['windid] falto de aliento; **~fall** golpe m de suerte; **~ing** ['waindiŋ] tor-

tuoso; en espiral; **~ing staircase** escalera f de caracol

windlass ['windləs] tecn torno m

windmill ['windmil] molino m de viento

window ['windou] ventana f; **~pane** cristal m de ventana; **~-shopping: to go ~-shopping** mirar los escaparates sin querer comprar; **~sill** alféizar m

wind|pipe ['windpaip] anat tráquea f; **~screen**, Am **~shield** parabrisas m; **~screen**, Am **~shield wiper** limpiaparabrisas m; **~ward** de barlovento; **~y** ventoso

wine [wain] vino m; **~ cellar** bodega f; **~grower** viticultor m; **~ tasting** degustación f de vinos

wing [wiŋ] ala f; sp extremo m; **on the ~** al vuelo; **~s** teat bastidores m/pl

wink [wiŋk] s guiño m; v/i guiñar; **not sleep a ~** no pegar ojo

winn|er ['winə] ganador(a) m (f); **~ing** ganador, vencedor, fig cautivador; **~ing-post** poste m de llegada; **~ings** ganancias f/pl

wint|er ['wintə] s invierno m; a invernal; v/i invernar; **~ry** ['~tri] invernal; fig frío

wipe [waip] v/t limpiar; enjugar; **~ off** borrar; **~ out** fig aniquilar; borrar con

wir|e ['waiə] s alambre m; hilo

m; telegrama m; v/t instalar alambres en; telegrafiar; **~eless** radio f; **~y** ['~ri] nervudo; delgado pero fuerte

wis|dom ['wizdəm] sabiduría f; juicio m; **~e** [waiz] sabio; prudente; juicioso; **~ecrack** fam agudeza f

wish [wiʃ] s anhelo m; deseo m; v/t, v/i desear; anhelar; **~ful** deseoso; **~ful thinking** espejismo m

wishy-washy ['wiʃiwɔʃi] flojo, débil, sin carácter

wistful ['wistful] añorante; pensativo

wit [wit] ingenio m; sal f; agudeza f

witch [witʃ] bruja f; **~craft** brujería f; embrujo m

with [wið] con; de

withdraw [wið'drɔ:] v/t retirar; retractar; v/i retirarse; **~al** retirada f; **~n** reservado; introvertido

wither ['wiðə] v/t, v/i marchitar(se)

withhold [wið'həuld] v/t negar; retener

with|in [wi'ðin] dentro de; al alcance de; **~out** [~'ðaut] prep sin; a falta de; **to do ~out** pasarse sin; adv fuera; **from ~out** desde fuera

withstand [wið'stænd] v/t resistir a

witness ['witnis] s testigo m; testimonio m; v/t atestiguar; presenciar

witty ['witi] ingenioso; gracioso

wizard ['wizəd] brujo m; mago m

wobble ['wɔbl] v/i tambalear(se); vacilar

woe [wəu] dolor m; aflicción f; **~ is me!** ¡ay de mí!

wolf [wulf] s lobo m; v/t fam engullir

woman ['wumən] mujer f; **~hood** feminidad f; las mujeres; **~ly** mujeril, femenino

womb [wu:m] anat matriz f; fig seno m

women's ['wiminz]: **~ liberation** movimiento m feminista; **~ rights** derechos m/pl de la mujer

wonder ['wʌndə] s maravilla f; asombro m; v/i admirarse; v/t preguntarse; **~ful** maravilloso

woo [wu:] v/t, v/i cortejar

wood [wud] madera f; bosque m; leña f; **~cut** grabado m en madera; **~cutter** leñador m; **~ed** arbolado; **~en** de madera; rígido; **~pecker** pájaro m carpintero; **~winds** mús maderas f/pl; **~work** obra f de carpintería

wool [wul] lana f; **~(l)en** de lana; **~(l)y** lanoso

word [wəd] s palabra f; noticia f; **in other ~s** es decir; v/t expresar; **~ing** expresión f; fraseología f; **~ processor** procesador m de textos; **~y** verboso

work [wɜːk] s trabajo m; obra f; empleo m; ~ **of art** obra f de arte; **at** ~ trabajando; en juego; **out of** ~ sin trabajo; v/t hacer trabajar; operar; cultivar; ~ **out** resolver; v/i trabajar; funcionar; surtir efecto; **~able** practicable; **~aholic** adicto al trabajo; **~day** día m laborable; **~er** trabajador(a) m(f), obrero(a) m(f); **~ing class** clase f obrera; **~manship** hechura f, confección f; habilidad f; **~s** fábrica f; mecanismo m; **~shop** taller m

world [wɜːld] mundo m; **~ly** mundano; ~ **power** potencia f mundial; ~ **war** guerra f mundial; **~wide** mundial

worm [wɜːm] gusano m; lombriz f; **~eaten** carcomido; apolillado

worn-out ['wɔːn'aut] gastado; raído; agotado

worried ['wʌrid] preocupado, inquieto; **~y** s inquietud f; preocupación f; v/i inquietarse; v/t preocupar

worse [wɜːs] a, adv peor; ~ **and** ~ de mal en peor; s algo peor; **a turn for the** ~ empeoramiento m; **~n** v/t, v/i empeorar(se)

worship ['wɜːʃip] s adoración f; culto m; v/t adorar

worst [wɜːst] a peor; pésimo; adv pésimamente; s lo peor, lo más malo

worth [wɜːθ] s valor m; mérito m; precio m; a de valor; **to be** ~ valer; **to be** ~ **it** valer la pena; **~less** sin valor; inútil; despreciable; **~while** valioso; **~y** ['~ði] digno

wound [wuːnd] s herida f; v/t herir

wrangle ['ræŋgl] disputa f; riña f

wrap [ræp] v/t envolver; cubrir; v/i ~ **up** arroparse; **~per** cubierta f; sobrecubierta f (de libro); **~ping** envoltura f; **~ping paper** papel m de envolver

wrath [rɔθ] cólera f; ira f

wreath [riːθ] guirnalda f; corona f

wreck [rek] s naufragio m; fig ruina f; v/t arruinar; **~age** restos m/pl; despojos m/pl

wrench [rentʃ] s arranque m; med distensión f; tecn llave f (inglesa); v/t arrancar

wrest [rest] v/t arrebatar (**from** a); **~le** ['resl] v/t luchar con

wretch [retʃ] s infeliz m, desgraciado m; **~ed** ['~id] miserable; desgraciado

wriggle ['rigl] v/i culebrear, serpentear

wring [riŋ] v/t torcer; escurrir

wrinkle ['riŋkl] s arruga f; v/t arrugar; **~one's brows** fruncir el ceño; v/i arrugarse

wrist [rist] anat muñeca f; ~ **watch** reloj m de pulsera

writ [rit] escritura f; for orden f; mandato m

writ|e [rait] *v/t, v/i* escribir; **~e down** apuntar; **~e off** *com* borrar (*deudas*); *fig* dar por perdido; **~e out** escribir en forma completa; extender (*cheque, etc*); **~er** escritor(a) *m (f)*; autor(a) *m (f)*; **~e-up** crónica *f*, reportaje *m*

writhe [raið] *v/i* retorcerse

writing ['raitiŋ] letra *f*; escritura *f*; escrito *m*; *in* por escrito; **~ desk** escritorio *m*; **~ paper** papel *m* de cartas

written ['ritn] escrito

wrong [rɔŋ] *a* erróneo; equivocado; malo; injusto; inexacto; *to be* **~** equivocarse; no tener razón; andar mal (*reloj*); *adv* mal; al revés; *go* **~** salir mal; *s* mal *m*; injusticia *f*; perjuicio *m*; agravio *m*; *v/t* injuriar; ofender; agraviar; **~doer** ['~du:ə] malhechor(a) *m (f)*; **~fully** injustamente

wrought [rɔːt] forjado; labrado; **~-up** sobreexcitado

wry [rai] torcido; irónico; tergiversado; **~ face** mueca *f*

X

Xmas ['krisməs] = *Christmas*

X-ray ['eks'rei] *v/t* hacer una radiografía; *s* rayo *m* X; radiografía *f*

xylophone ['zailəfəun] xilófono *m*

Y

yacht [jɔt] yate *m*

yam [jæm] *bot* ñame *m*, camote *m*

yap [jæp] *v/i* dar ladridos agudos

yard [jɑːd] yarda *f* (*91,44 cm*); patio *m*; **~stick** criterio *m*, norma *f*

yarn [jɑːn] hilo *m*; *fam* cuento *m*

yawn [jɔːn] *s* bostezo *m*; *v/i* bostezar

year [jəː] año *m*; **~ly** anual

yearn [jəːn] (*for*) *v/i* anhelar; **~ing** anhelo *m*

yeast [jiːst] levadura *f*

yell [jel] *s* grito *m*; *v/t, v/i* gritar; chillar

yellow ['jeləu] amarillo; **~ish** amarillento

yelp [jelp] *v/i* gañir; *s* gañido *m*

yes [jes] sí; **~ indeed** sí por cierto; *to say* **~** asentir

yesterday ['jestədi] ayer; *the day before* **~** anteayer

yet [jet] *conj* sin embargo; no obstante; *adv* ya (*en la pregunta*); aún, todavía; *as* **~** hasta ahora; *not* **~** aún no; todavía no

yew [juː] tejo *m*
yield [jiːld] *s* rendimiento *m*; *com* producto *m*; cosecha *f*; *v/t* producir, rendir; admitir; ceder; *v/i* rendirse; ceder; consentir; **~ing** flexible; complaciente
yogurt ['jəʊgət] yogur *m*
yoke [jəʊk] *s agr* yunta *f*; yugo *m*; *v/t* acoplar
yolk [jəʊk] yema *f*
yonder ['jɒndə] *adv* allá
you [juː, ju] tú; vosotros(as); usted; ustedes
young [jʌŋ] *a* joven; **~ lady** señorita *f*; *s* jóvenes *m/pl*; cría *f (de animales)*; **~er** más joven; menor; **~ster** ['~stə] joven *m*, *f*
your [jɔː] *a pos* tu, tus, su,

sus; vuestro(a, os, as); de usted(es)
yours [jɔːz] *pron pos* tuyo(a), tuyos(as); el (la) tuyo(a), lo tuyo; los (las) tuyos(as); suyo(a), suyos(as); el (la) suyo(a), lo suyo; los (las) suyos(as); vuestro(a), vuestros(as); el (la) vuestro(a), los (las) vuestros(as); el, la, lo, los, las de usted(es)
yourself [jɔː'self] *pron pers sing* tú mismo(a); usted mismo(a); **by ~** solo
yourselves [jɔː'selvz] *pron pers pl* ustedes mismos(as); vosotros(as) mismos(as)
youth [juː θ] juventud *f*; joven *m*; **~ful** juvenil; **~ hostel** albergue *m* juvenil

Z

zany ['zeini] alocado
zeal [ziːl] celo *m*, ardor *m*; ahínco *m*; **~ous** ['zeləs] celoso; apasionado; fervoroso
zebra ['ziːbrə] cebra *f*; **~ crossing** paso *m* de peatones
zenith ['zeniθ] cenit *m* (*t fig*)
zero ['zɪərəʊ] cero *m*; **~ growth** crecimiento *m* cero; **below ~** bajo cero
zest [zest] deleite *m*; gusto *m*
zinc [zɪŋk] cinc *m*
Zionism ['zaiənizəm] sionis-

mo *m*
zip| fastener ['zip-], **~per** cremallera *f*, *LA* cierre *m*
zippy ['zipi] brioso, vivaz
zodiac ['zəʊdiæk] zodíaco *m*
zone [zəʊn] zona *f*
zoo [zuː] parque *m* zoológico
zoolog|ical [zəʊə'lɒdʒikəl] zoológico; **~y** [~'ɒlədʒi] zoología *f*
zoom [zuːm] *v/i* volar zumbando; **~ lens** foto objetivo *m* zoom (*de foco variable*)
zucchini [zuː'kini] calabacín *m*

A

a to; towards (*with verbs expressing movement*); at; on, by, in (*with verbs expressing state or position*); **~ mano** at hand; **poco ~ poco** little by little; **~ pie** on foot; **~ mediodía** at noon; **~ las seis** at six o'clock; **voy ~ Londres** I am going to London; **sabe ~ limón** it tastes of lemon; **~ la española** in the Spanish way

abad *m* abbot; **~esa** *f* abbess; **~ía** *f* abbey

abajo *adv.* down; underneath; below; *interj* down with!

abalanzar *v/t* to balance; to weigh; **~se sobre** to rush upon

abandon|ado abandoned; deserted; **~ar** *v/t* to abandon; to leave; **~o** *m* abandon; slovenliness

abani|car *v/t* to fan; **~co** *m* fan

abaratar *v/t* to cheapen

abarca *f* wooden sandal

abarcar *v/t* to include; to comprise; *LA* to monopolize

abarrotes *m/pl LA* provisions

abastar *v/t* to supply; to provide with

abastec|edor *m* supplier; **~er** *v/t* to supply; to provision; **~imiento** *m* supply; provisions; stores, stock

abasto *m* supplying

abat|ible folding; **~ido** dejected, depressed; discouraged; *com* depreciated; **~imiento** *m* depression; **~ir** *v/t* to knock down; to depress; **~irse** to loose heart; to become depressed; **~irse sobre** to swoop down on

abdica|ción *f* abdication; **~r** *v/t* to abdicate

abdomen *m* abdomen

abecedario *m* alphabet; spelling book

abedul *m* birch tree

abej|a *f* bee; **~ón** *m* drone; **~orro** *m* bumblebee

abertura *f* aperture; opening; crack

abeto *m* fir

abierto open; clear; *fig.* open, generous

abigarrado variegated; multi-colo(u)red; motley

abism|al abysmal; **~ar** *v/t* to cast down; to ruin; **~o** *m* abyss

abjurar *v/t* to abjure, to disavow

ablandar v/t, v/i to soften; to mollify; to mitigate; **~se** to get softer

abnega|ción f abnegation, self-denial; **~rse** to deny oneself

abofetear v/t to slap (in the face)

aboga|do(a) m (f) lawyer, barrister; **~r por** v/i to plead (for); to advocate

abolengo m ancestry; for inheritance

aboli|ción f abolition; **~r** v/t to abolish; to revoke

abolla|dura f dent; **~r** v/t to dent; to emboss

abomina|ble abominable; **~ción** f abomination; horror; **~r** v/t to abominate

abon|ado m subscriber; holder of a season ticket; **~ar** v/t to guarantee; to assure; com to pay; to credit; **~arse** to subscribe; **~aré** m promissory note; **~o** m payment; subscription; season ticket

abordar v/t mar to board (a ship); to approach; to tackle (a person, a subject); v/i to put into port

aborigen a, m aboriginal

aborrec|er v/t to hate, to abhor; **~imiento** m abhorrence, hatred

abort|ar v/i to abort; to miscarry; to fail; **~o** m abortion, miscarriage; monstrosity

abotonar v/t to button; v/i to bud

abovedar v/t to vault

abrasar v/t to burn (up); agr to parch; **~se (de, en)** fig to burn (with)

abraz|adera f bracket; clasp; **~ar** v/t to clasp; to embrace; to comprise; **~o** m embrace, hug

abrecartas m letter opener

abrelatas m can opener

abreva|dero m watering place; **~r** v/t to water (cattle)

abrevia|ción f abbreviation; shortening; **~r** v/t to abbreviate; to abridge; to shorten; **~tura** f abbreviation

abridor m (tin, etc) opener

abrig|ar v/t to shelter; to wrap up; to keep warm; fig to cherish; **~o** m shelter; protection; overcoat

abril m April

abrir v/t to open; to whet (the appetite); to put into port

abrochar v/t to fasten; to buckle; to button; LA to staple

abrogar v/t to abrogate, to repeal

abrumar v/t to weigh down; to overwhelm

abrupto rugged; abrupt

absceso m abscess

ábside m or f apse

absolu|ción f absolution; acquittal; **~tismo** m absolutism; **~to** absolute; **en ~to** by no means; not at all (in negative sentences)

absor|ber *v/t* to absorb; **∼ción** *f* absorption

abstemio(a) *m (f)* teetotaler; *a* abstemious

abstención *f* abstention

abstenerse to abstain, to refrain

abstra|cción *f* abstraction; **∼cto** abstract; **∼er** *v/t* to abstract; *v/i*: **∼er de** to do without; **∼erse** to be lost in thought

absurdo absurd

abuchear *v/t* to boo; to jeer at

abuel|a *f* grandmother; *fig* old woman; **∼ita** *f fam* granny, grandma; **∼ito** *m fam* grandpa; **∼o** *m* grandfather; *fig* old man; **∼os** *m/pl* grandparents

abulta|do bulky; **∼r** *v/t* to enlarge; *v/i* to be bulky

abunda|ncia *f* abundance, plenty; **∼nte** abundant, plentiful; **∼r** *v/i* to abound

aburri|do boring, tiresome; **∼miento** *m* boredom; tedium; **∼r** *v/t* to bore; to annoy; **∼rse** to be bored

abus|ar de *v/i* to abuse; to impose upon; **∼ivo** improper, abusive; **∼o** *m* abuse; misuse

acá here; over here; **de ∼ para allá** to and fro

acaba|do *a* finished, complete; perfect; *m* finish; **∼r** *v/t, v/i* to finish, to complete; to end; **∼r con** to put an end

to; **∼r de** to have just; **él ∼ de llegar** he has just arrived; **∼rse** to run out of; to be all over

academia *f* academy

académico(a) *m (f)* academician; *a* academic

acaec|er *v/i* to happen; to occur; **∼imiento** *m* event

acallar *v/t* to silence

acalora|miento *m* ardo(u)r; passion; anger; **∼r** *v/t* to warm up; to heat; to excite; **∼rse** to get overheated

acampar *v/i* to camp

acanala|do fluted; corrugated; **∼r** *v/t* to groove, to flute

acantilado *m* cliff; a steep

acantona|miento *m* billet; **∼r** *v/t mil* to quarter

acapara|dor(a) *m (f)* hoarder; monopolizer; **∼miento** *m* hoarding; **∼r** *v/t* to hoard; to monopolize; to corner the market in

acariciar *v/t* to caress

acarre|ar *v/t* to cart, to convey; to haul; **∼o** *m* carting, cartage; transport

acaso *adv* by chance; perhaps; **por si ∼** just in case; *m* chance, accident; **al ∼** at random

acata|miento *m* observance (*of a law*); **∼r** *v/t* to respect, to treat with deference

acaudala|do wealthy; **∼r** *v/t* to amass (*fortune, etc*)

acaudillar *v/t* to lead

acce|der v/t to accede; to agree; **~sible** accessible; **~sión** f accession; **~so** m access; entry; *med* fit, attack; **~sorio** a, m accessory

accident|ado troubled; rugged; **~al** accidental; **~almente** accidentally; **~e** m accident

acción f action; act; gesture; *com* share

accion|ar v/t *tecn* to set in motion; to drive; **~ista** m, f shareholder

acebo m holly

acech|ar v/t to spy upon; to lie in wait for; **~o** m spying; ambush; **cazar al ~o** to stalk

acedía f acidity; heartburn

aceit|e m oil; **~e de ricino** castor oil; **~era** f oil cruet; *tecn* oiler; **~oso** oily; **~una** f olive

acelera|ción f acceleration; **~dor** m accelerator; **~r** v/t to accelerate; to hasten

acelgas f/pl Swiss chard

acent|o m accent; stress; **~uar** v/t to stress; to emphasize

acepillar v/t *tecn* to plane; to brush

acepta|ble acceptable; **~ción** f acceptance; approbation; **~r** v/t to accept; to approve of

acequia f irrigation ditch

acera f pavement, *Am* sidewalk

acerbo harsh; sour, bitter

acerca de about; with regard to; concerning

acerca|miento m bringing nearer; *pol* rapprochement; **~r** v/t to bring near; **~rse** to approach; to come near to

acero m steel; **~ damasquino** damask steel; **~ inoxidable** stainless steel

acerolo m hawthorn

acérrimo all-out; zealous

acerta|do proper, correct; **~r** v/t to hit the mark; v/i to be right

acertijo m riddle; puzzle

acha|car v/t to impute; **~que** m ailment

achicar v/t to reduce; to dwarf

achispado *fam* tipsy

acidez f acidity

ácido m acid; a acid; sour

acierto m good shot; success; skill

aclama|ción f acclamation; **~r** v/t to acclaim; to applaud

aclara|ción f explanation; **~r** v/t to make clear; to explain; v/i to clear up (*weather*)

aclimata|ción f acclimatization; **~r** v/t to acclimatize

acobardar v/t to intimidate; **~se** to become frightened; to flinch

acodado bent

acoge|dor welcoming, inviting; **~r** v/t to receive; to welcome; **~rse a** to take refuge in

acogida f reception

acolchar v/t to quilt

acomet|er v/t to attack; to undertake; **~ida** f attack; assault

acomod|ación f accommodation; adaptation; **~adizo** accommodating; **~ado** wealthy, well-to-do; **~ador(a)** m (f) usher, usherette; **~amiento** m agreement; **~ar** v/t to accommodate; to adapt; to arrange; v/i to suit; **~arse** to adapt oneself; **~o** m arrangement

acompaña|miento m accompaniment; escort; teat extra; **~r** v/t to accompany; to enclose (in letter)

acondiciona|do in (good or bad) condition; **~r** v/t to arrange, to prepare; tecn to condition

aconseja|ble advisable; **~r** v/t to advise; **~rse** to take advice

acontec|er v/i to happen; to occur; **~imiento** m event

acopi|ar v/t to gather together; **~o** m gathering; storing

acopla|dura f, **~miento** m tecn connection; coupling; **~r** v/t to connect; to join; to mate (animals); **~rse** zool to mate

acorazado m battleship

acorazonado heart-shaped

acord|ar v/t to decide; to agree upon; v/i to agree; **~arse de** to remember; **~e** a agreed; m mús chord

acordeón m accordion

acorralar v/t to round up; to pen up (cattle); fig to corner

acortar v/t to abridge; to shorten

acosar v/t to pursue; to hound; to harass

acostar v/t to put to bed; **~se** to go to bed; to lie down

acostumbra|ble usual, customary; **~r** v/t to accustom; v/i to be in the habit of; **~rse** to become accustomed

acotar v/t to survey; to annotate (a page)

acre a acrid (t fig); sharp; sour; m acre

acrecentar v/t to promote; to increase

acrecer v/t to increase

acreditar v/t to accredit; com to credit; to answer for; to guarantee

acreedor m creditor

acribillar v/t to riddle (with bullets, etc); to pester

acróbata m f acrobat

acta f record; minutes (of a meeting)

actitud f attitude

activ|ar v/t to hasten; to expedite; **~idad** f activity; **~o** a active; m com assets

act|o m act; **~or** m actor; **~triz** f actress; **~uación** f performance; **~ual** present; **~ualidad** f present time; current topic; **~ualmente** at present; presently; **~uar** v/i to act

acuar|ela f water-colo(u)r;
~**io** m aquarium

acuartelar v/t mil to quarter

acuático aquatic

acuchillar v/t to knife; to stab

acuclillarse to squat

acudir v/i to come up; to present oneself; ~ **a** to attend; to
frequent

acuerdo m agreement; resolution; **de** ~ in agreement;
estar de ~ **con** to agree with

acumula|dor m storage bat-
tery; ~**r** v/t to accumulate

acuñar v/t to mint; to coin

acurrucarse to huddle up, to
nestle; fig to cower

acusa|ción f accusation;
~**dor(a)** m (f) accuser; ~**r** v/t
to accuse; to acknowledge
(receipt); for to indict; ~**tivo**
m gram accusative

acústica f acoustics

adapta|ción f adaptation;
~**dor** m adapter; ~**r** v/t to
adapt

adecuado adequate

adelant|ado advanced; fast
(watch); **pagar por** ~**ado** to
pay in advance; ~**ar** v/t, v/i to
advance; to progress; to
overtake (car); to take
the lead; ~**arse** to forward; ahead;
de hoy en ~**e** from now on;
~**o** m progress; advance, advance payment

adelgazar v/t to make slender

ademán m gesture; pl manners

además moreover; besides

adentro within; inside

adepto m follower; partisan

aderez|ar v/t to season; to
adorn; ~**o** m dressing; seasoning

adeudar v/t to debit; to owe;
~**se** to get into debt

adhe|rencia f adhesion;
~**rir(se)** v/i to adhere; ~**sivo**
adhesive

adición f addition; LA check
(in restaurant, etc)

adicion|al additional; extra;
~**ar** v/t to add

adicto a addicted; devoted; m
(drug) addict; follower

adiestrar v/t to train (horses);
to instruct

adinerado wealthy, moneyed

adiós interj, m good-bye

adivin|anza f riddle; puzzle;
~**ar** v/t to guess; to prophesy; ~**o** m diviner; fortune-tel-
ler

adjetivo m adjective

adjudicar v/t to adjudge; ~**se**
to appropriate

adjunto a adjoining; enclosed; m assistant

administra|ción f administ-
ration; ~**dor** m administra-
tor; manager; ~**r** v/t to ad-
minister; ~**tivo** administra-
tive

admira|ble admirable; ~**ción**
f admiration; ~**r** v/t to ad-
mire; ~**rse de** to be surprised at; to wonder at

admi|sión f admission; acceptance; **~tir** v/t to admit; to accept

adob|ar v/t to pickle; to season; **~e** m adobe; **~o** m seasoning

adolecer v/i to fall ill

adolescen|cia f adolescence; **~te** m, f, a adolescent

adonde conj where

adónde adv interrog where?

adop|ción f adoption; **~tar** v/t to adopt; **~tivo** adopted

adoquín v/t to acquire; to buy; **~sición** f acquisition; purchase; **~sitivo** acquisitive; poder m **~sitivo** purchasing power

adrede on purpose

adscribir v/t to appoint

aduana f customs; customs duty

aducir v/t to adduce

adueñarse to take possession

adul|ación f flattery; **~ar** v/t to flatter; **~ón** a cringing; m toady

adulter|ación f adulteration; **~ar** v/t to adulterate; v/i to commit adultery

adúltero(a) m (f) adulterer(ess); a adulterous

adulto(a) a, m (f) adult

adven|edizo a newly arrived; m newcomer; **~idero** forthcoming; **~imiento** m arrival, coming

adverbio m adverb

advers|ario m adversary, opponent; **~idad** f adversity; **~o** adverse

advert|encia f advice; warning; **~ir** v/t to notice; to advise; to warn

Adviento m Advent

adyacente adjacent

aéreo aerial

aerodeslizador m hovercraft

aerodinámico aerodynamic; streamlined

aeródromo m airfield

aero|moza f LA air hostess, stewardess; **~náutica** f aeronautics; **~nave** f airship; **~puerto** m airport

afable affable; complaisant

afamado famous

afán m industry; anxiety; eagerness

afan|ar v/t to press; **~arse** to work eagerly; **~oso** arduous, difficult

afec|ción f affection; **~tación** f affectation; **~tar** v/t to affect; LA to injure; **~tivo** affective, emotional; **~to a** fond of; **~tuoso** affectionate

afeitar v/t to shave; **~se** to (have a) shave

afeminado effeminate

aferrar v/t to grasp; **~se a, en** to persist obstinately in

afianzar v/t to guarantee

afición f enthusiasm

aficion|ado a fond of; m fan; **~arse a** to take a fancy to; to become fond of

afila|dor m sharpener; **~r** v/t to sharpen, to whet; to grind

afín akin; similar; bordering

afin|ar v/t to perfect; to tune; **~idad** f affinity

afirma|ción f affirmation; **~r** v/t to affirm; **~tiva** f assent

afligir v/t to afflict, to distress; **~se** to grieve

aflojar v/t to loosen; to slacken; v/i to weaken; to diminish; **~se** to get loose

aflu|encia f inflow, influx; crowd; **~ente** m tributary; a flowing; eloquent; **~ir** v/i to flow into; to congregate

aforrar v/t to line (clothes)

afortunado fortunate

afrenta f affront; insult; **~r** v/t to insult

África f Africa; **~ del Norte** North Africa

afrontar v/t to confront; to face, to defy

afuera adv outside; outward; **~s** f/pl suburbs; outskirts

agachadiza f zool snipe

agacharse to stoop; to squat; to crouch

agalla f bot gall; **~s** pl guts, courage

agarra|dero m handle; **~r** v/t

to grasp; to seize; **~rse** to grapple

agasaj|ar v/t to entertain; to regale; **~o** m lavish reception, banquet

agen|cia f agency; LA pawnshop; **~cia de viajes** travel agency; **~da** f memo book; **~te** m agent; **~te de bolsa** stockbroker; **~te de policía** policeman; **~te inmobiliario** (real) estate agent

ágil nimble; agile

agilidad f nimbleness; agility

agio m com agio, speculation

agita|ción f agitation; disturbance; **~r** v/t to agitate; to ruffle; to shake; **~rse** to flutter; to get excited

aglomerar v/t to agglomerate; to gather

agobi|ar v/t to oppress; to exhaust; to weigh down; **~o** m oppression; exhaustion

agolparse to crowd together

agonía f agony; violent pain

agonizar v/t to annoy; v/i: **estar agonizando** to be dying

agost|ar v/t to parch; **~o** m August

agota|do sold out, out of stock; out of print; **~miento** m exhaustion; **~r** v/t to exhaust; to wear out; **~rse** to give out; to be sold out

agracia|do graceful, pretty, charming; **~r** v/t to adorn; to make more attractive

ahumar

agrad|able agreeable; pleasant; **~ar** v/t to please; **~ecer** v/t to thank; **muy ~ecido** much obliged; **~ecimiento** m gratitude; **~o** m affability; taste

agrandar v/t to enlarge; to increase

agrario agrarian

agravar v/t to aggravate; to make heavier

agravi|ar v/t to wrong; **~o** m offence; insult

agre|dir v/t to assault; **~sión** f aggression, assault; attack

agriarse to become sour

agrícola agricultural, agrarian

agricult|or(a) m, f farmer; **~ura** f agriculture

agridulce bittersweet

agri|etar v/t to crack, to chap; **~o** sour; acid; fig disagreeable

agrupa|ción f grouping; gathering; **~r** v/t to group; to cluster

agua f water; rain; **~ destilada** distilled water; **~ mineral** mineral water; **~ potable** drinking water; **~s abajo** downstream; **~s arriba** upstream; **~cate** m avocado; **~cero** m shower, downpour; **~nieve** f sleet

aguant|able bearable; **~ar** v/t to stand; to bear; **~arse** to contain oneself; **~e** m stamina; endurance; patience

aguar v/t to dilute

aguardar v/t to await; to wait for, to expect

aguardiente m brandy; liquor; **~ de caña** rum

aguarrás m turpentine oil

agud|eza f sharpness; **~o** sharp; acute; witty

agüero m omen

aguij|ada f spur; **~ar** v/t to spur; to goad; **~ón** m prick; sting; goad

águila f eagle

aguj|a f needle; hand (of clock); **~erear** v/t to prick; to pierce; **~ero** m hole; **~etas** f/pl muscle cramps

aguzar v/t to sharpen; **~ las orejas** to prick one's ears

ahí there; **por ~** that way, over there

ahija|da f goddaughter; **~do** m godson; **~r** v/t to adopt (children)

ahínco m eagerness; zeal

ahog|ar v/t to suffocate; to drown; **~arse** to drown; to be suffocated; **~o** m distress; med shortness of breath

ahora now; **~ bien** now then; **~ mismo** at this very moment

ahondar v/i to delve (into); v/t to deepen

ahorcar v/t to hang

ahorr|ar v/t to save; **~os** m/pl savings

ahuecar v/t to hollow (out)

ahumar v/t to smoke; to cure (meat)

ahuyentar *v/t* to put to flight; to frighten away

airado angry; irate

air|e *m* air; wind; appearance; **al ~e libre** in the open air; **con ~e acondicionado** air-conditioned; **darse ~es** to put on airs; **~oso** *m* airy; windy; graceful; successful

aisla|miento *m* isolation; insulation; **~r** *v/t* to isolate; to insulate (*heat; current*)

ajar *v/t* to crumple; *m* garlic field

ajedrez *m* chess

ajeno belonging to another; alien; foreign; **~ de** devoid of

ajetreo *m* hustle and bustle

ajo *m* garlic

ajuar *m* furniture; dowry, trousseau

ajust|ado tight; right; **~ar** *v/t* to fit in; to arrange; **~e** *m* adjustment; agreement

ala *f* wing (*of hat*); leaf (*of table*); **~ delta** hang-gliding

alabar *v/t*, **~se** to praise; to boast

alabearse to warp

alacrán *m* scorpion

alambr|ado *m* wire fencing; **~e** *m* wire

alameda *f* (*tree-lined*) avenue; poplar grove

álamo *m* poplar; **~ temblón** aspen

alarde *m* parade; show; **~ar** *v/i* to boast; to show off

alargar *v/t* to lengthen; to stretch

alarido *m* howl; shriek, yell

alarm|a *f* alarm; **~ante** alarming; **~ar** *v/t* to alarm

alba *f* dawn

albacea *m* executor (*of will*)

albahaca *f* basil

albañil *m* bricklayer; mason; **~ería** *f* masonry; brickwork

albaricoque *m* apricot

albedrío *m* free will; caprice

alberca *f LA* swimming pool

alberg|ar *v/t* to lodge; to put up; to shelter; **~ue** *m* hostel; refuge; **~ue para jóvenes** youth hostel

albóndiga *f* meatball

albornoz *m* bathrobe

alborot|adizo excitable; **~ado** agitated; riotous; **~ador** *a* turbulent; disorderly; *m* rioter; **~ar** *v/t* to disturb; to agitate; *v/i* to riot; **~o** *m* excitement, disturbance; uproar

alboroz|ar *v/t* to make merry; **~arse** to rejoice exceedingly; to exult; **~o** *m* merriment

álbum *m* album; **~ de recortes** scrapbook

albúmina *f* albumin

alcachofa *f* artichoke

alcald|e *m* mayor; **~ía** *f* mayor's office

álcali *m* alkali

alcan|ce *m* reach; pursuit; **al ~ce de** within reach or range of; **dar ~ce** to overtake; **~for** *m* camphor; **~tarilla** *f* sewer;

~zar v/t to reach; to catch up with; *LA* to hand, to pass; v/i to suffice
alcaparra f caper
alcázar m fortress; citadel
alce m elk, moose
alcoba f bedroom
alcoh|ol m alcohol; **~ólico** alcoholic
Alcorán m Koran
alcornoque m cork tree
aldea f village; **~no(a)** m (f) villager
alega|ción f allegation; **~r** v/t to allege
alegoría f allegory
alegórico allegorical
alegr|ar v/t to gladden; to cheer; **~arse de** to be glad of; **~e** merry; cheerful; **~ía** f gaiety; joy
aleja|miento m removal; separation; **~r** v/t to remove; **~rse** to withdraw; to recede
alemán, alemana m, f, a German
Alemania f Germany
alenta|dor encouraging; **~r** v/t to encourage; v/i to breathe
alergia f allergy
alero m eaves; *sp* wing
alerta f alarm; alert; **~r** v/t to alert
aleta f small wing; *zool* fin, flipper
alfabeto m alphabet
alfalfa f alfalfa
alfarer|ía f pottery; **~o** m potter
alférez m second lieutenant

alfil m bishop (*in chess*)
alfiler m pin; **~ de seguridad** safety pin
alfombr|a f carpet; **~illa** f doormat
alforja f knapsack; saddlebag
alga f seaweed
algarabía f Arabic; *fig* hubbub
algazara f din, tumult
álgebra f algebra
algo pron something; adv somewhat
algodón m cotton; **~ absorbente** med cotton wool
alguacil m constable; bailiff
alguien somebody; anybody
algún some (*before masculine gender nouns*); **~ día** some day; **de ~ modo** somehow
algun|o(a) a some, any; **~a vez** some time; **~os días** some days; **en ~a parte** somewhere; pron somebody; pl some, some people
alhaja f jewel
alia|do(a) m (f) ally; a allied; **~nza** f alliance; **~rse** to enter into an alliance
alicates m/pl pincers; pliers
aliciente m attraction; inducement
alienar v/t to alienate
aliento m breath; **contener el ~** to hold one's breath
aligerar v/t to lighten; to shorten; to hasten
aliment|ación f food; feeding; **~ar** v/t to feed; to nourish; **~o** m food

alimenticio nourishing
alinear v/t to align
aliñar v/t to adorn; to season (food)
alisar v/t to smooth; to polish
alistar v/t to list, to enrol(l); **~se** to enlist
alivi|ar v/t to ease, to relieve; to alleviate; **~o** m relief
allá there; over there; **más ~** further on; **más ~ de** beyond
allana|miento m levelling; **~r** v/t to level; to flatten; to overcome; **~rse** to level out; fig to acquiesce
allegar v/t to collect; to gather together
allí there; **por ~** around there
alma f soul; spirit
almacén m warehouse, storehouse; shop; **en ~** in store
almacen|amiento m (computer) data storage; **~ar** v/t to store; **~es** m/pl department store; **~ista** m warehouse owner
almanaque m almanac, calendar
almeja f clam
almendr|a f almond; **~o** m almond tree
almíbar m syrup; **~ibarado** syrupy; oversweet (t fig)
almidón m starch
almidonar v/t to starch
almirante m admiral
almizcle m musk
almohad|a f pillow; **~illa** f small cushion

almorranas f/pl hemorrhoids
alm|orzar v/i to have lunch; **~uerzo** m lunch
aloja|miento m lodging; **~r** v/t to lodge
alondra f lark
alpargata f espadrille
alp|estre Alpine; **~inista** m, f mountain climber, mountaineer; **~ino** Alpine
alpiste m bird seed
alquil|ar v/t to let, to lease; to hire out; to rent; **se ~a** to let; for rent; **~er** m rent; **de ~er** for hire
alquitrán m tar; pitch
alrededor adv around; **~ de** about; around; **~es** m/pl outskirts
alta f certificate of discharge (hospital)
altaner|ía f haughtiness; **~o** haughty; arrogant
altar m altar; **~ mayor** high altar
altavoz m loudspeaker; amplifier
altera|ción f alteration; disturbance; **~r** v/t to alter; to disturb; **~rse** to grow angry; to become upset
alterca|do m argument, altercation; **~r** v/i to dispute; to quarrel
altern|ar v/t, v/i to alternate; **~ativa** f alternative; option; **~o** alternate; elec alternating
alt|eza f height; **2eza** Highness (title); **~ibajos** m/pl ups

and downs (of fortune); **~itud** f height; altitude; **~ivo** haughty; **~o** a high; tall; eminent; loud; ¡**~o!** stop; **en lo ~o** at the top; **~as horas** small hours; **pasar por ~o** to overlook; to disregard; adv high; loud; loudly; **~oparlante** m LA loudspeaker; **~ura** f height; altitude; **estar a la ~ura de** to be equal to

alubia f French bean

alucina|ción f hallucination; **~r** v/t to hallucinate; to delude

alud m avalanche

aludir v/i to allude; to refer

alumbra|do m lighting; **~miento** m illumination; childbirth; **~r** v/t to light; to illuminate; to give birth to

aluminio m aluminium

alumno(a) m (f) pupil; student

aluniza|je m lunar landing; **~r** v/i to land on the moon

alusi|ón f allusion; reference; **~vo** allusive

alza f rise; **~da** f height (of horse); appeal (to a higher tribunal); **~do** raised, elevated; LA insolent; **~miento** m lifting; rising, rebellion; **~r** v/t to raise; to lift; **~rse** to go fraudulently bankrupt; to rise in rebellion; **~rse con** to steal, to make off with

ama f mistress (of the house); nurse; **~ de casa** housewife; **~ de cría** or **de leche** wet

nurse; **~ de llaves** housekeeper

amab|ilidad f kindness; affability; **~le** nice; amiable; kind

amaestrar v/t to train; to coach; to break in (horses)

amainar v/t mar to shorten (sails); to calm; v/i to subside

amanecer m dawn; daybreak; v/i to dawn; to wake up

amansar v/t to tame

amante m, f lover

amañ|ar v/t to do cleverly; **~arse** to be expert; **~o** m cleverness; pl tools

amapola f poppy

amar v/t to love

amarar v/i aer to land on water

amarg|ar v/t to make bitter; to embitter; v/i to be bitter; **~o** bitter; harsh; **~ura** f bitterness

amarill|ento yellowish; **~o** yellow

amarra f mar cable; pl moorings; **~r** v/t to fasten; to moor

amasar v/t to knead; to massage; **~ijo** m kneading

amatista f amethyst

Amazonas m Amazon

ámbar m amber

ambición f ambition

ambicioso ambitious

ambiente m atmosphere; setting; **medio ~** environment

ambigüedad f ambiguity

ambiguo ambiguous

ámbito *m* bounds; area; ambit
ambos(as) both
ambulan|cia *f* ambulance; **~te** ambulant; **vendedor ~te** peddler
amenaza *f* threat; **~r** *v/t* to threaten
amenguar *v/t* to diminish
amen|idad *f* amenity; pleasantness; **~o** pleasant; light
América *f* America; **~ del Norte** North America; **~ Latina** Latin America
americana *f* jacket
americano(a) *m* (*f*), *a* American
amerizaje *m* splashdown
ametralladora *f* machine gun
amianto *m* asbestos
amiga *f* friend; mistress; **~bilidad** *f* friendliness; **~ble** friendly
amígdala *f* tonsil
amig|dalitis *f* tonsilitis; **~o** *m* friend, lover
aminorar *v/t* to reduce
amist|ad *f* friendship; **~arse** to become friends; **~oso** friendly
amnistía *f* amnesty
amnistiar *v/t* to grant an amnesty to
amo *m* master; owner; employer
amoladera *f* grindstone
amoldar *v/t* to mo(u)ld; to fashion
amonesta|ción *f* admonition; **~ciones** *pl* banns; **~r**

amonestar *v/t* to admonish, to warn
amoníaco *m* ammonia
amontonar *v/t* to heap; to pile up
amor *m* love; **¡ por el ~ de Dios!** for God's sake!; **~ propio** self-respect
amoral amoral
amorío *m* love affair
amortigua|dor *m* damper; **~dor de choque** shock absorber; muffler; **~r** *v/t* to cushion; to dampen; to muffle
amortiza|ción *f* amortization; **~r** *v/t* to pay off; to refund
ampar|ar *v/t* to protect; **~o** *m* protection; shelter
ampli|ación *f* amplification; extension; enlargement; **~ar** *v/t* to amplify; to extend; to enlarge; **~o** ample; extensive; **~tud** *f* amplitude; extent
ampolla *f* blister; bubble
amuebla|do furnished; **~r** *v/t* to furnish
ánade *m*, *f* duck
anadear *v/i* to waddle
analfabeto illiterate
análisis *m* or *f* analysis
analítico analytic
ananás *m* pineapple
anaquel *m* shelf
anarquía *f* anarchy
anárquico anarchistic
anatomía *f* anatomy
anca *f* rump (*of* horse), haunch

anch|o wide; **~oa** f anchovy; **~ura** f width; breadth

anciano(a) m (f) old man, old woman

ancla f anchor

anclar v/i to anchor

andaluz(a) m (f), a Andalusian

andamio m scaffold(ing)

anda|nte walking; errant; **~nza** f event; fortune; **~r** v/i to walk; to move; **~r a gatas** to go on all fours; **~r a tientas** to grope in the dark; **~r** m gait; **~s** f/pl stretcher; bier

andén m fc platform

andrajo m rag, tatter; pl rags, tatters

anejo m annex; a annexed

anex|ar v/t to annex; **~o** m annex, extension

anfitrión m host

angina f angina; **~ de pecho** angina pectoris

angosto narrow

anguila f eel

ángulo m angle; **~ recto** right angle

angustia f anguish; **~r** v/t to distress

anhel|ar v/t, v/i to long for; to yearn; to breathe hard; **~o** m longing

anillo m ring; **~ de boda** wedding ring

ánima f soul

anim|ación f cheerfulness;

~ado lively, cheerful; **~al** m animal; **~ar** v/t to animate; to encourage; **~arse** to cheer up; to revive

ánimo m spirit; courage; ¡**~**! cheer up!

animos|idad f animosity; nerve; **~o** brave; spirited

aniquilar v/t to annihilate

anís m anise; aniseed

aniversario m anniversary

ano m anus

anoche last night; **~cer** v/i to grow dark; m nightfall; dusk

anomalía f anomaly

anómalo anomalous

anonimidad f anonymity

anónimo anonymous

anotar v/t to annotate; to jot down

ansi|a f anxiety; tension; yearning; **~ar** v/t to long for; **~edad** f anxiety; **~oso** anxious; eager

antagonis|mo m antagonism; **~ta** m, f antagonist

antaño last year; long ago

antártico antarctic

ante m elk; buckskin; suède leather

ante prep before; in view of; at; in the presence of; **~ todo** first of all

ante|anoche the night before last; **~ayer** the day before yesterday

antebrazo m forearm

antecede|nte a, m antecedent; **~ntes** m/pl background; **~r** v/t to precede

antecesor(a) m (f) predecesor
antedicho aforesaid
antelación f priority; precedence; **con ~ en** in advance
antemano: de ~ beforehand
antena f antenna; aerial
anteojos m/pl spectacles, eyeglasses
antepasados m/pl ancestors
antepecho m railing; parapet
anteponer v/t to put before
anterior former, previous; **~idad** f anteriority; priority; **con ~idad** beforehand
antes adv before; rather; sooner; **cuanto ~** as soon as possible; **conj ~ bien** on the contrary; **~ de que** before
antesala f vestibule, lobby
antibiótico m antibiotic
anticipación f anticipation; **con ~ción** in advance; **~r** v/t to anticipate; to advance; **~rse (a)** to take place early
anticonceptivo m contraceptive
anticuado antiquated; obsolete; old-fashioned; **~rio** m antiquarian
antideslizante non-skid
antifaz m mask
antigualla f ancient relic; **~üedad** f antiquity; **~uo** ancient; antique; former; **2uo Testamento** Old Testament; **~uos** m/pl the ancients
antílope m antelope
antipático disagreeable, not nice

antirreflejo nonreflecting
antisocial antisocial
antítesis f antithesis
antojarse to fancy; **~o** m whim; caprice; craving
antorcha f torch
antropofagía f cannibalism
antropófago(a) m (f), a cannibal
anual annual; **~idad** f annual income; annuity; **~rio** m yearbook
anublar v/t to cloud; to darken
anudar v/t to join; to knot together
anulación f annul(l)ment; **~r** v/t to annul(l)
anunciar v/t to announce; **~o** m announcement; advertisement
anzuelo m fishhook; **tragar el ~** to swallow the bait
añadidura f addition; **por ~** in addition; into the bargain; **~r** v/t to add
añejo old; stale; (wine) vintage
añicos m/pl small pieces
añil m indigo plant; indigo blue
año m year; **~ bisiesto** leap year; **¡ Feliz 2 Nuevo!** Happy New Year!
añoranza f longing; nostalgia; **~r** v/t to long for; to grieve for
apacentar v/t to feed (cattle); to pasture
apacibilidad f gentleness

~le gentle; placid; peaceful

apacigua|miento *m* appeasement; **~r** *v/t* to appease; to pacify

apadrinar *v/t* to act as godfather to; to support

apaga|do listless; dull; faded; **~r** *v/t* to blow out; to extinguish; to put out; to turn off; to quench (*thirst*); **~rse** to go out; to die down

apagón *m* blackout, power cut

apalear *v/t* to beat; to winnow

apaña|do skil(l)ful; suitable; **~dor** *m sp* catcher; **~r** *v/t* to seize; to grasp; **~rse** *v/t* to know the ropes; to get on

apara|dor *m* sideboard; **~to** *m* apparatus; set (*radio*); **~toso** ostentatious, showy

aparcamiento *m* parking lot

aparcar *v/t, v/i* to park

aparcería *f* sharecropping

aparear *v/t* to match, to level up

aparecer *v/i* to appear

aparej|ar *v/t* to prepare; to equip; **~o** *m* equipment; *mar* tackle; **~os** *pl* tools, gear

aparentar *v/t* to feign; to pretend; to seem to be

apari|ción *f* appearance; apparition; **~encia** *f* aspect; semblance

aparta|dero *m fc* siding; *aut* lay-by; road side; **~o** *m* post office box; *a* remote; distant

apartamento *m* flat, apartment

apart|ar *v/t* to separate; to remove; to withdraw; **~e** *m teat* aside; paragraph; *adv* apart; at a distance; **~e de** except for, apart from

apasiona|do passionate; **~miento** *m* enthusiasm; **~r** *v/t* to impassion; to excite; **~rse por** to become devoted to

apatía *f* apathy

apea|dero *m* halt; stop; **~r** *v/t* to dismount

apeg|arse to become attached to; **~o** *m* affection; attachment

apela|ción *f* appeal; **~r** *v/i* to appeal; to have recourse

apellid|ar *v/t* to name; **~arse** to be called; **~o** *m* surname, last name

apenarse to grieve

apenas scarcely; hardly; barely

apéndice *m* appendix

apendicitis *f* appendicitis

apercibi|miento *m* preparation; provision; *for* summons; **~r** *v/t* to provide; to prepare

aperitivo *m* apéritif; appetizer

aperos *m/pl* implements, tools

apertura *f* opening

apestar *v/t* to infect with the plague; *fam* to annoy; to pester; *v/i* to stink

apet|ecer *v/t* to desire; to long for; **~ito** *m* appetite

ápice m apex, pinnacle
apicultor m beekeeper
apiñar v/t to press together
apio m celery
apisona|dora f steamroller;
~r v/t to roll flat
aplacar v/t to placate
aplacer v/t, v/i to please
aplanar v/t to level; to flatten
aplastar v/t to crush; to
squash
aplau|dir v/t to applaud; **~so**
m applause
aplazar v/t to postpone; to
adjourn
aplica|ción f application; **~r**
v/t to apply; **~rse** to apply
oneself
aplom|ar v/i to plumb; **~arse**
to collapse; **~o** m aplomb;
seriousness
apod|ar v/t to nickname; **~e-**
rado m attorney, agent; representative; **~erar** v/t to em-
power; **~o** m nickname
apogeo m apogee
apología f defence; eulogy
apoplejía f apoplexy
aporrear v/t to beat (up); to
thump (on)
aporta|ción f contribution;
~r v/t to bring; to contribute
aposent|ar v/t to lodge; **~o** m
room; lodging
apostar v/t to bet, to wager
apóstol m apostle
apóstrofo m gram apostrophe
apoy|ar v/t to support; to
base; v/i to rest, to lean;

~arse to lean; to rest; **~o** m
prop; support
apreci|able appreciable;
considerable; **~ación** f valuation; **~ar** v/t to estimate;
to value; **~o** m esteem; esti-
mation; valuation
aprehen|der v/t to appre-
hend; fig to understand;
~sión f apprehension
apremi|ante urgent; **~ar** v/t
to urge, to hurry; **~o** m
urgency; pressure
aprend|er v/t to learn; **~iz** m
apprentice; **~izaje** m ap-
prenticeship
aprens|ión f fear; distrust;
~ivo apprehensive; fearful
apresar v/t to capture; to
seize
aprest|ar v/t to prepare; to
make ready; **~o** m preparation
apresura|do hurried, hasty;
~r v/t to hasten; **~rse** to
make haste
apretado difficult; tight-
ly-packed
apret|ar v/t to clasp; to press,
to tighten; to harass; **~ón** m
pressure; squeeze; **~ón de**
manos handshake
aprieto m crush; fix; difficulty
aprisco m corral, fold
aprisionar v/t to imprison
aproba|ción f approval; **~r**
v/t to approve of; to pass
apropia|ción f appropria-
tion;**~do** appropriate; **~r** v/t

to apply; to adapt; *LA* to appropriate; **~rse de** to take possession of

aprovecha|ble useful; **~do** economical; **~miento** *m* advantage; use; **~r** *v/t* to utilize; to take advantage of; *v/i* to be of use; to make progress; **~rse de** to avail oneself of

aproxima|ción *f* approximation; approach; **~damente** approximately; **~do** approximate; **~r** *v/t*, **~rse** to approach; to come near

apt|itud *f* aptitude; ability; **~o** apt; capable; qualified

apuesta *f* bet, wager

apunt|alar *v/t* to prop, to brace; **~ar** *v/t* to aim; to point at; to note down; *teat* to prompt; **~e** *m* note, notation; *teat* prompter; cue

apuñalar *v/t* to stab

apur|adamente hastily; **~ado** needy; **~ar** *v/t* to purify; to exhaust; *LA* to hurry; **~arse** to worry; to fret; **~o** *m* plight, need; hardship; *LA* haste

aquejar *v/t* to afflict; to ail

aquel(la), *pl* **aquellos(as)** *a* that; *pl* those; **aquél(la)**, *pl* **aquéllos(as)** *pron m*, *f* he, she; *pl* those

aquí here; now; **~ mismo** right here; **por ~ (cerca)** round here

aquiescencia *f* acquiescence; consent

aquietar *v/t* to soothe

árabe *m*, *a* Arab(ic)

arada *f* ploughed ground

arado *m* plough

arancel *m* tariff

arándano *m* bilberry; **~ agrio** cranberry

araña *f* spider; **~ de luces** chandelier

araña|r *v/t* to scratch; **~zo** *m* scratch

arar *v/t* to plough

arbitr|ar *v/t* to arbitrate; *sp* to referee; **~ariedad** *f* arbitrariness; **~ario** arbitrary; **~io** *m* free will

árbitro *m* umpire, referee

árbol *m* tree; *mar* mast; *tecn* arbor; shaft; **~ de Navidad** Christmas tree

arbol|ado *m* woodland; *a* wooded; **~eda** *f* grove

arbusto *m* shrub

arca *f* chest; ark

arcada *f* arcade

arcaico archaic

arce *m* maple tree

archiduque *m* archduke; **~sa** *f* archduchess

archipiélago *m* archipelago

archiv|ador *m* file cabinet; **~ar** *v/t* to file; **~o** *m* register; filing department; records

arcilla *f* clay

arco *m* arc; arch; bow; **~ iris** rainbow

arder *v/i* to burn

ardid *m* stratagem; trick

ardiente burning; ardent

ardilla *f* squirrel; **~ listada**

chipmunk; **~ de tierra** gopher

ardor m ardo(u)r; heat; courage

arduo arduous; hard, tough

área f area; **~ de descanso** rest area; **~ de servicio** service area

arena f sand; **~ movediza** quicksand; **~l** m sandy ground; bit

arenga f harangue; **~r** v/i to harangue

arenisca f sandstone

arenque m herring

arete m earring

argamasa f mortar

argénteo silver(y); silverplated

Argentina f Argentina

argentino(a) a, m (f) Argentinian; a silvery

argolla f (large) ring; tie, bond; sp croquet

argüir v/i to discuss; to dispute

argumento m argument; teat plot

aridez f drought; barrenness

árido dry; barren; arid

ariete m (battering) ram

arisco rude; snappish; surly

aristocracia f aristocracy

aristócrata m, f aristocrat

aristocrático(a) aristocratic

aritmética f arithmetic

arma f weapon; arm; **~ de fuego** firearm; **~da** f navy; **~dor** m shipowner; **~dura** f armo(u)r; framework; **~**

~mento m armament; **~r** v/t to arm; to assemble; to cause; to arrange

armario m wardrobe; cupboard

armazón m or f framework

armería f armo(u)ry; **~o** m gunsmith

armiño m ermine

armisticio m armistice

armonía f harmony

armónico harmonic

armonizar v/t to harmonize

aro m hoop; ring

aroma m aroma

aromático aromatic

aromatizar v/t to flavo(u)r

arpa f harp

arpía f harpy, shrew

arpón m harpoon

arquear v/t to arch; to gauge (ships); **~o** m tonnage

arqueología f archeology

arqueólogo m archeologist

arquitecto m architect; **~ura** f architecture

arraigar v/i to take root; **~arse** to settle; **~o** m settling; rooting in

arrancar v/t to pull out; to root out; to start (car, etc); **~que** m sudden start; outburst (of anger, etc); tecn starter

arrasar v/t to level

arrastrar v/t to drag along; to carry away; **~e** m haulage

arrebatar v/t to snatch away; to carry off; **~o** m transport of passion; rage

arrecife *m* causeway; *mar* reef

arregl|ado orderly; moderate; **~ar** *v/t* to arrange; to adjust; **~arse** to turn out well; **~árselas** to manage; **~o** *m* arrangement; compromise; repair; **con ~o a** in accordance with

arremeter *v/t* to attack

arrenda|dor *m* landlord; **~miento** *m* lease; rent; **~r** *v/t* to lease; to rent; **~tario** *m* lessee; tenant

arrepenti|do repentant, sorry; **~miento** *m* repentance; **~rse** to repent; to regret

arrest|ar *v/t* to arrest; **~arse** to dare; **~o** *m* detention; arrest; enterprise

arriate *m* bot bed

arriba above; over; up; high; upstairs; **cuesta ~** uphill; **de ~ abajo** from top to bottom; from beginning to end; **por la calle ~** up the street

arribar *v/i* to arrive

arriero *m* muleteer

arriesga|do perilous; risky; **~r** *v/t* to risk; **~rse** to expose oneself to danger; to take a risk

arrimar *v/t* to place near; **~se** to come closer; to lean (*against*)

arrinconar *v/t* to corner

arroba *f* weight of 25 lbs.;

~miento *m* ecstasy; **~r** *v/t* to enrapture

arrodillarse to kneel down

arrogan|cia *f* arrogance; pride; **~te** arrogant; brave

arroj|ar *v/t* to throw; to hurl, to fling; *com* to show; **~arse** to fling oneself; to rush; **~o** *m* daring

arrollar *v/t* to roll up; to sweep away; to run (*someone*) down

arropar *v/t* to wrap up; to tuck up

arroyo *m* stream; brook; gutter

arroz *m* rice; **~al** *m* ricefield

arruga *f* wrinkle; crease; **~r** *v/t* to wrinkle; to rumple; to crease

arruinar *v/t* to ruin; to destroy

arrull|ar *v/t* to coo; to lull; **~o** *m* cooing; *mús* lullaby

arrumbar *v/t* to cast aside

arsénico *m* arsenic

arte *m* or *f* art; **bellas ~s** fine arts; **~facto** *m* appliance; contrivance

artejo *m* knuckle

arteria *f* anat, fig artery

artesan|ía *f* handicraft; craftsmanship; **~o** *m* artisan; craftsman

artesonado arq coffered (*ceiling*)

ártico arctic

articul|ación *f* articulation; anat joint; **~ar** *v/t* to articulate

artículo *m* article; **~ de fondo** leading article; **~s** *pl* **de consumo** consumer goods

artifici|al artificial; **~o** *m* art; skill; contrivance; **~oso** skil(l)ful; cunning; ingenious

artiller|ía *f* artillery; **~o** *m* gunner

artilugio *m* gadget

artimaña *f* trick

artista *m, f* artist

arzobisp|ado *m* archbishopric; **~o** *m* archbishop

as *m* ace

asa *f* handle; haft

asado *a* roasted; baked; *bien* **~** well done; *m* roast meat

asalariado *m* employee, wage-earner

asalt|ar *v/t* to attack; to storm; to break into; **~o** *m* assault

asamblea *f* assembly; meeting

asar *v/t* to roast

ascen|dencia *f* ancestry; **~dente** *a* ascending; **~der** *v/i* to ascend; to climb; **~sión** *f* ascension; **~so** *m* promotion; **~sor** *m* lift, *Am* elevator

asceta *m* ascetic

ascético ascetic

asco *m* nausea; loathing; *dar* **~** to sicken, to disgust

asear *v/t* to clean; to embellish

asechar *v/t* to ensnare; to trap; to ambush

asedio *m mil* siege; *com* run (*on a bank etc*)

asegura|do *m* insured; *a*

guaranteed; assured; **~r** *v/t* to secure; to insure; to fasten; to assure; **~rse** to verify

asenso *m* assent

asentar *v/t* to seat; to establish; to settle; *v/i* to be suitable; **~** *al debe* to debit; **~** *al haber* to credit

asentimiento *m* assent

asentir *v/i* to agree

aseo *m* cleanliness; *pl* toilet; rest rooms

asequible accessible, attainable; available

aserradero *m* sawmill

aserrar *v/t* to saw

asesin|ar *v/t* to murder; *pol* to assassinate; **~ato** *m* murder; *pol* assassination

asesor(a) *m* (*f*) consultant; legal adviser; **~ar** *v/t* to give legal advice to, to counsel

asestar *v/t* to aim; to point; to deal (*a blow*)

aseverar *v/t* to assert

asfalto *m* asphalt

asfixiar *v/t* to asphyxiate; to suffocate

así *adv* so; thus; therefore; **~**, **~** so so; **~** *como* the same as; **~** *también* as well as

Asia *f* Asia; **~** *Menor* Asia Minor

asiduo assiduous

asiento *m* chair; seat; site; bottom; **~** *delantero* front seat; *tomar* **~** to take a seat

asigna|ción *f* assignment; allotment; **~r** *v/t* to assign; to ascribe; **~tura** *f* course of study; *aprobar, suspender una ~tura* to pass, to fail a school subject

asilo *m* asylum; refuge

asimilar *v/t* to assimilate

asimismo likewise

asir *v/t* to seize; to grasp

asist|encia *f* attendance, presence; assistance; *pl* allowance; **~ente** *m* assistant; **~ir** *v/t* to help; to attend to; to serve; *v/i* to attend; to be present

asma *f* asthma

asno *m* ass

asocia|ción *f* association; fellowship; partnership; **~do** *m* associate; partner; **~r** *v/t* to associate; **~rse** to join; to form a partnership

asolar *v/t* to destroy; to lay waste

asomar *v/t* to show; to stick out; **~se** to appear, to show (up)

asombr|ar *v/t* to surprise; to astonish; **~arse** to be astonished; **~o** *m* astonishment; amazement

aspa *f* cross; reel; vane of windmill

aspecto *m* aspect; look; appearance

aspereza *f* acerbity; roughness

áspero rough, rugged; harsh; severe

aspiradora *f* vacuum cleaner

aspirina *f* aspirin

asque|ar *v/t* to disgust, to revolt; **~roso** disgusting, revolting; foul

asta *f* lance; shaft; horn (*of the bull*); **~ de bandera** flagpole

asterisco *m* asterisk

astil *m* handle

astill|a *f* splinter; **~ar** *v/t* to splinter; to chip; **~ero** *m* shipyard

astring|ente *m, a* astringent; **~ir** *v/t* to astringe; to compress; *fig* to bind

astro *m* star; **~logía** *f* astrology

astrólogo *m* astrologer

astro|nauta *m* astronaut; **~nave** *f* spaceship

astronomía *f* astronomy

astrónomo *m* astronomer

astu|cia *f* shrewdness; cleverness; **~to** astute; shrewd; cunning

asu|mir *v/t* to assume; to take upon oneself; **~nción** *f* assumption

asunto subject; matter; business

asusta|dizo easily frightened; **~r** *v/t* to frighten; to scare

atabal *m* kettledrum

ata|car *v/t* to attack; **~do** *m* bundle; *a* bashful; **~dura** *f* tying; bond; **~jo** *m* shortcut; **~laya** *f* lookout, watchtower; **~que** *m* attack; **~que aéreo** air raid

atar *v/t* to bind; to fasten; to tie (up)

atareado busy; occupied

atasc|ar v/t to stop up; to obstruct; **~arse** to jam; to get stuck; **~o** m obstruction; traffic jam

ataúd m coffin

ataviar v/t to dress up; to adorn

ateísmo m atheism

atemorizar v/t to terrify

atención f attention; pl duties, responsibilities; courtesies

atender v/i to attend; to pay attention to; to look after

atenerse: ~ **a** to abide by; to rely on

atenta|do m criminal assault; a discreet; **~r** v/t to attempt (a crime)

atento thoughtful; attentive

atenua|ción f attenuation; **~r** v/t to attenuate

ateo(a) m (f) atheist; a atheistic

aterrar v/t to destroy; to knock down

aterriza|je m landing; **~je forzoso** aer emergency landing, forced landing; **~r** v/i to land

aterrorizar v/t to terrorize; to terrify

atesorar v/t to treasure; to hoard

atesta|ción f attestation; **~dos** m/pl f/ affidavit; **~r** v/t to cram; to crowd; to witness; to testify

atestigua|ción f testimony;

~r v/t to testify, to give evidence of

ático m attic

atisbar v/t to spy on; to peep at

atizar v/t to poke; to trim; to rouse

atlántico Atlantic

at|leta m, f athlete; **~lético** athletic; **~letismo** m athletics

atmósfera f atmosphere

atmosférico atmospheric

atolla|dero m obstacle; difficulty; mire; **~r** v/i to fall into the mire; to get stuck

atolondrar v/t to confuse; to perplex; **~se** to become bewildered

atómico atomic

átomo m atom

atónito stupefied, dumbfounded

atonta|do foolish; dim-witted; **~r** v/t to stun; to confound; **~rse** to grow stupid

atormentar v/t to torment

atornillar v/t to screw

atrac|ador m gangster; hold-up man; **~ar** v/t to attack, to hold up

atrac|ción f attraction; **~o** m hold-up, robbery; **~tivo** attractive

atraer v/t to attract; to lure

atrancar v/t to obstruct; to bar

atrapar v/t to catch; to take in

atrás backward; behind; ¡~! get back!

atras|ar *v/t* to slow up; to slow down; **~arse** to be late; to go slow (*watch*); **~o** *m* backwardness; delay; *pl* arrears

atravesar *v/t* to place across; to run through; to cross, to go across; **~se** to interrupt; to interfere

atreverse to dare

atrevi|do bold; audacious; **~miento** *m* boldness, insolence

atribu|ir *v/t* to ascribe; to attribute; **~to** *m* attribute

atril *m* music stand; lectern

atrocidad *f* atrocity; excess

atrofia *f* atrophy

atropell|ar *v/t* to hit; to knock down; to run over; **~o** *m* accident; outrage

atroz atrocious; heinous

atuendo *m* dress, attire

atún *m* tuna

aturdi|do giddy; distracted; **~r** *v/t* to perplex; to stun

auda|cia *f* audacity; boldness; **~z** audacious

audición *f* hearing; audition

audi|encia *f* audience; hearing; reception; **~tor** *m* judge; *com* auditor

auge *m* peak; apogee; popularity

augur|ar *v/t* to augur; to predict; **~io** *m* omen

aula *f* lecture room; classroom

aull|ar *v/i* to howl; **~ido** *m* howl

aument|ar *v/t, v/i* to raise; to increase; to augment; **~o** *m* increase

aun *adv* even; yet; although; **~ cuando** even if

aún *adv* yet; still; as yet; **~ no** not yet

aunque *conj* even though; although

aura *f* gentle breeze

áureo golden

aureola *f* halo

auricular *m* telephone receiver; *pl* earphones, headphones

ausen|cia *f* absence; **~te** absent

austero austere

austral southern; **~ia** *f* Australia; **~iano(a)** *m* (*f*), *a* Australian

Austria *f* Austria

austríaco(a) *m* (*f*), *a* Austrian

auténtico(a) authentic

auto *m* sentence; edict; *pl* record of proceedings

auto *m* motorcar

auto|bús *m* bus; **~car** *m* coach; **~enfoque** *m* foto automatic focus; **~escuela** *f* driving school; **~mático** automatic; **~matización** *f* automation; **~motor** *m* Diesel train; **~móvil** *m* automobile; **~movilista** *m* motorist; **~nomía** *f* autonomy; home rule; **~pista** *f* motorway

autopsia *f* autopsy

autor *m* author

autoridad f authority
autoritario authoritarian
autorizar v/t to authorize
autorretrato m self-portrait
autoservicio m self-service
autostop m hitch-hiking; **~ista** m, f hitch-hiker
auxili|ar f auxiliary; v/t to help; **~o** m assistance; *primeros ~os* pl first aid
avaluar v/t to value; to appraise
avan|ce m advance; attack; **~zar** v/t, v/i to advance; to move forward
avar|icia f avarice; **~iento** avaricious; greedy; **~o** a miser; m miser
avasallar v/t to subdue
Avda. = *avenida*
ave f bird; **~ de paso** bird of passage; **~ de rapiña** bird of prey; **~s** pl *de corral* poultry
avellan|a f hazelnut; **~arse** to shrivel; **~o** m hazelnut tree
avena f oat(s)
avenencia f agreement
avenida f avenue
avenirse a to agree to
aventajado advantageous; outstanding
aventajar v/t to surpass; to advance
aventur|a f adventure; **~ero(a)** m (f) adventurer, adventuress
avergonzar v/t to shame; **~se** to be ashamed
avería f damage; *tecn* breakdown

averiarse to suffer damage
averiguar v/t to find out, to ascertain; to inquire into
avestruz m ostrich
avia|ción f aviation; **~dor** m aviator; pilot; airman
aviar v/t to provide; to make ready; *LA* to lend
avidez f avidity; covetousness
ávido avid; covetous; eager
avión m aeroplane, *Am* airplane; **~ de reacción** jet-propelled aircraft; *por ~* by airmail
avíos m/pl tackle; kit
avis|ar v/t to advise; to announce; to inform; **~o** m notice; advice
avisp|a f wasp; **~ón** m hornet
avivar v/t to animate
¡ay! oh!; alas!
ayer yesterday
ayuda f help; **~nte** m assistant; **~r** v/t to help; to aid
ayuno m fast; *en ~* fasting
ayuntamiento m town hall, city hall
azabache m *min* jet
azada f hoe
azafata f air hostess, stewardess
azafrán m saffron
azahar m orange blossom
azar m hazard; risk; *al ~* at random; *por ~* by chance
azot|ar v/t to whip; to thrash; to beat; **~e** m whip; lashing
azotea f flat roof
azteca m, f, a Aztec

azúcar m sugar
azucena f white lily
azufre m sulphur
azul blue; ~ *celeste* sky blue;

~ *marino* navy blue
azulejo m glazed tile
azuzar v/t to incite; to sic
(*dogs*)

B

bab|a f spittle; saliva; ~**aza** f
slime; ~**ero** m bib
babor m mar port side
babosa f zool slug
baboso slimy; drooling
baca f luggage carrier (*on car
roof*)
bacalao m cod
bache m hole, pothole; rut
bachiller|(a) m (f) holder of a
bachelor's degree; ~**ato** m
baccalaureate; ~**ear** v/i to
babble
bacteria f bacterium
báculo m walking stick
bagaje m mil baggage
bahía f bay
bailar v/i, v/t to dance; ~**ín**
(~**ina**) m (f) dancer
baile m dance; ~ *de sociedad*
ballroom dance
baja f fall; casualty; *dar de* ~
mil to discharge; ~**da** f de-
scent
baja|mar f low tide; ~**r** v/t to
lower; to take down; v/i to
fall; to descend; to go down
baj|eza f meanness; ~**ista** m
bear (*at the stock exchange*);
~**o** a low; short (*person*); m
mús bass; *adv* down; below;
prep under

bala f bullet; com bale
balada f ballad
baladí frivolous; trivial
balance m oscillation; rocking; swinging; com balance
sheet; ~**ar** v/t to balance; v/i
to roll (*ship*); to sway; to
waver
balancín m balance beam;
seesaw
balanza f scales; balance
balar v/i to bleat
balazo m shot
balbucear v/i to stammer; to
stutter; to babble (*baby*)
balcón m balcony
balde m bucket; *de* ~ gratis;
free of charge; *en* ~ in vain;
~**ar** v/t, v/i to wash, to flush
(down)
baldío m waste land
baldosa f tile (*on floors*)
Baleares f/pl Balearic Isles
balística f ballistics
baliza f mar (lighted) buoy
ballena f whale
ballesta f crossbow; spring
ballet m ballet
balneario m spa; health resort
balón m ball; football
balon|cesto m basketball;
~**mano** m handball

balsa f pool; *mar* raft; *bot* balsa wood

bálsamo m balsam, balm

báltico Baltic

baluarte m bulwark

bambolearse to sway

bambú m bamboo

banan|a f *LA* banana (tree); **~o** m *LA* banana (tree)

ban|ca f bench; banking; **~cario** banking; **~carrota** f bankruptcy; **~co** m bench; bank; **~co de ahorros** savings bank

banda f sash; band; gang; **~da** f flock (*of birds*)

bandeja f tray

bandera f flag; banner

bandido m bandit

bando m edict; faction; party; *pl* marriage banns; **~lero** m bandit, brigand; **~lerismo** m highway robbery

banque|ro m banker; **~te** m banquet

banquillo m footstool; *for* dock

bañ|ador m bathing suit; **~arse** to take a bath; to swim (*in the sea*); **~era** f bathtub; **~o** m bath; bathroom; **~o espumoso** bubble bath

baque m thud, thump

baqueta f ramrod; *pl* drumsticks

bar m bar; snackbar

baraja f pack of cards; **~r** v/t to shuffle (*cards*)

barandilla f railing

barat|ear v/t to sell cheap; **~ija** f trifle; **~o** cheap

barba f beard; chin

barbari|dad f barbarity; outrage; *una ~dad* an enormous amount; **~e** f barbarism; cruelty

bárbaro(a) m (f) barbarian; *a* barbarous

barbecho m fallow (land)

barbero m barber

barbilla f chin

barbotar v/i to mumble

barbudo bearded

barca f boat; **~ de pedales** pedal boat; **~za** f lighter

barco m boat; ship; vessel; **~ de vela** sailing ship

bardar v/t to thatch

barítono m baritone

barlovento: de ~ *mar* windward

barniz m varnish; glaze

barnizar v/t to varnish; to glaze

barométrico barometric

barómetro m barometer

barquero m ferryman; boatman

barquillo m wafer; cone (*for ice cream, etc*)

barra f bar (*of soap*); loaf (*of bread*)

barraca f hut

barranc|a f precipice; ravine; gully; **~o** m gully; *fig* difficulty

barre|dero sweeping; dragging; **~duras** f/pl sweepings

barrena f drill; auger

barrendero *m* street cleaner
barrer *v/t* to sweep
barrera *f* barrier; **~ sónica** sound barrier
barriada *f* district; suburb; *LA* slum
barricada *f* barricade
barriga *f* paunch, belly
barril *m* barrel
barrio *m* district; quarter; part of a town; **~ bajo** poor neighbo(u)rhood; slum
barro *m* mud; clay
barroco baroque
barroso muddy; pimply
bártulos *m/pl* belongings; implements
barullo *m* confusion; noise
bas|ar *v/t* to base; to found; **~arse en** to base one's opinion on; **~e** *f* basis; base; **~e de datos** data base
básico basic
¡basta! enough!
bastante *a* enough; *LA* too much; *adv* enough; rather
bastidor *m* frame; *teat* wing
basto *a* coarse; gross; *m* packsaddle; ace of clubs; *pl* clubs (*cards*)
bastón *m* walking stick; cane
basur|a *f* rubbish; waste; **~ero** *m* dustman; garbage collector
bata *f* dressing gown; smock; housecoat
batall|a *f* battle; **~ar** *v/i* to fight; **~ón** *m* batallion
batata *f* sweet potato
bate *m* bat; **~ador** *m sp* batter

batería *f* battery; *mús* percussion instruments; **~ de cocina** pots and pans
bati|do *m* **de leche** milkshake; **~dora** *f* whisk; mixer; **~r** *v/t* to beat; to strike; to whip; to whisk
batista *f* cambric
batuta *f* baton; *llevar la* **~** to be in command
baúl *m* trunk
bauti|smo *m* baptism; christening; **~zar** *v/t* to baptize; to christen; **~zo** *m* baptism, christening
baya *f* berry
bayeta *f* baize
bayo bay (*colour*)
bayoneta *f* bayonet
baza *f* trick (*at cards*)
bazo *m anat* spleen
beat|a *f* devout woman; lay sister; **~ificar** *v/t* to beatify; **~itud** *f* blessedness; holiness; **~o** *a* happy; blessed; *m* lay brother
bebé *m* baby
bebedero *m* drinking trough; *a* drinkable
bebedizo drinkable
beb|edor *m* heavy drinker; **~er** *v/t, v/i* to drink; **~ida** *f* drink; beverage; **~ido** tipsy, half-drunk
beca *f* scholarship
becerro *m* yearling calf
bedel *m* beadle; warden
befar *v/t* to mock; to scoff
béisbol *m* baseball

beldad f beauty

Belén m Bethlehem; 2 Christmas crib; 2 fig bedlam

belga m, f, a Belgian

Bélgica f Belgium

bélico bellicose; warlike

beli|coso warlike; quarrelsome; ~**gerancia** f belligerence

bell|eza f beauty; ~**o** beautiful

bellota f acorn

bemol m mús flat

bencina f benzine

bend|ecir v/t to bless; ~**ición** f blessing; ~**ito** blessed; happy

benefic|encia f beneficence; ~**iar** v/t to benefit; ~**iarse** to derive benefit; to profit; ~**io** m benefit

benemérito worthy, meritorious

benevolencia f benevolence; kindness

benign|idad f benignity; ~**o** benign; mild

beodo a, m drunk

berberecho m cockle

berenjena f eggplant

bermejo bright red

berrear v/i to low; to bellow

berrinche m fam anger; rage

berro m watercress

berza f cabbage

bes|ar v/t to kiss; ~**ar la mano, ~ar los pies** pay one's respects to; ~**o** m kiss

bestia f beast; ~**l** beastly; fam terrific; ~**lidad** f bestiality

besugo m sea bream

betún m bitumen; shoe polish

biberón m baby bottle

Biblia f Bible

bíblico biblical

biblioteca f library; ~**rio** m librarian

bicho m insect; bug; pl vermin; animal

bicicleta f bicycle

bidón m steel drum; large can

biela f connecting rod

bien adv well; right; certainly; very; surely; **más** ~ rather; **o** ~ or else; m good; property; pl assets; ~**es raíces** real estate

bienaventura|do lucky; fortunate; blessed (in Heaven); ~**nza** f bliss

bienestar m well-being; welfare

bienhechor(a) m (f) benefactor(-tress)

bienio m space of two years

bienvenida f welcome; **dar la** ~ to welcome

bifurca|ción f fork (in road); junction; ~**rse** to branch off, to fork

bigamia f bigamy

bigote m moustache

bilingüe bilingual

bili|oso bilious; ~**s** f bile

billar m billiards

billete m banknote; ticket; ~ **de ida y vuelta** return ticket, Am round trip ticket; ~ **de temporada** season ticket; ~ **directo** through ticket; ~

sencillo single ticket, *Am* one-way ticket; *no hay ~s* sold out; *~ro m* wallet; *t Am* billfold

billón *m* billion

bimotor *m* twin-engined plane

biografía *f* biography

biógrafo *m* biographer

biología *f* biology

biológico biological

biombo *m* folding screen

birrete *m* cap

bisabuel|a *f* great-grandmother; *~o m* great-grandfather; *~os m/pl* great-grandparents

bisagra *f* hinge

bisel *m* bevel

bisemanal twice-weekly

bisiesto leap (*year*)

bisniet|a *f* great-granddaughter; *~o m* great-grandson

bisonte *m* bison

bistec *m* (beef)steak

bisutería *f* costume jewelry

bizantino Byzantine

bizarro spirited; gallant; magnanimous

bizc|ar *v/i* to squint; to look cross-eyed; *~o* cross-eyed

bizcocho *m* biscuit; spongecake

blanc|o *a* white; *m* white man; target; *dar en el ~o* to hit the mark; *en ~o* blank; *~ura* *f* whiteness

blandir *v/t* to brandish

bland|o soft; mild; tender; flabby; *~ura* *f* softness; flat-

tery

blanque|ar *v/t* to bleach; to whiten; *~o m* bleaching; whitewash

blasfemia *f* blasphemy

blasón *m* coat of arms; heraldry

bledo: no importarle a uno un ~ not to give a hoot about

blinda|je *m* armo(u)r; *~r* *v/t* to armo(u)r; *elec* to shield

bloc *m* pad (*of paper*)

bloque *m* block; *~ar* *v/t* to block up; to blockade; *~o m* blockade

blusa *f* blouse

bobada *f* foolishness; silly thing; foolish act

bobina *f* bobbin; spool; *elec* coil

bobo *m* simpleton; *a* stupid; foolish

boca *f* mouth; entrance; *~ de riego* hydrant; *~ abajo* face downwards; *~ arriba* face upwards; *~calle* *f* entrance to a street; intersection; *~dillo* *m* sandwich

bocado *m* bite; morsel; mouthful

boceto *m* sketch

bochorno *m* scorching heat; sultry weather; *~so* sultry

bocina *f* horn; *~zo m* honk, hoot

boda *f* wedding

bodeg|a *f* wine cellar; vault; bar; storeroom; shop; *LA* grocery; hold (*of a ship*); *~ón* *m* tavern

bofet|ada f slap; **~ear** v/t to slap in the face; to insult; **~ón** m blow; slap

boga f rowing; vogue; popularity; **en ~** in vogue

boicot m boycott; **~ear** v/t to boycott

boina f beret

bola f ball; marble; pl ball-bearings; **~ de nieve** snowball

bole|ar v/i to bowl; to lie; **~ra** f bowling alley

bolero m bolero (dance)

bolet|a f admission ticket; ballot; **~ería** f LA ticket office; **~ín** m bulletin; report; **~o** m LA ticket

boliche m jack (at bowls); dragnet

bolígrafo m ball-point pen

Bolivia f Bolivia

boliviano(a) m (f), a Bolivian

boll|ería f pastry shop; **~o** m small cake; bun, roll

bolo m game of ninepins

bols|a f bag; purse; pouch; **~a de comercio** stock exchange; **~a de papel** paper bag; **~a de plástico** plastic bag; **~a del trabajo** labo(u)r exchange; **~illo** m pocket; **~ista** m stockbroker; LA pickpocket; **~o** m purse

bomb|a f pump; bomb; **~a atómica** atom bomb; **~a de incendios** fire engine; **~dear** v/t to bomb; to bombard; **~ardero** m bomber plane; **~ear** v/t mil to shell;

LA to fire; to dismiss; **~ero** m fireman

bombilla f light bulb

bombo m bass drum; mar lighter; **dar ~a** to praise to the skies

bombón m sweet, Am candy

bonachón m kind person; a kindly; easy-going

bonaerense of or from Buenos Aires

bondad f goodness; kindness; **~oso** good; kind

bonifica|ción f allowance; increase; improvement; **~r** v/t to increase (production)

bonito m striped tunny; a nicely; lovely; pretty

bono m bond; voucher

boquerón m large hole; opening; type of anchovy

boquete m gap

boquiabierto gaping; open-mouthed

boquilla f mús mouthpiece; cigarette holder

borbollar v/i to bubble

borbotar v/i to gush; to boil; to bubble up

borda|do m embroidery; **~r** v/t to embroider

borde m edge; border; rim; verge; **al ~e de** on the verge of; **~ear** v/t to skirt, to go round; **~illo** m kerb(stone), Am curb

bordo m mar shipboard; **a ~** on board

boreal northern

borla f tassel; pompon

brazo

borne *m elec* terminal
borra *f* fluff; nap, down; sediment; dregs
borrach|era *f* drunkenness; intoxication; **~o(a)** *m (f)* drunkard; *a* drunk
borrad|or *m* rough draft; *LA* rubber, eraser; **~ura** *f* erasure
borrar *v/t* to delete; to erase; to wipe out
borrasc|a *f* gale; storm; *fig* risk; **~oso** stormy
borrego(a) *m (f)* yearling lamb
borric|a *f* she-donkey; *fam* fool; **~o** *m* donkey; *fam* ass; fool
borrón *m* blot; smudge
borroso blurred; smudged
bosque *m* wood; forest
bosquej|ar *v/t* to sketch; to outline; **~o** *m* sketch
bostez|ar *v/i* to yawn; **~o** *m* yawning
bota *f* boot; wineskin; leather wine bottle; **~s** *pl de goma* rubber boots
bota|dura *f* launching; **~r** *v/t* to launch; to hurl; to fling; *LA* to throw away; to throw out; to fire; *v/i* to bounce
botánic|a *f* botany; **~o** botanic
bote *m* boat; thrust; leap; bounce; can, tin; **~ de remos** rowboat; **~ plegable** folding boat; **~ salvavidas** lifeboat
botella *f* bottle
botica *f* chemist's (shop),

drugstore; **~rio** *m* chemist; *Am* druggist
botij|a *f*, **~o** *m* earthenware jar
botín *m* booty, loot
botiquín *m* medicine chest; first-aid kit
botón *m* button; bud
botones *m* bellboy, page
bóveda *f* vault; dome
bovino bovine
boxe|ador *m* boxer; **~ar** *v/i* to box; **~o** *m* boxing
boya *f mar* buoy; **~nte** thriving; *mar* buoyant
bozal *m* muzzle; *LA* halter
bracero *m* unskilled labo(u)rer
braga *f* diaper; hoisting rope; *pl* breeches; panties
braguero *m med* truss; brace; **~ta** *f* fly (*of trousers*)
bram|a *f zool* rut; **~ante** *m* twine; **~ar** *v/i* to roar; to bellow; **~ido** *m* roaring
bras|a *f* live coal; **~ero** *m* brazier
Brasil *m* Brazil
brasileño(a) *m (f)*, *a* Brazilian
brav|o brave, courageous; fierce; rough (*sea*); **~ucón** *m* braggart; **~ura** *f* ferocity; fierceness; courage
braza *f mar* fathom; **~da** *f* armful; *sp* stroke; **~da de espaldas** backstroke
brazal *m* arm band
brazalete *m* bracelet
brazo *m* arm; branch

brea f tar; pitch

brebaje m med mixture; potion; draught

brecha f breach; opening; gap

brécol m broccoli

brega f strife; contest; **~r** v/i to toil, to work hard

breve a short; **en ~** soon; m apostolic brief; **~dad** f shortness; **~mente** briefly

breviario m breviary

brezal m heath; moorland

brezo m heather

bribón m loafer; knave; a idle; loafing

brida f bridle (of a horse); flange; clamp

brigada f mil brigade

brilla|nte a brilliant; glittering; m brilliant; **~ntez** f brilliance; **~r** v/i to shine; to sparkle; to glitter

brillo m lustre; glitter; shine; splendo(u)r

brinc|ar v/i to jump; to skip; to hop; **~o** m leap; jump

brind|ar v/i to drink to a person's health; v/t to offer; **~is** m toast

brío m strength; vigo(u)r; spirit

brioso vigorous; spirited; lively

brisa f breeze

británico British

broca f reel

brocha f painter's brush

broche m clasp; brooch

brom|a f joke; **en ~a** in fun;

gastar una **~a** to play a joke; **~ear** v/i to joke, to fool; **~ista** m, f joker; gay person

bronca f fam quarrel

bronce m bronze; **~ amarillo** brass; **~ de cañón** gun metal; **~ar** v/t to bronze; to tan (skin)

bronco rough; harsh

bronqui|al bronchial; **~tis** f bronchitis

brot|ar v/i to sprout; to spring up; med to break out; **~e** m bud; outbreak

bruj|a f witch; **~ería** f witchcraft; **~o** m sorcerer

brújula f compass; magnetic needle

brum|a f mist; **~oso** misty

bruñir v/t to polish

brus|co brusque; rough; sudden; **~quedad** f abruptness

brut|al brutal; brutish; fam fabulous; **~o** m brute; a stupid

bucea|dor m diver; **~r** v/i to dive

buche m crop, maw; stomach

bucle m ringlet

bucólico pastoral; bucolic

budín m pudding

buen, apocope of **bueno,** used only before a masculine noun: **~ hombre** good man, or before infinitives used as nouns: **eso es ~ decir** well said; **~amente** freely; easily; **~aventura** f good luck; **~o** good; well; all right; healthy; usable; **¡~os días!** good

morning!; good day!; **¡~as tardes!** good afternoon!; **¡~as noches!** good night!; **de ~as a primeras** all of a sudden; **por las ~as** willingly
buey *m* ox; bullock
búfalo *m* buffalo
bufanda *f* scarf; muffler
buf|ar *v/i* to snort; to puff with rage; **~o** *m* clown; *a* clownish; comical
buhard|a *f*, **~illa** *f* attic, garret, loft
búho *m* owl
buitre *m* vulture
bujía *f* candle; spark-plug
bulbo *m bot* bulb
bulla *f* noise; chatter; uproar
bull|icio *m* bustle; noise; din; **~cioso** noisy; lively; **~r** *v/i* to boil; to swarm; to teem
bulto *m* bundle; bulk; shape; swelling; bale; *LA* briefcase; **de ~** obvious
buñuelo *m* fritter; bun, doughnut
buque *m* boat; ship; **~ de guerra** warship; **~ mercante**

merchantman
burbuj|a *f* bubble; **~ear** *v/i* to bubble
burdégano *m* hinny
burdel *m* brothel
burdo coarse; ordinary
burgués(esa) *m* (*f*), *a* bourgeois; middle class
burl|a *f* scoff; taunt; joke; trick; **~arse de** to scoff at; to make fun of; **~ón** *m* joker; scoffer; *a* mocking; joking
burocracia *f* bureaucracy
burócrata *m*, *f* bureaucrat
burocrático bureaucratic
burro *m* donkey; *fig* idiot; *a* stupid
bursátil of the stock exchange
busca *f* search; **~r** *v/t* to look for; to seek; to search
búsqueda *f* search
busto *m* bust
butaca *f* armchair; *teat* orchestra seat, stall
buzo *m* diver
buzón *m* letterbox, mailbox; **echar al ~** to post, to mail

C

cabal *a* exact; right; full; complete, thorough; *adv* perfectly; exactly
cabalgar *v/i* to ride on horseback
caballa *f* mackerel
caball|eresco chivalrous; **~ería** *f* horse; mule; cavalry; knighthood; **~eriza** *f* stable;

~ero *m* horseman; knight; nobleman; gentleman; **~eroso** gentlemanly; **~ete** *m* easel; bridge (*of nose*); **~ito** *m* pony; **~ito del diablo** dragonfly; **~o** *m* horse; knight (*in chess*); *fam* heroin; **a ~o** on horseback; **~o de fuerza** horsepower; **~o**

de pura sangre thoroughbred

cabaña *f* cabin; hut

cabece|ar *v/i* to nod; *mar* to pitch; **~o** *m* nodding; **~ra** *f* head (*of the bed, of the table*)

cabecilla *m* ringleader

cabell|era *f* wig; head of hair; **~o** *m* hair; **~udo** hairy

caber *v/i* to go in *or* into; to find room; to fit in; *no cabe duda* there is no doubt; *no cabe más* that's the limit

cabestr|illo *m med* sling; **~o** *m* halter

cabez|a *f* head; summit; lead; *a la ~a de* at the head of; *~a de turco* scapegoat; *lavarse la ~a* to wash one's hair; *perder la ~a* to lose one's head; **~ada** *f* blow on *or* with the head; nod; **~al** *m med* pad; bolster; *aut* headrest; **~ota** *m, f* pig-headed person; **~udo** large-headed

cabida *f* space; capacity; room

cabina *f* cabin; booth; *aer* cockpit; **~ de teléfono** telephone box, *Am* booth

cabizbajo downhearted, downcast; dejected

cable *m* cable; wire; **~ de remolque** towline

cabo *m* end; *tecn* thread; *mar* rope; handle; *geog* cape; leader; corporal; *de ~ a rabo* from beginning to end; *llevar a ~* to finish; to carry out

cabotaje *m* coastal shipping

cabra *f* goat

cabrestante *m* capstan

cabriola *f* caper; capriole

cabrito *m* kid, young goat

cacahuete *m* peanut

cacao *m* cacao

cacarear *v/i* to cackle; to brag; to boast

cacatúa *f* cockatoo

cacería *f* hunt; hunting

cacerola *f* saucepan

cacharr|ería *f* crockery; **~o** *m* pot; jug; earthenware; *fam* junk; old vehicle

cache *m* slap; blow (*in the face*)

cachiporra *f* bludgeon

cacho *m* small piece; *LA* horn (*of bull, etc*)

cachorro *m* puppy; cub; whelp

caciqu|e *m LA* chief; *pol* party boss; ringleader; **~ismo** *m* power of political bosses

caco *m* thief; pickpocket

cacto *m* cactus

cada every; each; **~ uno** each one

cadáver *m* corpse

cadena *f* chain; *radio, TV* network; *fig* tie; obligation; **~ perpetua** life imprisonment

cadera *f* hip

cadete *m* cadet

caduc|ar *v/i* to lapse; to run out; to expire; **~idad** *f* expiry; lapse

cae|dizo falling; unsteady; **~r** *v/i* to fall; to decline; to fit; to happen; **aer** to crash; **~r en la cuenta** to understand; **~rle bien** to fit him, to suit him

café *m* coffee; café; **~ con leche** coffee with milk; **~ solo** black coffee

cafeína *f* caffeine

cafetal *m* coffee plantation

cafeter|a *f* coffee pot, percolator; **~ía** *f* café; snack-bar; **~o** *m* coffee-shop owner

caída *f* fall; downfall; slope; hang (*of clothes*); geol fold; aer crash

caimán *m* alligator

caj|a *f* box, case; safe; well (*of stairs*); **~a de ahorros** savings bank; **~a de engranajes** gearbox; **~ero(a)** *m* (*f*) bank teller; cashier; **~etilla** *f* pack (*of cigarettes*); **~ita** *f* small box; **~ita de tósforos** matchbox; **~ón** *m* large box; locker; drawer

cal *f* lime; **~a** *f* creek, small bay

calabacín *m* bot marrow

calabaza *f* pumpkin; gourd

calabozo *m* dungeon; prison

calada *f* soaking

calado *m* draught (*of ship*)

calamar *m* squid

calambre *m* cramp

calamidad *f* calamity

calandria *f* mangliniterer; calander

calar *v/t* to soak; to drench; to perforate; fig to see through

calavera *f* skull; *m* madcap

calca|do *m* tracing; **~r** *v/t* to trace; to copy

calceta|a *f* (knee-length) stocking; **hacer ~a** to knit; **~ín** *m* sock

calcio *m* calcium

calco *m* tracing; **~manía** *f* transfer (*picture*)

calcula|dora *f* calculator; **~r** *v/t* to calculate

cálculo *m* calculation; estimate; conjecture

calder|a *f* kettle; boiler; **~illa** *f* copper (*coin*); **~o** *m* small boiler

caldo *m* broth; sauce

calefacción *f* heating; **~ central** central heating

calendario *m* calendar

calent|ador *m* heater; **~arse** to get hot; to warm oneself up; *LA* to get angry; **~ura** *f* fever

calibr|ar *v/t* to gauge; **~e** *m* calibre

calidad *f* quality; condition

cálido hot; warm

calidoscopio *m* kaleidoscope

caliente hot; warm

califica|ción *f* qualification; assessment; **~r** *v/t* to rate; to assess; to qualify

cáliz *m* chalice, cup

calla|do silent; quiet; secretive; **~r** *v/t* to silence; **~rse** to hold one's tongue; to be silent; **~rse la boca** to shut up

calle *f* street; **~ de dirección única** one-way street; **~ pea-**

tonal pedestrian mall; ~
principal main street; **~jear**
v/i to saunter about; **~jón** *m*
alley; passage; **~jón sin salida** blind alley; dead end;
~juela *f* lane; narrow street
callo *m* corn; callus; **~so** cal-
lous, horny
calma *f* calm; lull; **~nte** *m*
sedative; **~r** *v/t* to soothe; to
calm; **~rse** to abate; to quiet
down
caló *m* gipsy language; slang
calor *m* heat; warmth; *hace ~*
it's hot; **~ía** *f* calorie
calumnia *f* calumny, slander;
~r *v/t*, *v/i* to slander; to libel
caluroso hot; warm; ardent
calv|icie *f* baldness; **~o** bald
calz|a *f* wedge; *pl* breeches;
~ada *f* highway; causeway;
~ado *m* footwear; shoes; **~ar**
v/t to put on (*shoes*, *tires*); to
wedge; **~oncillos** *m/pl* underpants
cama *f* bed; ~ *plegable* folding bed; *guardar* la ~ to keep
up; **~da** *f* litter (*of young*);
geol layer
cámara *f* chamber; cabin;
med stool; *aut* inner tube;
~ *de comercio* Chamber
of Commerce; ~ *lenta*
slow-motion
camarada *m* comrade
camarer|a *f* maid; waitress;
~o *m* waiter; steward
camarilla *f* clique; faction
camar|ín *m* teat dressing
room; **~ón** *m* common

prawn
camarote *m* cabin; state-
room
cambalache *m fam* swap
cambi|able changeable; **~ar**
v/t to change; to exchange;
to alter; *v/i* to change; **~o** *m*
change; rate of exchange;
small change; *a* ~*o* (*de*) in
return (for); **~o de velocidades** *aut* gearshift; **~sta** *m*
moneychanger
camello *m* camel
camelo *m fam* joking; flirting
camilla *f* stretcher; litter
camin|ante *m* walker; **~ar** *v/i*
to walk; to travel; **~ata** *f*
long walk; **~o** *m* road; track;
path; way; *en* ~*o* under way;
~*o de* on the way to; **~o de
acceso** access road; **~o tron-
cal** main road
camión *m* lorry; *Am* truck;
LA bus; ~ *de mudanzas* removal van, *Am* moving van
camioneta *f* van
camis|a *f* shirt; ~ *de noche*
nightdress, nightgown;
~ería *f* shirt shop; **~eta** *f* undershirt; **~ón** *m* nightdress
camorra *f* quarrel; brawl
campamento *m* camp
campan|a *f* bell; **~ario** *m* be-
lfry; church tower; **~illa** *f*
handbell; electric bell; tassel
campánula *f azul* bluebell
campaña *f* countryside; campaign
campar *v/i* to camp; to excel
campechano frank; hearty

campeón(ona) m (f) champion; **~ titular** defending champion

campeonato m championship

camp|ero in the open; **~esino(a)** m (f) peasant; **~estre** a rural; **~iña** f fields; countryside; **~o** m country; countryside; field; camp; **~o de golf** golf course or links; **~o travieso** cross-country; **~osanto** m cemetery

camuflar v/t to camouflage

can m dog

Canadá m Canada

canadiense m, f, a Canadian

canal m channel; canal; strait; **~ización** f canalization

canalla f mob; rabble; m scoundrel; rotter

canalón m arg gutter

canapé m couch, settee

Canarias f/pl Canary Isles

canario m canary

canas f/pl grey hair

canasta f basket

cancela f ironwork gate

cancela|ción f cancellation; **~r** v/t to cancel

cáncer m cancer

cancha f playing field; **~ de tenis** tennis court

canciller m chancellor

canción f song; **~ de cuna** lullaby

cancionero m song book

candado m padlock

candel|a f candle; **~ero** m candlestick

candente redhot

candidato m candidate

candidez f simplicity; naiveté

candil m oil lamp; **~ejas** f/pl footlights

candor m simplicity; candidness

canela f cinnamon

cangrejo m crab

canguro m kangaroo

canica f marble; pl marbles (game)

caniche m poodle

canícula f dog days

canijo m weakling

canilla f shinbone; tap; reel

canje m exchange; **~ar** v/t to exchange

canoa f canoe

canon m mús, pint, relig canon

canoso m grey-haired

cansa|do tired, weary; **~ncio** m fatigue, weariness; **~r** v/t to tire, to weary; **~rse** to grow tired

canta|nte m, f singer; **~r** v/t, v/i to sing

cántaro m pitcher; jug; **llover a ~s** to rain cats and dogs

cantera f quarry

cantidad f quantity, amount

cantimplora f water bottle; canteen

cantina f canteen; wine cellar; LA saloon, bar

canto m singing; song; edge; crust (of bread); **~r** m singer

caña f reed; cane; stem; glass (of beer); **~ de azúcar** sugar cane; **~ de pescar** fishing rod; **~da** f gully; cattle path

cáñamo m hemp

cañería f pipeline; conduit

caño m pipe; tube; drain

cañón m gun, cannon; barrel; quill; *LA* canyon

cañon|azo m cannonshot; **~eo** m bombardment

caoba f mahogany

caos m chaos

caótico chaotic

capa f cloak; cape; cover; layer

capa|cidad f capacity; capability; **~citar** v/t to qualify

capataz m foreman, overseer

capaz capable; able; competent

capellán m chaplain

capilar capillary

capilla f chapel; choir of a church; **~ ardiente** funeral chapel

capital a capital; essential; important; f capital (of country); m capital; wealth; stock; **~ista** m, f, a capitalist; **~izar** v/t to capitalize

capitán m captain; **~ de puerto** harbo(u)r master

capitan|a f flagship; **~ía** f captaincy

capitulación f capitulation

capitular v/i to capitulate; to sign an agreement

capítulo m chapter; assembly; governing body

caporal m overseer; leader

capot|a f aut hood, bonnet; top (of convertible); **~e** m coat; overcoat; bullfighter's cape; *LA* beating; **~ear** v/t to get out of; to shirk

capricho m caprice; vagary; whim; **~so** capricious; whimsical; wayward

cápsula f capsule; **~ espacial** space capsule

capt|ar v/t to win; to attract; **~ura** f capture; **~urar** v/t to capture

capucha f hood

capullo m bud; cocoon

cara f face; front; surface; head (of coin); **~ o cruz** heads or tails; **dar ~ a** to face up to; **tener ~ de** to look like

carabina f carbine

caracol m snail; **¡~es!** good gracious!

carácter m character; type (in printing)

caracter|ístico characteristic; **~izar** v/t to characterize

¡caramba! heavens!; wow!; damn!

carámbano m icicle

caramelo m sweet; candy; caramel

carátula f mask; *LA* title page (of book)

carbón m coal; carbon; **~ de leña** charcoal

carbonera f coal mine; **~ía** f coal yard

carbónico carbonic

carbonilla f cinders

carbunclo m carbuncle

carburador m carburet(t)or

carcajada f guffaw, burst of laughter

cárcel f prison; jail; *tecn* clamp

carcelero m jailer; warden

carcom|a f woodworm; **~ido** worm-eaten

cardenal m *relig, zool* cardinal; weal

cárdeno purplish; livid

cardíaco cardiac

cardinal cardinal

cardo m thistle

carear v/t to confront; to bring face to face

care|cer v/i to lack; **~ncia** f lack

carestía f scarcity; dearth; high cost

careta f mask; **~ antigás** gas mask

carga f charge; loading; load; burden; cargo; *fig* tax; **~dero** m loading site; **~do** loaded; laden; sultry; *elec* live; **~dor** m loader; stevedore; **~mento** m load; **~r** v/t to load; to burden; *elec, for, com* to charge; v/i to load up; to rest (on); **~rse a uno** to do someone in; **~rse de algo** to be full of something

cargo m loading; load; *com* debit; cargo; **a ~ de** in charge of; under the responsibility of

caribe Caribbean

caricia f caress

caridad f charity

caries f *med* cavity, tooth decay

cariño m affection; kindness; **~so** affectionate; loving

caritativo charitable

cariz m aspect

carmesí a, m crimson

carnal carnal

carnaval m carnival

carne f flesh; meat; pulp; **~ asada** roast meat; **~ congelada** frozen meat; **~ de gallina** goose-flesh, *Am* goosebumps; **~ picada** mincemeat, *Am* ground meat

carnero m ram; sheep; *coc* mutton

carnet m: **~ de conducir** driving licence; **~ de identidad** identity card

carnicería f butcher's shop; butchery; bloodshed

caro dear; expensive

carpa f carp; *LA* tent

carpeta f portfolio; folder; file; *LA* desk

carpintero m carpenter

carrera f run; race; career; course; **~ de caballos** horse race; **~ de relevos** relay race

carret|a f cart; **~e** m reel; **~era** f (main)road; highway; **~ero** m cartwright; carter; **~illa** f wheelbarrow

carril m rut; furrow; lane (of highway); *fc* rail

carrillo m cheek; jowl; pulley

carro m cart, wagon; *LA* car; **~cería** f body (of car)

carroza f coach; carriage

carruaje m carriage

carta f letter; document

chart; playing card; ~ *certifi-cada* registered letter; ~ *de crédito com* letter of credit; ~*pacio m* satchel; briefcase

cartel *m* placard, poster; *com* cartel

cart|era *f* wallet; pocket-book; *LA* lady's handbag; briefcase; portfolio; ~*ero m* postman

cartílago *m* cartilage

cartilla *f* booklet; certificate; primer; *leerle la* ~ *a fig* to lecture

cartografiar *v/t* to map

cartón *m* cardboard, paste-board

cartucho *m* cartridge

casa *f* house; household; home; firm; ~ *consistorial* town hall; ~ *de huéspedes* boarding house; ~ *pública* brothel; *en* ~ at home; ~*dero* marriageable; ~*miento m* marriage

casar *v/t* to marry; to wed; *fig* to match; to join; ~*se* to marry; to get married

cascabel *m* small bell

cascada *f* waterfall

casca|do worn out; cracked; ~*jo m* gravel; grit; ~*nueces m* nutcracker; ~*r v/t* to break; to split

cáscara *f* shell; rind, peel; *LA* bark

casco *m* skull; helmet; hoof; fragment; hull (*of a ship*); empty bottle

caserío *m* hamlet

casero *m* landlord; proprie-tor; *a* domestic; home-made; home-loving

caseta *f* booth; stall

casi almost; nearly

casilla *f* hut; lodge; pi-geon-hole; *teat* box office; square

casino *m* club; casino

caso *m* case; event; occasion; matter; *en* ~ *de que* in case of; *en todo* ~ at any rate; *hacer* ~ *a* to take into con-sideration; *hacer* ~ *omiso de* to ignore; *no venir al* ~ to be irrelevant

caspa *f* dandruff

casquillo *m* tip; metal cap

cassette *m, f* cassette

casta *f* lineage; race; breed; pedigree; caste

castañ|a *f* chestnut; ~*etazo m* snap (*of the fingers*); ~*o m* chestnut tree; ~ *de Indias* horse chestnut; ~*uela f* cas-tanet

castellano(a) *m (f), a* Castil-ian; *m* Castilian language

castidad *f* chastity

castig|ar *v/t* to punish; to correct; ~*o m* punishment; penalty

castillo *m* castle

castizo pure; authentic

casto chaste, pure

castor *m* beaver

castrar *v/t* to prune; to geld; to castrate

castrense military

casual fortuitous; ~*idad f*

329   **celador**

chance; accident; *por ~idad* by chance

casu|ca *f*, **~cha** *f* hovel, hut

catadura *f* sampling; taste

catalán(ana) *m* (*f*), *a* Catalan

catalejo *m* telescope, (spy)glass

catálogo *m* catalogue

Cataluña *f* Catalonia

cataplasma *m* poultice

catar *v/t* to sample; to taste; to examine; to look at

catarata *f* waterfall; *med* cataract

catarro *m* cold; catarrh

catástrofe *f* catastrophe

catecismo *m* catechism (*book*)

cátedra *f* professorship; chair (*at university*)

catedral *f* cathedral

catedrático(a) *m* (*f*) professor

categoría *f* category; group; *de ~* of importance

categórico categorical

católico(a) *m* (*f*), *a* Roman Catholic

catolicismo *m* Catholicism

catre *m* small bed; cot; *~ de tijera* camp bed

cauce *m* riverbed; channel

caucho *m* rubber

caución *f* caution; security

caudal *m* property; wealth; volume; *~oso* copious; wealthy; large (*river*)

caudill|aje *m* leadership; **~o** *m* leader

causa *f* cause; reason; *for* trial; *a ~ de* because of; *~r v/t* to cause; to create; to provoke

cautel|a *f* caution; prudence; **~oso** prudent; cautious; wary

cautiv|ar *v/t* to capture; **~o** *m* prisoner; captive

cauto cautious; wary

cavar *v/t* to dig

caverna *f* cavern; cave

cavidad *f* cavity; hollow

cavil|ar *v/t* to meditate upon; **~oso** distrustful

caza *f* hunt; hunting; shooting; chase; game (*animals*); *~ mayor* big game; **~dor** *m* hunter; **~dora** *f* hunting jacket

cazo *m* ladle; melting pan

cazuela *f* pan; casserole; *teat* gallery

cebada *f* barley

ceb|ar *v/t* to fatten; **~o** *m* feed; fodder

cebolla *f* onion; bulb (*of plant*)

cebra *f* zebra

cecear *v/i* to lisp

cecina *f* dried meat

ceder *v/t* to cede; to yield; to give up

cedro *m* cedar

cédula *f* document; slip (*of paper*); certificate

cegar *v/t* to blind

ceguedad *f* blindness

ceja *f* eyebrow; *fig* rim

cela|da *f* ambush; **~dor** *m*

watchman; **~r** v/t to watch over

celda f cell

celebérrimo very famous

celebrar v/t to acclaim; to applaud; to celebrate; to say (*mass*)

célebre famous

celebridad f fame; celebrity

celeridad f speed, swiftness

celeste heavenly; celestial

celibato m celibacy

célibe m, f, a celibate; unmarried

celo m zeal; rut (*of animals*); sticky tape, *Am* scotch tape; *pl* jealousy; **~sía** f lattice; **~so** zealous; jealous

célula f biol cell

celulosa f cellulose

cementerio m cemetery; graveyard

cement|ar v/t tecn to cement; **~o** m cement

cena f supper; evening meal

cenagal m mire; morass

cenar v/i to dine; to have supper

cencerrear v/i to rattle; to jangle

cenicero m ashtray

cenit m zenith

ceniza f ashes

censo m census

censura f censorship; **~r** v/t to criticize; to blame; to censor

centell|a f spark; flash; **~ear** v/i to sparkle; to twinkle

centenario m centennial

centeno m rye

centígrado centigrade

centímetro m centimetre, *Am* centimeter

centinela m or f sentinel; sentry

central f central; head office; power station; *a* central; **~izar** v/t to centralize

centro m centre, *Am* center; **~ comercial** shopping centre, *Am* center

ceñi|do tight; **~r** v/t to gird; to bind; **~rse** fig to economize

ceño m frown; scowl; **~udo** scowling, gruff

cepa f vinestock; stem; stock

cepillo m brush; tecn plane; **~ de dientes** toothbrush

cepo m branch; stocks, pillory; trap

cera f wax

cerámica f ceramic art; ceramics

cerca adv near; **~ de** prep near; close to

cerca|nía f proximity; vicinity; **~no** close; near; **~r** v/t to enclose; to fence; to besiege

cercenar v/t to cut off

cerco m enclosure; mil encirclement; siege; *LA* hedge

cerd|a f bristle; sow; **~o** m hog, pig

cereal m, a cereal

cerebr|al cerebral; **~o** m brain

ceremoni|a f ceremony; **~al**, **~oso** ceremonious, formal

cerez|a *f* cherry; **~o** *m* cherry tree

cerilla *f* taper; match; ear wax

cero *m* zero; **bajo ~** below zero

cerrado closed

cerradura *f* lock

cerrajer|ía *f* locksmith's shop; **~o** *m* locksmith

cerrar *v/t* to lock; to shut; to close

cerro *m* hill

cerrojo *m* bolt (*of the door*); latch

certamen *m* competition

cert|ero sure; certain; **~eza** *f*, **~idumbre** *f* certainty

certifica|do *m* certificate; *a* registered (*letter*); **~r** *v/t* to register (*letters*); to certify

cervato *m* fawn

cerve|cería *f* brewery; bar; **~za** *f* beer; ale; **~za de barril** draught beer

cerviz *f* nape of the neck

cesant|e on half pay; jobless; **~ía** *f* dismissal; pension

ces|ar *v/i* to cease, to stop; **~e** *m* cease; stop; **~e de fuego** cease-fire

césped *m* lawn; turf

cest|a *f* basket; **~ero** *m* basketmaker; **~o** *m* basket; hamper; **~o de papeles** wastepaper basket

cetro *m* sceptre

chabacan|ería *f* bad taste; shoddiness; **~o** vulgar; in bad taste

chabola *f* shack

chacal *m* jackal

cháchara *f* chatter

chacharear *v/i* to chatter

chacra *f LA* small farm

chafar *v/t* to flatten

chaflán *m* bevel

chal *m* shawl

chalado *fam* cracked (*in the head*); nutty

chalán *m* hawker; huckster

chaleco *m* waistcoat; vest; **~ antibalas** bulletproof vest; **~ salvavidas** life jacket

chalet *m* cottage; bungalow

chalupa *f* sloop; launch

champaña *m* champagne

champiñón *m* mushroom

champú *m* shampoo

chamuscar *v/t* to scorch; to singe

chancear *v/i* to joke; to banter

chancho *m LA* hog, pig

chanchullo *m* dirty business, swindle

chancla *f* old shoe; slipper

chancleta *f* slipper

chanclo *m* clog; galosh

chándal *m* jogging suit

changador *m LA* porter

chantaje *m* blackmail

chanza *f* joke; fun

chapa *f* sheet of metal; board; **~r** *v/t* to cover, to plate; to panel

chaparrón *m* shower; cloudburst

chapotear *v/i* to splash; to paddle

chapuce|ar *v/t* to botch; to

bungle; **~ro** clumsy; shoddy (*work*)

chapurrear *v/t* to speak badly (*a language*)

chapuzar *v/i* to dive

chaqueta *f* jacket; **cambiar ~** to be a turncoat

chaquete *m* backgammon

charc|a *f* pool; **~o** *m* puddle, pond

charla *f* chat; talk; **~r** *v/i* to chatter; to chat; to talk

charlatán *m* chatterbox; mountebank

charol *m* patent leather

chárter: **vuelo** *m* **~** charter flight

chas|car *v/i* to crack; to crackle; **~co** *m* trick; disappointment; **~quear** *v/t* to crack (*a whip*); to play tricks on; **~quido** *m* crack; click; snap

chato *a* snub-nosed; flattened; *m* small wineglass

chauvinista *a, m* chauvinist

chaval(a) *m (f)* boy; girl; kid

chaveta *f* cotter pin

checo(e)slovaco(a) *a, m (f)* Czechoslovak; **2quia** *f* Czechoslovakia

chelín *m* shilling

cheque *m* cheque, *Am t* check; **~ para viajeros** travel(l)er's cheque, *Am t* check

chequeo *m med* check up; *aut* overhaul

chica *f* girl; maid

chichón *m* bruise; bump

chicle *m* chewing gum

chico *m* boy; *a* small

chiflado crazy

Chile *m* Chile

chileno(a) *m (f), a* Chilean

chill|ar *v/i* to yell; to scream; to shriek; **~ido** *m* scream; **~ón** shrill, noisy, loud

chimenea *f* chimney; fireplace; hearth; *mar* funnel

chimpancé *m* chimpanzee

China *f* China

chinche *m* or *f* bug; bedbug

chincheta *f* drawing pin, *Am* thumb tack

chino(a) *m (f), a* Chinese

chiquill|ada *f* childish speech or action; **~ería** *f* kids; children; **~o(a)** *m (f)* kid

chiquitín teeny

chiringuito *m* food and drink stand on the beach

chiripa *f* stroke of luck

chirriar *v/i* to chirp; to squeak; to screech (*brakes*)

chism|e *m* gossip; rumor; trifle, thing; gadget; **~ear** *v/i* to gossip; to tell tales; **~oso** gossipy

chisp|a *f* spark; **~ear** *v/i* to spark; to sparkle; **~orrotear** *v/i* to sizzle

chiste *m* joke; funny story

chivo *m* kid, goat

choca|nte shocking; startling; *LA* annoying; **~r** *v/t* to startle; to shock; to crash; *v/i* to clash; to crash

chocolate *m* chocolate

chófer *m* driver

cholo(a) *a, m (f) LA* meztizo; half-breed

chompa *f LA* pullover, sweater

chopo *m* black poplar

choque *m* shock; jolt; crash

chorizo *m* red pork sausage

chorr|ear *v/i* to gush; to spout; to drip; **~o** *m* jet; spirt; *fig* stream

choza *f* hut, shack

christmas *m* Christmas card

chubasco *m* squall; heavy shower

chul|ada *f* vulgar speech; insolence; funny thing; **~eta** *f coc* chop, cutlet; **~o** pretty, good-looking

chunga *f fam* joke; jest

chup|ar *v/t, v/i* to suck; to suck in; *LA* to drink; **~ete** *m* dummy, *Am* pacifier; **~ón** *m* sponger

churro *m* fritter; *fig* bad piece of work

chusco roguish

chusma *f* mob, rabble

chuzo *m* pike

ciática *f* sciatica

cicatriz *f* scar; **~ar** *v/i* to form a scar

ciclista *m, f* cyclist

ciclo *m* cycle; period

ciclón *m* cyclone

ciego blind; choked up

cielo *m* sky; atmosphere; heaven; *¡~s!* Good Heavens!

ciénaga *f* bog, morass

cien|cia *f* science; **~cias** *pl* **naturales** (natural) sciences;

~tífico *a* scientific; *m* scientist; **~to** one hundred; *por* **~to** per cent

cierre *m* fastening; closing

cierto *a* certain; true; *adv* certainly; *por* **~** incidentally

cierv|a *f* hind; **~o** *m* stag, hart

cifra *f* figure; number

cigarra *f* cicada

cigarr|illo *m* cigarette; **~o** *m* cigar

cigüeña *f* stork; *tecn* winch; **~l** *m* crankshaft

cilíndrico cylindrical

cilindro *m* cylinder; *impr* roller

cima *f* summit

cimentar *v/t* to lay the foundation of; to consolidate

cimiento *m* foundation

cinc *m* zinc

cincel *m* chisel; **~ar** *v/t* to engrave; to chisel

cinco five

cine(ma) *m* cinema; movies

cínico cynical

cint|a *f* ribbon; strap; **~a adhesiva,** *LA* **~a pegante** adhesive tape; **~a magnetofónica** recording tape; **~a métrica** tape measure; **~a transportadora** conveyor belt; **~ura** *f* waist; **~urón** *m* belt; **~urón salvavidas** lifebelt; **~urón de seguridad** safety belt; *aut* seatbelt

ciprés *m* cypress

circo *m* circus

circuito *m* circuit; network; *corto* **~** short circuit

circula|ción f circulation; traffic; **~r** f circular; a circular; v/i to circulate

círculo m circle; club

circundar v/t to (en)circle; to surround

circunstan|cia f circumstance; **~cia atenuante** extenuating circumstance; **~te** m bystander

ciruela f plum; **~ pasa** prune

ciru|gía f surgery; **~jano** m surgeon

cisco m slack; fam hubbub

cisma m schism; disagreement

cisne m swan

cisterna f cistern; watertank

cita f appointment; engagement; quotation; summons; **~r** v/t to quote; to make an appointment or date with

ciudad f city; town; **~ano(a)** m (f) citizen; **~anía** f citizenship; **~ela** f citadel

cívico civic; patriotic

civil civil; polite; **~ización** f civilization; **~izar** v/t to civilize

cizalla f shears; pliers; metal clippings

clam|ar v/i to cry out; **~or** m outcry; **~oroso** clamorous; noisy

clandestino secret; clandestine

clara f white of an egg; fair spell (of weather)

claraboya f skylight

clarear v/t to lighten; to illuminate; v/i to dawn; to clear up

clarete m claret

claridad f brightness; clarity; light

clarín m bugle

claro light; bright; clear; distinct; **¡~!** naturally!; of course; **~ que sí** of course

clase f class; classroom; lesson; kind; **primera ~** first class; **~ media** middle-class; **~ obrera** working class

clásico classic; classical

clasifica|ción f classification; **~r** v/t to classify

claudicar v/i to limp; to give up

claustro m cloister

cláusula f clause

clavar v/t to nail; to fasten; to pierce

clave f key; clue; mús clef; arq keystone

clavel m carnation

clavícula f collar bone

clavija f peg; tecn pin

clavo m nail; spike; clove; **dar en el ~** to hit the nail on the head

claxon m aut horn

clemen|cia f clemency; mercy; **~te** merciful

clérigo m priest; clergyman

clero m clergy; priesthood

clientela f clientele

clima m climate; **~tización** f air conditioning

clínica f clinic; hospital

clip m paper clip; hairpin

cloaca f sewer
cloquear v/i to cluck
cloro m chlorine
cloroformo m chloroform
club m club; ~ nocturno night club
coagular v/t, ~se to coagulate
coalición f coalition
coartada f alibi
cobalto m cobalt
cobard|e m, f coward; a cowardly; ~ía f cowardice
cobaya f guinea pig
cobertizo m shed; shelter
cobija f LA blanket; ~r v/t to cover; to shelter; ~se to take shelter
cobra|dor m collector; ~r v/t to collect (money); to cash; to charge (price); to acquire; v/i to get paid
cobre m copper
cobro m collection (of money); cashing (of cheque)
cocaína f cocaine
coc|er v/t, v/i to cook; ~ido m stew
coche m car; fc coach; carriage; ~ de alquiler rented car; ~ de carreras racing car; ~ fúnebre hearse; ~ de turismo roadster
cochecito m: ~ para bebé pram, Am baby carriage
cochina f sow; ~da f dirt; filthiness; fam filthy thing; dirty trick
cochinillo m suckling pig
cocin|a f kitchen; stove; ~ de

gas gas stove; ~ar v/t cook; v/i to do the cooking; ~ero m, ~era f cook
coco m coconut; fam head; ~drilo m crocodile; ~tero m coconut palm
cóctel m cocktail
codazo m nudge
codear v/i to elbow; v/t to nudge
códice m codex
codici|a f greed; covetousness; ~ar v/t to covet
código m code
cod|illo m zool knee; tecn elbow pipe; ~o m elbow
codorniz f quail
coexist|encia f coexistence; ~ir v/i to coexist
cofradía f guild; society
cofre m chest; trunk; case
coge|dor m dustpan; ~r v/t to seize; to grasp; to catch; to collect
cogote m nape of the neck
cohete m rocket, missile; ~ teledirigido guided missile; ~ría f rocketry
cohibido inhibited, self-conscious
coincidencia f coincidence
cojear v/i to limp, to hobble
cojín m cushion
cojinete m de bolas tecn ball-bearing(s)
cojo lame
cok m coke
col f cabbage; ~ de Bruselas Brussels sprout
cola f tail; extremity; queue;

Am line; **hacer** ~ to queue up, *Am* to line up

colaborador *m* collaborator; co-worker

colador *m* strainer; colander

colar *v/t* to filter; to strain; **~se** to sneak in; to slip in

colch|a *f* bedspread; counterpane; **~ar** *v/t* to quilt; **~ón** *m* mattress

cole = *colegio*

colección *f* collection

coleccionar *v/t* to collect

colect|ivo collective; **~or** *m* collector

colega *m, f* colleague

colegi|al *m* schoolboy; **~ala** *f* schoolgirl; **~o** *m* school

cólera *f* anger; wrath; *m* cholera; **montar en** ~ to fly into a rage

coleta *f* pigtail; *fig* postscript

colga|dero *m* peg; hanger; rack; **~dura** *f* hangings; drapery; **~r** *v/t* to hang up; to hang; *v/i* to hang; to be hanging

colibrí *m* hummingbird

cólico *m* colic

coliflor *f* cauliflower

colilla *f* cigarette stub

colina *f* hill

colindante adjoining

colisión *f* collision

collar *m* necklace; collar (*for animals*)

colmar *v/t* to heap; to fill up; to lavish

colmena *f* beehive

colmillo *m* canine tooth; fang; tusk

colmo *m* heap; height; limit; **¡esto es el ~!** this is the limit!

coloca|ción *f* setting; arrangement; post; job; **~r** *v/t* to put, to place; to employ; to find a job for

Colombia *f* Colombia; **2no(a)** *m* (*f*) Colombian

colon|ia *f* colony; **~ial** colonial; **~izar** *v/t* to colonize

color *m* colo(u)r; pigment; paint; **~ado** *m* colo(u)red; red; **~ear** *v/t* to colo(u)r; **~ete** *m* rouge

colosal colossal; gigantic

columna *f* column; pillar; ~ **vertebral** spinal column

columpi|ar *v/t*, **~arse** to swing; **~o** *m* swing

coma *f gram* comma; *m med* coma

comadre *f* godmother

comadreja *f* weasel

comadrona *f* midwife

comanda|nte *m* commander; major; **~r** *v/t* to command; to lead

comando *m mil* command

comarca *f* region; district

comba *f* curve; bend; sag; **~r** *v/t* to curve; to bend

combat|e *m* fight; battle; **~iente** *m* combatant; **~ir** *v/t*, *v/i* to fight; to attack

combina|ción *f* combination; woman's slip; *f c* connection; **~r** *v/t*, *v/i* to combine; to plan; to figure out

combustible m fuel; a combustible

comedia f play; drama; comedy; **~nte** m (comic) actor; comedian

comedido prudent; polite

comedor m dining room

comensal m dependent; table companion

comentar v/t to comment upon; to explain; **~io** m commentary; **~ista** m (radio) commentator

comenzar v/t, v/i to start, to commence; to begin

comer v/t, v/i to eat; to dine; **~se** to eat up

comercial commercial; **centro** m **~** shopping center

comerci|ante m, f trader; dealer; merchant; **~ar** v/t to trade; to deal in; **~o** m business; trade; commerce; **~o exterior** foreign trade

comestible a edible; **~s** m/pl food

cometa f kite; m comet

comet|er v/t to commit; **~ido** m task; commitment

cómico comic; funny

comida f food; meal; **~ deshidratada** dehydrated food; **~ liofilizada** freeze-dried food

comienzo m beginning

comillas f/pl quotation marks

comilón m glutton; big eater; a fond of eating

comino m cumin; **no me importa un ~** I don't give a damn

comisaría f police station

comis|ario m commissary; **~ión** f commission

comité m committee

comitiva f suite, retinue

como adv how; as; like; when; in order that; because; **¿cómo?** interrog what?; how?; **¡cómo!** interj you don't say so!; **~ no** of course, certainly

cómoda f chest of drawers

comod|idad f comfort; convenience; **~ín** m joker (card)

cómodo comfortable; easy

compacto compact

compadecer v/t to pity

compadre m godfather

compaginar v/t to arrange; **~se** to agree with

compañer|ismo m comradeship; **~o(a)** m (f) comrade, companion; **~o(a) de clase** classmate; **~o de cuarto** roommate

compañía f company; **~ de aviación** airline; **~ naviera** shipping company

compara|ble comparable; **~ción** f comparison; **~r** v/t to compare

comparecer v/i to appear (in court, etc)

comparti|miento m compartment; division; **~r** v/t to divide; to share

compás m compass; mús measure; rhythm; **llevar el ~** to keep time

compasión f pity, compassion

compatib|lidad f compatibility; **~le** compatible

compatriota m, f compatriot

compendi|ar v/t to summarize; to abridge; **~o** m summary; compendium

compensa|ción f compensation; **~r** v/t to compensate; to indemnify

compet|encia f competition; rivalry; competence; capacity; **~ente** competent; capable; **~idor(a)** m (f) rival; competitor; a rival; **~ir** v/i to compete

compilar v/t to compile

compinche m crony; chum

complac|encia f pleasure; satisfaction; **~er** v/t to please, to oblige; to comply; **~erse** to be pleased; **~iente** obliging

complejo m, a complex

complement|ar v/t to complement; to complete; **~ario** complementary; **~o** m complement

completar v/t to complete

complicar v/t to complicate

cómplice m accomplice, accessory

complicidad f complicity

complot m plot; conspiracy

compone|nda f compromise; **~nte** component; **~r** v/t to compose; to arrange; to settle; to mend

comporta|miento m behavio(u)r; **~rse** to behave

composi|ción f composition;

settlement; **~tor** m composer

compostura f composure; repair

compota f stewed fruit; compote

compra f purchase; **ir de ~s** to go shopping; **~dor(a)** m (f) purchaser; **~r** v/t to purchase; to buy; fig to bribe

compren|der v/t to understand; to comprise; **~sible** comprehensible, understandable; **~sión** f comprehension; understanding

compres|a f compress; sanitary napkin; **~ión** f compression; **de alta ~ión** high-compression

comprimi|do m tablet, pill; **~r** v/t to compress

comproba|ción f proof; verification; **~nte** m proof; voucher; **~r** v/t to verify; to check; to prove

comprom|eter v/t to compromise; to jeopardize; to involve; **~eterse** to commit oneself; to become involved; **~iso** m commitment; engagement; arrangement; awkward situation

compuerta f hatch; floodgate

compuesto compound

compulsión f compulsion

computa|dor(a) m (f) computer; **~dora personal** personal computer; **~r** v/t to compute; to calculate

comulgar *v/i* to receive communion

común common; widespread; **en ~** in common; **por lo ~** usually

comunal communal

comunica|ción *f* communication; message, report; **~r** *v/t* to communicate

comuni|dad *f* community; **~ón** *f* communion

comunis|mo *m* communism; **~ta** *m, f, a* communist

con with; in spite of; **~ tal que** provided that

conato *m* endeavo(u)r; effort; *for* attempted crime

cóncavo concave

concebi|ble conceivable; **~r** *v/t* to conceive; to imagine

conceder *v/t* to concede; to grant

concej|al *m* councillor; alderman; **~o** *m* town council

concentra|ción *f* concentration; **~r** *v/t,* **~rse** to concentrate

concepción *f* idea; conception

concepto *m* notion; conception; opinion; **bajo todos los ~s** in every way

concerniente concerning

concertar *v/t* to arrange; to coordinate

concesión *f* concession, grant

concesionario *m com* licensee, concessionary; *aut* dealer

concha *f* shell

concien|cia *f* conscience; *a* **~cia** conscientiously; **~zudo** conscientious

concierto *m* agreement; harmony; concert

concilia|ción *f* conciliation; affinity; **~dor** conciliatory; **~r** *v/t* to reconcile; **~r el sueño** to get to sleep

conciso concise

conclu|ir *v/t* to conclude; to infer; *v/i* to end; **~sión** *f* conclusion; **~yente** conclusive

concordar *v/t* to reconcile; to harmonize; *v/i* to agree; to tally

concordia *f* harmony; agreement

concret|ar *v/t* to sum up; to make concrete; **~arse** to limit oneself; **~o** *a* concrete; *m LA* concrete

concubina *f* concubine

concurr|encia *f* crowd; gathering; attendance; **~ido** much frequented; **~ir** *v/i* to meet; to assemble; to concur; to attend; *com* to compete

concurso *m* assembly; competition; contest

concusión *f med* concussion

cond|ado *m* earldom; county; **~e** *m* earl; count

condecora|ción *f* medal, decoration; **~r** *v/t* to decorate (*with medals, etc*)

condena *f* sentence; conviction; **cumplir ~** to serve a sentence; **~r** v/t to condemn; *for* to convict

condensa|ción f condensation; **~dor** m condenser; **~r** v/t to condense

condesa f countess

condescende|ncia f complaisance; **~r** v/i to comply; to yield

condición f condition; position; nature; **a ~ de que** on condition that

condiciona|do conditioned; **~l** conditional; **~r** v/t to condition; to determine

condiment|ar v/t to season; to spice; **~o** m condiment; seasoning

condiscípulo(a) m (f) fellow student

condole|ncia f condolence; **~rse** to sympathize

condominio m condominium

condonar v/t to condone

conduc|ción f conveyance; conduction; *aut* driving; **~ir** v/t to convey; to transport; to lead; to drive; **~ta** f conduct; behavio(u)r; **~to** m conduit; pipe; duct; channel; **~tor(a)** m (f) driver; leader; conductor (*of heat, electricity, etc*)

conectar v/t *tecn* to connect; to join

conej|era f rabbit warren; **~illo** m bunny; **~illo de Indias** guinea pig; **~o** m rabbit

conexión f connection

confección f concoction;

preparation; ready-made article; dress-making

confeccionar v/t to make (ready); to prepare

confedera|ción f confederation; confederacy; **~r** v/t, **~rse** to form a confederation

conferencia f lecture, talk; (*long-distance*) telephone conversation; **~nte** m, f lecturer; **~r** v/i to confer together; to hold a conference

conferir v/t to bestow; v/i to discuss; to confer

confes|ar v/t to confess; **~ión** f confession; **~ionario** m confessional; **~or** m confessor

confia|do trusting, confident; unsuspecting; self confident; vain; **~nza** f confidence, trust; reliance; **de ~nza** reliable; **~r** v/t to entrust; to confide in; v/i to trust; to be confident

confidencia f confidence; **~l** confidential

configura|ción f shape; outline; **~r** v/t to shape

confinar v/t to confine; v/i **~ con** to border on

confirma|ción f confirmation; **~r** v/t to confirm

confiscar v/t to confiscate

confit|e m confectionery; sweets, *Am* candy; **~ería** f confectioner's shop, *Am* candy store; **~ura** f preserves; jam

conflicto m conflict; struggle

conflu|encia f confluence; **~ir** v/i (rivers) to meet; (people) to come together

conform|ar v/t to adjust; **~arse** to content oneself; to comply; **~e** a agreed; agreeing; **~e a** in accordance with; adv correspondingly; **~idad** f conformity

conforta|ble comfortable; **~nte** comforting; **~r** v/t to comfort

confrontar v/t to compare; to confront

confu|ndir v/t to confuse; to mix up; **~sión** f confusion; **~so** confused; obscure

congela|dor m freezer; **~r** v/t, v/i to freeze; to deep-freeze

congenia|l congenial; kindred; **~r** v/i to get along with

congestión f congestion

conglomerar v/t, **~se** to conglomerate

congoja f anguish; distress

congraciarse to ingratiate oneself

congratular v/t to congratulate; **~se** to be pleased

congrega|ción f congregation; **~r** v/t to gather; **~rse** to congregate; to assemble

congreso m congress

cónico conical

conífera f conifer

conjetura f conjecture; surmise

conjugar v/t to conjugate

conjun|ción f conjunction; **~tivo** m conjunctive; **~to** a

connected; m whole; set; **en ~to** together; as a whole

conjura|ción f conspiracy; **~r** v/i, **~rse** to conspire

conmemorativo memorial; commemorative

conmigo with me

conmo|ción f commotion; unrest; **~vedor** moving; poignant; **~ver** v/t to move; to touch; to shake; to affect

conmuta|dor m elec switch; **~r** v/t for to commute; to change

cono m cone

conoc|edor(a) a expert; m (f) expert; connoisseur; **~er** v/t to know; to be familiar with; **~ido** well-known; **~imiento** m knowledge

conque so then; well then

conquista f conquest; **~dor** m conqueror; **~r** v/t to conquer; to win over

consabido well-known; aforesaid

consagrar v/t to consecrate; to devote; to sanctify

consanguíneo related by blood

consciente conscious

conscripción f LA conscription

consecuen|cia f consequence; **~te** consequent

consecutivo consecutive

conseguir v/t to obtain; to get; to succeed in

consej|ero m counsellor; adviser; **~o** *m* advice; council; advisory body; **~o de administración** board of directors; **~o de ministros** cabinet (council)

consenti|do spoilt (*child*); complaisant (*husband*); **~miento** *m* consent; **~r** *v/t* to permit; to spoil; to indulge

conserje *m* porter, janitor, doorkeeper; **~ría** *f* porter's office

conserva *f* preserved food; *pl* preserves; canned foods; **~ción** *f* conservation; maintenance; **~dor** *m pol* conservative; *a* conservative; **~r** *v/t* to preserve; to conserve; to keep up; **~torio** *m mús* conservatory

considera|ble considerable; **~ción** *f* consideration; **~do** considerate; **~r** *v/t* to consider

consigna *f* order; watchword; password; luggage-room (*at stations*); cloakroom; **~ción** *f* consignment; **~r** *v/t* to consign; to dispatch

consigo with him, with her, with you

consiguiente consequent; **por ~** consequently

consisten|cia *f* consistency; **~te** consistent

consol|ar *v/t* to console; to comfort; **~idar** *v/t*, **~se** to consolidate

consonante *f* consonant

consorte *m* partner; consort; (*law*) accomplice

conspira|ción *f* conspiracy; **~dor** *m* conspirator, plotter; **~r** *v/i* to plot; to conspire

consta|ncia *f* constancy; evidence; **dejar ~ncia de** to put on record; **~nte** constant; **~r** *v/i* to be evident; **hacer ~r** to certify

constelación *f* constellation

consternar *v/t* to dismay; to consternate

constipa|do *m* cold; **~rse** to catch cold

constitu|ción *f* constitution; **~cional** constitutional; **~ir** *v/t* to constitute; to set up

constituyente constituent

constreñir *v/t* to constrain; *med* to constipate

constru|cción *f* construction; building; **~ctor** *m* builder; **~ir** *v/t* to construct; to build

consuelo *m* consolation; solace

cónsul *m* consul

consulado *m* consulate

consulta *f* consultation; opinion; **horas** *f/pl* **de ~** doctor's consulting hours; **obra** *f* **de ~** reference book; **~r** *v/t* to consult

consumado accomplished; consummate

consum|ido lean; skinny; **~idor** *m* consumer; **~ir** *v/t* to consume; **~irse** to burn out; to waste away; **~o** *m* consumption

contab|ilidad f bookkeeping; accounting; **~le** m bookkeeper

contacto m contact; touch

contad|o rare; numbered; **al ~o** in cash; **~or** m meter (for water, gas, etc); accountant

contagi|ar v/t to contaminate; to infect; **~o** m contagion; corruption; **~oso** contagious

contamina|ción f contamination, pollution; **~ción ambiental** environmental pollution; **~r** v/t to contaminate; to pollute; fig to corrupt

contempla|ción f contemplation; **~r** v/t to contemplate; to gaze at

contemporáneo contemporary

conten|ción f contention; **~cioso** contentious; controversial; **~der** v/i to contend; to fight

conten|er v/t to contain; to hold; **~ido** m contents

content|ar v/t to satisfy; to please; **~arse** to be content; **~o** content; pleased

contesta|ción f answer; **~r** v/t to answer

context|o m context; **~ura** f contexture

contienda f dispute; struggle

contigo with you

contiguo adjacent; adjoining

continente m continent

contingen|cia f risk; contingency; **~te** a contingent; m quota; mil contingent

continua|ción f continuation; **~damente** continually; continuously; **~r** v/t, v/i to continue; **~rá** to be continued

continuidad f continuity

continuo constant; continuous

contorno m form; outline, contour; pl environs

contra against

contraataque m counterattack

contrabajo m contrabass

contraband|ear v/i to smuggle; **~ista** m smuggler; **~o** m smuggling; contraband; **pasar de ~o** to smuggle (in)

contracción f contraction

contrac|eptivo m contraceptive; **~orriente** f cross current; **~ultura** f counterculture

contrad|ecir v/t to contradict; **~icción** f contradiction

contraer v/t to contract; to enter into

contraespionaje m counter-espionage

contrafuerte m arq buttress

contraluz: a ~ against the light

contramaestre m boatswain

contramarcha f tecn reverse (gear)

contraorden f counterorder

contrapelo: a ~ against the grain

contraproducente self-defeating, counter-productive

contrari|ar v/t to go against; to annoy; **~edad** f setback; obstacle; vexation; **~o** contrary; **al ~o** on the contrary

contrarrestar v/t to counteract; to check

contrarrevolución f counter-revolution

contrasentido m misinterpretation; nonsense

contraseña f password, watchword

contrast|ar v/t to resist; to contrast, to be different; **~e** m contrast; **en ~e con** in contrast to

contrata f contract; **~r** v/t to engage, to hire; sp to sign up

contratiempo m mishap, setback

contrato m contract

contraveneno m antidote

contravenir v/t to contravene

contraventana f shutter (of window)

contribu|ción f contribution; tax; **~ir** v/t to contribute; **~yente** m, f contributor; taxpayer

contrincante m rival

control m control, checking; **~ de la natalidad** birth control; **~ador** m **aéreo** air traffic controller; **~ar** v/t to control; com to audit

controversia f controversy

contumacia f obstinacy; for contempt of court

contusión f bruise; contusion

convalec|encia f convalescence; **~er** v/i to convalesce

convenc|er v/t to convince; **~imiento** m conviction

conven|ción f convention; **~iencia** f conformity; convenience; **~iente** suitable; convenient; **~io** m agreement; convention; **~ir** v/i to agree; **~irse** to come to terms; to agree

convent|illo m LA tenement house; **~o** m convent

convergen|cia f convergence; **~te** converging

conversa|ción f conversation; **~r** v/i to converse

conver|sión f conversion; **~tir** v/t to convert

convicción f conviction

convidar v/t to invite

convincente convincing

conviv|encia f living together; **~ir** v/i to live together

convocar v/t to convoke

convoy m convoy; escort

conyugal conjugal

cónyuge m, f consort; husband; wife; pl married couple

coñac m brandy

coopera|ción f cooperation; **~r** v/i to cooperate; **~tiva** f cooperative society

coordina|ción f coordination; **~r** v/t to coordinate

copa f wineglass; sp cup; **tomar una ~** to have a drink

copi|a f copy; **~adora** f copying machine; **~ar** v/t to copy; **~oso** copious; plentiful; abundant

copla f couplet; song

copo m tuft; **~ de nieve** snowflake; **~s** pl **de avena** oatmeal

coquet|a flirtatious; **~ear** v/i to flirt

coraje m courage; anger

corazón m heart; bot core; **llevar el ~ en la mano** to wear one's heart upon one's sleeve

corazonada f hunch; foreboding

corbata f necktie

corchete m hook and eye; impr bracket; **~ de presión** snap fastener

corcho m cork

corcovado hunchbacked

cordero m lamb

cordial friendly; **~idad** f cordiality; warmth; friendliness

cordillera f mountain range

cordón m cord; string; **~ de zapato** shoelace

cordura f good sense

cornada f goring (by bull)

corneja f crow

corneta f cornet; bugle; horn; m cornet player; bugler

cornudo a horned; m fig cuckold

coro m choir; chorus

corona f crown; **~ción** f coronation; **~r** v/t to crown

coronel m colonel

coronilla f top of the head; fam **estar hasta la ~** to be fed up

corpiño m bodice

corpora|ción f corporation; **~tivo** corporate

corpulento corpulent; stout; burly

corral m yard; farmyard; pen

correa f leather strap; leash; **~ de ventilador** fan belt

correc|ción f correction; correctness; **~to** correct; polite

corred|izo sliding; folding; **~or** m sp runner; com broker; **~or de apuestas** bookmaker; **~or de bolsa** stockbroker

corregir v/t to correct; to rectify; to reprimand

correo m mail; post office; **a vuelta de ~** by return mail; **~ aéreo** airmail; **~so** stringy; tough

correr v/i to run; to elapse (time); to flow; **a todo ~** at full speed; **~se** to move along; to run together

correspond|encia f correspondence; **~er** v/i to correspond; to reply; **~iente** corresponding

corresponsal m correspondent (of a newspaper)

corri|da f run, dash; bullfight; **~ente** a running; current; general; ordinary; f current; *estar al ⁓ente* to be informed (about); *⁓ente alterna* alternating current; *⁓ente continua* direct current; *⁓ente de aire* draught, *Am* draft

corroborar *v/t* to strengthen; to corroborate

corroer *v/t* to corrode; *geol* to erode

corromper *v/t* to corrupt; to seduce; to bribe

corrosión *f* corrosion

corrupción *f* corruption

cortabolsas *m* pickpocket

cortacésped *m* lawnmower

cortaplumas *m* penknife

cort|ar *v/t* to cut; *⁓e m* cutting; cut; style; length (*of cloth*); *f* court; entourage; yard; *LA* court of justice; *hacer la ⁓e* to court; *pl* Parliament (*in Spain*)

cortej|ar *v/t* to court, to woo; *⁓o m* courtship; wooing

cortés courteous; polite

cortesía *f* politeness; courtesy

corteza *f* bark (*of tree*); peel (*of fruit*); rind (*of cheese*)

cortijo *m* farmstead; farm

cortina *f* curtain

corto short; brief; *a ⁓ plazo* short-term

cortocircuito *m* short circuit

corvo curved, arched

corzo *m* roe-deer

cosa *f* thing; matter, business; *otra ⁓* something else; *poca ⁓* nothing much

cosech|a *f* crop; harvest; yield; *⁓ar* *v/t* to harvest, to reap

cos|er *v/t, v/i* to sew; *⁓ido m* sewing

cosmético *a, m* cosmetic

cósmico cosmic

cosmonauta *m* cosmonaut

cosmopolita *a, m, f* cosmopolitan

cosquill|as *f/pl* tickling; *hacer ⁓as* to tickle; *tener ⁓as* to be ticklish; *⁓ear* *v/t* to tickle

costa *f* coast; coastline; shore

costa *f* cost; price paid; *a ⁓ de* at the expense of

costado *m* side; flank

costar *v/i* to cost

Costa Rica *f* Costa Rica

costarriqueño(a) *a, m (f)* Costa Rican

coste *m* cost; expense; investment

costilla *f* rib

costo *m* cost; expense; *⁓so* high priced

costra *f* crust; *med* scab

costumbre *f* habit; practice; custom; *de ⁓* usually; *como de ⁓* as usual

costura *f* sewing; needlework; seam; *alta ⁓* haute couture

cotejar *v/t* to compare; to collate

cotidiano daily; everyday

cotiza|ción *f com* quotation; valuation; *⁓r* *v/t* to quote

coto *m* boundary; enclosure; landmark

coyuntura *f* joint (*of bones*); opportunity, occasion

coz *f* kick

cráneo *m* skull

cráter *m* crater

crea|ción *f* creation; **~dor** *m* maker; **~r** *v/t* to make; to create; to establish; **~tivo** creative

crec|er *v/i* to grow; to rise; **~es** *f/pl* increase; **con ~es** with a vengeance; **~ido** grown; crescent (*moon*); **~imiento** *m* growth; rise; **~imiento cero** zero growth

crédito *m* credit

credo *m* creed

crédulo credulous

cre|er *v/t* to believe; to think; **~íble** credible

crem|a *f* cream; **~a batida** whipped cream; **~allera** *f* zip fastener, zipper; **~oso** creamy

crepúsculo *m* twilight

cresa *f* maggot

crespo curly; displeased

cresta *f* crest; cock's comb

creyente *a* believing; *m, f* believer

cría *f* breeding

cria|dero *m* breeding place; *bot* nursery; deposit (*of minerals*); **~do(a)** *m* (*f*) servant; **~nza** *f* breeding; nursing; upbringing; **~r** *v/t* to raise; to nurse; to breed; to bring up;

~tura *f* creature; infant; baby

criba *f* sieve; **~r** *v/t* to sift

crim|en *m* crime; **~inal** *a, m, f* criminal

crin *m* mane

criollo(a) creole; *LA* native, local

cripta *f* crypt

crisis *f* crisis; **~ nerviosa** nervous breakdown

crispar *v/t* to contract, to make twitch (*nerves, muscles*)

cristal *m* crystal; glass; windowpane; **~ tallado** cut glass; **~ino** clear; limpid; **~izar** *v/t* to crystallize

cristian|dad *f* Christendom; **~ismo** *m* Christianity; **~o(a)** *m* (*f*), *a* Christian

Cristo *m* Christ

criterio *m* criterion

crítica *f* criticism; critique

criticar *v/t* to criticize

crítico *m* critic; *a* critical

criticón *a* faultfinding

croar *v/i* to croak

cromo *m* chromium

crónica *f* chronicle

cronista *m* chronicler; reporter

cronología *f* chronology

cronológico chronological

croqueta *f* croquette

croquis *m* sketch; outline

cruce *m* crossing; crossroads; **~ a nivel** grade crossing; **~ro** *m* crossing; cruise

crucifi|car *v/t* to crucify; **~jo** *m* crucifix

crucigrama *m* crossword puzzle

crud|eza *f* crudity; rudeness; **~o** crude; raw

cruel cruel; severe; hard; **~dad** *f* cruelty; severity

cruji|do *m* creak; rustle; **~ente** crunchy; **~r** *v/i* to crackle; to creak; to rustle

cruz *f* cross; tails (*of coin*); **~ gamada** swastika; ♀ **Roja** Red Cross; ¡**~ y raya!** that's enough!; **~ada** *f* crusade; **~ado** crossed; **~ar** *v/t* to cross

cuaderno *m* notebook; copybook

cuadra *f* hall; stable; *LA* city block

cuadrado square; checkered

cuadrante *m* dial; *mat, mar* quadrant

cuadrar *v/t* to square; *v/i* to tally; to fit in; **~se** to stand at attention

cuadrilla *f* gang; band; team (*of bullfighters*)

cuadrilongo *a, m* oblong

cuadro *m* painting; picture; frame; **~ de distribución** switchboard

cuadrúpedo *m* quadruped

cuaja|da *f* curd; **~r** *v/i* to coagulate; to curdle; to congeal; *fig* to turn out well

cual *rel pron* (*with definite article*) who; which; *adv* as; like; such as; **cada ~** each one

¿cuál?, ¿cuáles? *interrog pron* which?; what?

cualidad *f* quality

cual|quier *a* (*used before nouns*) any; **~quiera** *a, sing pron* any; anyone; anybody

cuan *adv* how; **~ ... tan** as ... as

cuando when; at the time of; if; **de ~ en ~** from time to time; **~ más** at most; **~ quiera** whenever

¿cuándo? (*interrog*) when?

cuantía *f* quantity; importance

cuantioso large; abundant, copious

cuanto *a, pron rel* as much as; all; whatever; *adv* **~ más barato tanto mejor** the cheaper the better; **en ~** as soon as; **en ~ a** as to; **~ antes** as soon as possible

¿cuánto(a)? *interrog pron* how much; how long; how far; *pl* how many?; **¿a ~s estamos?** what's the date?

cuarentena *f* quarantine

cuaresma *f* Lent

cuartel *m* barracks; **~ general** headquarters

cuarteto *m mús* quartet

cuartilla *f* sheet (*of paper*)

cuarto *m* room; apartment; quarter; **un ~ para** a quarter to (*the hour*); **(la hora) (la hora)** a quarter past (*the hour*); **~ trasero** rump; **sin ~** penniless

cuarzo *m* quartz

cuatro four

cuba *f* cask; barrel; tub; drunkard; ♀ *f* Cuba

cubano(a) *a, m (f)* Cuban

cubertería *f* silverware; cutlery

cubeta *f* small vat *or* cask

cubiert|a *f* cover; lid; deck (*of a ship*); **~a de popa** poop deck; **~a de proa** foredeck; **~o** *m* cover (*at table*)

cubilete *m* dicebox; baking mold

cubito *m* **de hielo** ice cube

cubo *m* cube; pail; bucket, scuttle; **~ de basura** trash can

cubrecama *f* coverlet

cubrir *v/t* to cover; to cloak; **~se** to cover oneself; to put on one's hat

cucaracha *f* cockroach

cuchar|a *f* spoon; **~ada** *f* spoonful; **~illa** *f*, **~ita** *f* teaspoon; **~ón** *m* ladle

cuchichear *v/i* to whisper

cuchill|a *f* large kitchen knife; **~ada** *f* slash, stab; **~o** *m* knife

cuclill|as: sentarse en ~as to squat; **~o** *m* cuckoo

cuello *m* neck; collar (*of shirt, etc*)

cuenca *f* basin (*of river*); socket (*of eye*)

cuenta *f* calculation; account; bill; report; **~ atrás** countdown; **~ corriente** current account; **a ~** on account; **dar ~** to report; to account for; **darse ~ de** to realize; **hacer las ~s** to settle accounts; to sum up; **actuar por su ~** to act for oneself; **tomar en ~** to take into account

cuent|ista *m* storyteller; **~o** *m* story; tale; **~o chino** cock and bull story; **~o de hadas** fairy tale; **~o de viejas** old wives' tale

cuerda *f* rope; cord; chord; spring (*of watch or clock*); **dar ~a** to wind up (*watch; clock*); **~ floja** tightrope; **~ de plomada** plumbline; **~ de remolque** tow line; **~ para la ropa** clothesline

cuerdo sane; prudent

cuerno *m* horn

cuero *m* leather; hide; skin; **en ~s** naked; **~ cabelludo** scalp

cuerpo *m* body; figure; **~ de bomberos** fire brigade; **~ diplomático** diplomatic corps

cuervo *m* raven

cuesta *f* slope; **~ abajo** downhill; **~ arriba** uphill

cuestión *f* problem; question; issue

cuestionar *v/t* to question; to discuss; to dispute; **~io** *m* questionnaire

cueva *f* cave; grotto; cellar

cuidado *m* care; worry; concern; **tener ~** to take care; **¡inter ~!** careful!; take care!; **~so** careful

cuidar *v/t* to look after; to tend; *v/i* **~ de** to take care of

culata *f* butt (*of gun*)

culebra f snake; **~ de casca-bel** rattlesnake
culmina|nte culminating; **~r** v/i to culminate; to peak
culo m bottom; buttocks; ass
culpa f blame; fault; **~ble** guilty; **~r** v/t to accuse; to blame
cultiv|ar v/t to cultivate; to till; **~o** m cultivation; *biol* culture; crop
culto a cultivated; cultured; elegant; learned; m worship; cult
cultura f culture
cumbre f top; summit
cumpleaños m birthday
cumpli|do a full; complete; polite; m compliment; **~miento** m fulfillment; completion; **~r** v/t to carry out; to comply (with); to reach; v/i to end; to expire
cúmulo m heap
cuna f cradle
cundir v/i to spread; to increase
cuneta f gutter; ditch

cuña f wedge
cuñad|a f sister-in-law; **~o** m brother-in-law
cuota f quota; share
cupón m coupon
cúpula f dome; cupola
cura m parish priest; f med cure; **~ndero** m quack; **~r** v/t to cure; **~rse** to recover
curios|ear v/i to snoop; **~idad** f curiosity; **~o** curious
cursar v/t to frequent a place; to take classes
cursi tasteless; showy, vulgar, cheap
cursillo m short course
cursiva f italics
curso m course
curtir v/t to tan (*hides*)
curv|a f curve; **~ilíneo** curvilinear
cúspide f geol peak
custodia f custody; care; safekeeping; **~r** v/t to guard; to watch; to look after
cutis m complexion; skin
cuyo(a, os, as) whose; of whom; of which

D

daca: toma y ~ give-and-take
dactilografía f typing
dactilógrafo(a) m (f) typist
dádiva f gift
dado m die; pl dice
daga f dagger
dalle m scythe
daltonismo m colo(u)r

blindness
dama f lady; gentlewoman; queen (*chess*); pl draughts, Am checkers
damasco m damask; LA apricot
damnificar v/t to hurt; to injure

danés(esa) *m* (*f*) Dane; *a* Danish

danza *f* dance; **~r** *v/i* to dance

dañar *v/t* to hurt; to injure; **~ino** harmful; **~o** *m* damage; injury; **~oso** injurious

dar *v/t* to give; to grant; to yield; to strike (*the hour*); **~ a la calle** to face the street; **~ las gracias** to thank; **~ parte de** to inform about; **~ un grito** to cry out; **~ en** *v/i* to hit upon; **¡qué más da!** what does it matter?

dardo *m* dart

dársena *f* quay; dock

dátil *m* date

dato *m* fact; item; *pl* particulars; data

de of; from; for; by; **un vaso ~ agua** a glass of water; **~ A a B** from A to B; **~ día** by day; **~ miedo** for fear; **~ veras** really; truly

deambular *v/i* to stroll

debajo *adv* underneath; below; **~ de** *prep* under

debat|e *m* debate; **~ir** *v/t* to debate; to discuss

deb|e *m com* debit; **~er** *m* duty; obligation; debt; **~eres** *pl* homework; **~er** *v/t* to owe; *v/i* to must; to have to; **~ido a** a fitting; due; **~ido a** owing to, due to

débil feeble; weak

debili|dad *f* feebleness; **~tar** *v/t* to weaken

década *f* decade

decadencia *f* decadence

decaimiento *m* decay; weakness; decline

decapitar *v/t* to behead

decena *f* ten

decencia *f* decency

decenio *m* decade

decente decent

decepción *f* disappointment

decepcionar *v/t* to disappoint

decible expressible

decid|ido determined; decided; **~ir** *v/t*, *v/i* to decide

decimal decimal

décimo *a*, *m* tenth

decir *v/t*, *v/i* to say; to tell; to speak; **es ~** that is to say; **¡diga!** hello! (*on phone*); **¡no me digas!** you don't say!

decisi|ón *f* decision; **~vo** decisive

declamar *v/i* to hold forth; to speak out

declara|ción *f* declaration; **~ción de renta** tax-return; **~r** *v/t* to declare

declina|ción *f* decline; *gram* declension; **~r** *v/t* *gram* to decline; *v/i* to decline; to decay

declive *m* slope

decora|ción *f* decoration; **~do** *m teat* scenery; **~r** *v/t* to decorate

decoro *m* decorum; propriety

decrecer *v/i* to decrease

decrépito decrepit

decret|ar *v/t* to decree; to decide upon; **~o** *m* decree

dedal *m* thimble

dedicar *v/t* to dedicate; to devote

dedo *m* finger; ~ **del pie** toe; ~ **índice** index finger; ~ **meñique** little finger

deduc|ción *f* deduction; **~ir** *v/t* to deduce; to infer; to deduct

defect|o *m* defect, fault; shortcoming; **~uoso** defective

defen|der *v/t* to defend; **~sa** *f* defence, *Am* defense; safeguard; **~sa del ambiente** environment protection

deferencia *f* deference

deferir *v/i:* ~ **a** to defer to; to yield

deficien|cia *f* deficiency; defect; **~te** faulty

defini|ción *f* definition; **~do** definite; **~r** *v/t* to define

deform|ar *v/t* to deform; **~ado** deformed; **~idad** *f* deformity

defrauda|ción *f* fraud; **~ción fiscal** tax evasion; **~r** *v/t* to cheat; to deceive; to defraud

defunción *f* decease, demise

degenerar *v/i* to degenerate

degollar *v/t* to decapitate

degrada|ción *f* degradation; depravity; **~r** *v/t* to degrade

degustación *f* tasting

dehesa *f* pasture, range

dei|dad *f* deity; **~ficar** *v/t* to deify

deja|do slovenly; **~r** *v/t* to leave; to abandon; to let, to allow; **~r en paz** to leave alone; **~r de** *v/i* to stop (*doing*)

dejo *m* aftertaste

del *contraction of* **de el**

delantal *m* apron

delante *adv* in front; before; ~ **de** *prep* in front of

delanter|a *f* front; front row; lead; **llevar la ~a** to be in the lead; **~o** *m sp* forward

delat|ar *v/t* to denounce; **~or(a)** *m (f)* informer

delega|ción *f* delegation; **~do** *m* delegate

deleit|arse *v/r:* **~arse en** to delight *or* revel in; **~e** *m* delight, pleasure

deletre|ar *v/t* to spell; to decipher; **~o** *m* spelling

delfín *m* dolphin

delgad|ez *f* thinness; **~o** thin; slim; slender

delibera|ción *f* deliberation; resolution; **~damente** deliberately; **~r** *v/i* to consider; to deliberate; *v/t* to decide

delicad|eza *f* delicacy; refinement; **~o** delicate; delicious; dainty; refined

delici|a *f* delight; **~oso** delicious; delightful

delimitar *v/t* to delimit

delincuen|cia *f* delinquency; **~te** *m, f* criminal

delinear *v/t* to draw; to outline

delir|ar *v/i* to rave; **~io** *m* delirium; ravings

delito *m* crime; ~ **mayor** felony; ~ **menor** misdemeano(u)r

demacrado emaciated

demagogia f demagogy

demanda f demand; petition; inquiry; lawsuit; **~nte** m plaintiff; **~r** v/t to demand; to claim; to sue

demarca|ción f demarcation; **~r** v/t to delimit; to mark out

demás a other; remaining; **los, las ~** the others; the rest; **por lo ~** as to the rest; apart from this

demasiado a too much; pl too many; adv too; too much

demencia f insanity

democracia f democracy

democrático democratic

demol|er v/t to demolish; **~ición** f demolition

demonio m demon; **¡~s!** hell!

demora f delay; **~r** v/t to delay; v/i to linger on

demostra|ción f demonstration; **~r** v/t to demonstrate; to prove

denega|ción f refusal; **~r** v/t to deny; for to overrule

dengue m affectation; **hacer ~s** to be finicky

denigrar v/t to defame; to smirch; to revile

denomina|ción f denomination; **~r** v/t to name

denotar v/t to denote

dens|idad f density; thickness; **~o** dense; thick

denta|do toothed; jagged; **~dura** f denture; **~r** v/t to indent

dentista m dentist

dentro inside; indoors

denudar v/t to denude

denuncia f denunciation; for accusation; **~ción** f denunciation; **~r** v/t to denounce; to proclaim

departamento m department; compartment; LA apartment, flat

depend|encia f dependence; dependency; subordination; com branch office; **~er** v/i to depend; **~iente** m shop assistant

deplorar v/t to deplore

deponer v/t to lay down; to depose; for to give evidence

deporta|ción f deportation; **~r** v/t to deport

deport|e m sport; **~ista** m, f sportsman, sportswoman; **~ivo** sporting

deposi|ción f removal; for deposition; statement; **~tar** v/t to deposit

depósito m deposit; storehouse; **~ de agua** water tank; **~ de gasolina** gas tank

depravado depraved

depreciar v/t to depreciate

depresión f depression

deprimi|do depressed; **~r** v/t to depress; to humiliate

depurar v/t to purify; to cleanse

derech|a f right; right hand; **~ista** m, f pol rightwinger; **~o**

m right; law; justice; **~o de paso** right of way; **~os de autor** copyright; **con ~** rightly; justly; **de ~** by right; *a* right; straight

deriva *f mar* drift; **~ción** *f* derivation; origin; **~do** derivative; **~r** *v/t* to derive

derogar *v/t* to repeal; to abolish

derramar *v/t* to shed (*blood*); to spill; to scatter; to pour out; **~se** to overflow; to run over

derrame *m* overflow

derrapar *v/i* to skid

derretir *v/t* to melt, to dissolve; **~se** to melt

derrib|ar *v/t* to demolish; to knock down; **~o** *m* demolition

derrocar *v/t* to overthrow; to topple

derroch|ar *v/t* to squander; to waste; **~e** *m* squandering

derrota *f* defeat; **~r** *v/t* to defeat; to rout

derrumba|miento *m* collapse; cave-in; **~r** to tear down; **~rse** to fall down; to collapse

desabotonar *v/t* to unbutton

desabrido tasteless; insipid

desabrigar *v/t* to uncover; to expose

desabrochar *v/t* to unclasp; to unfasten

desacat|ar *v/t* to be disrespectful to; **~o** *m* disrespect; *for* contempt

desac|ertar *v/i* to err; to be wrong; **~ierto** *m* mistake; blunder

desacomod|ado destitute; jobless; **~ar** *v/t* to inconvenience; to dismiss (*from job*)

desaconsejado ill-advised

desacostumbra|do unusual; **~rse** to break a habit

desacreditar *v/t* to discredit

desacuerdo *m* disagreement

desafecto *m* dislike; disaffection

desafia|nte defiant; **~r** *v/t* to defy, to challenge

desafinar *v/i mús* to be out of tune; **~se** to get out of tune

desafío *m* challenge

desafortunado unlucky, unfortunate

desagradable disagreeable, unpleasant

desagradeci|do ungrateful; **~miento** *m* ingratitude

desagrado *m* discontent, displeasure

desagraviar *v/t* to indemnify

desagüe *m* drain; outlet; draining

desahoga|do brazen; roomy; comfortable; **~r** to relieve; to ease; **~rse** to unburden oneself; to relax

desahogo *m* relief; freedom; ease

desahuci|ar *v/t* to evict (*tenants*); **~o** *m* eviction

desaira|do unattractive; unsuccessful; **~r** *v/t* to snub; to ignore

desal|entar v/t to discourage; **~entarse** to lose heart; **~iento** m discouragement; dismay

desaliñado untidy; slovenly; grubby

desalmado heartless, pitiless

desalojar v/t to dislodge, to oust

desalquilado unoccupied; not rented

desalumbrado dazzled; bewildered

desamor m coldness; indifference

desamparar v/t to forsake; to desert; **~o** m abandonment; helplessness

desangrar v/t to bleed; **~se** to lose blood; to bleed to death

desanima|do downhearted, dispirited; **~r** v/t to discourage

desapacible unpleasant, disagreeable

desapar|ecer v/i to disappear; to vanish; **~ecido** missing; LA inattentive; **~ición** f disappearance

desapercibido unprepared, unprovided; unnoticed; LA inattentive

desapoderar v/t to dispossess

desaprobar v/t to disapprove; to frown on

desaprovechado backward; unproductive

desarm|ar v/t to disarm; **~e** m disarmament

desarraigar v/t to root out; to eradicate

desarregl|ado untidy; disorderly; out of order; **~ar** v/t to disarrange; **~o** m disorder; confusion

desarroll|ar v/t to develop; to unroll, to unwind; **~o** m development; **en ~o** developing

desarticulado disjointed

desaseado unclean, dirty; untidy

desasos|egar v/t to disquiet; to disturb; **~iego** m restlessness; anxiety

desast|re m disaster; **~roso** disastrous

desatar v/t to untie; **~se** to break loose; to go too far

desaten|ción f inattention; discourtesy; **~der** v/t to neglect; to disregard; **~to** inattentive; careless

desatinar v/t to confuse; v/i to act or speak foolishly

desaven|encia f discord; unpleasantness; **~irse** to disagree

desaventajado unfavo(u)rable

desav|iar v/t to mislead; **~ío** m misleading

desayun|ar v/i, **~arse** to have breakfast; **~o** m breakfast

desazón f insipidity; tastelessness; med discomfort

desbanda|da f disbandment; rout; **~rse** to disband

desbaratar v/t to ruin; to frustrate; v/t to talk nonsense

desbocar v/i to run or flow into; **~se** to run away (horse); to abuse

desborda|miento m flooding; **~r** v/i, **~rse** to overflow; fig to be beside oneself

descabellado dishevelled; rash

descabeza|do stunned; unreasonable; **~r** v/t to behead

descafeinado decaffeinated (coffee)

descalabr|ar v/t to wound in the head; **~o** m calamity; misfortune

descalificar v/t to disqualify

descalz|ar v/t to remove shoes; **~o** barefooted

descaminado misguided

descamisado ragged

descans|ar v/i to rest; to sleep; v/t to lean; **~illo** m landing; **~o** m rest; relief; break; teat, sp interval

descapotable m aut convertible

descarado shameless; brazen

descarga f unloading; discharge; **~dero** m wharf; **~r** v/t to unload; to discharge; v/i to flow (river into sea, etc)

descargo m discharge; com credit (in accounts); for acquittal

descaro m insolence; effrontery

descarrila|miento m derailment; **~r** v/i to derail

descartar v/t to discard; to reject

descen|dencia f descent; offspring; **~der** v/t to get or take down; v/i to descend; **~diente** m descendant; **~so** m descent; decline

descentralizar v/t to decentralize

descifrar v/t to decipher

descolgar v/t to take down (from a hook or peg); to unhook; **~se** to come down

descolorar v/t to discolo(u)r

descomedido excessive; rude

descompo|ner v/t to decompose; to disarrange; to shake up; **~nerse** to get out of order; to go to pieces; **~sición** f decomposition; disturbance

descompuesto out of order

descon|certar v/t to disconcert, to take aback, to embarrass; to baffle; **~cierto** m confusion

desconectar v/t to disconnect; to switch off

desconfia|do distrustful; suspicious; **~nza** f distrust; **~r de** v/i to distrust

descongela|dor m defroster; **~r** v/t to defrost

descono|cer v/t to fail to recognize; to ignore; to be ignorant of; **~ido** a unknown; m stranger; **~imiento** m ignorance; ingratitude

desconsiderado inconsiderate

desconsola|do disconsolate; **~rse** to sorrow; to be grieved

descontaminación f decontamination

descontar v/t to discount; to deduct; to detract

descontenta|dizo hard to please; **~r** v/t to displease

descontento dissatisfied; discontented

descontinuar v/t to discontinue

descorazonar v/t to dishearten; to discourage; **~se** to lose heart

descorchar v/t to uncork

descort|és impolite; **~esía** f impoliteness; discourtesy

descos|er v/t to unstitch; **~erse** to blurt out; **~ido** m fig babbler

descrédito m discredit

descri|bir v/t to describe; **~pción** f description; **~ptivo** descriptive

descuartizar v/t to carve up

descubierta: a la ~ openly; out in the open

descub|ierto a clear; open; bareheaded; poner al **~ierto** to expose; **~ridor** m discoverer; **~rimiento** m discovery; **~rir** v/t to discover; to uncover

descuento m discount

descuid|ado careless; negligent; **~arse** to be neglectful; to let oneself go; not to worry; **~o** m neglect; carelessness

desde prep since; from; after; ~ ahora from now on; ~ entonces since then; ~ luego at once; of course; ~ que adv since

desdecirse to retract

desdén m contempt; disdain

desdeñ|ar v/t to disdain; to scorn; **~oso** disdainful, contemptuous, scornful

desdicha f misfortune; **~do** unfortunate; unhappy

desdoblar v/t to unfold

desdoro m blot; stigma

dese|able desirable; **~ar** v/t to desire

desech|ar v/t to reject; to discard; to throw out; **~os** m/pl refuse; waste

desembalar v/t to unpack

desembaraz|ar v/t to clear; to free; **~o** m freedom; naturalness

desembarc|ar v/t, v/i to put ashore; to disembark; **~o** m landing

desemboca|dura f mouth (of river); **~r** v/i to flow into; to lead to

desembols|ar v/t to pay out; to disburse; **~o** m disbursement

desembragar v/t to disengage; to release clutch

desembrollar v/t to disentangle

desempacho m ease; confidence

desempapelar v/t to unpack; to strip (*paper*)

desempaquetar v/t to unpack, to unwrap

desempeñar v/t to redeem (*from pawn*); to extricate

desempleo m unemployment

desencadenar v/t to unchain; to liberate; ~se to break out; to break loose

desencajar v/t to dislocate; to disconnect

desencantar v/t to disenchant

desenchufar v/t to unplug

desenfad|ado free; easy; natural; ~arse to quieten down; to regain poise; ~o m ease; naturalness

desenfrena|do unbridled; unrestrained; ~rse to lose control; to give way to passion

desenganchar v/t to unhook

desengañ|ar v/t to disillusion; to undeceive; ~arse to lose illusions; to face reality; ~o m disillusion

desenla|ce m outcome; ~zar v/t to unlace; to undo

desenmascarar v/t to unmask

desenred|ar v/t to disentangle; ~o m disentanglement

desenrollar v/t to unroll

desentenderse de to pay no attention to

desenterrar v/t to unearth

desenvol|tura f naturalness; ease of manner; ~ver v/t to unfold; to unwind

desenvuelto open; free; easy; self-assured

deseo m desire; wish

desequilibr|ar v/t to unbalance; ~io m lack of balance; disorder

deser|ción f desertion; ~tar v/t, v/i to desert; ~tor m deserter

desespera|ción f despair; ~nzarse to deprive of hope; ~r v/i, ~rse to despair

desestimar v/t to belittle; to disparage

desfachatez f effrontery; cheek

desfalcar v/t to embezzle

desfalle|cer v/i to faint; to weaken; ~imiento m languor; swoon

desfavorable unfavo(u)rable

desfigurar v/t to disfigure; to deface; to misrepresent

desfil|adero m narrow passage; gorge; defile; ~ar v/i to parade; to march past; ~e m parade

desflorar v/t to deflower

desgajar v/t to tear off

desgana f lack of appetite; reluctance

desgarbado ungraceful; clumsy

desgarra|do licentious; dissolute; ~dor heartbreaking; ~r v/t to tear, to rend

desgast|ado worn (out), used up; treadless (*tires*); **~ar** *v/t* to wear away; to corrode; **~e** *m* wear and tear; corrosion

desgobernar *v/t* to misgovern; to mismanage

desgracia *f* adversity; misfortune; disfavo(u)r; **~do** *a* unlucky; wretched; unfortunate; *m* wretch; unfortunate person

desgreñar *v/t* to dishevel, to rumple, to tousle (*hair*)

desguarnec|er *v/t* to dismantle; to strip of ornaments; **~ido** bare; unguarded

deshabitado uninhabited

deshacer *v/t* to undo; to destroy; to take apart; to unpack; **~se de** to get rid of

desharrapado ragged

deshecho undone; exhausted; dissolved

deshelar *v/t* to thaw; to defrost

desheredar *v/t* to disinherit

deshielo *m* thaw

deshilvanado disjointed; incoherent

deshinchar *v/t* to reduce a swelling; to deflate; **~se** to subside (*swelling*)

deshojar *v/t* to strip the leaves off

deshonesto indecent; lewd

deshonra *f* loss of hono(u)r, disgrace; **~r** *v/t* to seduce; to disgrace

deshora: *a* **~** inopportunely, at the wrong time

deshuesar *v/t* to bone (*meat*); to stone (*fruit*)

desidia *f* laziness, indolence

desierto *a* deserted; uninhabited; *m* desert

design|ación *f* designation; appointment; **~ar** *v/t* to designate; to appoint; **~io** *m* design, plan

desigual dissimilar; unequal; uneven; **~dad** *f* inequality; unevenness

desilusión *f* disappointment

desilusionar *v/t* to disillusion; to disappoint

desinfectar *v/t* to disinfect

desinflar *v/t* to deflate

desinter|és *m* lack of interest; indifference; generosity; **~esado** unselfish; indifferent

desintoxicación *f* sobering up; detoxification

desistir de *v/i* to desist from; to give up

desleal disloyal, faithless; **~tad** *f* disloyalty

desleír *v/t* to dissolve; to dilute

deslenguado foul-mouthed

desliz *m* slip, lapse; **~ar** *v/i* to slip; to slide

deslucido unadorned; dull; inelegant

deslumbra|miento *m* dazzling; confusion; **~r** *v/t* to dazzle; to puzzle; to confuse

desmán m misconduct; excess; disaster

desmandado uncontrollable

desmantelar v/t to dismantle; to abandon

desmañado clumsy

desmay|arse to faint; to lose courage; **~o** m fainting fit; discouragement

desmedido excessive, disproportionate

desmejorar v/t to spoil; to impair; **~se** to deteriorate; to decline; to fail (*health*)

desmembrar v/t to dismember; to separate

desmenti|da f denial; **~r** v/t to contradict; to deny

desmenuzar v/t to crumble; to break into small pieces

desmesurado excessive

desmigajar v/t to crumble

desmilitarizado demilitarized

desmontar v/t to dismantle; to clear away; **~se** v/t to dismount

desmoralizar v/t to corrupt; to demoralize

desmoronar v/t to wear away; **~se** to decay; to crumble; to get dilapidated

desnatar v/t to skim (*milk*)

desnaturalizado unnatural

desnivel m unevenness; difference of level

desnud|ar v/t to strip; to denude; to undress; **~arse** to strip; **~o** a naked; m nude

desnutri|ción f malnutrition;

~do undernourished

desobed|ecer v/i to disobey; **~iencia** f disobedience; **~iente** disobedient

desocupa|do idle; unemployed; unoccupied; **~r** v/t to vacate

desodorante m deodorant

desola|ción f desolation; affliction; **~do** distressed; **~r** v/t to lay waste; **~rse** to grieve

desorden m disorder; confusion; **~ado** untidy; **~ar** v/t to disorder; to disarrange

desorganiza|ción f disorganization; **~r** v/t to disorganize

desorientar v/t to mislead; to confuse

desovar v/i *zool* to spawn

despabila|do alert; wide-awake, smart; **~r** v/t to trim (*candle*); **~rse** to wake up; to grow alert

despach|ar v/t to dispatch; to hasten; **~o** m office; dispatch

despacio slowly; gently; *LA* soft, low (*voice*)

despampante *fam* stunning

desparpajo m ease of manner; self confidence; charm

desparramar v/t to scatter; to spread

despavorido terrified, panic-stricken

despech|ar v/t to enrage; **~o** m spite; insolence; **a ~o de** in spite of

despectivo contemptuous; scornful; derogatory

despedazar v/t to tear to pieces

despedi|da f farewell; dismissal; **~r** v/t to dismiss; to fire; **~rse** to say goodbye

despeg|ar v/t to unglue; to detach; **~ue** m aer take-off; blast-off (of rocket)

despeinar v/t to ruffle, to tousle (hair)

despeja|do clear; smart; cloudless (sky); **~r** v/t to clear (up); **~rse** to relax

despeluznante hair-raising

despensa f pantry

despeña|dero m precipice; crag; **~r** v/t to hurl down

desperdici|ar v/t to throw away; **~o** m waste; refuse

desperezarse to stretch

desperfecto m damage; imperfection

desperta|dor m alarm clock; **~r** v/t to wake up; **~rse** to wake up

despiadado merciless, pitiless

despierto awake; alert; smart

despilfarr|ar v/t to waste; to squander; **~o** m waste; extravagance

despist|ado absentminded; **~ar** v/t to mislead

desplaza|miento m displacement; **~r** v/t to displace, to move

despl|egar v/t to unfold; to

spread; mil to deploy; **~iegue** m fig display; mil deployment

desplomarse to lean forward; to collapse

desplumar v/t to pluck (fowl); fig to fleece

despobla|do uninhabited; desert; barren; **~r** v/t to lay waste

despoj|ar v/t to despoil; to strip; **~o** m despoiling; plundering; pl leftovers

desposado newly married

desposeer v/t to dispossess

déspota m despot

despreci|able contemptible; **~ación** f depreciation; loss of value; **~ar** v/t to despise; **~o** m contempt

desprender v/t to unfasten; to separate

desprendimiento m detachment; **~** **de piedras** rock slide

despreocupado carefree, free and easy, happy-go-lucky

desprestigiar v/t to disparage; **~se** to lose prestige

desprevenido unprepared

desproporcionado disproportionate

desprovisto destitute

después adv after; afterwards; later; **~** **de** prep after; **poco ~** soon after

despuntado blunt

desquiciar v/t to unhinge; **~se** to lose one's reason

desquite *m* compensation; retaliation; *sp* return match

destaca|do prominent; outstanding; **~r** *v/t* to emphasize; *mil* to detach; **~rse** to stand out

destajo *m* piecework

destapar *v/t* to uncover

destartalado shabby

destello *m* sparkle; flash

destempla|do intemperate; dissonant; **~nza** *f* inclemency (*of weather*); intemperance; abuse; **~r** *v/t* to put out of tune; to disturb; **~rse** to get out of tune; to lose one's temper

desteñir *v/t* to remove the colo(u)r from; to fade

desterrar *v/t* to banish; to exile

destetar *v/t* to wean

destiempo: **a ~** untimely; out of turn

destierro *m* exile; banishment

destilar *v/t, v/i* to distil(l)

destin|ar *v/t* to intend; to assign; to appoint; **~atario** *m* addressee; **~o** *m* destiny, fate; destination; employment

destitu|ción *f* dismissal; **~ir** *v/t* to dismiss

destornilla|dor *m* screwdriver; **~r** *v/t* to unscrew

destreza *f* dexterity, skill

destripar *v/t* to disembowel; *fig* to mangle

destroz|ar *v/t* to destroy; **~o**

m destruction

destru|cción *f* destruction; ruin; **~ctivo** destructive; **~ir** *v/t* to destroy

desunir *v/t* to separate

desuso *m* disuse

desvainar *v/t* to shell; to peel

desvalido destitute, helpless

desvalijar *v/t* to rob

desval|orización *f* devaluation; **~orizar** *v/t* to devalue

desván *m* attic, garret, loft

desvanec|er *v/t* to make disappear; **~erse** to fade away; to faint; **~imiento** *m med* faintness

desvel|ar *v/t* to keep awake; **~arse** to be sleepless; **~o** *m* sleeplessness; vigilance

desventaja *f* disadvantage

desventura *f* misfortune

desvergonzado shameless, insolent

desvestirse to undress

desviar *v/t* to divert; to deflect; **~se** to deviate; to turn aside

desvío *m* by-pass; detour

desvivirse ~ por to crave for; to give oneself up to

detall|adamente in detail, at length; **~ar** *v/t* to detail; **~e** *m* detail; **~ista** *m* retailer

detección *f* detection, monitoring

detective *m* detective

deten|ción *f* arrest; delay; **~er** *v/t* to arrest; to stop; **~erse** to stop; to delay;

~idamente thoroughly; in detail

detergente m detergent

deteriorar v/t to spoil; **~se** to deteriorate

determina|ción f resolution; determination; **~r** v/t to determine; arse to decide

detestar v/t to detest; to loathe

detona|ción f detonation; **~r** v/i to detonate

detrás behind; **por ~** in the back; behind one's back

detrimento m detriment; loss

deud|a f indebtedness; debt; **pl** liabilities; **~or(a)** m (f) debtor

devalua|ción f devaluation; **~r** v/t to devalue

devanar v/t to wind (threads); v/r **~se los sesos** to rack one's brains

devaneos m/pl delirium; ravings

devastar v/t to devastate

devoción f devotion; affection

devocionario m prayer book

devol|ución f return; restitution; pl com returns; **~ver** v/t to return; to give back; to restore

devorar v/t to devour

devoto devout, pious; devoted

día m day; **~ de fiesta** holiday; **~ por ~** day by day; **~ laborable** workday; **~ de semana** LA weekday; **al ~** up

to date; **de ~** by day; **de ~ en ~** from day to day; **el ~ de mañana** fig in the future; **el ~ siguiente** the next day; **hoy en ~** nowadays; **buenos ~s** good morning; **todo el ~** all day; **todos los ~s** every day; **un ~ sí y otro no** every other day

diabético diabetic

diablo m devil

diabólico diabolical, fiendish

diafragma m diaphragm

diagnóstico m diagnosis

dialecto m dialect

diálogo m dialogue

diamante m diamond

diámetro m diameter

diapositiva f foto slide, transparency

diario m daily newspaper; diary; a, adv daily

diarrea f diarrhea

dibuj|ante m sketcher; draftsman; **~ar** v/t to draw; to design; **~o** m sketch; drawing; **~o animado** cine cartoon

dicción f diction

diccionario m dictionary

dich|a f happiness; **~oso** happy; fortunate

dicho m saying; proverb

diciembre m December

dictad|o m dictation; **~or** m dictator; **~ura** f dictatorship

dictam|en m judgment; opinion; **~inar** v/t to judge; to express an opinion

dictar v/t to dictate; to pronounce

diente m tooth; prong (of fork); tusk; fang; ~ **canino** eye-tooth; ~ **de león** dandelion; ~**s postizos** false teeth

diestr|a f right hand; ~**o** right; dexterous; skil(l)ful; **a** ~**o y siniestro** right and left, on all sides; m bullfighter

diet|a f diet; assembly; pl subsistence allowance; ~**ético** dietary

diez ten; ~**mo** m tithe

difama|ción f defamation, libel; ~**r** v/t to defame, to libel

diferen|cia f difference; ~**ciar** v/t to differentiate; v/i to differ; ~**te** different

diferir v/t to defer, to delay; v/i to differ

difícil difficult; hard

dificult|ad f difficulty; ~**ar** v/t to make difficult; ~**oso** difficult

difteria f diphtheria

difundir v/t to diffuse; to spread

difunto(a) m (f), a deceased; dead; **día de los ~s** All Soul's Day

difus|ión f diffusion; broadcasting; ~**o** diffuse; widespread

dige|rir v/t to digest; ~**stión** f digestion

dign|arse to deign; to condescend; ~**o** deserving; dignified; ~**o de** worthy of; deserving

dila|ción f delay; ~**tación** f

expansion; med dilatation; ~**tar** v/t to dilate; to spread; to delay; ~**tarse** to expand; to linger

dilema m dilemma

diligen|cia f diligence; errand; ~**te** diligent

dilucidar v/t to elucidate

dilu|ción f dilution; ~**ir** v/t to dilute

diluvio m deluge; flood; pouring rain

dimanar v/i to flow; to spring from

dimensión f dimension

diminu|tivo diminutive; ~**to** minute; tiny

dimi|sión f resignation (from a post); ~**tir** v/t to resign

Dinamarca f Denmark

dinámic|a f dynamics; ~**o** dynamic

dinamita f dynamite

dínamo f dynamo

diner|al m fortune, large sum of money; ~**o** m money; ~**o en efectivo** cash

diócesis f diocese

Dios m God; **¡~ mío!** Good Heavens!; **¡por ~!** for God's sake!; **si ~ quiere** God willing

diosa f goddess

diploma m diploma

diplom|acia f diplomacy; ~**ático(a)** m (f) diplomat; a diplomatic; tactful

diputa|ción f deputation; ~**do** m delegate, deputy; member of parliament

dique *m* dike; dam

direc|ción *f* direction; management; board of directors; **~ción prohibida** *aut* no entry; **~tor** *a* directing; **~tor(a)** *m* (*f*) director; head; **~tor de orquesta** conductor; **~torio** *m* directory

dirigir *v/t* to direct; to address (*letter, petition*); to guide; to steer; **~se a** to speak to

discernir *v/t* to discern; to distinguish

disciplina *f* discipline; subject of study; **~r** *v/t* to discipline; to scourge

discípulo(a) *m* (*f*) disciple; pupil

disco *m* disk; phonograph record; *tel* dial; *sp* discus; **~ vertebral** spinal disk

díscolo naughty

discontinuo discontinuous

discorda|ncia *f* disagreement; **~r** *v/i* to disagree; to differ

discordia *f* discord; disagreement

discoteca *f* record store; discotheque

discreción *f* discretion; shrewdness; **a ~** at one's discretion

discrepa|ncia *f* discrepancy; **~r** *v/i* to disagree

discreto discreet; tactful; wise

disculpa *f* excuse; **~r** *v/t* to excuse; to pardon; **~rse** to apologize

discurrir *v/i* to roam; to pass, to take its course; to reflect; *v/t* to invent

discurso *m* speech; discourse

discusión *f* discussion; argument

discutir *v/t* to discuss; *v/i* to argue

diseminar *v/t* to disseminate

disentería *f* dysentery

disenti|miento *m* dissent; **~r** *v/i* to disagree

diseña|dor *m* designer; **~ar** *v/t* to design; **~o** *m* design; model; sketch; outline

disertar *v/i* to expound; to discourse

disfraz *m* mask; disguise; fancy dress; **~ar** *v/t* to disguise

disfrutar *v/t, v/i* to enjoy; to have a good time

disgust|ar *v/t* to displease; **~arse** to be angry; to fall out; to be annoyed; **~o** *m* displeasure; annoyance; sorrow; unwillingness; quarrel

disidente *m, f* dissident

disimu|lar *v/t* to disguise; to conceal; to feign; to excuse; **~lo** *m* concealment; dissimulation

disipar *v/t* to dissipate

disminu|ción *f* diminution; decrease; **~ir** *v/t, v/i* to diminish

disol|ución *f* dissolution; **~uto** dissolute; **~ver** *v/t* to melt; to dissolve

disonancia *f* dissonance; discord

dispar unequal; unlike

disparar v/t to shoot; to discharge; to fire; ~se to explode; to go off

disparat|ado absurd; ~e m nonsense; absurdity

disparidad f disparity

disparo m shot

dispensar v/t to dispense; to exempt; ~io m dispensary

dispers|ar v/t to disperse; to scatter; ~ión f dispersal; dispersion

dispon|er v/t to dispose; to arrange; ~erse to get ready; ~ible available

disposición f disposition; arrangement; disposal

dispuesto a ready; arranged; disposed; **bien** ~ well-disposed

disputa f quarrel; dispute; ~r v/t, v/i to dispute; to debate; to quarrel

distan|cia f distance; ~ciar v/t to place at a distance; ~te far away, remote

distensión f distension; med strain

distin|ción f distinction; difference; ~guido distinguished; ~guir v/t to distinguish; ~to different; clear, distinct

distra|cción f distraction; diversion; entertainment; ~er v/t to distract; ~erse to amuse oneself; to get absentminded; ~ído absentminded

distribu|ción f distribution;

~idor m distributor; ~idor **automático** vending machine; ~ir v/t to distribute; to hand out

distrito m district

disturbio m disturbance

disuadir v/t to dissuade; to deter

diurno daily; bot diurnal

divagar v/i to wander; to digress, to ramble

divergencia f divergence; difference of opinion

divergir v/i to diverge; fig to disagree

divers|idad f variety; ~ión f amusement; mil diversion; ~o diverse; different; various

diverti|do amusing; enjoyable; ~r v/t to amuse; ~rse to amuse oneself; to have a good time; to make merry

divid|endo m dividend; ~ir v/t to divide

divin|idad f divinity; ~o divine; heavenly

divisa f badge; emblem; motto; pl foreign currency

divisar v/t to make out, to espy

divisi|ble divisible; ~ón f division

divorci|ar v/t to divorce; to separate; ~arse to get divorced; ~o m divorce

divulgar v/t to divulge; to spread

dobla|dillo m hem; ~r v/t to double; to fold; to bend; to turn (the corner); v/i to toll (bells); ~rse to give in

doble *a* double; dual; **~gar**
v/t to bend; to fold; to per-
suade; **~z** *m* fold; *f* duplicity

docena *f* dozen; **la ~ del fraile** the baker's dozen; **por ~**
by the dozen

docente teaching; education-
al

dócil docile; obedient; gentle

docilidad *f* docility; gentleness

docto *a* learned; *m* scholar; **~r**
m doctor; **~rado** *m* doctor-
ate

doctrina *f* doctrine

document|ación *f* documen-
tation; **~al** *m cine* documen-
tary; **~o** *m* document

dogal *m* halter; noose

dogmático dogmatic

dogo *m* bulldog

dólar *m* dollar (*U.S. money*)

dole|ncia *f* illness; ailment; **~r**
v/i to hurt; to ache; **~rse de**
to pity; to be sorry for

dolor *m* pain; grief; ache;
~oso painful

doloso deceitful; crafty

doma|dor *m* tamer (*of ani-
mals*); **~r** *v/t* to tame; to master

domesticar *v/t* to tame; to
domesticate

doméstico domestic

domicili|ado resident; **~o** *m*
residence

domin|ación *f* domination;
~ar *v/t* to dominate; to subdue

domin|go *m* Sunday; **2go de**

Ramos Palm Sunday; **~io** *m*
dominion; control

dominó *m* domino, masquer-
ade costume

don *m* (*courtesy title used before Christian name*)

don *m* gift; ability; **~ación** *f*
donation; gift

donaire *m* grace; poise

don|ante *m*, *f* donor; **~ar** *v/t*
to donate

doncella *f* virgin; maid; lady's maid

donde (*interrog* **dónde**)
where; **~quiera** wherever

donoso witty

doña *f* (*courtesy title used before Christian name*)

dora|do golden; gilt; **~r** *v/t* to
gild

dormidera *f* poppy

dormi|lón *m* sleepyhead; **~r**
v/i to sleep; **~rse** to go to
sleep, to fall asleep; **~tar** *v/i*
to doze, to snooze; **~torio** *m*
bedroom; dormitory

dors|al dorsal; **~o** *m* back

dos two; **de ~ en ~** in twos;
los ~ the two of them

dosel *m* canopy

dosi|ficar *v/t* to dose out; **~s** *f*
dose

dot|ación *f* endowment;
~ado gifted; **~ar** *v/t* to endow; **~e** *f* dowry

draga *f* dredger; **~minas** *m*
minesweeper; **~r** *v/t* to
dredge

dragón *m* dragon; *mil* dra-
goon

drama *m* play; drama
dramático dramatic
dramaturgo *m* playwright
drástico drastic
drenaje *m* drainage
drog|a *f* drug; **~adicto(a)** *m*
(*f*) drug addict; **~uería** *f*
drugstore
dual dual; **~idad** *f* duality
ducha *f* shower
dúctil elastic; manageable;
ductile
dud|a *f* doubt; **sin ~a** no
doubt; **~ar** *v/t, v/i* to doubt;
~oso doubtful
duelo *m* duel; grief; mourning
duende *m* goblin; an unexplainable enchantment
dueñ|a *f* owner; mistress; **~o**

m owner; master
dul|ce sweet; soft; **~zura** *f*
sweetness; gentleness
duna *f* sand dune
dúo *m* duet
duplic|ado *m* duplicate; **~ar**
v/t to double; to duplicate;
~idad *f* duplicity
duque *m* duke; **~sa** *f* duchess
dura|ble durable; lasting;
~nte *prep* during; **~nte todo
el año** all year round; **~r** *v/i*
to last; to endure
durazno *m LA* peach; peach
tree
dureza *f* hardness
durmiente sleeping
duro *a* hard; firm; tough; *m* 5
peseta coin

E

ebanista *m* cabinetmaker;
joiner
ébano *m* ebony
ebrio intoxicated; drunk
echa|da *f* cast; throw; *LA*
boast; **~r** *v/t* to throw; to
cast; to throw out; to pour;
to spread; **~r al correo** to
post; **~r abajo** to demolish;
to ruin; **~r a perder** to ruin;
~r de menos to miss;
~rse to lie down; **~rse a
perder** to go bad; to get
spoiled
eclesiástico *a* ecclesiastical;
m ecclesiastic, priest
eclipse *m* eclipse (*t fig*)

eco *m* echo
ecolog|ía *f* ecology; **~ista** *m, f*
ecologist
economía *f* economy; thrift;
~ política economics
económico economical; in-
expensive
econom|ista *m, f* economist;
~izar *v/t* to economize; to
save
ecuación *f* equation
ecua|dor *m* equator; **el 2dor**
Ecuador; **~torial** equatorial;
~toriano(a) *a, m* (*f*) Ecua-
dorian
edad *f* age; epoch; **de ~ ma-
dura** middle-aged; **mayor**

de ~ of age; 2 **Media** Middle Ages

edición f edition

edific|ar v/t to build; **~lo** m building

edit|ar v/t to publish; **~or** m publisher; **~orial** m leading article; f publishing house

edredón m eiderdown; quilt

educa|ción f education; upbringing; manners; **~ción cívica** civics; **~ción física** physical education; **~r** v/t to educate; to bring up

EE.UU. = Estados Unidos

efect|ivamente in fact; really; **~ivo** a real; effective; m cash; **~o** m effect; purpose; pl assets; **en ~o** as a matter of fact; indeed; **~uar** v/t to carry out; **~uarse** to take place

efica|cia f efficacy; efficiency; **~z** able; efficient

efusivo effusive, affectionate

egip|cio(a) m (f), a Egyptian; **2to** m Egypt

egocéntrico egocentric

egoís|mo m egoism; **~ta** m, f egoist; a selfish

egregio eminent

egresar v/i LA to leave (school)

eje m axle; axis; fig central point; main topic; **~ tándem** dual axle

ejecu|ción f execution; **~tar** v/t to execute; to perform; **~tivo** m executive

ejempl|ar m copy; specimen; example; a exemplary; **~o** m

example; **por ~o** for example

ejerc|er v/t to exercise; to practise, Am -ce; **~icio** m exercise; practice; fiscal year; **~itar** v/t to train

ejército m army

ejido m LA cooperative

ejote m LA string bean

el art m sing (pl **los**) the

él pron m sing (pl **ellos**) he

elabora|ción f elaborate; **~r** v/t to elaborate; to prepare

elasticidad f elasticity

elástico elastic

elec|ción f election; choice; **~cionario** LA electoral; **~tor** m elector; voter; **~torado** m electorate

electricidad f electricity

eléctrico electric; electrical

electro|domésticos m/pl household appliances; **~imán** m electromagnet; **~motor** m electromotor; **~tecnia** f electrical engineering

elefante m elephant

elegan|cia f elegance; **~te** elegant

elegi|ble eligible; **~r** v/t to choose; to elect

elemento m element; factor

elenco m catalogue; teat cast; sp team

elepé m long-playing record

eleva|ción f elevation; altitude; height; **~do** high; **~dor** m LA elevator; **~r** v/t to raise; **~rse** to rise; to be elated

eliminar v/t to eliminate
elipse f ellipse
elitista a, m, f elitist
ella pron f sing (pl **ellas**) she
ello pron neuter sing it
elocuen|cia f eloquence; **~te**
eloquent
elogi|ar v/t to praise; **~o** m
praise; eulogy
eludir v/t to avoid; to elude
emana|ción f emanation; **~r**
v/i to emanate from
emancipar v/t to emancipate
embadurnar v/t to smear
embajad|a f embassy; **~or** m
ambassador
embala|je m packing; **~r** v/t
to pack
embaldosa|do m tiled floor;
~r v/t to tile
embalse m dam; reservoir
embaraz|ada pregnant; **~ar**
v/t to obstruct; to make
pregnant; **~o** m pregnancy;
obstacle
embarc|ación f ship; boat;
embarkation; **~adero** m pier;
~ar v/t to put on board; to
embark; **~o** m embarkation
embarg|ar v/t to impede; to
restrain; **~o** m embargo; sei-
zure; **sin ~o** nevertheless;
however
embarque m shipment
embaucar v/t to trick; to fool
embellecer v/t to embellish
embesti|da f assault; **~r** v/t to
attack; to assail
embetunar v/t to black
(shoes); to pitch

emblema m emblem; symbol
embobar v/t to fascinate; **~se**
to gape; to be amazed
embocadura f mouth (of river)
émbolo m piston; plunger
embolsar v/t to pocket; to
put into a purse
emborracharse to get drunk
emboscada f ambush
embotar v/t to blunt (an
edge); to weaken
embotella|miento m conges-
tion, traffic jam; **~r** v/t to
bottle
embozar v/t to muffle; fig to
cloak
embrag|ar v/t mar to sling;
tecn to engage (a gear); **~ue**
m tecn clutch
embriag|arse to get drunk;
~uez f drunkenness; rapture
embroll|ar v/t to entangle; **~o**
m tangle, muddle
embrujar v/t to bewitch
embrutecer v/t to brutalize;
to coarsen
embudo m funnel
embuste m trick; fraud; **~ro**
m habitual liar
embuti|do a stuffed, filled; m
sausage; **~r** v/t to stuff; tecn
to inlay
emerge|ncia f emergency; **~r**
v/i to emerge
emigra|ción f emigration;
~do(a) m (f) emigrant; **~r** v/i
to emigrate
eminen|cia f eminence; **~te**
eminent

emis|ario *m* emissary; **~ión** *f* emission; broadcast; **~ora** *f* broadcasting station

emitir *v/t* to broadcast; to emit, to give

emoción *f* emotion; excitement; thrill

emocion|ante exciting; **~ar** *v/t* to excite; to thrill

empach|ar *v/t* to impede; to upset; **~arse** to get embarrassed; to have indigestion; **~o** *m* bashfulness; indigestion; **~oso** embarrassing

empalag|ar *v/t* to cloy; to annoy; **~oso** oversweet; cloying; wearisome

empalm|ar *v/t* to couple; to join; **~e** *m* connection; junction

empana|da *f (meat, fish, etc)* pie; **~r** *v/t* to cover with batter *or* crumbs

empañar *v/t* to swaddle; to blur; to tarnish

empapar *v/t* to drench; to soak, to saturate

empapela|dor *m* paperhanger; **~r** *v/t* to wrap in paper; to paper *(walls)*

empaque *m* packing; *fig* air, mein; **~tar** *v/t* to pack; to wrap

empareda|do *m* sandwich; **~r** *v/t* to confine; to shut in

emparejar *v/t, v/i* to match; to pair off

emparentado related by marriage

empast|ar *v/t* to paste; to fill

(teeth); **~e** *m* filling *(of tooth)*

empat|ar *v/t* to (end in a) tie; **~e** *m sp* draw, tie

empedernido heartless; inveterate

empedrar *v/t* to pave with stones

empeine *m* groin; instep

empeñ|ar *v/t* to pawn; to compel(l); **~arse** to insist; to take pains; **~o** *m* pledge; insistence

empeor|amiento *m* deterioration; **~ar** *v/t* to make worse; *v/i* to grow worse, to deteriorate

empequeñecer *v/t* to make smaller; to belittle

empera|dor *m* emperor; **~triz** *f* empress

emperrarse *fam* to get stubborn

empezar *v/t, v/i* to begin

empina|do steep; **~r** *v/t* to raise; **~r el codo** *fam* to drink

empírico empirical

emplasto *m* plaster; poultice

emplaza|miento *m* placement; location; **~r** *v/t* to place; to summon

emple|ado(a) *m (f)* employee; **~ar** *v/t* to employ; to use; **~o** *m* job; post; use; *modo de ~o* instructions for use

empobrecer *v/t* to impoverish; *v/i* to become poor

empollar *v/t* to hatch; *fam* to study hard

empolvar *v/t* to powder

emponzoñar *v/t* to poison

emprende|dor enterprising; bold; **~r** *v/t* to undertake; to take on

empresa *f* enterprise; company; **~rio** *m* contractor; manager; impresario

empréstito *m* (public) loan

empuj|ar *v/t* to push; to shove; **~e** *m* push; energy, drive; **~e axial** *tecn* thrust; **~ón** *m* push, shove

empuñar *v/t* to clutch

en in; at; into; on; upon; about; by

enaguas *f/pl* petticoat

enajena|ción *f*, **~miento** *m* alienation *(of property)*; estrangement; **~ción mental** derangement; **~r** *v/t* to alienate

enaltecer *v/t* to praise; to extol

enamora|dizo quick to fall in love; **~do** *a* in love; **~do(a)** *m* (*f*) sweetheart; **~rse de** to fall in love with

enano(a) *m* (*f*) dwarf

enarbolar *v/t* to hoist

enardecer *v/t* to inflame; **~se** to take a passion for

encabeza|miento *m* heading; caption; census; **~r** *v/t* to head

encadenar *v/t* to chain

encaj|ar *v/t* to fit; to insert; **~e** *m* lace; inlaid work

encalar *v/t* to whitewash; *agr* to lime

encallar *v/i mar* to run aground; *fig* to get bogged down

encaminar *v/t* to guide; to direct; **~se** to set out for

encanecer *v/i* to grow gray

encant|ado delighted; charmed; pleased; **~ador** *a* charming; **~ar** *v/t* to enchant; to charm; to fascinate; **~o** *m* charm; spell

encañado *m* conduit (*for water*)

encapotarse to cloud over (*sky*)

encapricharse con to take a fancy to

encarar *v/i* to face; *v/t* to aim at; **~se con** to face, to stand up to

encarcelar *v/t* to imprison

encarecer *v/t* to raise the price of; to insist on, to emphasize

encarecidamente insistently

encarg|ado *m* agent; person in charge; **~ar** *v/t* to order; to charge; to entrust; **~arse de** to take charge of; **~o** *m* order; charge; commission

encarna|do red; flesh-colo(u)red; **~r** *v/t* to personify

encarnizar *v/t* to inflame; to enrage

encasar *v/t med* to set (*a bone*)

encasillar *v/t* to pigeonhole; to classify

encauzar *v/t* to channel; to lead

encend|edor *m* lighter; **~er**

v/t to light; **~erse** to light up; to catch fire; **~ido** *m tecn* ignition; *estar ~ido* to be on (light); to be live (wire)

encera|do *m* oilcloth; *a* waxy; **~r** *v/t* to wax

encerrar *v/t* to shut in; to lock up

enchuf|ar *v/t* to connect; to plug in; **~e** *m* plug; socket; joint

encía *f* gum (of teeth)

enciclopedia *f* encyclopedia

encierro *m* confinement; enclosure; prison

encima *adv* above; over; at the top; *prep ~ de* above; on; on top of; *por ~ de todo* above all

encina *f* oak

encinta pregnant; **~do** *m* kerbstone, *Am* curb

enclavar *v/t* to nail

enclenque sickly; feeble

encoger *v/t* to contract; *v/i* to shrink; **~se** to shrink; *fig* to become discouraged; **~se de hombros** to shrug one's shoulders

encolar *v/t* to glue

encolerizar to provoke; to anger; **~se** to get angry

encom|endar *v/t* to commend; to entrust; **~endarse** to entrust oneself; **~ienda** *f* commission; charge; patronage; *LA* parcel, postal package

encono *m* ranco(u)r; ill-will

encontrar *v/t* to meet; to

find; **~se** to meet; to collide; to feel; to be

encorvar *v/t* to bend; to curve; **~se** to bend down

encresparse to curl; to become agitated; to become rough (sea)

encrucijada *f* crossroads; ambush; *fig* quandary, dilemma

encuaderna|ción *f* binding (of a book); **~r** *v/t* to bind

encuadrar *v/t* to frame

encubierta *f* fraud, deceit

encub|ierto hidden; **~ridor** *m* for accessory; abettor; **~rir** *v/t* to cover up; to conceal

encuentro *m* encounter; meeting; collision

encuesta *f* inquiry; poll; **~ demoscópica** opinion poll

encumbrar *v/t* to lift; to raise; **~se** to soar

encurtidos *m/pl* mixed pickles

ende: *por ~* therefore

endeble feeble; weak

endecha *f* dirge

endémico endemic; rife

endemoniado possessed

endentecer *v/i* to teethe

enderezar *v/t* to straighten; to put right

endeudarse to run into debts

endiablado fiendish; bad-tempered; mischievous

endibia *f* endive

endiosar *v/t* to deify

endosar *v/t* to endorse

endulzar *v/t* to sweeten
endurecer *v/t*, **~se** to harden
enebro *m* juniper
eneldo *m* dill
enemi|go(a) *m (f)* enemy; *a* hostile; **~stad** *f* enmity
energía *f* energy; **~ nuclear** nuclear energy; **~ solar** solar energy
enérgico energetic
energúmeno *m* one possessed; wild person
enero *m* January
enervar *v/t* to enervate
enfad|arse to get angry; **~o** *m* anger; annoyance
énfasis *m* emphasis; stress
enfático emphatic
enferm|ar *v/i* to fall ill; **~edad** *f* illness; **~ería** *f* infirmary; **~ero(a)** *m (f)* nurse; **~izo** sickly; infirm; **~o(a)** *m (f)* patient; *a* ill
enfilar *v/t* to put in a row; to thread
enfo|car *v/t* to focus; **~que** *m* focusing; approach
enfrenar *v/t* to bridle (*horse*); to restrain
enfrent|amiento *m* confrontation; **~ar** *v/t* to put face to face; **~arse** to face; **~e** opposite
enfriar *v/t* to cool; **~se** to grow cold; to cool down
enfurecer *v/t* to infuriate; to enrage; **~se** to grow furious; to lose one's temper
enganch|ar *v/t* to hook; *fig* to catch; **~arse** to enlist; **~e** *m*

hooking; enlisting
engañ|ar *v/t* to cheat, to deceive; **~arse** to be mistaken; **~o** *m* deceit; trick; mistake; **~oso** deceptive; misleading
engatusar *v/t* to wheedle; to coax
engendrar *v/t* to beget
englobar *v/t* to include; to comprise
engomar *v/t* to gum; to stick
engordar *v/t* to fatten; *v/i* to grow fat
engorro *m* nuisance; trouble; **~so** troublesome; awkward
engrana|je *m tecn* gear; gearing; **~r** *v/t* to gear; *v/i* to interlock
engrandec|er *v/t* to augment; to enlarge; **~imiento** *m* enlargement
engras|ar *v/t* to grease; to lubricate; **~e** *m* lubrication; lubricant
engreído conceited; stuck up
engreimiento *m* conceit
engrosar *v/t* to enlarge; to swell; *v/i* to grow fat
engrudo *m* paste
engullir *v/t* to wolf down, to gobble, to gorge
enhebrar *v/t* to thread
enhiesto (bolt) upright
enhilar *v/t* to thread; *fig* to put in order
enhorabuena *f* congratulations; *dar la ~a* to congratulate
enigma *m* enigma; puzzle
enigmático enigmatic

enjabonar v/t to soap, to lather; fig to flatter

enjambre m swarm

enjaular v/t to cage

enjuagar v/t to rinse

enjuicia|miento m trial; **~r** v/t for to try; to judge

enla|ce m link; connection; liaison; **~tar** v/t to can; **~zar** v/t to join; to connect

enloquecer v/t to madden; v/i to go mad

enlosar v/t to pave (with tiles or flagstones)

enlucir v/t to plaster (walls)

enmarañar v/t to entangle

enmascarar v/t to mask

enm|endar v/t to correct; to reform; **~ienda** f emendation; amendment

enmohecerse to grow rusty or mo(u)ldy

enmudecer v/t to silence; v/i to be silent; to become speechless

enoj|adizo short-tempered; irritable; **~ar** v/t to anger; **~arse** to get angry; to get annoyed; **~o** m anger; annoyance

enorgullecer v/t to make proud; **~se** to be proud

enorm|e enormous; **~idad** f enormity; wickedness

enrarecerse to grow scarce

enred|adera f bot vine, creeper; **~ador** troublemaking; **~ar** v/t to entangle; to confuse; to involve; **~arse** to get entangled; **~o** m mess,

tangle; plot

enreja|do m railings; trellis; **~r** v/t to surround with railings; to grate

enriquecer v/t to enrich; **~se** to grow rich

enrojecer v/t to make red; **~se** to blush

enrollar v/t to roll up

enronquecer v/t to make hoarse; v/i to grow hoarse

enroscar v/t to twist; to coil

ensalad|a f salad; **~era** f salad bowl; **~illa** f medley; patchwork

ensalzar v/t to praise; to exalt

ensamblar v/t to join; to connect; to assemble

ensanch|ar v/t to widen; to enlarge; **~e** m enlargement; widening; extension

ensangrentado blood-stained; bloodshot

ensañar v/t to enrage; **~se en** to vent one's anger on

ensay|ar v/t to try, to test; to rehearse; **~o** m test; trial; essay; teat, mús rehearsal

enseña|nza f teaching; education; schooling; tuition; **~r** v/t to teach; to show; **~r el camino** to lead the way

enseres m/pl chattels; household goods; gear

ensimismarse to fall into a reverie; LA to become conceited

ensordecer v/t to deafen; to muffle; v/i to go deaf

ensuciar v/t to soil; to foul;
to pollute

ensueño m dream; daydream

entabl|ar v/t to cover with
boards; fig to enter into; **~ar
juicio** to take legal action;
~illar v/t med to splint

entarimado m parquet flooring

ente m entity; being

entend|er v/t to understand;
to think; to mean; **~ido** un-
derstood; well-informed; **~i-
miento** m understanding

entera|do knowledgeable;
LA conceited; **~mente** entirely; **~rse** to find out

entereza f integrity, honesty

enternecer v/t to soften; to
make tender

entero entire; complete

enterrar v/t to bury

entidad f entity; pol body

entierro m burial

entonar v/t to intone

entonces then; at that time;
¿~? so?; **desde ~** since; then;
por ~ at that time

entorpecer v/t to numb; to
obstruct; to make difficult

entrada f entry; entrance;
way in; (admission) ticket;
prohibida la ~ no admit-
tance

entrambos(as) both

entrante next; coming; **la semana ~** next week

entrañable most affectionate

entrañas f/pl entrails; center;
nature

entrar v/i to enter; to go in; to
begin; **~ en**, LA **~ a** to go
into; **~ en vigencia** to come
into force

entre between; among; **~acto**
m teat interval; **~cejo** m
space between the eyebrows;
~cortado intermittent;
~dicho m prohibition

entrega f delivery; **~r** v/t to
deliver; to hand over; **~rse**
to surrender

entrelazar v/t to interlace

entremedias in between

entremeses m/pl hors
d'oeuvres

entremeter v/t to place between; **~se** to interfere, to
meddle

entremezclar v/t to inter-
mingle

entren|ador m sp trainer;
coach; **~ar** v/t, v/i to train

entresacar v/t to select; to
thin out

entresuelo m entresol; mezzanine

entretanto meanwhile

entretejer v/t to interweave

entreten|er v/t to entertain;
to keep in suspense; to hold
up; **~ido** pleasant, amusing

entrever v/t to glimpse

entrevista f interview

entristecer v/t to sadden;
~se to grow sad

entumecido numb; stiff

entusias|mar v/t to excite; to
fill with enthusiasm; **~mo** m
enthusiasm

entusiástico enthusiastic

enumerar v/t to enumerate

enunciar v/t to enunciate; to state

envainar v/t to sheathe

envanecer v/t to make vain

envasar v/t to bottle; to tin; to pack; ~e m packing; container; bottle; tin

envejecerse to grow old

envenena|miento m poisoning; ~r v/t to poison

envergadura f expanse; extent; scope; aer wingspan

envia|do m messenger; envoy; ~r v/t to send

envidi|a f envy; ~ar v/t to envy; ~oso m envious; jealous

envilecer v/t to debase

envío m dispatch; com remittance; shipment

envol|tura f wrapper; ~ver v/t to wrap up; to envelop; mil to surround

enyesar v/t to plaster

épico epic

epidemia f epidemic

epidémico epidemic

epígrafe m title; inscription; epigraph

epiléptico epileptic

episcopado m bishopric

episodio m episode; incident

epítome m compendium, summary

época f epoch; period, time

equidad f equity; fairness

equilibrar v/t to balance; ~io m equilibrium, balance

equinoccio m equinox

equip|aje m luggage; equipment; ~aje de mano hand luggage; ~ar v/t to fit out; to equip

equipo m team; kit, equipment; ~ de alta fidelidad stereo system; hi-fi set; ~ de casa sp home team

equitación f riding (on horse)

equitativo equitable; just

equivale|ncia f equivalence; ~nte equivalent; ~r v/i to be equivalent

equivoca|ción f mistake; misunderstanding; ~do mistaken; ~rse to be mistaken

equívoco equivocal; ambiguous

era f era

erección f establishment; erection

erguir v/t to raise; ~se to straighten up

erial m uncultivated land

erigir v/t to erect; to raise; to establish

eriz|ado bristly; full; ~arse to stand on end (hair); ~o m hedgehog

ermita f hermitage; ~ño m hermit

erótico erotic

erra|nte roving; ~r v/t to miss; to fail; v/i to err; to go astray; to make a mistake; ~ta f impr misprint

erróneo erroneous; wrong

error m mistake; error; por ~ by mistake

eructar v/i to belch

erudi|ción f learning; **~to** learned, scholarly

erupción f eruption; t med outbreak

esbel|tez f slenderness; **~to** slim, slender

esboz|ar v/t to sketch; **~o** m sketch

escabech|ar v/t to pickle; **~e** m marinade

escabroso rough; craggy; harsh

escabullirse to slip away

escafandra f diving suit

escala f ladder; scale; mar port of call; stopover; **hacer ~ en** to stop at; **~fón** m list; register; **~r** v/t to scale; to climb

escaldar v/t to scald

escalera f stairs; staircase; ladder; **~ automática, ~ mecánica** escalator; **~ de incendios** fire-escape; **~ de servicio** backstairs

escalfar v/t to poach (eggs)

escalofrío m chill, shiver

escal|ón m step of a stair; rank; **~onar** v/t to place at regular intervals

escalpelo m scalpel

escam|a f scale (of fish or reptile); flake; fig grudge; **~oso** scaly; flaky

escamot|ar, ~ear v/t to make disappear; to swindle

escampar v/i to clear up (sky); v/t to clear out

escandalizar v/t to scandalize; **~se** to be shocked

escándalo m scandal

escandinavo a, m Scandinavian

escaner m scanner

escaño m bench; seat (in Parliament)

escapa|da f escape; flight; **~rate** m display window, shop window; **~rse** to escape; **~toria** f flight, escape; loophole

escape m escape; leak; flight; **tubo de ~** exhaust pipe

escarabajo m beetle

escarcha f frost; **~r** v/t to ice; to frost (a cake)

escardar v/t to weed

escarlat|a f scarlet; **~ina** f scarlet fever

escarm|entar v/t to punish severely; **~iento** m exemplary punishment

escarn|ecer v/t to ridicule; **~ecimiento** m, **~io** m derision

escarola f endive

escarpa f slope; escarpment; **~do** steep; craggy

escas|amente barely; hardly; **~ear** v/i to be scarce; **~ez** f scarcity; **~o** scarce; scanty

escayola f med plaster (cast)

escen|a f scene; **~ario** m teat scenery; stage

escepticismo m scepticism

escéptico sceptic

esclarec|er v/t to explain; to elucidate; to illuminate

esclav|itud f slavery; **~o(a)** m (f) slave

esclusa f lock; sluice

escob|a f broom; brush; **~illa** f whisk

escocer v/t to smart; to sting; **~se** to chafe

escocés(esa) m (f) Scotsman (-woman); a Scottish

Escocia f Scotland

escoger v/t to choose; to select; to pick out

escolar a scholastic; **edad ~** school age; m pupil, student

escollo m reef; pitfall; obstacle

escolta f escort; convoy; **~r** v/t to escort

escombr|ar v/t to clear of rubble; **~os** m/pl rubble

esconder v/t to conceal; to hide; **~idas** adv: a **~idas** secretly; **~rijo** m hideout; den

escopeta f shotgun

escoplo m chisel

escorbuto m scurvy

escoria f slag; dross; scum

escot|e m neckline; **~illa** f mar hatchway; **~illón** m teat trapdoor

escribano m court clerk; LA notary

escribi|ente m clerk; **~r** v/t to write

escrito m writing, document; letter; **por ~** in writing

escritor(a) m (f) writer

escritorio m desk; study, office

escritura f writing; for deed; **la Sagrada ≈** the Holy Scripture

escrúpulo m scruple

escrupuloso scrupulous

escrutinio m scrutiny

escuadra f mil squad; mar squadron

escuálido m scraggy; squalid

escuchar v/t to listen to

escudo m shield; coat of arms

escudriñar v/t to scrutinize; to scan; to examine

escuela f school; **~ de párvulos** kindergarten; **~ nocturna** night school; **~ primaria** elementary school

escul|pir v/t to sculpture; to cut; **~tor** m sculptor; **~tura** f sculpture

escupi|dera f spittoon; **~r** v/t, v/i to spit

escurri|dizo slippery; tecn aerodynamic; **~dor** m wringer; **~r** v/t to drain off; to wring out; **~se** to sneak off; to drip

ese, esa (pl **esos, esas**) a that; pl those

ése; ésa; eso (pl **ésos, ésas**) pron that one; the former; **eso es** that's right; **eso sí** yes, of course; **por eso** because of that

esencia f essence; **~l** essential

esfera f sphere; face (of watch)

esférico spherical

esfinge f sphinx

esforzar v/t to strengthen; to encourage; **~se** to make an effort; to exert oneself

esfuerzo m effort

esfumarse to fade away

esgrim|a *f* fencing; **~ir** *v/t* to brandish; *v/i* to fence

esguince *m* sprain (*of joint*)

eslabón *m* link

eslogan *m* slogan

esmalte *m* enamel

esmerado carefully done; painstaking

esmeralda *f* emerald

esmeril *m* emery

esmero *m* care; refinement

esmoquin *m* dinner jacket, *Am* tuxedo

espabilado bright; intelligent

espaci|ar *v/t* to space; **~o** *m* space; **~oso** spacious, roomy

espada *f* sword

espalda *f* shoulder; back

espantapájaros *m* scarecrow

espant|ar *v/t* to scare; to frighten; **~arse** to get frightened; **~o** *m* terror; shock; **~oso** frightful

España *f* Spain; **2ol(a)** *m (f)* Spaniard; *a* Spanish

esparadrapo adhesive tape; sticking plaster

esparci|do scattered; merry; **~r** *v/t* to scatter; to spread

espárrago *m* asparagus

espasmo *m* spasm

especia *f* spice

especial special; **~idad** *f* speciality; **~ista** *m, f* specialist; **~izar** *v/i* to specialize

especie *f* species; kind

específico specific

espect|áculo *m* show; entertainment; **~ador** *m* spectator, onlooker; viewer

especula|ción *f* speculation; **~r** *v/i* to consider; *v/i* to speculate

espej|ismo *m* mirage; illusion; **~o** *m* mirror; **~o retrovisor** rear view mirror

espeluznante hair-raising; lurid

espera *f* waiting; **en ~ de** waiting for; **~nza** *f* hope; **~r** *v/t* to hope for; to expect; to wait for; *v/i* to wait

esperma *f* sperm

espes|ar *v/t* to thicken; **~o** thick; **~or** *m* thickness

espía *m, f* spy

espiar *v/t* to spy on

espiga *f* peg; *bot* ear; *tecn* spigot

espina *f* thorn; spine; fish-bone; **~ dorsal** backbone, spinal column

espinacas *f/pl* spinach

espin|illa *f* shin(bone); **~oso** thorny, spiny

espionaje *m* espionage; spying

espiral *f* spiral

espíritu *m* spirit; mind; ghost; **2 Santo** Holy Ghost

espiritual spiritual

espléndido splendid

espliego *m* lavender

espoleta *f* wishbone; *mil* fuse

espolón *m* *zool, geol* spur; *arq* buttress; *mar* sea wall

esponja f sponge; **~rse** to glow with health

esponsales m/pl betrothal

espontáneo spontaneous

esporádico sporadic

espos|a f wife; pl handcuffs; **~ar** v/t to handcuff; **~o** m husband

espuela f spur (t fig)

espum|a f froth; foam; **~oso** frothy; foamy; sparkling (wine)

esputo m spit; spittle

esquela f note; **~ de defunción** death notice

esqueleto m skeleton

esquema m scheme; plan; chart; diagram

esquí m ski

esquiar v/i to ski

esquilar v/t to shear (sheep); to clip

esquilmar v/t to harvest

esquimal a, m, f Eskimo

esquina f corner (of a street or a house)

esquirol m fam strikebreaker

esquivar v/t to shun; to avoid

estab|ilidad f stability; **~ilizar** v/t to stabilize; **~le** stable; **~lecer** v/t to establish; to set up; to decree; **~lecerse** to settle down; to establish oneself; **~lecimiento** m establishment; institution; **~lo** m stable

estaca f stake; cudgel; **~da** f fencing; mil stockade

estación f season; station, stop; (taxi) stand; **~ de servicio** service station

estacion|amiento m parking; **~ar** v/t, v/i to park (a car); **prohibido ~ar** no parking

estadio m stadium

estad|ista m statesman; **~ística** f statistics; statistical; **~ístico** statistical; **~o** m state, nation; condition; rank, status; **~o civil** marital status; **~o de emergencia** state of emergency; **~o mayor** mil staff; **~os pl Unidos** United States

estadounidense m, f citizen of the United States

estafa f swindle; trick; **~dor** m swindler

estafeta f courier; district post office

estall|ar v/i to burst; to explode; **~ido** m bang; explosion; outbreak

estambre m worsted

estamp|a f print; engraving; impression; image; **~ado** m print (in textiles); **~ar** v/t to print; to stamp; to imprint; **~ido** m report (of a gun)

estampilla f rubber stamp; LA postage stamp

estan|car v/t to check; to stop; com to monopolize; **~carse** to stagnate; **~co** m watertight; m (state) monopoly; tobacconist; **~darte** m standard; banner; **~que** m pond; small lake

estante m shelf; bookcase; **~ría** f shelves

estaño *m* tin

estar *v/i* to be; **~ a** to be priced at; **¿ a cuántos estamos?** what is today's date?; **está bien** all right; **~ de viaje** to be travelling; **~ de más** to be superfluous; **~ en algo** to understand something; **~ enfermo** to be ill; **~ para** to be in the mood for; **está por ver** it remains to be seen

estático static

estatua *f* statue

estatuto *m* statute; law

este *m* east

este, esta *a* (*pl* **estos, estas**) this (*pl* these)

éste, ésta *pron* (*pl* **éstos, éstas**) this one (*pl* these)

estela *f* wake (*of a ship*)

estenografía *f* stenography, shorthand

estepa *f* steppe

estera *f* mat, matting

estereo|fónico stereophonic; **~scopio** *m* stereoscope; **~tipo** *m* stereotype

estéril barren; sterile

esterili|dad *f* sterility; **~zar** *v/t* to sterilize

estétic|a *f* aesthetics; **~o** aesthetic

estevado bowlegged

estibador *m* stevedore

estiércol *m* dung; manure

estigma *m* mark; birthmark; stigma

estil|arse to be in fashion *or* use; **~o** *m* style

estilográfica: pluma *f* **~**

fountain pen

estima *f* esteem; **~r** *v/t* to estimate; to esteem

estimula|nte *m* stimulant; *a* stimulating; **~r** *v/t* to stimulate; to excite

estímulo *m* stimulus; *fig* incentive

estipula|ción *f* stipulation; **~r** *v/t* to stipulate

estir|ado haughty, stiff; **~ar** *v/t* to stretch; to pull; to extend; **~ón** *m* jerk; tug; rapid growth

esto this; **en ~** at this moment; **~ es** that is to say

estocada *f* thrust (*of sword*)

estofar *v/t* to stew

estómago *m* stomach

estorb|ar *v/t* to hinder; to disturb; **~o** *m* hindrance; obstacle; nuisance

estornud|ar *v/i* to sneeze; **~o** *m* sneezing

estrado *m* dais; platform; *pl* court rooms

estrag|ar *v/t* to deprave; to pervert; **~o** *m* ruin; **~os** *pl* havoc

estrangula|ción *f* strangulation; throttling (*of an engine*); **~dor** *m tecn* choke; **~r** *v/t* to strangle; to choke; to throttle

estraperlo *m* black market

estratagema *f* stratagem; trick

estrat|egia *f* strategy; **~égico** strategic, strategical

estrech|amente tightly;

closely; intimately; **~ar** v/t to reduce, to tighten; to take in (clothes); **~ar la mano** to shake hands; **~arse** to draw closer; to narrow; to tighten up; **~ez** f narrowness; tightness; poverty; **~o** a narrow; tight; austere; rigid; intimate; m strait(s), narrows

estrella f star; **~ de cine** film-star; **~ de mar** starfish; **~ fugaz** shooting star; **~do** starry; smashed; **~r** v/t to smash

estremec|er v/t to shake; **~erse** to shake; to shudder, to tremble; **~imiento** m shudder

estren|ar v/t to do or use for the first time; **~o** m first use; teat première

estreñi|do constipated; **~miento** m constipation

estrépito m crash; din

estrepitoso deafening

estrés m med stress

estribillo m refrain, chorus

estribo m stirrup

estribor m starboard

estricto strict; severe

estridente strident; shrill

estropajo m swab, mop; pan scraper; dishcloth

estropear v/t to hurt; to damage; to ruin; to spoil

estructura f structure

estruendo m crash, din; uproar; bustle; **~so** noisy

estrujar v/t to press, to squeeze out; to crush

estuche m case; etui; **~ de pinturas** paintbox

estudi|ante m, f student; **~ar** v/t, v/i to study; **~o** m study; studio; **~oso** studious; industrious

estufa f stove; heater

estupefac|ción f stupefaction; **~iente** m narcotic; drug; **~ientes** m/pl narcotics; **~to** stupefied

estupendo stupendous; terrific

estupidez f stupidity

estúpido stupid

estupro m for rape

etapa f stage; phase; period

éter m ether

etern|idad f eternity; **~o** eternal

étic|a f ethics; **~o** ethical

etiqueta f formality; etiquette; label; **traje m de ~** formal dress

Eucaristía f Eucharist

eufonía f euphony

Europa f Europe

europeo(a) m (f), a European

Euskadi Basque country

euskera m Basque language

evacua|ción f evacuation; **~r** v/t to evacuate

evadir v/t to evade, to elude

evalua|ción f evaluation; **~r** v/t to assess; to evaluate

evangelio m gospel

evangelizador m evangelist

evaporar v/t, **~se** to evaporate

evasi|ón f evasion, elusion; pretext; **~va** f excuse; pretext; **~vo** evasive; elusive; non-committal

evento m eventuality; **a cualquier ~** in any event

eventual accidental; possible; contingent; **~idad** f contingency; **~mente** possibly; by chance

eviden|cia f proof; **~te** evident; obvious

evitar v/t to avoid; to prevent

evoca|ción f evocation; **~r** v/t to evoke; to conjure up

evolu|ción f evolution; development; **~onar** v/i to evolve; to develop

exact|itud f exactness; accuracy; **~o** exact; accurate; punctual

exagera|do exaggerated; overdone; excessive; **~r** v/t to exaggerate

exalta|do hot-headed; impetuous; **~r** v/t to exalt

exam|en m examination; inquiry; **~inar** to examine; to investigate; to test; **~inarse** to take an examination

exangüe bloodless

exánime lifeless

exasperar v/t to exasperate; to irritate; **~se** to lose patience

excavar v/t to dig; to excavate

excede|nte a excessive; m surplus; **~r** v/t to exceed; to surpass

excelencia f excellence; excellency

excentricidad f eccentricity

excéntrico eccentric

excepción f exception

excep|cional exceptional; **~to** except; **~tuar** v/t to except; **for** to exempt

exces|ivo excessive; **~o** m excess; **~o de equipaje** excess luggage

excitar v/t to excite; **~se** to become excited

exclama|ción f exclamation; **~r** v/i to exclaim

exclu|ir v/t to exclude; **~siva** f exclusive interview; **com** sole right; **~sivamente** exclusively; **~sivo** exclusive

excomulgar v/t to excommunicate; to ban

excre|ción f excretion; **~mento** m excrement

exculpar v/t to exculpate; to forgive

excursión f excursion; outing; trip

excusa f excuse; apology; **~ble** excusable; **~do** m toilet; **~r** v/t to excuse; **~rse** to apologize

exen|ción f exemption; **~to** free from; devoid; exempt

exhalar v/t to exhale

exhausto exhausted

exhibi|ción f exhibition; **~ción-venta** sales exhibit; **~r** v/t to exhibit

exhortar v/t to exhort

exig|encia f demand; **~ente**

demanding; exacting; **~ir** v/t to demand

eximir v/t to exempt

existen|cia f existence; **en ~cia** in stock; **~te** existent

existir v/i to exist, to be

éxito m success; outcome; teat hit; **~ de librería** best seller

éxodo m exodus

exonerar v/t to exonerate; to relieve

exorbitante exorbitant

exótico exotic

expansi|ón f expansion; **~vo** expansive

expatriar v/t to expatriate; to banish

expecta|ción f, **~tiva** f expectation; expectancy; **estar a la ~tiva** wait and see attitude

expedi|ción f expedition; speed; dispatch

expedi|ente m resource; expedient; **~r** v/t to dispatch; to send; **~tar** v/t LA to expedite

expende|dor m seller; dealer; agent; **~duría** f shop licensed to sell tobacco and stamps

experiencia f experience

experiment|ar v/t to experience; to go through; **~o** m experiment

experto m, a expert

expiar v/t to atone for

expirar v/i to expire

explanar v/t to level

explica|ción f explanation; **~r** v/t to explain; **~tivo** explanatory

explora|dor m explorer; boy scout; **~dora** f girl scout; **~r** v/t to explore

explosi|ón f explosion; **~vo** m, a explosive

explota|ción f exploitation; **~r** v/t to exploit

expone|nte m, f, a exponent; **~r** v/t to expose; to risk; to exhibit

exportación f export

exporta|dor m exporter; **~r** v/t to export

exposición f exposition; exhibition; show

exposímetro m foto exposure meter

exprés a express; m LA express train

expres|ar v/t to express; **~ión** f expression; **~o** m express train

exprimi|dor m juicer; **~r** v/t to squeeze out; fig to express

expropiar v/t to expropriate

expuesto exposed; on display; in danger

expuls|ar v/t to expel, to throw out; to oust; **~ión** f expulsion

exquisito exquisite; excellent

éxtasis m ecstasy

extemporáneo untimely

exten|der v/t to extend; to spread; to draw up (document); **~derse** to extend; to reach; **~sión** f extension; **~so** extensive; spacious

extenua|ción f emaciation; **~r** v/t to weaken; to emaciate

exterior *a* external; exterior; *m* outside; **asuntos ~es** foreign affairs; **~izar** *v/t* to show; to make manifest

exterminar *v/t* to exterminate

externo external

extin|ción *f* extinction; **~guir** *v/t* to extinguish; **~to** extinct; **~tor** *m* fire extinguisher

extirpar *v/t* to uproot; to extirpate; to stamp out

extra|cción *f* extraction; **~er** *v/t* to extract; to mine; **~escolar** extracurricular; **~fino** superfine; **~limitarse** to go too far; **~muros** outside the city walls

extranjero(a) *m* (*f*) foreigner; *a* foreign; **en el ~** abroad

extrañ|ar *v/t* to surprise greatly; to find strange; *LA*

to miss; **~arse de** to be greatly surprised at; **~o** odd; foreign; strange

extraordinario extraordinary; unusual; *número ~* special issue

extravagan|cia *f* oddness; folly; **~te** odd; bizarre

extraviar *v/t* to mislay; to lose; **~se** to get lost

extrema|do extreme; excessive; **~r** *v/t* to carry to the extreme

extremaunción *f* extreme unction

extremista *a, m, f* extremist

extremo *a* last; extreme; excessive; *m* extreme; end

extrovertido extroverted; outgoing

exuberancia *f* **exuberante**; *bot* luxuriance

F

fábrica *f* factory; plant

fabrica|ción *f* manufacture; **~nte** *m* manufacturer; **~r** *v/t* to manufacture; to make

fábula *f* fable

fabuloso fabulous

facci|ón *f* faction; **~ones** *pl* features; **~oso** factious; rebellious

faceta *f* facet

facha *f fam* mien; aspect; appearance; **~da** *f* façade, front

fácil easy

facili|dad *f* facility; capacity; **~tar** *v/t* to facilitate;

to supply

factor *m* factor; agent; **~ía** *f* factory; agency

factura *f* invoice; *pasar la ~* to send an invoice; **~r** *v/t* to invoice; to check; **~r el equipaje** to check in luggage

faculta|d *f* faculty; permission; **~r** *v/t* to authorize; **~tivo** optional

faena *f* task; job; **~s** *pl* chores

faisán *m* pheasant

faja *f* sash; belt; corset; **~o** *m* bundle; wad, roll (*of money*)

falaz deceitful; fallacious

fald|a f skirt; slope (of a mountain); **~ero** fond of women; **~ón** m flap (on clothing)

falla f fault; failure; LA lack; **~r** v/i to miss; to fail; v/t to pronounce a sentence

fallec|er v/i to die; **~imiento** m death; decease

fallo m decision; sentence; **~ humáno** human error

fals|edad f falsehood; **~ificación** f forgery; **~ificado** forged; counterfeit; **~ificar** v/t to falsify; to forge; **~o** false; treacherous

falt|a f lack; deficiency; mistake; sp foul; **hacer ~a** to be necessary; **sin ~a** without fail; **~ar** v/i to be missing; to fail in; to be needed; **~o de dinero** short of money

fama f fame; reputation; **mala ~** notoriety

famélico ravenous; starving

famili|a f family; **~ar** a familiar; m relative; **~ridad** f familiarity; intimacy; **~rizar** v/t to acquaint (with); to accustom

famoso famous

fanático a fanatical; m fanatic; LA fan

fanega f grain measure of about 55.5 litres, Am liters or 1.59 acres

fanfarr|ón m boaster; braggart; **~onear** v/i to boast; to brag; to swagger

fango m mud; mire; slush

fantasía f imagination; fantasy; caprice; fancy

fantasma m phantom; ghost

fantástico fantastic

fantoche m puppet; marionette

farándula f LA show business

fardo m bundle; bale

farfullar v/t to gabble

fariseo m Pharisee; hypocrite

farmacéutico(a) m (f) pharmacist; druggist; a pharmaceutical

farmacia f pharmacy

faro m lighthouse; beacon; headlight (of car)

farol m lantern; street lamp

farsa f farce; trick; **~nte** m trickster; fake

fascina|ción f fascination; **~r** v/t to fascinate; to captivate

fascis|mo m fascism; **~ta** m, f fascist

fase f phase; period

fastidi|ar v/t to annoy; to pester; to bore; to irk; **~o** m annoyance; nuisance; **~oso** annoying, wearisome

fastuoso luxurious; lavish

fatal fatal; irrevocable; fam awful; **~idad** f fate; calamity; **~ismo** m fatalism; **~ista** a fatalistic; m, f fatalist

fatídico prophetic; ominous

fatig|a f fatigue; weariness; **~ar** v/t to tire; to annoy; **~oso** wearisome

fatu|idad f foolishness; **~o** conceited

favor m favo(u)r; **a ~ de** in

favo(u)r of; **por ~** please;
~able favo(u)rable; **~ecer**
v/t to favo(u)r; to help;
~ito(a) *m (f)*, a favo(u)rite

faz *f* face; *arq* front

fe *f* faith; trust; belief; **dar ~** to
testify; **de buena ~** in good
faith; **de mala ~** in bad faith

fealdad *f* ugliness; foulness

febrero *m* February

febril feverish; *fig* hectic

fecha|a *f* date; **hasta la ~** up
to now; so far; **~ar** *v/t* to
date; **~oría** *f* villainy, misdeed

fécula *f* starch

fecund|ar *v/t* to fertilize; **~o**
fertile; *fig* fruitful

federa|ción *f* federation; **~l**
federal

fehaciente *for* authentic

feli|cidad *f* happiness; **~cida-
des** *f/pl* congratulations;
best wishes; **~citar** *v/t* to
congratulate

feligrés *m* parishioner

feliz happy

felp|a *f* plush; **~udo** *a* plushy;
m mat

femenino feminine

feminista *m, f* feminist

fenomenal *fam* great, terrific

fenómeno *m* phenomenon

feo ugly; disagreeable

féretro *m* coffin

feria *f* fair; market place

ferment|ar *v/t, v/i* to ferment;
~o *m* ferment

fero|cidad *f* ferocity; **~z**
fierce; savage

férreo ferrous; iron

ferretería *f* hardware store

ferro|carril *m* railway, *Am*
railroad; **por ~carril** by rail;
~viario *m* railwayman

fértil fertile; productive

ferv|iente ardent; fervent;
~or *m* fervo(u)r; ardo(u)r

festiv|al *m* festival; **~idad** *f*
festivity; **~o** festive; gay; **día
~** *m* ~o holiday

fétido fetid; stinking

feto *m* f(o)etus

feudalismo *m* feudalism

fia|ble trustworthy; **~do** *adv*:
al ~do on credit, on trust;
~dor *m* guarantor

fiambres *m/pl* cold meats,
Am cold cuts

fianza *f* deposit; security

fiar *v/t* to guarantee; to entrust; to sell on credit; **~se
de** to trust; to rely upon

fibr|a *f* fibre, *Am* fiber; **~oso**
fibrous

ficción *f* fiction; invention

ficha *f* file; index card

fichero *m* card index; filing
cabinet

ficticio ficticious

fide|digno trustworthy; **~li-
dad** *f* faithfulness; accuracy;
alta ~lidad high fidelity,
hifi

fideos *m/pl* noodles

fiebre *f* fever; **~ del heno** hay
fever

fiel faithful; loyal

fieltro *m* felt; felt hat

fiera *f* wild beast

flash

fiesta f feast; festivity; party; holyday

figura f shape; form; **~do** figurative; **~r** v/t to shape; to represent; v/i to figure; **~rse** to imagine

fijar v/t to fix; to stick; to secure; **~se en** to pay attention to

fijo firm; permanent

fila f row, tier; line; **en ~** in a line; **~ india** single file

filete m fillet (of fish or meat); thread (of screw)

filia|ción f filiation; connection; **~l** filial

Filipinas f/pl Philippines

filipino(a) a, m (f) Philippine

film|ación f cine shooting; **~ar** v/t to film; **~e** m film

filo m edge; blade

filólogo m philologist

filón m geol vein; seam

filosofía f philosophy

filósofo m philosopher

filtr|ar v/t to filter; to strain; **~arse** to seep; **~o** m filter; strainer

fin m end, finish; aim, purpose; **a ~ de** in order to; **al ~** at last; **al ~ y al cabo** in the end; after all; **por ~** finally; **~ de semana** weekend

finado(a) m (f), a deceased

final m end; a final; ultimate; **~idad** f purpose; **~izar** v/t to finish; v/i to end; **~mente** finally

finan|ciar v/t to finance; **~ciero** m financier; a finan-

cial; **~zas** f/pl finances

finca f landed property; LA farm

fineza f fineness; courtesy

fingir v/t to feign; to pretend; to fake

finiquito m com settlement

finlandés(esa) a Finnish; m (f) Finn

Finlandia f Finland

fino fine; thin; refined

firma f signature; com firm; **~r** v/t to sign

firme a firm; stable; m surface; **~za** f firmness; stability

fiscal m public prosecutor; a fiscal

fisco m exchequer; treasury

físic|a f physics; **~a nuclear** nuclear physics; **~o** a physical; m physicist

fisiología f physiology

fisión f fission; **~ nuclear** nuclear fission

fisura f fissure

fisonomía f physiognomy

fláccido flaccid, flabby

flaco thin; weak

flagelar v/t to flog, to lash

flagrante flagrant; **en ~** red-handed

flamante brilliant; brand-new

flamear v/t to blaze, to flame

flamenco a, m Flemish; Andalusian gipsy (dance, song); m zool flamingo

flanquear v/t to flank

flaque|ar v/i to weaken; **~za** f leanness; weakness

flash m foto flash

flat|o m med wind; **~ulencia** f flatulence

flauta f flute

flecha f arrow

fleco m tassel; fringe

flema f phlegm

flet|ar v/t to charter; LA to hire; **~e** m freight

flexib|ilidad f flexibility; **~le** flexible

flirtear v/i to flirt

floj|ear v/i to weaken; to slacken; **~edad** f weakness; idleness; **~o** weak; slack; idle; lazy

flor f flower; **~ecer** v/i to blossom; to flower; **~ero** m flower vase; **~ista** m, f florist

flot|a f fleet; **~ador** m float; **~ar** v/i to float; **~e** m: a **~e** afloat

fluctua|ción f fluctuation; **~r** v/i to fluctuate

fluido a fluid; flowing; m fluid; **~ eléctrico** electric current

flu|ir v/i to flow; **~jo** m flow; flux

foca f seal

foco m focus; focal point; centre; LA elec bulb

fofo spongy; soft

fogata f bonfire

fogón m stove

fogon|azo m flash (of gun); **~ero** m stoker

fogos|idad f verve; vehemence; **~o** fiery; ardent

folklore m folklore

follaje m foliage

folleto m pamphlet, brochure

follón a lazy; m good-for-nothing; hubbub, uproar, rumpus

foment|ar v/t to foment; to promote; **~o** m encouragement; fostering

fonda f inn, hostelry

fondear v/t mar to sound; to examine; v/i to anchor

fondo m ground; bottom; depth; pl funds; **a ~** thoroughly

fonética f phonetics

fonógrafo m LA phonograph

fontanero m plumber

forastero(a) m (f) stranger; visitor; outsider; a strange

forcej|ear v/i to struggle; **~eo** m struggle

forestal of the forest

forj|a f forge; **~do** wrought; **~r** v/t to forge; to shape

forma f form; shape; way, means; **de ~ que** so that; **de todas ~s** at any rate; **~ción** f formation; education; **~l** formal; serious; **~lidad** f formality; **~lizar** v/t to formalize; to formulate; **~r** v/t to form; to shape; **~rse** to (take) form; to develop

formidable formidable; tremendous

fórmula f formula; prescription

formulario m form, blank

foro m forum; for bar; teat upstage

forraje m forage; fodder

forr|ar v/t to line, to pad; **~o** m lining

fortalecer v/t to strengthen

fort|aleza f fortress, fort; **~ifi-car** v/t to fortify

fortuito fortuitous; accidental

fortuna f chance; luck; fortune, wealth; **por ~** luckily

forz|ar v/t to force; to compel; **~oso** compulsory; forcible; inevitable

fosa f grave

fósforo m phosphorus; LA match

foso m moat; ditch

foto f photo; **~copia** f photocopy; **~grafía** f photograph; **~grafiar** v/t, v/i to photograph

fotógrafo m photographer

fotómetro m photometer

fotomontaje m photomontage

fotosíntesis f photosynthesis

frac m tails; dress coat

fracas|ar v/i to fail; **~o** m failure

fracción f fraction; pol faction; splinter group

fractura f fracture

fragancia f fragrance

frágil fragile; brittle

fragment|ario fragmentary; **~o** m fragment

fragua f forge; **~r** v/t to forge (metal); to contrive

fraile m friar; monk

frambuesa f raspberry

francamente frankly

francés(esa) m (f) Frenchman (-woman); a French

Francia f France

francmasón m freemason

franco frank; com free

franela f flannel

franja f fringe

franqu|ear v/t to exempt; to free; to stamp, to frank; **~eo** m postage; **~icia** f privilege; com franchise; **~ista** pro-Franco

frasco m flask; bottle

frase f sentence; phrase

fratern|al brotherly; **~idad** f fraternity

fraud|e m fraud; **~ulento** fraudulent

fray m relig (contraction of **fraile;** before Christian names) brother

frazada f LA blanket

frecuen|cia f frequency; **~tar** v/t to frequent, to patronize; **~te** frequent

frega|dero m kitchen sink; **~r** v/t to scrub, to scour; LA to annoy, to bother

freír v/t to fry

fren|ar v/t to brake; to restrain; **~o** m brake; **~o de mano** hand brake

frente f forehead; front; **al ~** in the front; **hacer ~ a** to face (a problem); to meet (a demand)

fresa f strawberry

fres|co fresh; **~cura** f freshness; impertinence, cheek

fresno m ash tree

frialdad f coldness; indifference

fricci|ón f friction; **~onar** v/t to rub

frígidez f coldness; frigidity

frigorífico m refrigerator

frijol m dry bean

frío cold

friole|ría f trifle; **~o** shivery, feeling the cold

frito fried

frívolo frivolous

frondoso leafy; shadowy

fronter|a f frontier; **~izo** frontier; opposite

frotar v/t to rub

fructífero productive

frugal frugal; thrifty

frunc|e m ruffle; **~ir** v/t to gather, to ruffle; to pucker; **~ir el ceño** to frown

frustrar v/t to frustrate

frut|a f fruit; **~ería** f fruit shop; **~o** m fruit, result

fuego m fire; **~s pl artificiales** fireworks

fuelle m bellows

fuente f spring; fountain

fuera outside; **por ~** on the outside; **~ de** out of; besides; **~ de juego** sp off-side; **~ de servicio** out of order; **¡~! get out!; **~borda** outboard

fuero m jurisdiction; privilege

fuer|te a strong; vigorous; adv strongly; loudly; **~za** f strength; force; power; **a la ~za** by force; **~za mayor** act of God; **~zas pl armadas** armed forces

fug|a f flight; escape; **~arse** to flee; **~az** fugitive; passing; **~itivo(a)** m (f) fugitive

fulano so-and-so

fulgurante flashing; shining

fullero m crook, cheat

fulminante fulminating

fumar v/t, v/i to smoke; **prohibido ~** no smoking

funci|ón f function; teat performance; **~onar** v/i to function; to work; **~onario** m civil servant; official

funda f case, cover; sheath

funda|ción f foundation; **~dor** m founder; **~mento** m foundation; basis; **~r** v/t to found; to establish

fundi|ción f fusion; smelting; **~r** v/t to smelt; to fuse; **~rse** to blend, to merge

fúnebre funereal; mournful; lugubrious

funeral m funeral; **~es** pl funeral service

funesto ill-fated; dismal

funicular m funicular railway

furgón m wagon; van; f c luggage van

furgoneta f van

furi|a f fury; rage; **~oso** furious

furor m fury; rage; **hacer ~** to be all the rage

furúnculo m med boil

fuselaje m aer fuselage

fusible m elec fuse; a fusible

fusil m rifle; **~amiento** m execution by shooting

fusión f fusion; smelting; com merger

fust|a *f* whip; **~e** *m* wood; shaft; **de ~e** *fig* important
fútbol *m* football, *Am* soccer
futbolista *m* footballer, *Am* soccer player
fútil trivial
futuro(a) *m* (*f*) betrothed; *m* future; *a* future

G

gabán *m* overcoat
gabardina *f* gabardine; raincoat
gabinete *m pol* cabinet; study; small reception room
gaceta *f* gazette; *LA* newspaper
gachas *f/pl* porridge
gacho bent; drooping
gafas *f/pl* eyeglasses; **~ de buceo** diving goggles; **~ de sol** sunglasses
gait|a *f* bagpipe; **~ero** *m* bagpiper; *a* gaudy
gajo *m* branch; slice, segment (*of fruit*)
gala *f* ornament; full dress; **de ~** in full dress
galán *m* ladies' man; suitor; *teat* leading man
galano elegant; graceful
galante courteous; gallant; **~ar** *v/i* to flirt; **~ría** *f* gallantry; compliment
galápago *m* giant turtle
galardón *m* reward
galaxia *f* galaxy
gale|ote *m* galley slave; **~ra** *f* galley
galería *f* gallery; corridor
Gales *m* Wales
galés(esa) *m* (*f*) Welshman

(-woman); *a* Welsh
galgo *m* greyhound
galimatías *m* gibberish
gallard|ear *v/i* to behave gracefully; **~ete** *m* pennant; **~ía** *f* elegance; gallantry
galleta *f* biscuit, cracker
gall|ina *f* hen; **~inero** *m* henhouse; bedlam; *teat* top gallery; **~o** *m* cock, rooster
galocha *f* clog; galosh
galón *m* gallon; braid; trim; stripe (*on uniform*)
galop|ar *v/i* to gallop; **~e** *m* gallop
gama *f zool* doe; *mús* scale; range
gamba *f* prawn; shrimp
gamberro *m fam* lout, hooligan
gamuza *f* chamois
gana *f* desire; wish; **de buena ~** willingly; **de mala ~** unwillingly, grudgingly; **tener ~s de** to feel like (*doing*)
ganad|ería *f* stock breeding; livestock; **~ero** *m* stockbreeder; **~o** *m* cattle; livestock
gana|dor *m* winner; gainer; **~ncia** *f* gain; profit; **~r** *v/i* to win; to earn; to gain

ganchillo m crochet (*needle and work*); **hacer ~** to crochet

gancho m hook; sex appeal; *LA* hairpin

gandul *fam* idle; lazy

ganga f bargain

gangrena f gangrene

gangueo m (nasal) twang

ganso m goose; gander

ganzúa f skeleton-key

gañir v/i to yelp

garabato m hook; scribble

garaje m garage

garantía f guarantee; security; **~izar** v/t to guarantee

garapiña|do candied; **~r** v/t to freeze; to ice; to candy

garbanzo m chick-pea; **~ negro** fig black sheep

garbo m grace; elegance; **~so** graceful; attractive

gargant|a f throat; gullet; ravine, gorge; **~ear** v/i to quaver (*voice*)

gárgara f gargle; **hacer ~s** to gargle

garita f sentry box; porter's lod

garra f claw, talon

garrafa f decanter; carafe

garrapata f zool tick

garrapatear v/i to scribble, to scrawl

garrocha f goad stick; *sp* pole

garro|tazo m blow with a cudgel; **~te** m cudgel

garúa f *LA* drizzle

garza f heron

gas m gas; vapo(u)r; fume; **~ lacrimógeno** tear gas; **~es** pl **de escape** exhaust fumes

gasa f gauze

gaseosa f soda water; **~o** gaseous

gasfitero m *LA* plumber

gasolin|a f petrol, *Am* gas; **~era** f motorboat; petrol station, *Am* gas station

gasómetro m gasometer

gasta|do spent; worn out; **~dor** spendthrift; **~r** v/t to spend; to waste; to use up; to wear out

gasto m expense; **~s** pl **generales** com overhead

gastritis f gastritis

gastronomía f gastronomy

gat|a f she-cat; **a ~as** on all fours; **~ear** v/i to go on all fours; to climb; **~illo** m trigger; **~ito** m kitten; **~o** m cat; tecn jack; **~uno** feline

gaveta f drawer; locker

gavilla f sheaf (*of corn*); gang (*of thieves*)

gaviota f seagull

gazap|era f rabbit warren; **~o** m young rabbit; *fam* sly fellow; error

gazmoñero prudish; hypocritical

gaznate m gullet

gelatina f coc jelly

gemelo(a) m(f) twin; **~s** m/pl binoculars; cufflinks; **~s de**

campaña field glasses; ~**s de teatro** opera glasses

gemi|do m moan; groan; ~**r** v/i to moan; to howl; to whine

gen m gene

genera|ción f generation; ~**dor** m generator

general a general; universal; **en** ~, **por lo** ~ in general, on the whole; m general; ~**idad** f generality; majority; ~**ísimo** m commander-in-chief; ~**izar** v/t to generalize

generar v/t to generate

género m genus; kind, sort; cloth; material; ~**s pl de punto** knitwear

generos|idad f generosity; ~**o** generous; brave

geni|al a gifted; talented; ~**o** m temper; character; genius

genitivo m gram genitive

gente f people; folk; ~**menuda** children; small fry

gentil a handsome; elegant; ~**eza** f charm; courtesy; elegance

gentío m big crowd; ~**uza** f mob

genuino genuine

geofísica f geophysics

geografía f geography

geología f geology

geólogo m geologist

geometría f geometry

geranio m geranium

geren|cia f management; ~**te** m manager

geriatría f geriatrics

germ|en m germ; source; origin; ~**inar** v/i to germinate

gerundio m gram gerund

gestación f gestation

gesticular v/i to gesticulate; to make faces

gest|ión f step; management (of affairs); ~**ionar** v/t to negotiate; ~**o** m gesture; ~**or** m agent

gib|a f hunchback; hump; ~**oso** humpbacked

gigante m giant; a huge; ~**sco** gigantic

gilipollas m, f/pl fam idiot

gimnasi|a f gymnastics; ~**o** m gymnasium

gimnástica f gymnastics

gimotear v/i to whine

ginebra f gin

ginecólogo m gyn(a)ecologist

gira f tour, excursion

giralda f weathercock

girar v/i to rotate; to turn; to spin; com to draw (check, draft); ~ **en descubierto** com to overdraw

girasol m sunflower

gir|atorio revolving; ~**o** m rotation; trend; com draft; ~**o en descubierto** com overdraft; ~**o postal** money order

gitano(a) m (f), a gipsy

glacia|l glacial; icy; fig cold, stony; ~**r** m glacier

glándula f gland

glicerina f glycerine

glob|al global; **~o** m globe; **~o aerostático** balloon; **~o de ojo** eyeball; **~ular** globular; spherical

glóbulo m biol globule

glori|a f glory; heaven; bliss; **~arse** to boast; **~eta** f traffic circle; **~oso** glorious

glosa f gloss; **~r** v/t to gloss; **~rio** m glossary; comment

glotón m zool glutton; a gluttonous

glucosa f glucose

glutinoso glutinous; viscid

gnomo m gnome

goberna|dor m governor; **~nte** a governing; m, f governor; **~r** v/t to govern; to rule; to manage

gobierno m government; control

goce m enjoyment

godo(a) m (f) Goth; a Gothic

gol m goal; **~eta** f schooner

golf|illo m urchin; **~o** m geog gulf; good-for-nothing; loafer

gollete m neck (of bottle)

golondrina f swallow

golos|ina f sweet; delicacy; **~o** sweet-toothed

golpe m blow; smack; clash; stroke; **de ~** all of a sudden; **~ de calor** sunstroke; **~ de estado** coup d'état; **no dar ~** not to work; **~ de fortuna** stroke of luck; **~ar** v/t to

strike; to hit, to knock

goma f gum; rubber band

góndola f gondola

gord|iflón fat; chubby; **~o** fat; stout; greasy; **~ura** f corpulence, stoutness

gorgote|ar v/i to gurgle; **~o** m gurgle

gorila m gorilla; fam thug

gorjear v/i to trill, to tweet, to warble

gorra f cap; bonnet

gorrear v/i to sponge; to freeload

gorrión m house sparrow

gorrista m sponger

gorro m cap; **~ de baño** bath cap

gorrón m cadger, leech

got|a f drop; med gout; **~ear** v/i to leak; **~eo** m dripping; leakage; **~era** f leak; gutter (of roof)

gótico Gothic

go|zar de v/i to enjoy; to possess; **~zo** m joy; pleasure

graba|ción f recording; **~do** m engraving; print; **~do en madera** woodcut; **~dora** f (tape) recorder; **~dor-reproductor** m cassette player; **~r** v/t to engrave; to record; to tape

graci|a f grace; charm; witticism; **caer en ~a** to win the favo(u)r of, to please; **~as** thanks; **~as a** thanks to; **dar las ~as** to thank

grácil slender; slim

gracioso funny; charming; lively

grad|a f step; stair; row of seats; *agr* harrow; **~ar** v/t to harrow; **~erío** m tiers of seats; bleachers; **~o** m degree; step; rank; will; liking; **de buen ~** willingly; **~uación** f graduation; **~ual** gradual; **~uar(se)** v/t, v/i to graduate

gráfico m *or* f graph; diagram; a graphic

grafito m graphite

gragea f candy sprinkles

gramátic|a f grammar; **~o** grammatical

gramo m gram(me)

gramófono m gramophone

grampa f staple; clamp

gran (*apocope* of **grande**, *used before singular* m *or* f *nouns*) large, big, great

granad|a f pomegranate; *mil* grenade, shell; **~o** m pomegranate tree

Gran Bretaña f Great Britain

grand|e a big; large; great; m grandee; **en ~e** in a big way; **~eza** f bigness; greatness; nobility; **~ioso** grandiose; grand; **~ote** huge; enormous

grane|ado granulated; **~ro** m granary

graniz|ada f hailstorm; **~ado** m iced fruit drink; **~ar** v/i to hail; v/t m hail; *med* cataract

granj|a f farmhouse; farm;

~ear v/i to gain; to win; **~ero** m farmer

grano m grain; seed; pimple

granuja m rogue; scoundrel

granular v/t to granulate; a granular

grapa f staple; **~dora** f stapler

gras|a f grease; fat; **~iento** greasy; fatty

gratifica|ción f gratification; bonus; **~r** v/t to reward; to tip; to gratify

gratis gratis; free

grat|itud f gratitude; **~o** pleasant; agreeable; kind; *LA* grateful

gratuito gratis; free

grava f gravel

grava|men m obligation; tax; **~r** v/t to burden; to impose (*tax*) upon

grave grave; serious; **~dad** f gravity; seriousness

gravita|ción f gravitation; **~r** v/i to gravitate

grazn|ar v/i to croak; to cackle; **~ido** m croak

Grecia f Greece

greda f clay; loam

gremio m guild; (trade) union

greña f mop (of hair); **~udo** dishevel(l)ed (*hair*)

gres m stoneware

gresca f uproar; brawl

grey f *relig* congregation

griego(a) m (f), a Greek

grieta f crack; fissure; chink; *pol* rift

grifo m tap; faucet

grill|ete m shackle; fetter; ~o m cricket; *pl* fetters

gringo m Yankee; foreigner (*in Latin America*)

gripe f influenza

gris grey, *Am* gray

grit|ar v/i to shout; ~ería f shouting; ~o m shout; outcry; yell

grosella f red currant

groser|ía f rudeness; coarseness; ~o rude; discourteous; coarse

grosor m thickness

grotesco grotesque; ridiculous

grúa f *tecn* crane

grueso a bulky; thick; stout; corpulent; m thickness; bulk

grulla f *zool* crane

gruñi|do m grunt; ~r v/i to grunt; to growl

gruñón m grumbler

grupo m group; ~ **sanguíneo** blood group

gruta f cavern, grotto

guacho m *LA* orphaned

guadaña f scythe

gualdo m yellow; golden

guante m glove; ~s de cabritilla kid gloves

guapo pretty; handsome; good-looking

guarda m or f guard; keeper; custody; ~ de playa life-guard; ~barros m mudguard; ~bosque m game-

keeper; forest ranger; ~coches m parking attendant; ~espaldas m bodyguard; ~meta m *sp* goalkeeper; ~polvo m dust cover; ~r v/t to keep; to guard; to preserve; to save; ~ropa m wardrobe; f cloakroom

guardería f day care center

guardia m policeman; guard; f custody; protection; **estar de** ~ to be on guard

guardián m keeper; custodian, warden

guardilla f attic, garret

guarida f *zool* lair

guarn|ecer v/t to garnish; to trim; to garrison; ~ición f provision; garrison; *pl* harness

guarro *fam* filthy

guas|a f joke; irony; ~ón joking

Guatemala f Guatemala

guatemalteco(a) a, m (f) Guatemalan

guateque m party; binge

guberna|mental, ~tivo governmental

guerr|a f war; warfare; ~a mundial world war; ~ear v/i to wage war; ~ero m warrior; a warlike; ~illa f guerrilla band; partisan; ~illero m guerrilla

guía m guide (*person*); f guide; ~ telefónica telephone directory

guiar v/t to guide; to steer; to drive

guij|a f pebble; **~arro** m small round pebble; **~o** m gravel

guillotina f guillotine; paper cutter

guinda f sour cherry

guiñ|ar v/i to wink; *mar* to lurch; **~o** m wink

guión m *gram* hyphen; script (*of film*)

guirnalda f garland, wreath

guisa: a ~ de in the manner of; **de tal ~** in such a way

guis|ado m stew; **~ante** m green pea; **~ar** v/t to cook; to stew; to prepare (*food*); **~o** m cooked dish

guita f twine, string

guitarr|a f guitar; **~ista** m, f guitarist

gula f gluttony

gusano m worm; grub; **~ de seda** silkworm

gust|ar v/t to taste; to try; v/i to please, to be pleasing; **~ar de** to enjoy; to relish; **~o** m taste; relish; **con mucho ~o** with pleasure; **~oso** a tasty

gutural guttural

H

haba f broad bean

haber v/t to have, to possess; v/aux to have; **~ escrito** to have written; **hemos leído** we have read; v/imp there is, there are; **debe ~ mucha gente** there must be many people; **no hay duda** there is no doubt; v/i **~ de** to have to; to be due to; **he de leer este libro** I've got to read this book; **~ que** it is necessary; **hay que estar puntual** it is necessary to be punctual; m salary; pl com assets

habichuela f kidney bean

hábil clever; able; capable

habili|dad f skill; ability; **~tación** f qualification; **~tado** m paymaster; **~tar** v/t to qualify; to equip

habita|ción f room; lodging; **~nte** m, f inhabitant; **~r** v/t to inhabit; to live in

hábito m habit; custom; *relig* vestments

habituar v/t to accustom; **~se** to get accustomed

habl|a f language; speech; **~ador** talkative; **~aduría** f gossip; rumor; **~ar** v/i to talk; to speak; to converse; **de eso ni ~ar** it's out of the question; v/t to speak (*a language*); **~illa** f gossip

hacend|ado a landed; m landowner; **~ista** m economist

hacer v/t, v/i to make; to create; to manufacture; to prepare; to perform; **~ caso** to consider; **~ cola** to queue, *Am* line up; **~ como si** to act

as if; **~ las maletas** to pack;
~ pedazos to break into
pieces; **~ un papel** to act a
part; **~ calor** to be hot
(*weather*); **~ frío** to be cold
(*weather*); **~** to come to
come to be; to turn (into);
~se viejo to grow old; **hace**
since; ago; for; **hace mucho**
long ago; **desde hace 3**
años for 3 years

hacha f axe; hatchet; **~ear**
v/t to hew

hachís m hashish

hacia towards; **~ abajo**
downwards; **~ adelante** for-
wards; **~ arriba** upwards; **~**
atrás backwards

hacienda f landed property;
estate; **~ pública** federal income; **Ministerio de ☿** Min-
istry of Finance

hada f fairy

hado m fate; destiny

halag|ar v/t to flatter; **~o**
m flattery; **~üeño** flatter-
ing

halcón m falcon; pol hawk

halla|r v/t to find; to come
across; **~rse** to find oneself
(*in a place*); **~zgo** m find;
finding; discovery

hamaca f hammock; deck
chair

hambr|e f hunger; famine;
starvation; **tener ~e** to be
hungry; **~ear** v/i to starve;
~iento hungry; starved

hamburguesa f hamburger

hampa f underworld, world

of criminals

harag|án a idle; m loafer;
~anear v/i to lounge
around; **~anería** f idleness

harap|iento ragged; **~o**
m
rag

harin|a f flour; meal; powder;
~a de maíz corn meal; **~oso**
mealy; floury

hart|ar v/t to satiate; to glut;
~o sufficient; full; **estar ~o**
de to be fed up with; to be
sick of

hasta prep till; until; as far as;
~ luego see you later, so
long; **~ la vista** until next
time; good-bye; conj even

hastiar v/t to weary; to disgust

hato m herd

hay there is; there are; **~ que** it
is necessary; **¡no ~ de qué!**
don't mention it!; you are
welcome!

haya f beech tree

haz m face; surface; right side
(*of cloth*); m sheaf; bundle

hazaña f exploit, feat

hebilla f buckle

hebra f thread; strand

hebroso fibrous

hechi|cero(a) m (f) wizard;
witch; a bewitching; **~zar** v/t
to bewitch; to charm; **~zo** m
spell; a false

hech|o made; done; com-
plete; ready; m fact; **~o a**
mano hand made; **~ura** f
making; workmanship

hectárea f hectare (2.47 acres)

hed|er v/i to stink; **~or** m stench

hela|da f frost; **~dería** f ice-cream shop; **~dero** m LA ice-cream vendor; **~do** m ice-cream; a frozen; icy; v/t, v/i to freeze, to ice; to congeal; to astonish; **~rse** to be frozen

helecho m fern

hélice f spiral; propeller

helicóptero m helicopter

hembra f female; nut (of a screw)

hemi|ciclo m semicircle; **~sferio** m hemisphere

hemorragia f h(a)emorrhage

hemorroides f/pl h(a)emorrhoids

henchir v/t to fill, to cram; **~se** to spill oneself

hend|edura f crack; crevice; **~er** v/t to cleave; to crack; to split

heno m hay

heráldica f heraldry

herb|aje m grass; pasture; **~icida** m weed-killer

hered|ad f estate; **~ar** v/t to inherit; **~era** f heiress; **~ero** m heir; **~itario** hereditary

here|je m, f heretic; **~ía** f heresy

herencia f inheritance; biol heredity

herético heretical

heri|da f wound; **~do** wounded; injured; **~r** v/t to wound

herman|a f sister; **~a política** sister-in-law; **~astra** f stepsister; **~astro** m stepbrother; **~dad** f brotherhood; alliance; **~o** m brother; **~o político** brother-in-law

hermético hermetic; airtight

hermos|ear v/t to beautify; **~o** beautiful; **~ura** f beauty

héroe m hero

heroico heroical

heroína f heroine; farm heroin

heroinómano(a) m (f) heroin addict

herra|dura f horseshoe; **~je** m ironwork; **~mienta** f implement; tool; **~r** v/t to shoe (horses); to brand (cattle)

herrer|ía f smithy; blacksmith's forge; **~o** m smith, blacksmith

herrete m tag, metal tip

herrumbre f rust

herv|idor m kettle; **~ir** v/i to boil; to bubble; v/t to boil; **~or** m boiling; ebullition; fervo(u)r

hez f dregs; scum; pl **heces** excrements

hibernar v/i to hibernate

hidalgo m nobleman

hidráulico hydraulic

hidro|avión m seaplane; **~carburo** m hydrocarbon; **~eléctrico** hydroelectric; **~fobia** f rabies

hidró|filo absorbent (cotton); **~geno** m hydrogen

hiedra f ivy

hiel f gall, bile; bitterness

hielo m ice; **~ flotante** drift ice

hiena f hyena

hierba f grass; herb; **mala ~** weed; **~buena** f mint

hierro m iron; brand; **~ colado, ~ fundido** cast iron; **~ forjado** wrought iron

hígado m liver

higiénico hygienic

higo m fig; **~o chumbo** prickly pear; **~uera** f fig tree

hija f daughter; **~astro(a)** m (f) stepchild; **~o** m son; **~o político** son-in-law

hila f row; line; **~da, ~da** f row; line; **~do** m spinning; thread

hilera f row; line; rank

hilo m yarn; thread; wire

himno m hymn; **~ nacional** national anthem

hincapié: **hacer ~** to take a stand; **hacer ~ en** to emphasize, to insist on

hincar v/t to thrust; **~se de rodillas** to kneel; to genuflect

hincha m/f sp fan; **~do** swollen; pompous; **~r** v/t to swell; to inflate; **~zón** f swelling

hinojo m fennel

hípica f sp equestrianism

hipnótico hypnotic

hipo m hiccup(s)

hipocresía f hypocrisy

hipócrita m, f hypocrite; a hypocritical

hipódromo m racecourse, hippodrome

hipopótamo m hippopotamus

hipoteca f mortgage; **~r** v/t to mortgage

hipótesis f hypothesis

hirviente boiling

hispánico Hispanic

hispanoamericano Latin American

histeria f hysterics

histérico hysterical

historia f history; story; **~dor** m historian

histórico historical

historieta f anecdote; **~s** pl comics

hito m landmark; target

hocico m snout, muzzle; mouth; fam face; **meter el ~** to meddle

hockey m hockey; **~ sobre hielo** ice hockey

hogar m hearth; home

hoguera f bonfire; blaze

hoja f leave; blade; sheet; **~ de afeitar** razor blade

hojalata f tin plate

hojaldre m or f puff pastry

hojarasca f dead leaves; trash

hojear v/t to skim through a book or paper; **~uela** f small leaf; foil; pancake

¡hola! hello!

Holanda f Holland

holandés(esa) m (f) Dutchman (-woman); a Dutch

holgado loose; comfortable; leisurely; well-off; **~ar** v/i to rest; to be idle; to be unnecessary; **huelga decir** needless to say; **~azán** *m* idler; **~azanear** *v/i* to idle about; **~ura** *f* ampleness; enjoyment; ease; comfort

hollín *m* soot

hombr|e *m* man; ¡ **~e!** I say!; good gracious!; **~e al agua** man overboard; **~e de estado** statesman; **~e-rana** *f* frogman; **~ía** *f* manliness

hombro *m* shoulder

homenaje *m* homage

homicidio *m* homicide, murder

homogéneo homogeneous

homosexual *a, m, f* homosexual

hond|a *f* sling; **~o** deep; profound; **~ura** *f* depth

Honduras /*Honduras*; **~ Británica** British Honduras

hondureño(a) *a, m (f)* Honduran

honest|idad *f* honesty; decency; **~o** decorous; decent; chaste; honest; fair, just

hongo *m* mushroom; toadstool; fungus; bowler hat

honor *m* hono(u)r; virtue; reputation; **~able** hono(u)rable; **~ario** *a* honorary; *m* fee

honr|a *f* hono(u)r; respect; self-esteem; **~adez** *f* honesty; **~ado** honest; **~ar** *v/t* to hono(u)r; **~oso** hono(u)rable

hora *f* hour; time; **a la ~** on time; **a última ~** at the last moment; **~ de llegada** arrival time; **~ de salida** departure time; **¿ qué ~ es?** what time is it?; **~ punta** rush hour; **~s** *pl* **extraordinarias** overtime; **~rio** *m* timetable

horca *f* gallows, gibbet; pitchfork

horcajadas: a ~ astride

horchata *f* almond milk

horda *f* horde

horizont|al horizontal; **~e** *m* horizon

hormiga *f* ant

hormigón *m* concrete

hormig|uear *v/i* to itch; to teem; **~uero** *m* anthill

hormona *f* hormone

hornillo *m* small furnace; stove; **~ eléctrico** hot plate

horno *m* oven; **alto ~** blast furnace; **~ microondas** microwave oven

horquilla *f* hairpin

horrendo dreadful; horrible

hórreo *m* granary

horri|ble horrible; frightful; **~pilante** horrifying, hairraising

horror *m* horror; dread; **~izar** *v/t* to horrify; to terrify; **~oso** horrible; hideous

hort|aliza *f* vegetable; **~elano** *m* market gardener; **~icultura** *f* horticulture

hosco sullen, surly; gloomy

hosped|aje *m* board and lodging; **~r** *v/t* to put up; to lodge; **~rse** to take lodgings

hospicio m hospice; poor-house; orphanage

hospital m hospital; ~ **de sangre** mil field hospital; ~**ario** hospitable; ~**idad** f hospitality

hostal m inn

hostelero(a) m (f) innkeeper

hostil hostile; ~**idad** f hostility; ~**izar** v/t to antagonize; to harass

hotel m hotel; villa; ~**ero** m hotelkeeper

hoy today; ~ **en día** nowadays; ~ **por** ~ at the present time

hoya f large hole, pit; ~**o** m hole; cavity; pit; ~**uelo** m dimple

hoz f sickle; ravine; gorge

hucha f large chest; piggy-bank; savings

hueco m hollow; a hollow, empty

huelga f strike; **declararse en** ~**a** to go on strike, to walk out; ~**a salvaje** wildcat strike; ~**uista** m, f striker

huella f print; mark; footprint; ~**s** pl **dactilares** fingerprints

huérfano(a) m (f) orphan

huerta f vegetable garden; irrigated land; ~**o** m orchard; garden

hueso m bone; stone (of fruit)

huésped(a) m (f) guest; host, hostess

huevera f egg-cup; ~**o** m egg; ~**o duro** hard-boiled egg; ~**o**

frito fried egg; ~**o pasado por agua** boiled egg; ~**os** pl **revueltos** scrambled eggs

huida f flight; ~**ir** v/i to flee; to escape

hule m oilcloth; LA rubber

hulla f hard coal

humanidad f humanity, mankind; ~**idades** pl humanities; ~**itario** humanitarian; ~**o** human; humane

humear v/i to smoke; to emit fumes; LA to fumigate

humedad f moisture; dampness; ~**ecer** v/t to moisten, to damp

húmedo moist; damp; humid

humidificador m air humidifier

humildad f humility; ~**e** humble, meek; lowly

humillar v/t to humble; to humiliate; to shame

humo m smoke; fume

humor m disposition; temper; nature; mood; **buen** ~ good mood; **mal** ~ ill temper; bad mood; ~**ada** f joke; ~**ismo** m humo(u)r; ~**ista** m humo(u)rist; ~**ístico** amusing, humoro(u)s

hundimiento m sinking; collapse; ~**r** v/t to sink; to submerge; ~**rse** to sink; to collapse; to vanish

húngaro(a) m (f), a Hungarian

Hungría f Hungary

huracán m hurricane

huraño shy; unsociable

hurón m ferret
hurtadillas: a ~ stealthily
hurt|ar v/t to steal; **~o** m theft; larceny

husmear v/t to scent, to smell out
huso m spindle
¡huy! interj ouch!

I

ibérico(a) m (f), a Iberian
icono m icon
ictericia f jaundice
icurriña f Basque national flag
ida f departure; trip; **~s y venidas** comings and goings
idea f idea; notion; **~l** a, m ideal; **~lismo** m idealism; **~lista** a, m, f idealist; **~r** v/t to devise; to plan
idéntico identical
identi|dad f identity; **~ficación** f identification; **~ficar** v/t to identify
ideología f ideology
idilio m idyll
idioma m language
idiomático idiomatic
idiot|a a stupid; m idiot; **~ez** f stupidity; idiocy
idolatría f idolatry
ídolo m idol
idóneo suitable; adequate
iglesia f church
iglú m igloo
ignominia|a f infamy; **~oso** ignominious; disgraceful
ignora|ncia f ignorance; **~nte** m ignorant person; a ignorant; **~r** v/t to be ignorant or unaware of
igual equal; same; level;

da ~ it makes no difference; **~ar** v/t to equalize; to level; **~dad** f equality; uniformity; evenness; **~mente** likewise
ilegal illegal
ilegible illegible
ilegítimo illegitimate
ileso unhurt
ilícito illicit; unlawful
ilimitado unlimited
ilógico illogical
ilumina|ción f illumination; lighting; **~r** v/t to light up; to illuminate; to enlighten
ilusión f illusion; delusion; **¡qué ~!** how thrilling!
ilus|ionado hopeful; excited; **~o** m dreamer; a deluded; **~orio** illusory, deceptive
ilustra|ción f illustration; enlightenment; **~r** v/t to illustrate
imag|en f image; likeness; **~inación** f imagination; fantasy; **~inar** v/t to imagine; **~inario** imaginary
imán m magnet
imbécil a, m, f imbecile
imitar v/t to imitate
impaciencia f impatience
impacto m impact; shock
impar odd (numbers)

imparcial impartial

impartir v/t to impart, to give; to convey

impasible impassive; unfeeling

impávido intrepid, undaunted

impecable impeccable, faultless

impedido invalid; crippled

impedi|mento m impediment; **~r** v/t to impede; to hinder; to prevent

impeler v/t to impel; to drive, to propel(l)

impenetrable impenetrable, impervious

impeniten|cia f impenitence; **~te** impenitent

impensado unexpected

imperativo a, m gram imperative

imperceptible imperceptible

imperdible m safety pin

imperdonable unpardonable

imperfecto imperfect

imperi|al a imperial; f top deck (of a bus); **~alismo** m imperialism; **~alista** m imperialist

impericia f inexperience; lack of skill

imperio m empire; **~so** imperious, imperial

impermeable a waterproof; m raincoat

impertinen|cia f impertinence; **~te** impertinent

imperturbado undisturbed

ímpetu m impetus; impetuousness; vehemence; momentum

impío godless; fig irreligious

implacable implacable; inexorable; unforgiving

implantar v/t implant; introduce

implica|ción f implication; **~r** v/t to implicate; to imply

implorar v/t to implore

impone|nte imposing; **~r** v/t to impose (tax); to inflict; to inspire; **~rse** to get one's way

impopular unpopular

importa|ción f import; **~dor** m importer

importa|ncia f importance; **~nte** important; **~r** v/i to be important; to matter; **no ~** it doesn't matter; never mind; v/t to import

importe m amount; price, value

importuno inopportune; troublesome

imposibil|idad f impossibility; **~itar** v/t to make impossible

imposible impossible

imposición f imposition; com tax; deposit

impostor(a) m (f) impostor

impoten|cia f impotence; **~te** impotent

impracticable impracticable; impassable (of roads)

imprecación f curse

impregnar v/t to impregnate

impremeditado unpremeditated

imprenta f print; printing house

imprescindible indispensable; essential

impresión f impression; print; imprint; edition; ~**ión digital** fingerprint; ~**ionante** impressive; ~**ionar** v/t to impress; ~**os** m/pl printed matter; ~**or** m printer

imprevisto unforeseen

imprimar v/t to prime (*canvas*)

imprimir v/t to print; to imprint; to stamp

improbabilidad f improbability; ~**le** improbable, unlikely

ímprobo dishonest; difficult

improductivo unproductive; unprofitable

impropio unsuitable; unfit; incorrect; improper

improvisar v/t to improvise

improvisto unexpected; unforeseen

imprudencia f imprudence; ~**te** imprudent; rash

impúdico immodest; shameless

impuesto m tax; duty; ~ **sobre la renta** income tax; ~ **sobre el valor añadido,** *LA* **agregado** value added tax

impugnar v/t to contradict, to oppose

impulsar v/t to propel; ~**ión** f impulsion; propulsion; ~**ión por reacción** jet propulsion; ~**ivo** impulsive; ~**o** m impulse

impune unpunished

impureza f impurity

imputable imputable; ~**r** v/t to impute; to accuse of

inacabable endless; ~**do** unfinished

inaccesible inaccessible

inacción f inaction; inertia

inaceptable unacceptable

inactividad f inactivity; ~**o** inactive

inadaptable unadaptable

inadecuado inadequate

inadmisible inadmissible

inadvertencia f inadvertence; carelessness; inattention; ~**ido** careless; unnoticed, unobservant

inagotable inexhaustible

inaguantable intolerable

inajenable inalienable

inalterable unchangeable, unalterable; ~**do** unchanged; unperturbed

inamovible unremovable

inanición f inanition; starvation

inanimado lifeless; inanimate

inapagable inextinguishable

inapetencia f lack of appetite

inaplicable inapplicable

inapreciable priceless; inestimable

inarrugable crease resistant

inarticulado inarticulate

inasequible unattainable; out of reach

inaudito unheard of

inaugura|ción f inauguration, opening; **~r** v/t to inaugurate

incandescen|cia f incandescence; **~te** incandescent

incansable indefatigable, untiring

incapa|cidad f incapacity; inability; **~citar** v/t to incapacitate; **~z** incapable; unable

incauto incautious; heedless

incendi|ar v/t to set on fire; **~ario** incendiary; **~o** m fire

incentivo m incentive

incertidumbre f uncertainty; insecurity

incesante unceasing; incessant

inciden|cia f incidence; incident; **~tal**, **~te** incidental

incienso m incense

incierto uncertain; untrue

incinerar v/t to incinerate; to cremate

incipiente incipient

incisi|ón f incision; cut; **~vo** a incisive; m incisor (*tooth*)

incita|ción f incitement; provocation; **~r** v/t to incite

incivilizado uncivilized

inclemente inclement (*weath-*

er); harsh; severe

inclina|ción f inclination; slope; bow; **~r** v/t to incline, to bow; to induce; **~rse** to be inclined; to lean

incluir v/t to include; to enclose; to comprise

inclus|ive inclusive **~ivo** inclusive; **~o** enclosed; included

incógnit|a f unknown quantity; mystery; **~o** a unknown; m incognito

incoheren|cia f incoherence; **~te** incoherent

incoloro colo(u)rless

incólume uninjured; unharmed

incomod|ar v/t to inconvenience; **~arse** to take the trouble; to get angry; **~idad** f discomfort; inconvenience; nuisance

incómodo uncomfortable; inconvenient

incompatible incompatible

incompetente incompetent; unqualified

incompleto incomplete

incomprensible incomprehensible

incomunicado isolated; in solitary confinement

inconcebible inconceivable

incondicional unconditional, unqualified

inconfundible unmistakable

incongruo incongruous

inconmovible firm; unyielding

inconquistable unconquerable

inconscien|cia f unconsciousness; **~te** unconscious; unaware

inconsecuente inconsequent

inconsiderado inconsiderate

inconstan|cia f inconstancy; **~te** unsteady; unsettled

incontable innumerable

incontesta|ble undeniable; **~do** unquestioned, unchallenged

incontinente incontinent

inconvenien|cia f inconvenience; indiscretion; **~te** m drawback, disadvantage; *no tengo ~te (en)* I don't mind; a improper; inconvenient

incorporar v/t to incorporate; **~se** to sit up (*in bed*); *mil* to join

incorrec|ción f incorrectness; discourtesy; **~to** incorrect; inappropriate

incredibilidad f incredibility

incredulidad f incredulity; scepticism

incrédulo a incredulous; sceptical; m unbeliever

increíble incredible, unbelievable

increment|ar v/t to augment; **~arse en valor** to appreciate; **~o** m increase; rise; addition

increpar v/t to rebuke

incriminar v/t to incriminate

incrustar v/t to incrust

incuba|dora f incubator; **~r** v/t to incubate; to hatch

inculpa|ble blameless; **~ción** f accusation; blame; **~r** v/t to accuse; to blame

incult|o uncultured; uncouth; **~ura** f lack of culture

incumb|encia f duty; **~ir** v/i to be incumbent on

incurable incurable

incurrir v/i to incur

incursión f mil raid; incursion

indaga|ción f investigation; **~r** v/t to investigate

indebido undue; illegal

indecen|cia f immodesty; indecency; **~te** immodest; indecent

indecible unspeakable

indecis|ión f indecision; **~o** irresolute; undecided

indecoroso unseemly

indefectible unfailing

indefenso defenceless, *Am* defenseless

indefini|ble indefinable; **~do** indefinite; undefined

indeleble indelible

indemn|e unhurt; undamaged; **~izar** v/t to indemnify; to compensate

independiente independent

indescriptible indescribable

indeseable undesirable

indeterminado irresolute; indeterminate

India: *la ~* India

indica|ción f sign; indication; hint; **~dor** m indicator, pointer; **~dor de camino** roadsign; **~r** v/t to indicate; **~tivo** a, m gram indicative

índice m index; pointer; forefinger

indicio m indication; sign

indiferen|cia f indifference; apathy; **~te** indifferent; apathetic

indígena a, m, f native

indigente destitute

indigest|ión f indigestion; **~o** indigestible

indign|ación f indignation; **~ar** v/t to irritate; **~arse** to become indignant; **~o** unworthy; ignoble

indio(a) m (f), a Indian

indirect|a f insinuation; **~o** indirect; roundabout

indisciplinado undisciplined

indiscre|ción f indiscretion; **~to** indiscreet

indisculpable inexcusable

indiscutible unquestionable, indisputable

indispensable indispensable

indis|poner v/t to indispose; to upset; **~poner con** to set against; **~ponerse** to fall ill; **~posición** f indisposition; **~puesto** indisposed; unwell

indisputable indisputable; evident

indistinto indistinct; vague;

dim

individu|al individual; **~alidad** f individuality; **~o(a)** m (f), a individual

indiviso undivided

indócil unruly; intractable

indocumentado without identification

índole f character; nature; kind

indolente indolent

indomable indomitable; untam(e)able

inducción f (elec) induction

inducir v/t to induce

indudable doubtless

indulgen|cia f indulgence; **~te** indulgent; lenient

indult|ar v/t to pardon; to exempt; **~o** m pardon

indumentaria f clothing; apparel

industria f industry; manufacturing; trade; skill; **~l** m industrialist; a industrial; **~lizar** v/t to industrialize

inefica|cia f inefficiency; **~z** inefficient; ineffectual

ineludible unavoidable

inencogible unshrinkable

inep|cia f stupidity; ineptitude; **~to** inept, unfit

inequívoco unequivocal

inercia f inactivity

inesperado unexpected

inestab|ilidad f instability; **~le** unstable; unsettled

inevitable unavoidable, inevitable

inexacto inaccurate

inexhausto unused; inexhaustible

inexistencia f non-existence

inexperto inexperienced; unskilled

inexplicable unexplainable, inexplicable

inexpresable inexpressible

inexplorado unexplored

infalib|ilidad f infallibility; **~le** infallible

infama|r v/t to defame; to slander; **~torio** slanderous

infam|e infamous, vile; **~ia** f baseness; infamy

infan|cia f infancy; childhood; **~te** m infant; prince; **~til** infantile; childish; **~tería** f infantry

infarto m med infarct; **~ del miocardio** heart attack

infatigable tireless

infecci|ón f infection; **~oso** infectious

infectar v/t to infect

infecundo sterile; infertile

infeliz unhappy

inferencia f inference

inferior inferior; lower; subordinate; **~idad** f inferiority

inferir v/t to infer; to lead to

infernal infernal; hellish

infiel unfaithful

infiern|illo m chafing dish; **~o** m hell, inferno

infiltrar v/t to infiltrate

ínfimo lowest

infini|dad f infinity; **~to** infinite; endless

inflación f inflation; swelling

inflacionista inflationary

inflama|ble inflammable; **~ción** f combustion; inflammation; **~r** v/t to ignite; to inflame; **~rse** to catch fire

inflar v/t to inflate; **~se** to swell; to become inflated

inflexi|ble inflexible; unbending, rigid; **~ón** f inflection

infligir v/t to inflict

influen|cia f influence; **~te** influential

influir v/t to influence; **~jo** m influx; influence; **~yente** influential

información f information

informal unreliable; unconventional; **~idad** f irregularity; unreliability

inform|ar v/t to inform; **~ática** f data processing; computer science; **~ativo** informative; **~e** m report; a shapeless

infortunio m bad luck; misfortune

infracción f infringement; violation (of laws etc)

infrarrojo infrared

infrascrito undersigned

infrecuente infrequent

infringir v/t to infringe; to violate

infructuoso fruitless

infundado unfounded

infundir v/t to inspire with; to infuse

ingeni|ar v/t to think up;
~árselas to shift, to manage

ingeni|ería f engineering;
~ero m engineer; **~o** m inventiveness; talent; wit;
~osidad f ingenuity; **~oso**
ingenious

ingenuo ingenuous, naive

ingerir v/t to swallow; to ingest

Inglaterra f England

ingle f groin

inglés(esa) m (f) Englishman (-woman); a English

ingrat|itud f ingratitude; **~o**
ungrateful, unthankful;
thankless

ingravidez f weightlessness

ingrediente m ingredient

ingres|ar v/i to enter; to be admitted; v/t to deposit (money); **~o** m entrance; pl earnings; receipts

inhábil unskil(l)ful; clumsy

inhabilitar v/t to disable, to disqualify

inhabita|ble uninhabitable;
~do uninhabited

inherente inherent

inhibir v/t to inhibit

inhospitalario inhospitable

inhumano inhuman

inhumar v/t to bury (a body)

inicia|l initial; **~r** v/t to initiate; **~tiva** f initiative; **~tiva privada** private enterprise

inicuo iniquitous; wicked

inigualado unparalleled

inimaginable unimaginable

ininteligible unintelligible

ininterrumpido uninterrupted, continuous

iniquidad f iniquity

injerir v/t to insert; **~se** to interfere, to meddle

injert|ar v/t to graft; **~o** m graft

injuri|a f outrage; affront;
~ar v/t to insult; **~oso** insulting; offensive

injust|icia f injustice; **~o** unjust; unfair

inmaculado immaculate

inmaduro unripe; fig immature

inmanejable unmanageable

inmediat|amente immediately; **~o** immediate

inmejorable excellent; unsurpassable

inmen|so immense; **~surable** immeasurable

inmerecido undeserved

inmigra|ción f immigration;
~r v/i to immigrate

inminente imminent

inmobiliario pertaining to real estate

inmoderado immoderate

inmodesto immodest

inmoral immoral; **~idad** f immorality

inmortal immortal; **~idad** f immortality

inmóvil immobile, motionless

inmovilizar v/t to immobilize

inmuebles *m/pl* real estate
inmundo filthy; *fig* impure
inmunidad *f* immunity
inmutable changeless; immutable
innato innate, inborn
innecesario unnecessary
innegable undeniable
innoble ignoble, base
innocuo innocuous, harmless
innovar *v/t* to innovate
innumerable innumerable; countless
inobediente disobedient
inocen|cia *f* innocence; **~te** innocent; naïve
inocular *v/t* to inoculate
inodoro *a* odo(u)rless; *m* lavatory
inofensivo harmless
inoficial unofficial
inolvidable unforgettable
inopinado unexpected
inoportuno inconvenient; ill-timed; unwelcome
inoxidable stainless, unrustable
inquebrantable firm, inalterable
inquiet|ante disquieting; **~ar** *v/t* to trouble; **~arse** to worry; **~o** worried; uneasy; **~ud** *f* uneasiness; restlessness
inquilino(a) *m (f)* tenant
inquina *f* dislike; grudge
inqui|rir *v/t* to investigate; to enquire into; **~sición** *f* inquisition; **~sitivo** inquisitive
insaciable insatiable
insalubre unhealthy

insano unhealthy; insane
insatisfactorio unsatisfactory
inscri|bir *v/t* to inscribe; **~pción** *f* inscription
insect|icida *m* insecticide; **~o** *m* insect
insegur|idad *f* insecurity; **~o** insecure
insensat|ez *f* folly; **~o** stupid; foolish
insensible insensible; insensitive, unfeeling
insertar *v/t* to insert
inservible useless
insidioso insidious
insign|e distinguished; **~ia** *f* badge; *pl* insignia
insignifican|cia *f* insignificance; **~te** insignificant
insincero insincere
insinuar *v/t* to insinuate; **~se** to ingratiate oneself
insipidez *f* insipidity
insípido insipid; tasteless
insist|encia *f* insistence; **~ente** insistent; **~ir** *v/i* to insist
insociable unsociable
insolación *f* sunstroke
insolen|cia *f* insolence; **~te** impudent; insolent
insólito unusual
insolven|cia *f* insolvency; **~te** insolvent; bankrupt
insomn|e sleepless, wakeful; **~io** *m* insomnia
insondable unfathomable
insonor|izado soundproof; **~o** soundless; soundproof
insoportable intolerable, unsufferable, unbearable

insospechado unsuspected

insostenible indefensible

inspec|ción f inspection; **~cionar** v/t to inspect; **~tor** m inspector; superintendent; supervisor

inspira|ción f inspiration; **~r** v/t to inspire

instala|ción f installation; **~r** v/t to set up; to install; **~rse** to establish oneself

instan|cia f petition; rebuttal; for instance; plea; **~te** m instant; **al ~te** instantly, immediately

instantáne|a f snapshot; **~o** instantaneous; **café ~o** instant coffee

instar v/t to urge; to press

instigar v/t to instigate; to urge

instint|ivo instinctive; **~o** m instinct

institu|ción f institution; establishment; **~ir** v/t to institute; to establish; **~to m** institute; school; **~triz** f schoolmistress; governess

instru|cción f education; instruction; teaching; training; **~ctivo** instructive; **~ido** educated; learned; **~ir** v/t to instruct; to teach; to train

instrumento m instrument; **~ de cuerda** stringed instrument; **~ de viento** wind instrument

insubordina|do insubordinate; rebellious; **~rse** to rebel

insuficiente insufficient; inadequate

insufrible insufferable

insulina f insulin

insult|ar v/t to insult; to affront; **~o** m insult

insumergible unsinkable

insuperable insuperable

insur|gente insurgent; rebel; **~rección** f insurrection

intachable blameless; irreproachable

intacto intact; untouched

integr|al a integral; f mat integral; **~ar** v/t to integrate; **~idad** f integrity; honesty

íntegro entire; complete

intel|ecto m intellect; **~ectual** intellectual; **~igencia** f intelligence; **~igente** intelligent

intemperie f harsh weather; **a la ~** out in the open

intempestivo untimely; ill-timed

intención f intention; **con ~** deliberately

intencionado deliberate; **bien ~** well-meaning

intens|idad f intensity; strength; **~ivo** intensive; **~o** intense

intento m intent; attempt; aim, intention

intercalar v/t to interpolate

intercambio m interchange; exchange

interceder v/i to intercede

interceptar v/t to intercept

interdicción f prohibition

interés m interest; **intereses** pl **creados** vested interests

interes|ado(a) *m* (*f*) interested party; *a* interested; mercenary; **~ante** interesting; **~ar** *v/t* to interest; **~arse por** to take an interest in

interestatal interstate

interferencia *f* interference; *pl* atmospherics (*radio*)

interino temporary; provisional; interim

interior *m* inside; interior; *a* internal; inner; **~idades** *f/pl* personal affairs

interjección *f gram* interjection

interlocutor(a) *m* (*f*) speaker

intermedi|ario intermediary; **~o** *m* interval; *sp* half-time

interminable endless

intermitente *a* intermittent; *m aut* blinker

internacional international

intern|ado *m* boarding school; **~ar** *v/t* to intern; **~arse en** to go deeply into; **~o(a)** *m* (*f*) boarding pupil; *a* internal

interpelar *v/t* to appeal to; to address

interponer *v/t* to interpose

interpreta|ción *f* interpretation; explanation; **~r** *v/t* to interpret

intérprete *m*, *f* interpreter

interrogar *v/t* to interrogate; to question; *for* to examine

interru|mpir *v/t* to interrupt; **~pción** *f* interruption; **~ptor** *m elec* switch

intervalo *m* interval; gap

interven|ción *f* intervention; *med* operation; **~ir** *v/i* to intervene; *v/t* to audit; **~tor** *m* auditor; inspector

interviú *f* interview

intestin|al intestinal; **~o** *m* intestine

intim|ar *v/t* to hint; **~arse** to become intimate; **~idad** *f* intimacy; privacy

intimidar *v/t* to intimidate; to frighten

íntimo innermost; intimate

intoleran|cia *f* intolerance; **~te** intolerant

intoxica|ción *f* poisoning; **~r** *v/t* to poison

intraducible untranslatable

intranquil|izar *v/t*, **~izarse** to worry; **~o** restless; uneasy; worried

intransigente uncompromising; *t pol* die-hard

intransitable impassable

intransitivo intransitive

intratable unsociable

intrépido intrepid; daring

intriga *f* intrigue; **~r** *v/t* to intrigue; to fascinate; *v/i* to intrigue, to scheme

intrincado intricate; entangled

introduc|ción *f* introduction; **~ir** *v/t* to introduce

intromisión *f* interference

intrus|ión *f* intrusion; **~o** *m* intruder; *a* intrusive

intui|ción *f* intuition; **~r** *v/t* to intuit; **~tivo** intuitive

inunda|ción f flood; deluge; **~r** v/t to flood; to inundate

inusitado unusual; uncommon

inútil useless

invadir v/t to invade

inválido m invalid

invariable invariable; unchanging, unvarying

invasión f invasion

invencible invincible

inven|ción f invention; discovery; **~tar** v/t to invent; **~tariar** v/t to inventory; **~to** m invention; **~tor** m inventor

invern|áculo m greenhouse; hothouse; **~al** a: **estación** f **~al** winter resort; **~ar** v/i to spend the winter; **~izo** wintry

inverosímil improbable

inver|sión f inversion; investment; **~so** inverse, inverted; opposite; **~tido** a, m homosexual; **~tir** v/t to invert; to reverse; to turn upside down; com to invest

investiga|ción f research; investigation; **~r** v/t to investigate

investir v/t to invest; to confer upon

inveterado inveterate

invicto unconquered

invierno m winter

inviola|ble inviolable; sacred; **~do** to inviolate

invita|ción f invitation; **~do(a)** m (f) guest; **~r** v/t to invite

invocar v/t to invoke

involuntario involuntary, unintentional

inyec|ción f injection; **~tar** v/t to inject

ir v/i to go; to move; to travel; to suit; **~ haciendo algo** to begin doing something; **va anocheciendo** it is beginning to grow dark; **~ a** to go to; to intend to; **voy a hacer unas compras** I am going to do some shopping; **~ a buscar** to fetch; **~ a pie** to walk; **~ en tren** to go by train; **¡qué va!** nonsense!; **¡vaya!** is that so?, really!; **~se** to go away

ira f anger; **~cundo** angry; irascible

iris m iris; rainbow

Irlanda f Ireland

irlandés(esa) m (f) Irishman (-woman); a Irish

ironía f irony

irónico ironical

irracional irrational

irradia|ción f radiation; **~r** v/t to radiate

irrazonable unreasonable

irreal unreal; **~idad** f unreality; **~izable** unattainable; unrealizable

irreconciliable irreconcilable

irreemplazable irreplaceable

irreflexivo unthinking

irregular irregular; abnormal; uneven; **~idad** f irregularity; unevenness

irreparable irreparable; beyond repair

irrespetuoso disrespectful

irresuelto irresolute; wavering

irrevocable irrevocable

irrigación f t med irrigation

irrisión f derision; **~orio** derisory

irrita|ble irritable; short-tempered; **~r** v/t to irritate; to anger

irrompible unbreakable

isla f island; **~s** pl **Baleares** Balearic Islands; **~s Canarias** Canary Islands; **~s Malvinas** Falkland Islands

Islam m Islam

islámico Islamic

islandés(esa) m (f) Icelander

Islandia f Iceland

isl|eño(a) m (f) islander; **~ote** m small barren island

israelí a, m, f Israeli

istmo m isthmus

Italia f Italy

italiano(a) m (f), a Italian

itinerario m itinerary

I.T.V. = **inspección técnica de vehículos** vehicle inspection

I.V.A. = **impuesto sobre el valor añadido** value-added tax

izar v/t to hoist

izquierda f left side; left hand

izquierdista m, f leftist

J

jabalí m wild boar

jabalina f wild sow; javelin

jabón m soap

jabon|aduras f/pl soapsuds; **~ar** v/t to soap; fam to reprimand; **~era** f soap dish; **~ero** m soap maker

jaca f pony

jacinto m hyacinth

jacta|ncia f boasting; **~rse** to boast; to brag

jadear v/i to pant; to gasp

jaez m harness; **jaeces** pl trappings

jaguar m jaguar

jalar v/t, v/i LA to pull

jale|a f jelly; **~o** m hullabaloo; racket

jamás never; **nunca ~** never

jamón m ham

Japón m Japan

japonés(esa) a, m (f) Japanese

jaque m check (in chess); **~ mate** checkmate

jaqueca f headache, migraine

jarabe m syrup; sweet drink; **~ contra la tos** cough syrup

jarcias f/pl mar rigging

jardín m garden; **~ botánico** botanical garden; **~ de infancia** nursery school; **~ zoológico** zoo

jardinero(a) m (f) gardener

jarr|a f jar; pitcher; **~o** m jug; pitcher; **~ón** m urn; flower vase

jaspeado speckled

jaula f cage; cell

jauría f pack of hounds

jazmín m jasmine

jef|atura f leadership; headquarters; **~e** m chief; leader; employer; boss; **~e de estación** stationmaster; **~e del estado** chief of state; **~e de tren** conductor

jengibre m ginger

jeque m sheik

jerarquía f hierarchy

jerez m sherry

jerga f jargon

jeringa f syringe

jersey m jersey; jumper, *Am* sweater

jesuita m Jesuit

jinete m horseman

jira f strip (*of cloth*); picnic; tour; **~fa** f giraffe

jocoso jocose; merry

jorna|da f working day; day's journey; **de ~da completa** full-time; **~l** m wage; day's pay; **~lero** m day labo(u)rer; worker

joroba f hump; **~do** m hunchbacked

jota f jot, bit; *no entender ni* **~** not to understand a bit

joven m, f young man; young girl; young (*of animals*); *a* young; **~cito(a)** m, f youngster

joy|a f jewel; gem; **~ería** f jewelry shop; **~ero** m jewel(l)er; jewelcase

jubila|ción f retirement; pension; **~r** v/t to pension off; **~rse** to retire (*from job*)

jubileo m jubilee

júbilo m joy; rejoicing

judaico Judaic; Jewish

judía f bean; **~ verde** green bean

judicial legal; judicial

judío(a) m (f) Jew; Jewess; a Jewish

juego m game; sport; play; set (*of dishes, etc*); **en ~** at stake; **~ de prendas** forfeits; **fuera de ~** offside; **hacer ~** to match; **~ limpio** fair play; **~ sucio** foul play

juerga f spree; binge; *ir de* **~** to go out and live it up

jueves m Thursday

juez m judge

juga|da f game; move; stroke; throw; **~dor(a)** m (f) player; gambler; **~r** v/t, v/i to play; to gamble

jugo m juice; sap; substance; **~so** juicy

juguet|e m toy; plaything; **~ear** v/i to toy; to gambol; **~ón** playful; frisky

juicio m judg(e)ment; sense; opinion; **fuera de ~** out of one's mind; **~so** sensible; prudent

julio m July

jumento m donkey

junco m bot rush; junk (*boat*)

jungla f jungle

junio m June

junt|a f board; council; meeting; **~a directiva** board (*of directors*); **~a de accionistas**

stockholders' meeting; **~ar**
v/t to join; to connect; **~arse**
to meet; to assemble; **~o a**
joined; together; close; *adv*
near; close; at the same time;
~o a next to this; **~ura** *f* joint;
juncture; *tech* seam

jura|do *m* jury; juror; **~men-**
tar *v/t* to swear in; **~mento**
m oath; **~mento falso** perjury; **prestar ~mento** to take
an oath; **~r** *v/t, v/i* to swear;
to curse

jurídico juridical; legal

juris|dicción *f* jurisdiction;
~ta *m, f* jurist; lawyer
just|amente *adv* justly; exact-
ly; just, precisely; **~icia** *f* justice; **~iciero** just; severe;
~ificar *v/t* to justify; **~ipreci-**
ar *v/t* to appraise; **~o a** just;
exact; tight-fitting; *adv*
tightly
juven|il juvenile; youthful;
~tud *f* youth
juzga|do *m* court of justice;
tribunal; **~r** *v/t, v/i* to judge;
to pass judg(e)ment

K

karate *m* karate
kero|seno, ~sén *m* kerosene
kilo|gramo *m* kilogram;
~metraje *m* distance in kilo-
metres

kilómetro *m* kilometre, *Am*
kilometer
kilovatio *m* kilowatt
kiosco *m* kiosk; stand; news-
stand

L

la *art f* the; *pron pers f* her; it
laberinto *m* labyrinth, maze
labia *f* glibness, fluency; **te-**
ner mucha ~ to have the gift
of gab
labio *m* lip; brim (*of a cup*);
edge
labor *f* work, labo(u)r; farm-
ing; needlework; **~ de equi-**
po teamwork; **~able** workable; **~ar** *v/t* to work; to till
(*soil*); **~atorio** *m* laboratory;
~ioso laborious; (*person*)
hardworking
labr|ado wrought; hewn;

~ador *m* ploughman; farm
labo(u)rer; **~antío** arable;
~anza *f* cultivation (*of*
land); **~ar** *v/t* to farm, to till;
to work; **~iego** *m* farm
hand; peasant
laca *f* shellac, lacquer; hair
spray; **~ para uñas** nail polish
lacayo *m* footman
lacio limp; straight (*hair*)
lacr|ar *v/t* to seal with sealing
wax; to injure (*health*); **~e** *m*
LA sealing wax
lacri|mógeno tear-produc-

ing; *gas m ~mógeno* tear
gas; *~moso* tearful; lachry-
mose
lacta|ncia *f* lactation; *~r v/t*
to nurse; *v/i* to suckle
lácteo milky
ladear *v/t* to tilt; *v/i* to deviate; *~se* to lean; to incline
lad|era *f* slope; *~o m* side; *al
~o* near, at hand; *al ~o de*
beside; *~o a ~o* side by side;
de ~o sideways
ladr|ar *v/i* to bark; *~ido m*
barking
ladrillo *m* brick
ladrón(ona) *m (f)* thief
lagart|ija *f* small lizard; *~o m*
lizard
lago *m* lake
lágrima *f* tear
laguna *f* lagoon; gap
laico *m* secular
lamenta|ble lamentable, de-
plorable; *~r v/t* to lament; to
regret; *~rse* to wail
lamento *m* lament; wail
lamer *v/t* to lick
lámina *f* lamina; sheet (*of
metal*); engraving plate
lamina|do laminated; rolled;
~r v/t to laminate; to roll
(*metal*)
lámpara *f* lamp; light; tube
(*radio*); *~ de destello foto*
flash bulb; *~de soldar* blow-
torch
lamparilla *f* small lamp;
nightlight
lana *f* wool
lance *m* throw; cast; event;

move; *~ro m* lancer
lancha *f* launch; small boat;
lighter; *~ automóvil* motor
launch; *~ neumática* rubber
dinghy; *~ salvavidas* lifeboat
langost|a *f* locust; lobster;
~ino m crawfish; prawn
languide|cer *v/i* to languish;
to pine; *~z f* languor
lánguido languid
lanza *f* spear; lance; *~dera f*
shuttle; *~dor m sp* pitcher; *~r
v/t* to launch; to throw, to
cast; *~rse* to rush; *~rse de
morro aer* to nose-dive
lapicero *m* pencil case
lápida *f* tablet; memorial
stone; *~ sepulcral* tomb-
stone
lápiz *m* pencil; *~ de labios*
lipstick
lapso *m* lapse; fall
larga: *a la ~* in the long run;
~rse to leave; to make off
largo long; free; liberal; *a ~
plazo com* long-term; *a lo
~ de* alongside; along; *¡ ~ de
aquí!* get out!; *~metraje m*
feature film
larguero *m* door jamb; *sp*
crossbar
largueza *f* liberality; length
laring|e *f* larynx; *~itis f* laryn-
gitis
lascivo lascivious; sensual;
lewd
lástima *f* pity; *dar ~* to inspire
compassion; *¡ qué ~!* what a
pity!

lastim|ar v/t to wound; to hurt; to offend; to pity; **~oso** pitiful; pitiable

lastre m ballast

lata f can; tin; fam nuisance; **dar la ~** to be a nuisance

lateral lateral; side

latido m throb; beat; throbbing

latifundio m large estate

latigazo m lash or crack of a whip

látigo m whip

latín m Latin

latinoamericano(a) m (f) Latin American

latir v/i to beat; to throb

latitud f latitude

lat|ón m brass; **~oso** fam a annoying, boring

latrocinio m theft; robbery

laudable laudable

lava|bo m washbasin, Am sink; lavatory; **~dero** m washing place; **~do** m washing; **~do del cerebro** brainwashing; **~dora** f washing machine

lavanda f lavender

lavandería f laundry

lavaparabrisas m windshield washer

lavar v/t to wash; **~ en seco** to dry clean; **~ y marcar** shampoo and set; **~se las manos** to wash one's hands

lavavajillas m dishwasher (machine)

laxante m laxative

laya f spade

laz|ada f bow, knot; **~o** m slip-knot; tie; bow (of ribbons); fig link; bond

le pron pers him; you; to him; to her; to it; to you

leal loyal; faithful; **~tad** f loyalty

lección f lesson

leche f milk; **~ de manteca** buttermilk; **~ desnatada** skimmed milk; **~ en polvo** powdered milk; **~ra** f dairymaid; milk can; **~ría** f dairy; **~ro** m milkman

lecho m bed; river-bed

lechón m suckling pig

lechuga f lettuce

lechuza f barn-owl

lec|tor(a) m (f) reader; **~tura** f reading

leer v/t, v/i to read

lega|ción f legation; **~do** m legacy; legate

legal legal; lawful; **~izar** v/t to legalize

lega|r v/t to bequeath; **~tario** m legatee

legendario a legendary

legible legible, readable

legión f legion

legisla|ción f legislation; **~dor** m legislator; a legislative; **~tivo** legislative; **~tura** f term of a legislature

legitim|ar v/t legitimize; legalize; **~idad** f legitimacy; lawfulness

legítimo legitimate; lawful

lego m lay brother; layman; a lay, secular

legua f league (5.5 km); **~ marítima** sea-mile

legum|bre *f* vegetable; **~ino-so** leguminous

lejan|ía *f* distance; **~o** distant; remote

lejía *f* lye; *fam* reprimand

lejos *adv* far away; far off; *a lo ~* in the distance; **desde ~** from a distance; **~ de** far from

lema *m* motto; catchword; slogan; theme

lencería *f* linen (goods); linen shop; lingerie

lengua *f* tongue; language; **~ materna** mother tongue; **tirar de la ~** to make talk

lenguado *m* sole

lenguaje *m* language; idiom; diction

lengüeta *f* tongue (*of shoe, etc*); flap; barb (*of dart*)

lente *m or f* lens; **~s** *pl* spectacles, glasses; **~s de contacto** contact lenses

lentej|a *f* lentil; **~uela** *f* spangle

lentillas *f/pl* contact lenses

lent|itud *f* slowness; **~o** slow

leña *f* firewood; **~dor** *m* woodcutter, lumberjack

león *m* lion; **~ marino** sea lion

leopardo *m* leopard

lepra *f* leprosy

lerdo dull, slow; clumsy

lesión *f* injury; lesion

lesionar *v/t* to injure

letal lethal

letanía *f* litany

letárgico lethargic

letr|a *f* letter; handwriting; words, lyrics (*of a song*); **~a de cambio** bill of exchange; draft; **~ negrilla** *impr* bold face; **~ado** *m* lawyer; *a* learned; **~ero** *m* sign; notice; placard

leva *f* press; *mil* levy; *tecn* cam

levadura *f* yeast, leaven; **~ de cerveza** brewer's yeast

levanta|miento *m* lifting; raising; rising, rebellion; **~miento de pesos** *sp* weight lifting; **~r** *v/t* to raise; to lift; **~rse** to rise; to get up; to stand up

levante *m* east; east wind

leve light; slight

léxico *m* lexicon

ley *f* law; standard; fineness (*of gold etc*); **~ marcial** martial law

leyenda *f* legend; caption

liar *v/t* to tie; **~se** to get involved

liber|ación *f* liberation; **~al** liberal; **~ar** *v/t* to liberate; to free; **~tad** *f* liberty; freedom; **~tador** *m* liberator; **~tar** *v/t* to liberate, to release; to set free

libertin|aje *m* licentiousness; **~o** *m* libertine

libra *f* pound; **~ esterlina** pound sterling

libra|dor *m com* drawer; **~r** *v/t* to free; to exempt; *com* to draw; **~rse de** to get rid of

libre free

librer|ía f bookshop; **~o** m bookseller

libro m book; **~ de bolsillo** paperback; **~ de consulta** reference book; **~ mayor** ledger

licencia f permit; **~ de manejar** LA driving licence, Am driver's licence; **~ por enfermedad** sick leave; **~do** m licentiate; LA lawyer; **~r** v/t to permit; to license; mil to discharge; **~rse** to take a degree

lícito legal; lawful

licor m liquor; liqueur

lid f contest; dispute; **~iar** v/i to fight; v/t to fight (bulls)

líder m leader

liebre f hare

lienzo m linen cloth; canvas

liga f garter; league; **~dura** f ligature; **~mento** m ligament; **~r** v/t to bind; **~rse** to join together; to combine; **~s** f/pl suspenders; **~zón** f linking; union

liger|eza f lightness; levity; **~o** light; fast; flighty

lignito m lignite

lija f dogfish; **papel de ~** sandpaper

lila f lilac (flower and colo[u]r)

lima f lime; file; **~ para las uñas** nail file; **~dura** f filing; **~r** v/t to file, to polish

limero m lime tree

limitar v/t to limit

límite m limit; **~ de velocidad** speed limit

limítrofe bordering

limo m slime

limón m lemon

limonero m lemon tree

limosna f alms

limpia|botas m bootblack; **~dientes** m toothpick; **~parabrisas** m windscreen (Am windshield) wiper; **~r** v/t to clean; to cleanse; **~r en seco** to dry clean

limpi|eza f cleanliness; cleaning; **hacer la ~eza** to clean; **~o** clean; tidy

limusina f limousine

linaje m lineage; class

linaza f linseed

lince m lynx

linchar v/t to lynch

lind|ante adjoining; **~ar** v/i to border; **~e** m boundary

lind|eza f prettiness; beauty; **~o** pretty; beautiful; **de lo ~o** a lot; wonderfully

línea f line; **~ aérea** airline; **~ de montaje** tecn assembly line

lineal lineal; **~r** v/t to draw lines on

linfa f lymph

lingote m ingot

lingüista m linguist

lingüístic|a f linguistics; **~o** linguistic

lino m flax; linen

linóleo m linoleum

linterna f lantern; **~ eléctrica** flashlight

lío m bundle; intrigue; fam mess, jam

liofilización f freeze drying

liquida|ción f com liquidation; **~r** v/t to liquefy; com to liquidate
líquido m, a liquid
lira f mús lyre
lírico lyrical
lirio m lily
lirón m zool dormouse
lisiado disabled, crippled
liso smooth; even; ~ **y llano** plain, simple
lisonj|a f flattery; **~ero** flattering
lista f list; strip; slip (of paper); ~ **de correos** general delivery; ~ **de precios** price list
listo clever; quick; ready
litera f litter; berth; f c couchette
litera|rio literary; **~tura** f literature
litig|ar v/i to dispute; **~io** m dispute; lawsuit
litografía f lithography
litoral m littoral; seashore; coast
litro m litre, Am liter
liturgia f liturgy
liviano fickle; LA light (clothing, food)
lívido livid
llaga f wound; sore; ulcer; **~r** v/t to wound
llama f flame; sudden blaze; zool lama
llama|da f call; knock; signal; impr reference (mark); **~da de larga distancia** trunk call, Am long distance

call; **~miento** m call; **~r** v/t to call; to summon; to invoke; v/i to knock or ring at the door; **~rse** to be named; ¿**cómo se ~ Ud.?** what's your name?; **~tivo** gaudy; showy
llamear v/i to blaze
llan|a f trowel; flat land; **~amente** clearly; plainly; simply; **~o** flat, even; level; plain, simple
llanta f rim (of wheel); LA tyre, Am tire
llanto m weeping; flood of tears
llanura f evenness; flatness
llave f key; tecn wrench; faucet; tap; bolt; elec switch; mús key; ~ **inglesa** monkey wrench; ~ **maestra** pass-key; ~ **de tuercas** spanner; **~ro** m key ring
llavín m latch key
llega|da f arrival; **~r** v/i to arrive; to come; to reach; **~r a ser** to become; **~r a las manos** to come to blows
llenar v/t to fill; to stuff; to occupy; to satisfy
lleno a full; complete; **de ~** fully; m fill, plenty; teat full house
lleva|dero tolerable; **~r** v/t to carry; to take; to bring; to lead (a life); to wear (clothes); to spend (time); to keep (books); to bear; to

endure; **~r a cabo** to complete; to carry out; **~r adelante** to push ahead with; **~r puesto** to wear; **~rse** to take away; to carry off; **~rse bien con** to get on well with

llorar v/i to cry; to weep; to bewail; to mourn; **~iquear** v/i to snivel, to whimper; **~ón(ona)** m (f) weeper; a always weeping; **~oso** tearful

llovedizo leaky; **agua ~a** rain water

llover v/i to rain; **~a cántaros** to rain cats and dogs; **~iznar** v/i to drizzle

lluvia f rain; **~oso** rainy

lo art the; pers pron of **él** him, it; **~ bueno** the good; **no ~ hay** there isn't any; **~ mío** what is mine; **~ que** how

lobo m wolf; **~ de mar** sea dog; **~ marino** seal

lóbulo m lobe

local m premises; site; a local; **~idad** f place; seat (in the theatre); locality; **~izar** v/t to localize

loción f wash; lotion

loco a mad; m madman; **volverse ~** to go mad

locomoción f locomotion; **~tora** f locomotive, engine

locuaz talkative; garrulous

locura f madness

locutor m radio announcer; commentator

lodo m mud; **~so** muddy

lógica f logic; **~o** logical

lograr v/t to achieve; to succeed in; **~o** m achievement; gain; success

lombarda f red cabbage

lombriz f earthworm

lomo m loin; back; ridge (of a mountain)

lona f canvas

lonche m LA lunch; **~ría** f LA snack bar

Londres m London

longaniza f pork sausage

longitud f length; **~ de onda** wave length

lonja f exchange; market; slice

loro m parrot

los (las) (pl); pron pers them

losa f flagstone; slab

lote m share; lot; **~ría** f lottery

loza f crockery

lubricante m lubricant; **~r** v/t to lubricate, to oil

lucera f skylight

lucerna f chandelier

lucero m bright star

lucha f fight; struggle; **~ libre** wrestling; **~r** v/i to fight; to struggle; to wrestle

lucidez f lucidity; brightness; brilliancy

lúcido lucid, clear

lucido brilliant; splendid; successful; **~érnaga** f glowworm; **~rse** to dress up; to shine

lucio m zool pike

lucro m gain, profit

luego *adv* immediately;
then; later; **¡hasta ~!** so
long!; **~ que** after; **desde ~**
of course
lugar *m* place; spot; position;
fig reason; **en primer ~** in the
first place; **dar ~ a** give rise
to; **en ~ de** instead of
lúgubre dismal, gloomy
lujo *m* luxury; **~so** luxurious
lumbre *f* fire; brightness
luminoso luminous
luna *f* moon; mirror; plate
glass; **~ de miel** honey-
moon
lunar *a* lunar; *m* mole; beauty
spot
lunático *a* lunatic; *m* luna-

tic, madman
lunes *m* Monday
luneta *f* lens; **~ trasera** *aut*
rear window
lupa *f* magnifying glass
lúpulo *m* *bot* hop; hops
lustrabotas *m* *LA* bootblack
lustr|e *m* gloss; polish; **~oso**
shining
luto *m* mourning; **estar de ~**
to be in mourning
luz *f* light; daylight; **dar a ~** to
give birth to; **salir a ~** to
come to light; (*book*) to be pu-
blished; **~ de carretera**
bright lights; **~ de cruce**
dimmers; **~ de población**
parking lights; **a todas luces**
anyway

M

maca *f* bruise (*on fruit*); spot;
flaw
macabro macabre
macarrones *m/pl* macaroni
macarse to rot (*fruit*)
macedonia *f* (**de frutas**) fruit
salad
maceta *f* flowerpot
macha|car *v/t* to pound; to
crush; *v/i* to harp (*on*); **~do** *m*
hatchet
machete *m* machete
machina *f* crane, derrick
macho *m* male; man; hook
(*for an eye*); *a* male; manly;
virile
machucar *v/t* to pound; to
bruise

machucho elderly; judi-
cious
macis *f* *coc* mace
macizo *a* solid, massive; *m*
mass, bulk; flowerbed
madeja *f* skein
mader|a *f* wood; timber; *m*
Madeira wine; **~a laminada**
plywood; **~ero** *m* timber
merchant; **~o** *m* beam (*of
timber*); *fam* blockhead
madr|astra *f* stepmother; **~e**
f mother; *fig* origin; **~e patria** mother country; **~e
política** mother-in-law;
~eperla *f* mother-of-pearl;
~eselva *f* honeysuckle
madriguera *f* burrow; den

madrileño(a) m (f) inhabitant of Madrid

madrina f godmother; ~ **de boda** bridesmaid

madruga|da f dawn; early morning; **de ~da** very early; **~dor(a)** m (f) early riser; **~r** v/i to rise very early

madur|ar v/t to ripen; to think out; v/i to ripen; fig to mature; **~ez** f maturity; ripeness; **~o** mature; ripe; **de edad ya ~a** middle-aged

maestr|a f schoolmistress; teacher; **~ía** f mastery; title of a master; **~o** a masterly; m schoolmaster; master; **~o de ceremonias** master of ceremonies; **~o de obras** builder; foreman

mafia f Mafia

magia f magic

mágico adj; magical

magisterio m teaching profession

magistra|do m magistrate; **~l** magisterial; masterly; **~tura** f judicature

magnánimo magnanimous

magnético magnetic

magneti|smo m magnetism; **~zar** v/t to magnetize

magnetofón m tape recorder

magnetoscopio m video recorder

magnífico magnificent; excellent

magnitud f magnitude

mago m magician; wizard; **los Reyes ⊊s** the Three Wise Men

magro lean

magulladura f bruise

mahometano a, m Mohammedan

maíz m maize; Indian corn

maizal m maize field, Am corn field

majader|ía f silliness; annoyance; **~o** annoying, tiresome

majest|ad f majesty; **~uoso** majestic

majo(a) m (f) attractive man or woman; a good looking; pretty

mal a apocope of **malo**, used before masculine nouns; **un ~ consejo** a bad advice; m evil; harm; illness; disease; damage; **parar en ~** to come to a bad end; **~ de mar** seasickness; **~ de vuelo** airsickness; adv badly; hardly; **de ~ en peor** from bad to worse; **¡menos ~!** just as well!

malabarista m, f juggler

malaconsejado ill-advised

malacostumbrado having bad habits; spoiled

malagradecido unthankful, ungrateful

malandante unfortunate

malaventura f misfortune

malbaratar v/t to squander

malcasado unhappily married; unfaithful (in marriage)

malcontento discontented

malcriado ill-bred

maldad f wickedness

maldecir v/t to curse
maldición f curse
maldito wicked; bad; accursed; **¡~ sea!** confound it!, damn!
malecón m pier, jetty
maléfico harmful
malentendido m misunderstanding
malestar m malaise; uneasiness; *med* discomfort; *pol* unrest
malet|a f suitcase; bag; *hacer la(s)* **~a(s)** to pack; **~ero** m *aut* boot, *Am* trunk; **~ín** m small case, travel(l)ing bag
malevolencia f ill will
malévolo malevolent
maleza f undergrowth, scrub, shrubbery
malgastar v/t to waste, to squander
malhablado foulmouthed
malhecho a ill made; m misdeed; **~r** m malefactor
malhumorado bad-tempered; cross; peevish
malici|a f malice; cunning; **~oso** malicious; suspicious
maligno malignant
malintencionado ill-disposed
malla f mesh; network
Mallorca f Majorca
mall|o bad; evil; ill; unpleasant, naughty; *a las* **~as** LA by force; *estar de* **~as** to be in a bad mood; *ponerse* **~o** to fall ill
malogra|do abortive; frustrated; **~r** v/t to waste; to lo-

se; to upset; to ruin; **~rse** to fail; to come to an untimely end; *LA* to break down (*machine*)
malogro m failure; waste
malparir v/i to miscarry
malquerer v/t to dislike
malsano unhealthy
malta f malt
maltratar v/t to ill-treat
malva f *bot* mallow
malvado wicked
malvavisco m marshmallow
malversación f embezzlement
mamá f mamma; mummy
mama f breast; **~r** v/t, v/i to suck
mameluco m *fam* simpleton; rompers
mamífero m mammal
mampostería f masonry
manada f flock; herd
mana|ntial m spring; fountain; well; source; **~r** v/i to flow; to spring from
mancar v/t to cripple
mancha f stain; spot; **~r** v/t to stain
manco one-armed; one-handed
mancomunidad f association; community; union
man|cornas, ~cuernas f/pl *LA* cufflinks
mand|ado m order; mandate; errand; **~amiento** m *relig* commandment; order; **~ar** v/t, v/i to order; to command; to bequeath; to send; to rule

mandarina f tangerine; mandarin orange

mandat|ario m agent; **~o** m order; command; pol mandate; rule

mandíbula f jaw

mand|o m command; **~o a distancia** remote control; pl controls; **~ón** imperious; domineering

manecilla f hand (of watch)

manej|ar v/t to handle; to wield; to manage; LA to drive; **~o** m handling; management

manera f manner; way; pl manners; **de ~ que** so that; **de ninguna ~** by no means

manga f sleeve; hose; mar beam; **tener ~ ancha** to be broadminded

mango m handle; **~near** v/i to meddle

manguera f water hose

manguito m muff; tecn sleeve

manía f mania; craze; **~co** m maniac; a mad

maniatar v/t to handcuff

manicomio m lunatic asylum, mental hospital

manicura f manicure

manifesta|ción f manifestation; declaration; pol demonstration; **~nte** m public demonstrator; **~r** v/t to show; to declare

manifiesto m manifest; a evident; obvious

manilla f bracelet; handcuff

hand (of clock); **~r** m handlebar

maniobra f handiwork; man(o)euvre; operation; trick; **~r** v/t, v/i to handle; to man(o)euvre

manipula|ción f manipulation; **~r** v/t, v/i to handle; to manipulate

maniquí m mannequin

manivela f crank

mano f hand; forefoot; coat (of paint); hand (at cards); **~ de obra** labo(u)r, manpower; **a ~** at hand; **a una ~** of one accord; **de segunda ~** second hand; **echar una ~ a** to lend a hand to; **estrechar la ~** to shake hands; **mudar de ~s** to change hands; **~jo** m bunch; **~pla** f mitten; **~sear** v/t to handle, to finger; to paw; **~tazo** m slap

mansión f mansion; abode

manso meek; gentle; tame

mant|a f blanket; plaid; **~ear** v/t to toss up in a blanket

mantec|a f fat; LA butter; **~a de cerdo** lard; **~oso** buttery; fat

mantel m tablecloth; **~ería** f table linen

manten|er v/t to maintain; to keep; to support; **~erse** to sustain oneself; **~imiento** m maintenance; support

mantequ|era f churn; butter dish; **~ero** m dairyman; **~illa** f butter

mant|illa f mantilla; pl baby

clothes; **~o** *m* cloak; **~ón** *m* shawl

manual *a* manual; handy; *trabajo m* ~ manual labo(u)r; *m* handbook, manual

manu|brio *m* crank; handle; **~factura** *f* manufacture; **~scrito** *m* manuscript; *a* handwritten; **~tención** *f* maintenance; maintaining; support

manzan|a *f* apple; block of houses; **~illa** *f* camomile; manzanilla wine; **~o** *m* apple tree

maña *f* skill; cleverness

mañana *f* morning; tomorrow; *por la* ~ in the morning; *pasado* ~ the day after tomorrow; **~ por la** ~ tomorrow morning

mañoso skil(l)ful; clever

mapa *m* map; **~ de carreteras** road map; **~ meteorológico** weather chart

mapache *m* racoon

maquilla|je *m* make-up; **~rse** to make up (*face*)

máquina *f* machine; engine; apparatus; locomotive; **~ de afeitar** safety razor; **~ de coser** sewing machine; **~ de escribir** typewriter; **~ de venta automática** vending machine; **~ fotográfica** camera; **~ tragaperras** slot machine

maquin|ación *f* machination; **~aria** *f* machinery;

~ista *m* *fc* engine driver; operator, machinist

mar *m* or *f* sea; **~ de fondo** ground swell; *en alta* ~ on the high seas; *en el* ~ at sea; *hacerse a la* ~ to put out to sea; *la* ~ *de* a lot of; *por* ~ by sea

maraña *f* thicket; tangle

maravill|a *f* marvel; **~arse** to wonder; to marvel; **~oso** marvel(l)ous

marca *f* mark; trademark; brand; standard; *de* ~ excellent; **~ de fábrica** trade mark; **~dor** *m* scoreboard; **~pasos** *m* *med* pacemaker; **~r** *v/t* to mark; to score (*a hit, a goal*); to dial (*telephone*); to designate; to stamp

marcha *f* march; progress; departure; *tecn* motion, working; ~ *atrás* reverse gear; *poner en* ~ to put into gear; *tecn* *v/i* to go; *tecn* to run; to work; **~r en vacío** *tecn* to idle; **~rse** to leave, to clear out

marchitarse to wither, to wilt

marco *m* frame; standard

mare|a *f* tide; **~ baja** low-tide; **~ado** seasick; dizzy; giddy; **~ar** *v/t* *fig* to annoy; **~arse** to get seasick; **~jada** *f* swell (*of the sea*); *fig* commotion; **~o** *m* seasickness; *fam* vexation

marfil *m* ivory

margarina *f* margarine

margarita f daisy

margen m margin; border; f bank (of river)

marginados m/pl: **los ~** the disenfranchised

marica f magpie; m fam milksop, effeminate man

marido m husband

marimacho m tomboy; mannish woman

marin|a f navy; seamanship; **~ero** a seaworthy; m sailor; **~o** marine

marioneta f puppet, marionette

maripos|a f butterfly; **~ear** v/i to flit about

mariquita f ladybird

mariscal m marshall; **~ de campo** field marshall

marisco m shellfish; pl sea food

marisma f salt marsh (on the sea)

marítimo maritime

marmita f cooking pot

mármol m marble

marmota f marmot; **~ de Alemania** hamster; **~ de América** ground hog

maroma f thick rope

marqués m marquis

marquesa f marchioness

marquesina f marquee; canopy

marran|a f sow; fig slut; **~o** m hog; fam dirty person

marrón brown

marroquí a, m, f Moroccan; m morocco (leather)

Marruecos m Morocco

marsopa f porpoise

martes m Tuesday; **~ de carnaval** Shrove Tuesday, Mardi Gras

martill|ar v/t to hammer; **~o** m hammer

martinete m drop hammer; pile driver

mártir m martyr

martiri|o m martyrdom; **~zar** v/t to torment

marzo m March

mas conj but; however; although

más more; most; besides; plus; **nada ~** nothing else; **~ bien** rather; **~ o menos** more or less; **a lo ~** at most; **a ~ tardar** at the latest; **por ~ que** however much; **no ~ que** only; **los ~** the majority

masa f mass; bulk; dough

masaj|e m massage; **~ista** m, f masseur, masseuse

mascar v/t to chew; fam to mumble

máscara f mask; disguise; face mask

masculino masculine; male

masón m freemason

masticar v/t to masticate, to chew

mástil m mast; post; pole

mastín m mastiff

mata f bush; scrub

mata|dero m slaughterhouse; **~dor** m killer; **~nza** f slaughter; **~r** v/t to kill; **~sanos** m fam quack doctor

mate *a* dull; matte; *m* check-mate; maté tea

matemátic|as *f/pl* mathematics; **~o** *m* mathematician; *a* mathematical

materia *f* matter; material; subject; **~ prima** raw material; **~l** *a* material; *m* material; ingredient; **~lista** *m, f* materialist; *a* materialistic

matern|idad *f* maternity; motherhood; maternity hospital; **~o** motherly; maternal

matinal morning; matutinal

matiz *m* tint; shade; **~ar** *v/t* to colo(u)r; to shade; to tint; to match

matón *m* bully

matorral *m* thicket

matrícula *f* list; register; *aut* licence, *Am* license; plate number

matricularse *v/t* to matriculate; to enrol(l)

matrimonio *m* matrimony, marriage; couple

matriz *f* matrix; womb; *tecn* mould

matrona *f* matron

maullar *v/i* to mew, to meow

máxima *f* maxim

máxim|e especially; **~o** *a* highest; greatest; *m* maximum

maya *a* Mayan; *m, f* Maya; *f* bot daisy

mayo *m* May

mayonesa *f* mayonnaise

mayor *a* greater; bigger; older; major; **~ de edad** of age;

al por ~ wholesale; *m* chief; **mil** major; **~es** *m/pl* ancestors; elders

mayordomo *m* steward; butler

mayoría *f* majority

mayorista *m* wholesaler

mayúscula *f* capital letter

maza *f* mace

mazapán *m* marzipan

mazmorra *f* dungeon; jail

mazorca *f* **de maíz** corncob

me *pron pers* me; to me; myself

mear *v/i* to piss

mecánic|a *f* mechanics; **~co** *m* mechanic; engineer; *a* mechanical

mecanismo *m* mechanism

mecanografía *f* typewriting

mecanógrafo(a) *m* (*f*) typist

mece|dora *f* rocking chair; **~r** *v/t* to rock; to swing

mech|a *f* wick; fuse; lock (*of hair*); **~ero** *m* burner (*of lamp*); cigarette lighter; shoplifter; **~ón** *m* lock (*of hair*); bundle (*of threads*)

medalla *f* medal

médano *m* sand dune

media *f* stocking; *LA* man's sock; *mat* mean; **hacer ~** to knit; **los ~** *m/pl* (the) media

media|ción *f* mediation; **~do** half-full; *a* **~dos de enero** in the middle of January; **~dor** *a* mediating; *m* mediator; **~no** middle; medium; average; mediocre

medianoche *f* midnight

media|nte *a* intervening; *prep* by means of; **~r** *v/i* to be in the middle; to mediate

medic|amento *m* medicine; drug; **~ina** *f* medicine

medición *f* measurement

médico *a* medical; *m* physician, doctor; **~ de urgencia** emergency doctor

medid|a *f* measure(ment); **a ~a que** at the same time as; **hecho a la ~a** made to measure; **~or** *m LA* meter

medio *a, adv* half; middle; **a ~ camino** halfway; **en ~ de** in the middle of; **de por ~** half; between; **por ~ de** by means of; *m* middle; half; means, way; **~s** *pl* means; resources; **~s de comunicación** mass media

mediocre mediocre

mediodía *m* midday; south

medir *v/t* to measure

meditar *v/t, v/i* to meditate; to ponder

mediterráneo *m* Mediterranean Sea; 2 *a* Mediterranean

medrar *v/i* to grow; to flourish

medroso timorous

médula *f* anat marrow; **~ espinal** spinal cord

medusa *f* jellyfish

megatonía *f* P.A. system

mejill|a *f* cheek; **~ón** *m* mussel

mejor better; finer; superior; (*with definite article*) best; **lo ~** the best thing; **a lo ~** may-

be, as like as not; **tanto ~** so much the better; **~a** *f* improvement; **~ar** *v/t, v/i* to improve; **~ía** *f* improvement

melancolía *f* melancholy

melaza *f* molasses

melena *f* long hair; mane

mella *f* notch; gap; **~r** *v/t* to nick, to notch

mellizo(a) *m* (*f*), *a* twin

melocotón *m* peach

melodía *f* melody

melón *m* melon

meloso sweet; syrupy

membrana *f* membrane; *zool* web

membrete *m* note; letterhead

membrillo *m* quince

memor|ándum *m* memorandum; notebook; **~ia** *f* memory; petition; report; *pl* memoirs; **~izar** *v/t* to memorize

mención *f* reference, mention

mencionar *v/t* to mention; **sin ~** to say nothing of, not to mention

mendi|gar *v/t* to beg; **~go** *m* beggar

mene|ar *v/t* to shake; to wag, to move; **~arse** to begin to be active; **~o** *m* shaking; wagging

menester *m* job; errand; **~es** *pl* duties; business; **ser ~** to be necessary; **~oso** needy, destitute

menestra *f* vegetable stew

mengua *f* decline; decrease; **~nte** *a* decreasing; *f* ebb tide; waning (*of moon*); **~r** *v/i* diminish; to decrease, to dwindle; to wane

menor smaller; less; minor; younger; ~ **de edad** under age; **al por** ~ retail

menos adv less; least; fewer; fewest; **a** ~ **que** unless; ~ **de** less than; m mat minus (sign); prep except

menoscabo m detriment; damage; ~**preciar** v/t to despise; to belittle; to undervalue; ~**precio** m scorn; contempt

mensaje m message; ~**ro(a)** m (f) messenger

mensual monthly; ~**idad** f monthly salary or allowance

mensurable measurable

menta f mint; peppermint

mental mental; ~**idad** f mentality

mente f mind; intellect; **cambiar de** ~ to change one's mind

mentecato m fool

mentir v/i to lie; ~**a** f lie, falsehood; ~**illa** f white lie, fib; ~**oso(a)** m (f) liar; a untruthful, lying

mentís m denial; **dar un** ~ **a** to deny; to give the lie to

mentón m chin

menú m menu

menud|ear v/t to repeat; v/i to happen frequently; ~**illos** m/pl giblets (of fowls); ~**o** small; **a** ~**o** often

meñique m little finger

meollo m marrow; fig core

merca|dear v/i to trade; ~**dería** f LA merchandise; ~**do** m market; market place; ~**do común** common market; ~**do negro** black market; ~**ncía** f merchandise, goods; commodity; ~**ntil** mercantile, commercial

merced f mercy; favo(u)r; grace; **vuestra** ~ your hono(u)r, your worship; **a la** ~ **de** at the mercy of

mercenario m mercenary soldier; a mercenary

mercería f dry goods store

mercurio m mercury

merec|edor deserving, worthy; ~**er** v/t to deserve; to merit; ~**ido** deserved

merendar v/i to take a snack, to lunch

merengue m meringue

meridiano m meridian

meridional southern

merienda f snack; light meal; lunch

mérito m merit; worth

meritorio meritorious

merluza f hake

merma f shrinkage; loss; waste; ~**r** v/i to decrease, to become less

mermelada f jam, marmalade

mero a mere, pure, simple; m zool grouper

mes m month

mesa f table; desk; **poner la** ~**a** to set the table; ~**eta** f tableland; plateau; ~**illa** f side table

mesón m inn

mestizo(a) m (f), a half-breed

mesura f moderation; restraint; **~do** moderate; restrained

meta f goal; objective; aim; m goalkeeper

metal m metal; mús brass

metálico a metallic; m specie, coin; **en ~** in cash

meteoro m meteor; **~logía** f meteorology

meter v/t to put in; to insert; to stake; to invest; **~se** to interfere; to intrude; **~se con** to pick a quarrel with; **~se en** to get into

meticuloso meticulous

metódico methodical

método m method

metrall|a f shrapnel; **~eta** f submachine gun

métrico metric, metrical

metro m verse (poetry); metre, Am meter; underground, subway

metrópoli f metropolis

metropolitano m metropolitan

mexicano(a) a, m (f) Mexican

México m Mexico

mezcla f mixture; blend; **~r** v/t to mix; to mingle

mezcolanza f fam hotchpotch; jumble

mezquin|dad f niggardliness; meanness; **~o** wretched; mean; miserable, petty;

puny

mezquita f mosque

mí pron pers me

mi pron pos (pl **mis**) my

miaja f crumb

mico m long-tailed monkey

microbio m microbe

micrófono m microphone

microprocesador m microprocessor

microscopio m microscope

miedo m fear; dread; **de ~** wonderful; awful; **tener ~** to be afraid; **~so** timorous; afraid

miel f honey

miembro m member; limb

mientras while; **~ que** so long as; **~ tanto** meanwhile, in the meantime

miércoles m Wednesday

miga f crumb; **~ja** f small crumb

migración f migration

migraña f migraine

mijo m millet

mil a thousand

milagro m miracle; **~so** miraculous

mili|cia f militia; **~ciano** m militiaman; **~tante** militant; **~tar** m soldier; a military; v/i pol to be a party member; mil to serve

milla f mile; **~ náutica** nautical mile

millón m million

millonario m millionaire

mimar v/t to pet, to fondle; to spoil, to pamper

mimbre *m* wicker
mimeógrafo *m* mimeograph
mímico mimic
mina *f* mine; *fig* storehouse; **~r** *v/t* to mine; to excavate
miner|al *a, m* mineral; ore; **~ía** *f* mining; **~o** *m* miner
miniatura *f* miniature
minifalda *f* miniskirt
mínim|o minimum; smallest; **~um** *m* minimum
minino *m* pussy(-cat)
minist|erial ministerial; **~erio** *m* ministry; **2erio de Comercio** Board of Trade; **2erio de Hacienda** Treasury; **2erio de Relaciones Exteriores** Foreign Office; **~ro** *m* minister; **primer ~** prime minister
minoría *f* minority
minucios|idad *f* thoroughness; **~o** minutely; precise
minúscula *f* small letter
minusválidos *m/pl* the handicapped
minuta *f* rough copy; list; memo; menu; *pl* minutes
minutero *m* minute hand
minuto *m* minute
mío, mía, míos, mías mine
miope short-sighted, near-sighted
mira *f* sight; aim; **con ~s a** with an eye to; **~da** *f* look; **echar una ~da** to take a look at; **~do** considerate; **~dor** *m* lookout point; **~r** *v/t* to look; to watch; to consider; **~r por** to look after

mirasol *m* sunflower
mirlo *m* blackbird
mirón *m* onlooker; busybody
mirto *m* myrtle
misa *f* mass; **~ del gallo** midnight mass
misceláneo miscellaneous
miser|able miserable, wretched; mean; niggardly; **~ia** *f* misery; poverty; **~icordia** *f* mercy
mísero wretched
misi|ón *f* mission; **~onero** *m* missionary
mismo same, similar; -self; very; **aquí ~** right here; **yo ~** I myself; **el ~ rey** the same king; **el rey ~** the king himself; **lo ~** the same thing; **lo ~ da** it is all the same; **lo ~ que** just like
misterio *m* mystery; **~so** mysterious
místico mystic
mitad *f* half; middle; **a ~ del camino** midway; **a ~ del precio** at half price; **cortar por la ~** to cut down the middle
mitigar *v/t* to mitigate
mitin *m* meeting
mito *m* myth
mitra *f* mitre
mixto mixed
mobiliario *m* furniture
mocedad *f* youth; **correr sus ~es** to sow one's wild oats
mochila *f* knapsack
moción *f* motion; movement
moco *m* mucus; **~so** *a* snot-

ty-nosed; *m* impudent youngster

moda *f* fashion; **de ~** fashion-
able

modales *m/pl* manners

model|ar *v/t* to model; **~o** *m*
model; pattern; *f* model,
mannequin

modera|ción *f* moderation;
~r *v/t* to moderate; **~rse** to
control oneself

modern|izar *v/t* to modern-
ize; **~o** modern

modest|ia *f* modesty; **~o**
modest

módico moderate; reasona-
ble (*prices*)

modifica|ción *f* modifica-
tion; **~r** *v/t* to modify

modismo *m* idiom; idiomatic
expression

modista *f* dressmaker; milliner

modo *m* way; mode, method;
manner; **de ~ que** so that; **de
otro ~** otherwise, or else; **de
ningún ~** by no means; **de
todos ~s** at any rate, by all
means

modula|ción *f* modulation;
~ción de frecuencia fre-
quency modulation; **~r** *v/i* to
modulate

módulo *elec, aer* module

mofa *f* mockery; ridicule; derision; **~rse de** to mock at

mofeta *f* skunk

mohín *m* grimace

moho *m* mo(u)ld, mildew;
rust; **~so** musty; rusty

moja|do wet; soaked; damp;

~r *v/t* to wet; to soak; **~rse** to
get soaked

mojigato(a) *m* (*f*) hypocrite;
a hypocritical; prudish

mojón *m* landmark

molde *m* mo(u)ld; form; cast;
~ar *v/t* to mo(u)ld; to shape

molécula *f* molecule

moler *v/t* to grind; to mill; to
annoy; **~ a palos** to beat up

molest|ar *v/t* to annoy; to up-
set; to trouble; **~arse** to get
annoyed; to take the trouble; **~ia** *f* trouble; annoy-
ance; **~o** troublesome; annoying

molin|ero *m* miller; **~illo** *m*
hand mill; coffee grinder; **~o**
m mill; **~o de viento** windmill

molleja *f* gizzard

mollera *f* crown of the head

moment|áneo momentary;
~o *m* moment; **a cada ~o** at
every moment; **al ~o** immediately; **de ~** at the moment

momia *f* mummy

mona *f* female monkey; *fam*
hangover; **~cal** monastic;
~cillo *m* acolyte; **~da** *f* silly
thing; silliness; lovely thing;
pretty child

monar|ca *m* monarch; sover-
eign; **~quía** *f* monarchy

monasterio *m* monastery

monda *f* pruning; paring;
~dientes *m* toothpick; **~du-
ras** *f/pl* peelings, parings; **~r**
v/t to peel; to cleanse; to
prune

moned|a f coin; money; currency; **~ero** m wallet; coin purse

monetario monetary

monigote m grotesque figure

monitor m monitor

monj|a f nun; **~e** m monk

mono m monkey; a pretty; cute

monóculo m monocle

monólogo m monologue

monopatín m skateboard

monopoli|o m monopoly; **~sta** m monopolist; **~zar** v/t to monopolize (t fig)

monotonía f monotony

monstruo m monster; **~sidad** f monstrosity; **~so** monstrous; freakish

monta f mounting; significance; mat total; **~cargas** m hoist; lift (for baggage); **~discos** m disc jockey; **~do** mounted; **~dor** m fitter; **~je** m assembly; installing

montañ|a f mountain; **2as** f/pl **Rocosas** Rocky Mountains; **~és(esa)** m (f) highlander; **~oso** mountainous

montar v/i to mount; to ride; **~ a caballo** to ride a horse; **~ en bicicleta** to ride a bicycle; **~ en cólera** to fly into a rage; v/t to mount; to ride; to assemble

monte m mountain; hill; woodland; wilds; **~ alto** forest; **~ bajo** scrub; **~ de piedad** pawnshop

montería f hunting, chase

montículo m mound

montón m heap, pile

montura f mount; saddle

monumento m monument; memorial

monzón m, f monsoon

moño m knot; bun; tuft

moqueta f moquette; carpet

mora f mulberry; blackberry

morada f dwelling

morado purple

moral f morale; ethics; m black mulberry tree; a moral; **~eja** f moral; maxim; lesson

mórbido soft; morbid; diseased

morboso morbid

morcilla f black sausage; teat gag

mord|az pungent; biting; **~aza** f gag; tecn clamp; **~edura** f bite; **~er** v/t to bite; **~iscar** v/t to nibble

moren|a f zool moray; **~o** brown-skinned; dark

morera f white mulberry tree

morfina f morphine

morir v/i to die

morisco Moorish

moro(a) m (f) Moor; a Moorish

morosidad f slowness; com delinquency

morral m nosebag (horse); knapsack

morriña f sadness; blues; homesickness

morro m snout; headland

morsa f walrus

mortaja f shroud

mortal mortal; fatal; **~idad** f mortality; death rate

mortero m mortar

mortífero deadly

mortificar v/t to mortify

mosaico m mosaic; *relig* Mosaic

mosca f fly; **soltar la ~** to give money

moscardón m hornet

moscatel m muscatel (*grape or wine*)

mosquea|do spotted; **~rse** to take offense

mosquit|ero m mosquito net; **~o** m mosquito; gnat

mostaza f mustard

mosto m must, new wine

mostra|dor m counter; (*hotel*) desk; **~r** v/t to show; to display

mote m catchword; nickname

motín m riot; mutiny

motiv|ar v/t to cause; to motivate; **~o** m motive; motif; **con ~o de** on the occasion of

moto|cicleta f motorcycle; **~nave** f motor ship; **~r** a *tecn* motive; *anat* motor; m motor; engine; **~r de fuera de borda** outboard motor; **~r de reacción** jet engine; **~rista** m motorist

motriz motive; moving

move|dizo shifting; unsettled; loose; **~r** v/t, **~rse** to move

movible movable

movi|lidad f mobility; **~liza-**

ción f mobilization; **~lizar** v/t to mobilize; **~miento** m movement; motion; *mús* movement

moz|a f girl, lass; **~albete** m lad; **~o** m young man; servant; waiter; **~o de hotel** porter

mucama f LA maid

muchach|a f girl; **~o** m boy

muchedumbre f crowd

mucho a a lot; much; pl many; **con ~** by far; adv a lot; a great deal, considerably; **~ más** much more; **~ mejor** far better; **~ menos** let alone

mucos|a f mucous membrane; **~o** mucous

muda f change of clothing; *zool* mo(u)lt; **~nza** f move, removal; **~r** v/t, v/i to change; **~rse** to change; to move

mud|ez f dumbness; **~o** dumb; mute

mueble m piece of furniture; pl furniture

mueca f face; grimace; **hacer ~s** to pull (*Am* make) faces

muela f millstone; molar tooth

muelle m spring (*of watch, etc*); quay; wharf; dock

muérdago m mistletoe

muert|e f death; **de mala ~e** awful; **~o(a)** a dead; m (f) dead person

muestra f pattern; sample

muestrario m collection of samples

mugi|do m lowing (of cattle); **~r** v/i to low; to moo; to bellow

mugr|e f grime, dirt; **~iento** grimy, filthy

mujer f woman; wife; **~iego** womanizer

mul|a f mule; **~adar** m rubbish heap; **~o** m mule

mulato(a) m (f), a mulatto

muleta f crutch; red cloth used by bullfighters

multa f fine; **~r** v/t to fine

multicopista f duplicator

multinacionales f/pl multinational corporations

múltiple manifold, multifarious

multiplicar v/t to multiply

multitud f crowd, multitude

mund|ano worldly; **~ial** world-wide; **~o** m world; **todo el ~o** everybody

munición f ammunition

municip|al municipal; **~alidad** f municipality; **~io** m town

muñeca f wrist; doll; dressmaker's model

muñón m stump (of an amputated limb); pivot

mural a, m mural

muralla f wall; rampart

murciélago m bat

murmullo m rustle; murmur

murmurar v/i to murmur; to criticize; to ripple (of water)

muro m wall

muscul|ar, ~oso muscular

músculo m muscle

muselina f muslin

museo m museum

musgo m moss

música f music

musical musical

músico m musician

musitar v/i to mumble

muslo m thigh

mustio sad; withered

musulmán(ana) m (f), a Moslem

muta|bilidad f mutability; **~ción** f mutation; change

mutila|do(a) m (f) cripple; disabled person; **~r** v/t to mutilate; to mangle

mutismo m muteness

mutualidad f mutuality; mutual benefit society

mutuo mutual

muy very; **~ señores nuestros** Dear Sirs (in letters)

N

nabo m turnip; arq newel

nácar m mother-of-pearl

nac|er v/i to be born; to sprout; to spring, to start; **~iente** nascent; growing; rising (sun); **~imiento** m birth; origin, beginning

naci|ón f nation; **2ones Unidas** United Nations

nacional national; **~idad** f nationality; **~izar** v/t to nationalize; to naturalize

nada f nothingness, nothing; *pron* nothing; **de ~** you are welcome; not at all; **~ de eso** none of that; **~ más** nothing else

nada|dor(a) m (f) swimmer; **~r** v/i to swim; to float

nadie nobody; no one; **~ más** nobody else

nafta f naphtha

nailon m nylon

naipe m playing card

nalgas f/pl buttocks

nana f lullaby; *fam* granny

naranj|a f orange; **~ada** f orangeade; **~al** m orange grove; **~o** m orange tree

narciso m daffodil

narcótico m narcotic; drug; *a* narcotic

narcotizar v/t to drug; to dope

nari|gudo big-nosed; **~z** f nose; nostril; bouquet (of wine); **sonarse las ~ces** to blow one's nose; **tabicarse las ~ces** to hold one's nose

narra|ción f narration, story; tale; **~r** v/t to narrate, to recite; **~tiva** f narrative

nata f cream; **~ batida** whipped cream

natación f swimming

natal native, natal; **~icio** m birthday; **~idad** f birthrate

nat|ividad f nativity; **~ivo(a)** m (f) native; indigenous; *a* natural; **~o** native

natural *a* natural; fresh, raw; m, f native; m native, temperament; **al ~** without additives; as it is; **~eza** f nature; **~eza muerta** still life; **~idad** f naturalness; **~ismo** m naturalism; **~izar** v/t to naturalize

naturismo m nudism

naufrag|ar v/i to be shipwrecked; **~io** m shipwreck

náufrago(a) m (f) shipwrecked person; *a* shipwrecked

náusea f nausea; disgust

náutic|a f navigation, seamanship; **~o** nautical

navaja f jackknife; penknife; razor

nav|al naval; **~e** f ship; nave (of church); **~e espacial** space ship; **~egador** m navigator; **~egante** a navigating; m aer navigator; **~egar** v/i to navigate; to sail; **~egar en tabla** to surf

Navidad f Christmas Day

naviero m shipowner

navío m ship; **~ de guerra** warship

neblina f mist

nebuloso cloudy; misty

neces|ario necessary; **~er** m vanity case; **~idad** f necessity; **~itado** poor; needy; **~itar** v/t to want; to need

necio foolish, silly

necrología f obituary

nefasto ominous; unlucky

nega|ción f negation; denial; **~r** v/t to deny; to refuse; to prohibit; **~tiva** f denial; re-

fusal; **~tivo** a negative; m
foto negative
negligen|cia f negligence; ne-
glect; carelessness; **~te**
careless; negligent
negoci|ación f negotiation;
business transaction; **~ante**
m businessman; dealer; **~ar**
v/i to trade; to negotiate; **~o**
m occupation; business
negr|o m negro; a black; **po-
nerse ~o** to get angry; **~ura** f
blackness
nene(a) m (f) baby, child
neón m neon
nervio m anat nerve; sinew;
energy; arq, bot rib; **~so**
nervous
neto neat; pure; com net
neumático m tyre, Am tire; a
pneumatic
neurótico neurotic
neutral neutral; **~idad** f neu-
trality
neutro neutral; gram neuter
neutrón m quim neutron
nev|ada f snowfall; **~ar** v/i to
snow; **~era** f ice box; **~oso**
snowy
ni conj neither, nor; **~ esto ~
aquello** neither this nor that;
~ siquiera not even
Nicaragua f Nicaragua
nicaragüense a m, f Nicara-
guan
nicho m niche, recess
nido m nest
niebla f fog; mist; haze
niet|a f granddaughter; **~o** m
grandson

nieve f snow
nilón m nylon
ningún a (apocope of **ninguno** used before masculine
nouns) no, not one; **de ~ modo** by no means
ninguno(a) a no, not one,
not any; **~a cosa** nothing; **de
~a manera** in no way; pron
none, no one, nobody; **~o de
ellos** none of them
niñ|a f girl; **~era** f nanny; **~ez**
f childhood; **~o** m boy; **des-
de ~o** from childhood; **~o
prodigio** infant prodigy
níquel m nickel
níspero m medlar (tree and
fruit)
nítido bright, spotless; foto
sharp
nitrógeno m nitrogen
nivel m level; **~ de agua** water
level; **~ sonoro** noise level;
~ar v/t to level; to grade
no no, not; **~ más** no more; **~
sea que** lest
noble noble; highborn; **~za** f
nobility; aristocracy
noche f night; evening; **buenas ~s** good evening; good
night; **por la ~** at night; **de la
~ a la mañana** overnight;
2buena f Christmas Eve; **~
vieja** New Year's Eve
noción f idea; notion
nocivo harmful; noxious
nocturno nocturnal
nodriza f wet nurse
nog|al m, **~uera** f walnut
(tree or wood)

nuez

nombr|amiento m appointment; **~ar** v/t to name; to appoint; **~e** m name; title; **~e de pila** Christian name, first name; **~e de soltera** maiden name

nomeolvides f forget-me-not

nómina f payroll

nomina|l nominal; **~ativo** m nominative

non odd, uneven (number)

nopal m prickly pear

nordeste m northeast

noria f chain pump; ferris wheel (at fairs)

norma f norm; standard; rule; **~l** normal

noroeste m northwest

norte m north; **~america-no(a)** m, f North American (U.S.A.); **~ño** northern

noruego(a) m (f), a Norwegian; **2a** f Norway

nos pron pers us; each other

nosotros(as) pron pers pl we, ourselves; us

nostalgia f nostalgia; homesickness

nota f note; annotation; mark (in school); com account; bill; **tomar ~** to take note

nota|ble noteworthy, notable; **~r** v/t to note, to notice; to observe; to take down; **~rio** m notary

notici|a f piece of news; notice; information; **~as** pl news; **~ar** v/t to notify; to inform; **~ario** m newsreel; radio, TV newscast

notificar v/t to notify

notorio well-known

novato(a) m (f) beginner

novedad f novelty; latest news or fashion; **sin ~** as usual

novel|a f novel; story; fiction; **~a policíaca** detective story; **~ista** m, f novelist

novia f bride; fiancée; **~zgo** m engagement

novicio(a) a inexperienced; m (f) novice

noviembre m November

novill|a f heifer; **~ada** f fight with young bulls; **~o** m young bull; steer; **hacer ~os** to play truant

novio m bridegroom; fiancé; **los ~s** pl the bride and groom

nub|e f cloud; film (on the eye); **~ecita** f small cloud; **~lado** cloudy

nuca f nape of the neck

nuclear nuclear

núcleo m nucleus

nud|illo knuckle; **~o** m knot; **~oso** gnarled

nuera f daughter-in-law

nuestro(a, os, as) pron pos our, ours

nueva f piece of news; **~men-te** again; recently

nueve nine

nuevo new; novel; further; **de ~** all over again

nuez f walnut; nut; **~ de Adán** Adam's apple; **~ moscada** nutmeg

null|idad f nullity; incompetence; annul(l)ment (*of marriage*); **~o** null, void
numera|ción f numeration; **~ción romana** Roman numerals; **~dor** m mat numerator; **~r** v/t to number; to count
numérico numerical
número m number; figure; **sin ~** countless
numeroso numerous

nunca never; **~ jamás** never again; **casi ~** hardly ever
nuncio m relig nuncio; messenger
nupcia|l nuptial, bridal; **~s** f/pl wedding, nuptials
nutria f otter
nutri|ción f nutrition; **~do** abundant; copious; **~r** v/t to nourish; to feed; **~tivo** nutritious

Ñ

ñandú m American ostrich
ñaño LA intimate; spoiled
ñapa f LA bonus; tip
ñaque m odds and ends; junk

ñoñ|ería f spinelessness; bashfulness; **~o** insipid; spineless; shy; fussy

O

o or; either
oasis m oasis
obed|ecer v/t to obey; **~iencia** f obedience; **~iente** obedient
obertura f mús overture
obes|idad f fatness; **~o** fat
obisp|ado m episcopate; **~o** m bishop
obje|ción f objection; **~tar** v/t to object; to oppose; **~tivo** m objective; **~tivo zoom** foto zoom lens; a objective; **~to** m object; thing; purpose
oblicuo oblique; slanting
obliga|ción f obligation; duty; pl com bonds, securities; **~r** v/t to oblige, to bind; **~rse**

to commit oneself; **~torio** compulsory
oblongo oblong
obr|a f work; creation; structure; building site; **~a de arte** work of art; **~a de consulta** reference work; **~a maestra** masterpiece; **~as** pl **públicas** public works; **~ar** v/t to work; to manufacture; v/i to act; to behave; **~ero(a)** m (f) worker; **~ero calificado** skilled worker
obsceno obscene, indecent
obscur|ecer v/t to darken; to obscure; v/i to get dark; **~o** dark; obscure
obsequi|ar v/t to entertain, to present with; **~o** m courte-

sy; gift; attention; **~oso** attentive, obliging

observa|ción f observation; remark; **~dor(a)** m (f) observer; a observant; **~r** v/t to observe, to remark; to watch; to regard; **~torio** m observatory

obsesión f obsession

obstáculo m obstacle

obsta|nte: no ~nte nevertheless; however; **~r** v/i to obstruct, to hinder

obstina|ción f obstinacy, stubbornness; **~do** obstinate, stubborn; **~rse (en)** to persist (in)

obstruir v/t to obstruct; **~se** to be blocked

obten|ción f attainment; **~er** v/t to obtain; to attain

obtura|dor m throttle; foto shutter; **~r** v/t to stop up; to plug

obús m shell; howitzer

obvio obvious, evident

oca f goose

ocasión f occasion; **de ~** second-hand

ocasiona|l accidental; **~r** v/t to cause

ocaso m sunset; decline; west

occident|al western; occidental; **~e** m west

oceánico oceanic

océano m ocean; **♀ Atlántico** Atlantic Ocean; **♀ glacial Ártico** Arctic Ocean; **♀ Pacífico** Pacific Ocean

ocho eight

ocio m leisure; idleness; **~so** idle; inactive; useless

octubre m October

ocul|ar a ocular; m eyepiece; **~ista** m oculist

ocult|ar v/t to conceal; to hide; **~o** hidden; occult

ocupa|ción f occupation; **~nte** m, f occupant; **~r** v/t to occupy; **~rse** en to look after; to be engaged in

ocurr|encia f occurrence; incident; witticism; **~ir** v/i to occur; to happen

odi|ar v/t to hate; **~o** m hatred; **~o de sangre** feud; **~oso** hateful, odious

odontólogo(a) m (f) odontologist

odorífero aromatic, fragrant

oeste m west

ofen|der v/t to offend; to insult; **~derse** to take offence, Am offense; **~sa** f offence, Am offense; **~siva** f offensive; **~sivo** offensive; **~sor(a)** m (f) offender; a offending

oferta f offer; proposal; **com ~ y demanda** supply and demand

ofici|al a official; m officer; official; clerk; **~ar** v/i to officiate; **~na** f office; **~na de turismo** tourist office; **~na principal** head office; **~nista** m, f clerk; white-collar worker; **~o** m trade; profession; work; **~oso** officious

ofrecer v/t to offer; to present; **~cerse** to volunteer; to offer oneself; **~cimiento** m offer; **~nda** f offering

oftalmólogo m oculist

ofuscar v/t to mystify; to confuse

oí|ble audible; **~da** f hearing; **de ~das** by hearsay; **~do** m ear; sense of hearing; **de ~do** by ear

¡oiga! tel hello!

oír v/t to hear; to listen

ojal m buttonhole

¡ojalá! interj if only it would; conj **~ que** I wish; if only

ojea|da f glance, glimpse; **~r** v/t to eye, to have a look at

ojera f dark ring under the eye

ojete m (sewing) eyelet

ojo m eye; eye of the needle; **¡~!** look out!; **~ amoratado** black eye; **a ~s cerrados** blindly

ola f wave; **~ de marejada** tidal wave; **la nueva ~** the new wave

oleada f big wave; surge, swell; fig wave

óleo m oil; oil painting

oleoducto m oil pipeline

oler v/t to smell; to scent; v/i to smell; **~ a** to smell of

olfat|ear v/t, v/i to smell; **~o** m sense of smell

oliv|a f olive; olive tree; **~ar** m olive grove; **~o** m olive tree

olla f stew pot; saucepan; **~ de presión** pressure cooker

olmo m elm tree

olor m smell, odo(u)r

olvid|adizo forgetful; **~ar** v/t to forget; **~o** m forgetfulness; oblivion

ombligo m anat navel

omi|sión f omission; carelessness; **~tir** v/t to omit

omnipotente omnipotent

omnisciente omniscient

omóplato m shoulder blade

ond|a f wave (sea, hair, radio); **~a acústica** sound wave; **~ear** v/i to wave; to ripple; to undulate; **~ulado** wavy; waved; undulated

onza f ounce

opaco opaque

opción f option; choice; **en ~** as an option

ópera f opera

opera|ción f operation; com transaction; **~dor** m operator; cine camera-man; **~r** v/t to operate; **~rio** m operative; worker

opereta f operetta

opin|ar v/t to be of the opinion; **~ión** f opinion; **cambiar de ~ión** to change one's mind; **en mi ~ión** in my opinion; **~ión pública** public opinion

opio m opium

opo|ner v/t to oppose; **~nerse** to object; to be opposed; **~sición** f opposition; **~sitor(a)** m (f) opponent; competitor

oportun|idad f opportunity;

ornar

~ista m, f opportunist; **~o** opportune; convenient

oposición f resistance; contrast; competitive exam (for a job)

opr|esión f oppression; **~esivo** oppressive; **~imir** v/t to oppress; to press

optar v/t to opt; to choose

óptic|a f optics; **~o** a optical; m optician

optimi|smo m optimism; **~ta** m, f optimist; a optimistic

óptimo best; very good

opuesto opposite; contrary

opulen|cia f opulence; **~to** opulent; rich

oración f speech; prayer; sentence

oráculo m oracle

ora|dor(a) m (f) orator; speaker; **~l** oral; **~r** v/i to make a speech; to pray

oratorio m relig oratory; chapel; mús oratorio

orbe m world; globe

órbita f orbit; estar en **~** to be in orbit

orden m order; **~ del día** agenda; en **~** in order; llamar al **~** to call to order; f order, command; **~ de pago** money order; por **~ de** on the orders of; **~ación** f arrangement; disposition; **~ador** m computer; **~ador de viaje** m on-board computer; **~anza** f statute; ordinance; m mil orderly; **~ar** v/t to put in order; to order, to ar-

range; to command; to ordain; **~arse** to be ordained

ordeñar v/t to milk

ordinal ordinal

ordinario ordinary, vulgar; coarse; common

oreja f ear; tab (of shoe)

orfanato m orphanage

orfebre m goldsmith; silversmith; **~ría** f gold or silver work

organillo m barrel organ

organi|smo m organism; **~sta** m, f organist; **~zación** f organization; **~zar** v/t to organize

orgánico organic

órgano m organ

orgullo m pride; **~so** proud

orient|ación f orientation; **~al** oriental; **~ar** v/t to position; to guide someone; **~e** m orient; el 2e the East, the Orient; 2e Medio Middle East; 2e Próximo Near East

orificio m orifice; hole

origen m origin; source

origina|l original; odd; **~r** v/t to originate; **~rse** to spring from

orilla f edge; bank, shore, riverside; a **~s de** on the banks of

orina f urine; **~r** v/t, v/i to urinate

oriundo native (of)

orla f border, edging; **~r** v/t to border, to edge

orna|mento m ornament; **~r** v/t to adorn

oro m gold; ~ **batido** gold leaf

oropel m tinsel

orquesta f orchestra

orquídea f orchid

ortiga f nettle

orto|doncia f orthodontics; **~doxo** orthodox; **~grafía** f spelling; **~pedista** m, f orthop(a)edist

oruga f caterpillar

orzuelo m med sty

os pron pers you; to you

osad|ía f boldness; daring; **~o** bold

oscila|ción f oscillation; **~r** v/i to swing; to oscillate

oscur|ecer v/t to darken; fig to confuse; v/i to grow dark; **~o** dark

oso m bear; **~ blanco** polar bear

ostenta|r v/t to show off; to flaunt; **~tivo** ostentatious

ostra f oyster

otoño m autumn, fall

otorga|miento m granting, conferring; for deed; **~r** v/t to grant, to confer

otorrinolaringólogo(a) m (f) ear, nose and throat doctor

otr|o(a, os, as) other; another; ¡**~a!** teat encore!; **~o día** another time; **~a cosa** something else; **~a vez** again; **~os tantos** as many

ovación f ovation

oval, ~ado oval

ovario m anat ovary

oveja f sheep; ewe

ovillo m ball (of wool)

ovni = **objeto volante no identificado** UFO (unidentified flying object)

oxidar v/t, **~se** to oxidize; to rust

oxígeno m oxygen

oyente m, f listener; hearer

ozono m ozone

P

pabellón m pavilion; ward (in hospital); mil bell tent; ~ **de música** bandstand

pacer v/i to graze

pacien|cia f patience; **~te** m, f, a patient

pacifi|cación f peace, pacification; **~cador(a)** m (f) peacemaker; **~car** v/t to pacify; to appease; **~carse** to calm down

pacífico peaceful, pacific

pacifista m, f pacifist

pacotilla f trash, rubbish; **de ~** of poor quality

pact|ar v/t to contract; to agree to; **~o** m pact

padec|er v/t to suffer from; to tolerate; **~imiento** m suffering

padr|astro m stepfather; fig obstacle; **~e** m father; priest; pl parents; ancestors; **2e Santo** Holy Father (the Pope); **2e Nuestro** Lord's Prayer, Our

Father; **~ino** m godfather; best man

padrón m census; register; *tecn* pattern; *fig* stain, blot

pag|a f salary, pay; **~adero** payable; **~ador(a)** m (f) payer

pagano(a) m (f), a pagan, heathen

pagar v/t to pay; to repay; **por ~ com** unpaid; **~é** m promissory note; IOU

página f page (of a book)

pago m payment; **~ al contado** cash payment; **~ a cuenta** payment on account; **~ a plazos** instal(l)ment plan

país m country; land; region; **2 Vasco** Basque country; *los* **~es subdesarrollados** underdeveloped countries

paisa|je m landscape; **~no(a)** m (f) fellow countryman (-woman); civilian; *vestido de ~no* in civilian clothes

Países m/pl **Bajos** Netherlands

paja f straw

pájaro m bird; sly fellow; **~ cantor** song bird; **~ carpintero** woodpecker

paje m page; cabin boy

pala f shovel; spade; blade (of oar)

palabr|a f word; **~a por ~a** word for word; verbatim; **~ota** f swearword

palacio m palace

palad|ar m palate; taste; relish; **~ear** v/t to taste

palanca f *tecn* lever; bar; **~ de cambio** gearshift

palangana f washbasin

palco m teat box

palenque m palisade

palet|a f small shovel; **~o** m rustic

palia|r v/t to palliate; to lessen; **~tivo** palliative

palide|cer v/i to pale, to turn pale; **~z** f pallor

pálido pale

palillo m toothpick; pl chopsticks; castanets

palique m small talk

paliza f beating; thrashing

palm|a f *bot* palm tree; palm leaf; palm of the hand; *dar* **~as** to clap hands; **~ada** f pat, slap; **~adas** f/pl applause; **~ar** m palm grove; **~atoria** f small candlestick; **~era** f palm tree; **~o** m span (measure of length, 8 inches); **~o a ~o** inch by inch

palo m stick; pole; cudgel; (card) suit; **~ de golf** golf club

palom|a f pigeon; dove; **~ar** m pigeon house; dovecot; **~itas** f/pl (de) (maíz) popcorn

palpa|ble evident, palpable; **~r** v/t to touch, to feel; to grope along

palpitación f palpitation

paludismo m malaria

pampa f pampa, prairie

pan m bread; loaf; **~ de jengibre** gingerbread; **~ de oro**

tecn gold leaf; **~ integral** whole wheat bread

pana f corduroy; **~dería** f bakery; **~dero** m baker

panal m honeycomb

Panamá m Panama

panameño(a) a, m (f) Panamanian

pancarta f placard

pandereta f tambourine

pandill|a f gang, pack (of thieves); clique; **~ero** m LA gangster

panecillo m roll (bread)

panfleto m pamphlet

pánico m panic

panqueque m LA pancake

pantaleta f LA panties; ladies' underpants

pantalla f screen; lampshade

pantalón m trousers

pantan|o m marsh; swamp; reservoir; **~oso** marshy

pantera f panther

pantorrilla f calf (of the leg)

panty m tights, Am panty hose

panz|a f paunch, belly; **~udo** pot-bellied

pañal m (baby's) nappy, Am diaper; **~es** pl swaddling clothes

pañ|ería f draper's shop, Am dry goods store; **~o** m cloth; duster; **~o de cocina** dish-cloth; **~o higiénico** sanitary napkin; **~os pl menores** underclothes, underwear; **~uelo** m handkerchief; kerchief

papá m father; daddy

papa m pope; f LA potato; **~do** m papacy

papagayo m parrot

papamoscas m flycatcher

papel m paper; teat part, role; pl (identification) papers; documents; **~ carbón** carbon paper; **~ de cocina** paper towels; **~ de envolver** brown paper; **~ de estaño** tinfoil; **~ de fumar** cigarette paper; **~ higiénico** toilet paper; **~ de lija** sandpaper; **~ de seda** tissue paper; **~ moneda** paper money; **~ pintado** wallpaper; **~ secante** blotting paper; **~era** f waste-paper basket; **~ería** f stationer's; **~ero** m stationer; **~eta** f card; check; slip of paper; **~ucho** m scurrilous article; worthless paper

paperas f|pl mumps

papilla f pap

paquete m packet; parcel; **~s pl postales** parcel post

par m pair; couple; peer; **sin ~** matchless; a even (of numbers); equal; pl **a la ~** equally

para for; intended for; to; **~ que** in order that; **estar ~** to be about to; **¿~ qué?** what for?; **~ que** in order that, so that

parabrisas m windscreen, Am windshield

paracaídas m parachute

paracaidista m parachutist

parachoques m bumper

para|da f stop; stopping place; **~da discrecional** request stop; **~da de taxis** taxi stand; **~dero** m whereabouts; *LA* busstop; railway stop; *LA* busstop; railway stop; *LA* standing up; unemployed; m unemployed worker

paradoja f paradox

paradójico paradoxical

parador m inn; tourist hotel

parafina f paraffin

paraguas m umbrella

Paraguay: el ~ Paraguay

paraíso m paradise; heaven

paraje m place, spot; situation

parale|la f parallel; **~o** parallel

parálisis f paralysis

paralítico paralytic

páramo m moor; bleak plateau

parapeto m breastwork, parapet

parar v/t to stop; to check (*progress*); v/i to stop; to stay; to end up; **~ en** to result in; **~se** to stop; *LA* to stand

pararrayos m lightning conductor

parásito(a) m (f) parasite

parasol m sunshade

parcela f parcel, plot (of ground); **~r** v/t to allot; to parcel out

parche m sticking plaster; patch

parcial partial, one-sided; **~idad** f partiality; bias

parco sparing; frugal

pard|o dark; brown; **~usco** greyish; drab

parec|er m opinion; appearance; looks; **a mi ~er** in my opinion; **al ~er** apparently; v/i to appear; to seem; **~erse** to resemble; **~ido** a like, similar; **bien ~ido** good-looking; m resemblance, likeness

pared f wall

pareja f couple; pair; partner

parente|la f relations, parentage; **~sco** m kinship

paréntesis f parenthesis; brackets

paria m, f outcast, pariah

paridad f parity, equality

pariente m, f relative

parir v/t, v/i to give birth

paritorio m delivery room

parl|amentar v/i to converse; **~amento** m parliament; **~anchín** m, f chatterbox; **~otear** v/i to prattle, to chatter

paro m lock-out; unemployment; *zool* titmouse

parodia f parody, travesty

parón m stop, delay

parpadear v/i to blink, to twinkle

párpado m eyelid

parque m park; **~ de atracciones**, *LA* **de diversiones** amusement park; **~ infantil** playground; **~ nacional** national park; **~ zoológico** zoo

parquímetro *m* parking meter

parra *f* climbing vine

párrafo *m* paragraph

parrilla *f* grill; grate

párroco *m* parish priest

parroquia *f* parish; parish church; **~no(a)** *m (f)* parishioner

parsimonia *f* frugality

parte *f* part; share; *for* party; side; **de ~ de** from; on behalf of; **de a ~** through and through; **en ~** partly; **en todas ~s** everywhere; **por otra ~** on the other hand; **la mayor ~** most of; **~s** *pl anat* parts; *m* report; message; **~ meteorológico** weather forecast

participa|ción *f* share; participation; announcement; **~r** *v/t* to inform, to notify; *v/i* to participate; to share

participante *m* participant

participio *m gram* participle

partícula *f* particle

particular particular; special; private; **~idad** *f* particularity, peculiarity; **~izar** *v/t* to specify

partida *f* departure; certificate; *com* item; shipment; game (*of cards*); entry (*in a register*); **~ de matrimonio** marriage certificate; **~rio(a)** *m (f)* partisan, follower

parti|do *m pol* party; match, game (*in sport*); profit; **sacar ~do de** to take advantage of;

tomar ~do to make a decision; to take sides; **~r** *v/t* to part, to divide, to split; to break; to cut (*cards*); *v/i* to depart; **a ~r de hoy** from now on

partitura *f mús* score

parto *m* childbirth; **estar de ~** to be in labo(u)r

párvul|ario *m* nursery school; **~o** *a* small; tiny; *m* small child

pasa *f* raisin; **~ de Corinto** currant

pasado *a* past; **~ de moda** old-fashioned, out of fashion; **~ mañana** the day after tomorrow; *m* past

pasador *m* bolt; pin; smuggler

pasaje *m* passage; voyage; fare; **~ro(a)** *m (f)* passenger

pasamanos *m* banister, handrail

pasaporte *m* passport

pasar *v/t* to pass; to cross; to surpass; to hand; to transfer; to smuggle; to undergo; to endure; to overlook; **~lo bien** to have a good time; **~ por alto** to ignore; to overlook; *v/i* to pass; to manage; to go past; to end; **~ de** to exceed; **~ a** to proceed; **~ por** to be reputed; **¿qué pasa?** what's the matter?; what's the trouble?; **~se** to go over; **~se sin** to do without, to dispense with

pasatiempo *m* pastime

pascua f Passover; ♀ **del Espíritu Santo** Pentecost; ♀ **de la Navidad** Christmas; ♀ **de Resurrección** Easter

pase m permit; pass

pase|arse to go for a walk; **~o** m walk; stroll; **dar un ~o** to take a walk

pasillo m corridor

pasión f passion

pasiv|idad f passivity; **~o** m com liabilities; debit; a passive

pasm|ar v/t to stun; to amaze, to astonish; **~o** m amazement; **~oso** amazing

paso m pace; step; passing; gait; walk; **~ a nivel** grade crossing; **~ de peatones** pedestrian crossing; **~ superior** f c overpass; **a pocos ~s** at a short distance; **de ~** in passing; **abrirse ~** to make one's way; **ceder el ~** to make way; **marcar el ~** to mark time; **salir del ~** to get out of a difficulty

pasota m, f fam unconcerned, indifferent person; dropout

pasta f paste; dough; pl pastry; cookies; **~ de dientes** toothpaste

pastel m cake; pie; **~ería** f pastry shop; pastry; **~ero** m pastry cook

pastilla f tablet; cake (of soap); cough drop, lozenge

pasto m grazing; pasture; food; **~r(a)** m (f) shepherd(ess); **~ral** pastoral

pastoso pasty, doughy

pata f foot; leg; paw; **~s de gallo** crow's feet; **a cuatro ~s** on all fours; **~s arriba** upside down; **meter la ~** fig to put one's foot in it; **~da** f stamp (with the foot); kick

patán m rustic; lout

patata f potato

patear v/t, v/i to kick; to stamp

patent|e f patent; warrant; a patent, evident; **~izar** v/t to make evident

patern|al fatherly; paternal; **~idad** f paternity; **~o** paternal

patético moving, pathetic

patíbulo m gallows

patillas f/pl side whiskers; sideburns

patín m skate; **~ de ruedas** roller skate

patin|adero m skating rink; **~ador(a)** m (f) skater; **~aje** m skating; **~aje artístico** figure skating; **~ar** v/i to skate; to skid; **~eta** f scooter

patio m courtyard; teat pit

pato m duck; **pagar el ~** to be the scapegoat

patológico pathological

patraña f fake, swindle

patria f fatherland; native country

patrimonio m patrimony

patrio native; **~ta** m, f patriot; **~tero** m jingoist

patriótico patriotic

patriotismo m patriotism

patrocin|ador m patron, sponsor; **~ar** v/t to sponsor; **~io** m patronage; protection

patrón m patron; protector; landlord; boss; standard; (*sewing*) pattern

patron|a f patroness; landlady; **~ato** m trust; trusteeship; foundation

patrulla f patrol; squad; **~r** v/t, v/i to patrol

paulatinamente gradually

pausa f pause; rest; **~damente** leisurely, slowly; **~do** calm; slow; **~r** v/i to pause

pauta f rule; pattern; model

pava f turkey hen; *pelar la ~* to carry on a flirtation

paviment|ar v/t to pave; **~o** m pavement; paving

pavo m turkey; **~ real** peacock; **~nearse** to swagger, to show off

pavor m terror; dread

payas|ada f clowning; **~o** m clown

paz f peace, tranquillity

peaje m toll

peatón m pedestrian

peca f freckle

peca|do m sin; **~dor(a)** m (f) sinner; **~minoso** sinful

pecera f fish bowl

pechera f shirt front

pecho m chest; breast; bosom; slope; *fig* courage; *dar el ~* to breast feed; *tomar a ~* to take to heart

pechuga f breast (*of fowls*)

peculiar peculiar; **~idad** f peculiarity

pedag|ogía f pedagogy; **~ogo** m teacher

pedal m pedal; **~ear** v/i to pedal

pedante pedantic; **~ría** f pedantry

pedazo m piece, fragment

pedernal m flint

pedestal m pedestal

pedestre pedestrian

pediatra m pediatrician

pedicuro(a) m (f) chiropodist

pedi|do m demand; request; *com* order; **~r** v/t to ask for; to request; to demand; to sue for; *com* to order

pedo m fam fart; *soltar ~s* to fart

pedr|ada f hit with a stone; **~egoso** stony; **~ejón** m boulder; **~isco** m hailstorm

peg|a f gluing; sticking; *fig* difficulty; **~adizo** sticky; **~ado a** attached to; **~ajoso** sticky; **~ar** v/t to stick; to glue; to beat; *~ar fuego a* to set on fire; *no ~ar los ojos* not to sleep a wink; *~ar un tiro a* to shoot; **~arse** to adhere; to stick to; **~atina** f sticker; **~ote** m sticking plaster; *fam* sponger; **~otear** v/i fam to sponge

pein|ado m hairdo; **~ador** m dressing gown; **~adura** f combing; **~ar** v/t to comb; to search; **~e** m comb

pelad|o shorn; peeled; **~uras** f/pl parings

pensador(a)

pelar v/t to peel; to cut the hair off; to shear; to pluck (fowls); fig to fleece

peldaño m step (of staircase); rung (of ladder)

pelea f fight; quarrel; **~r** v/i to fight; to quarrel

pelele m dummy; simpleton

peletería f furrier's shop; **~o** m furrier

pelícano m pelican

película f film; movie; **~ muda** silent film

peligr|ar v/i to be in danger; **~o** m risk; peril; **correr ~o** to run a risk; **~oso** dangerous

pelillo m annoying trifle; **echar ~s al mar** to bury the hatchet; **pararse en ~s** to stick at trifles

peli|negro black-haired; **~rrojo** redheaded

pelle|ja f, **~o** m skin; hide; **salvar el ~o** to save one's skin

pellizc|ar v/t to pinch; to nip; **~o** m pinch, nip

pelo m hair; tecn fibre, Am fiber, filament; down (of birds, fruit); nap (of cloth); coat (of animals); **no tener ~os en la lengua** to be very outspoken; **por los ~os** by the skin of one's teeth; **tomar el ~o** to pull one's leg, to tease; **~ón** hairless; penniless

pelot|a f ball; **~o vasca** pelota (ballgame); **~ear** v/t to audit (accounts); v/i to knock a ball about; to argue

pelotón m tuft of hair; mil squad; **~ de ejecución** firing squad

pelu|ca f wig; **~do** hairy, shaggy; **~quería** f hairdresser's shop; **~quero(a)** m (f) hairdresser; barber

pelusa f fluff; down (on fruit)

pen|a f grief, sorrow; punishment, penalty; **~a capital** capital punishment; **a duras ~as** with great trouble; **valer la ~a** to be worthwhile; **~ado** m convict; a grieved; laborious; **~al penal**; **~ar** v/t to punish; **~arse** to grieve

pencazo m whiplash

pendenciero quarrelsome

pend|er v/i to hang; to dangle; **~iente** a pending; **~iente de pago** unpaid; f slope, hill; m earring

péndulo m pendulum

pene m penis

penetra|ción f penetration; insight; **~nte** penetrating; piercing; **~r** v/t to understand; to penetrate

penicilina f penicillin

península f peninsula

penique m penny

peniten|cia f penitence; penance; **~ciaría** f penitentiary; **~te** penitent

penoso distressing; arduous; unpleasant

pensa|do deliberate, premeditated; **bien ~do** well-intentioned; **poco ~do** ill considered; **~dor(a)** m (f) thinker; **~miento** m thought; thinking; *bot* pansy; **~r** v/t to think; to intend; **~r en** to think of; **~tivo** thoughtful, pensive

pensi|ón f pension; rent; boarding house; **~onar** v/t to pension; **~onista** m, f pensioner; boarder

pentecostés m Whitsuntide, Pentecost

penúltimo penultimate, next to last

penumbra f semi-darkness

penuria f poverty, need

peñ|a f rock; crag; group of friends; **~asco** m crag, cliff; **~ón** m large rock

peón m foot-soldier; *LA* farmhand, peon; pawn (*chess*)

peonza f spinning top

peor a, adv worse; worst; **de mal en ~** from bad to worse

pepin|illos m/pl gherkins; **~o** m cucumber; **no me importa un ~o** I couldn't care less

pepita f pip; seed (*of fruit*); nugget

pequeñ|ez f smallness; trifle; pettiness; **~o** little; small

pera f pear; goatee; **~l** m pear tree

perca f perch (*fish*)

percance m misfortune, accident, mishap

percatarse de to realize, to notice

percep|ción f perception; **~tible** perceptible; **~tivo** perceptive

percha f rack; coat stand

percibir v/t to collect (*taxes*); to receive; to perceive, to notice

percusión f percussion

perd|er v/t to lose; to waste; to miss; **echarse a ~er** to be ruined; **~erse** to get lost; to pass out of sight or hearing; **~ición** f perdition; ruin

pérdida f loss; **~s y ganancias** f/pl profit and loss

perdido lost; wasted; stray; incorrigible

perdiz f partridge

perdón m pardon; mercy; *¡~!* sorry!

perdonar v/t to forgive; *¡perdóneme!* excuse me!

perdurar v/i to endure; to last

perece|dero perishable; **~r** v/i to come to an end; to perish; to die

peregrin|ación f pilgrimage; **~ar** v/i to go on a pilgrimage; **~o(a)** m (f) pilgrim; a migratory

perejil m parsley

perenne perennial; **de hoja ~** evergreen

perentorio peremptory, decisive

perez|a f laziness, idleness, sloth; **~oso** a lazy, idle; m zool sloth

perfección f perfection

perfeccionar v/t to perfect; to improve

perfecto perfect, complete

perfidia *f* perfidy, treachery

pérfido perfidious, disloyal

perfil *m* profile, outline; **~ar** *v/t* to profile; to outline; **~arse** to take shape; to show one's profile

perfora|dora *f* hole puncher; **~dora neumática** pneumatic drill; **~r** *v/t* to punch; to perforate; to drill

perfum|ar *v/t* to scent; **~e** *m* perfume; **~ería** *f* perfume shop

pergamino *m* parchment

pericia *f* skill; expertness, know-how; **~l** expert

perico *m* parakeet

periferia *f* periphery

perilla *f* doorknob; goatee; **~ de la oreja** earlobe

periódico *m* newspaper; *a* periodical

periodi|smo *m* journalism; **~sta** *m* journalist

período *m* period

peripecia *f* vicissitude

perito *m* expert

perjudic|ar *v/t* to harm; to damage; **~ial** harmful

perjuicio *m* damage; hurt

perjur|ar *v/i* to commit perjury; **~io** *m* perjury; **~o** *m* perjurer

perla *f* pearl

permane|cer *v/i* to remain; to stay; **~ncia** *f* permanency; stay; sojourn; **~nte** *f fam* perm; *a* permanent

permi|sible permissible; **~sivo** permissive; tolerant;

~so *m* permission; leave; **con ~so** if I may; excuse me; **~tir** *v/t* to permit; to allow

permuta *f* exchange; barter; **~ción** *f* exchange, interchange; **~r** *v/t* to exchange

pernicioso harmful; pernicious

perno *m* bolt

pernoctar *v/i* to spend the night

pero but, yet

perogrullada *f fam* truism, platitude

perpendicular perpendicular

perpetrar *v/t* to perpetrate

perpetuo perpetual

perplej|idad *f* perplexity; **~o** perplexed

perr|a *f* bitch; *pl fam* small change; **~era** *f* kennel; drudgery; **~illo** *m* small dog; **mil** trigger; **~illo de falda** lap dog; **~ito** caliente *m* hot dog; **~o** *m* dog; **~o de aguas** spaniel; **~o de lanas** poodle; **~o de presa** bulldog; **~o guardián** watchdog; **~o pastor** sheepdog

persa *m, f, a* Persian

persecución *f* persecution; pursuit; harassment

perseguir *v/t* to pursue; to harass, to persecute

perseverar *v/i* to persevere, to persist

persiana *f* Venetian blind

persignarse to cross oneself

persisten|cia f persistency; **~te** persistent

persona f person; individual; *teat* character; **en ~** in person; **~je** m personage; **~l** a personal, private; m personnel; **~lidad** f personality; **~rse** to appear personally

personifica|ción f personification; **~r** v/t to personify

perspectiva f perspective, outlook, prospect

perspicacia f perspicacity; sagacity; **~z** perspicacious, shrewd

persua|dir v/t to persuade; **~sivo** persuasive; inducing

pertene|cer v/i to belong; to appertain; to concern; **~ncia** f ownership; property

pértiga f pole

pertina|cia f stubbornness; **~z** stubborn, obstinate

pertinente pertinent; *for* concerning

pertrechar v/t, **~se** *mil* to equip; to supply; to store

perturba|ción f disturbance; **~r** v/t to confuse, to agitate, to perturb

Perú: *el* **~** Peru

peruano(a) m (f), a Peruvian

perver|sión f perversion; **~so** perverse; **~tido** m pervert; **~tir** v/t to pervert, to corrupt

pesa f weight; *sp* shot; dumbbell; **~dez** f heaviness; sluggishness; **~dilla** f nightmare; **~do** heavy; massive; tedious; fat; **~dumbre** f sorrow; grief

pésame m condolences; **dar el ~** to express one's condolences

pesar v/t to weigh; to afflict; v/i to weigh; to be heavy; to be important; m sorrow, grief; **a ~ de** in spite of; **a ~ de todo** all the same, nevertheless; **~oso** sorry, regretful

pesca f fishing; **~dería** f fish shop; **~dero** m fishmonger; **~do** m coc fish; **~dor** m fisherman; **~r** v/t, v/i to fish; to catch, to angle

pescuezo m neck

pesebre m manger; stall

peseta f peseta (*Spanish currency unit*)

pesimista m, f pessimist

pésimo worst; vile, abominable

peso m weight; burden; heaviness; balance, scales; *LA* peso (*currency unit*)

pesquisa f inquiry; investigation

pestaña f eyelash; **~ear** v/t to wink; to blink

peste f pest; plague; stench; **~ífero** foul; **~ilencia** f pestilence

pestillo m door latch; bolt

petaca f cigar(ette) case

pétalo m petal

petard|ear v/t to swindle; v/i *aut* to backfire; **~o** m firecracker; *mil* petard; *fam* swindle

petición f petition; demand

petirrojo m robin

petrificar v/t to petrify

petróleo m petroleum, (mineral) oil

petulan|cia f arrogance; **~te** haughty, arrogant

pez m fish (living); f pitch, tar; **~ gordo** fam bigwig

pezón m stalk; nipple

pezuña f hoof

piadoso pious; devout

piano m piano; **~ de cola** grand piano

piar v/i to pipe, to peep

pica f pike; **~da** f sting; bite

picadero m riding school

picadillo m minced meat

picado a pricked; m aer dive

picadura f prick; sting; bite

picante hot, strongly spiced; biting

picaporte m door knocker; latch; door-handle

picar v/t to prick; to sting; to bite; to chop, to mince; **~ en** to verge on; **~se** to be moth-eaten; to turn sour; to become choppy (sea); fam (drugs) to get a fix, to shoot up

pícaro a sly, crafty; base; roguish; m rogue; rascal

picazón f itch, itching

pichón m young pigeon

pico m beak, bill (of a bird); peak, summit; pick; spout (of teapot); woodpecker; **a las tres y ~** a little after three

picotazo m peck of a bird

pictórico pictorial

pie m foot; trunk (of tree);

stem (of plant); support; **a ~** on foot; **al ~ de la letra** literally; **buscar tres ~s al gato** to split hairs; **en ~** standing; upright; **dar ~** to give cause; **de ~s a cabeza** from head to foot; **estar de ~** to be standing; **ponerse en ~** to stand up

piedad f piety; devoutness; mercy; pity

piedra f stone; hail; **~ arenisca** sandstone; **~ caliza** limestone; **~ imán** lodestone

piel f skin; hide; leather

pienso m fodder; feed; thought; **ni por ~** by no means

pierna f leg; **dormir a ~ suelta** to sleep soundly

pieza f piece; tecn part; room; **de una ~** in one piece; **~ de repuesto** spare part

pigmento m pigment

pijama m pyjamas, Am pajamas

pila f heap, stack; basin; water trough; relig font; elec battery; pile

pilar m pillar; trough

píldora f pill; **~ anticonceptiva** birth control pill

pillaje m plunder; **~r** v/t to pillage, to plunder; fam to catch

pillo m rascal; knave

pilón m trough; basin; loaf (sugar); mortar

pilot|ar v/t to pilot; to drive; to steer; **~o** m pilot; driver

piment|ero m pepper plant; pepper pot; **~ón** m red pepper

pimient|a f black pepper; **~o** m green pepper; chili pepper

pimpollo m shoot; bud

pinar m pine grove

pincel m paint brush

pinch|ar v/t to prick, to puncture; **~azo** m prick; puncture (t aut)

pingüe greasy; fig fat (profits, etc)

pin|güino m penguin; **~ito** m first step; **hacer ~itos** to toddle

pino m pine tree; **~cha** f pine needle

pinta f spot, mark; appearance; **tener buena ~** to look good; **~do** spotted; speckled; **~r** v/t to paint; to depict; **~rse** to make up one's face

pintor|(a) m (f) painter; **~esco** picturesque

pintura f painting; paint

pinzas f/pl tweezers; forceps; tongs; claws (of crabs, etc)

pinzón m finch

piña f pineapple; pine cone

piñón m pine kernel; tecn pinion

pío a pious, devout; m zool cheeping

piojo m louse; **~so** lousy, mean

pionero m pioneer

pipa f pipe; cask; pl sunflower seeds

pique m pique, resentment;

echar a ~ v/t to sink; **irse a ~** to sink; to be ruined

piquete m prick; mil picket

piragua f canoe

pirámide f pyramid

pirat|a m pirate; **~ear** v/i to pirate; **~ería** f piracy

Pirineos m/pl Pyrenees

pirop|ear v/t, v/i to compliment (a woman); **~o** m compliment

pis m fam piss; **hacer ~** to piss, to pee

pisa f treading; **~da** f footstep; footprint; **~papeles** m paperweight; **~r** v/t to step on; to tread on; to trample

piscina f swimming pool

piscolabis m snack

piso m floor; flooring; pavement; stor(e)y; flat, apartment; **~ bajo** ground floor

pisón m rammer

pisotear v/t to trample on

pista f track; trail; scent; ring (of the circus); **~ de aterrizaje** runway; **~ de baile** dance floor; **~ de esquiar** ski run; **~ de patinaje** skating rink; **~ de tenis** tennis court

pistol|a f pistol; **~ero** m gangster, gunman

pistón m piston

pit|ar v/t to blow (whistle); LA to smoke; v/i to whistle; to boo; to honk horn; **~illera** f cigarette case; **~illo** m cigarette; **~o** m whistle; aut horn

pitón m protuberance, lump;

spout (of jar); *LA* nozzle; *bot* young shoot

pizarra *f* slate; blackboard

pizca *f* bit; crumb; dash; pinch (of salt, etc)

placa *f* plate; plaque; **~ de matrícula** *aut* number or license plate; **~ giratoria** turntable

place|ntero pleasant; **~r** *m* pleasure; *v/t* to please

plácido placid

plaga *f* scourge; calamity; plague; **~r** *v/t* to infest

plagio *m* plagiarism

plan *m* plan; project; attitude; **~ de estudios** curriculum; **en ese ~** in that way

plana *f* *impr* page; **primera ~** front page; **a ~ y renglón** line for line

plancha *f* iron; **~do** ironed; **~r** *v/t* to iron

planea|dor *m* *aer* glider; **~r** *v/i* to glide; *v/t* to plan, to design

planeta *m* planet

planicie *f* plain

planificar *v/t* to plan

plano *m* plan; plane; map; **primer ~** foreground; *a* level, flat; smooth

plant|a *f* plant; sole (of the foot); stor(e)y; **~ar** *v/t* to plant; **~arse** to stop (animal); to stand firm

plantear *v/t* to outline, to state; to propose, to present

plantel *m* nursery garden

plantilla *f* staff, personnel; inner sole (of a shoe)

plantío *m* planting; *bot* bed

plañi|dera *f* mourner; **~r** *v/i* to weep, to lament

plasma *m* plasma

plástico *a*, *m* plastic

plata *f* silver; *LA* money

plataforma *f* platform; **~ de lanzamiento** launching pad (for rockets)

plátano *m* banana; plane tree

platea *f* *teat* stalls, *Am* orchestra floor

plate|ado silverplated; silvery; **~ro** *m* silversmith

plática *f* conversation; sermon

platicar *v/i* to talk, to chat

platija *f* plaice

platillo *m* saucer; small dish; *pl* cymbals; **~ volante** flying saucer

platino *m* platinum

plato *m* dish; plate; course

playa *f* shore; beach

plaza *f* (public) square; market place; post; **~ de armas** parade ground; **~ de toros** bullring; **~ mayor** main square; **sentar ~ mil** to enlist

plazo *m* term; due date; instal(l)ment; period; **a ~s** on credit, by instal(l)ments; **corto ~** short notice

pleamar *f* high tide

plebe *f* common people, the masses; **~yo** *a*, *m* plebeian; commoner; **~iscito** *m* referendum

plega|ble, **~dizo** folding; collapsible; **~r** v/t to fold; to pleat

plegaria f prayer

pleito m lawsuit; fig dispute, controversy

plen|amente fully; **~ario** plenary; **~ipotencia** f full powers; **~itud** f plenitude; fullness; **~o** full; complete; **en ~o día** in broad daylight; **en ~o invierno** in the middle of winter

pleuresía f pleurisy

pliego m sheet (of paper); sealed letter or document

pliegue m fold, crease

plisar v/t to pleat

plomo m lead; lead weight

plum|a f feather; quill; pen; nib; **~a estilográfica** fountain-pen; **~aje** m plumage; **~azo** m feather pillow; **~ero** m feather duster; **~ón** m down; feather bed

plural m plural

pluralidad f majority

pluriempleo m holding various jobs; moonlighting

plusvalía f com appreciation; surplus value

pobla|ción f population; town; **~do** m town; village; inhabited place; **~r** v/t to populate, to people; to settle; to stock; **~rse** to fill with

pobre a poor; m, f poor person; beggar; **~za** f poverty

pocho discolo(u)red; pale

pocilga f pigsty

poción f potion; dose (of medicine)

poco a little; scanty; adv little, not much; **dentro de ~** shortly; presently; **~ más o menos** more or less; **~ a** little by little; **por ~** nearly; **tener en ~** to think little of

poda f pruning; **~r** v/t to prune

poder m power; authority; strength; might; **~ notarial** power of attorney; **en ~ de** com in possession of; **plenos ~es** full authority; v/t, v/i to be able; **a más no ~** to the utmost; **no ~ con** to be unable to bear

poder|ío m power; authority; dominion; wealth; **~oso** powerful

podri|do rotten; corrupt; **~rse** to rot, to putrefy

poe|ma m poem; **~sía** f poetry; poem; **~ta** m poet

poético poetic

polaco(a) a Polish; m (f) Pole

polarizar v/t to polarize

polea f pulley

polémica f polemics

policía f police; m policeman; **~co** of the police

polígamo m polygamist

polilla f moth

politécnico polytechnic

políti|ca f politics; policy; **~a exterior** foreign policy; **familia ~a** in-laws; **~o** political; polite

póliza f certificate; draft; com

porfía

policy; **~ de seguro** insurance policy

polizón m stowaway; tramp

polizonte m fam copper, policeman

poll|a f pullet; fam chick, young girl; **~ada** f hatch of chickens; **~ería** f poultry shop; **~o** m chicken; fam youngster; **~uelo** m chick

polo m pole; sp polo

polonés(esa) m (f), a Polish

Polonia f Poland

poltrón idle, lazy

polución f pollution

polv|areda f dust cloud; **~era** f vanity case; **~o** m dust; powder; pl toilet powder; **estar hecho ~** to be worn out; **~o(s) de levadura** baking powder; **~o(s) de talco** talcum powder

pólvora f gunpowder

polvoriento dusty

pomelo m grapefruit

pómez: piedra f **~** pumice stone

pomp|a f pomp; show; **~a de jabón** soap bubble; **~oso** magnificent; grandiose; pompous

pómulo m cheekbone

ponche m punch (drink)

poncho m LA poncho, cloak, blanket

pondera|ción f deliberation; consideration; **~r** v/t to weigh; to ponder

poner v/t to put; to place; to set (a table); to lay (eggs); to

give (name); to turn on; to put on; to cause; to set to; **~ en claro** to make clear; **~ en duda** to doubt; **~ en marcha** to start (an engine); **~se** to become, to get; to set (the sun)

poniente m west; west wind

pontifica|do m pontificate; **~l** pontifical

ponzoñ|a f poison; **~oso** poisonous

popa f mar stern; **de ~ a proa** fore and aft; totally

populacho m populace, mob

popular popular; **~idad** f popularity; **~izarse** to become popular

poqu|edad f paucity; timidity; **~ito** very little

por by; for; through; as; across; for the sake of; on behalf of; mat times; escrito **~** written by; **pasamos ~ París** we travel via Paris; **~ la mañana** in the morning; **se vende al ~ mayor** it is sold wholesale; **~ ciento** percent; **~ docena** by the dozen; **~ adelantado** in advance; **~ escrito** in writing; **~ ahora** for now; **¡~ cierto!** sure!; **~ si acaso** just in case

porcelana f porcelain; china

porcentaje m percentage

porche m porch, portico

porción f portion; part

pordiosero m beggar

porfía f persistence; competition

porfiado obstinate

pormenor m detail; **~izar** v/t to detail

pornografía f pornography

poro m pore; **~so** porous

porque because; in order that

porqué m cause, reason; **¿por qué?** interrog why?; what for?

porquería f dirt; rubbish; dirty business; **~o** m swineherd

porra f cudgel; truncheon; club; **mandar a la ~** to kick out; **~zo** m blow, thump; bump

porro dull, stupid; fam joint (drugs)

portaaviones m aircraft carrier

portada f doorway; porch; front; title page

portador(a) m (f) bearer

portaequipajes m boot, Am trunk; luggage rack

portal m porch; vestibule; door of house; gate; **~ón** m mar gangway

portamonedas m purse

portarse to behave

portátil portable

portavoz m spokesman

portazgo m toll

portazo m slam of a door

porte m carriage; postage; behavio(u)r; **~ franco** postage prepaid

portería f porter's lodge; sp goal; **~o(a)** m (f) porter, janitor, concierge; superintend-ent; sp goalkeeper

pórtico m porch; arcade

portilla f porthole

Portugal m Portugal

portugués(esa) m (f), a Portuguese

porvenir m future

posada f inn, hostel; **~ero** m innkeeper

posar v/i to pose; to perch (birds)

posee|dor(a) m (f) possessor; owner; **~er** v/t to possess; to own; **~ído** possessed; **~sión** f possession; ownership; **~sivo** possessive

posib|ilidad f possibility; **~ilitar** v/t to make possible; **~le** possible

posición f position; rank

positivo positive

posponer v/t to place behind; to postpone; to subordinate

postal postal; **(tarjeta)** f **~** postcard

pos(t)data f postscript

poste m post; pillar; pole; **~ de llegada** sp winning post; **~ indicador** signpost

postergar v/t to postpone; to pass over

posteri|dad f posterity; **~or** subsequent; rear; back

pos(t)guerra: de ~ postwar

postigo m wicket; shutter

postizo a false; artificial; m false hair

postra|do prone; prostrate; **~r** v/t to overthrow; to prostrate

postre *m* dessert; **~mo, ~ro** last; rear

postular *v/t* to claim; to postulate

póstumo posthumous

postura *f* posture, pose, position; *com* bid; stake

potable drinkable

potaje *m* vegetable stew

pote *m* pot; jar

poten|cia *f* power; potency; horsepower; **~cia mundial** world power; **~cial** potential; capacity; *a* potential; **~te** powerful; potent

potesta|d *f* power; jurisdiction; **~tivo** facultative

potr|a *f* filly; **~ero** *m* pasture; paddock; *LA* cattle ranch; **~o** *m* foal, colt

poza *f* puddle; pool

pozo *m* well; **~ de mina** pit; shaft

práctica *f* practice, custom

practica|ble feasible; **~nte** *m* apprentice; **~r** *v/t* to practice; to perform

práctico *m* mar pilot; *a* practical; workable

prad|era *f* meadowland; **~o** *m* field, meadow

pragmático pragmatic

preámbulo *m* preamble

precario precarious

precaución *f* precaution

precavido cautious, wary

prece|ncia *f* precedence; priority; preference; **~nte** *m* precedent; **sin ~nte** unprecedented; *a* preceding; prior;

~r *v/t* to precede; to have priority over

precepto *m* precept; order; rule; **~r** *m* tutor

preciar *v/t* to value; to appraise

precint|ado presealed; prepackaged; **~o** *m* sealed strap

precio *m* price; cost; worth; value; esteem; **~ fijo** fixed price; **~so** precious; valuable; *fig* lovely

precipi|cio *m* precipice; **~ta-ción** *f* **radiactiva** fallout; **~tar** *v/t* to precipitate; to hasten; **~tarse** to rush; to dash

precis|amente precisely; **~ar** *v/t* to define exactly, to specify; to need; **~ión** *f* precision; accuracy; need; **~o** precise; necessary

preconizar *v/t* to recommend; to favo(u)r; to foresee

precoz precocious

precursor(a) *m* (*f*) forerunner; precursor

predecesor *m* predecessor

predecir *v/t* to predict

predestinar *v/t* to predestine

prédica *f* sermon

predica|dor(a) *m* (*f*) preacher; **~mento** *m* category; *LA* predicament; **~r** *v/t*, *v/i* to preach

predicción *f* prediction

predilec|ción *f* predilection; **~to** favo(u)rite

predio *m* landed property; estate

predisposición f predisposition

predomin|ar v/t to predominate; **~io** m predominance; superiority

prefabricado prefabricated

prefacio m preface, prologue

prefecto m prefect

preferen|cia f preference; **localidad de ~cia** teat reserved seat; **~cia de paso** aut right of way; **~te** preferential

preferi|ble preferable; **~r** v/t to prefer

prefijo m prefix

pregón m announcement; cry (of traders)

preguerra f prewar period

pregunta f question; **hacer una ~** to ask a question; **~r (por)** v/t, v/i to ask (for); **~rse** to wonder

prehistórico prehistoric

prejui|cio m prejudice; **~zgar** v/t to prejudge

prelado m prelate

preliminar a preliminary; m preliminary

preludio m prelude

prematuro premature; untimely

premedita|ción f premeditation; **~do** premeditated; deliberate; **~r** v/t to premeditate

premi|ar v/t to reward; to award a prize to; **~o** m prize; com premium; **~o gordo** first prize

premisa f premise; assumption

premura f pressure, urgency

prenda f pledge; token; forfeit; **en ~** in pawn; **~perdida** forfeit; pl talents; **~r** v/t to pawn; to please

prende|dor m clasp; brooch; **~r** v/t to seize; to catch; LA to switch on; **~r fuego** to catch fire; **~ría** f pawnshop

prensa f press; **~do** m sheen (on material); **~r** v/t to press

preñado a pregnant with; full of; m pregnancy

preocupa|ción f worry; **~do** preoccupied, worried; concerned; **~r** v/t to worry; to preoccupy; **~rse** to worry; to concern oneself; to take an interest in

prepara|ción f preparation; **~r** v/t to prepare; **~rse** to get or make ready; make ready; **~tivo** a preparatory; **~tivos** m/pl preparations

prepondera|ncia f preponderance; **~r** v/i to prevail

preposición f gram preposition

prerrogativa f prerogative; privilege

presa f capture; prey, quarry; dam, weir

presagi|ar v/t to presage; **~o** m presage, omen

présbita far-sighted

presbítero m priest

prescindir de v/i to do without, to dispense with

prescri|bir v/t to prescribe;

~pción f prescription; **~to** prescribed

presencia f presence; bearing; appearance; **~ de ánimo** presence of mind; **~r** v/t to attend; to be present at, to witness

presenta|ción f introduction; presentation; **~dor(a)** m (f) TV moderator; **~r** v/t to introduce; to present; to display; **~rse** to present oneself; to turn up

presente a present; **al ~** at present; **tener ~** to bear in mind, to keep in view; m present (t gram)

presenti|miento m premonition; presentiment; **~r** v/t to have a presentiment of

preserva|ción f preservation; conservation; **~r** v/t to preserve; **~tivo** a, m preservative; m condom

presiden|cia f presidency; chairmanship; **~te** m president; chairman

presidi|ario m convict; **~o** m prison; mil garrison

presidir v/t to preside over

presilla f fastener; clip

presión f pressure; **a ~** tecn under pressure; **~ atmosférica** air pressure; **~ sanguínea** blood pressure

preso m prisoner; a captured

presta|ción f lending; loan; **~do** loaned; **pedir ~do** to borrow; **~dor(a)** m (f) lender; **~mista** m moneylender,

pawnbroker

préstamo m loan

presta|r v/t to lend; **~tario** m borrower

prestidigitador m conjurer, magician

prestigio m prestige; **~so** famous, renowned

presto quick; ready

presu|mido conceited; presumptuous; **~mir** v/t to presume; to surmise; v/i to show off; to be conceited; **~nción** f presumption; **~nto** presumed, supposed; **~ntuoso** conceited; presumptuous; pretentious

presupuesto m budget

presuroso hasty; prompt

preten|der v/t to seek; to claim; to attempt; to pretend; to pay court to; **~dido** alleged; **~diente** m claimant; suitor; **~sión** f claim; pretension

pretérito m, a preterit(e); past

pretexto m pretext

prevalecer v/i to prevail; to take root

prevaricar v/i to act dishonestly; to fail in one's duty

preven|ción f prevention; warning; foresight; **~ir** v/t to prepare; to warn; to foresee; to prevent; **~irse** to get ready; to be prepared; **~tivo** preventive

prever v/t to foresee; to forecast

previo a previous, prior; *prep* after, following

previs|ión f foresight; forecast; **~or** farsighted; thoughtful

prieto blackish, dark; *LA* brunette

prima f female cousin; *com* premium; bounty

primacía f primacy

primado m primate

primario primary

primavera f spring; *bot* primrose

primer|amente in the first place; **~izo** m beginner; **~o(a)** a first; primary; foremost; **~ ministro** prime minister; **de ~a** first rate; first class; **de ~a mano** first hand; **en ~ lugar** firstly; **~os auxilios** first aid; *adv* first; rather

primitivo primitive

primo m cousin; **~ hermano, ~ carnal** first cousin; *a mat* prime; **~génito** first-born

primor m excellence; beauty; ability; **~oso** excellent; exquisite; skil(l)ful

princ|esa f princess; **~ipado** m principality; **~ipal** a principal; main; *m* chief

príncipe m prince; **~ heredero** crown prince

principi|ar m, f beginner; **~ar** v/t to begin; **~o** m beginning; principle; **al ~** at first; **a ~os del mes** at the beginning of the month

pring|ar v/t to dip in fat; to

baste; **~oso** greasy; sticky

prioridad f priority

prisa f haste, hurry, speed; **a toda ~** as quickly as possible; **darse ~** to hurry, to make haste, to be quick; **tener ~** to be in a hurry

prisión f prison, jail; imprisonment

prisionero(a) m (f) prisoner; captive

prism|a m prism; **~ático** prismatic; **~áticos** m/pl binoculars

priva|ción f privation; loss; want; **~do** private; personal; **~r** v/t to deprive; to prohibit; **~tivo** privative; special, exclusive

privilegi|ar v/t to privilege; **~o** m privilege; sole right

pro m or f profit; benefit; **en ~ de** for, on behalf of

proa f mar bow; prow; **de ~ a popa** from stem to stern

probab|ilidad f probability; likelihood; **~le** probable; likely

proba|r v/t to test; to try; to prove; to taste; to sample; **~torio** probative

probeta f test tube; **niño~** m test tube baby

probidad f integrity; probity

problem|a m problem; **~ático** problematic

proced|encia f origin; source; fitting; lawful; **~ente** coming from; **~er** v/i to proceed; to be right; to behave;

~er **a** to proceed to; to start;
~er **contra** to proceed
against; ~er **de** to proceed
from; to originate in; *m* behavio(u)r; ~**imiento** *m* process; procedure; *for* proceedings

proces|ador *m* **de textos**
word processor; ~**ar** *v/t* to
prosecute; to put on trial;
~**ar datos** to process data;
~o *m* process; prosecution;
for trial, lawsuit

proclama|ción *f* proclamation; ~r *v/t* to proclaim

procura|dor *m* attorney; solicitor; ~r *v/t* to try; to seek;
to cause

prodigar *v/t* to squander; to
lavish

prodigio *m* prodigy; wonder;
miracle; ~so prodigious;
wonderful

pródigo prodigal; lavish;
~(a) *m* (*f*) spendthrift

produc|ción *f* production;
output; ~ción **en serie** mass
production; ~ente *a* producing; *m* producer; ~ir *v/t* to
produce; to yield; to cause;
to generate; ~tivo productive; ~to *m* product; produce; proceeds; yield; ~
tor(a) *m* (*f*) producer

proeza *f* exploit, heroic deed

profano *a* profane; ~(a) *m* (*f*)
layman (laywoman)

profecía *f* prophecy

proferir *v/t* to utter

profes|ar *v/t* to profess; to
feel; to practise, *Am* practice
(*a profession*); ~ión *f* profession; ~ional professional;
~or(a) *m* (*f*) teacher; professor; ~orado *m* teaching
staff; teaching profession;
~oral professorial

profet|a *m* prophet; ~izar *v/t*
to predict, to prophesy

profund|idad *f* depth; ~izar
v/t to deepen; to study thoroughly; ~o profound; deep

profusión *f* profusion; abundance; ~o profuse, abundant

programa *m* program(me);
~ción *f* programming

progres|ar *v/i* to progress;
~ivo progressive; ~o *m* progress

prohib|ición *f* prohibition; ~r
v/t to prohibit; ~tivo prohibitive

prohijar *v/t* to adopt

prójimo *m* neighbo(u)r; fellow being

proletari|ado *m* proletariat;
~o *m*, *a* proletarian

prolijo prolix; long-winded

prólogo *m* prologue

prolongar *v/t* to prolong; to
extend

promedio *m* average

prome|sa *f* promise; ~tedor
promising; ~ter *v/t* to promise; ~tido(a) *m* (*f*) fiancé(e).
betrothed

prominente prominent

promiscuo promiscuous; in
disorder

promoción *f* promotion; advancement; **la ~ de** the class of

promontorio *m* cape; headland

promo|tor *m* promoter; **~ver** *v/t* to promote; to foster; to provoke

promulgar *v/t* to promulgate; to publish officially

pronombre *m* pronoun

pronosticar *v/t* to foretell

pronóstico *m* forecast; prediction; *med* prognosis; **~ del tiempo** weather forecast

pront|itud *f* promptness, dispatch; **~o** *a* prompt; fast; ready; *adv* quickly; soon; early; **por lo ~** for the time being; **tan ~ como** as soon as

pronuncia|ción *f* pronunciation; **~miento** *m* military revolt; **~r** *v/t* to pronounce; to utter

propaga|ción *f* propagation; spreading; **~nda** *f* propaganda; **~ndista** *m, f* propagandist; **~r** *v/t* to spread; to propagate

propens|ión *f* propensity, leaning, inclination; **~o** inclined, prone

propiamente properly

propicio favo(u)rable; propitious

propie|dad *f* ownership; property; special quality; **es ~dad** copyright; **~tario(a)** *m* (*f*) proprietor (-tress); landowner

propina *f* tip; gratuity

propio own; proper; suitable; typical; selfsame; **el ~ rey** the king himself

proponer *v/t* to propose

proporción *f* proportion; symmetry

proporciona|do proportionate; proportioned; **~r** *v/t* to provide; to adjust

proposición *f* proposition; proposal

propósito *m* purpose; object; **a ~** by the way; on purpose; **¿a qué ~?** to what end?; **de ~** on purpose; **fuera de ~** beside the point

propuesta *f* offer; proposal

propuls|ar *v/t* to propel; **~ión** *f* propulsion; propelling; **~or** *m* propellent

prorrat|a *f* quota, share; **~ear** *v/t* to apportion; **~eo** *m* allotment

prórroga *f* prolongation; extension (*of time*)

prorrogar *v/t* to prorogue; to extend (*in time*)

prosa *f* prose

prosáico prosaic; matter-of-fact

proscri|bir *v/t* to prohibit; to proscribe; to banish; **~to** *m* outlaw; *a* banned; outlawed

prose|cución *f* prosecution; pursuit; **~guir** *v/t* to go on with, to continue; *v/i* to continue; to resume

prospecto *m* prospectus

prosper|ar *v/i* to prosper, to thrive; **~idad** *f* prosperity

próspero prosperous

prostitu|ir v/t to prostitute; to debase; **~ta** f prostitute

protagonista m, f protagonist; main character

protección f protection

prote|ctor a protecting; protective; m protector; **~ger** v/t to protect; **~gido(a)** m (f) protégé(e)

protesta f protest; protestation; **~nte** m, f Protestant; a protesting; **~r** v/t, v/i to protest

protesto m com protest (of a bill)

protocolo m protocol; etiquette

prototipo m prototype, model

protuberancia f protuberance

provecho m profit; **¡buen ~!** bon appétit!; **~so** profitable

provee|dor(a) m (f) purveyor; supplier; **~r** v/t to supply; to provide

provenir de v/i to arise from; to originate in

proverbio m proverb

providencia f providence; forethought; foresight

provincia f province; **~l** provincial; **~no(a)** m (f), a provincial

provisión f supply; provision; store; pl provisions

provisional temporary, provisional

provoca|ción f provocation;

~r v/t to provoke; to annoy; to tempt; to cause

próxima|mente shortly; **~o** near; close; next; **el mes ~o** next month

proyec|ción f projection; **~tar** v/t to plan; to project; **~til** m projectile; missile; **~to** m plan; project; **~tor** m cine projector; searchlight

pruden|cia f prudence; **~te** prudent; cautious

prueba f proof; evidence; test; trial; **foto** proof; **~ de alcohol** alcohol level test; **~ de fuego** fig acid test; **a ~ de agua** waterproof; **a ~ de bala** bulletproof; **~ eliminatoria** sp heat; **poner a ~** to test

prurito m itch

psicología f psychology

psicológico psychological

psicoterapia f psychotherapy

psiquiatra m psychiatrist

psiquiatría f psychiatry

púa f barb; tooth (of a comb); sharp point; **alambre m de ~s** barbed wire

pubertad f puberty

publica|ción f publication; **~r** v/t to publish

públicamente in public

publicidad f publicity; com advertising

público m public; audience; a public; common

puchero m cooking pot; stew; **hacer ~s** to pout

púdico chaste

pudor *m* modesty; decency; shame; **~oso** modest; bashful

pudrir *v/t* to rot; to vex; **~se** to rot; to decay

pueblo *m* nation; people; (country) town; village

puente *m* bridge; **~ colgante** suspension bridge; **~ levadizo** drawbridge

puerc|a *f* sow; **~o** *m* hog; wild boar; **~o espín** porcupine; *a* filthy

pueril puerile, childish

puerro *m* leek

puerta *f* door; entrance; **~ giratoria** swing(ing) door

puerto *m* port; mountain pass; **~ franco**, **~ libre** free port

Puerto *m* **Rico** Puerto Rico

puertorriqueño(a) *a*, *m* (*f*) Puerto Rican

pues since; because; then; well; *ahora* **~** now then; **~ bien** well then, very well; **~ sí** well, yes

puesta *f* setting (*of the sun*); stake (*at cards*); **~ a punto** *aut* tune-up

puesto *m* place; stand (*on the market*); post; job; **~ de periódicos** news stand; **~ de socorro** first aid station; *a* dressed; arranged; **~ que** *conj* since; inasmuch as

pugilato *m* boxing; fight

pugna *f* battle; struggle; **~r** *v/i* to fight, to strive

puja|nte strong; vigorous; **~nza** *f* strength; vigo(u)r; **~r** *v/i* to struggle; to bid

pulcr|itud *f* neatness; **~o** neat; tidy; exquisite

pulga *f* flea; **tener malas ~s** to be bad tempered

pulga|da *f* inch; **~r** *m* thumb

puli|do neat; polished; **~mentar** *v/t* to polish; **~mento** *m* gloss; **~r** *v/t* to polish

pulla *f* cutting remark, taunt

pulm|ón *m* lung; **~ón de acero** iron lung; **~onía** *f* pneumonia

pulóver *m* *LA* pullover

pulpa *f* pulp

pulpo *m* octopus

pulsa|ción *f* pulsation; throb; *mús* touch; **~dor** *m* pushbutton; **~r** *v/t* to play (*stringed instrument*); *v/i* to throb

puls|era *f* bracelet; **~o** *m* pulse; **tomar el ~o** to feel the pulse

pulular *v/i* to abound; to swarm

pulverizar *v/t* to pulverize

punción *f* *med* puncture

pundonor *m* point of hono(u)r

puni|ble punishable; **~ción** *f* punishment

punt|a *f* point; tip; nib; end; promontory; *en la* **~a de la lengua** on the tip of the tongue; *sacar* **~a a** to sharpen; **~ada** *f* stitch; **~apié** *m* kick; **~ear** *v/t* to dot; *mús* to plunk; **~ería** f aim; marksmanship; **~iagudo** sharp; **~illa** f lace edging; tack; de **~illas** on tiptoe; **~o** m point; dot; full stop; nib (of pen); sight (in firearms); stitch (in sewing); **hacer ~o** v/t, v/i to knit; **a ~o de** about to (do), on the point of (doing); **~o de partida** starting point; **~o de vista** viewpoint; **~o y coma** semicolon; **en ~o** sharp; exactly

puntuación f punctuation

puntual punctual; **~idad** f punctuality; **~izar** v/t to fix; to describe in detail; **~mente** punctually

puntuar v/t to punctuate

punz|ada f prick; puncture; stab (of pain); **~ar** v/t to prick; to pierce

puñad|a f blow with the fist; **~o** m handful; bunch

puñal m dagger; **~ada** f stab (with a dagger; of pain)

puñetazo m blow with the fist

puño m fist; cuff; hilt; handle

pupa f pimple; blister

pupil|a f pupil (of the eye); **~o** m ward

pupitre m school desk

puramente purely

puré m purée; **~ de patatas** mashed potatoes

pureza f purity

purga f purge; purgative; **~nte** m purgative; laxative; **~r** v/t to purge; **~rse** to take a purgative; **~torio** m purgatory

purificar v/t to purify; to cleanse

puro a pure, unmixed; m cigar

púrpura f purple

pus m pus

pusilánime pusillanimous; cowardly

pústula f pustule; pimple

puta f whore

putrefacto putrid; rotten

pútrido putrid; rotten

puya f goad

P.V.P. = precio de venta al público retail price

Q

que rel pron who; whom; which; that; what; conj as; that; than; **¡ ~ venga!** let him come!; **~ yo sepa** as far as I know; **más ~** more than; **dice ~ sí** he says yes

qué interrog pron what?; which?; **¿ por ~?** why?; **¿ para ~?** what for?; **¿ y ~?** so

what?; what then?; **¿ ~ hora es?** what's the time?; interj what a!; how!; **¡ ~ niño!** what a child!; **¡ ~ difícil!** how difficult!

quebra|da f ravine; **~dero m de cabeza** headache; worry; **~dizo** brittle; fragile; **~do** a broken; com bankrupt; m *mat* fraction; **~ntamiento** *m* fracture, break; **~ntar** *v/t* to break; to crack; to shatter; **~nto** *m* weakness; grief; exhaustion; **~r** *v/t* to break; to bend; *v/i* to go bankrupt; **~rse** to get broken; *med* to be ruptured

queda *f* curfew; **~r** *v/i* to remain; to stay; to be left; **~r bien** to come out well; **~r en hacer algo** to agree to do something; **~rse** to remain, to stay; **~rse con** to keep

quehaceres *m/pl* jobs; duties; **~ de casa** household chores

queja *f* complaint; moan; grudge; **~arse** to moan; to whine, to complain; **~ido** *m* moan, whine

quema *f* burning; fire; **~dura** *f* scald; burn; **~dura del sol** sunburn; **~r** *v/t* to burn; to scorch; to scald; to blow (*fuse*); **~rse** to burn; to be very hot; to feel very hot

quemarropa: a ~ pointblank

querella *f* quarrel; dispute; **~rse** *for* to lodge a complaint

querer *v/t* to want, to wish; to love; to like; to need; **~ decir** to mean; **sin ~** unintentionally

querido dear; beloved

queso *m* cheese; **~ crema** cream cheese; **~ de bola** Edam cheese

quicio *m* pivot hole; frame jamb; **sacar de ~** to exasper-ate (*person*); to exaggerate the importance of (*thing*)

quiebra *f* crack; fissure; *com* bankruptcy, failure

quien *rel pron* (*pl* **quienes**) who; whom; **hay ~ dice** there are those who say; **~quiera** (*pl* **quienesquiera**) whoever; whosoever

quién *interrog pron* (*pl* **quiénes**) who?

quiet|o quiet; calm; **~ud** *f* stillness; repose

quijada *f* jawbone

quijot|esco quixotic; bizarre; **~ismo** *m* quixotism

quilate *m* carat

quilla *f* keel

quimera *f* chimera; dispute, quarrel

químic|a *f* chemistry; **~o** *m* chemist; *a* chemical

quincalla *f* hardware

quincena *f* fortnight; **~l** fortnightly

quinielas *f/pl* (*football*) pool

quinina *f* quinine

quinta *f* country house; *mil* conscription

quintillizos *m/pl* quintuplets

quiosco *m* kiosk; booth; street stand

quiquiriquí *m* cock-a-doo-dle-doo

quirófano *m med* operating room

quirúrgico surgical

quisquill|a *f* trifling dispute; **~oso** touchy; fastidious; hair-splitting

ramal

quiste m cyst

quita|esmalte m nail polish remover; **~manchas** m stain remover; **~nieves** m snowplough, t Am -plow; **~sol** m sunshade

quita|r v/t to take away; to take off; to deprive of; to avert; to remove; *mat* to subtract; **~rse** to take off (*hat, clothes*); **~rse de en medio** to get out of the way

quite m parry; dodge

quizá, quizás perhaps, maybe

R

rábano m radish; **~ picante** horseradish

rabi|a f rage; *med* rabies; **~ar** v/i to rage; **~ar por** to long eagerly for; **~eta** f fit of temper

rabino m rabbi

rabioso rabid; furious

rab|o m tail; tail end; **con el ~o entre las piernas** *fam* ashamed; crestfallen; **~udo** long-tailed

racha f gust (*of wind*); run (*of luck*); **~ de victorias** winning streak

racial racial

racimo m bunch; cluster

raciocinio m reasoning

ración f ration; portion

racional rational; **~ista** m, f, a rationalist

raciona|miento m rationing; **~r** v/t to ration

radar m radar

radia|ción f radiation; **~ctivo** radioactive; **~dor** m radiator; **~r** v/i to radiate; v/t to broadcast

radical a radical; m gram, mat radical; **~r** v/i to take root; to be located

radio m radius; radium; f or m broadcasting, radio; **~difusión** f broadcasting; **~grafía** f X-ray; **~grama** m radiotelegram; **~logía** f radiology; **~receptor** m radio receiver; **~terapia** f radiotherapy; **~yente** m, f listener

raer v/t to scrape; to grate

ráfaga f gust, flurry, squall (*of wind*); flash (*of light*)

raído scraped; threadbare, worn-out; barefaced

raí|z f root; origin; **~z cuadrada** square root; **a ~z de** as a result of; **de ~z** by the root; **echar ~ces** to take root

raja f crack; splinter; slice (*of fruit*); **~r** v/t to split; to chop; to slice

rall|ar v/t to grate; **~o** m tecn rasp

ralo thin (*liquid*); sparse

rama f branch; **en ~** raw (*cotton, etc*); **andarse por las ~s** to beat about the bush; **~l** m strand (*of a rope*); branch line (*of a railway*)

ramera f whore, prostitute

ramificarse to branch off

ramillete m bouquet; centerpiece; collection

ramo m small branch; bunch (of flowers); field of art or science; line of business

rampa f ramp

ramplón vulgar

rana f frog

ranch|ero LA rancher; **~o** m mil, mar mess; settlement; LA ranch

rancio rancid; rank, stale

rango m rank; class

ranura f groove

rapaz a greedy; rapacious; m youngster; brat

rapé m snuff (tobacco)

rapidez f rapidity; speed

rápido m express train; a speedy; rapid

rapiña f robbery with violence; **de ~** of prey (birds)

rapos|a f vixen; fox; fam cunning person; **~o** m fox

rapt|ar v/t to kidnap; **~o** m kidnapping; abduction

raqueta f racket; **~ de nieve** snowshoe

raquítico med rachitic; rickety; feeble; stunted

rar|eza f rarity; oddity; peculiarity; **~ificar** v/t to rarefy; **~o** rare; uncommon; fig strange; notable; **~a vez** seldom

ras m levelness; **~ con ~** level; **a ~ de** on a level with

rasar v/t to graze; to skim; to level

rasca|cielo m skyscraper; **~dor** m rasp, scraper; hairpin; **~r** v/t to scratch; to scrape

rasgar v/t to tear; to rip

rasgo m feature; trait, characteristic; **a grandes ~s** in outline

rasg|ón m tear; rip; **~uear** v/t, to strum (guitar, etc); **~uño** m scratch

raso m satin; a flat; plain; cloudless (sky)

raspa|dura f rasping; pl scrapings; **~r** v/t to rasp; to scrape

rastra f trail; track; rake

rastr|ear v/t to trail; to track; **~eo** m dredging; tracking; **~ero** creeping; **~illo** m rake; **~o** m scent; track; trace; rake; **~ojo** m stubble

rata f rat

rate|ar v/t to apportion; to pilfer; v/i to creep; **~ría** f pilfering; **~ro** m thief; pickpocket

ratifica|ción f ratification; **~r** v/t to ratify; to confirm

rato m while; (short) time; **un ~ awhile; largo ~** a long time; **a ~s** from time to time; **~s libres** spare time; **pasar un mal ~** to have a bad time

ratón m mouse

ratonera f mousetrap

raya f line; stripe; streak; dash; parting (of hair); ray (fish); **~do** striped; **~r** v/t to line; v/i to border

rayo m ray; beam; spoke; thunderbolt; ~ **láser** laser beam; ~ **del sol** sunbeam

rayón m rayon

raza f race; breed; ~ **humana** human race, mankind

razón f reason; cause; information; message; rate; **a ~ de** at the rate of; **con ~** rightly, with good reason; **dar ~ de** to inform about; **tener ~** to be right; ~ **social** trade name

razona|ble reasonable; ~**r** v/i to reason

reacción f reaction; ~ **en cadena** chain reaction

reaccionar v/i to react; ~**io(a)** n (m f), a reactionary

real real; genuine; royal

reali|dad f reality; truth; **en ~dad** in fact; as a matter of fact; ~**zar** v/t to carry out, to accomplish; to put into practice

realmente really; actually

realzar v/t to heighten, to enhance; **tecn** to emboss

reanimar v/t to revive; to encourage

reanud|ación f resumption; ~**ar** v/t to resume

reapar|ecer v/i to reappear; ~**ición** f reappearance

rearm|ar v/t to rearm; ~**e** m rearmament

reasumir v/t to resume; to take up again

rebaja f diminution; com rebate, reduction; ~**r** v/t to

lower; to reduce; to diminish; to discount

rebanada f slice (of bread)

rebaño m flock; herd

rebasar v/t to exceed; to overflow; to better (a record)

rebatir v/t to repel; to refute

rebel|arse to rebel; to revolt; ~**de** m rebel; a rebellious; ~**día** f rebelliousness; for default; contempt of court; ~**ión** f rebellion

reblandecer v/t to soften

rebobinar v/t to rewind (tape etc)

reborde m flange; border

rebosar v/i to run over; ~ **de** to overflow with

rebot|ar v/i to bounce; to rebound; fam to annoy; ~**e** m rebound; **de ~** on the rebound

rebozar v/t to muffle up; to dip or coat (meat or fish) in flour (before frying)

rebusca f careful search; ~**do** affected; recherché; elaborate

rebuznar v/i to bray

recabar v/t to claim (responsibility, etc); to obtain by entreaty

recado m message

reca|er v/i to relapse; ~**ída** f relapse

recalentar v/t to warm up; to overheat

recámara f LA bedroom

recambio m spare part; refill

recargar v/t to reload; to recharge; to overcharge

recatado cautious; shy; **~r** v/t to conceal

recauda|ción f collection (of funds, taxes); **~dor** m collector; **~r** v/t to collect (taxes, etc); to gather

recel|ar v/t to fear; to suspect; **~o** m fear; suspicion; misgiving; **~oso** suspicious

recep|ción f reception; admission; receipt; **~cionista** m, f LA receptionist; **~tivo** receptive

recesión f (economie) recession

receta f med prescription; recipe (cooking, etc); **~r** v/t to prescribe

rechazar v/t to reject; to repel; to refuse; **~o** m rebound; fig repulse

rechifla f catcall; hooting

rechinar v/i to grate; to creak; to gnash (teeth)

rechoncho fam chubby

recib|idor(a) m (f) receiver; recipient; **~imiento** m reception; **~ir** v/t to receive; to accept; **~o** m com receipt; **acusar ~o** to acknowledge receipt

recicla|ble recyclable; **~je** m recycling

recién adv (apocope of reciente) recently; newly; **~ casado** newlywed; **~ nacido** newborn

reciente recent; new; modern; **~mente** recently; just

recinto m precinct; enclosure

recio strong, robust; harsh; bulky

recipiente m receptacle; recipient

reciprocar v/t to reciprocate

recíproco reciprocal

recital m recital; reading; **~r** v/t to recite

reclama|ción f claim; demand; complaint; **~r** v/t to claim, to demand

reclinar v/t, **~se** to recline, to lean back

reclu|ir v/t to shut in; **~sión** f seclusion; imprisonment; **~so(a)** m (f) prisoner

recluta m recruit; **~r** v/t to recruit; to levy

recobrar v/t, **~se** to recover; to regain

recodo m bend; curve

recog|er v/t to pick up; to collect; to gather; to harvest; **~ida** f retirement; withdrawal; harvesting; **~ida de basuras** garbage collection

recolec|ción f collection (money); gathering; harvesting; compilation

recomenda|ble recommendable; **~ción** f recommendation; advice; **~r** v/t to recommend; to request

recompensa f reward; **~r** v/t to recompense; to compensate

reconcentrar v/t to concentrate

reconcilia|ción f reconciliation; **~r** v/t to reconcile; **~rse** to become reconciled

reconoc|er v/t to recognize; to admit; to inspect, to examine; **~ido** recognized; accepted; **estar ~ido** to be grateful; **~imiento** m recognition; inspection; med examination

reconquista f reconquest

reconstitu|ir v/t, **~irse** to reconstitute; to reconstruct; **~yente** m restorative, tonic

reconstruir v/t to reconstruct; to rebuild

reconvención f reprimand; reproach

récord m sp record

recorda|r v/t to remind; to remember; **~torio** m reminder

recorr|er v/t to travel; to run over, to cover (a distance); **~ido** m journey; distance covered; run

recor|tar v/t to cut away; to cut out; to reduce; to clip; **~tes** m/pl clippings

recosta|do reclining; lying down; **~rse** to lie down; to rest

recrea|ción f recreation; break, recess (at school); **~rse** to amuse oneself

recreo m amusement; recreation, pastime; break, recess (at school)

recrudecer v/i to break out again

recta f straight line

rectángulo m rectangle

rectificar v/t to correct; to rectify

rect|itud f rectitude; **~o** straight; honest

rector m head; principal; rector; a ruling; governing; **~ía** f parsonage, rectory

recuento m count, tally; recount; com inventory

recuerdo m memory; remembrance; souvenir; pl regards

recular v/i to recoil

recupera|ble recoverable; **~r** v/t, **~rse** to recover; to retrieve; to recuperate

recur|rir v/i to resort (to); to revert; **~so** m recourse; for appeal; pl resources, means

recusar v/t for to reject

red f net; netting; network; web; **~ ferroviaria** the railway system

redac|ción f editing; wording; editorial staff; **~tar** v/t to compose; to edit; to write; **~tor(a)** m (f) editor

redecilla f hair net

reden|ción f redemption; **~tor** m redeemer

redimir v/t to redeem

rédito m interest; return; proceeds

redoblar v/t to double; to bend back

redond|ear v/t to round; to make round; **~earse** to become affluent; **~el** m arena;

~o round; circular; *fig* clear, categorical

reduc|ción f reduction; **~ido** reduced; small; limited; **~ir** v/t to diminish; to reduce; **~irse** to boil down; to have to economize

reducto m redoubt

reelección f reelection

reelegir v/t to reelect

reembols|ar v/t to reimburse, to pay back; **~o** m reimbursement; refund

reemplaz|ar v/t to replace; **~o** m replacement

reexpedir v/t to forward (*mail*)

refer|encia f reference; **~ir** v/t to report; **~irse (a)** to refer (to)

refin|amiento m refinement; **~ar** v/t to refine; to purify; **~ería** f refinery

refle|ctor m reflector; *a* reflecting; **~jar** v/t to reflect; v/i to reflect, to think; **~jo** m reflex; reflection; **~xión** f reflection; meditation; **~xionar** v/i to meditate, to reflect; **~xivo** reflective; thoughtful; *gram* reflexive

reflu|ir v/i to flow back; **~jo** m ebb (*tide*); *fig* retreat

reforma f reform; 2 Reformation; **~ agraria** land reform; **~r** v/t to reform; to improve

reforzar v/t to strengthen, to reinforce

refract|ar v/t opt to refract;

~ario refractory; obstinate; rebellious

refrán m proverb; slogan

refregar v/t to rub; *fam* to harp on; to rub in

refrenar v/t to rein in; to restrain; to curb

refrendar v/t to legalize; to countersign

refresc|ar v/t to refresh; to renew; **~o** m refreshment; cool drink

refriega f fray, scuffle

refrigera|dor (a) m (f) refrigerator; **~r** v/t to cool

refrigerio m snack; refreshment

refuerzo m strengthening

refugi|arse to take refuge; **~o** m refuge, shelter

refundir v/t to recast; to contain; to rearrange

refunfuñ|ar v/i to snarl; to growl; **~o** m grumble, growl

refutar v/t to refute

rega|dera f watering can; sprinkler; **~dío** m irrigated land

regal|ado dirt cheap; **~ar** v/t to give (away); **~ía** f prerequisite; privilege; **~o** m present

regaliz m liquorice, *Am* licorice

regaña|dientes: a ~dientes reluctantly; **~r** v/t to reprimand; to scold; to nag (at); v/i to protest; to growl

regar v/t to water; to irrigate

regate|ar v/t, v/i to haggle; **~o** m haggling; bargaining

regazo *m* lap
regenerar *v/t* to regenerate
regen|tar *v/t* to govern; to manage; **~te** *m, f* regent
régimen *m* régime; government; *med* diet
regio royal, regal
región *f* region; part, area
regir *v/t* to govern; to manage; *v/i* to prevail; to be in force (*law*)
registr|ar *v/t* to record; to register; to examine; to search; **~o** *m* register; registration; recording; search; list
regla *f* ruler (*for drawing lines*); rule; regulation; *med* menstruation; **en ~** in order; **~ de cálculo** slide rule; **~mentar** *v/t* to regulate; **~mento** *m* rules and regulations; by-laws
regocij|arse to be merry; to rejoice; **~o** *m* rejoicing; merriment, mirth
regoldar *v/i* to belch
regordete *fam* plump; chubby
regres|ar *v/i* to return; **~o** *m* return
reguero *m* irrigation ditch
regula|ción *f* regulation; control; **~dor** *m* regulator; throttle, control knob; **~r** *v/t* to regulate; to control; *a* regular; medium; so-so; **~ridad** *f* regularity; **~rizar** *v/t* to regularize
rehabilitar *v/t* to rehabilitate;

to restore
rehacer *v/t* to do again; to remake
rehén *m* hostage
rehusar *v/t* to refuse; to decline
reimpresión *f* reprint
rein|a *f* queen; **~ado** *m* reign; **~ar** *v/i* to reign; to prevail
reincidencia *f* relapse
reino *m* kingdom, realm; reign; 2 **Unido** United Kingdom
reír *v/i* to laugh; **~se de** to laugh at
reiterar *v/t* to repeat
reivindicación *f* claim; recovery
rej|a *f* window grating; grille; railing; **~a de arado** plough share; **~as** *pl* bars; **entre ~as** behind bars; **~illa** *f* small grating; wickerwork; lattice; *elec* grid
rejón *m* lance (*of bullfighter*); **~oneador** *m* mounted bullfighter who uses the *rejón*
rejuvenecer *v/t* to rejuvenate
relaci|ón *f* relation; relationship; narration; account; pl relations; connections; courtship; **~onar** *v/t* to relate; to connect
relajarse to relax
relámpago *m* flash; lightning
relampaguear *v/i* to lighten; to flash
relatar *v/t* to relate, to report
relativ|idad *f* relativity; **~o** relative

relato m report; narrative

relegar v/t to banish; to relegate

relev|ante outstanding; **~ar** v/t to relieve; to replace; to emboss; to exonerate; **~o** m mil relief; sp relay

relieve m (art) relief; **poner de ~** to set off; to emphasize

religión f religion

religios|a f nun; **~o** a pious; religious; m monk

relinch|ar v/i to neigh; to whinny; **~o** m neighing

reliquia f relic

rellen|ar v/t to refill; to stuff; to pad; **~o** m stuffing; filling; padding

reloj m clock; watch; **~ de arena** hourglass; **~ de caja** grandfather's clock; **~ de cuarzo** quartz watch; **~ de cuclillo** cuckoo clock; **~ de pulsera** wrist watch; **~ de sol** sundial; **~ería** f watchmaker's (shop); clockmaking; **~ero** m watchmaker

reluci|ente brilliant; glossy; **~r** v/i to shine; to glitter

relumbrón m glare

remach|ar v/t to rivet; **~e** m rivet

remada f stroke (in rowing)

remanente m remainder; residue

remanso m backwater

remar v/i to row

remat|ar v/t to finish; to knock down (auction); to conclude; v/i to end; to ter-

minate; **~e** m end; conclusion; highest bid; sale (at auction); LA auction; **de ~e** to top it off

remedar v/t to imitate, to copy

remedi|ar v/t to remedy; to repair; **~o** m remedy; **no hay ~o** it can't be helped

remend|ar v/t to patch; to darn; to mend; **~ón** m cobbler

remero m oarsman

remesa f com remittance; consignment; **~r** v/t com to remit; to send

remiendo m patch; darning; mending

remilgarse to be affected

remilgo m affectedness; finickiness

remira|do cautious, prudent; **~r** v/t to review; to inspect

remisión f remission; remittance

remiso remiss; slack; indolent

remit|ente m, f sender; **~ir** v/t to send, to remit

remo m oar

remoj|ar v/t to soak; **~o** m steeping, soaking

remolacha f beet; beet root; **~ azucarera** sugar beet

remol|cador m tugboat; **~car** v/t to tug; to draw

remolino m whirlpool; eddy; flurry, whirl

remolque m towline; towrope; aut trailer; **a ~** in tow

remontar v/t to surmount (*obstacle, etc*); to frighten away (*game*); ~se to rise; to amount (*to*); to go back (*to*)

remordimiento m remorse, compunction

remoto remote, outlying; **control** m ~ remote control

remover v/t to remove; to stir

remunera|ción f remuneration; ~**dor** remunerative; ~**r** v/t to remunerate; to reward

renac|er v/i to be reborn; ~**imiento** m rebirth; revival; ♀ Renaissance

renacuajo m tadpole

rencor m ranco(u)r; spite; ~**oso** rancorous; spiteful

rendi|ción f surrender; profit; ~**do** submissive; humble; **estar** ~**do** to be worn out

rendija f crack; chink; crevice

rendi|miento m return; yield; weariness; submission; ~**r** v/t to render; to return; to yield; to surrender; ~ **el alma** to give up the ghost; ~**rse** to surrender; to give up

renega|do m renegade, turncoat; *a* wicked; ~**r** v/t to deny; to disown; v/i to turn renegade

renglón m line (*of letters, of merchandise, etc*); **a** ~ **seguido** right after

reno m reindeer

renombr|ado famous; ~**e** m fame, renown

renova|ción f renewal; ~**r** v/t to renew

rent|a f income, revenue; interest; annuity; ~**a vitalicia** life annuity; ~**as** pl **públicas** revenue; ~**ar** v/t to yield; ~**ista** m, f stockholder

renuncia| f renunciation; ~**r** v/t to renounce

reñir v/i to quarrel

reo m offender; criminal; *for* defendant; *a* guilty

reojo: mirar de ~ to look askance (at)

reorganizar v/t to reorganize

repara|ción f repair; reparation; ~**r** v/t to repair; to make good; to restore; to remedy; v/i ~ (**en**) to stop (at); to notice, to pay attention to

reparo m remark; criticism; **poner** ~**s** to make objections

repart|ición f division; distribution; ~**ir** v/t to distribute; ~**o** m delivery (*mail*); teat cast

repasar v/t to pass again; to revise; to go over; to check; ~**o** m revision, review; tecn overhaul

repatriar v/t to repatriate

repel|ente repulsive; ~**er** v/t to repel; to refute

repent|e m start; sudden movement; **de** ~**e** suddenly, all at once; ~**ino** sudden; swift

repercu|sión f repercussion; ~**tir** v/i to rebound

repertorio m repertory; repertoire

repeti|ción f repetition; ~**r** v/t to repeat

repi|car v/t to ring (bells); to peal; **~que** m ringing; chime, peal

repisa f shelf; mantelpiece; **~ de ventana** windowsill

replantar v/t to replant

replantear v/t to restate (a problem)

replegar v/t to refold; **~se** mil to fall back

repleto replete; full to the brim; crowded

réplica f answer; retort

replicar v/t to reply; to retort

repliegue m fold; mil falling back

repoblación f repopulation

repollo m cabbage

reponer v/t to replace; **~se** to recover

reporta|je m report, article; **~r** v/t to restrain; to carry

reportero m reporter

reposacabezas m head rest

reposado poised; restful; calm

reposición f replacement; recovery (health); for restoration; teat revival

reposo m rest

reposter|ía f confectionery; confectioner's shop

repren|der v/t to reprimand; **~sible** reprehensible, objectionable; **~sión** f censure; reprimand

represalia f retaliation; reprisal

represar v/t to dam (up)

representa|ción f representation; teat performance;

~nte m, f agent; representative; **~r** v/t to represent; to perform (plays); to play (a role); **~rse** to imagine; **~tivo** representative

represión f repression; suppression

reprim|enda f reprimand; **~ir** v/t to repress; to restrain

reprobar v/t to censure; to reprove

réprobo(a) m (f) reprobate

reproch|ar v/t to reproach; to censure; **~e** m reproach

reproduc|ción f reproduction; **~ir** v/t to reproduce

reptil m reptile

república f republic; 2 **Dominicana** Dominican Republic

republicano(a) m (f), a republican

repudia|ción f rejection; **~r** v/t to repudiate

repuesto m spare part; store, stock; a recovered

repugna|ncia f repugnance; aversion; **~nte** repugnant; loathsome; **~r** v/t to oppose; to conflict with

repulsa f refusal; rebuke; **~r** v/t to reject; to refuse

repulsi|ón f repulsion; **~vo** repulsive

reputa|ción f reputation; **~r** v/t to repute; to estimate

requebrar v/t to court; to flirt with

requemar v/t to burn; to scorch; fig to inflame (blood)

requeri|miento *m* notification; requirement; *for summons;* ~**r** *v/t* to require, to necessitate; to notify; to investigate

requesón *m* cottage cheese; curd

requiebro *m* flirtatious remark

requis|ar *v/t mil* to requisition; ~**ición** *f mil* requisition

res *f* head of cattle; beast

resaber *v/t* to know thoroughly

resabi|ar to acquire bad habits; ~**do** very well known; *fam* pretentious; ~**o** *m* nasty taste; **tener** ~**os de** to smack of

resaca *f mar* undertow; *fam* hangover; *fig* backlash

resaltar *v/i* to jut out; to stand out

resarcir *v/t* to indemnify

resbal|adizo slippery; ~**ar** *v/i* to slip, to slide; to skid; ~**ón** *m* slip; error

rescatar *v/t* to release; to ransom; to rescue; ~**e** *m* ransom; ransom money

rescindir *v/t* to annul; to rescind

rescoldo *m* embers

resecar *v/t* to dry thoroughly; to parch

reseco parched

resenti|do bitter; resentful; ~**miento** *m* resentment; grudge; ~**rse** to resent; to be affected (*by*)

reseña *f* summary; short survey; ~**r** *v/t* to review

reserva *f* reserve; reticence; *for* reservation; *mil* reserve; **con** ~ in confidence; **sin** ~ freely; frankly; ~**do** cautious; reserved; ~**r** *v/t* to reserve

resfria|do *m* cold (*illness*); ~**rse** to catch cold

resfrío *m* cold (*in the head*)

resguard|ar *v/t* to shelter; to defend; to protect; ~**o** *m* protection; shelter; voucher

resid|encia *f* residence; ~**encial** residential; ~**ente** *m, f* resident; ~**ir** *v/i* to reside; to dwell

residuo *m* residue; remainder

resigna|ción *f* resignation; acquiescence; ~**r** *v/t* to give up; ~**rse** to resign oneself

resina *f* resin

resisten|cia *f* resistance; endurance; strength; ~**te** strong; resistant; tough

resistir *v/t*, ~**se** to resist; to offer resistance; *v/t* to endure; to withstand

resolución *f* resolution; determination; resoluteness; courage; solving; **en** ~ in short, to sum up

resolver *v/t* to resolve; to decide; to solve; ~**se** to resolve itself; to work out

resona|ncia *f* resonance; ~**r** *v/i* to resound; to ring; to echo

resoplar *v/i* to snort, to puff

resorber v/t to reabsorb

resorte m tecn spring; fig resource

respald|ar v/t to back, to endorse; **~o** m back (of a chair, etc); backing; support

respect|ivo respective; **~o** m relation; **~o a** or **de** with regard or respect to

respet|able respectable; **~ar** v/t to respect; **~o** m respect; **~uoso** respectful

respir|ación f respiration; breathing; **~adero** m vent; air valve; **~ar** v/i to breathe; **~atorio** respiratory; **~o** m breathing; reprieve, rest, respite

respland|ecer v/i to shine; to glitter; **~eciente** resplendent; gleaming; shining; **~or** m splendo(u)r

respond|er v/t, v/i to answer, to reply; to respond; to be responsible; **~er a** to answer, to obey; med etc to respond to; **~er de** to answer for; **~ón** pert, impudent

responsab|ilidad f responsibility; **~le** responsible

respuesta f answer, reply

restablec|er v/t to reestablish; to restore; **~imiento** m restoration; recovery (from illness)

restante remaining; los **~s** the rest

restañar v/t to stanch (flow of blood)

restar v/t to subtract; to de-

duct

restaura|nte m restaurant; **~r** v/t to restore; to repair

restitu|ción f restitution; **~ir** v/t to restore; to return

resto m rest; remainder; pl remains; coc leftovers; **~s mortales** mortal remains

restregar v/t to rub; to scrub

restri|cción f restriction; limitation; **~ctivo** restrictive; **~ngir** v/t to restrict

resucitar v/t to resuscitate; v/i to return to life

resuelto resolute; bold

resulta|do m result; outcome; **dar ~do** to produce results; **~r** v/i to result; to turn out

resum|en m summary; en **~en** in brief; in short; **~ir** v/t to summarize, to sum up

resurgi|miento m resurgence; revival; **~r** v/i to revive; to reappear

retablo m altarpiece; retable

retaguardia f rearguard

retal m remnant; clipping

retama f bot genista; broom

retard|ar v/t to retard; to delay; to slow up; **~o** m delay

retazo m remnant; pl odds and ends

retén m reserve; store; tecn catch, stop

reten|ción f retention; **~er** v/t to retain; to keep back

reticente reticent

retina f anat retina

retintín m tinkling; jingle

retir|ada f withdrawal; retreat; **~ar** v/t to withdraw; to retire; **~o** m retirement; retreat; seclusion

reto m challenge; threat; *LA* insult

retocar v/t to retouch; to touch up (*photographs*)

retoño m bot shoot, sprout

retoque m retouching; finishing touch

retorcer v/t to twist; **~se** to writhe

retórica f rhetoric

retorsión f twisting

retractar v/t, **~se** to retract; to recant

retráctil retractable

retra|er v/t to bring back; *fig* to dissuade; **~ído** retiring; unsociable; **~imiento** m withdrawal, retreat

retrasar v/t to delay; to defer; to put off; v/i to be slow (*watch*); **~se** to be delayed; to be late; to be slow (*watch*)

retraso m delay; timelag; lateness; **con ~** late

retrat|ar v/t to portray; to describe; (*light*) to be photographed *or* portrayed; **~o** m picture; portrait

retreta f mil retreat; tattoo

retrete m lavatory; toilet

retroactivo retroactive

retroce|der v/t to go back; to recede; (*light*) to play, to be reflected; **~so** m backward motion

retrospectivo retrospective

retruécano m pun

retumbar v/i to resound; to rumble

reuma m, **~tismo** m rheumatism

reuni|ón f gathering; meeting; **~ón en la cumbre** summit meeting; **~r** v/t to join; to unite; **~rse** to meet; to get together

reválida f final examination

revalidar v/t to confirm; to ratify

revancha f revenge

revelar v/t to reveal; to develop (*photographs*)

revender v/t to retail; to resell

reventar v/i to burst; to break; to explode; **~ón** m bursting; explosion; *aut* blowout; great effort

reverberar v/i to reverberate; (*light*) to play, to be reflected

reveren|cia f reverence; respect; **~ciar** v/t to venerate; to revere; **2do** *relig* Reverend

revers|ible *med* reversible; **~o** m reverse; back, other side

revertir v/i for to revert

revés m reverse; back; wrong side; misfortune; *sp* backhand (*stroke*); **al ~** upside down; inside out; backwards

revestir v/t to put on; to wear; *tecn* to cover, to coat, to line; **~se de** to assume, to muster up

revis|ar v/t to revise; tecn to overhaul; **~ión** f revision; **~or** m censor; **~or de cuentas** auditor; a revising

revista f review; periodical; magazine; teat revue; **pasar ~** to review

revoca|ción f revocation; abrogation; **~r** v/t to revoke; to repeal

revolcar v/t to knock down; to tread upon; **~se** to wallow

revolotear v/i to flit, to flitter around

revoltoso unruly; rebellious; naughty

revoluci|ón f revolution; revolt; **~onario(a)** a, m (f) revolutionary

revólver m revolver

revolver v/t to turn over; to stir up; to disturb; to upset; v/i to revolve; **~se** to turn round; to turn over; to change

revoque m whitewashing

revuelo m commotion, disturbance

revuelt|a f revolt; turn; bend (in road); **~o** disturbed; upset

rey m king; los ²es Magos the Three Wise Men; **~erta** f quarrel, row

rezaga|do m latecomer; mil straggler; **~r** v/t to leave behind; **~rse** to fall behind, to straggle

rez|ar v/i to pray; to say prayers; to read (paragraphs,

etc); **~o** m prayer

rezumar v/i to leak out

ría f estuary

riachuelo m brook, stream

riber|a f beach, shore; **~eño** riverside

ribete m edging (sewing); fig trimmings; pl streak, touch

ricino m castor-oil plant

rico rich; plentiful; delicious

ridiculizar v/t to ridicule; to make fun of

ridículo ridiculous, ludicrous

riego m irrigation, watering

riel m f c rail

rienda f rein; **a ~ suelta** at full speed; freely; **dar ~ suelta a** to give free rein to

riesgo m risk; danger

rifa f raffle; lottery; **~r** v/t to raffle; v/i to quarrel, to fight

rigidez f rigidity

rígido rigid

rigor m rigo(u)r; sternness; stiffness; hardness; **de ~** prescribed by the rules; obligatory; **~oso** rigorous

riguros|idad f severity; rigorousness; **~o** rigorous; strict

rima f rhyme; **~r** v/i to rhyme

rímel m mascara

rincón m corner; angle; remote place

rinoceronte m rhinoceros

riña f quarrel

riñón m kidney

río m river; stream; **~ abajo** downstream; **~ arriba** upstream

ripio m debris; rubbish; rubble; padding (*in speech or writing*)

riqueza *f* wealth; riches

risa *f* laugh; laughter; **morirse de ~** to laugh one's head off

risco *m* cliff, bluff

risueño pleasant; smiling

rítmico rhythmical

ritmo *m* rhythm

rito *m* rite

rival *m, f* rival; competitor; **~izar** *v/i* to compete; **~izar con** to rival

rivera *f* brook; creek

riz|ador *m* curling iron; **~ar** *v/t* to curl; to ripple; **~o** *m* curl; ripple; *aer* loop

robar *v/t* to rob; to plunder; to steal

roble *m* oak; **~do** *m* oak grove

robo *m* theft; robbery

robust|ecer *v/t* to strengthen; **~o** robust, strong; hardy

roca *f* rock

roce *m* friction; rubbing

rocia|da *f* sprinkling; spray; **~r** *v/t* to sprinkle; to spray

rocín *m* work horse, hack

rocío *m* dew

rockero *m fam* rocker; rock singer

rocoso rocky

roda *f mar* stem

rodaballo *m* turbot

roda|da *f* rut, wheel track; **~ja** *m* small wheel; disk; **~je** *m* set of wheels; *cine* shoot-

ing; filming; **~r** *v/i* to roll; to revolve; to run on wheels; **~r una película** to shoot a film

rode|ar *v/i* to make a detour; *v/t* to encompass; to surround; **~o** *m* roundabout way; detour; **ir por ~os** to beat around the bush

rodilla *f* knee; **de ~s** kneeling

rodillo *m* roller; rolling pin

roe|r *v/t* a gnawing; *m* rodent; **~r** *v/t* to gnaw; to nibble

roga|ción *f* request; **~r** *v/t* to beg; to ask; to request

rojizo reddish, ruddy

rol *m* roll, list; *teat* role, part

rojo red

rollizo plump; buxom

rollo *m* roll; cylinder; long, boring talk; **en ~** rolled (up)

roman|a *f* steelyard; **~o** *a, m* Roman

romance *m* Romance (*language*); ballad; **~ro** *m* ballad collection

romanticismo *m* romanticism

romántico romantic

romer|ía *f* pilgrimage; *fig* excursion; **~o** *m* pilgrim; *bot* rosemary

rompe|cabezas *m* puzzle; riddle; **~huelgas** *m* strike breaker; *fam* scab; **~olas** *m* breakwater; **~r** *v/t* to break; to break up; to break through; to tear; *v/i* *bot* to burst (open); **~r a** to begin to

ron *m* rum

roncar *v/i* to snore; to roar

ronco hoarse

ronda f round (of cards, drinks etc); beat (of policeman); ~r v/t, v/i to patrol; to prowl

ron|quedad f hoarseness; **~quido** m snore

ronrone|ar v/i to purr; **~o** m purring

roñ|a f rust (in metals); scab (in sheep); crust (of filth); **~oso** scabby; filthy; fam mean, stingy

ropa f clothes; clothing; **~ blanca** linen; **~ de cama** bedclothes; **~ interior** underclothes; underwear; **a quema ~** point blank

ropero m wardrobe

rosa f rose; rose colo(u)r; **~do** pink; rose-colo(u)red; **~l** m rosebush; **~rio** m rosary

rosbif m roast beef

rosca f screw thread; (turn of a) spiral; ring, circle

roseta f nozzle (of watering can); rosette

rosquilla f ring-shaped pastry

rostro m face; aspect; countenance; mar beak; zool rostrum

rota|ción f rotation; **~tivo** rotary; revolving

roto broken; shattered; chipped; torn; **~** m rotor

rótula f kneecap

rotulador m felt pen

rotular v/t to label; to mark

rótulo m sign; mark; label

rotundo round; forthright; categorical

rotura f fracture; break; **~r** v/t to break up (new ground)

roza|dura f, **~miento** m chafing; friction; **~r** v/t to scrape, to rub; to grub up; to graze; **~rse** to rub shoulders (with)

roznar v/i to bray

rubéola f German measles

rubí m ruby

rubi|a f blonde (woman); station wagon; **~o** blond; golden

ruborizarse to blush; to flush

rúbrica f red mark; flourish (of signature)

rubricar v/t to sign with flourish or initials

rud|eza f rudeness; **~o** rude

rueda f wheel; circle; **en ~** in a ring; **~ de prensa** press conference

ruego m request

rufián m ruffian, lout; pimp

rugi|do m bellow; roar; **~r** v/i to roar; to howl

ruibarbo m rhubarb

ruido m noise; din; **mucho ~ y pocas nueces** much ado about nothing; **~so** noisy

ruin mean; base; vile; **~a** f ruin; collapse; pl ruins; wreck; **~oso** ruinous, dilapidated; worthless

ruiseñor m nightingale

rul|eta f roulette; **~os** m/pl hair curlers; **~ota** f caravan, trailer

Rumania f Rumania

rumano(a) a, m (f) Rumanian

rumbo m direction; mar course; **ir con ~ a** to go in the direction of

rumiar v/t to ruminate

rumor m murmur, mutter; rumo(u)r

ruptura f break; rupture

rural rural; rustic

Rusia f Russia

ruso(a) m (f), a Russian

rústic|o rustic; rural; simple; **en ~a** paperback (books)

ruta f route

rutina f routine; **~rio** routine, everyday

S

S.A. = *Sociedad Anónima* Ltd., *Am* Inc.

sábado m Saturday; Sabbath

sabana f LA prairie, savannah

sábana f sheet (for the bed)

sabandija f bug; pl vermin

sabañón m chilblain

saber v/t to know; to know how to; to be able; **hacer ~** to inform; **~ de** to know about; **que yo sepa** to my knowledge; **~ a** v/i to taste of; to smack of; **~** namely; m knowledge; learning

sabi|duría f wisdom; **~o** wise; learned

sablazo m slash with a sword; fam sponging

sabor m taste; flavo(u)r; **~ear** v/t to savo(u)r; to taste

sabot|aje m sabotage; **~ear** v/t to sabotage

sabroso tasty; juicy; delicious

saca f taking out; extraction; exportation; **~corchos** m corkscrew; **~grapas** m staple puller; **~puntas** m pencil sharpener; **~r** v/t to take out; to draw out; to bring out; to extract; to get; to obtain; to turn out; to produce; **~r adelante** to bring up (child); to carry on

sacarina f saccharin

sacerdo|cio m priesthood, ministry; **~te** m priest

saciar v/t to satiate

saco m sack; bag; LA jacket; **~ de dormir** sleeping bag

sacramento m sacrament

sacrific|ar v/t to sacrifice; **~io** m sacrifice

sacrilegio m sacrilege

sacrist|án m sexton; **~ía** f vestry, sacristy

sacro holy; sacred; **~santo** sacrosanct

sacudi|da f shake; jerk; shock; blast; **~r** v/t to shake; to jerk; to rock; **~rse** to shake off; to get rid of

saeta f arrow; dart; hand of a clock; religious flamenco chant

sagaz astute; sagacious; shrewd

sagrado holy, sacred

sainete m *teat* short farce; one-act play

sajón(ona) m (f), a Saxon

sal f salt; wit; ~**es** pl *aromáticas* smelling salts

sala f hall; large room; drawing room; ~ **de espera** waiting room; ~ **de estar** living room, sitting room; ~ **de operaciones** operating room

sal|ado salted; salty; charming; *LA* unlucky; ~**ar** v/t to salt; ~**ario** m salary; wage

salaz salacious, prurient

salchich|a f pork sausage; ~**ón** m salami

sald|ar v/t *com* to settle; to liquidate; ~**o** m *com* balance; settlement; clearance; sale; ~**o deudor** debit balance

salero m salt-cellar, salt shaker; *fam* wit; charm

salida f departure, start; exit, way out; rising (*of the sun*); *com* sales potential; outlet; **dar** ~ **a** to vent (*anger etc*); *com* to put on the market, to sell; ~ **de emergencia** emergency exit

saliente protruding

salina f salt mine

salir v/i to go out; to leave; to depart; to appear; to rise (*sun*); to prove; to come out; ~ **bien** to succeed; ~ **para** to leave for; ~**se** to overflow;

to leak; ~**se con la suya** to get one's own way

salitre m saltpetre, *Am* saltpeter

saliva f saliva, spittle

salmo m psalm

salmón m salmon

salmuera f brine

salón m salon, parlo(u)r; lounge; ~ **de baile** ballroom; ~ **de belleza** beauty parlo(u)r; ~ **de té** tearoom

salpicadero m *aut* dashboard

salpicar v/t to splash; to spatter

salpullido m *med* rash

salsa f sauce; gravy

salta|montes m grasshopper; ~**r** v/i to jump; to spring; to leap; to burst; v/t to skip; to jump over

saltea|dor m highwayman; robber; ~**r** v/t to hold up

salto m leap; jump; hop; dive; ~ **de agua** waterfall; ~ **mortal** somersault

salu|bre healthy, salubrious; ~**d** f health; well-being; *relig* salvation; ~**dable** salutary; ~**dar** v/t to greet; to salute; ~**do** m greeting; ~**dos** m/pl best wishes

salva f mil salvo

salva|ción f salvation; ~**dor** m savio(u)r; rescuer; 2**dor** *relig* Savio(u)r; ~**guardia** f safe conduct; ~**je** wild; savage; ~**r** v/t to save; to rescue; ~**rse** to escape; ~**vidas** m/pl life-belt

salvedad *f* reservation; proviso

salvia *f bot* sage

salvo *a* safe; *adv* save; except; **a ~** in safety; **~ que** unless; except that

salvoconducto *m* safe conduct

san (*apocope of* **santo**, *used before masculine names*) Saint; **♀ Nicolás** Santa Claus

sanar *v/t* to cure, to heal

sanatorio *m* nursing home; sanatorium

sanc|ión *f* sanction; *sp* penalty; **~ionar** *v/t* to sanction

sandalia *f* sandal

sandía *f* watermelon

sanea|miento *m* drainage; sanitation; *for* guarantee; **~r** *v/t* to put in sewers; to repair; to drain (*land*); *for* to indemnify

sangr|ante bleeding; **~ar** *v/t*, *v/i* to bleed; **~e** *f* blood; **a ~e fría** in cold blood; **~ía** *f* bleeding; wine punch; **~iento** bloody; bloodstained

sanguijuela *f* leech

sanguíneo sanguinary

sanidad *f* health; public health; **~idad pública** public health; **~itario** sanitary; **~o** healthy; **~o y salvo** safe and sound

santa *f* female saint

santiamén: en un ~ in a jiffy

sant|idad *f* sanctity; holiness; **~ificar** *v/t* to sanctify; to consecrate; **~iguarse** to

cross oneself; **~o** *a* ho saintly; *m* saint; name's da saint's day; **~o y seña** pass word; **~uario** *m* sanctuary

saña *f* fury

sapo *m* toad

saque *m* service (*tennis, etc*); **~ de meta** goal kick (*soccer*)

saque|ar *v/t* to plunder; **~o** *m* pillage; looting

sarampión *m* measles

sarcasmo *m* sarcasm

sarcófago *m* sarcophagus

sardina *f* sardine

sargento *m* sergeant

sarn|a *f* itch; *zool* mange; **~oso** mangy

sartén *f* frying pan

sastre *m* tailor

Satanás *m* Satan

satánico satanic

satélite *m* satellite

satén *m* satin

satinado glossy

sátira *f* satire

satírico satirical

satisfac|ción *f* satisfaction; **~er** *v/t* to satisfy; to gratify; to pay (*debts*); **~torio** satisfactory

saturar *v/t* to saturate

sauce *m* willow; **~ llorón** weeping willow

saúco *m* elder tree

savia *f* sap

sazón *f* ripeness; seasoning; opportunity; **a la ~** at that time; **en ~** ripe

sazonado seasoned; ripe; witty

se *pron 3rd person, m or f, sing or pl used as:* **1.** *reflexive pronoun* himself, herself, itself, themselves; **él ~ cortó** he cut himself; **ella ~ dijo** she said to herself; **2.** *reflexive verb:* **afeitarse** to shave oneself; **morirse** to die (*slowly*); **~ rompió la pierna** he broke his leg; **3.** *replacing the dative* **le, les** *of the pers pron when immediately followed by the accusative cases* **lo, la, los, las: ~ las dí** I gave them to him (her, them); **4.** *the impersonal form* one; some; people; **~ dice** it is said; **~ sabe** it is known; **~ habla español** Spanish spoken; **~ perdió el dinero** the money was lost; **5.** *each other, one another;* **ellos ~ aman** they love each other

sebo *m* tallow, suet; grease

sec|a *f* drought; dry season; **~ador** *m* dryer; **~ano** *m* dry land; **~ante** *m* blotting paper; **~ar** *v/t* to dry (up)

secci|ón *f* section; **~ón transversal** cross-section; **~onar** *v/t* to divide up

secesión *f* secession

seco dry; curt; dull; bare; *a* **secas** plainly, simply, just

secre|ción *f* secretion; **~tar** *v/t* to secrete; **~tario(a)** *m (f)* secretary; **~to** *m* secret; *a* secret; confidential

secta *f* sect; **~rio(a)** *m (f),* *a* sectarian

sector *m* sector; **~ privado** *com* private sector

secuaz *m* follower; partisan

secuela *f* sequel; aftermath

secuencia *f* sequence

secuestr|ar *v/t* to seize; to kidnap; **~o** *m* kidnapping

secular secular; age-old; **~izar** *v/t* to secularize

secundar *v/t* to second; to help; **~io** secondary

sed *f* thirst; **tener ~** to be thirsty

seda *f* silk

seda|nte *m* sedative; *a* soothing; **~tivo** *m* sedative

sede *f* seat (*of government, etc*); *relig* see; **la Santa ♀** the Holy See

sedería *f* silk shop; silks

sedici|ón *f* sedition; **~oso** seditious; mutinous

sediento thirsty

sedimento *m* sediment

sedoso silken, silky

seduc|ción *f* seduction; enticement; **~ir** *v/t* to seduce; to entice; **~tor** *m* seducer

sega|dora *f* reaper; mower; **~dora trilladora** *f agr* combine; **~r** *v/t* to mow; to reap

seglar *m* layman; *a* secular

segmento *m* segment

seguida: **en ~** at once, immediately; **~mente** consecutively, successively

seguido *a* continued; successive; straight; **3 días ~s** 3 days in a row; *adv* **todo ~** straight ahead

segui|dor m follower; **~r** v/t
to follow; to chase; v/i to go
on (*doing something*)

según prep according to; **~ lo
que dice** from what he says;
adv depending on; **~ y como,
~ y conforme** depending on
how; it depends

segund|ero m second hand
(*of a watch or clock*); **~o** a, m
second; **de ~a clase** second
class; **de ~a mano** second-hand; **en ~o lugar** sec-
ondly

segur|amente surely; **~idad**
f safety; security; **~o** m com
insurance; **~o de incendios**
fire insurance; **~o de responsabilidad civil** third-
party insurance; a safe, secure; **estar ~o de que** to be
sure that

seis six

selec|ción f selection; choice;
~cionar v/t to select; **~tivo**
selective; **~to** select; choice

sell|ar v/t to stamp; to seal; to
conclude (*a treaty, etc*); **~o** m
stamp; seal; **~o de caucho** or
de goma rubber stamp; **~o
de correo** postage stamp

selv|a f forest; jungle; **~ático**
wild

semáforo m traffic light

semana f week; **~l** weekly;
~rio m weekly paper

semblante m appearance;
aspect; countenance; face

sembrar v/t to sow; to spread
(*news*)

semeja|nte similar; like;
~nza f resemblance, similar-
ity; **~r** v/i to resemble

semen m semen; **~tal** m stud
animal

semestr|al half-yearly; **~e** m
semester; half-yearly pay

semi prefix half; semi;
~círculo m semicircle; **~dormi-
do** half asleep; **~esfera** f
hemisphere

semilla f seed

seminario m seminary

semita m Semite

sémola f semolina

senado m senate; **~r** m sena-
tor

sencill|ez f simplicity; **~o** a
simple; plain; frank; m LA
small change

send|a f, **~ero** m footpath

sendos(as) one for each

senectud f old age

seno m bosom; breast;
womb; fig bosom

sensaci|ón f sensation; feel-
ing; emotion; **~onal** sensa-
tional

sensat|ez f good sense; **~o**
sensible, wise

sensib|ilidad f sensibility;
sensitivity; **~le** sensitive;
emotional; susceptible; perceptible; med tender, sore

sensorio sensory

sensual sensual

sentado seated; settled; **dar
por ~** to take for granted

sentar v/t to seat; to set, to
establish; v/i to fit; to suit;

~ bien to fit; to agree with (food); **~se** to sit down; **¡siéntese!** be seated!

sentencia f for sentence; dictum, saying; **~r** v/t for to sentence

sentido m sense; interpretation; direction; **en cierto ~** in a sense; **de doble ~** two-way (traffic); **~ común** common sense; **perder el ~** to lose consciousness

sentimental sentimental; emotional

sentimiento m sentiment; feeling; grief; regret

sentir v/t to feel; to experience; to perceive; to regret, to be sorry about; m feeling; **~se** to feel; to resent; LA to get angry

seña f sign; token; pl address; **~s personales** personal description; **~l** f sign; signal; mark; com deposit; **~l de carretera** road sign; **~l digital** fingerprint; **~lar** v/t to point out; to indicate; to mark

señor m gentleman; master; owner; lord; mister; sir; pl gentlemen; **muy ~es nuestros** dear sirs; **~a** f lady; mistress; madam; **~ear** v/t to dominate; **~ía** f lordship; **~il** lordly; noble; **~ío** m dominion; mastery; **~ita** f young lady; miss

señuelo m lure

separación f separation

separa|do separate; **por ~do** separately; **~r** v/t to separate; to sort; to remove

septentrional northern

septiembre, setiembre m September

sepulcro m tomb; sepulchre. Am sepulcer

sepult|ar v/t to bury; **~ura** f burial; tomb; grave

sequ|edad f dryness; barrenness; curtness; **~ía** f drought

séquito m retinue, entourage

ser v/i to be; to exist; **de ~ así** if so; **a no ~ por** were it not for; **es que** the fact is that; **sea lo que sea** be that as it may; m essence; being; **~ humano** human being

seren|ar v/t to calm; **~arse** to calm down; **~ata** f serenade; **~idad** f serenity; composure; **~o** a calm; composed, serene; m night watchman

seri|al m radio, TV serial; **~e** f series; **en ~e** mass (production)

serio serious; sober; grave; **en ~** in earnest; seriously

sermón m sermon

serp|entear v/i to wind; to meander; **~iente** f serpent, snake; **~iente de cascabel** rattlesnake

serranía f mountainous region

serr|ar v/t to saw; **~ín** m sawdust

servi|ble useful; **~cial** obliging; **~cio** *m* service; good turn; **de ~cio mil** on duty; **~cios** *pl* restrooms, lavatories; **~cios públicos** public utilities; **~dor** *m* servant; **su seguro ~dor** yours truly; **~dumbre** *f* (staff of) servants; servitude; **~l** slavish; menial

servilleta *f* table napkin

servir *v/t* to serve; to oblige; *v/i* to be in service; **~se** to help oneself

sesg|ar *v/t* to cut obliquely; **~o** *m* slant; (*sewing*) bias; **al ~o** obliquely; on the bias

sesión *f* session; sitting; **levantar la ~** to adjourn

seso *m* brain; sense; judgment; **devanarse los ~s** to rack one's brains

seta *f* mushroom

seto *m* hedge; **~ vivo** quickset hedge

seud|o pseudo; **~ónimo** *m* pseudonym

sever|idad *f* severity; **~o** severe

sex|o *m* sex; **~ual** sexual; **~ualidad** *f* sexuality

si *m* *mús* si, ti, B note; *conj* if; when; whether; **como ~** as if; **~ bien** although; **~ no** if not; otherwise

sí *pron*, *reflexive form of the third person*: himself, herself, itself, oneself, themselves; **de por ~** on its own account; by itself; **fuera de ~** beside oneself; **volver en ~** to re-

gain consciousness

sí *adv* yes; indeed; **por ~ o por no** in any case; **¡eso ~ que no!** absolutely not

siderurgia *f* siderurgy, iron and steel industry

sidra *f* cider

siega *f* harvesting

siembra *f* sowing

siempre always; ever; **~ que** whenever; provided that; **como ~** as usual; **lo de ~** the usual; **para ~** for ever, for ever

sien *f anat* temple

sierpe *f* serpent

sierra *f* saw; mountain range

siesta *f* hottest time of the day; afternoon nap; siesta

siete seven

sífilis *f* syphilis

sifón *m* siphon

sigilo *m* secrecy

sigla *f* symbol, abbreviation

siglo *m* century

signa|rse to cross oneself; **~tura** *f* library number; *impr* signature

significa|ción *f*, **~do** *m* significance; meaning, sense; **~r** *v/t* to mean; to indicate; **~tivo** significant

signo *m* sign; symbol; **~ de admiración** exclamation point; **~ de interrogación** question mark; **~ de puntuación** punctuation mark

siguiente following; next

sílaba *f* syllable

silba|r *v/t* to hiss at; *v/i* to

whistle; **~tina** f LA catcall; **~to** m whistle

silenci|ador m silencer; tecn muffler; **~o** m silence; **~oso** silent; soundless

sill|a f chair; saddle; **~a plegadiza** camp stool; **~a de ruedas** wheelchair; **~ón** m easy chair, armchair

silueta f outline; silhouette

silv|estre wild; rustic; **~icultura** f forestry

sima f abyss

símbolo m symbol

simetría f symmetry

simiente f seed

símil like, similar

simil|ar similar; **~itud** f similarity, resemblance

simpatía f liking

simpático attractive; nice

simpatizar v/i to have a liking for; to sympathize

simpl|e simple; mere; ordinary; **~eza** f simplicity; stupidity; **~icidad** f simplicity; **~ificar** v/t to simplify

simular v/t to simulate, to pretend

simultáneo simultaneous

sin without; **~ embargo** nevertheless, however

sinagoga f synagogue

sincero sincere

sincronizar v/t to synchronize

sindica|lismo m syndicalism; **~to** m syndicate; trade union

sinfín m endless amount, great number

sinfonía f symphony

singular a unique; singular; extraordinary; m gram singular

siniestr|ado damaged; hurt in an accident; **zona ~ada** disaster area; **~o** a sinister; m disaster; catastrophe, accident

sinnúmero m great number or amount

sino m fate; conj but; except; only; **no sólo ... ~** not only ... but

sinónimo m synonym

sinrazón f wrong; injustice

sinsabor m trouble; insipidness

sintaxis f syntax

sintético synthetic

síntoma m symptom

sintonizar (con) v/t to tune in

sinvergüenza m, f scoundrel, brazen person

sionismo m Zionism

siquiera adv, conj at least; even; although, even though; **ni ~** not even

sirena f siren; mermaid

sirvient|a f maid servant, housemaid; **~e** m servant

sisa f pilfering; **~r** v/t to pilfer; to take in (dresses)

sistem|a m system; **~ático** systematic

siti|ar v/t to lay siege to, to besiege; **~o** m siege; place, spot; site

situa|ción f situation; **~r** v/t to situate; to place; to locate

so under; below; **~ pena de** under penalty of

sobaco *m* armpit

sobar *v/t* to knead; to handle; to fondle; *LA* to flatter

soberan|ía *f* sovereignty; **~o(a)** *m (f)*, *a* sovereign

soberbia *f* pride; haughtiness; **~o** haughty; arrogant

soborn|ar *v/t* to bribe; to corrupt; **~o** *m* bribery

sobra *f* surplus; **~dillo** *m arq* penthouse, sloping roof; **~r** *v/t* to exceed; *v/i* to be left over; to be more than enough

sobre *m* envelope; *prep* on; upon; on top of; over; above; about; **~ las tres** about three o'clock; **~ todo** above all

sobrecama *m* bedspread

sobrecarg|ar *v/t* to overload; to overcharge; **~o** *m mar* supercargo

sobrecejo *m* frown

sobrecoger *v/t* to startle

sobrecubierta *f* jacket (of book)

sobredicho above mentioned

sobredosis *f* overdose

sobre(e)ntender *v/t* to understand; to infer

sobrehumano superhuman

sobremanera exceedingly

sobremesa *f* tablecloth; after the meal

sobrenatural supernatural

sobreocupación *f* overbooking

sobrepasar *v/t* to surpass

sobrepeso *m* overweight

sobreponer *v/t* to superimpose

sobreprecio *m* surcharge

sobrepujar *v/t* to surpass; to outdo

sobresali|ente outstanding; **~r** *v/i* to excel(l); to protude

sobresalt|ar *v/t* to startle; to frighten; **~o** *m* sudden fright; shock

sobrestante *m* overseer, supervisor; foreman

sobrestimar *v/t* to overrate

sobretiempo *m* overtime

sobretodo *m* overcoat

sobrevenir *v/i* to happen unexpectedly

sobrevivi|ente *a* surviving; *m* survivor; **~r** *v/t*, *v/i* to survive; to outlive

sobriedad *f* sobriety, temperance

sobrin|a *f* niece; **~o** *m* nephew

sobrio sober; temperate

socarrón cunning; sly; mocking

socav|ar *v/t* to undermine; **~ón** *m arq* sudden collapse; *min* tunnel

soci|able sociable; friendly; **~al** social; **~alismo** *m* socialism; **~alista** *m, f, a* socialist; **~alizar** *v/t* to socialize; **~edad** *f* society; company; **alta ~edad** high society; **~edad anónima** *com* joint stock company; **~edad de control** holding company; **~o** m partner; member; **~o comanditario** com silent partner; **~o de honor** honorary member; **~o de número** full member; **~ología** f sociology

socorr|er v/t to help; **~o** m help

soez vulgar, coarse, base

sofá m sofa

sofisticado sophisticated

sofoc|ar v/t to choke, to smother; to stifle; to suffocate; to extinguish; **~o** m suffocation; fig embarrassment

soga f rope

soja f soya

sojuzgar v/t to subdue

sol m sun; sunlight; **tomar el ~** to sunbathe

solamente only

solapa f lapel; **~do** deceitful, sly

solar m plot, building site; manor house; **~iego** ancestral (of house)

solaz m solace; relaxation

soldado m soldier; **~ raso** buck private

solda|dura f soldering, welding; **~r** v/t to solder, to weld

soleado sunny

soledad f solitude, loneliness; lonely place

solemne solemn

solemnizar v/t to solemnize; to celebrate

soler v/i to be accustomed to; **suele venir temprano** he usually comes early

solera f prop, support; **vino de ~** vintage wine

solicitar v/t to petition; to apply for

solícito solicitous

solicitud f application (for a job, post); **a ~** on request, on demand

solid|aridad f solidarity; **~ez** f solidity

sólido solid; stable; hard

soliloquio m soliloquy

solista m, f mús soloist

solitari|a f tapeworm; **~o** solitary

solloz|ar v/i to sob; **~o** m sob, sobbing

solo a alone; m mús solo

sólo only

solomillo m sirloin

soltar v/t to unfasten; to release; **~se** to get loose; **~se a** to begin to

solter|o(a) a unmarried; m (f) bachelor; spinster; **~ón** m old bachelor; **~ona** f old maid, spinster

soltura f ease; agility

solu|ble soluble; **~ción** f solution; **~cionar** v/t to solve

solven|cia f solvency; **~te** solvent

sombr|a f shadow; shade; darkness; **~ear** v/t to shade, to overshadow; **~erera** f hatbox; **~erería** f hat shop; millinery; **~ero** m hat; **~ero de copa** top hat, silk hat; **~ía**

f shady spot; **~illa** *f* parasol; sunshade; **~ío** gloomy; shady

somero superficial; brief

someter *v/t* to submit

somnámbulo *m* sleepwalker

somnífero *m* sleeping pill

son *m* sound; tune; *a ~ de* to the sound of

sond|a *f mar* lead, sounding line; *med* probe; **~ear** *v/t* to sound; to explore; to probe; **~eo** *m* sounding; poll, survey

soneto *m* sonnet

sónico sonic

sonido *m* sound

sonor|o sonorous, resonant; clear; *gram* voiced; *banda* **~a** sound track

sonr|eír *v/i,* **~eírse** *f* to smile; **~isa** *f* smile

sonrojar *v/t* to make blush; **~se** to blush

sonsonete *m* singsong voice; rhythmical raps *or* taps

soñ|ar *v/t, v/i* to dream; **~oliento** sleepy, drowsy

sop|a *f* soup; **~era** *f* soup tureen

sopl|ar *v/i* to blow; *fam* to squeal; **~ete** *m* blowtorch; **~o** *m* puff; gust; blow; **~ón** *m* informer

soport|ar *v/t* to support; to hold up; to endure; to bear; **~e** *m* support

sorb|er *v/t* to suck; to absorb; **~o** *m* sip

sordera *f* deafness

sórdido sordid; nasty, dirty

sordo deaf; *gram* unvoiced; **~mudo(a)** *m* (*f*) deaf-mute

soroche *m LA* altitude sickness

sorprende|nte surprising; **~r** *v/t* to surprise

sorpresa *f* surprise

sorteo *m* raffle; drawing (*of lottery, tickets*)

sortija *f* finger ring

sosa *f quím* soda

sosegar *v/t* to calm

sosiego *m* tranquil(l)ity; quiet

soslayo: al ~ sideways; obliquely; sidelong (*glance*)

soso insipid; dull

sospech|a *f* suspicion; **~ar** *v/t, v/i* to suspect; **~oso** suspicious

sostén *m* support; upkeep; brassière

sosten|er *v/t* to support; to hold (*opinion, conversation, etc*); **~erse** to support oneself; **~imiento** *m* support; maintenance

sota *f* jack; knave (*in cards*)

sotana *f* cassock

sótano *m* cellar; basement

soto *m* grove, thicket

soviético Soviet

su *pron 3rd pers m, f sing* (*pl* **sus**) his, her, its, your, their; one's

suave smooth; soft; **~idad** *f* smoothness; softness; **~izar** *v/t* to soften

subalterno *a, m* subordinate; auxiliary

subarr|endar v/t to sublet; **~iendo** m for sublease

subasta f auction

subconsciencia f subconscious

subdesarrollado underdeveloped

súbdito(a) m (f) subject

subibaja f seesaw

subi|da f climb; rise; increase; **~do** deep, bright (colo[u]r); **~r** v/i to go up; to rise; to move up; v/t to raise; to lift up; to go up; **~rse a, en** to get on, into

súbitamente, **~o** all of a sudden

subjuntivo m subjunctive

subleva|ción f insurrection, uprising; **~rse** to rebel

sublime sublime

submarin|ismo m scuba diving; **~o** m submarine; a underwater

subordinar v/t to subordinate; to subject

subproducto m by-product

subrayar v/t to underline; to emphasize

subsanar v/t to correct; to compensate for; to excuse

subscribir v/t to subscribe to; to endorse; **com** to underwrite

subsidi|arias f/pl feeder industries; **~ario** subsidiary; **~o** m subsidy; **~o de paro** unemployment insurance

subsiguiente subsequent

subsist|encia f subsistence;

~ir v/i to live, to subsist; to endure

substancia f substance; essence; **~l** substantial; considerable

substitu|ir v/t to substitute; **~to(a)** m (f), a substitute

subterfugio m subterfuge

subterráneo subterranean

subtítulo m subtitle; caption

suburb|ano suburban; **~io** m suburb

subvención f subsidy; grant

subversivo subversive

succión f suction

suce|der v/i to succeed; to follow; to occur; **~sión** f succession; issue; **~sivo** successive; **~so** m event; incident; outcome; **~sor** m successor

suci|edad f dirtiness; dirt; **~o** dirty

suculento succulent; luscious

sucumbir v/i to succumb; to yield

sucursal f branch office; subsidiary

sud m south; **~americano** South American

sudadera f LA jogging suit

sudar v/i to perspire; to sweat

sud|este m southeast; **~oeste** m southwest

sudor m sweat

Suecia f Sweden

sueco(a) m (f) Swede; a Swedish

suegr|a f mother-in-law; **~o** m father-in-law

sueldo m salary; wage

suelo *m* soil, earth; ground; floor; land; bottom

suelto *a* loose; free; detached; *m* loose change

sueño *m* sleep; dream; *conciliar el ~* to get to sleep; *tener ~* to be sleepy

suero *m* serum; whey

suerte *f* fate, destiny; luck; *echar ~s* to draw lots; *mala ~* hard luck

suéter *m* sweater

sufijo *m* suffix

sufragar *v/t* to defray; to assist; *~io* *m* franchise; suffrage

sufri|do long-suffering; patient; *~miento* *m* suffering; tolerance, patience; *~r* *v/t* to suffer; to put up with

sugerir *v/t* to suggest

sugestivo suggestive

suicid|a *m, f* suicide; *~arse* to commit suicide; *~io* *m* suicide

Suiza *f* Switzerland

suizo(a) *m* (*f*), *a* Swiss

sujetador *m* fastener; clip; brassière

sujetapapeles *m* (paper) clip

sujet|ar *v/t* to secure, to hold; to subject; *~o* *m* subject; topic

sulfúrico sulfuric

suma *f* sum; *en ~* in short; *~mente* extremely, highly; *~r* *v/t* to summarize; to amount to; to add up to; *~rio* summary

sumergi|ble submergible; *~r* *v/t*, *~rse* to submerge; to sink

suministr|ar *v/t* to supply; *~o* *m* supply

sumi|sión *f* submission; *~so* submissive; obedient

sumo supreme; extreme; *a lo ~* at the most

suntu|ario luxury; *~oso* sumptuous, luxurious

supera|ble surmountable; *~r* *v/t* to exceed; to surmount; to surpass

superávit *m* com surplus

superfici|al superficial; *~e* *f* surface

superfluo superfluous

superhombre *m* superman

superintendente *m* superintendent; overseer

superior *m* superior; *a* better; finer; superior; *~idad* *f* superiority

superlativo *a*, *m* superlative

supermercado *m* supermarket

supersónico supersonic

supersticioso superstitious

supervivencia *f* survival

suplantar *v/t* to supplant

suplement|ario supplementary; *~o* *m* supplement; *~o dominical* Sunday newspaper supplement

súplica *f* entreaty; petition

suplicar *v/t* to implore

suplicio *m* torture; torment

suplir *v/t* to supplement; to replace

suponer *v/t* to suppose; to assume

suprem|acía f supremacy; **~o** supreme

supr|esión f suppression; **~imir** v/t to suppress; to abolish; to eliminate

supuesto supposed; assumed; **por ~** of course

supurar v/i to suppurate; to fester

sur m south

surc|ar v/t to furrow; **~o** m furrow; groove

surgir v/i to spout; to issue forth; to arise

surti|do m assortment; a assorted; **~dor** m fountain; jet; **~dor de gasolina** gas pump; **~r** v/t to supply; to stock; **~r efecto** to produce the desired effect; v/i to spout

susceptib|ilidad f susceptibility; **~le** susceptible; touchy; sensitive

suscitar v/t to stir up

suscribir v/t to subscribe

susodicho aforesaid

suspen|der v/t to suspend; to hang up; to fail; **~sión** f suspension; **~so** suspended;

amazed

suspicacia f distrust; suspicion

suspir|ar v/i to sigh; **~o** m sigh

sustan|cia f substance; **~tivo** m substantive

sustent|ar v/t to support; to maintain; **~o** m maintenance; sustenance

substitu|ir v/t to substitute; to replace; **~to(a)** m (f), a substitute

susto m fright; shock

sustra|cción f subtraction; **~er** v/t to subtract; to deduct

susurr|ar v/i to whisper; to murmur; to rustle; **~o** m whisper

sutil subtle; fine; thin; **~eza** f subtlety; artifice

sutura f med suture

suyo(a) (pl suyos, as) pron pos 3rd person, m and f, his, hers, theirs, one's; his, her own, their own; **de ~** in itself; **salirse con la suya** to get one's way

T

tabaco m tobacco

tábano m horsefly, gadfly

tabern|a f tavern; inn; **~ero** m innkeeper

tabique m partition wall

tabl|a f board; plank; slab; list; mat table; **a raja ~a** at any price; ruthlessly; **~a a**

vela surfboard; **~a de materias** contents (of book, etc); **~a de multiplicar** multiplication table; **~a de planchar** ironing board; **~ado** m wooden platform; stage; **~ero** m planking; board; counter; drawing board;

~ero de instrumentos dashboard; ~eta f tablet; lozenge; ~illa f small board; med splint; ~ón m thick plank; beam; ~ón de anuncios notice board, Am bulletin board

tabú m taboo

taburete m stool

tacaño stingy, niggardly

tach|a f defect; fault; stain; flaw; sin ~a flawless; ~ar v/t to find fault with; to cross out (writing); ~ón m deleting mark (in writing); ~uela f tack

tacita f small cup

tácito tacit

taciturno taciturn; silent; melancholy

taco m stopper; plug; wad (in cannon); billiard cue; calendar pad; pad (of paper or tickets); fam curse word; echar ~s fam to swear heavily

tacón m heel

tacon|azo m clicking of the heels; ~ear v/i fam to walk with a tapping of the heels

táctica f tactics; gambit

tacto m tact; sense of touch; feel

tafetán m taffeta

tahur m gambler

taimado crafty, shifty

taj|a f cut; ~da f slice; fam hoarseness; ~r v/t to cut; to chop

tajo m cut; gash; cleft, ravine

tal (pl tales) such, so as; certain; so; thus; ~ cual such as; ~ vez maybe, perhaps; con ~ que provided that; ¿ qué ~? how are you?; un ~ González a certain Gonzalez

tala f felling of trees; fig destruction

taladr|ar v/t to bore; to drill; ~o m borer; gimlet, drill

talar v/t to fell (trees); fig to devastate

talco m talc; talcum powder

taleg|a f bag; sack; pl fortune; ~o m bag, sack

talento m talent; ~so gifted

talla f carving; sculpture; height; cut (of diamond); ~do carved; ~r v/t to carve; to cut (precious stones); to value; to appraise; ~rín m noodle

talle m figure; waist; ~r m workshop; ~r de reparaciones repair shop

tallo m stalk; stem

talón m heel (of foot); com coupon; voucher; stub

talonario m stub book

tamaño m size

tambalear v/i to stagger, to totter; to sway, to lurch

también also; too; as well

tambor m drum; anat eardrum; drummer; ~ilear v/i to drum (with the fingers); (rain) to patter

Támesis m Thames

tamiz m fine sieve; ~ar v/t to sift

tampoco neither; not either

tan

tan (*apocope of* **tanto**) so; such; as; ~ *grande como* as big as; ~ *sólo* only; *¡qué cosa* ~ *bonita!* what a beautiful thing!

tanda *f* turn; shift; relay

tang|ente *f* tangent; **~ible** tangible

tanque *m* tank; reservoir

tante|ar *v/t* to test; to measure; to examine; *v/i* to keep the score; **~o** *m* calculation; score (*in games*); *al* **~o** by guesswork

tanto *a* so much; as much; *pl* so many; as many; ~ *como* as much as; *adv* so much; so long; so far; so often; *no es para* ~ it's not that bad; *por lo* ~ therefore; *otro* ~ as much more; *estar al* ~ to be informed; *conj* ~ *que* provided that; *en* ~ *que* while

tapa *f* lid; cover; cap; flap (*of envelope*); cover (*of book*); **~cubos** *m* hubcap; **~dera** *f* lid; cover; **~r** *v/t* to cover; to cover up; to put a lid on; to stop up (*hole*)

tapete *m* rug

tapia *f* mud wall

tapicería *f* tapestry

tapiz *m* tapestry; **~ado** *m* upholstery; **~ar** *v/t* to hang

with tapestry; to upholster; to carpet

tapón *m* plug; stopper

taquigrafía *f* shorthand

taquígrafo(a) *m* (*f*) stenographer

taquilla *f* booking office; box office; **~llero** *m* booking clerk

taquimecanógrafa *f* shorthand typist

taquímetro *m* speedometer

tara *f com* tare

tára|cear *v/t* to inlay; **~rear** *v/t* to hum (*a tune*)

tarda|nza *f* delay; **~r** *v/i* to be late; to take a long time; *a más* **~r** at the latest

tarde *f* afternoon; *¡buenas* **~s!** good afternoon!, good evening!; *adv* late; too late; *de* ~ *en* ~ from time to time; **~o** *temprano* sooner or later

tardío late; slow

tarea *f* task; job; duty

tarifa *f* tariff

tarima *f* platform; dais

tarjeta *f* card; ~ *de crédito* credit card; ~ *de embarque* boarding card; ~ *de identidad* identity card; ~ *de visita* visiting card; ~ *postal* postcard

tarro *m* jar; *LA* top hat

tarta *f* tart; cake; ~ *nupcial* wedding cake

tartamudear *v/i* to stammer

tasa *f* rate; assessment; measure; *a* ~ *de* at the rate of; **~ción** *f* valuation; **~r** *v/t* to rate, to tax; to fix a price for

tatas: *andar a* ~ to go on all fours

tatuaje *m* tattoo(ing)

taurino bullfighting

taxi *m* taxi cab; ~**sta** *m* taxi driver

taz|a *f* cup; cupful; ~**ón** *m* large cup; bowl; basin

té *m* tea

te *pron pers and refl* you; to you; yourself (*familiar form*)

tea *f* torch

teatro *m* theatre, *Am* theater; ~ *de títeres* Punch and Judy show

tebeos *m/pl* comics

tech|ado *m* roof; ~**ar** *v/t* to roof; ~**o** *m*, ~**umbre** *f* ceiling; roof

tecl|a *f* key (*of the piano, typewriter, etc*); ~**ado** *m* keyboard

técnic|a *f* technique; ~**o** *m* technician; *a* technical

tecnología *f* technology

tecnólogo *m* technologist

tej|a *f* tile; ~**ado** *m* (tiled) roof; ~**ar** *v/t* to tile

tej|edor *m* weaver; ~**er** *v/t* to weave; *LA* to knit; ~**ido** *m* texture; fabric, cloth

tejo *m* yew tree

tejón *m* badger

tela *f* cloth, fabric; film; ~**s** *pl del corazón* heartstrings; ~**r** *m* loom; ~**raña** *f* spider's web, cobweb

tele = *televisión*

telediario *m* TV daytime news program

teledirigido remote controlled

teleférico *m* cable railway

telefonazo *m* ring, telephone call

telefonear *v/t, v/i* to telephone

telefonema *m* telephone message

telefónico telephonic

teléfono *m* telephone; *llamar por* ~ to telephone

telegrafiar *v/t* to wire; to cable

telegráfico telegraphic

telégrafo *m* telegraph

telegrama *m* telegram, cable

teleimpresor *m* teleprinter

telenovela *f* soap opera

telepático telepathic

telesc|ópico telescopic; ~**opio** *m* telescope

telesilla *f* chair lift

telesquí *m* ski lift

televi|dente *m* TV viewer; ~**sar** *v/t* to televise; ~**sión** *f* television; *ver (por)* ~**sión** to watch television; ~**sión por cable** cable TV; ~**sor** *m* television set

telón *m* teat curtain

tema *m* subject; theme; topic

templ|ar *v/i* to tremble; ~**or** *m* tremor; trembling; ~**or de tierra** earthquake; ~**oroso** trembling; shaky

tem|er *v/t, v/i* to fear; ~**erario**

reckless; rash; **~eridad** f
rashness; **~eroso** timorous;
~ible dreadful; **~or** m fear
tempera|mento m temperament; **~ncia** f temperance;
~r v/t to temper; to moderate; **~tura** f temperature
tempes|tad f storm; tempest;
~tuoso stormy
templa|do temperate; moderate; lukewarm, tepid;
mild; *mús* in tune; **~nza** f
temperance; mildness; **~r** v/t
to temper; to moderate; *mús*
to tune
temple m state of weather;
mood; temper (*of metals*)
templo m temple; church
temporada f season; **~ alta**
high season
temporal m stormy weather;
a temporary
temprano early
tena|cidad f tenacity; **~cillas**
f/pl curling tongs; **~z** tenacious; tough; resistant; **~zas**
f/pl forceps; pincers
tendedero m clothesline
tende|ncia f tendency; **~r** v/i
to tend; to incline; v/t to
stretch; to spread; to hang
out (*washing*); **~r la mano** to
reach out one's hand; **~rse**
to stretch oneself out; to lie
down
ténder m *fc* tender
tender|ete m booth; (market) stand; **~o** m shopkeeper
tendón m sinew; tendon
tenebros|idad f gloom;

darkness; **~o** dismal; dark;
gloomy
tenedor m fork; holder, bearer; **~ de libros** bookkeeper
tener v/t to have; to possess;
to own; **~ dos años** to be two
years old; **~ en mucho** to
esteem; **~ entendido** to understand; **~ presente** to bear
in mind; **~ por** to take for; **~**
que to have to
tenia f tapeworm
teniente m lieutenant
tenis m tennis
tenor m tenor, tone; *mús* tenor
tensión f tension; stress; rigidity; **~ sanguínea** blood
pressure
tentación f temptation
tentáculo m tentacle; feeler
tenta|dor tempting; **~r** v/t to
touch, to feel; to grope for;
to tempt; **~tiva** f try, attempt; **~tivo** tentative
tenue thin; tenuous
teñir v/t to dye; to tinge
teología f theology
teor|ético theoretical; **~ía** f
theory
tepe m sod
terapéutico therapeutic
tercer|mundista (of the)
Third World; **~ mundo** m
Third World
terciopelo m velvet
terco obstinate
tergiversar v/t to misrepresent; to twist (*words*)
termal thermal

termina|ción f termination; **~nte** final; categorical, definite; **~r** v/t, v/i to finish; **~rse** to end

término m end; ending; conclusion; term; expression; landmark; **~ medio** average; middle way; **~ técnico** technical term; **en primer ~** in the first place; **en último ~** finally

termo m thermos (flask)

termómetro m thermometer

terner|a f heifer calf; veal; **~o** m bull calf

terno m suit (of clothes); set of three

ternura f tenderness

terraplén m embankment

terrateniente m land owner

terraza f terrace

terremoto m earthquake

terreno m ground; soil; terrain

terrestre earthly; terrestrial

terrible frightful; terrible

terrífico terrific

territori|al territorial; **~o** m territory

terrón m clod; patch of ground; lump

terror m terror; dread; **película de ~** horror film; **~ífico** terrifying; **~ismo** m terrorism; **~ista** m terrorist

terso smooth

tertulia f small party, gathering

tesis f thesis; **~ doctoral** doctoral dissertation

tesón m insistence; tenacity

tesor|ería f treasury; exchequer; **~ero** m treasurer; **~o** m treasure

testa|mento m will; **~r** v/i to make a will

testarudo obstinate; stubborn

testículo m testicle

testi|ficar v/t to testify; to depose; **~go** m witness; **~go ocular** eyewitness; **~monio** m testimony

teta f breast; teat; nipple

tetera f teapot, teakettle

tétrico gloomy; sullen

textil textile

texto m text

textura f texture

tez f complexion; skin

ti pron 2nd pers sing you

tía f aunt

tibia f tibia

tibio lukewarm

tiburón m shark

tiempo m time; period; epoch; weather; gram tense; mús time, tempo; **a ~** in time; **a su ~** in due course; **hace buen ~** it is fine (weather); **hace ~** some time ago; **~ libre** free time

tienda f shop; tent; **~ de campaña** army tent

tienta f med probe; cleverness; sagacity; **andar a ~s** to grope

tiento m feel; touch; tact; wariness

tierno tender; affectionate

tierra f earth; world; land; country; **tomar ~ aer** to land; **~ adentro** inland; **~ firme** mainland; **♀ Santa** Holy Land

tieso stiff, rigid; taut

tiesto m flower pot

tifo m typhus

tifoidea f typhoid fever

tifón m typhoon

tifus m typhus

tigre m tiger; **~sa** f tigress

tijeras f/pl scissors

tijeretear v/t to snip, to cut

tild|ar v/t to cross out; fig to brand as; **~e** f tilde (as in ñ)

tilo m linden

tim|ador m swindler; **~ar** v/t to cheat; to swindle

timbal m kettledrum

timbr|ar v/t to stamp; **~e** m stamp; bell; timbre (of voice); **~e de alarma** alarm bell

timidez f timidity

tímido timid, shy

timo m swindle

timón m mar, aer helm; rudder

timonel m steersman, coxswain

tímpano m kettledrum; eardrum

tina f large jar; vat; tub

tinglado m shed; fam scheme

tinieblas f/pl darkness

tino m skill, knack; **a buen ~** by guesswork; **sin ~** immoderately; foolishly

tint|a f ink; dye; tint; shade; **saber de buena ~a** fam to have on good authority; **~e** m dyeing; tint; **~ero** m inkwell

tintín m tinkle; jingle

tintinear v/t to tinkle; to jingle; to clink

tinto a dyed; stained; m red wine; **~rería** f dyer's shop; dry cleaner's; **~rero** m dyer

tintura f dye; stain; tincture; smattering; **~ de yodo** iodine

tío m uncle; fellow

tiovivo m merry-go-round

típico typical

tiple m soprano, treble

tipo m type; model; com rate (of interest, exchange, etc); fam fellow; **~grafía** f printing; typography

tira f long strip; strap; **~ y afloja** tug-of-war

tira|da f throw; cast; distance; printing, edition; **~do** dirt cheap; **~dor** m shooter; marksman

tiran|ía f tyranny; **~o** m tyrant

tirante m strap; brace; a tense; pl braces, Am suspenders; **~z** f tautness; tension

tirar v/t to throw, to fling; to throw away; to fire (a shot); v/i to pull; to attract; **~ de** to pull

tiritar v/i to shiver

tiro m throw; shot; length; range; **errar el ~** to miss one's aim; **~ al blanco** target practice; **~ con arco** archery

tiroides *m anat* thyroid

tirón *m* pull; tug; *de un ~* at a stretch

tiroteo *m* firing; skirmish

tísico consumptive

tisis *f med* consumption

títere *m* puppet; marionette

titubear *v/i* to stagger; to hesitate, to waver; to stammer

titula|do entitled; titled; qualified; **~r** *v/t* to entitle; to name; *m* headline

título *m* title; diploma; right; *a ~ de* by way of

tiza *f* chalk

tiznar *v/t* to stain; to smudge

toalla *f* towel

tobera *f* nozzle

tobillo *m* ankle

tobogán *m* toboggan; slide

tocadiscos *m* record player; *~ automático* jukebox

tocado *m* head-dress; hair-style; *a fam* crazy; touched; **~r** *m* dressing table; ladies' room

toca|nte touching; *~nte a* with regard to, concerning; **~r** *v/t* to touch; to feel; to play (*an instrument*); to ring (*a bell*); to touch upon; to move; *v/i* to touch; to be apt (*to*); to border; *~r a su fin* to be at an end

tocayo *m* namesake

tocino *m* bacon

tocón *m* stub, stump

todavía still, yet; *~ no* not yet

todo *a* all; entire; whole; complete; every; *~ aquel que*

whoever; *~s los días* every day; *adv* totally; entirely; *ante ~* first of all; *con ~* notwithstanding; *del ~* entirely; absolutely; *sobre ~* above all; *m* all; whole; *pl* everybody

todopoderoso almighty

toldo *m* awning; *LA* Indian hut

tolera|ble tolerable; passable; *~ncia* *f* tolerance; **~r** *v/t* to tolerate

toma *f* taking; *mil* capture; *tecn* inlet; outlet; *foto, cine* shot, take; *~corriente* *m* *tecn* plug; *~dura de pelo* *fam* practical joke; **~r** *v/t* to take; to seize; to grasp; to have (*food, drink*); *~r cariño a* to grow fond of; *~r a mal* to take (*something*) the wrong way; *v/i LA fam* to drink; *toma y daca* give and take

tomate *m* tomato

tomavistas *m* motion picture camera

tomillo *m* thyme

tomo *m* volume

ton *m*: *sin ~ ni son* without rhyme or reason; *~alida* *f* *mús* tonality; key; *~alidad mayor, menor* major, minor key

tonel *m* barrel; cask

tonela|da *f* ton; **~je** *m* tonnage

tónic|a *f* *mús* tonic; keynote; *~o* *a, m* tonic

tono m tone; pitch; *de buen ~* elegant

tont|ería f silliness; foolishness; **~o** silly; stupid

top|ar v/t to bump against; **~arse con** to meet, to run into; **~e** m butt, end; buffer; *hasta el ~e* up to the brim

tópico m commonplace; cliché; *LA* topic

topo m mole; *fam* awkward person

topógrafo m topographer

toque m touch; chime; blast; *mil bugle call; los últimos ~s* the finishing touches

torbellino m whirlwind; *fam* lively person

torc|er v/t to twist; to bend; to sprain; to distort; v/i to turn; **~erse** to become twisted; to sprain; **~ido** twisted, bent

tordo m thrush

tore|ar v/i to fight bulls; v/t to fight (*the bull*); to tease; to elude; **~o** m bullfighting; **~ro** m bullfighter

toril m bull pen

torment|a f storm; thunderstorm; **~o** m torment; torture; **~oso** stormy

torna v/t to give back; to transform; v/i to go back; to return; **~rse** to become; to change into

tornasol m sunflower

torneo m tournament

torn|illo m screw; **~iquete** m turnstile; **~o** m lathe; winch,

windlass; revolution, turn; *en ~o a* about, around

toro m bull

toronja f grapefruit

torpe slow; heavy; dull; **~za** f heaviness; dullness

torre f tower; steeple; turret; (*chess*) rook; high-rise building; **~ de control** *aer* control tower

torrente m torrent

tórrido torrid

torta f cake; pie; *fam* slap

tortazo m *fam* sock, punch. clout

tortilla f omelette

tórtol|a f turtledove; **~o** m *fig* sweetheart

tortuga f tortoise; turtle

tortuoso winding

tortura f torture, anguish; **~r** v/t to torture

tos f cough; **~ ferina** whooping cough

tosco crude, rude

toser v/i to cough

tosta|da f toast; **~do** sunburnt, tanned; **~dor** m toaster; **~r** v/t to toast; to roast (*coffee*); to tan (*in the sun*)

tostón m toasted bread cube; *fig* bore

total total, complete; **~idad** f totality; **~itario** totalitarian; **~mente** totally

tóxico toxic

toxicómano(a) m (f) drug addict

traba f bond; lock; obstacle; fetter

trabaj|ador(a) *m (f)* worker; *a* industrious, hardworking; **~ar** *v/t, v/i* to work; to till (*soil*); **~ar con** *fig* (get to) work on; **~ar por** to strive to; **~o** *m* work; employment; **~os** *pl* **forzados** hard labo(u)r

traba|lenguas *m* tongue twister; **~r** *v/t* to link; to tie up; **~r amistades** to make friends

trac|ción *f* traction; **~tor** *m* tractor

tradici|ón *f* tradition; **~onal** traditional

traduc|ción *f* translation; **~ir** *v/t* to translate; **~tor(a)** *m (f)* translator

traer *v/t* to bring; to cause

trafica|nte *m* dealer; trader; **~r** *v/i* to trade; to deal

tráfico *m* traffic; *com* trade

traga|dor(a) *m (f)* glutton; **~luz** *m* skylight; **~monedas** *m*, **~perras** *m* slot machine; **~r** *v/t* to swallow; to gulp down; **no poder ~r** not to be able to stand (*someone*)

tragedia *f* tragedy

trago *m* drink; swallow; **echarse un ~** to have a drink; **mal ~** misfortune; hard time

trai|ción *f* treason; **~cionar** *v/t* to betray; **~dor(a)** *m (f)* traitor; betrayer; *a* treacherous

traído worn, threadbare

traje *m* dress; suit; **~ de baño**

swimsuit; bathing suit; **~ de etiqueta** full dress, evening dress; **~ sastre** women's suit

trajín *m* bustle, hustle

trajinar *v/t* to carry from place to place; *v/i* to bustle about

trama *f* weft; *fig* plot; intrigue; **~r** *v/t* to weave; *fig* to plot

tramitar *v/t* to negotiate

trámite *m* step, move; *pl* legal formalities

tramo *m* section (*of road*); flight (*of stairs*)

tramp|a *f* trap, snare, pitfall; **~ear** *v/i* to cheat

trampolín *m* springboard

tramposo *a* deceitful; *m* crook; swindler

trancar *v/t* to bar (*a door*)

trance *m* critical situation; *a* **todo ~** at all cost; **en ~ de** in the act of

tranquil|idad *f* tranquillity; stillness; **~izar** *v/t* to calm; **~o** calm; quiet

transacción *f* agreement, compromise; *com* transaction

transatlántico *a* transatlantic; *m* liner

transbord|ador *m* ferry (boat); **~ar** *v/t* to transship; to transfer; **~o** *m* transfer

transcribir *v/t* to transcribe; to copy

transcur|rir *v/i* to elapse; **~so** *m* course (*of time*)

transeúnte *m* passer-by

transfer|encia f transfer; **~ir** v/t to transfer

transforma|ción f transformation; **~dor** m elec transformer; **~r** v/t to transform

tránsfuga m mil deserter

transfu|ndir v/t to transfuse; **~sión** f transfusion; **~sión de sangre** blood transfusion

transgredir v/t to transgress

transición f transition

transig|ente accommodating; **~ir** v/i to give in; to compromise

transistor m transistor

transita|ble passable; **~r** v/i to travel

tránsito m passage; transit; **en ~** en route

transitorio transitory

translúcido translucent

transmi|sión f transmission; **~sor** m transmitter, sender; **~tir** v/t to transmit; to broadcast

transparen|cia f transparency; **~te** transparent

transpirar v/i to transpire; to perspire

transport|ar v/t to transport; **~e** m transport; fig rapture; **~e colectivo** public transportation

transvers|al transversal; **~o** transverse

tranvía m tramway; streetcar

trapear v/t LA to mop (the floor)

trapecio m trapeze; mat trapezoid

trapero m rag dealer

trapisonda f deception; brawl

trap|ito m small rag; **~o** m rag; cloth; **soltar el ~o** fam to burst out laughing or crying

tráquea f anat windpipe

traque|tear v/i to clatter; v/t to handle roughly; to rattle; **~teo** m rattle, clatter

tras after; behind; besides; **~ de** in addition to; **uno ~ otro** one after the other

trascenden|cia f transcendence; consequence; **~tal** of highest importance; momentous

trasegar v/t to decant; to turn upside down

traser|a f back; rear; **~o** m buttock; rump; a hind; rear

trasfondo m background

trashumar v/i to migrate from one pasture to another

trasiego m decanting; disarrangement

trasla|dar v/t to move; to remove; **~do** m move; transfer; **~rse** v/r to overlap

traslu|cirse v/r to shine through; **~z** m:al **~z** against the light

trasnochar v/i to spend the night; to keep late hours

traspapelar v/t to mislay

traspas|ar v/t to move; to pass over; to cross over; to transfer (business); **~o** m move; transfer, conveyance; violation (of law)

trasplant|ar v/t to transplant; **~arse** to emigrate; **~e** m med transplant

trasquilar v/t to shear; to crop (hair) badly

trast|ada f dirty trick; mischief; **~azo** m whack, thump; **~e** m fret (of a guitar); **dar al ~e con** fam to finish with; **~ear** v/t to play (a guitar, etc); v/i to move things; **~o** m old piece of furniture; trash; junk; fam worthless person; pl tools; implements

trastorn|ar v/t to confuse; to upset; to overturn; **~o** m confusion; upheaval; disorder; derangement

trasunto m transcript, copy

trata f slave trade; **~do** m treatise; agreement; pol treaty; **~miento** m treatment (t med); form of address; **~r** v/t to treat; to address (someone); v/i **~r de** to try; to deal with; **~rse con uno** to have to do with someone; **~rse de** to be a question of; **¿ de qué se ~?** what is it about?

trato m treatment; manner; behavio(u)r; dealings; form of address; **de fácil ~** easy to get on with; **cerrar un ~** to strike a bargain

través m bias; traverse; **a(l) ~ de** across; through

traves|ero a crosswise; m bolster; **~ía** f crossing; passage; voyage

travesura f mischief, lark, prank

travieso a mischievous; naughty

trayecto m road, route; distance; stretch; journey; trajectory

traz|a f sketch; plan; **~ar** v/t to trace; to sketch; to devise; **~o** m outline

trébol m clover; **~es** m/pl (cards) clubs

trecho m distance; stretch; fam bit, piece; **de ~ en ~** at intervals

tregua f truce; respite

tremendo dreadful

trementina f turpentine

trémulo tremulous

tren m train; outfit; show; **~ directo** through train; **~ de aterrizaje** landing gear; **~ de enlace** connecting train; **~ de mercancías** goods train

trenza f plait, tress; braid; pigtail; pony tail; **~r** v/t to plait; to braid

trepar v/i to climb

trepida|ción f vibration; **~r** v/i to vibrate; to shake

tres three

triángulo m triangle

tribu f tribe

tribuna f platform; **~l** m tribunal; court of justice

tribut|ar v/t to pay (taxes); **~ario** m taxpayer; a tributary; **~o** m tribute

triciclo m tricycle

tricornio m three-cornered hat

trienio m period of three
years

trig|al m wheat field; **~o** m
wheat

trilla|do agr threshed; fig
hackneyed, stale; **~r** v/t to
thresh

trillizos m/pl triplets

trimestral quarterly

trinar v/i to trill; to warble

trincar v/t to break up; mar to
lash; v/i fam to drink

trinch|ar v/t to carve; to slice;
~era f mil trench; trench
coat

trineo m sleigh; sled(ge)

Trinidad f relig Trinity

trinitaria f bot pansy

tripa f gut; intestine; coc tripe

triple triple

trípode m tripod

tríptico m triptych

tripulación f crew

trisca f crunch; racket; **~r** v/i
to stamp; to romp about

trismo m lockjaw

triste sad; **~za** f sadness

triturar v/t to grind

triunf|ar v/i to triumph; **~o** m
triumph; win, victory;
(cards) trump

trivial trivial, commonplace;
~idad f triviality

trocar v/t to exchange; to
turn into

trocha f by-path; LA f c
gauge

trofeo m trophy

trole m trolley

tromba f whirlwind; **~ mari-**

na waterspout

trombón m mús trombone

tromp|a f mús horn; trunk of
an elephant; **~azo** m bump;
severe blow; **~eta** f trumpet

trona|da f thunderstorm; **~r**
v/i to thunder

tronco m trunk

trono m throne

tropa f troop; mil rank and
file; pl troops

tropel m crowd; confusion;
de ~, **en ~** in a mad rush

trop|ezar v/i to stumble;
~ezar con to run into;
~ezón m slip, mistake;
blunder; **~iezo** m stumbling;
trip

tropical tropical

trópico m geog tropic

tropiezo m stumble; fig obstacle

trot|amundos m globe trot-
ter; **~ar** v/t, v/i to trot; **~e** m
trot

trozo m piece; bit

trucha f trout

truco m trick

trueno m thunder

trufa f truffle

truhán m swindler, cheat,
crook

tú pers pron 2nd pers sing you

tu (pl **tus**) poss pron m, f your

tuberculosis f tuberculosis

tub|ería f tubing; piping; **~o**
m tube; pipe; **~o de desagüe**
overflow pipe; **~o de ensayo**
test tube

tuerca f tecn nut

tuert|o crooked; one-eyed; *a*
  ~as o a derechas by hook or
  by crook
tuétano *m* anat marrow
tufo *m* vapo(u)r; stench
tul *m* tulle; **~ipán** *m* tulip
tullido disabled, crippled
tumba *f* tomb; shake, jolt;
  somersault
tumbar *v/t* to knock down;
  ~se to lie down
tumbo *m* violent fall; **dar ~s**
  to stagger
tumor *m* tumo(u)r
tumultuoso tumultuous
tuna *f bot* prickly pear; *mús*
  student music group
tunante *m* rogue, rascal
túnel *m* tunnel; **~ de lavado**
  car wash
túnica *f* tunic; robe
tupé *m* toupee; *fam* cheek

turba *f* crowd; peat
turbante *a* perturbing; *m* tur-
  ban
turbar *v/t* to disturb; to upset;
  ~se to be disturbed; to get
  confused
turbina *f* turbine
turbulento turbulent
turco(a) *m (f)*, *a* Turk
turis|mo *m* tourism; road-
  ster; **~ta** *m, f* tourist
turn|ar *v/i* to alternate, to
  take turns; **~o** *m* turn; **por**
  ~os by turns
turquesa *f* turquoise
Turquía *f* Turkey
turrón *m* nougat
tutear *v/t* to address familiar-
  ly as "tú"
tutor *m* guardian; tutor
tuyo(a) *poss pron; 2nd pers m,*
  f yours; *relig* thine

U

u (*before words beginning with*
  o or ho) or
ubicación *f* location; situation
ubre *f* udder
Ud. = usted
ufanarse to boast
ujier *m* usher
úlcera *f* ulcer
ulcer|arse to fester; **~oso** ul-
  cerous
ulterior farther; further; later; subsequent
ultimar *v/t* to conclude; to
  finish; *LA* to finish off

último last; final; latest; utmost
ultraj|ante outraging; **~ar** *v/t*
  to outrage; to insult; **~e** *m*
  outrage
ultramar: de ~ overseas;
  ~inos *m/pl* groceries
ultranza: a ~ at all costs
ulular *v/i* to howl; to hoot
umbral *m* threshold
umbr|ío, ~oso shady; shad-
  owy
un (*apocope of* **uno**) *m*, **una** *f*
  indef art a, an
unánime unanimous

unanimidad *f* unanimity

unción *f* anointment

undular *v/i* to undulate

ungüento *m* ointment; salve

único only; sole, unique; *hijo ~* only child

uni|dad *f* unity; *tecn* unit; *~do* united; joined; *~ficar v/t* to unify, to unite

uniform|ar *v/t* to make uniform; *~e* a uniform; unvarying; *m* uniform; *~idad* *f* uniformity

uni|ón *f* union; unity; *~r v/t* unite; *~rse* to join together

unísono unisonous; *al ~ in* unison

univers|al universal; *~alidad* *f* universality; *~idad* *f* university; *~itario* a university; *m* university student; *~o m* universe

uno(a) *a* one; *pl* some; a few; *pron m, f* one, someone; *~ y otro* each other; *cada ~, ~* **a ~** one by one

unt|ar *v/t* to rub; to spread (*butter on bread*); to smear (*with grease*); *~o m med* ointment, unguent; *~uoso* greasy

uña *f* nail; talon; claw; hoof; *comerse las ~s* to bite one's nails; *ser ~ y carne* to be inseparable

uranio *m* uranium

urban|idad *f* politeness; manners; *~ización f* housing estate, planned community; *~o* urbane; *urban*

urbe *f* large city, metropolis

urdimbre *f* warp

urdir *v/t* to warp (*yarn*); *fig* to plot; to scheme

urgen|cia *f* urgency; *salida f de ~cia* emergency exit; *~te* urgent

urinario a urinary; *m* urinal

urna *f* urn; ballot box

urraca *f* magpie

urticaria *f* nettle rash

Uruguay *m* Uruguay; **2o(a)** *f* Uruguayan

usa|do used; worn, accustomed; *~nza f* usage; custom; *~r v/t* to use; to make use of; *~rse* to be in fashion; to be in use

uso *m* use; employment; *al ~* in keeping with custom

usted you

usua|l customary; *~rio m* user

usufructo *m for* usufruct; use

usur|a *f* usury; *~ero m* usurer; profiteer

utensilio *m* implement; tool; utensil

útero *m med* uterus

útil a useful; *~es m/pl* tools, implements; *~es de escritorio* stationery

utili|dad *f* usefulness, utility; *~tario* utilitarian; *~zable* utilizable; *~zar v/t* to utilize; to use

utopía *f* Utopia

uva *f* grape; *~ de Corinto* currant; *~ espina* gooseberry; *~ pasa* raisin

V

vaca f cow; *coc* beef
vacaciones f/pl vacation; holiday
vacan|cia f vacancy; **~te** vacant
vaciar v/t to empty
vacila|ción f hesitation; **~nte** vacillating; hesitant
vacío a empty; vacant; m vacuum
vacuna f vaccine; **~ción** f vaccination; **~r** v/t to vaccinate
vad|ear v/t to ford; **~o** m ford
vagabund|ear v/i to rove; to loiter; **~o** m tramp; vagrant; a idle; roving
vagar v/i to rove; to wander
vago adj vague; indefinite; m vagabond; tramp
vagón m carriage; railroad car; **~cama** sleeping car; **~ de cola** caboose; **~ restaurante** dining car
vagoneta f van; open truck
vahído m dizziness
vaho m vapo(u)r
vaina f sheath; husk, pod; *LA fam* nuisance
vainilla f vanilla
vaivén m swinging; rocking; ups and downs (*of fortune*); *tecn* shuttle movement
vajilla f crockery; table service
vale m *com* voucher; promissory note; **~ de correo**, **~**

postal money order; **~dero** valid
valentía f courage, valo(u)r
valer v/t to be worth; to cost; **~ la pena** to be worth while; **¡no vale!** it is no good!; **¿cuánto vale?** how much is it?; **~se de** to avail oneself of; **¡válgame Dios!** bless my soul!
valeroso brave; strong
valía f worth; value
validez f validity
válido valid
valiente brave; valiant; strong; excellent
valija f case; mail bag
valioso valuable; wealthy
valla f fence; barrier; *sp* hurdle
valle m valley
valor m value; price; courage, valo(u)r; *pl com* securities; bonds; **~ nominal** face value; **~ación**, **~izar** v/t to value; to appraise
vals m waltz
válvula f valve; **~ de seguridad** safety valve
vanagloriarse to boast
vanguardia f *mil* vanguard, van
van|idad f vanity; uselessness; **~idoso** vain; **~o** useless; pointless; **en ~o** in vain
vapor m steam; vapo(u)r;

steamer; **~izar** v/t to vaporize

vaquero m cowhand

vara f stick; rod; pole; Spanish measure; **~r** v/t to beach; **~rse** mar LA to be stranded

varia|ble variable; changeable; **~ción** f variation; change; **~do** varied; **~r** v/t to vary; to change; to modify; v/i to vary; to differ

varicela f chicken pox

varicoso varicose

variedad f variety; **función f de ~es** variety show

varilla f thin stick, wand; rib; rod; **~je** m ribbing

varios various; several

varón m male; man

varonil manly

vasc|o(a) m (f), a Basque; **~uence** m Basque language

vasi|ja f vessel; **~o** m glass

vástago m bot shoot; sprout; fig offspring

vasto vast, immense

vaticinio m prophecy

vatio m watt

vecin|al neighbo(u)ring; **~dad** f, **~dario** m vicinity; neighbo(u)rhood; **~o(a)** m (f) neighbo(u)r; citizen; resident

veda f prohibition; closed season; **~r** v/t to prohibit

vega f fertile plain

vegeta|ción f vegetation; **~l** m vegetable; plant; a vegetable; **~r** v/i fig to vegetate; **~riano(a)** m (f), a vegetarian

vehemen|cia f vehemence; **~te** vehement; passionate

vehículo m vehicle

veintena f score, about twenty

vejez f old age

vejiga f bladder; **~ de la bilis** gall bladder

vela f candle; watch, vigil; mar sail; **barco m de ~** sailing ship; **~ mayor** mainsail; **en ~** awake; **~da** f vigil; soirée; **~do** veiled; **~r** v/t to watch; v/i to stay awake; **~torio** m wake

velero m sailing boat

veleta f weather vane; fig fickle person

vell|o m anat down; **~ón** m fleece; sheepskin; **~oso**, **~udo** hairy

velo m veil

velocidad f speed; velocity; aut gear; **a toda ~** at full speed; **~ de crucero** cruising speed

veloz speedy, fast

vena f vein

venado m stag; deer; venison

venal mercenary, venal

vencedor(a) m (f) conqueror; winner; a winning

venc|er v/t to overcome; to conquer; v/i to win; com to fall due, to expire; **~ido** defeated; com due, payable; **darse por ~ido** to acknowledge defeat; **~imiento** m com maturity

venda f bandage; **~r** v/t to bandage; to swathe

vergonzoso

vendaval *m* strong wind; gale

vende|dor(a) *m* (*f*) seller; salesman; retailer; **~r** *v/t* to sell; to market

vendible marketable

vendimia *f* vintage; grape harvest

veneno *m* poison; venom; **~so** poisonous; venomous

venerar *v/t* to venerate; to worship

venéreo venereal

Venez|uela *f* Venezuela; **2olano(a)** *m* (*f*) Venezuelan

venga|nza *f* vengeance, revenge; **~r** *v/t* to avenge; **~rse de** to take revenge on; **~tivo** revengeful; vindictive

venia *f* permission, leave; pardon; *LA* salute

venida *f* coming; arrival

venir *v/i* to come; to arrive; **~ a menos** to come down in the world; **~ a ser** to turn out to be; **~ bien** to suit; **~ de** to come from; **~se abajo** to collapse; to fall down

venta *f* sale; selling; **de ~** for sale; **precio** *m* **de ~** selling price

ventaja *f* advantage; **~oso** advantageous

ventan|a *f* window; **~a de la nariz** nostril; **~al** *m* large window; **~illa** *f*, **~illo** *m* small window

ventarrón *m* gale

ventila|ción *f* ventilation; **~dor** *m* ventilator; fan; **~r** *v/t* to ventilate; *fig* to discuss

ventis|ca *f* snowstorm; blizzard; **~quero** *m* snowstorm; glacier

ventoso windy

ventrílocuo *m* ventriloquist

ventrudo potbellied

ventur|a *f* luck; happiness; **a la ~a** at random; **por ~a** by chance; **~oso** fortunate

ver *v/t* to see; to look at; to notice; to understand; **¡a ~!** let's see!; **hacer ~** to show; **tener que ~ con** to have to do with

veranea|nte *m, f* summer vacationist; **~r** *v/i* to spend the summer holidays

veraneo *m* summer vacation

verano *m* summer

veras *f/pl*: **de ~** truly; really

veraz truthful

verbena *f* traditional fair on the eve of a saint's day

verbo *m* verb; **~so** verbose; long-winded

verdad *f* truth; **~ero** real, authentic

verd|e green; unripe; **¡están ~es!** sour grapes!; **~or** *m* greenness; verdure; **~oso** greenish

verdugo *m* hangman

verdu|lero(a) *m* (*f*) greengrocer; **~ra** *f* greens; fresh vegetables

vereda *f* lane; path; *LA* pavement

veredicto *m* verdict; finding

vergonzoso shameful; bashful

vergüenza f shame; bashfulness; disgrace; ¡ **qué ~!** what a disgrace!, shame!

verídico truthful

verificar v/t to verify; to confirm; **~se** to prove true; to take place

verja f iron railing; grille, grating

vermut m vermouth; *LA teat, cine* afternoon performance

verosímil likely, plausible

verosimilitud f probability

verraco m boar

verruga f wart

versa|do versed; proficient; **~r** v/i to go around; **~r sobre** to treat of

versátil versatile

versión f version; translation; interpretation

verso m verse

vértebra f vertebra

verte|dero m dumping place, rubbish heap; **~r** v/t to pour (out); to spill; to shed; v/i to flow; to run

vértice f vertex

vertiente f slope

vertiginoso dizzy; giddy

vesícula f vesicle; blister

vestíbulo m vestibule; lobby

vestido m dress; clothing

vestigio m trace; vestige

vestir v/t to clothe; to dress; v/i to look elegant; to dress; **~ de** to wear; **~se** to dress; to get dressed

vestuario m wardrobe; changing room; cloakroom

veterano m veteran; a experienced

veterinario m veterinary surgeon, *Am* veterinarian

veto m veto

vez f time; occasion; turn; *a la ~* at the same time; *a su ~* in his turn; *alguna ~* sometimes; *cada ~* every time; *de ~ en cuando* from time to time; *en ~ de* instead of; *rara ~* seldom; *tal ~* perhaps; *una ~* once; *una ~ que* since; *a veces* sometimes; *muchas veces* often; *pocas veces* rarely, seldom; *repetidas veces* time and again

vía f road; track; route; *fig* manner; **~ férrea** railway; *por ~ aérea* by airmail; *por ~ marítima* by sea; *por ~ de* by way of; ♀ *Láctea* Milky Way

viable practicable

viaj|ante m travel(l)er; **~ar** v/i to travel; **~e** m journey; *mar* voyage; **~e de ida y vuelta** round trip; **~e de novios** honeymoon; **~e de negocios** business trip; ¡ *buen ~e!* have a good trip!; *bon voyage!*; **~ero** m travel(l)er

víbora f viper

vibra|ción f vibration; **~dor** m vibrator; **~r** v/i to vibrate

vicario m vicar; curate

vicepresidente m vice-president

vici|ar v/t to spoil; to corrupt; **~o** m vice; bad habit; **~oso** vicious; depraved

vicisitud f vicissitude

víctima f victim

victimar v/t LA to kill

victori|a f victory; **~oso** victorious

vid f grapevine

vida f life; **en la ~** never in my life; **¡por ~ mía!** upon my life!

vidente m, f seer

vídeo m video

video|cámara f video camera; **~cassette** f video cassette; **~disco** m video disk

vidrier|a f stained glass window; **~o** m glazier

vidrio m glass; **~ tallado** cut glass; **~so** glassy (eyes, etc)

viejo(a) a old; ancient; m (f) old man (woman)

viento m wind; **hace ~** it is windy; **~s** pl **alisios** trade winds

vientre m abdomen; belly

viernes m Friday; **♀ Santo** Good Friday

viga f beam; girder

vigen|cia f validity; operation; **estar en ~cia** to be in force; **en ~** in force; valid

vigía f lookout (post), watchtower

vigilan|cia f vigilance; **~te** a vigilant; m watchman; shopwalker

vigilar v/t to watch over; to look after

vigilia f vigil, watch

vigor m vigo(u)r; strength; force, effect; **en ~** valid; in force; **~oso** vigorous

vil a vile; base; **~eza** f vileness; villainy

villa f town; municipality

villancico m Christmas carol

villorrio m hamlet; little village

vilo: en ~ suspended; uncertain

vinagre m vinegar; **~ra** f vinegar cruet, castor; LA heartburn

vincular v/t to connect; to link; **for** to entail

vínculo m bond; tie

vino m wine; **~ de Jerez** sherry; **~ de la casa** house wine; **~ generoso** full-bodied wine; **~ de solera** vintage wine; **~ tinto** red wine

viñ|a f, **~edo** m vineyard

viola f mús viola; bot viola

viol|ar v/t to violate; to rape; **~encia** f violence; **~entar** v/t to force; **~entarse** to force oneself; **~ento** a violent

violeta f violet

viol|ín m violin; **~ón** m double bass; **~oncelo** m cello

virar v/i mar to tack; to veer

virg|en f virgin; **~inidad** f virginity

viril virile, manly; **~idad** f virility; manhood

virtual virtual; **~d** f virtue; **~oso** virtuous

viruela f smallpox

virulen|cia f virulence; **~te** virulent

virus m virus

visa f LA, **visado** m visa

visaje m grimace

visar v/t to visa (passport); to endorse

vísceras f/pl viscera; guts

viscos|idad f viscosity; **~o** sticky; viscous

visibil|idad f visibility; **~le** visible; evident

visión f vision, sight

visit|a f visit; **~ar** v/t to visit; to call on; **~eo** m frequent visiting

vislumbr|ar v/t to glimpse; **~e** f glimpse, glimmer

viso m sheen (of cloth)

visón m mink

visor m foto viewfinder

víspera f eve; **~s** f/pl evensong; **en ~s de** on the eve of

vista f sight; vision; eyesight; aspect; **a la ~** in sight; **de ~** by sight; **en ~ de** in view of; **está a la ~** it is obvious; **hasta la ~** so long; **hacer la ~ gorda** to pretend not to see; **perder de ~** to lose sight of; m customs officer; **~zo** m glance; **echar un ~zo** to glance at

visto: **~ bueno** approved; O.K.; **~ está** it is clear; **por lo ~** apparently

vistoso showy; attractive

visual visual

vital vital; **~icio** lifelong; for life; **~idad** f vitality

vitamina f vitamin

viticultura f grape growing

vitorear v/t to acclaim

vítreo glassy; vitreous

vitrina f showcase

vituper|ar v/t to vituperate; **~io** m vituperation; censure

viud|a f widow; **~edad** f widow's pension; **~ez** f widowhood; **~o** m widower

viva f cheer; **¡~!** hurrah!; long live!

vivacidad f vivacity; brilliance; **~racho** vivacious, gay; **~z** witty; lively

víveres m/pl provisions

vivero m hatchery; bot nursery

viveza f liveliness

vivien|da f dwelling; housing; **~te** living

viv|ificar v/t to vivify; to revitalize; **~ir** v/t, v/i to live; to live through; **¿quién vive?** mil who goes there?; **~o** alive, living; lively; vivid, bright

Vizcaya f Biscay

vizconde m viscount; **~sa** f viscountess

vocab|lo m word; **~ulario** m vocabulary

vocación f vocation; calling

vocal f vowel; m voting member; a vocal; **~izar** v/i to vocalize; to articulate

voce|ar v/i to shout; to announce; **~río** m shouting

vociferar v/i to shout; to vociferate

volad|izo arq projecting; **~or** flying; **~ura** f explosion; blast

vola|nte *m* steering wheel; flywheel; balance (*of watch*); handbill; badminton; flounce; **~r** *v/i* to fly; to run fast; to pass quickly; *v/t* to blow up; to blast

volátil volatile; changeable

volcán *m* volcano

volcánico volcanic

volcar *v/t* to overturn; to upset; to empty out

voleibol *m* volleyball

voleo *m sp* volley

voltaje *m* voltage

volte|ar *v/t* to turn; to revolve; to turn upside down; *LA* to turn over; *v/i* to roll over; **~reta** *f* somersault

voltio *m* volt

volum|en *m* volumen; **~ino-so** voluminous

volunta|d *f* will; intention; desire; **a ~d** at will; **de buena ~d** with pleasure; **~rio** a voluntary; *m* volunteer

voluptuos|idad *f* voluptuousness; **~o** voluptuous

volver *v/t* to turn; to replace; to return; *v/i* to return; **~ loco** to drive mad; **~ atrás** to turn back; **~ a hacer algo** to do something again; **~ en sí** to regain consciousness; **~se**

to turn, to become

vomitar *v/t* to vomit, to throw up

vómito *m* vomiting

voraz voracious

vos *pron pers LA regional* you

vot|ación *f* voting; (*total*) vote; **~ar** *v/t* to vote for; *relig* to vow; **~o** *m* vote, ballot; *relig* vow; *pl* wishes

voz *f* voice; noise; word; **a una ~** unanimously; **dar voces** to shout; **en alta ~** aloud

vuelco *m* overturning; spill

vuelo *m* flight; flare (*of a dress*); *arq* projecting part; **al ~** on the wing; immediately; **~ de enlace** connecting flight

vuelta *f* turn; walk; bend; curve; reversal; *sp* lap; **a ~ de correo** by return mail; **a la ~** around the corner; overleaf; **dar una ~** to take a stroll; **dar ~s** to go round, to revolve; **estar de ~** to be back; **poner de ~ y media** to insult; to call names

vuestro(a, os, as) *pron pos* your, yours

vulgar common; ordinary; vulgar; **~idad** *f* vulgarity

vulnera|ble vulnerable; **~r** *v/t* to damage, to harm

W, X

wáter *m* lavatory, toilet

whisk(e)y *m* whisk(e)y

xenófobo(a) *m* (*f*), a hater of foreigners, xenophobe

xilófono *m* xylophone

Y

y and

ya already; now; at once; soon, presently; ~ **no** no longer; ~ **que** since; as; ¡~! oh, I see!; ~ ... ~ now ... now; ¡~ **lo creo!** indeed!; of course!

yace|nte lying; ~**r** v/i to lie; to lie in the grave

yacimiento m deposit; bed (of minerals); ~ **petrolífero** oil field

yapa f LA bonus, extra

yarda f yard (measure)

yate m yacht

yedra f ivy

yegua f mare

yelmo m helmet

yema f yolk (of egg); bot bud;

~ **del dedo** tip of the finger

yermo uncultivated, desert, waste

yerno m son-in-law

yerro m error, mistake

yes|ería f plaster work; ~**o** m geol gypsum; plaster; plaster cast; ~**o mate** plaster of Paris

yo pron pers I

yodo m iodine

yogur m yogurt

yola f yawl

yugo m yoke t fig

Yugo(e)slavia f Yugoslavia

yugo(e)slavo(a) m (f) Yugoslav; a Yugoslavian

yunque m anvil

yunta f yoke (of oxen)

yute m jute

Z

zafar v/t mar to untie, to loosen, to clear; ~**se** to run away

zafir(o) m sapphire

zagal m lad, youth; shepherd

zagual m paddle

zaguán m hallway, entrance

zaguero rear; lagging behind

zahurda f pigsty

zaino fig false; treacherous

zalamería f flattery

zalema f salaam; bow

zamarro m sheepskin jacket

zambo(a) m (f) LA half Indian – half black

zambullirse to dive, to plunge

zampar v/t to hurl; to gobble; to put away hurriedly

zanahoria f carrot

zan|ca f long leg, shank; ~**cada** f stride; ~**cadilla** f tripping; trick; trap; ~**co** m stilt; ~**cudo** a long-legged

zangamanga f fam trick

zángano m zool drone; fig sponger

zanja f ditch; trench; LA gully

zanquear v/i to waddle; to stride along

zapa f mil spade; **~dor** m mil sapper; **~r** v/t to sap

zapat|ería f shoeshop; **~ero** m shoemaker; **~illa** f slipper; **~o** m shoe

zar m czar

zaragata f fam quarrel; brawl

Zaragoza Saragossa

zarandear v/t to sift; to sieve

zarcillo m tendril

zarpa f paw; **~r** v/i to weigh anchor, to set sail

zarrapastroso ragged

zarza f bramble; **~mora** f blackberry

zarzuela f operetta, light opera

zigzaguear v/i to zigzag

zócalo m arq socle

zoco m public square; clog

zodíaco m zodiac

zona f zone; district; **~ de pruebas** testing ground; **~ tórrida** torrid zone

zonzo LA silly, foolish

zoología f zoology

zoológico zoological

zopenco dull, stupid

zopilote m LA buzzard

zopo crooked, malformed (foot, hand)

zoquete m block of wood; fam blockhead

zorr|a f vixen; fig cunning person; fam slut; tart; **~o** m fox

zozobra f mar capsizing; fig worry; **~r** v/i to founder; to be in danger

zueco m wooden shoe, clog

zumb|ar v/i to buzz, to hum; to drone; v/t to joke with; **~arse de** to make fun of; **~ido** m buzzing; **~ido de oídos** buzzing in the ears

zumo m juice

zurcir v/t to darn; to mend

zurdo left-handed

zurrar v/t to spank, to thrash; tecn, fam to tan

zurrir v/i to hum; to rattle; to grate

zutano m so-and-so

Numerals

Numerales

Cardinal Numbers — *Cardinales*

0 cero, *nought, zero*
1 uno(a) *one*
2 dos *two*
3 tres *three*
4 cuatro *four*
5 cinco *five*
6 seis *six*
7 siete *seven*
8 ocho *eight*
9 nueve *nine*
10 diez *ten*
11 once *eleven*
12 doce *twelve*
13 trece *thirteen*
14 catorce *fourteen*
15 quince *fifteen*
16 dieciséis *sixteen*
17 diecisiete *seventeen*
18 dieciocho *eighteen*
19 diecinueve *nineteen*
20 veinte *twenty*
21 veintiuno *twenty-one*
22 veintidós *twenty-two*
30 treinta *thirty*
31 treinta y uno *thirty-one*
40 cuarenta *forty*
50 cincuenta *fifty*
60 sesenta *sixty*
70 setenta *seventy*
80 ochenta *eighty*
90 noventa *ninety*

100 ciento, cien *a (or one) hundred*
101 ciento uno *hundred and one*
200 doscientos *two hundred*
300 trescientos *three hundred*
400 cuatrocientos *four hundred*
500 quinientos *five hundred*
600 seiscientos *six hundred*
700 setecientos *seven hundred*
800 ochocientos *eight hundred*
900 novecientos *nine hundred*
1000 mil *a (or one) thousand*
1976 mil novecientos setenta y seis *nineteen hundred and seventy-six*
2000 dos mil *two thousand*
100 000 cien mil *a (or one) hundred thousand*
500 000 quinientos mil *five hundred thousand*
1 000 000 un millón *a (or one) million*
2 000 000 dos milliones *two millions*